中国总会计师协会管理会计师（中级）系列教材

管理会计信息系统

刘　勤　主　编

饶艳超　黄长胤
王海林　冯　宇　副主编
盛桢智　付建华

中国财经出版传媒集团

经济科学出版社
Economic Science Press

图书在版编目（CIP）数据

管理会计信息系统/刘勤主编．—北京：经济科学出版社，2021.12（2022.4 重印）
中国总会计师协会管理会计师（中级）系列教材
ISBN 978 - 7 - 5218 - 3034 - 7

Ⅰ.①管… Ⅱ.①刘… Ⅲ.①管理会计 - 会计信息 - 财务管理系统 Ⅳ.①F234.3

中国版本图书馆 CIP 数据核字（2021）第 228531 号

责任编辑：于　源　冯　蓉
责任校对：齐　杰
责任印制：范　艳

管理会计信息系统
刘　勤　主　编
饶艳超　黄长胤　王海林
冯　宇　盛桢智　付建华　副主编
经济科学出版社出版、发行　新华书店经销
社址：北京市海淀区阜成路甲 28 号　邮编：100142
总编部电话：010 - 88191217　发行部电话：010 - 88191522
网址：www. esp. com. cn
电子邮件：esp@ esp. com. cn
天猫网店：经济科学出版社旗舰店
网址：http：//jjkxcbs. tmall. com
北京季蜂印刷有限公司印装
787 ×1092　16 开　34 印张　830000 字
2022 年 1 月第 1 版　2022 年 4 月第 2 次印刷
印数：9101—19100 册
ISBN 978 - 7 - 5218 - 3034 - 7　定价：98.00 元
（图书出现印装问题，本社负责调换。电话：010 - 88191510）

中国总会计师协会管理会计师
系列教材编写委员会

总　序

党的十八届三中全会对全面深化改革做出总体部署，在会计领域贯彻落实全面深化改革要求，重要的一项内容就是大力发展管理会计，通过强化管理会计应用，推动企业建立和完善现代企业制度，增强核心竞争力和价值创造力，进而促进经济转型升级。为深入推动我国管理会计发展，2014 年，时任财政部部长楼继伟分别在中国总会计师协会第五次全国会员代表大会及中国总会计师协会“中国管理会计系列讲座”上发表全面推进管理会计体系建设的重要讲话，提出加快培育我国管理会计人才，为打造中国经济“升级版”服务。同年 10 月，财政部发布了《关于全面推进管理会计体系建设的指导意见》，提出推进管理会计人才队伍建设，推动建立管理会计人才能力框架，完善现行会计人才评价体系，加快管理会计高端人才培养。管理会计人才队伍是中国特色管理会计体系建设的核心和关键，是推动管理会计整体发展的实施者。

中国总会计师协会是全国企业、事业单位总会计师自愿结成的全国性社会团体，是我国高端会计人才最为集中的组织。2014 年以来，中国总会计师协会在财政部领导下，凝聚政产学研各方力量，通过创办杂志、举办论坛、创新平台、能力框架、教材编写、课题研究、案例编选、专业培训、蓝皮书编纂等多项工作，推动了中国管理会计发生历史性变革。为加快推进管理会计人才队伍建设，中国总会计师协会自 2015 年底正式开展管理会计师专业能力项目试点工作，并于 2017 年开发了用于该项目的管理会计师（中级）系列教材。四年来，中国总会计师协会为广大企业、行政事业单位财务及管理人员提供了系统性的管理会计专业能力培训，帮助他们了解和掌握管理会计理论、工具和方法，为促进企业转型升级、提高行政事业单位治理能力做出了有力贡献，得到了有关部门的重视和社会各界的高度认可。

习近平总书记在党的十九大报告中提出“建立全面规范透明、标准科学、约束有力的预算制度，全面实施绩效管理”，为中国特色管理会计的深化改革与加快发展指明了方向。当前，中国特色社会主义进入新时代，社会变革、经济转型和信息技术革命正推动着组织形态、商业模式、管理方式的重大变革。经济高质量发展对企业、行政事业单位提出了新的要求。这些因素都对管理会计人员尤其是中、高级管理会计人员的履职能力提出了新的挑战。鉴于此，中国总会计师协会发挥行业协会专业组织优势，集聚来自实务界和理论界权威的专家学者组成产学研结合型教材编委会，依据财政部管理会计指引系列文件以及中国总会计师协会制定并发布的《中国管理会计职业能力框架（团体标准)》，在总结前期管理会计师专业能力项目成绩和经验的基础上，结合当前和今后一段时期财务及管理人员所面临的新形势、新任务和新挑战，秉持应用、创新、前瞻的理念，对管理会计师（中级）系列教材进行修订编撰，并针对我国高端管理会计人才缺乏的现状，适时推出管理会计师（高级）教材，以适应新形势下管理会计师专业能力培训项目的需要，切实帮助企、事业单位中、高层管理会计人员提升履职能力。

中国总会计师协会管理会计师教材分为初级、中级和高级三个系列，是一套科学、系统、创新，并植根于中国情境下管理会计实践的特色教材。针对不同梯队的财务及管理人员，创造性地构建相匹配的知识体系和能力结构，通过大量实际案例的情境引入，提升他们的专业知识水平和应用能力，使之能够真正运用管理会计的理念和知识指导实践，推进管理会计在强化创新、提质增效、提升价值创造力等方面的作用。

我们相信，中国总会计师协会管理会计师系列教材将在引导管理会计专业人才健康成长、评价管理会计专业人才资质能力、建设管理会计专业人才队伍等方面发挥主动和积极的作用，必将为中国特色管理会计人才体系的建设和中国特色管理会计体系的建设增添浓重的一笔。

中国总会计师协会

前　言

本书是中国总会计师协会管理会计师（中级）系列教材之一，是为了实现财政部中国管理会计体系建设，适应我国管理会计师高端人才培养的要求，同时也是满足我国企事业单位对广大会计工作者在新形势下会计工作重要转型的需要而编写的。

自1946年世界上第一台电子数字计算机诞生以来，人们一直在努力探索和拓展计算机在管理中的应用，从早期的工资核算、固定资产核算到当今的商业模式和企业生态的辅助管理，从逻辑简单的电子数据处理系统到基于机器学习的智能决策支持平台，计算机在管理中的应用如今已发生了巨大的变化。管理会计作为企事业单位管理的重要分支，同样经历了管理技术和应用场景不断迭代的发展过程，从几十年的发展中，我们不难发现信息技术和信息系统对现代管理会计体系建设的支撑作用。

财政部在《关于全面推进管理会计体系建设的指导意见》和《管理会计基本指引》中将“管理会计信息化水平显著提高”作为我国管理会计体系建设的重要内容之一。信息化是支持管理会计理念与工具落地，支撑管理会计功能发挥和价值实现的重要手段，信息系统是管理会计不可或缺的重要组成部分。随着大数据、人工智能、移动通信、云计算、物联网以及区块链等技术的迅速发展，管理会计信息系统正在企事业单位的规划、决策、控制和评价活动中发挥着越来越重要的作用。

本书以管理会计信息系统的基础原理、系统架构、业务逻辑和应用实践等为主线，定位企事业单位的中层管理者，遵循理论与实务相结合的原则，通过引用大量的案例，力求全面、系统地构建管理会计信息系统的理论框架和实践体系。本书内容基本覆盖了《管理会计应用指引》中几乎所有的管理会计领域，难易程度适当，不仅适合中级管理会计师的考生群体，同时也适合高校与管理会计相关的学习群体。

本书共分四篇十五章，其中第一篇为基础篇，包括管理会计信息系统概述、管理会计信息系统的管理基础、管理会计信息系统的技术基础共三章；第二篇为建设管理篇，包括管理会计信息系统体系架构、管理会计信息系统建设路径和管理会计信息系统运行管理共三章；第三篇为应用篇，包括战略管理信息系统及其应用、预算管理信息系统及其应用、成本管理信息系统及其应用、营运管理信息系统及其应用、投融资管理信息系统及其应用、绩效管理信息系统及其应用、风险管理信息系统及其应用、管理会计报告信息系统及其应用共八章；第四篇为展望篇，包含管理会计信息系统的发展趋势一章。本书的具体内容包括：

第一章为管理会计信息系统概述，主要从信息时代的组织管理变革、管理信息系统的发展、管理会计发展对信息系统的需求等几个方面介绍管理会计信息系统的发展背景和相关基础知识。

第二章为管理会计信息系统的管理基础，主要介绍管理会计的概念、目标和管理会计应用的管理理论环境，阐述管理会计的流程、工具与方法，分析我国管理会计的指引体系、管理会计应用指引体系及其作用，探索性地分析新型财务管理模式以及新模式下的管理会计等。

第三章为管理会计信息系统的技术基础，主要讨论数字化时代管理会计对信息系统的技术需求，分析管理会计信息系统的用户和管理者的特点，强调数据处理能力、建立模型能力、数据洞察能力等能力的重要性，介绍管理会计信息系统中使用的一系列信息技术的特征等。

第四章为管理会计信息系统体系架构，主要介绍管理会计信息系统中的八大应用领域情况，阐述管理会计的业务循环和管理会计框架下的经营过程和信息处理逻辑，介绍基于ERP的管理会计信息系统架构和基于数据中台的管理会计信息系统架构等。

第五章为管理会计信息系统建设路径，主要介绍管理会计信息系统的建设和应用原则和条件，信息系统规划阶段的主要任务和常用信息系统规划方法，信息系统分析阶段、信息系统设计阶段以及系统实施阶段的工作任务和核心活动等内容。

第六章为管理会计信息系统运行管理，基于信息系统运行管理的通用做法，结合管理会计信息系统的特点，介绍管理会计信息系统运行管理的相关知识，包括管理会计信息系统运行管理的基本概念、组织和制度、日常运行管理、系统维护管理和系统评价等内容。

第七章为战略管理信息系统及其应用，主要介绍战略管理信息系统的实现方式，与其他管理系统之间的关系，战略管理信息系统的使用者等；介绍战略管理信息系统的典型业务场景，分析战略管理信息系统中平衡计分卡、战略规划、战略地图以及它们在系统中的具体实现方式；介绍战略管理信息系统的主要信息输出等。

第八章为预算管理信息系统及其应用，主要介绍全面预算管理信息系统支持的主要业务内容，全面预算管理系统的信息化应用架构和数据处理逻辑，全面预算信息化的战略规划、年度目标分解、预算编制、预算审批、预算调整、预算控制、预算分析及评价等在信息系统中的实现方法等。

第九章为成本管理信息系统及其应用，通过介绍与成本管理信息系统相关的业务概念和活动、信息系统应用架构与处理逻辑、信息系统功能、管理工具方法的实现、应用场景和案例等，为读者了解全球企业在成本控制领域的最佳实践提供信息。

第十章为营运管理信息系统及其应用，主要介绍营运管理系统的基本知识，有关业务活动在营运管理信息系统后台中的数据关系和逻辑处理思路，营运管理信息系统的基本功能及具体工具的信息系统实现等，还针对一般的营运管理系统的架构和内容进行系统的介绍和说明。

第十一章为投融资管理信息系统及其应用，主要介绍投融资管理的内涵、管理原则，投融资管理信息系统的使用者和信息系统定位及流程；介绍投资管理信息系统的主要功能和基本架构，常见的投资管理信息系统，融资管理信息系统的主要功能、典型流程和基本架构，常见的融资管理信息系统；介绍常见投融资管理工具方法在信息系统的实现等。

第十二章为绩效管理信息系统及其应用，主要介绍绩效管理系统工具建设的必要性和建设中应该遵循的原则，绩效管理信息系统的应用架构和逻辑结构，绩效管理信息系统在企业中应用的主要功能，常见绩效管理工具方法及其在绩效信息系统中的应用实现等。

第十三章为风险管理信息系统及其应用，主要介绍风险管理和内部控制的基本概念及核心流程，阐述风险管理及内部控制信息系统的基本定位、核心价值、基本功能构成及架构设计等；介绍风险管理信息系统落地的策略和方法以及典型的应用场景和收益等。

第十四章为管理会计报告信息系统及其应用，主要介绍管理会计报告的概念演进、报告特点、数据基础和管理诉求，管理会计报告体系和应用的基本要求，管理会计报告系统架构与处理逻辑，常见管理会计报告系统功能、产品示例和应用要求，管理会计报告面临的挑战和推进应用的方法等。

第十五章为管理会计信息系统的发展趋势，主要结合会计信息化的发展趋势，阐述管理会计信息系统在智能财务和财务共享管理模式双重影响下的发展走向，本章还介绍了智能管理会计信息系统的相关概念和部分应用场景。

本书由刘勤教授负责全书的框架设计、总撰，并最终定稿，由饶艳超、黄长胤、王海林、冯宇、盛桢智和付建华担任副主编，各章节的具体编写人员以及资料收集和格式核对人员如下：

第一章由刘勤和黄长胤编写，第二章由王海林和黄长胤编写，第三章由盛桢智、刘勤和周胜编写，第四章由饶艳超、付建华和周钢战编写，第五章由饶艳超和盛桢智编写，第六章由盛桢智、黄长胤和余红燕编写，第七章由冯宇和王海林编写，第八章由付建华、饶艳超和秦宁编写，第九章由冯宇、王海林、王琦、段霁芸、衡萍和程红艳等编写，第十章由付建华、黄长胤和翟万达编写，第十一章由冯宇、饶艳超、李小军和段霁芸编写，第十二章由付建华、黄长胤和徐庆编写，第十三章由冯宇、王海林和颜世银编写，第十四章由盛桢智和饶艳超编写，第十五章由刘勤和黄长胤编写。参与资料收集的有上海财经大学研究生杨立汀和上海国家会计学院研究生陆诗婷、李俊铭、毛敏、刘佳慧等，参加本教材格式核对的还有上海国家会计学院研究生高宇驰、蔡雪良、申思、赵京生、刘棋洋、赵程梅、王崁垲等。

本教材在撰写的过程中得到了中国总会计师协会、上海国家会计学院以及编写人员所在单位领导和专家的指导和大力支持，在此表示衷心的感谢！特别感谢用友网络科技股份有限公司、思爱普（中国）有限公司、北京元年科技股份有限公司对本教材的大力支持！这三家公司不仅选派资深专家参加教材的编写，还提供了大量翔实的案例和素材，为丰富教材的内容做出了重要贡献！同时感谢参加本教材撰写的全体作者！大家在繁忙工作的同时，为本教材的撰写付出了巨大努力。由于学识能力有限、撰写时间匆忙以及管理会计信息系统本身固有的易变形和复杂性，教材中难免会出现一些不足之处，敬请广大读者为本教材提出宝贵的修改意见，以便今后不断完善。

刘　勤

2021 年 7 月 7 日

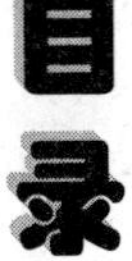

Contents

第一篇　基　础　篇

第一章　管理会计信息系统概述 …… 3

第一节　管理会计信息系统发展背景 …… 8

第二节　管理会计信息系统基本概念与发展 …… 13

第二章　管理会计信息系统的管理基础 …… 28

第一节　管理会计基础理论 …… 32

第二节　管理会计应用指引 …… 41

第三节　新型财务管理模式 …… 46

第三章　管理会计信息系统的技术基础 …… 55

第一节　数字时代对管理会计信息系统的需求 …… 60

第二节　管理会计信息系统中的相关技术 …… 66

第二篇　建设管理篇

第四章　管理会计信息系统体系架构 …… 81

第一节　管理会计主要应用领域 …… 82

第二节　管理会计信息系统的业务逻辑 …… 90

第三节　管理会计信息系统架构 …… 95

第五章　管理会计信息系统建设路径 …… 102

第一节　管理会计信息系统建设和应用指引 …… 106

第二节　信息系统规划 …… 107

第三节　信息系统分析 …… 112
第四节　系统设计与实施 …… 117
第五节　管理会计信息系统构建典型场景 …… 121

第六章　管理会计信息系统运行管理 …… 132

第一节　管理会计信息系统运行管理概述 …… 134
第二节　管理会计信息系统运行的组织和制度 …… 135
第三节　管理会计信息系统日常运行管理 …… 137
第四节　管理会计信息系统维护管理 …… 141
第五节　管理会计信息系统评价 …… 143

第三篇　应　用　篇

第七章　战略管理信息系统及其应用 …… 151

第一节　战略管理信息系统概述 …… 154
第二节　战略管理信息系统的基本功能 …… 156
第三节　战略管理信息系统的框架与具体功能实现 …… 164
第四节　典型应用案例和应用场景 …… 170

第八章　预算管理信息系统及其应用 …… 188

第一节　业务介绍 …… 190
第二节　系统应用架构与处理逻辑 …… 192
第三节　系统功能与管理工具方法的实现 …… 195
第四节　全面预算信息化实现案例 …… 235

第九章　成本管理信息系统及其应用 …… 242

第一节　成本管理信息系统概述 …… 244
第二节　系统应用架构与处理逻辑 …… 248
第三节　系统功能与管理工具方法的实现 …… 258
第四节　场景和案例 …… 300

第十章　营运管理信息系统及其应用 …… 310

第一节　营运管理业务介绍 …… 311
第二节　系统应用架构与处理逻辑 …… 316
第三节　系统功能与管理工具方法的实现 …… 325
第四节　营运管理信息系统应用场景和案例 …… 335

目　录

第十一章　**投融资管理信息系统及其应用** …… 343

第一节　投融资管理信息系统概述 …… 345
第二节　投资管理信息系统 …… 350
第三节　融资管理信息系统 …… 367
第四节　常见投融资管理工具的信息系统实现 …… 380
第五节　投融资管理信息系统典型应用案例和应用场景 …… 384

第十二章　**绩效管理信息系统及其应用** …… 393

第一节　绩效管理及绩效管理系统工具 …… 396
第二节　绩效管理系统应用架构与逻辑结构 …… 400
第三节　绩效系统功能与工具方法实现 …… 408
第四节　企业绩效管理系统的应用场景和案例 …… 413

第十三章　**风险管理信息系统及其应用** …… 429

第一节　业务介绍 …… 430
第二节　系统应用架构与处理逻辑 …… 436
第三节　系统功能与管理工具方法的实现 …… 441
第四节　场景与案例 …… 476

第十四章　**管理会计报告信息系统及其应用** …… 479

第一节　业务介绍 …… 480
第二节　系统应用架构与处理逻辑 …… 488
第三节　系统功能与管理工具方法的实现 …… 494
第四节　管理会计报告系统典型应用案例 …… 497

第四篇　展　望　篇

第十五章　**管理会计信息系统的发展趋势** …… 509

第一节　智能财务及其发展 …… 512
第二节　智能财务共享服务及其发展 …… 519
第三节　管理会计信息系统的发展趋势 …… 522

参考文献 …… 527

第一篇　基　础　篇

第一章　管理会计信息系统概述

【本章内容简介】

本章从信息时代的组织管理变革、管理信息系统的发展、管理会计发展对信息系统的需求等几个方面介绍了管理会计信息系统的发展背景。本章还详细介绍了管理会计信息系统的基本概念、发展历史和面临的数字化挑战等内容。这些内容为读者进一步学习后续章节提供了概述性的基础知识。

【本章学习目标】

1. 了解管理会计信息化的发展背景。
2. 掌握管理会计信息化与管理会计信息系统的基本概念。
3. 知晓管理会计信息系统在管理会计建设和发展中的重要作用。
4. 明确企业当前发展管理会计信息系统所面临的挑战和机遇。

【本章要点提示】

1. 管理会计发展对信息系统的需求。
2. 管理会计信息化的内涵和外延。
3. 实施管理会计信息化建设应遵循的原则。
4. 管理会计信息化成功的因素。
5. 管理会计信息系统的概念、体系结构及其应用。
6. 管理会计信息系统面临的数字化挑战。

【本章引导案例】

第三方支付企业拉卡拉公司管理会计信息化建设

一、案例背景

拉卡拉支付股份有限公司成立于2005年，秉承普惠、科技、创新、综合的理念专注于支付行业，是国内领先的综合普惠金融科技平台。公司曾首批获得央行颁发的第三方支付牌照。拉卡拉打造了底层统一、用户导向的金融服务共生系统，其业务涵盖支付、理财、征信、融资、社区金融等多个领域，2019年4月成功登陆A股公开发行股票。伴随着拉卡拉公司业务规模的扩大，对其盈利空间的挖掘能力和精细化管理水平提出了更高的要求，建设管理会计信息化系统成为必然之举。

二、管理会计信息化建设方案

按照“整体规划、分步实施”原则，拉卡拉公司提出了“三步走”管理会计信息化建设方案：

第一步，实现预算管理、成本分摊、报表分析三大基本功能。拉卡拉公司通过搭建管理会计系统将管理层的指标层层分解到每个部门实现预算管理体系的全面优化，各个关键业务节点数据在统一的集成平台下实现业务、财务数据一体联动和互通共享，打造了全面、实时、统一的全面预算管理平台，提供及时、多维度、多视角的预算分析为管理层决策提供数据支持。同时，在拉卡拉构建的管理会计系统下，本级发生费用与上级发生费用、直接成本与间接成本之间实现有效地分摊，强化费用管理责任意识，并将其准确分配到产品或服务中去，实现成本分摊功能。另外，管理会计系统之下的报表平台主要实现报表管理、用户管理、机构管理和权限管理，进而支撑起第三方支付企业的各类主题报表分析。拉卡拉公司在2015~2016年利用两年时间构建了管理会计系统，并实现了三大基本功能。

第二步，实现ERP与支付系统等核心业务系统间的对接。高度集成化的ERP财务会计系统具备海量数据处理能力，能够全面反映企业的经营成果和财务状况，随时掌握与处理正在发生的经济业务，且账务的追溯更加清晰，为企业管理提供必要的财务信息。第三方支付企业的支付系统是整体系统的核心，一个完整的支付清算系统中主要包含支付前置、支付协议、支付引擎、风险控制、内部控台、报表、交易监控等要点，负责实现支付的主流程，从发起支付到与支付渠道对接，并最终返回支付结果。核心支付系统与ERP财务会计系统的对接，即业务与财务的一体化。

第三步，实现现金流管理。现金流相当于第三方支付企业的血液，以现金流量作为管理的重心，兼顾收益，围绕企业经营活动、投资活动和筹资活动而构筑的管理体系即为现金流量管理。拉卡拉公司将实现现金流管理作为其管理会计信息化建设方案的最后一个步骤，对系统基础信息进行深入挖掘，延伸信息采集的广度，并且将各作业流程以及各利益相关者和细分业务的现金流创造和消耗能力通过现金流报告的形式予以及时反映，发挥管理会计系统的信息披露功能，提升企业的整体现金流效益，为企业的发展注入源源不断的“血液”。

三、拉卡拉公司管理会计信息化的架构设计

拉卡拉公司为了实现阶段性的管理会计信息化建设，设计了覆盖预算、成本、报表三个模块的管理会计体系，各模块之间又进一步详细划分为多个架构，如骨架般对模块的运作进行有力支撑，确保了系统整体功能的发挥。管理会计系统架构主要涵盖以下方面：

1. 逻辑架构

“各司其职”是拉卡拉公司管理会计信息系统构建的整体逻辑框架，财务预算、费用预算、投资预算、采购预算、专项成本预算、收入预算等均由全面预算管理模块负责。预算与实际口径的成本分摊则由全成本分摊模块负责，分支机构不仅分摊了总部的间接费用，其各业务线条还分摊了分支机构的间接费用，汇总分别得出各分支机构与各业务线条的成本，即实现全成本分摊与分类核算；企业相关财务指标、盈利能力以及预算执行方面的分析工作则主要由报表分析模块负责。

2. 功能架构

拉卡拉公司按照管理会计信息化的整体建设方案，构建了具有较强适用性与可操作性的功能架构：全面预算模块所构建的年度预算编制体系更为灵活和高效，能够实现自上而下和自下而上的互为结合，按月或按季度滚动预测以及时反映市场波动的影响和实际经营数据，生成相对准确的盈利预测和现金流预测，通过有效的运营达成预算目标，开展预算跟踪管理，提高预算管理精细化水平；拉卡拉公司分支机构众多，拥有数量庞大的商户存量，所以其管理会计信息化系统中进行的分类核算以业务条线为目标，并形成了基于分支机构的全成本分摊，产品获利能力和各分支机构的盈利能力均可以按照月度、季度、年度形成相应的分析报表；为了及时跟踪和反馈企业预算执行情况，拉卡拉公司管理会计信息化系统还构建了报表分析体系，分支机构简报主要对工作重点和周边竞品等内容进行阐述，收入专题和成本专题分析集中对经营活动所引起的经济利益的总流入和成本水平与构成的变动情况进行分析，并且包括业务量分析和财务报表分析，为决策者提供实时、动态的信息支持。

3. 技术架构

拉卡拉公司管理会计系统在 Tomcat 中间件容器中部署了 BIEE 与 EMP 两大融合中间产品，为其提供统一的服务。其中，系统通过 ETL 工具对多维数据库、ODS 关系库、dw、xml 文件、excel 等底层数据源进行加工处理并将其加载至多维数据库管理系统中，进一步汇总处理后作为前端数据源进行应用。同时，在 BIEE 与 EMP 应用层创建三大模块，通过 excel 插件和 EPM 客户端访问各项功能模块，并创建各类分析管理图表，以直观形式向报表使用者展现相关信息以支撑决策。

4. 数据架构

拉卡拉管理会计系统数据架构设计时着重考虑了公司业务系统与外部财务会计系统间的数据交换、管理会计内部数据的存储及加载等内容。其中，预算数据、预测数据、实际数据统一保存在预算管理模块，预算编制与滚动预测分别产生预算和预测数据，其产生过程中都需要参考各项业务的标准成本数据，主要由全成本分摊模块提供。业务系统和财务会计系统则会产生实际业务量、实际费用和实际收入，通过实际数据滚动预测产生预测数据。

标准成本、预算成本利润和实际成本利润保存于全成本分摊模块之中。企业按照自身实际制定并在模块中录入的属于标准成本，在全面预算管理模块预测数据和实际数据协助下由预算口径的成本分摊和实际口径的成本分摊分别产生预算成本利润和实际成本利润；预算数据与实际数据保存在报表分析模块中，全成本分摊模块和全面预算管理模块是这两种数据的主要来源，后者中的费用预算数据会被财务会计系统接收进行预算控制；另外，财务数据主要由财务会计系统生成，在进行收付款操作时还会接收来自业务系统的采购与销售发票，并在各业务线条中通过相应的辅助科目进行核算归集，为后续工作开展奠定基础。

5. 集成架构

集成架构主要描述各个系统之间的集成关系，对外呈现出一个系统的整体效果，实现界面、功能、流程、数据等领域的深度协同。拉卡拉公司将各业务系统、财务会计系统和管理会计系统进行有效集成，提高了数据的及时性与一致性，便于数据的共享与交换。其具体策略为：首先是业务系统向管理会计系统的集成；其次是财务会计系统向管理会计系统的有效集成；再次是业务系统向财务会计系统的集成；最后是管理会计系统向财务会计系统的集成。

四、拉卡拉公司管理会计系统的具体实现过程

1. 选择软件类型和实施商

管理会计信息化建设需要具备两个必要条件：实力雄厚且具有丰富经验的软件实施商以及一套功能强大的软件，拉卡拉公司从这两个必备条件出发进行软件与实施商的选择。从管理会计实践角度看，企业管理活动中充斥的管理会计工具具有多样化，基于某一核心概念并加以延伸而构建所谓的自身理论体系是其共同特点。拉卡拉公司自身属于第三方支付企业，其现有的ERP系统能够与甲骨文公司的企业绩效管理（EPM）系统实现无缝对接，具有较高的成本效益，因此将其确定为管理会计系统的软件平台。在实施商选择方面，拉卡拉重点考虑其是否具备管理会计实施经验，OracleEPM实施能力是否突出，能否提出具有价值的咨询意见，能否准确把握公司的行业特征和管理诉求。公司最终选择元年公司作为实施商。

2. 选择管理会计系统软件模块

如图1-1所示，拉卡拉公司综合合作伙伴实施经验的可借鉴性、实施成本的可控性、OracleEPM版块的结构性与功能性以及自身管理会计信息系统建设的现实需求，确定以OracleEPM“计划+预算”模块作为管理会计信息化系统的最终模块选择，全成本分摊和全面预算管理分别通过二次开发和系统间的有效配置与衔接得以实现。另外，为了通过系统实现报表分析模块功能，拉卡拉公司还决定选择OracleBIEE商务智能基础平台优化企业的运营流程，满足企业整体范围内的商业智能需求，包括特定分析和查询、前瞻性的商务智能和预警、高级报表编制和预测分析，使更多用户获得洞察力，制定出最有效的业务决策。

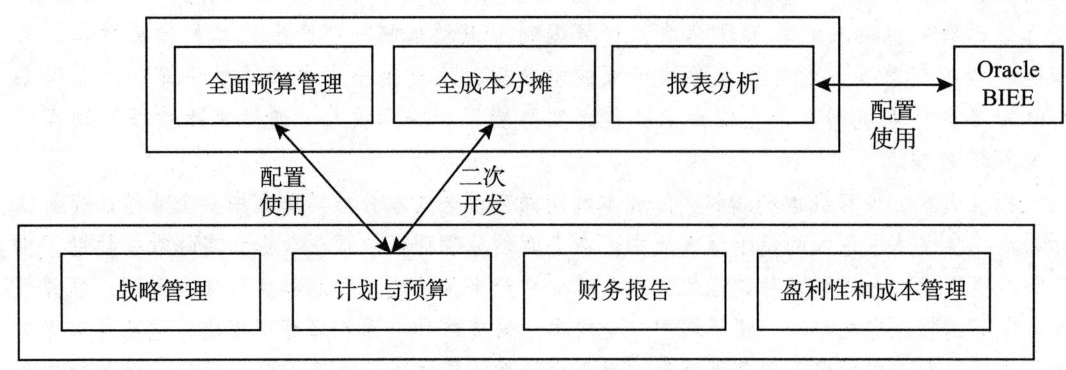

图1-1　拉卡拉管理会计信息系统模块选择

3. 三大模块的具体构建

（1）全面预算管理模块的具体构建。如图1-2所示，财务预算与业务预算为拉卡拉公司全面预算管理体系的主要内容。卡拉卡公司以业务线条为主线编制专项成本预算和收入预算，专项成本预算源于直接估算的业务线条收入与成本以及标准成本和预计业务量，收入预算受企业战略目标的约束与指导。业务条线的业务量与销售价格为主要来源，在编制过程中还要将最新的滚动预算数据作为参考。拉卡拉公司发生的固定成本费用、市场营销费用、人力成本等间接费用项目统一涵盖在费用预算模块之中，投资预算结果与采购预

算结果分别计入对应项目之中。最后，拉卡拉公司对各项预算结果进行汇总，且由上而下生成统一口径的各项报表，提高了会计信息的可比性与可靠性。

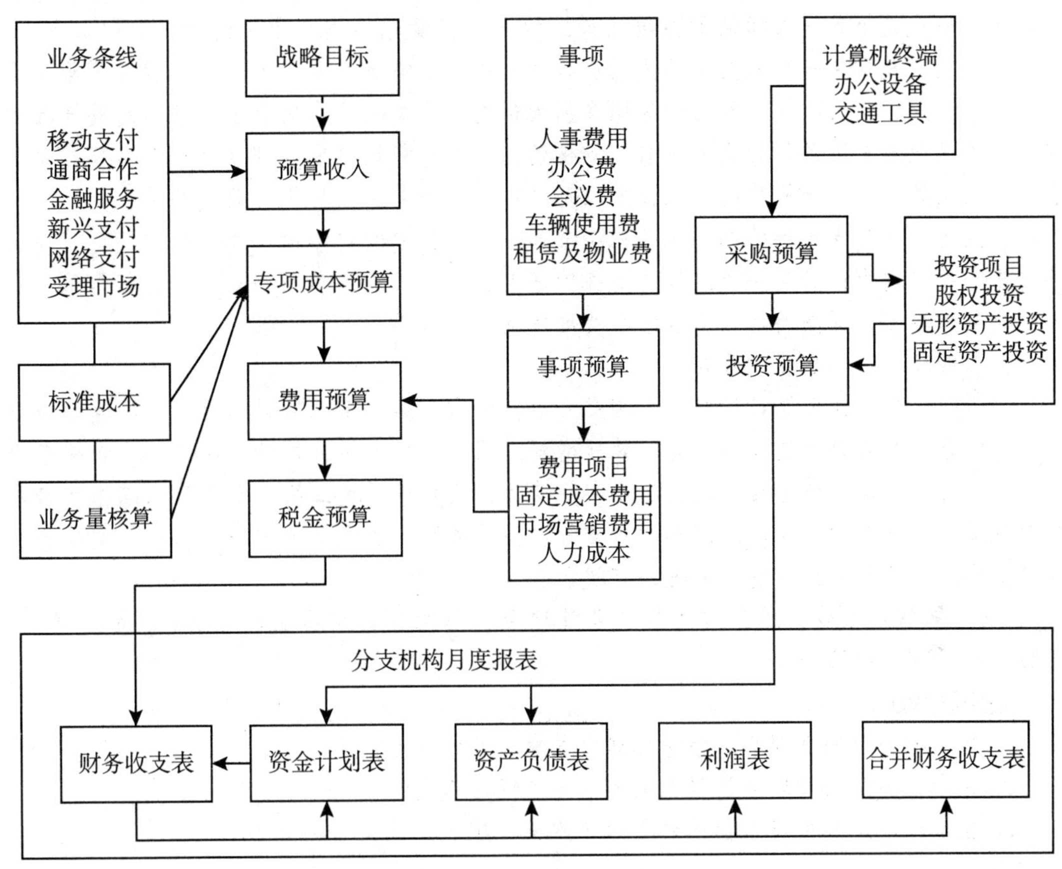

图1－2　拉卡拉公司全面预算管理模块具体结构

(2) 全成本分摊模块的具体构建。各分支机构和各业务条线在实际口径与预算口径下的利润与成本的计算是全成本分摊模块的主要功能，并且以相应成本分摊追溯作为模块目标。

如果按照分支机构进行成本的分摊，为了获取各实体的盈利情况，第三方支付企业需要向各业务条线中按照条线动因来分摊总部的间接费用。将总部前台、中台、后台各部门间接费用中由实体业务线条承担部分从各分支机构业务条线营业利润中扣除后得到对应各实体业务条线的分摊利润。

如果按照业务条线进行成本的分摊，即按照条线分摊动因在各业务条线中分摊总部及各分支机构的间接费用，获取第三方支付企业集团总部与各实体最终的成本和利润。与按照分支机构分摊模式基本一致，将各分支机构前台、中台、后台部门承担的间接费用分别扣减后得到各分支机构业务条线的营业利润，在此过程中是以边际收益法进行的各分支机构对所涉及业务条线的核算。在完成各分支结构业务条线的核算后，由集团总部完成最终结果的汇总。

在进行成本追溯时，按照成本分摊的路径，集团总部和各分支机构都可以就对应的间接费用承担情况进行逆向追溯，从各业务条线出发及时查看利润分摊以及成本分摊情况，对企业分支机构以及整体的运营状况予以有效的把握，及时调整业务条线或发展战略，确保第三方支付企业经济效益的提高。

（3）报表分析模块的具体构建。定制个性化的“报表分析个人门户”满足各层级管理人员的需求是报表分析模块的主要功能。拉卡拉将管理层划分为决策者、部门负责人、机构负责人以及财务分析人员等不同的层级。其中，决策者主要包括总裁办相关领导，是受社会、政治、经济、文化和心理等诸多因素影响的决策主体，对企业的整体运营情况通过关键性的业务与财务指标进行查看，其视角出发点为集团角度；部门负责人主要是总部各部门的领导，各分支机构的收入情况以及关键财务与业务指标是该层级的关注点；机构负责人主要指各分支机构的相关领导，在全部分支机构中的贡献值以及本机构的运行情况为其重点关注内容；最后一个层级为财务管理人员，对报表的各项明细科目进行追踪，及时识别异常科目，提高所提供报表信息的准确性与可靠性。

五、管理会计信息化的收益

拉卡拉公司的管理会计信息化系统上线后，成本分摊的精细度得以提高，预算编制流程更为规范，报表分析的灵活性与时效性增强。同时，拉卡拉公司管理层提高了对管理会计的重视程度，综合考虑自身的信息化实际情况，还积极通过二级业务部等末端组织来细化管理会计系统中的组织单元，自动对接管理会计系统、业务系统与财务系统，实现了企业业务实践与管理会计信息化系统的有效融合。

（案例来源：波岐．第三方支付企业管理会计信息化实施案例研究［J］．财会通讯，2021（3）：148－152.）

案例思考题：

1. 拉卡拉公司的管理会计信息化建设方案有哪些特点？
2. 拉卡拉公司的管理会计信息系统包含了哪些模块？
3. 拉卡拉公司的报表分析模块是如何体现“定制个性化”特征的？

第一节　管理会计信息系统发展背景

管理会计信息系统是特定时代和特定领域的发展产物，它应管理会计的发展需求而生，伴随着企业组织管理变革和经济社会信息化进程而发展，并呈现出持续迭代和升级的特点。

一、信息时代的组织管理变革

（一）企业管理信息化

1. 信息化

信息化包含技术、资源、经济三个维度（王学东和商宪丽，2008）。从技术维度看，信息化是微电子、信息通信和计算机等技术的应用和推广。从资源维度看，信息化是在社会生活中对信息资源的开发、生产、传播和利用。从经济维度看，信息化是指采用信息技术手段提高社会劳动生产率的过程。

2016 年《国家信息化发展战略纲要》指出，从国内环境看，我国已经进入新型工业化、信息化、城镇化、农业现代化同步发展的关键时期，信息革命为我国加速完成工业化任务、跨越“中等收入陷阱”、构筑国际竞争新优势提供了历史性机遇，也警示我们面临不进则退、慢进亦退、错失良机的巨大风险。信息技术与生物技术、新能源技术、新材料技术等交叉融合，正在引发以绿色、智能、泛在为特征的群体性技术突破。全球信息化进入全面渗透、跨界融合、加速创新、引领发展的新阶段。站在新的历史起点，我们完全有能力依托大国优势和制度优势，加快信息化发展，推动我国社会主义现代化事业再上新台阶。国家相关部门正在积极落实《“十四五”规划和二〇三五年远景目标纲要》，抓紧制定《“十四五”国家信息化规划》。

2. 企业信息化与企业管理信息化

企业信息化是信息化的一部分。企业信息化是指企业在其生产活动的所有环节中（原材料采购、产品设计、制造、生产、销售和管理）利用现代信息技术，通过信息资源的深入开发和广泛应用，不断提高生产、经营、管理、服务的效率和水平，增加企业竞争力，从而提高企业经济效益的过程（华瑶等，2005）。

企业管理信息化是企业信息化的一个部分。企业管理信息化是将现代信息技术应用于企业管理，实现企业管理现代化的过程。它将现代信息技术与先进的管理理念相结合，通过建立信息系统平台，利用采集、存储、加工、检索、传递的信息处理过程实现管理数据到管理信息的转换，为管理者的决策和控制提供有价值的依据，从而更好地实现管理目标（王海林等，2018）。

3. 企业资源计划（ERP）和企业业务能力（EBC）

ERP 系统在企业管理信息化过程中发挥了重要的作用。ERP 系统即企业资源计划（enterprise resource planning，ERP）。20 世纪 90 年代之后，随着互联网等技术的发展和普及，出现了企业 ERP 系统和计算机集成制造系统（CIMS）等多种开放式集成化系统（谢红燕和陈麟，2004）。ERP 系统的核心管理思想植根于制造业环境中的供应链管理。ERP 系统在制造、财务、销售等核心功能的基础上，还融合了采购管理、物流管理、设备管理、质量管理、人力资源管理、决策支持等功能。

近年来随着数字技术的进一步发展，在部分企业和领域，还出现了企业资源计划（ERP）向企业业务能力（enterprise business capability，EBC）发展的趋势。EBC 是由国际研究机构 Gartner 最早提出的。ERP 关注的重心是企业资源，内在逻辑是资源驱动。而 EBC 把关注的重心转到了客户需求，内在的逻辑是业务驱动。EBC 比 ERP 更强调数字化技术对企业业务能力的影响，并将其作为一个单独的维度。根据 EBC 的理念，企业业务能力包含三个维度，即企业业务能力 = 思维模式（mindsets）× 企业实践（practices）× 数字化技术（technology）。这单个维度之间不是“相加”，而是“相乘”的关系。可见，数字化技术会影响思维模式和企业实践效果的发挥。这个理念更加强调了数字技术对企业管理乃至企业整体的影响。

（二）信息化与组织管理变革

信息化的不断深入，除了提高企业管理的效率，还在影响组织管理的变革。同时，组织（例如企业）为了适应信息化的趋势，也要不断进行自身管理的变革。信息化带来的组织管理变革可以分为流程变革、结构变革、人员变革、文化变革四大方面（余伟萍、段桂敏，2004）。

1. 流程变革

流程变革主要是对组织流程的再造与重组（business process reengineering，BPR）。而流程变革的主要思想来源于迈克尔·波特的价值链理论。该理论认为，企业的各种生产经营活动都是围绕企业创造价值的最大化为目标展开的，每项价值活动根据其在企业生产经营活动中的不同位置被划分到一个个生产环节中，企业所有的生产环节共同构成企业的价值链。在信息化背景下，价值链中的信息流日益发挥更加重要的作用。线下的管理流程根据线上信息采集、传递和处理的优化而改变，从而更有利于组织及时做出决策，不断提升管理和运营的效率。

2. 结构变革

在信息化的背景下，信息传播的加速，使得企业决策的效率至关重要。传统的多层级的管理模式难以适应这种管理变革的需要。于是很多大企业开始从金字塔形的管理结构向扁平化和网络化方向发展。同时，信息技术还为组织结构的扁平化和网络化提供了技术基础。例如近年出现的数据中台管理模式，不再按照部门职能来划分机构，而是围绕客户需求和业务流程来变革组织各个业务单元。这种情况下，配套的在线办公系统、项目管理系统、客户管理系统和即时通信工具使得结构的变革成为可能。

3. 人员变革

在管理变革中的流程变革和结构变革，以及后续的组织文化变革，都需要通过人员变革来实现。在信息化背景下的人员变革主要涉及人员岗位的变化、员工态度的转变、员工技能的提升。随着信息系统的引入，一些原本需要人工操作的岗位可能会消失，同时又会带来与信息技术实施和系统运维相关的新岗位。另外，其他员工对新的信息技术的积极态度也会有利于这些技术的应用，甚至影响组织管理变革的成败。最后，信息化对员工的职业技能提出了新的要求。例如，需要掌握系统操作、电子办公、移动办公、电子票据处理等技能。通过信息化的专题培训和继续教育可以帮助组织更好地实现人员变革。

4. 文化变革

组织文化是一种由决定其组织成员特定态度和行为的共有价值观和规范形成的体系。信息化背景下的文化变革主要包括三个方面（余伟萍、段桂敏，2004）：

（1）对信息化的价值认同。组织、管理层和其他各级员工对信息化的认可程度既是信息化对组织产生的影响，也是组织管理变革能否成功的重要因素。

（2）信息化的思维方式。信息时代，开放和共享既是信息经济的思维方式，也是组织内部变革的思维方式。组织结构从按照部门职能来划分演化成围绕客户需求进行划分。这个过程就需要开放和共享的信息化思维方式的支撑。

（3）信息化背景下的行为规范。企业文化中的行为规范和硬性的规章制度不同，前者更多的是对组织员工潜移默化的影响。随着信息技术的应用，对于数据治理和信息安全的关注是植入员工的点滴工作中的。

二、信息革命与管理信息系统的发展

（一）信息革命

人类社会经历了农业革命、工业革命，正在经历信息革命。20 世纪 60 年代以来，发源于西方国家后来逐步扩展到全球范围的“信息革命”，兴起了一场以微电子、信息通信和计算机等信息技术（information technology，IT）为核心的革命。随着信息技术的大规模产业化以及在各行业的广泛应用，信息产业迅速发展，信息化社会开始萌芽，其基本的标志是计算机等信息技术的出现（张润朋、周春山，2001）。

（二）管理信息系统的发展

20 世纪 50～70 年代初期出现的电子数据处理系统（electronic data processing system，EDPS）是管理信息系统的早期形态。一方面，当时的信息系统主要是在局部范围内进行多功能的数据共享。到 20 世纪 60 年代中期，随着数据管理技术的发展，数据库管理系统出现，加上网络和通信技术的发展，都为处理大量的、更广分布的数据提供了技术基础。另一方面，信息论、控制论等理论和管理学、运筹学、系统科学等学科的发展，也为电子数据处理系统过渡到管理信息系统提供了理论和方法论的支持。20 世纪 80 年代美国学者高登·戴维斯（Gordon Davies）提出了管理信息系统比较完整的定义。他认为，“管理信息系统是一个利用计算机硬件、软件、人工规程、管理和决策模型以及数据库，为组织的作业、管理和决策职能提供信息的综合性的人机系统”。

从构成上看，管理信息系统由人、信息技术设备和运行规程三个要素构成。

人是管理信息系统的管理者和使用者。这里说的使用既包括运行管理信息系统的操作工作，还包括从管理信息系统获得信息并对其加以使用的工作。

信息技术设备是由硬件平台、软件平台、网络与通信系统和数据文件通过一定的结构集合而成的一个供管理信息系统运行的技术环境。

运行规程主要规定了管理信息系统本身的运作规则，并明确人与信息技术设备之间的关系。

随着智能技术的发展，智能机器（包括智能软件和智能硬件）和人类专家共同组成的人机协同智能系统逐渐进入管理领域（刘勤和杨寅，2018），人和信息技术设备之间的联系会更加紧密。

从概念结构看，管理信息系统可以分为信息源、信息处理器、信息用户和信息管理者 4 个部分。这四个部分主要的职责由表 1－1 所示。

表 1－1　　管理信息系统概念结构的组成部分及其职能

管理信息系统概念结构的组成部分	主要职能
信息源	信息采集
	信息转换
	信息生成

续表

管理信息系统概念结构的组成部分	主要职能
信息处理器	信息传输
	信息加工
	信息存储
信息用户	信息分析应用
	管理决策
信息管理者	系统需求分析
	系统设计验收
	系统运维

从任务结构看，管理信息系统可以分为战略决策、运营管理和业务处理三个层级。其中，战略决策主要是制定企业战略目标和政策。运营管理主要包含企业日常运营的管控。业务处理则是生产经营具体业务的处理。

从功能结构看，管理信息系统包含的常见子系统有供应链子系统、生产子系统、客户管理子系统、销售管理子系统、人力资源子系统和财务子系统等。

三、管理会计发展对信息系统的需求

管理会计的发展对信息系统提出了很高的要求。我们可以从数据采集、数据处理、数据输出等场景概括管理会计发展对信息系统发展的需求。

（一）信息采集的量化

管理会计的大部分模型和决策工具都需要量化的数据。数据是管理会计决策的最核心信息。这些数据不仅包含成本数据、预算数据，还包含管理会计报告数据；不仅是财务口径的收入、成本、费用、利润等价值量数据，还包括大量产量、作业量、动因量、人工及工时量的实物量数据。这些数据不断积累，形成企业管理会计体系的数据平台。随着企业不断应用更多的管理会计工具，企业对管理信息系统的信息量化需求也会越来越多。随着大数据技术的发展和企业内外部数据环境的完善，管理会计将要求信息系统在信息采集的场景下就对信息进行尽可能地量化。

（二）决策支持的模型化

有了量化的信息来源，下一步就需要信息系统通过各种模型支持管理会计决策支持功能。管理会计的本质在于企业业务模型化，即通过建立量化模型来模拟企业的商业模式和业务模式。不管是预算模型中的预算目标测算和分解模型、产销衔接模型、滚动预测模型，还是成本费用分配模型，以及管理报告中的业务分析模型，这些都需要管理会计信息系统具有强大的建模能力。

（三）信息系统的整合

业务财务（以下简称“业财”）融合的管理会计活动天然需要避免各个子系统之间的信息孤岛，实现企业资源进一步地整合。管理会计与信息技术的融合是对管理会计流程的变革式创新。传统管理会计在时间链上有着操作限制，且不同模块之间彼此孤立。而信息时代的管理会计则是将企业资源整合共享，不同操作模块互相配合运行，做到数据的实时、准确传递，最终实现管理会计各环节的同步、高效运作。管理会计信息化不仅仅是将现代化技术应用到管理会计领域，提高计算准确度，更是形成了一个全新的企业内外部信息整合路径，为企业制定战略决策提供帮助。管理会计信息系统是企业信息系统的重要组成部分，管理会计信息化实现了信息行业与管理会计领域的融合。管理会计信息化作为信息化环境下衍生出的现代管理模式，突破了传统管理会计在时间空间上的限制，深入挖掘企业各个流程的相关数据，实现信息的实时传递与分析（胡仁昱和孔令曼，2016）。

（四）输出结果的频道化

管理会计工作面向企业内部不同的管理层级，具有个性化的特点。这种个性化的管理就需要信息系统能够实现输出结果的频道化。管理会计融合业务和财务，不管是从业务预算到财务预算的全面预算体系，还是从财务结果到业务动因的管理报告体系，以及涵盖资源、作业、产品等要素的作业成本体系，再到财务、客户、内部流程和学习成长四个方面的平衡计分卡框架，无不反映了管理会计的多视角特点。这些管理会计工具将涉及的业务方面内容进一步细化到产品视角、客户视角、区域视角、渠道视角、部门视角等。这些特点要求管理会计信息系统能够从不同视角来组织、存储、计算和展现这些数据。

（五）系统动态迭代和升级

当今时代，企业经营的内外部环境瞬息万变，管理会计的需求也会随着市场、业务、产品的变化而改变。同时，这些因素还会促使企业的组织流程、组织结构、组织人员和组织文化发生相应的改变，从而要求信息系统进行动态的迭代和升级。这就要求信息系统具有模块化和可扩展的特点。信息系统应该匹配管理会计的主要管理活动，提供战略管理、预算管理、成本管理、营运管理、投融资、绩效管理、风险管理、管理会计报告等基本模块。通过这些基本模块的灵活选择和组合满足大部分的管理会计需求，然后在此基础上进行个性化的系统开发。这样不仅可以实现分模块的升级，还可以有效降低信息系统开发和维护成本。另外，信息系统还需要具有更强的可扩展性，以应对不断更新的管理会计工作需要。未来面向客户的管理会计工作（例如 EBC），则可能需要信息系统具有更高效的迭代和升级能力。

第二节　管理会计信息系统基本概念与发展

管理会计信息系统建立在一定的信息系统和管理会计的基础理论之上，具有自身丰富的内涵和外延、独特的信息系统架构以及完整的基本功能模块，管理会计信息系统的发展也正在面临一系列新的机遇和挑战。

一、管理会计信息化及其概念

（一）管理会计信息化的理论基础

管理会计信息化的理论基础是构建在信息系统理论、管理会计基础理论和会计信息化基础理论之上的，三者相互融合，共同支撑管理会计信息化的实践。

1. 信息系统理论

信息系统理论根据其形成的不同时期，可以分为“老三论”和“新三论”。

老三论是20世纪40年代形成和发展起来的，包括：（1）系统论。该理论试图建立适用一切系统的一般原则，主要任务是找到不同系统、不同学科之间的共同语言和术语。其主要方法是系统方法。（2）信息论。该理论主要研究信息的获取、变换、传输、处理等问题。其主要方法为信息方法。（3）控制论。该理论是研究动态系统在变化的环境条件下如何保持平衡状态或稳定状态的科学。其主要方法为控制方法。

新三论则在20世纪60年代末、70年代初兴起，包括：（1）协同论。该理论研究不同的系统在一定外部条件下，系统内部各子系统之间通过非线性的相互作用产生协同效应，从无序状态走向有序状态，以及从有序状态又转化为混沌的机理和共同规律。（2）耗散结构论。该理论说明了远离平衡态的系统要从无序向有序的方向发展，必须保持开放性，并从外界不断耗散物质和能量，接收信息量，抵消自身产生的熵。（3）突变论。该理论是运用拓扑学、奇点理论和结构稳定性等数学工具研究自然界各种形态、结构和社会经济活动的非连续性的突然变化现象（陶承德，1987）。

2. 管理会计基础理论

管理会计信息化是服务于管理会计目标的，管理会计基础理论是管理会计信息化的重要理论基础。财政部印发的《管理会计基本指引》指出，管理会计的目标是通过运用管理会计工具方法，参与单位规划、决策、控制、评价活动并为之提供有用信息，推动单位实现战略规划。单位应用管理会计，应包括四要素：管理会计应用环境、管理会计活动、管理会计工具方法和管理会计报告。在信息化时代，管理会计应用中的四个要素都离不开管理会计信息化的支持。

3. 会计信息化基础理论

管理会计信息化是会计信息化的一个子集。会计信息化基础理论是管理会计信息化的理论来源。会计信息化是指，在会计行业、组织或企业会计活动中，普遍采用现代信息技术，构建会计信息系统（accounting information system，AIS），深入开发和有效利用会计信息资源，使会计信息资源成为全社会的共享财富，以推动会计信息化产业发展的历史过程，其战略目标是促进会计行业、组织或企业的会计管理活动和会计业务的变革，以推动会计事业的发展①。

---

① 杨周南：《会计信息化TMAIM体系》，载于《会计之友》2009年第12期，第23~36页。

（二）管理会计信息化的概念

1. 内涵

管理会计信息化，是指以财务和业务数据为基础，借助计算机、网络通信等现代信息技术手段，对信息进行获取、加工、整理、分析和报告等操作处理，为企业有效开展管理会计活动提供全面、及时、准确的信息支持①。

（1）管理会计信息化的发展基础是在管理会计活动中运用信息与通信技术，处理工具是计算机、网络通信等现代技术手段，具体体现为管理会计信息系统。

（2）管理会计信息化的作用对象是管理会计活动，具体体现为管理会计工具方法在管理会计各领域的信息化落地、管理会计信息的高质生成和高效利用，以及管理会计活动的有效开展。

（3）管理会计信息化的目标，是为企业开展各项管理会计活动提供信息支持。所提供的信息需满足全面性、及时性和准确性等信息质量特征。

（4）管理会计信息化的过程，可通过管理会计信息的流转来抽象描述。流转环节主要包括管理会计信息获取、管理会计信息加工、管理会计信息整理、管理会计信息分析和管理会计信息报告等。

（5）管理会计信息化的结果，是对管理会计活动和管理会计组织结构改造的渐进过程。

2. 外延

按信息化发展要素，可将管理会计信息化划分为管理会计信息系统、管理会计信息资源、管理会计信息安全、信息网络、信息技术和管理会计信息化产业、管理会计信息化人才、管理会计信息化政策法规和标准规范七大要素。在企业实施财务共享服务后，按管理会计职能定位，可将管理会计信息化划分为指导层信息化、控制层信息化和执行层信息化。

指导层的信息化主要与企业战略对应，重在将各种信息技术和模型、算法等运用于规划指导和决策支持。控制层的信息化主要与业财管控对应，重在实现过程控制和服务业务的信息化。执行层的信息化主要与管理会计基础工作对应，重在提高交易执行和操作控制的效率和准确性。

（三）实施管理会计信息化应遵循的原则

企业实施管理会计信息化，一般应遵循以下原则：

1. 系统集成原则

管理会计系统功能模块应与财务及业务系统功能模块紧密集成，通过事先定义的规则，完成财务和业务数据到管理会计数据的自动生成过程，同时实现对财务和业务数据的预警或控制。管理会计业财融合的特性，需要管理会计系统与财务会计系统及业务系统实现数据的高效交互。

2. 数据共享原则

企业在实施管理会计信息化时，一方面应制定统一的标准和规范，实现数据的集中统

① 财政部. 管理会计应用指引第802号——管理会计信息模块（征求意见稿）：1.

一管理；另一方面应借助系统的无缝对接，实现数据的一次采集，全程共享。在我国部分企业的实践中，财务共享服务的实施已经同时考虑了财务会计和管理会计间的数据共享。部分企业采用数据中台等模式，还实现了更大范围的业财数据共享。

3. 规则可配置原则

管理会计系统功能模块应提供规则配置功能，实现其他功能模块与管理会计模块相关内容的映射和自定义配置。管理会计活动是与企业的业务活动紧密相关的。在系统层面表现为管理会计信息系统与业务信息系统之间频繁的规则和数据交互。只有通过映射和自定义配置才能实现管理会计对业务活动的支持。

4. 灵活扩展性原则

管理会计系统功能模块应具备灵活扩展性，及时满足企业内部管理的需要，同时对环境、业务、产品、组织和流程的变化做出响应。管理会计活动本身就具有个性化的特点。这就要求管理会计的信息化为定制化的管理会计活动预留灵活扩展的空间，以满足管理会计活动的动态变化。

（四）管理会计信息化成功的因素

企业建设管理会计信息系统，一般应同时具备以下条件：（1）对企业战略、组织结构、业务流程、责任中心等有清晰定义；（2）设有具备管理会计职能的相关部门或岗位，具有一定的管理会计工具方法的应用基础以及相对清晰的管理会计应用流程；（3）具备一定的财务和业务信息系统应用基础，包括已经实现了相对成熟的财务会计系统的应用，并在一定程度上实现了经营计划管理、采购管理、销售管理、库存管理等基础业务管理职能的信息化①。

在具备这些条件的基础上，企业实施管理会计信息化成功与否，往往还受到下列因素的影响。

1. 组织因素

（1）企业战略的一致性问题。管理会计信息化最终是服务于企业战略的。管理会计信息化的规划、设计、建设、运行都应该与企业战略保持一致。在企业使用战略地图等工具进行战略分析的过程中应该把信息化因素纳入考虑。管理会计信息化作为其中的一部分，需要从信息化战略逐步分解到管理会计信息化战略，以确保管理会计信息化为企业战略的落地服务。

（2）变革管理。管理会计信息化不仅是管理会计信息系统，还包括与之相匹配的管理体制。实施管理会计信息化往往与企业管理会计的推进甚至与管理变革密切相关。与管理会计信息化相关管理变革主要有：组织结构变革、业务流程变革、管理制度变革、企业文化变革等。这些方面的变革都是为了适应信息技术带来的管理会计工作的变化，更好地实现企业战略。如果线上线下“两张皮”，不仅不能发挥管理会计信息化的优势，甚至可能增加管理的复杂度，致使管理成本增加。

（3）详细的实施需求、明确的目标、详细的实施计划等。纵观管理会计信息化不成功的案例，很多都是在计划、规划阶段就没有明确实施需求，甚至连推行管理会计的需求都

---

① 财政部：《管理会计应用指引第 802 号——管理会计信息系统模块应用指引》：2.

不明确。部分企业管理者“跟风”热点，在没有充分进行需求分析的背景下，认为只要引入管理会计工具，上了管理会计信息系统，就一定可以提高财务管理水平。由于缺乏具体的需求、明确的目标和分步骤的实施计划，结果往往成了“为管理会计而管理会计”，管理会计信息化的优势没有得到发挥。

（4）最佳实践模板加上个性化改进。根据我国很多企业的实践经验，企业想要高效地实施管理会计信息化，可以基于前期同类企业的经验，引入同行最佳实践模板，并在此基础上根据自身企业的管理会计的个性化需求实施因地制宜的改进。

（5）管理会计信息系统的搭建需要全流程管理。一般而言，管理会计信息化是一个分阶段、分层次、动态优化的实施过程。需要引入项目管理的方法，进行事前、事中、事后的全流程管控。实施前的系统测试、实施中的密切监测、实施后的跟踪评价，都会影响管理会计信息系统的成功与否。

（6）项目实施的内部审计，对具体可执行项目的内审跟踪。借助管理会计信息化项目外的力量来对项目进行监督，不仅可以更加客观地评价项目实施的效果，还可以为项目的改进提供值得借鉴的建议。

2. 人力资源因素

（1）最高管理层的支持和其他参与者的态度和决心。需要最高管理层理解管理会计信息化的意义，并取得其支持。企业推进管理会计的初衷就是提供决策支持，所以管理层一般从管理会计项目中获益较多且感受直接。其他参与者，特别是基层的财务管理人员和业务人员，需要为管理会计项目付出较多的努力，例如提供更多的数据，并就这些数据提供更多的解释和沟通工作，从而导致在管理会计项目的初期，其直接获益可能还没有管理层明显。面对这样的情况，一是在系统功能设计上要尽量考虑使用者的工作量，尽量引入智能技术，帮助使用者提高工作效率；二是提前宣贯，让项目的其他参与者更充分地理解管理会计项目对企业的整体意义。

（2）加强外部专家与项目实施团队的紧密合作。首先，将外部的第三方专家和他们的实践经验整合到企业的实施中来。外部的第三方专家，例如咨询团队、软件供应商等，都是管理会计信息化最佳实践知识的载体，企业应该结合自身特点，决定第三方专家介入的时间点和其参与程度，以发挥经验优势。其次，企业的财务人员和业务人员也应该尽量深度参加到管理会计信息系统的开发中。例如，通过组建协作项目团队，企业的员工全职参加业务流程图的梳理和绘制、数据逻辑的梳理、用户界面的设计等。这样不仅可以提高系统开发的效率和质量，还可以在实践中培养具有一定 IT 动手能力和扎实财务功底的管理会计信息化专门人才。

（3）灵活有趣的管理会计信息系统的培训模式。采用实时商业模拟的体验式教学、游戏式教学等创新的培训方法有利于员工更好地适应管理会计信息系统提供决策信息的方式。对于地域分布较广的企业，也可以采用线上、线下结合的培训方式，既提高了培训的效率，还有利于持续学习的开展。

3. 信息系统因素

（1）系统和组织的匹配度。企业的管理会计是非常个性化的工作，管理会计信息化的落地需要管理会计信息系统与企业具体的战略目标、组织架构、经营模式、企业文化等相匹配。这就需要在管理会计信息化实施之前有详细的需求分析和规划。正如俗语所说：

"磨刀不误砍柴工。"这部分工作对整个管理会计信息化的成败至关重要。值得企业给予较多的重视和投入。

（2）系统功能覆盖的范围。一般管理会计信息化的规划可以覆盖管理会计的各个部分，覆盖越完整越好。而管理会计信息系统的建设可能采用分阶段、分模块的思路。这就需要确定不同阶段系统功能覆盖的范围。一般有两个思路：一是重点突破目前管理会计工作的痛点，先重点覆盖与之相关的部分；二是先易后难，平稳推进，先覆盖系统基础和数据基础较好的部分。

（3）系统集成的程度。系统集成是指将软件、硬件与通信技术组合起来，实现彼此有机地、协调地工作。管理会计信息系统需要从各类业务系统采集数据，这就有赖于系统集成来为管理会计信息系统的正常运行提供支持。系统集成的程度越高，管理会计信息系统运行的效率也就越高。而一般企业的财务系统和业务系统往往不是由同一家供应商提供，不同系统的系统集成难度不尽相同，并且被动的系统集成会带来额外的成本，这些都需要在规划阶段予以考虑。

（4）系统的安全问题与系统权限的分配以及初始设置。影响管理会计信息系统安全的因素很多，包括自然及不可抗力因素、硬件及物理因素、软件及数据因素、人为和管理因素等。另外，系统权限问题在管理会计信息系统的建设和运行中同样值得关注。财务会计信息系统的使用者，其权限与其职位有明确的匹配关系。而管理会计信息系统关联较多的业务系统，采集了大量的、颗粒度更细的业务数据，所以其使用者的系统权限的分配以及初始设置也需要进行详细的梳理和划分。

二、管理会计信息系统及其概念

（一）管理会计信息系统的概念

管理会计信息系统，是指以财务和业务信息为基础，借助计算机、网络通信等现代信息技术手段，对管理会计信息进行收集、整理、加工、分析和报告等操作处理，为企业有效开展管理会计活动提供全面、及时、准确信息支持的各功能模块的有机集合①。

管理会计工作不是一个管理会计部门就可以独立完成的。管理会计信息系统也不是一个物理上独立的信息系统。我们可以将管理会计信息系统理解为在一个企业的信息系统中，所有属于管理会计信息化的要素构成的逻辑视图（王海林，2018）。

（二）管理会计信息系统的体系结构

管理会计信息系统由管理会计应用信息系统和管理会计信息系统基础部分组成。如图1－3所示，管理会计应用信息系统为图中的上半部分，管理会计信息系统基础部分为下半部分。下半部分为上半部分的正常运行和功能的发挥提供支持。

① 财政部：《管理会计应用指引第802号——管理会计信息模块（征求意见稿）》：1.

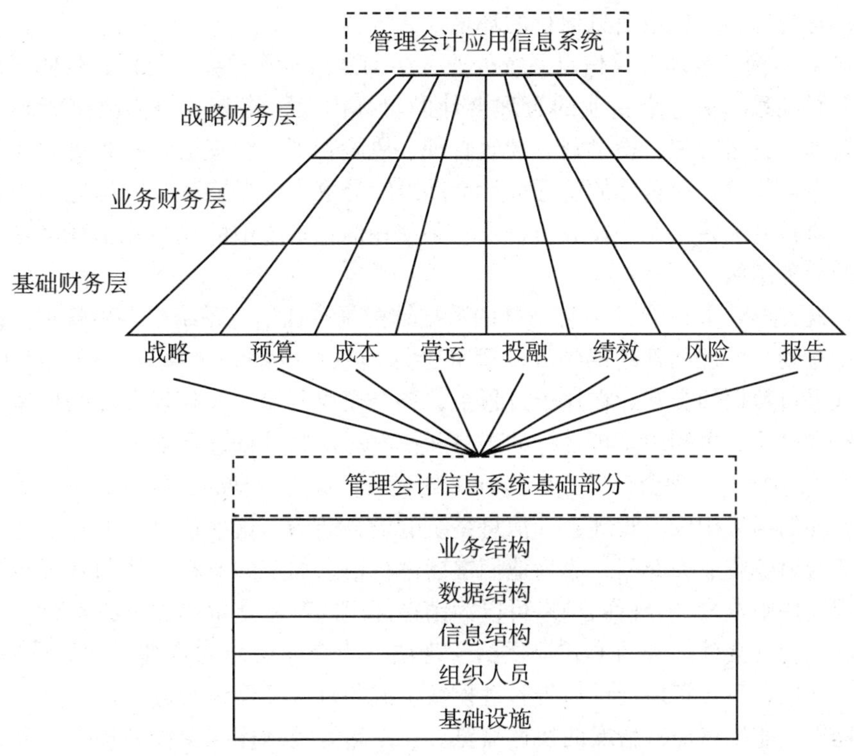

图1－3 管理会计信息系统体系结构

1. 管理会计应用信息系统

管理会计应用信息系统即人们通常所指的管理会计信息系统，即狭义的管理会计信息系统。

（1）层级架构。在财务共享服务的背景下，财务工作的专业分工日益层次化（刘梅玲等，2020）。管理会计应用信息系统按照其对应的财务工作的专业分工，可以分为战略财务层、业务财务层和基础财务层。战略财务层属于指导层，其信息化主要服务于企业的规划指导和企业高层的决策支持。业务财务属于控制层，其信息化主要服务于规范管理和对企业经营层的决策支持。基础财务属于执行层，其信息化主要服务于交易执行和操作控制。

（2）功能模块。管理会计应用信息系统按照其对应的管理会计工作，可以分为具体的功能模块。目前实务中常见的功能模块有：战略管理模块、预算管理模块、成本管理模块、营运管理模块、投融资模块、绩效管理模块、风险管理模块、管理会计报告模块。

由于管理会计工作中管理会计工具和方法之间存在天然的联系，所以这些功能模块并没有严格的界线划分，而是存在一定的交叉。例如，在战略管理模块中将企业战略分解为若干子战略，并且将子战略继续划归具体责任主体的绩效考核目标。这样战略管理模块和绩效管理模块的部分功能就会交叉，两个模块互相联系，已实现战略到绩效的落地。

管理会计应用信息系统中，各个功能模块与层级架构是交叉的关系。各个功能模块都涉及不同层级的系统服务。各个系统服务也对应不同的功能模块。

2. 管理会计信息系统基础部分

管理会计信息系统基础部分主要由业务结构、数据结构、信息结构、组织人员和基础设施构成，是管理会计应用信息运行的环境。

（1）业务结构。管理会计信息系统的业务结构是指从管理会计目标到具体管理会计业务流程的关联关系。从每个企业的管理会计的目标出发，将其分解为战略管理、预算管理、成本管理、营运管理、投融资、绩效管理、风险管理、管理会计报告等具体的管理会计活动。然后再将每一项具体的管理会计活动继续分解为业务流程，并描述每项业务流程与其他业务流程的关系。这些业务流程及其关系在信息系统中的显性化呈现就是管理会计信息系统的业务结构。

（2）数据结构。管理会计信息系统的数据结构是指在信息系统中各项管理会计活动所对应的数据流动、处理和管理的情况。管理会计信息系统的各个模块与企业的 ERP 系统等多个系统进行数据的交互。在这个过程中，各个模块需要按照管理会计的数据标准对数据进行识别和确认，再利用管理会计的工具和模型对这些数据进行处理。

（3）信息结构。管理会计数据经过加工处理后，成为管理会计信息。各项管理会计活动对数据处理的结果构成了管理会计信息系统的信息结构。这些信息一般有三类去向：一是直接反馈给财务或业务部门，成为他们继续进行信息加工的原料，例如管理会计信息系统成本管理模块中本量利分析的结果可以为销售部门的产品定价提供分析素材。二是以格式化或定制化管理会计报告的形式提供给管理层，为企业层面的管理活动提供决策支持，例如管理会计信息系统管理会计报告管理模块生成的月度经营综合分析表，可以为企业高层管理者提供企业生产经营情况的快速概览。三是作为控制标准反馈到各个业务部门，体现管理会计的管控职能，例如管理会计信息系统预算管理模块输出的费用预算执行信息，可以直接用于相关部门的费用管控。

（4）组织人员。组织和人员是管理会计信息系统正常运行的重要保障。管理会计信息系统相关的组织包括 IT 部门、财务共享中心（如果已建）、管理会计职能部门等。企业还需要在上述部门之间进行权责的划分，并进行岗位职责的划分，并配备合适的人员。另外，与管理会计信息系统配套的管理制度也是必不可少的。一般而言，与管理会计信息系统相关的制度包括管理会计业务制度、管理会计业务操作制度和管理会计信息系统运营管理制度。前两者需要明确通过管理会计信息系统完成的相关工作的范围，即明确哪些工作需要通过系统来完成。后者主要是规范管理会计信息系统建设、营运、评价等工作的制度。

（5）基础设施。管理会计信息系统的基础设施是支持该信息系统运行的软硬件平台。如果是云端部署，则还包含云平台。硬件平台包括计算机主机、外存储器、打印机、服务器、通信设施等物理设备。软件平台包括系统软件（如操作系统、网络操作系统、数据库管理系统等）、实用软件（如编程语言、开发工具、浏览器等）和应用软件（例如实施具体管理会计功能的管理会计软件或模块）。

近年来，随着云计算技术的发展，部分企业开始尝试将管理会计信息系统的部分模块部署在云端。例如大型企业集团的总部可以将数据挖掘和分析工具、业务数据库等部署在云端，各分子公司既可以通过网络上传需要报送总部的经营分析数据，还可以上传业务数据，并实现在云端的数据分析，并下载分析结果。云部署模式既有利于集团层面对数据的归集，还充分利用了系统的算力，提高了整个集团整体的数据分析能力。

（三）管理会计信息系统的应用

1. 应用基础

为更好地促进管理会计信息系统的应用，企业需具备一定的财务和业务信息系统应用基础，包括已经实现了相对成熟的财务会计系统的应用，并在一定程度上实现了经营计划管理、采购管理、销售管理、库存管理等基础业务管理职能的信息化①。管理会计信息系统需要的大量数据都是从上述这些基础业务管理系统中采集的。这些系统不仅为管理会计信息系统提供数据原料，还为管理会计信息系统的建设提供了一定的信息技术基础环境。

另外，管理会计信息系统还会受到企业已有信息系统环境的制约，导致其在灵活性、完整性和可扩展性方面有一定的局限性②。不少管理会计信息系统推行既成功又高效的企业，往往是将管理会计信息系统的规划纳入整个企业的信息系统建设规划中统筹考虑，分阶段实施。特别是系统集成的问题，关注越早，协调的层面越高，最终实施的效果越好。

2. 应用过程

管理会计信息系统的应用过程一般包括输入、处理和输出三个环节③。

（1）输入环节。输入环节是指管理会计信息系统采集或输入数据的过程。管理会计信息系统需提供已定义清楚数据规则的数据接口，以自动采集财务和业务数据。同时，系统还应支持本系统其他数据的手工录入，以利于相关业务调整和补充信息的需要。

在大数据时代，管理会计信息系统的数据还有可能来自企业外部的大数据。如果管理会计信息系统有大数据引擎，则这些数据可以直接被管理会计信息系统采集。否则这些数据需要先经过大数据系统或软件工具的处理，再被管理会计信息系统采集。

（2）处理环节。处理环节是指借助管理会计工具模型进行数据加工处理的过程。管理会计信息系统可以充分利用数据挖掘、在线分析处理等商业智能技术，借助相关工具对数据进行综合查询、分析统计，挖掘出有助于企业管理活动的信息。该环节中用到的相关工具在不同的企业具有较大的差异。既可以是基本的数据统计和分析，也可以是利用更多管理会计工具的较深入处理，还可以是引入数据挖掘、大数据分析、人工智能等更加前沿的分析工具进行更深入数据处理。

（3）输出环节。输出环节是指提供丰富的人机交互工具，集成通用的办公软件等成熟工具，自动生成或导出数据报告的过程。数据报告的展示形式应注重易读性和可视化。最终的系统输出结果不仅可以采用独立报表或报告的形式展示给用户，也可以输出或嵌入到其他管理系统（如客户关系管理系统）中，为各级管理部门提供管理所需的相关、及时的信息。

输出结果的频道化是管理会计信息系统的一个特点。如图1-3所示，管理会计信息系统不仅服务于战略财务、业务财务、基础财务三个层级的用户，还直接为业务部门（或业务系统）提供输出。这就要求管理会计信息系统的输出结果是更加灵活的动态化、个性化视图。

---

① 财政部.《管理会计应用指引第802号管理会计信息模块系统应用指引》：2.

② 财政部.《管理会计应用指引第802号管理会计信息模块（征求意见稿）》：14.

③ 财政部.《管理会计应用指引第802号——管理会计信息系统模块应用指引》：4.

三、管理会计信息系统发展历史

管理会计信息系统的发展既与企业整体信息系统、财务会计信息系统的发展有关，还有其自身的特点。国外管理会计信息系统的发展起步较早，相对成熟。而近年来，政府对管理会计的引导不断加强，企业的管理需求不断提升，信息技术的不断迭代，软件厂商日益发展等积极因素促使我国管理会计信息系统的发展加速。

（一）国外管理会计信息系统的发展历史

1. 管理信息系统发展对管理会计信息系统的促进

21 世纪初期，发达国家企业 ERP 信息系统的一些内嵌功能未能完全与其他软件充分集成，使得系统的潜能还没有完全被利用（White，2004）。从企业界的整体情况来看，高度集成的系统还未能完全普及，主要是部分小公司还未采用这类系统。ERP 系统与大数据技术的结合可以为管理会计工作提供更多的内外部数据，从而管理会计可以提供描述性分析、预测性分析和提供最优决策的指导性分析。目前的管理会计大部分提供的还是描述性分析和一些预测性分析，几乎没有指导性分析（Granlund，2011）。

系统集成的管理会计工具之一是平衡计分卡。基于平衡计分卡理论的、运用商业智能的管理会计数据分析（managerial accounting data analytics，MADA）的框架，使得企业可以在公司业绩管理的 4 个方面（包括财务、客户、内部流程、学习和成长）应用上述三种分析（Appelbaum et al.，2017）。

2. 新的信息技术发展与管理会计信息系统

在 20 世纪 90 年代到 21 世纪初，发达国家的先进企业已经通过引入数据仓库、在线分析处理、数据挖掘、网络（特别是基于网络的数据标准化技术，例如 XML、XBRL）等技术，提高系统处理多维度数据的能力，打破了信息处理时间空间的限制，将更多的会计信息更高效率地进行集成和整合，从而提高会计信息处理的能力。

在大数据的背景下，更多的数据可能纳入企业信息系统。这些信息按载体分包括移动端数据、网页数据、扫描端数据等，按来源分包括安全记录数据、电话记录、社交媒体记录等。数据挖掘在管理会计领域的应用主要集中在成本管理（包括产品、设备、流程和项目等层面）、资产管理（主要是存货管理），在预算管理、收入管理、企业并购等方面也有一些应用。采用的主要措施包括分类、选择、预测和优化存货管理、定义成本动因、估计和预测项目和产品成本、建立预算系统、预测现金流量等。实施的主要方法是通过神经网络进行估计和优化。

近年来，移动互联网、人工智能、物联网、云计算等新兴信息技术的发展也为管理会计信息系统在范围扩展、功能提升、效率提高等方面的发展提供了技术支撑。数字孪生、区块链等前沿技术的探索，又为管理会计信息系统的发展打开了更广阔的想象空间。

（二）我国管理会计信息系统的发展历史

管理会计信息系统是会计信息系统的一部分。中国会计学会会计信息化专业委员会（2009）对会计信息化发展阶段进行过划分。基于该划分，结合管理会计信息系统的特点，我国管理会计信息系统的发展可以划分为如下五个阶段：核算型开发与应用阶段、管理型开发与应用阶段、一体化开发与应用阶段、嵌入型开发与应用阶段和智能化开发与应用阶段。

1. 核算型开发与应用阶段（1979～1996年）

20世纪八九十年代，计算机和局域网技术在我国得以应用，改革开放和市场经济体制转型的快速发展对会计核算的效率提出了更高的要求。在第一次信息化浪潮的影响下，我国的企事业单位开始利用计算模拟手工会计作业，即财务会计的电算化。会计信息系统经历了从单项会计处理到部门会计处理的过渡，实现了部门内会计信息的共享，但是在企业层面部门间的会计信息还没有实现共享，管理会计信息化还在酝酿中。会计信息化的研究主要是电算化概念、会计信息系统开发等。在这个阶段的后期，已经有学者开始提出会计电算化从核算型向管理型的过渡（王景新，1995）。

2. 管理型开发与应用阶段（1996～2000年）

我国改革开放步入深化发展，经济社会更加开放，企业面临国内外的竞争压力，其管理能力需要提高，要求会计工作不能停留在核算领域，还需要延伸到管理领域。

在实践方面，企业内部的业务信息和财务信息需要整合，业务部门和财务部门之间数据不互通、部门之间信息孤岛的问题亟待解决。20世纪90年代中后期互联网和IT技术在我国的兴起，带来了会计信息化的第二次浪潮。在这次浪潮中，我国的财务软件厂商取得了发展机会，并为会计软件从核算型过渡到管理型提供了软件支持。借助这些软件工具，企业开始关注如何利用会计信息提高管理和决策的水平。会计电算化的发展也从核算型阶段过渡到管理型阶段，企业开始用计算机手段实现管理会计，管理会计信息化开始萌芽。

在研究方面，管理型会计电算化系统是这个时期研究的热点之一。该系统需要体现管理会计工具的应用，是基于预算系统、分析预测系统、业绩评价系统以及决策系统等构建的综合系统（祁怀锦，1996）。管理型软件更强调事前、事中和事后的全流程管理（金光华，1997），还可以完成包括预测、分析、控制和辅助决策等管理会计工作（陈婉玲和韦沛文，1997）。阎达五（1999）认为，会计软件由核算型向管理型转化的理论依据是，会计既有核算职能也有管理职能。罗金明（1999）从现代管理科学和计算机科学的角度对管理会计电算化进行了定义，并指出了管理会计电算化向决策支持系统发展的方向。

3. 一体化开发与应用阶段（2001～2005年）

伴随着我国经济持续高速发展，企业管理水平的提升，会计信息化进入一体化阶段。企业基于统一的信息管理平台，根据业务流程这根主线，对各个子系统重新规划、设计和集成（杨全文，2010）。

这个时期ERP从概念变成了更多企业的实践。先进企业的ERP系统开始更加注重支持业务发展，通过企业内部信息资产、人力资源等与财务系统的整合，为改善经营管理、提升产品服务和客户关系服务（孙绪才，2015）。ERP系统开启了管理会计信息化业财融合的尝试，为管理会计信息化的发展提供了基础数据和系统基础。但是受制于管理会计技术工具的应用程度，当时的ERP系统尚未达到业务和财务系统较深层次的融合。例如，当时流行的财务预算信息化不能等同于全面预算管理的信息化（李晓虎，2011）。

这个时期管理会计信息化的研究主要集中在对系统功能和ERP的探讨。ERP系统应该突破单一管理的局限，实现成本、资金的一体化管理，并利用核算、分析和预测功能解决企业的管理需求（周山和李媛媛，2002）。张宏等（2005）提出了预算管理模块、成本管理与控制模块、获利能力分析模块、绩效衡量模块的划分及实施。当时的很多企业大都实行单一的财务会计信息系统，而在财务会计信息系统的信息搜集、加工和处理过程中管理会计基础性会计信息被汇总或被忽略，出现了信息含量不充分的问题（杨雄胜等，2001）。

在会计信息化第二次浪潮的后期，互联网技术在我国加速普及，会计软件和信息系统出现了网络化的趋势。相关的研究集中在网络财务报告，网络与管理会计信息化的研究并不多，主要是适用性的研究。例如，杨标（2005）提出企业需要适应网络经济环境，建立网络战略管理会计信息系统，并从数据库、数据挖掘、工作流、群件等信息技术的角度分析了其实施的可能性。

4. 嵌入型开发与应用阶段（2006～2015 年）

经济全球化不断发展，我国从区域经济大国向全球经济大国转变，经济结构深化调整，经济发展逐步进入新常态。大智移云、物联网等技术的兴起，掀起了以规范化、标准化、知识化、智能化、互联化、云化、社会化、产业化为主要标志的会计信息化第三次浪潮。如何在知识经济时代、信息时代，实现企业管理效率和效益的提升是管理会计信息化面临的问题。

信息技术在管理会计的应用出现了管理会计软件功能细分化、专业化和集成化的特点。基于不同生产经营和管理的需要，各行业为更充分地利用信息通信网络，更加高效地获取和使用网络资源，利用信息化手段进一步建设商业智能，促使企业信息化技术及其应用也朝着更加细分的方向发展（王学东和商宪丽，2008）。软件厂商开发了与管理会计的主要技术工具对应的各种管理会计信息系统，并应用于各类企业。部分在管理会计领域比较领先的软件厂商开始探索管理会计专业化软件服务——专业化的管理会计套件，从管理会计数据为起点，主动服务于企业管理会计需要的管理会计信息化服务（张丽，2007）。2014 年财政部发布《关于全面推进管理会计体系建设的指导意见》之后，企事业单位更加重视管理会计工作，管理会计信息化也进入了快速发展时期。近十年的时间，我国管理会计软件已经覆盖了预算管理、成本管理、战略管理、营运管理、投融资管理、绩效管理、风险管理、管理会计报告等管理会计工具运用的主要领域。近年来，管理会计信息化逐步开始从独立的管理会计工具应用系统的构建向集成式的管理会计信息系统的构建过渡（李彪，2016）。

理论研究的一个特点是紧跟技术发展和软件工具创新，研究管理会计新工具的信息化问题，例如全面预算管理信息系统构架和关键技术（于新华等，2006；王惠颖，2009）、全面预算管理系统和 ERP 系统全面融合的技术基础（刘畅，2011）、用平衡计分卡的思想提升 ERP 系统的管理会计功能（曾维梁，2007）、价值链成本管理系统中国式制造执行系统（MES）（张明明，2014）。随着网络财务报告研究的深入和可扩展商业报告语言（extensible business reporting language，XBRL）研究从财务报告（financial reporting，FR）延伸到账簿（global ledger，GL），XBRL 在管理会计中的研究开始被关注。引入 XBRL 统一资料文件的类型，提高数据的真实性和可靠性，提高信息处理和传输的效率（韩庆兰和樊丽梅，2011）。

5. 智能化开发与应用阶段（2016 年至今）

近年来，大智移云物区等技术的快速发展，触发了新的应用场景。2016 年德勤和 Kira Systems 2016 年宣布将人工智能引入会计、税务、审计等工作中，随后以普华永道、德勤、安永、毕马威为代表的会计师事务所和以金蝶、用友、元年为代表的软件厂商纷纷推出了自己的财务机器人方案。会计从信息化逐步进入初步智能化的发展阶段（刘勤和杨寅，2019）。

在系统应用方面，目前我国企业构建管理会计信息系统采用的一个较常见方式是在前期信息化的基础上，在业务层和核算层之上建设管控层，并尝试引入神经网络、遗传算法等智能化工具，并重点探索智能化技术在决策支持方面的应用。在产业发展方面，目前我国财务软件提供商提供的管理会计信息化服务主要包括软件服务和咨询服务。在人才培养方面，我国会计职业领域已从传统的记账、算账、报账为主，拓展到内部控制、投融资决策、企业并购、价值管理、战略规划、公司治理、会计信息化等高端管理领域，即管理会计领域。多所国内院校开始培养人工智能和大数据方向的会计学研究生。在信息安全方面，管理会计信息系统与会计信息系统一样，除了存在硬件、软件、网络、人为操作和制度规范等方面的安全风险之外，还存在云会计环境下会计信息存储、传输、使用和数据管理等风险。在政策法规和标准规范方面，《财政部关于全面推进我国会计信息化工作的指导意见》和《企业会计信息化工作规范》都强调了会计信息与业务信息的融合，《管理会计基本指引》和《管理会计应用指引第 802 号——管理会计信息系统应用指引》分别对管理会计信息化建设提出了更加具体的要求和建议。

总体而言，随着我国新兴信息技术的发展，部分企业的管理会计信息系统也开始引入了 RPA（财务机器人）、可视化技术、移动互联网（含 5G）、人工智能、物联网、云计算等技术，在管理会计算法提升和较深入的数据挖掘和分析等方面进行了有益的探索。部分企业甚至尝试将区块链等思维引入管理会计信息系统，使得我国管理会计信息系统的创新更加值得期待。

四、管理会计信息系统面临的数字化挑战

随着云计算、大数据、人工智能等新技术的发展和逐步应用于企业管理领域，企业的数字化转型逐渐成为趋势。会计活动作为企业管理活动中的重要一环，也在积极探索数字化转型的方向。《会计改革与发展“十四五”规划纲要（征求意见稿）》专门提出要积极推动会计工作数字化转型。做好会计工作数字化转型顶层设计。将实现会计信息化对会计核算流程和单位业务活动的全面覆盖。该征求意见稿已经将管理会计的数字化转型作为下阶段会计改革和发展的方向之一。企业的数字化转型将有利于实现财务活动和业务活动的融合。智能财务是一种业务活动、财务会计活动和管理会计活动全功能、全流程智能化的管理模式（刘勤和杨寅，2018）。在这个过程中，管理会计信息系统还将面临企业数字化转型带来的挑战。

（一）管理会计信息系统的边界难以界定

随着企业数字化转型的深入，更多的数据将被企业使用，包括很多的企业外部数据。

这样将造成系统功能突破组织边界向企业生态链延伸。管理会计信息系统的发展也将会伴随着企业管理边界的扩展，将系统功能延伸到企业价值链和生态链之中，去关注客户、供应商乃至社会经济等方面的发展。而这些信息都是管理会计进行决策支持需要使用的数据，管理会计信息系统的边界可能会更加模糊。

（二）管理会计信息系统如何应对大数据处理

企业数字化转型会使海量业务数据进入管理会计信息系统。而其中的大量数据是半结构化或非结构化数据，例如图像、音频和视频等。这就对管理会计信息系统的海量存储、智能检索、知识挖掘等技术提出了更高的要求。利用好这些数据，可以大幅提升管理会计活动的精确性、便利性和有效性。但是如果处理不得当，则可能造成管理会计数据质量的下降。强化包括元数据管理、数据标准管理、数据集成管理等在内的数据治理将变得日益重要。

（三）管理会计信息系统如何实现自动化和智能化技术的深度应用

企业的数字化转型对管理会计的决策支持提出了更高的要求。强化管理会计对业务的管控和赋能，都离不开更高的自动化和智能化技术水平。管理会计信息系统需要更好地利用和融合数据挖掘、数据仓库、数据湖、数据展示等新兴技术。特别是紧跟神经网络和自然语言处理等认知智能技术的前沿发展，并适时将其应用到分析、推理、判断、构思和决策等管理会计活动。

（四）管理会计信息系统可能面对更多的信息安全问题

企业数字化转型的过程中还要关注信息安全问题，实现信息安全防御技术与管理会计信息系统中的对接。管理会计信息系统的管理者需要从硬件及物理因素、软件因素、数据因素、人为管理因素等方面强化系统安全。强化信息安全，一方面需要相关部门不断完善立法保护措施，另一方面还需要企业建立适应海量数据、高速传输、格式多样等特征的信息系统运行管理制度。

【本章总结】

信息化包含技术、资源、经济三个维度。企业管理信息化是企业信息化的一个部分。企业管理信息化是将现代信息技术应用于企业管理，实现企业管理现代化的过程。信息化的不断深入，除了提高企业管理的效率，还在影响组织管理的变革。信息化带来的组织管理变革可以分为流程变革、结构变革、人员变革、文化变革四大方面。管理信息系统是一个利用计算机硬件、软件、人工规程、管理和决策模型以及数据库，为组织的作业、管理和决策职能提供信息的综合性的人机系统。管理会计的发展对信息系统提出了更高的要求。本章从数据采集、数据处理、数据输出等场景概括了如下的信息系统发展需求：信息采集的量化、决策支持的模型化、信息系统的整合、输出结果的频道化、系统动态迭代和升级。

管理会计信息化的理论基础是构建在信息系统理论、管理会计基础理论和会计信息化基础理论之上的，三者相互融合，共同支撑管理会计信息化的实践。管理会计信息化，是指以财务和业务数据为基础，借助计算机、网络通信等现代信息技术手段，对信息进行获取、加工、整理、分析和报告等操作处理，为企业有效开展管理会计活动提供全面、及时、准确的信息支持。按信息化发展要素，可将管理会计信息化划分为管理会计信息系统、管理会计信息资源、管理会计信息安全、信息网络、信息技术和管理会计信息化产业、管理会计信息化人才、管理会计信息化政策法规和标准规范七大要素。在企业实施财务共享服务后，按管理会计职能定位，可将管理会计信息化划分为指导层信息化、控制层信息化和执行层信息化。企业实施管理会计信息化，一般应遵循系统集成原则、数据共享原则、规则可配置原则和灵活扩展性原则。影响企业实施管理会计信息化成功与否的因素有：组织因素、人力资源的因素和信息系统因素。

管理会计信息系统，是指以财务和业务信息为基础，借助计算机、网络通信等现代信息技术手段，对管理会计信息进行收集、整理、加工、分析和报告等操作处理，为企业有效开展管理会计活动提供全面、及时、准确的信息支持的各功能模块的有机集合。管理会计信息系统由管理会计应用信息系统和管理会计信息系统基础部分组成。管理会计信息系统包含的主要功能模块有：战略管理模块、预算管理模块、成本管理模块、营运管理模块、投融资模块、绩效管理模块、风险管理模块、管理会计报告模块。我国管理会计信息系统的发展可以划分为如下五个阶段：核算型开发与应用阶段、管理型开发与应用阶段、一体化开发与应用阶段、嵌入型开发与应用阶段和智能化开发与应用阶段。

管理会计信息系统还将面临企业数字化转型带来的挑战，主要包括：管理会计信息系统的边界难以界定；管理会计信息系统如何应对大数据处理；管理会计信息系统如何实现自动化和智能化技术的深度应用；管理会计信息系统可能面对更多的信息安全问题。

【本章思考题】

1. 什么是管理会计信息系统？
2. 管理会计信息化和管理会计信息系统是什么关系？
3. 我国管理会计信息系统经历了哪些阶段？每个阶段的特点是什么？
4. 管理会计信息化的成功因素有哪些？请举例说明它们是如何发挥作用的。
5. 请举例说明管理会计信息系统面临哪些数字化挑战？

第二章 管理会计信息系统的管理基础

【本章内容简介】

本章概括性介绍了管理会计信息系统的管理基础。辨析了管理会计的概念、目标和管理会计应用的管理理论环境，阐述了管理会计的流程、工具与方法，分析了我国管理会计的指引体系、管理会计应用指引体系及其作用，并探索性地分析了新型财务管理模式以及新模式下的管理会计，介绍了财务共享、财务共享服务的相关概念。

【本章学习目标】

1. 了解管理会计的概念、目标和管理理论环境。
2. 了解财务共享、财务共享服务的相关概念。
3. 了解新型财务管理模式及其与管理会计的关系。
4. 了解管理会计的流程。
5. 了解什么是智能财务和新型财务管理模式。
6. 熟悉我国管理会计的指引体系。
7. 掌握我国管理会计的应用指引体系的构成。

【本章要点提示】

1. 管理会计的目标。
2. 管理会计的管理理论环境包含的内容。
3. 我国管理会计的应用指引体系的构成。
4. 管理会计的主要工具方法。
5. 财务共享服务对传统管理的影响。
6. 新型财务管理模式。

【本章引导案例】

案例企业为经营范围涵盖了工程施工、设计、装备制造的大型企业集因。公司通过构建“业财税”一体化管控型财务共享服务中心，同时建设合同管理、资产管理、税务管理、项目管理、人力资源管理、供应链管理、房地产成本管理等系统打通了数据壁垒，控制了数据失真等风险，提升了集团精益化管理水平，促进了战略落地实现。

（一）项目目标

结合集团面临的财务问题，公司财务共享服务中心项目的总体目标是：建设业财税一体化的管控型财务共享服务中心，借助财务共享服务中心的支持，打破业务数据在各部门的孤立现状，搭建扁平化、集约化管理平台，再造管理架构，调整资源分配，使各分公司、子公司、业务部门更加紧密、有机地处理企业业务，提升协同管理能力，具体目标包括：

1. 提升管控力度

通过即时的数据收集、处理、监控、定期报告的方式，更多地参与事前和事中控制，配合企业集团总部加强对成员单位的管控力度，降低企业风险。

2. 推动财务转型

以财务共享中心建设作为推动财务转型的手段与工具，助推集团财务从整体出发，明确职能愿景和角色定位，厘清各级财务组织、各个财务条线的权责分工，协同配置资源，最终通过专精分工、流程优化及信息化配套，打造一体化的财务专精团队，提升财务运营效率与能力并加强内控。

3. 实现业财融合

通过财务共享服务中心实现财务系统与项目管理系统、人力资源系统等业务系统的集成，从数据源头入手，统一业务和财务数据口径和数据假设，减少口径转换，加强业务财务对接，实现业务财务系统一体化。

4. 统一数据标准

通过财务共享服务中心的财务基础数据和业务数据的标准化，使得财务共享服务中心与业务系统交换的都是标准化的数据，保持财务基础数据和业务数据的一致性。

5. 实现流程再造

推进流程标准化、业务标准化与审核标准化，制定并完善一系列财务管理制度及执行标准，使得企业整体业务处理规范程度显著提高，夯实基础工作，有效提升核算质量。同时，通过重塑管控流程，在逐个梳理流程关键控制点的基础上，通过流程的梳理优化，规范各环节操作标准，明确各岗位责任义务，将核算及内控标准依托系统固化至流程操作过程中，在提高财务流程效率的基础上形成有效的控制标准，有效提升风险防控能力。

6. 提升信息质量

通过规范化的财务共享服务中心流程，统一处理各下属单位会计核算工作，统一会计核算标准和会计职业判断，如实地反映各单位生产经营情况、经营成果以及资金状况，提高会计信息质量，便于总部掌握项目的真实信息。通过合理的岗位分工，利用信息技术手段，提高工作效率。

7. 培养人员队伍

将基础性核算工作交由财务共享中心统一处理，可以将各单位财务人员安排在财务分析和成本管理岗位，促进其更加紧密地与业务人员合作协同，深入到业务的各个环节，发掘可降低的成本和可提升的管理点。财务共享中心建立后，数据透明度和可比性更高，财务分析的可利用数据质量更好，也有助于各单位财务人员发挥更大的业务伙伴作用，进一步支持和促进成员单位及时作出正确的经营决策，提高自身能力和企业整体业绩。

（二）项目总体建设思路

项目组首先对甲公司的业务进行梳理，按照项目建设目标对面临的财务税务问题进行详细剖析，确定了财务共享服务中心的总体建设思路为：基于流程化、标准化、一体化、信息化、智能化的“五化”管理核心理念，设计构建“业财税”一体化管控型财务共享服务中心，企业的五化理念如下：

1. 流程化

流程化是指将现有正在运行的管理流程、业务流程、审批流程等进行梳理固化，打通业务在各产业单位、职能部门、领导人员、操作人员等关键节点之间的关联通道。

2. 标准化

标准化是指对于相同业务所涉及的各产业单位、职能部门，统一“一种语言”，基于一套标准。标准化是企业战略规划、数据分析决策、财务共享服务中心建设的基础和前提。

3. 一体化

一体化是指在标准化的基础上，将业务发生的全过程有机地在各单位之间结合，并形成透明的、真实的、连贯的、简化的、可控的、可追溯的业务管理架构。

4. 信息化

信息化是企业业务和财务流程化、标准化、一体化的技术基础，通过信息化系统平台建设，将标准化的流程、精准的控制、业务的流转、各部门的职责、管理要求等方方面面的内容，嵌入到系统中，形成固化的系统功能。所有对应业务流程的发生、办理、归档，都必须从信息化系统平台中流转。

5. 智能化

通过智能化处理将信息系统中存储的数据资产进行归类分析、组合计算，在管理驾驶舱自动展示分析结果、推送业务报警信息和企业营运预警信息，既可以服务于企业内部的战略决策者，也可以通过自动生成对外报告信息服务于外部的信息使用者。

（三）应用架构设计

财务共享服务中心的系统平台架构具体包括开发平台、建模平台、流程平台、集成平台、分析平台、数据采集平台、微信对接平台。

公司在这一系统平台上构建了主数据管理系统、电子影像系统、网上报账系统、财务共享服务平台系统、财务核算系统、电子档案系统，这些系统又均与业务系统之间有对接，使集团的成本管理、债权债务管理、资金管理、税务管理、固定资产管理、报表管理、全面预算系统和商业分析系统等管理会计的应用都建立在构建的财务共享服务中心之上。

公司构建的财务共享服务中心还实现了外部与银行系统、税务系统、商旅系统的对接，内部与办公系统的对接。

（四）项目建设过程

公司财务共享服务中心建设具体包括财务共享服务中心战略定位、财务和业务流程的梳理、组织结构设计、岗位职责确定、人员编制测算与配置、营运管理制度设计、信息化平台建设等方面。

1. 战略定位

战略定位是为配合公司整理经营战略而确定的财务共享服务中心未来工作的主要目标，以及为达成目标而采取的行动。战略定位模块的主要工作包括财务共享服务中心的战略目标选择、运营模式选择和战略职能规划三个方面。

2. 业务流程梳理

公司建设财务共享服务中心之初，从各子公司、职能部门抽调人员组建筹备组，对集团现有业务进行梳理讨论，按照标准化、流程化、一体化的思路对相似业务进行梳理归类、统一标准，形成了10大类业务流程，94个子业务流程。

3. 组织结构设计

首先，确定组织结构重组设计原则。公司财务共享服务中心组织结构按照事权不变、核算与管理分离、外延固化与内涵灵活、标准集中与数据集中、发展与稳定、定期评价与持续完善的六大原则来设计。

其次，组织重组后财务管理组织结构设计。财务共享服务中心的建设将公司原“集团—公司—项目部”的三层级管理的整体财务组织结构进行了重组，公司财务共享服务中心在集团整体组织架构中的位置。重组后财务部门根据战略财务、业务财务、共享财务对应的职能进行优化设计。

4. 重组后的岗位职责确定

重组后甲公司各财务岗位的职能区分具体业务，并都按照集团总部财务部、财务共享服务中心和分支机构财务分别确定。财务职能岗位主要包括资金管理、资产及产权管理、税务管理、财务信息化、财务风险及内控管理、财务分析、会计政策制度管理、会计核算及报表编制、会计档案管理、对外关系、综合管理等11个方面。

5. 人员测算与配置

公司财务共享服务中心人员配置坚持以下原则：第一，以现有业务量为基准，兼顾业务的稳定过渡，同时考虑相关业务集中后的效率提升。第二，按照各项业务处理的要求和特点采用不同的测算方法；共享服务中心建设初期按照业务量以及人员对岗位的熟悉度进行配置。第三，财务共享服务中心营运初期，为保证稳定过渡，风险可控，建议考虑增设5%的人员储备。第四，模式的改变会对企业员工及财务部的账务处理效率产生一定影响，应尽量适应模式改变。第五，财务共享服务中心运行稳定后，财务会计人员工作效率有所提高，后期可根据人员及业务情况进行岗位调整。

基于上述原则，公司财务共享服务中心人员全部采用内部招聘方法，在组织架构、岗位职责确定后，分别采用不同的测试方法对各个部室、业务小组人员进行估算，并向集团申请人员指标。财务共享服务中心人员人事关系归集到中心统一管理，保证执行力的同时，解决员工后顾之忧。

6. 营运管理制度设计

财务共享服务中心制度设计包括明确制度管理目标、现状及原因分析、明确职责和权利义务、梳理与其他制度的关系及层次4个主要环节。

7. 信息化平台建设

为了实现公司业财税一体化管控型财务共享服务中心建设目标，公司与软件公司一起合作打造了一套支持财务共享服务中心营运的信息化平台，包含两大类系统——业务系统、财务系统。该系统包括了共享中心系统、业财税集成系统、资产管理系统、成本管理系统、报表系统、银企直连系统、合同管理系统、税务管理系统、人力资源系统、综合项目管理系统（PM）、核算系统、固定资产系统、资金管理系统、网上报销系统、费用预算系统、债权债务系统、工业管理系统、OA办公自动化系统、影像管理系统共19个子系统。

（案例来源：财政部会计司专家组：《管理会计案例示范集》，经济科学出版社2019年版。）

案例思考题：

1. 什么是“五化”理念？

2. “业财税”一体化管控型财务共享服务中心可以实现哪些目标？

3. 从案例公司财务共享服务中心项目建设涉及的环节看，一体化共享信息平台涉及哪些管理知识和内容？

第一节　管理会计基础理论

一、管理会计概念

（一）管理会计的界定和目标

管理会计起源于美国，20 世纪 50 年代逐渐从会计系统分离出来成为一个独立领域，至今对管理会计的界定并不完全统一。余绪缨（1990）提出管理会计侧重于为企业内部的经营管理服务，它采用灵活而多样化的方法和手段，为企业管理部门正确地进行最优管理决策和有效经营提供有用的资料。也有学者认为管理会计是帮助管理者为完成企业目标而对会计信息进行确认、计量、收集、分析、准备、解释和交流的过程（亨格瑞，2012）；管理会计是计量、分析和报告财务及非财务信息，以帮助管理者做出决策来实现企业目标（达塔，2015）。美国管理会计师协会（IMA）提出，管理会计是一种深度参与管理决策、制订计划与绩效管理系统、提供财务报告与控制方面的专业知识以及帮助管理者制定并实施组织战略的职业。

按照我国财政部《关于全面推进管理会计体系建设的指导意见》对管理会计的定位，管理会计是会计的重要分支，主要服务于单位内部管理，是通过利用相关信息，有机融合财务与业务活动，在单位规划、决策、控制和评价等方面发挥重要作用的管理活动。

虽然关于管理会计的具体定义存在一定的差异，但是对管理会计重要性已经形成了普遍共识，管理会计与财务会计同等重要，它与财务会计是并列的、会计的两个不同系统。管理会计主要为单位内部各级各类管理人员的决策提供信息（财务和非财务），并反馈和监控经营业绩（于增彪，2014）。

管理会计的目标是管理会计的根本目的，它是设计管理会计应用方案，衡量管理会计应用效果的基本依据。按照我国《管理会计基本指引》，管理会计的目标是通过运用管理会计工具方法，参与单位规划、决策、控制、评价活动并为之提供有用信息，推动单位实现战略规划。由此可以将管理会计的目标具体化为以下方面：

（1）运用一系列专门的工具、方法，收集、计量、分析和报告各种经济信息，借以进行预测决策，制订计划，对各级各类的经营业务进行控制，并对经营业绩进行评价，以改善单位的经营管理，提高经济效益。

（2）运用一系列专门的工具、方法，搜集、整理、汇总、分析涉及单位经营的内外部环境数据和资料，充分提供有用的单位内外部信息帮助管理人员制定发展战略，做出战略决策，实现战略目标。

（3）利用管理会计信息参与单位规划、决策，经营业务的控制，以及对经营业绩的分析评价。

（二）管理会计的管理环境

一个企业的管理会计实务和应用不仅取决于企业的性质和规模、企业所处行业和发展阶段等自身特征，也要与企业的治理结构、发展战略、企业文化、组织机构、组织流程、信息化应用水平、风险管理与内部控制等内部因素相一致，还要与企业供应链、社会信息化程度等外部环境相适应。而且还需要不断随着相关内外部环境和自身特征的变化及时进行相应调整，管理会计才能在组织的运营和管理中最大限度发挥有效作用。因此商业和管理环境是企业管理会计实践的基础要素，也是企业选择管理会计工具和方法的基本依据。管理会计的环境中主要包含的管理理论如图 2－1 所示。

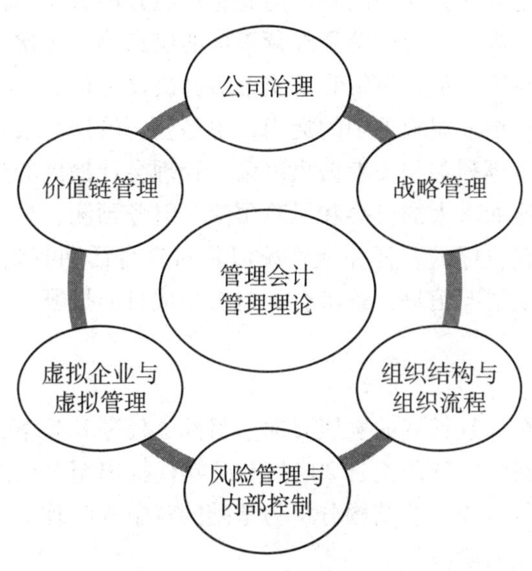

图 2－1　管理会计的理论基础

1. 公司治理

公司治理旨在解决企业各利益相关主体之间利益、权力和责任问题，是关于公司各利益主体之间权、责、利关系的制度安排。公司治理包括内部治理和外部治理两方面，内部治理包括权力结构、权责分配、激励机制和内部控制。外部治理从社会整体利益出发，监督、协调、规范和约束企业与其他外部主体之间的利益关系，进一步促进和保障利益均衡的实现。

一定的公司治理结构可以通过对公司各利益相关主体权力的制约和平衡来实现不同利益相关者的利益均衡，而且公司治理的内容之一就是设计和实施一定的激励方案，对董事会、经理层和员工实现监督控制和业绩评价。因此，需要管理会计为股东控制权的配置和行使提供决策信息。管理会计是企业会计信息系统的一个分支，提供各种强制性报告之外的财务和非财务信息，目的就是满足公司治理和公司管理的信息需求。由于财务会计提供的信息是非常有限的，股东和其他利益相关者无法从财务会计中得到充分的信息满足。管理会计除了必须提供公司管理需要的各种有用信息以外，还有必要为股东、董事会、经理层的决策提供必需的信息：

首先，股东大会是公司治理的最高权力机构，对公司重大事项做出决定，股东通过股东大会行使对公司的控制权。为此股东必须了解公司的经营情况和财务状况，才能对公司经营方针、投资计划、预决算方案发表意见。其次，董事会接受股东大会的委托对公司行使控制权和决策权，董事会承担着决定公司经营计划和投资方案、制订公司年度财务预算方案和决算方案、制订公司的利润分配方案和弥补亏损方案、制订公司增加或者减少注册资本以及发行公司债券的方案，以及制订公司合并、分立、解散或者变更公司形式的方案等职责，这些决策的做出需要以公司经营管理信息、财务信息等为基础。同时董事会还负责制定公司经理层的聘任、解聘和报酬，制定公司的基本管理制度，这些也需要公司的经营状况、相关人员的履职情况和业绩考评等信息，而资本预算体系、责任会计核算、高层管理人员报酬体系等都是管理会计的内容。为此管理会计还需要提供支持实现企业战略目标，以及企业经营过程中重大经营决策和经营事项的信息等。再次，经理层接受董事会委托，执行董事会做出的决定，负责组织和落实董事会决议并负责公司的日常生产经营管理工作。这些也是管理会计在公司管理中的运用，也是公司治理与公司管理的交叉部分。最后，为了更好地帮助股东等利益相关者做出决策，管理会计提供的信息中还应该包括企业未来前景的预测信息。比如未来的机会和风险预测、财务预测，公司价值的评估分析，董事会、监事会成员对承诺目标的责任完成情况以及对自身活动有效性的分析，对董事会、监事会成员的激励和补偿情况信息，董事会、监事会成员的报酬合约的完备性情况分析与评价等。

2. 战略管理

战略管理是企业对全局且长远的发展方向、目标、任务和政策，以及资源配置做出决策和实施管理的过程。战略管理理论自20世纪60年代提出至今已经经历以环境为基础的经典战略管理理论、以行业或产业结构分析为基础的竞争战略理论、以资源和知识为基础的核心竞争力理论几个发展阶段。

环境视角下，企业需要调整或重构组织结构来适应企业战略，组织结构会伴随组织战略的变化而变化。因此全面的企业战略理论框架，即SWOT分析框架成为管理者统筹分析企业自身优势（strengths）、劣势（weaknesses），以及来自外部环境的机会（opportunity）、威胁（threats）的有力工具奠定了战略管理的基础。

行业或产业结构视角下企业战略的核心是获取竞争优势①，因此企业的战略决策由行业或产业选择、行业内的竞争战略两部分组成。因此用“五力模型”刻画不同产业结构可以反映不同盈利能力与潜在威胁，企业应该基于对产业结构的分析选择“有吸引力”的行业制定进入战略；而行业内企业所处地位不同会影响企业的盈利能力，一个企业的战略定位能力强会使企业处于优势竞争地位，企业可以通过选择和执行一种基本战略影响产业结构，来改善和加强企业的相对竞争地位，获取低成本或差异化的市场竞争优势。并且企业

① 迈克尔·波特：《竞争优势》，陈丽芳译，中信出版社2014年版，第3~12页。

可以通过价值链活动和价值链关系调整来实施其基本战略。

信息技术和知识经济的发展使得企业仅仅依靠片面产业进入与定位战略等方式难以获得持续的竞争优势，于是战略理论将视角聚焦在企业内部，从不同角度分析企业间差异对其长期绩效的影响。认为有价值（value）、稀缺（rare）、不可模仿（imitability）且不可替代（non-substitutability）的资源是塑造企业持续竞争优势的关键。20 世纪 90 年代正式提出了企业核心能力的理论框架。认为企业间存在着知识、技术等资源的固有差异，这些差异独特且难以在企业间流动或被复制，因而可以此为基础塑造企业独特的竞争优势。以该理论为基础，企业制定战略时应当紧紧围绕自身特点，进入与自身优势相对应的产业，避免盲目扩张与多元化经营。

从管理会计的主体及目标上看，传统管理会计更注重单个企业在有限的期间内的发展，以及企业短期利益的最大化，而战略管理会计注重企业的长远目标及整体利益最大化。因此支持战略管理的管理会计需要反映企业异质性战略资源，提供与企业战略管理相关的多元化、多样化信息。

3. 组织结构与组织流程

组织结构是构成组织的各要素及其排列组合关系，这些要素包括组织的任务、流程、权力、责任和人员等；组织流程是组织成员行使权利和责任，完成任务的过程；组织文化是组织拥有的支配其成员行为的共有价值体系①。管理会计工作本身就需要通过设置一定的会计组织机构、配备相应会计人员、按照一定管理会计流程的组织管理过程来完成，同时管理会计的目标、管理会计的工具与方法、管理会计内容又是要服务和支持组织实现既定的管理目标，是一定组织结构和组织流程的体现。因此组织结构设计和组织流程管理是管理会计的基础环境要素。

组织管理是通过建立组织结构，确定岗位分工，明确岗位责权关系等来有效实现组织目标的过程。组织管理的主要内容是进行组织设计、组织运作和组织调整以使组织保持一种能够达成目标的结构，因此组织结构设计是组织管理的最基本要素，而组织运作离不开组织流程和组织文化。当今激烈的竞争环境使得越来越多的企业把重点转向顾客，为了更好地满足顾客的需要，对顾客需要的变化做出更好、更快的反应，企业应该构建以顾客为导向、面向价值链的混合型组织结构。混合型组织结构应该具有以下几个重要特点②：

（1）具有动态性。组织结构的动态性体现在两个方面，一方面，面向流程的组织结构应该以顾客需要为出发点和目标，根据市场和顾客需要的变化进行动态调整，使组织结构与企业的管理需要相适应；另一方面，构建的组织结构还要随着业务流程的变化实时进行调整。为此组织结构应该采用稳定的部门和灵活的小组相结合的方式，按照基本业务流程和辅助业务流程的需要设置管理部门，同时按照不同的业务流程组成作业组。

（2）能够快速响应。市场竞争的结果是谁能够对市场变化和顾客需要做出快速响应，谁就能够获得市场先机，因此组织结构也必须能够有利于企业的快速响应。为此企业要做到及时捕捉市场和顾客信息和根据需要实时上传下达信息、快速形成管理决策、根据决策结果组织做出行动。

---

① ［美］斯蒂芬·P·罗宾斯：《管理学》，黄卫伟等译，中国人民大学出版社 1997 年版，第 59 页。

② 王海林：《价值链内部控制》，经济科学出版社 2007 年版，第 160～161 页。

（3）整体目标与分工协作相结合。企业的各级组织及其各个职能部门都应该以企业的整体目标为最终目标和出发点，整体目标是实现各级组织及部门间顺利有效协调的手段；在坚持整体目标的基础上要进行分工协作，为各级组织及其各个职能部门制定出明确的或隐含的具体目标。

（4）处理好“集权”和“分权”。“集权”和“分权”是决策制定权力分布的两种不同方式。权力过于集中时，虽然有助于企业防范各种风险，决策效率高，但往往会影响下属的积极性和创新能力的发挥，当决策者出现问题时也容易影响整个组织的工作效率。反之当权力过于分散时，企业风险会加大。面向流程的以顾客为导向的组织必须处理好二者的关系，做到适度分权。

（5）各级组织及其各个职能部门之间信息通道要畅通，沟通方便。现代管理会计的目标、管理会计工具与方法的选择、提供的管理会计信息都需要考虑上述组织特点的要求来设计和确定。

4. 价值链管理

按照波特（Porter）的价值链理论，一个企业的生产要素要进行有机组合，必须要求企业详细地确定哪些活动是能提供竞争优势、实现价值创造的关键性活动，并在此基础上使不同的关键性活动产生联系，只有异质性的关键性活动产生了联系并且联系方式恰当，企业的价值创造才可能实现。

传统价值链理论主要是考虑企业内部关键性活动的管理。比如，确定企业适当的原材料存储数量（内部后勤），使得相应的存储成本与缺货成本之和最低；又如，企业将库存管理（内部后勤）与准时生产（基础设施）进行整合对接，通过不同要素的合理供给，确保企业总成本最低。

当今企业面对的社会经济环境异常复杂，又急剧变化，而且社会供给过剩，资源有限，消费者追求越来越个性化，在这样的环境中企业要真正实现战略管理目标，追求持续的价值创造就必须最大限度利用联盟优势创造价值，在这个联盟中各主体相互协作，追求长远利益最大化。因此，现代企业价值链管理必须改变仅仅着眼于企业内部、局限于只对企业内部业务所涉及的部分价值链进行分析的状况，将联盟的上下游企业纳入分析范围。即必须考虑企业之间关键活动的联系，将本企业的内部价值链与其上游供应商和下游分销商的价值链进行对接，促进企业战略管理的范围由企业内部拓展到企业联盟，从而更有助于实现价值创造。比如，将本企业的采购（内部后勤）与供应商订单处理系统相连接，可以减少本企业等待原材料的时间成本；将供应商的技术服务人员与本企业的生产人员安排在一起工作，可以现场发现本企业生产过程中人员的技术或操作错误并及时纠正，进而降低差错率。

价值链管理是以价值为主线，以实现价值创造或价值增值为核心目标，以企业业务过程为对象，真正按照链的特征实施和管理企业业务流程，使企业供、产、销形成一条珍珠般的“链条”，从而实现对企业战略实施全过程有效管理的一种方法。

价值链管理的核心是业务流程管理。要成功实施价值链管理，就必须改变传统的管理方式、业务流程和组织结构，把企业的外部价值链与企业的内部价值链有机地整合起来，形成一个集成化的价值链条，把上下游企业之间以及企业内部的各种业务及其流程看作是一个整体过程，形成一体化的价值链管理体系。

价值链管理方法是企业战略实施的一种新型管理工具。它是将企业生产、营销、财务、人力资源等方面有机整合起来，做好计划、协调、监督和控制等各个环节工作，使得各个环节成为既相互关联，又具有处理资金流、物流和信息流自组织和自适应能力的相互关联的整体。

通过价值链管理方法的应用，企业可以节约成本、提高交货速度、降低存货、提升管理效率、提升客户服务质量，继而提升企业销售的市场份额，最终促成战略目标的达成。《管理会计基本指引》也明确提出了将价值链管理、战略地图等作为“战略管理领域应用的管理会计工具方法”。

5. 风险管理与内部控制

风险管理的界定目前并不统一。早在1996年伍德和琼斯（Hood & Jones）在《意外事故和设计》中就提出“风险管理是对为了建构风险与回应风险所采用的各种监控方法与过程的统称”。2004年COSO发布的全面风险管理框架（ERM框架）认为：风险管理是一个过程，这个过程受董事会、管理层和其他人员的影响。这个过程从企业战略制定一直贯穿到企业的各项活动中，用于识别可能影响企业的潜在事件并管理风险，使之在企业的风险偏好之内，从而合理确保企业取得既定的目标。总结风险管理各种定义后可以发现，风险管理应该包括管理的目标、信息的搜集与解释、影响人们行为与调整系统架构所采取的措施三个基本要素。因此，我们可以将风险管理定义为在明确企业可接受的风险范围的基础上，利用一定的管理工具对各种风险采取不同策略和措施，从而消除或降低风险损失，确保实现企业投资收益和经营目标的过程。

按照我国企业内部控制基本规范，内部控制是“由企业董事会、监事会、经理层和全体员工实施的、旨在实现控制目标的过程。而内部控制的目标是合理保证企业经营管理合法合规、资产安全、财务报告及相关信息真实完整，提高经营效率和效果，促进企业实现发展战略”。

企业之所以需要控制源于企业内、外部的各种干扰因素，这些干扰因素就是风险因素，因此风险是控制的“因”，有效、适度和全面的控制必须建立在风险分析的基础之上，才能做到有的放矢。

企业时刻面临来自企业内外的各种不确定因素的影响，因此对影响企业的各种风险因素进行有效管理是一个企业生死存亡的关键，不可或缺，如何做好企业的风险管理尤为重要。

管理会计需要基于企业风险管理需要提供风险识别、风险评估、风险控制和风险监督的全过程中的信息支持，帮助管理者在风险管理中做出正确的战略决策，并通过内部控制体系的运行确保战略决策目标的执行和实现。

6. 虚拟企业与虚拟管理

关于虚拟企业主要有两种观点。一种将虚拟企业看成是一些独立的厂商、顾客、甚至同行业的竞争对手，为了达到共享技术、分摊费用以及满足市场需求的目的，通过信息技术结成临时网络组织资源、能力虚拟化的企业；另一种将虚拟企业看成是企业功能外部化的产物，是指由不同企业或其单元组成的共担成本、共享技能以适应快速变化的市场机遇的临时性动态联盟。通常来说虚拟企业是以互联网为基础，基于任务而组建的动态性联盟，它随着任务的结束而终结，是产生于互联网环境下的一种新型企业合作模式。虚拟企业在组织上突破了有形界限，虽然有生产、设计、销售、财务等多种功能，但企业内部却没有完整地执行这些功能的实体部门。也就是说，企业在有限的资源条件下，为了在竞争中取得最大优势，只保留企业中最核心的功能，而将其他功能虚拟化。

虚拟管理是一个成员分布于不同地点的组织，通过网络实现跨时间、空间和组织边界的实时沟通和合作，达到合理资源配置，实现效益最大化的管理过程。全球化网络已经使资本、信息、技术、人才及原材料在全球范围内自由流动的经济模式成为许多企业实现快速发展的有效途径。于是虚拟管理模式成为企业管理模式的一个新形态。

与传统组织运作和管理模式不同，虚拟组织适应了个性化、多样化和易变性的市场需求，具有很强的市场应变能力，能够快速地集成企业内外部资源和能力，对市场需求做出灵敏快速的响应。从管理角度看，虚拟企业和虚拟管理模式实现了虚拟组织的战略协同、生产协同、商务协同、财务协同、人力资源协同和文化协同①。

（1）战略协同是企业虚拟组织的最重要部分。通过找出企业虚拟组织中协同的关联资源因素，搞好企业虚拟组织资源及协同能力的分析，尽可能克服战略协同偏差，建立起与之相匹配的组织结构和文化是搞好企业虚拟组织战略协同的关键。

（2）生产协同分为内部协同和外部协同，内部生产协同就是以资源配置为主线，通过生产过程中各环节、各类型的物料协同来达到生产协同过程中各职能协同的目的。

（3）商务协同是指原料采购和产品销售的协同。通过企业虚拟组织物流管理和供应链的分析，从一定角度可以折射出商务协同的机理与过程。

（4）财务协同是指对虚拟组织进行的财务协同管理，是企业财务管理从传统资金管理转向战略管理的重要内容之一。

（5）人力资源协同是以人为出发点，充分利用外部资源，获得企业没有的工作方法与经验，从事与组织竞争优势不直接相关的管理业务，这不仅降低了人力资源成本，也可以使人力资源管理部门能够把精力集中于具有高附加值的业务上。

（6）文化协同是虚拟组织组建和运作中，将相异或矛盾的文化特质进行整合后形成的一种和谐、协调的文化体系，相对于虚拟组织其他方面的协同，文化协同更具柔性。

虚拟组织和虚拟管理模式有助于支持实现企业长期发展战略、降低成本、实现企业资源的有效配置并降低企业经营风险。但是从管理哲学到经营理念、从决策过程到生产经营方式，虚拟组织和虚拟管理模式都发生了根本性转变，具有组织结构网络化、组织界限模糊化、反应的敏捷性、合作的契约性和时效性等显著特征。这些特征使得很多传统的管理理论和方式在虚拟组织管理实践中显得无能为力。

虚拟企业与虚拟管理也对传统的管理会计提出了挑战。管理会计需要研究在这种虚拟模式下采用什么方法更好地实现企业战略决策、风险管理、成本管控、绩效评价等，又如何为战略决策、风险管理、成本管控、绩效评价等提供有效信息。

二、管理会计指引体系

我国管理会计指引体系包括管理会计基本指引、管理会计应用指引和管理会计案例3

① 马振萍：《企业虚拟组织中协同管理问题研究》，载于《现代管理科学》2010年第10版，第108～110页。

个部分，如图 2－2 所示。

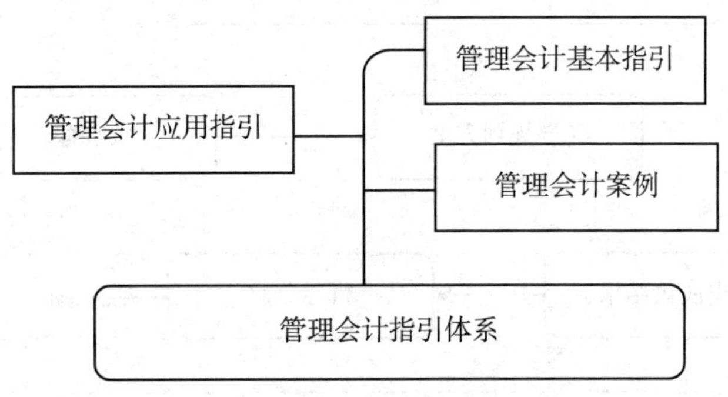

图 2－2　我国管理会计指引体系

管理会计基本指引是在总结管理会计应用实践基础上提炼形成的普遍适用的指导性标准，对应用指引和案例示范起统领作用，应用指引的框架设计、案例库的体系搭建等都是根据管理会计基本指引展开。

管理会计应用指引是管理会计指引体系的重要部分，为单位的管理会计工作提供具体指导，可以对单位如何正确、有效地选择和应用管理会计工具方法提供借鉴或参考。

管理会计案例为单位的管理会计工作应用提供了具体范例，也使管理会计应用指引更具可操作性，是管理会计指引体系的重要补充。

三、管理会计流程

管理会计既为制定目标提供经济信息，参与组织战略和管理目标的制定，也要对管理目标的执行实施监督控制和评价。也就是管理会计的职能包括了解析过去、控制现在和筹划未来[①]，因此管理会计的活动主要是规划、决策、控制和评价。每一项管理会计活动、每一个管理会计工具方法的应用都有各自的流程，我们可以概括性地将管理会计流程归结为以下几大方面，如图 2－3 所示。

（1）根据需要和需解决的问题搜集整理企业内外部的各类数据和资料，选择管理会计工具方法，依据工具方法加工、汇总、分析数据，形成各种预测和规划方案。

（2）相关管理人员做出决策，并将决策结果作为下一步执行的经营管理目标，按照需要进行分解，形成具体执行的计划和预算。

（3）各相关主体落实计划、执行预算，并对此过程进行监督控制。如果相关运营管理活动偏离计划或预算，则分析原因，进行沟通、协调，实施反馈控制。即调整预算（或目标）或者拟定整改措施进行相关活动整改。

（4）会计人员对执行全过程进行记录和计量，并对总体及各相关责任主体的执行情况进行分析、业绩评价和业绩考核。

（5）形成和输出管理会计报告。

---

① 余绪缨：《管理会计》，中国财政经济出版社 1990 年版。

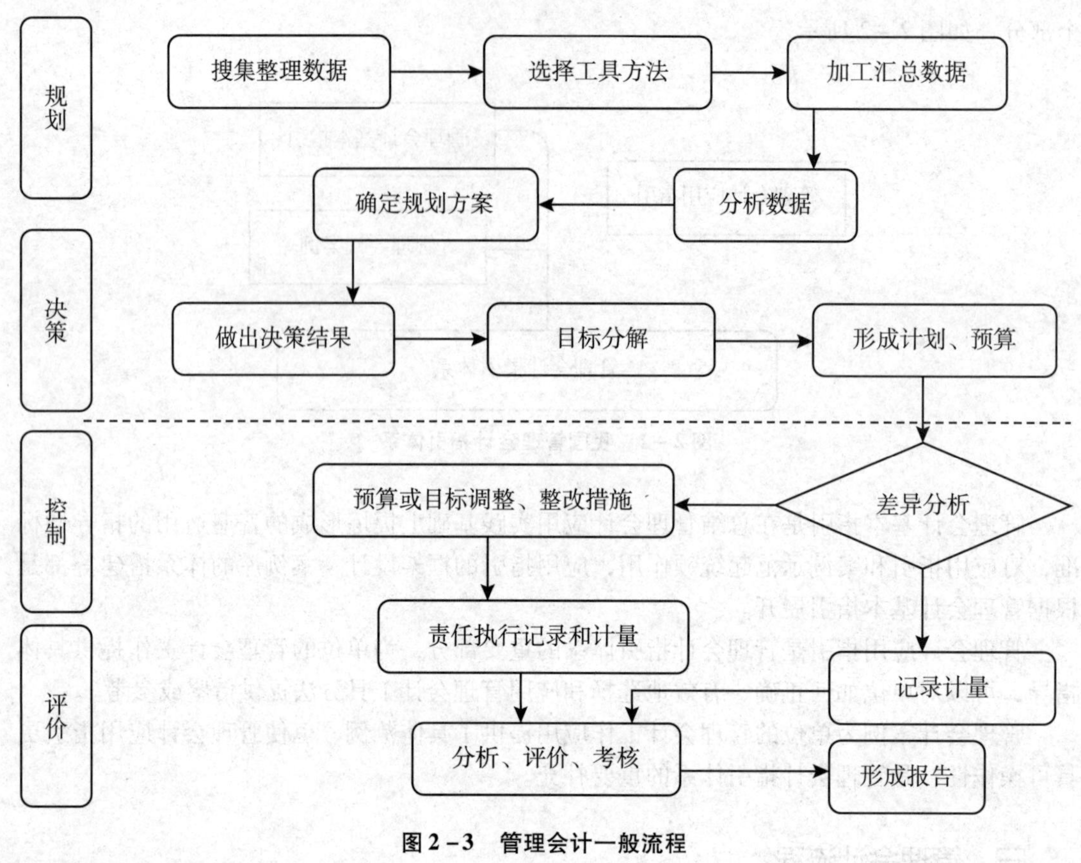

图2－3　管理会计一般流程

四、管理会计工具与方法

管理会计工具方法是实现管理会计目标的具体手段，是对一个单位应用管理会计时所采用的各种模型、技术、流程的总称。管理会计工具方法主要应用于战略管理、预算管理、成本管理、营运管理、投融资管理、绩效管理、风险管理等领域。

从常用的工具方法看，战略管理领域应用的管理会计工具方法主要有战略地图、价值链管理等；预算管理领域应用的管理会计工具方法主要包括全面预算管理、滚动预算管理、作业预算管理、零基预算管理、弹性预算管理等；成本管理领域应用的管理会计工具方法主要包括目标成本管理、标准成本管理、变动成本管理、作业成本管理、生命周期成本管理等；营运管理领域应用的管理会计工具方法主要有本量利分析、敏感性分析、边际分析、标杆管理等；投融资管理领域应用的管理会计工具方法主要包括贴现现金流法、项目管理、资本成本分析等；绩效管理领域应用的管理会计工具方法主要包括关键指标法、经济增加值、平衡计分卡等；风险管理领域应用的管理会计工具方法主要包括单位风险管理框架、风险矩阵模型等。

一个单位管理会计实务中工具方法的选择需要不断结合自身业务特点和管理需要，适时调整和改变。并且通过多种管理会计工具方法的系统化、集成化应用提高管理会计水平。

第二节　管理会计应用指引

一、管理会计应用指引的内容

管理会计应用指引是一套立足于管理会计实践、服务单位管理会计应用的指导性文件，该指引体系通过分领域、分工具和方法构建，注重指导性、应用性、开放性、操作性，在全球管理会计领域具有开创性，提升了我国在全球管理会计领域的话语权和影响力。我国管理会计应用指引目前已经正式发布了34项。其中《管理会计应用指引第100号——战略管理》《管理会计应用指引第200号——预算管理》《管理会计应用指引第300号——成本管理》《管理会计应用指引第301号——目标成本法》《管理会计应用指引第302号——标准成本法》《管理会计应用指引第303号——变动成本法》《管理会计应用指引第304号——作业成本法》《管理会计应用指引第400号——营运管理》《管理会计应用指引第401号——本量利分析》《管理会计应用指引第402号——敏感性分析》《管理会计应用指引第403号——边际分析》《管理会计应用指引第500号——投融资管理》《管理会计应用指引第501号——贴现现金流法》《管理会计应用指引第502号——项目管理》《管理会计应用指引第600号——绩效管理》《管理会计应用指引第601号——关键绩效指标法》《管理会计应用指引第602号——经济增加值法》《管理会计应用指引第603号——平衡计分卡》《管理会计应用指引第801号——企业管理会计报告》和《管理会计应用指引第802号——管理会计信息系统》22项应用指引于2017年10月正式发布，《管理会计应用指引第202号——零基预算》《管理会计应用指引第203号——弹性预算》《管理会计应用指引第503号——情景分析》《管理会计应用指引第504号——约束资源优化》《管理会计应用指引第604号——绩效棱柱模型》《管理会计应用指引第700号——风险管理》和《管理会计应用指引第701号——风险矩阵》7项指引2018年8月印发，《管理会计应用指引第204号——作业预算》《管理会计应用指引第404号——内部转移定价》《管理会计应用指引第405号——多维度盈利能力分析》《管理会计应用指引第702号——风险清单》和《管理会计应用指引第803号——行政事业单位》5项指引于2018年12月印发。

整个管理会计应用指引体系围绕企业管理的战略管理、预算管理、成本管理、营运管理、投融资管理、绩效管理、风险管理这七大领域展开，系统阐述了管理会计工具方法在相关管理领域中的应用。每一管理领域的应用指引均按照概括性指引和工具方法指引相结合的思路构建，如图2-4所示。

概括性指引一般包括总则、应用程序和附则三部分，概要性阐述本领域常用工具方法，以及这些工具方法应用的共性要求。工具方法指引一般由总则、应用环境、应用程序、应用评价和附则几部分组成。其中总则主要介绍应用相关工具方法的目标、基本定义、原则等；应用环境主要介绍应用相关工具方法所需要的内、外部环境；应用程序主要介绍应用相关工具方法的应用流程；工具方法评价主要介绍应用相关工具方法的优缺点。

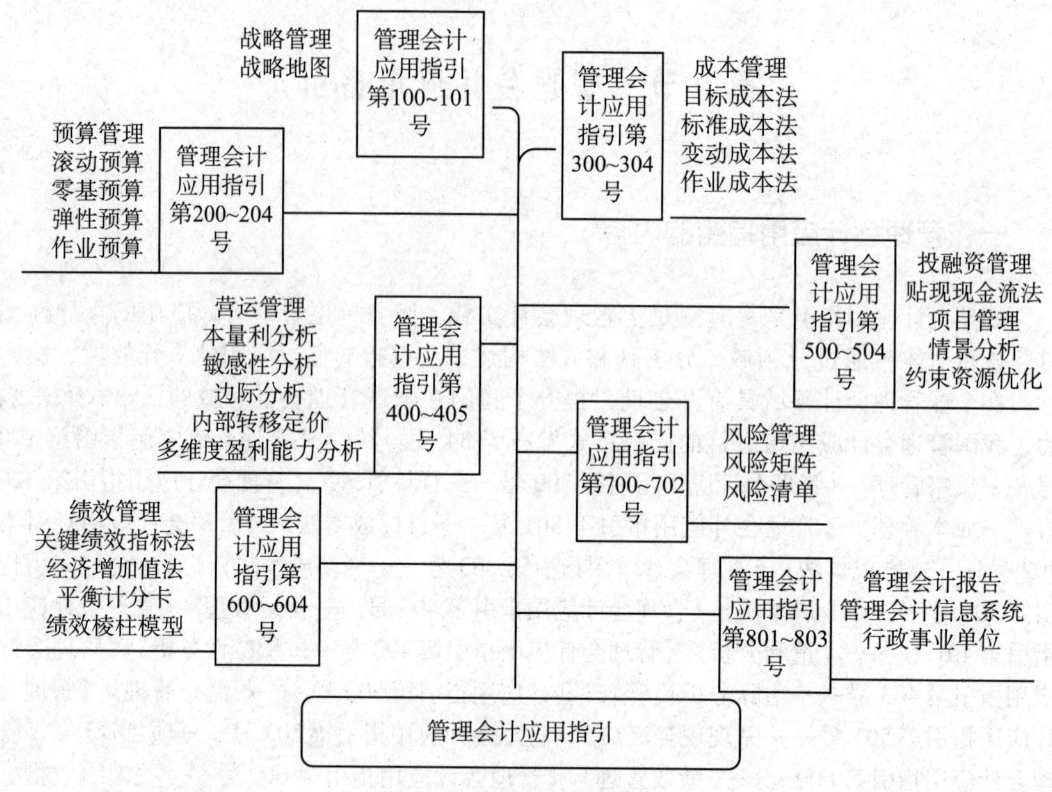

图2－4　管理会计应用指引

（一）战略管理

战略管理应用指引由一个概括性指引和一个工具方法指引组成。按照战略管理应用指引，企业战略一般包括可竞争的经营领域的总体战略、某经营领域具体竞争策略的业务单位战略和各职能部门的职能战略三个层次。企业战略管理中既要关注宏观环境、产业环境、竞争环境等对其影响长远的外部环境因素，也要关注本身的历史及现行战略、资源、能力、核心竞争力等内部环境因素。企业战略管理要遵循目标可行、资源匹配、责任落实和协同管理四项原则，按照战略分析、战略制定、战略实施、战略评价和控制、战略调整等程序实施。

战略管理领域应用的管理会计工具方法，一般包括战略地图、价值链管理等。战略地图是为描述企业各维度的战略目标之间因果关系而绘制的可视化战略因果关系图。一般以财务、客户、内部业务流程、学习与成长四个维度为主要内容。企业借助战略地图工具，通过战略地图的设计和实施，梳理企业的有形资源和无形资源，聚焦战略目标，引导各责任中心按照战略目标持续提升业绩，服务企业战略实施。

（二）预算管理

预算管理应用指引由一个概括性指引和四个工具方法指引组成。按照预算管理应用指引，企业预算管理是以企业的战略目标为导向，通过对未来一定期间内的经营活动和相应的财务结果进行全面预测和筹划，科学、合理配置企业各项财务和非财务资源，并对执行过程进行监督和分析，对执行结果进行评价和反馈，指导经营活动的改善和调整，从而推动实现战略目标的管理活动。预算管理主要包括经营预算、专门决策预算和财务预算三项内容。

企业预算管理应该建立在对战略目标、业务计划、组织架构、内部管理制度、信息系统等基础环境分析基础上，遵循战略导向、过程控制、融合性、平衡管理和权变性五项原则，并按照预算编制、预算控制、预算调整、预算考核的过程实施。

预算管理的管理会计工具方法一般包括滚动预算、零基预算、弹性预算、作业预算等。企业应该根据自身的战略目标、业务特点和管理需要，以及不同工具方法的特征及适用范围选择预算管理工具方法。

（三）成本管理

成本管理应用指引由一个概括性指引和四个工具方法指引组成。按照成本管理应用指引，成本管理是对企业在营运过程中实施成本预测、成本决策、成本计划、成本控制、成本核算、成本分析和成本考核等一系列管理活动的总称。

企业实施成本管理应该遵循融合性、适应性、成本效益和重要性原则，并按照事前管理、事中管理、事后管理的程序进行。

成本管理的工具方法一般包括目标成本法、标准成本法、变动成本法、作业成本法等。企业选择成本管理工具方法时应该结合自身的成本管理目标和实际情况，并以产品功能和质量为前提，通过综合运用各种成本管理工具方法实现最大效益。

（四）营运管理

营运管理应用指引由一个概括性指引和五个工具方法指引组成。按照营运管理应用指引，企业营运管理是指为了实现战略和营运目标，企业各级管理者通过计划、组织、指挥、协调、控制、激励等活动，实现对企业生产经营过程中的物料供应、产品生产和销售等环节的价值增值管理。企业营运管理应该包括计划（plan）、实施（do）、检查（check）、处理（act）四个阶段，形成闭环管理。企业实施营运管理应该遵循系统性、平衡性和灵活性原则。

（1）企业营运管理的工具方法主要包括本量利分析、敏感性分析、边际分析和标杆管理等。企业应用营运管理工具方法一般按照营运计划制定、营运计划执行、营运计划调整、营运监控分析与报告、营运绩效管理等程序进行。企业选择营运管理工具方法时应该结合自身业务特点和管理需要，选择单独或综合运用管理工具方法，以更好地实现营运管理目标。企业营运管理工具方法的应用还应该结合组织架构、管理制度和流程、信息系统等相关环境因素。

（2）内部转移定价是指企业内部转移价格的制定和应用方法，它是企业营运管理的一项内容，适用于具有一定经营规模、业务流程相对复杂、设置了多个责任中心且责任中心之间存在内部供求关系的企业。企业内部交易和内部转移价格管理体系的搭建一般由绩效管理委员会或类似机构负责，由财务、绩效管理等职能部门负责编制和修订内部转移价格、进行内部交易核算、对内部交易价格执行情况进行监控和报告等日常管理。

按照内部转移定价应用指引，企业应用内部转移定价工具方法应该遵循合规性、效益性和适应性原则，并按照明确责任中心、制定与实施转移价格、分析与评价内部转移价格的程序进行。

（3）多维度盈利能力分析是企业对一定期间内的经营成果，按照区域、产品、部门、客户、渠道、员工等维度进行计量，分析盈亏动因，支持企业精细化管理、满足内部营运管理需要的一种分析方法。它主要适用于市场竞争压力较大、组织结构相对复杂或具有多元化产品（或服务）体系，并且具备一定的信息化程度和管理水平的企业。

企业多维度盈利能力分析要按照多维度建立内部经营评价和成本管理制度，并按照管理最小颗粒度进行内部转移定价、成本分摊、业绩分成、经济增加值计量等。企业多维度盈利能力分析工具方法应用应该包括确定分析维度、建立分析模型、制定数据标准、收集数据、加工数据、编制分析报告等程序，并受组织架构、管理能力，以及绩效管理、销售管理、渠道管理、产品管理、生产管理、研发管理等因素影响。

（五）投融资管理

投融资管理应用指引由一个概括性指引和四个工具方法指引组成。按照投融资管理应用指引，投融资管理包括投资管理和融资管理两个部分。投资管理是企业根据自身战略发展规划，以企业价值最大化为目标对资金投入营运实施的管理活动；融资管理是企业为实现既定战略目标，在风险匹配原则下，通过一定方式和渠道筹集资金的管理活动。

企业投融资管理应遵循价值创造、战略导向和风险匹配原则。为了确保投融资管理目标实现，企业应建立健全投资管理的制度体系，根据自身组织架构的特点，设置投资委员会等类似的决策机构，对重大投资事项和投资制度建设等进行审核，或者设置专门的投资管理机构负责投资管理工作。

投融资管理的会计工具方法一般包括贴现现金流法、项目管理、情景分析、约束资源优化等。其中，贴现现金流法是通过贴现值的计算和比较为财务合理性提供判断依据的价值评估方法；项目管理是运用专门的知识、工具和方法对各项资源进行计划、组织、协调、控制，使项目能够在规定的时间、预算和质量范围内，实现或超过既定目标的管理活动；情景分析是通过模拟等技术分析相关方案发生的可能性、相应后果和影响以做出最佳决策的方法；约束资源优化是指企业通过识别制约自身实现生产经营目标的瓶颈资源，并对相关资源进行改善和调整，优化企业资源配置、提高企业资源使用效率的方法。

投资管理工具方法应用应该按照制定投资计划、进行可行性分析、实施过程控制和投资后评价等程序进行，融资管理工具方法应用一般按照融资计划制订、融资决策分析、融资方案的实施与调整、融资管理分析等程序进行。

（六）绩效管理

绩效管理应用指引由一个概括性指引和四个工具方法指引组成。按照绩效管理应用指引，绩效管理是企业与所属单位（部门）、员工之间就绩效目标及如何实现绩效目标达成共识，并帮助和激励员工取得优异绩效，实现企业目标的管理过程。绩效管理的核心是绩效评价和激励管理，绩效评价是激励管理的依据，激励管理是促进绩效提升的手段。

企业实施绩效管理一般遵循战略导向、客观公正、规范统一和科学有效几项原则。绩效管理的政策和制度、绩效计划与激励计划、绩效评价结果与激励实施方案、绩效评价与激励管理报告等的制定和审核，以及绩效管理中重大问题的协调解决一般由薪酬与考核委员会或类似机构负责。

绩效管理常用的管理会计工具方法包括关键绩效指标法、经济增加值法、平衡计分卡、股权激励等。关键绩效指标法是通过建立关键绩效指标（KPI）体系，将价值创造活动与战略规划目标有效联系进行绩效管理的方法；经济增加值法是以经济增加值（EVA）为核心建立绩效指标体系进行绩效管理的方法；平衡计分卡是基于企业战略，从财务、客户、内部业务流程、学习与成长四个维度逐层分解战略目标，形成绩效指标体系进行绩效管理的方法；股权激励是企业为了激励和留住核心人才而推行的一种长期激励机制，是目前最常用的激励员工的方法之一；绩效棱柱模型是以企业战略、业务流程、组织能力为手段，用棱柱的五个构面构建三维绩效评价体系并据此进行绩效管理的方法。

（七）风险管理

风险管理应用指引由一个概括性指引和两个工具方法指引组成。按照风险管理应用指引，风险管理是企业对自身风险进行识别、评估、预警和应对的管理过程。企业风险管理中应该强调风险管理意识，形成与自身经营状况相适应的风险管理理念，培育和塑造良好的风险管理文化，建立风险管理培训、传达、监督和激励约束机制，将风险管理意识转化为员工的共同认识和自觉行动。风险管理应该遵循融合性、全面性、重要性和平衡性四项原则。

风险管理会计工具方法包括风险矩阵、风险清单等。其中，风险矩阵是按照风险发生的可能性和风险发生后果严重程度，展示风险及其重要性等级的风险管理工具方法；风险清单是企业以表单形式进行风险识别、风险分析、风险应对措施、风险报告和沟通等管理活动的工具方法。风险管理工具方法应用时应该按照设定目标，识别和分析风险，对风险进行检测、预警和应对，沟通风险信息，考核和评价风险管理等程序进行。

（八）其他

除了上述围绕管理会计的七大领域内容设定的应用指引外，我国管理会计应用指引对企业管理会计报告、管理会计信息系统和行政事业单位的管理会计也给出了应用指引。

企业管理会计报告是为企业各层级进行规划、决策、控制和评价等管理活动提供有用信息。该应用指引对企业管理会计报告的编制、审批、报送、使用等做出了规定。

管理会计信息系统是以财务和业务信息为基础，借助计算机、网络通信等现代信息技术手段，对管理会计信息进行收集、整理、加工、分析和报告等操作处理，为企业有效开展管理会计活动提供全面、及时、准确信息支持的各功能模块的有机集合。该指引对企业建设、应用管理会计信息系统做出了规定。

行政事业单位的管理会计应用指引对各级各类行政单位、事业单位等管理会计工作做出了规定，以促进行政事业单位加强管理会计工作，提升单位内部管理，提高管理绩效和公共管理服务水平。

二、管理会计应用指引的作用

（1）管理会计应用指引作为管理会计指引体系的一个重要组成部分，为单位正确、有效地选择和应用管理会计工具方法提供了借鉴和参考。

（2）管理会计应用指引可以推动我国管理会计理论与实践发展。通过制定管理会计应用指引，可以系统地提炼、总结多年来我国管理会计理论和实践的经验，对拓展我国管理会计研究领域、提升管理会计应用水平，并增强我国企业综合实力和竞争优势具有现实意义。

（3）管理会计应用指引有助于我国管理会计走向世界，提升我国在全球管理会计领域的话语权和影响力。我国管理会计应用指引体系是一套立足于中国管理会计实践、服务单位管理会计应用的指导性文件，该体系通过分领域、分工具方法构建，注重指导性、应用性、开放性、操作性，这在全球管理会计领域具有开创性。

第三节　新型财务管理模式

近年来，随着信息技术的进步，财务管理模式也在不断创新。一是业财融合不断深入，使得管理会计的数据来源更加广泛。二是财务共享中心的发展，在一定程度上既重塑了财务会计，提高了数据的标准化水平，也强化了管理会计的数据基础。三是智能技术在财务领域的应用不仅提高了财务会计的自动化程度，也为管理会计的决策支持等领域提供了更多的工具。

一、新型财务管理模式的发展

（一）新型财务管理模式的理论发展

以“大智移云物区”等为代表的新技术在改变企业管理的同时，也影响着企业的财务管理活动。财务管理活动服务于企业的战略。近年来传统的财务管理模式开始向“战略财务”演进，而新技术的应用加速了这一演进进程。何瑛等（2020）基于会计学视角，提出了以新技术为驱动的财务管理理论创新思路（见图2－5）。该理论创新是以传统会计理论中的会计信息质量相关理论为纽带，将新技术和财务管理转型连接了起来，再从财务管理的转型推演到战略财务的实施。

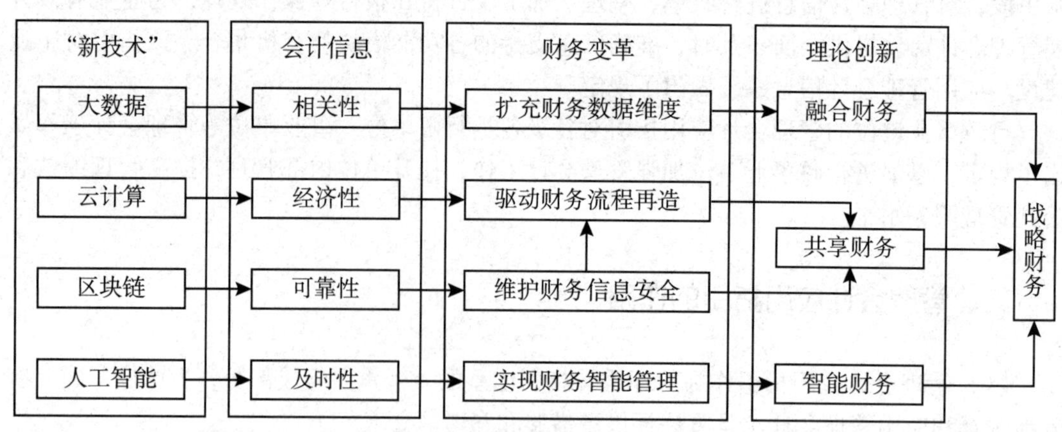

图2－5　以新技术为驱动的基于会计学视角的财务管理理论创新

大数据技术对数据的关注从因果性转向了相关性，这对会计信息的相关性属性提供了技术支持。大数据技术可以处理半结构化和非结构化的业务数据，扩充了传统财务数据的维度，是业财深度融合的技术基础，也推动了融合财务的发展。

云计算技术所采用的分布式计算可以降低会计信息处理的成本，提高会计信息的经济性。会计信息在空间分布上的差异，将引起财务流程的再造，为共享财务提供技术基础。另外，区块链技术在数据验真方面的优势，为提高会计信息的可靠性提供了发展空间。财务信息安全水平的提升将会从中获益。这又为分布式计算和信息共享提供了支持。这些因素都进一步促进共享财务的发展。

人工智能技术可以提高财务工作的自动化水平，各种模型和算法的应用又可以提高数据分析的速度，从而提高财务数据处理的效率。这都会带来会计信息及时性的提升，进而提升财务管理的智能化水平。

由上可以认为，在新技术的支持下，传统财务管理模式必将向基于融合财务、共享财务和智能财务的新型财务管理模式发展。

（二）新型财务管理模式

新型财务管理模式包括融合财务、共享财务和智能财务。融合财务的“融合”包含两个层面的含义：一是财务会计和管理会计的融合；二是财务信息和业务信息的融合。共享财务从企业战略目标出发，不仅进行财务流程的再造和财务信息系统的迭代，而且还进行组织和人员的变革，进而提升整个企业的运营管理，助力企业战略目标的实现。智能财务的“智能”主要体现在智能财务系统。该系统依托智能感知系统、网络系统、数据系统和智能引擎系统逐级支持智能核算型财务平台、智能管理型财务平台、智能战略性财务平台，实现财务管理的智能化转型。

需要注意的是，融合财务、共享财务和智能财务是尝试从不同角度来解释新型财务管理模式的，并不是互相独立的财务管理模式的发展阶段。它们是“你中有我、我中有你”共同存在于财务管理工作中。

1. 融合财务

融合财务的一个特征就是实现了业财融合。业财融合是对信息技术环境下业务流程、财会流程及其管理活动有机融合的统称，是指以业务活动为对象，围绕运营目标和价值链，通过信息化手段实现财务部门与业务部门的紧密耦合，对业务流、资金流、物资流、信息流等流程进行优化和数据共享，基于价值创造目标做出规划、决策、控制和评价等管理活动（郭永清，2017；何瑛等，2020）。融合财务将财务核算和管理会计前置到了业务工作环节。一方面，财务人员需要更加了解业务，以提高财务核算和管理控制的质量；另一方面，业务人员借助一些智能化的工具可以替代一部分原来需要财务人员的工作，例如智能商旅平台和自动报销。

2. 共享财务

共享财务为财务转型提供了数据基础、管理基础和组织基础（陈虎和孙彦丛，2018）。首先，依托财务共享服务提供的遵循统一标准流程的财务处理，从源头开始到各个处理环节，确保了数据标准的一致，并提升了数据的准确性。其次，集约化的财务共享服务使得企业的财务流程和制度（以及一部分的业务流程和制度）更加标准化，无形中改进了企业的管理基础。最后，共享财务要求财务核算岗位和财务管理岗位实现分离。这有利于财务管理岗位的员工从烦琐的基础财务工作中解放出来，更加专注于面向战略目标的财务管理活动。这种趋势在共享财务和智能财务结合的场景下更加明显。共享财务是财务管理模式转型的一部分。而财务共享服务是共享财务中的一种工作方式。考虑到越来越多的企业实施了财务共享服务，本节后续将专门介绍基于信息化的、基础的财务共享服务及其对管理会计的影响，并在第十五章再对智能财务共享服务进行展望。

3. 智能财务

智能财务基于先进的财务管理理论、工具和方法，借助于智能机器（包括智能软件和智能硬件）和人类财务专家共同组成的人机协同智能系统，通过人和机器的有机合作，去完成企业复杂的财务管理活动，并在管理中不断扩大、延伸和逐步取代部分人类财务专家的活动；智能财务是一种业务活动、财务会计活动和管理会计活动全功能、全流程智能化的管理模式（刘勤和杨寅，2018）。智能财务可以提高融合财务、共享财务采集数据的效率，还可以提高数据处理的效率和效果。智能财务不仅能提高企业战略落地的效率，还可通过其预测功能为战略决策提供更多技术支持。

二、新型财务管理模式与管理会计

新型财务管理模式为管理会计的发展提供了管理和技术的基础。融合财务扩展了管理会计数据的来源。共享财务提升了管理会计信息处理的效率。智能财务则借助人机一体化混合智能系统进一步提升管理会计工作的自动化水平、决策的效率和准确性。

（一）融合财务与管理会计

在现代信息技术环境下，特别是随着财务共享的实施，现代企业组织层级变得更少，层次扁平化甚至平台化，组织结构更加有机化，业务和管理流程简洁化，专业分工界限模糊化，岗位分工淡化，职能分工更富弹性，组织的各项管理活动更加融合，分散化、一体化趋势明显。为了满足管理决策需要并适应企业上述变化，基于融合思想的企业管理信息系统应该是在一定企业宏微观管理环境下，以满足企业管理需求为牵引，以数据为驱动，以信息科学、系统科学、管理科学的理论与方法为依托，基于整合和集成理念建设而成的由数据采集系统、信息处理系统、模型工具和专家系统四部分构成的支持实现企业目标的高度集成的新型综合信息化平台（王海林，2017）。如图2－6所示，该平台中管理决策用到的专家系统、模型和工具都是管理会计工作的职责。

随着财务会计与管理会计融合程度的进一步深入，融合财务不仅为企业内外部利益相关者提供了翔实动态的决策信息，改变了企业进行财务管理活动的决策标准，便利了企业在财务预测、分析决策、控制反馈、评价考核、风险防控等财务管理流程中运用多维数据进行全方位考量，更促进了企业价值链上的资源协同与价值共赢，同时也将引领企业实现“战略导向”的财务流程再造、组织结构调整和文化观念变革（何瑛等，2020）。融合财务可以为战略管理、预算管理、成本管理等各项管理会计活动提供基础管理数据的支持，为绩效考核、风险管理、投资决策等模型提供数据“原料”。

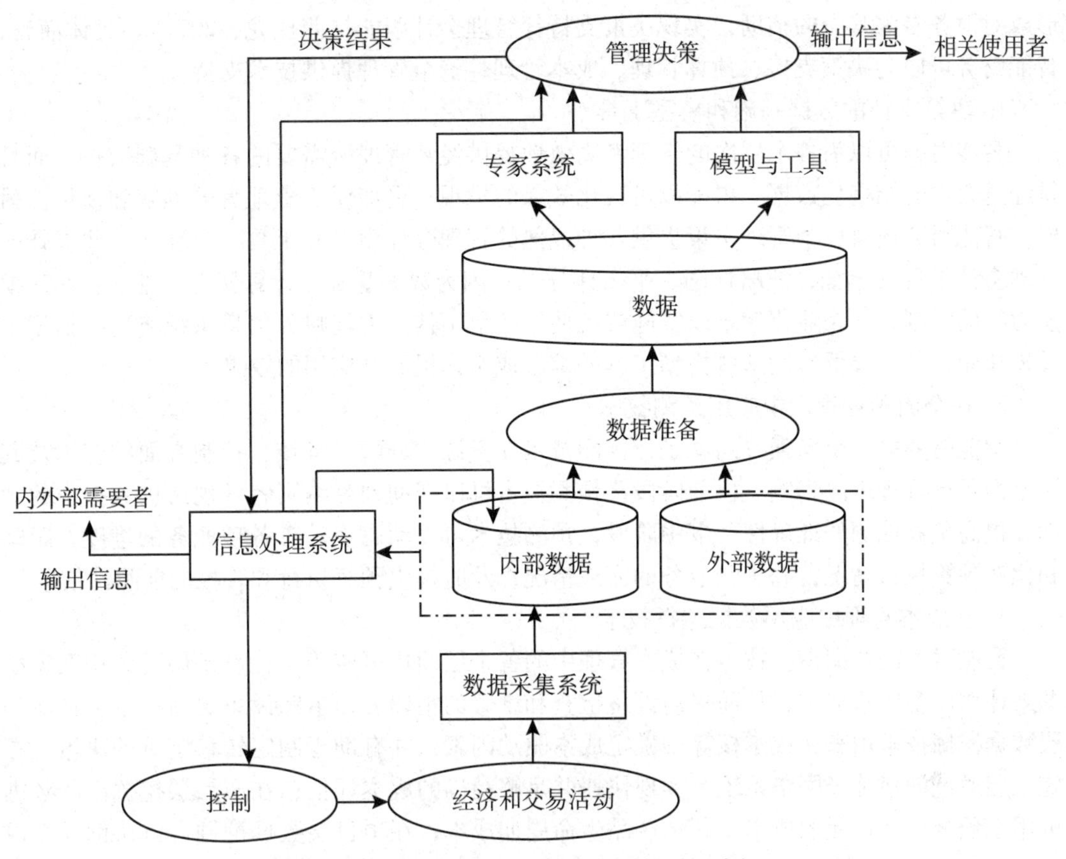

图 2－6　基于融合视角的新型财务管理概念框架

（二）共享财务与管理会计

企业向共享财务的转型为管理会计的深入实施预备了更高质量的数据、更高效的信息处理技术和更充足的人力资源①。财务共享服务与对管理会计的一个直接影响就是业财一体化财务共享。这种模式是在标准财务共享中心的基础上，借助信息系统更新和流程再造等变革，将财务管理向前延伸，从数据采集环节开始，在较细的颗粒度上实现业财数据的深度协同。财务工作的业务起点从报账前移到了业务。随着财务活动的前移，有助于管理会计更积极地发挥管理控制和决策支持的职能。

一些跨国公司已经实践了比业财一体化财务共享更广范围、更深层次的大共享。在大共享的模式下，企业的共享平台上有财务共享服务中心、人力资源共享服务中心、采购共享服务中心、市场管理共享服务中心、信息技术共享服务中心等。企业的上下游供应商、客户管理、经济社会大数据等各类资源和信息也被纳入大共享的范围。这将更有利于战略管理、预算管理、成本管理、营运管理、投融资管理、绩效管理、风险管理等管理会计职能的发挥。

（三）智能财务与管理会计

智能财务在管理会计中的应用，主要是通过增强或模拟财务人员的分析、决策能力，

① 财务共享服务将更多的财务人员从日常的、重复的财务工作中解放出来，可以从事管理会计工作。

形成对财务专家脑力的辅助，实现决策支持等管理会计职能（张庆龙，2021）。具体而言，智能财务可以为决策支持、预算管理、成本管理、资金管理提供技术支持。

1. 决策支持的数据基础和模型工具

智能财务可以为各个层次的管理者高效地提供经营管理所需要的各种基础数据，而且是经过处理的结构化数据。再配以可视化效果的呈现，更加便于管理者的理解和使用。另外，智能财务还可以为管理决策提供各种成熟的管理会计模型和工具。以往，一些复杂的管理会计工具（例如，战略地图、平衡计分卡）因为数据基础、计算能力、管理者的建模能力等的限制，在企业比较难以实施或者使用效果不佳。智能财务信息系统将这些模型工具模块化，可以降低应用这些模型工具的综合成本，提高其应用的效果。

2. 在全面预算管理中应用预测技术

智能财务的一个探索方向就是，预测技术在资源的分配、考核、控制方面的应用及其对全面预算管理中的影响。事前阶段，预测技术可以帮助预算编制者发现历史数据中的规律，提高预算编制的准确性。事中阶段，预测技术可以动态地计算各项业务的进度，跟踪和比对预算执行情况，并预测业务的完成情况，及时提供预算执行和管控的前瞻性信息。

3. 在成本管理中应用数据挖掘技术

智能财务的数据挖掘技术在成本管理中的各个层面均可应用。在设备层可以用数据挖掘来评估设备制造成本，从而提高设备检查和维修的精确度，追踪设备更新成本；在流程层数据挖掘技术用来在成本核算中确定成本驱动因素，并有助于制定转移定价的决策；在施工层通过创建神经网络系统，实现快速并足够精确的成本评估；在产品层挖掘出的数据可用于预测产品单元的成本、评估产品生命周期成本；在项目层数据挖掘可以协助建立成本评估体系，包括有形产品和无形产品，如软件和应用等（Farzaneh A. Amani & Adam M. Fadlalla，2017）。

4. 在资金管理中应用智能投顾工具

在安全的前提下，企业还要追求资金管理的收益。智能投顾工具适用于给定资金使用偏好、风险承受能力和收益需求的前提下，在动态的内外部环境中，捕捉各类投资机会。智能投顾工具的实时跟踪和自动化性能，大大减轻了财务人员的工作负担。基于神经网络、知识图谱等技术的智能司库等工具的应用，也为财务人员更加高效地制定资产组合规划和资金管理方案提供了有力支持。关于智能财务对管理会计信息系统的影响，将在本书后续章节进行更详细的阐述。

综上，从战略管理角度来看，融合财务可以为战略决策和战略落地提供更加全面的信息支持。共享财务不仅可以使数据采集和处理更加集约化，降低战略决策的成本，提高战略决策的效率；还可以驱动更加匹配战略目标的财务流程再造，进一步提高财务工作的集约化水平。智能财务既可以通过提升财务决策和财务处理的自动化程度提高财务信息处理效率，也擅长处理复杂的决策问题，例如分析不同财务决策与战略目标实现之间的关系，从而提升财务管理工作的效益。

三、财务共享服务与管理会计

财务共享服务既是一种数据的组织方式，还是管理会计的模式之一。财务共享中心不仅服务于财务会计，还为管理会计提供数据支持。近年来基于财务共享服务的管理会计不断发展，财务共享服务也是管理会计的管理基础之一。

（一）财务共享服务概述

1. 财务共享服务的基本概念

财务共享服务（financial shared service，FSS）是以价值创造为目标、以财务和业务需求为导向，在一个企业（集团）内部将一部分财务职能集中到一个新的业务单元或财务组织，经过财务和业务流程的再造，依据一定的服务协议，依托信息技术为内外部客户提供的标准化、专业化共享服务（张瑞君等，2010；王海林等，2018；陈虎和孙彦丛，2018）。提供财务共享服务的业务单元或财务组织就是财务共享服务中心（financial shared service center，FSSC）。

根据我国企业的实践，财务共享服务中心既可以设置在企业的财务管理部门中，也可以单独设置一个部门。一些跨国企业将运营成熟的财务共享服务中心单独设立为子公司，为本企业和其他企业提供服务。财务共享服务的目的是整合资源（减少重复，释放有限资源，集中和专注于核心业务）、优化流程、提高效率、降低运营成本、提升服务质量，最终实现创造价值。

2. 财务共享服务的特点

基于信息化手段为支撑的财务共享服务，具有如下的特点：

（1）标准化。财务共享服务在一个企业内部遵循统一的、标准化的作业流程、操作模式和业务处理规范。

（2）集约化。财务共享服务整合了业务财务活动中的共性部分，进行业务的归并、整合和集中，产生规模经济效应，降低成本。

（3）服务化。财务共享服务依据服务水平协议（service level agreement，SLA），为客户提供服务，并追求服务客户满意度的提高。

（4）专业化。财务共享服务由专门的人员组成，具有专业化的知识，分工明确。

3. 财务共享服务的应用

（1）适用场景。财务共享服务作为一种财务集中管理的先进实践，一般在业务范围跨区域的企业或跨国公司都可以应用。财务共享服务与企业内部管理的如下特征具有较好的适应性：企业达到一定规模且分支机构众多；多个业务单元的业务流程具有较强的共性；大量重复性业务的存在；企业有业务流程标准化的意愿。

（2）基本模式。我国企业财务共享服务的模式主要可以分为四类：第一类为一般普遍型财务共享模式。共享的主要内容是财务会计（主要包括财务核算、资金结算和税务会计）。第二类为高度集中型财务共享模式。集团下属企业不设财务部门，共享的主要内容是财务会计和管理会计，共享的前提是业务、财务和 IT 的高度融合。第三类为集约高效型财务共享模式。共享的主要内容是财务会计和采购，共享的前提是业务、财务和 IT 的高度融合，以及信息系统的一级架构和无缝对接。第四类为相对激进型财务共享模式。共享的主要内容是财务会计、IT 和大数据分析应用平台，共享的特色是财务人员、业务人员和 IT 人员共用的业财大数据分析应用平台。

（3）影响成功实施的因素。财务共享服务能否实施成功会受到以下因素的制约：

一是选址。财务共享服务中心的选址取决于其建设和运营的成本、工作环境、人员组成、集中形式（物理集中或者逻辑集中）等。

二是流程。对原有流程的梳理、调整和再造，实现流程的规范化、标准化和电子化。

三是组织。无论是企业内设财务共享服务中心还是采用业务流程外包，都会引起企业原有财务组织体系的变革；前瞻性的变革管理和变革后的持续优化必不可少。财务共享服务中心人员的组织和管理，特别是员工满意度的提升直接影响财务共享服务的效率和质量。

四是制度。对外，财务共享服务需要遵守国家法律法规；对内，财务共享服务要不断建立、修订各种规章制度，支撑其有效运行。

五是技术。在智能财务的背景下，财务共享服务可以通过引入大数据、云计算、人工智能等新技术，不断提升专业服务的效率和质量。

六是理念。对财务共享服务的理念进行宣贯，实施目标管理，培育企业文化。

（4）实施方法。财务共享服务实施主要可以采用 PDE 和 361 度两种方法。

PDE 方法首先是对业内（同行企业）财务共享中心“最佳实践”（practice）的调研、学习和吸收。然后再进行本企业财务共享服务的“方法设计”（design），包括战略定位、整合变革（流程、组织、信息系统、运营管理）和变革管理。最后进行“效果评估”（evaluation），并进行反馈和改进。

361 度方法涵盖了三个阶段和六个步骤，来建设一个财务共享服务中心。三个阶段是启动与调研、规划与设计、实施与运营。将每个阶段继续细分为两个步骤，一共包括六个步骤：定义与启动、现状调研分析、整体规划、详细方案设计、实施部署、持续改进。

（5）运营管理。财务共享服务的运营管理包括：目标管理，明确财务共享服务努力的方向和改进的领域。绩效管理，包括财务共享服务中心组织绩效、小组绩效和个人绩效。人员管理，包括人才选拔、员工培训和职业发展。知识管理，包括知识管理的组织、知识库建设、知识贡献管理等。质量管理，常用的是 OPDCA 循环，即目标（objective）、计划（plan）、执行（do）、检查（check）、处理（action）的管理模式。制度管理，包括与财务共享服务相关的业务制度、业务操作制度、财务共享服务中心的运营管理制度、面向财务共享服务对象的相关制度等。服务管理，财务共享服务工作的服务效果、服务能力、服务时限、服务态度等。

（二）财务共享服务对企业管理的影响

财务共享服务不仅为企业管理提供服务，同时还会影响传统的企业管理活动，进而影响管理会计的管理基础，主要表现在流程再造、组织和人员优化、变革管理和信息系统适配。

1. 流程再造

实施财务共享服务带来的流程再造，可以帮助企业解决一直以来的存在于业务中的“痛点”。借助财务共享服务提升原有业务和财务流程的效率、数据质量和运营成本。财务共享服务中常用的流程再造方法有：D[①]PDCA 循环法、标杆瞄准法等。

---

① Definition 定义，即明确流程再造和优化的需求。

2. 组织和人员优化

在财务共享服务的组织设计中，需要考虑财务共享服务中心和企业其他财务组织、业务组织的职能分工、在企业组织架构中的定位和从属关系。既要发挥专业化分工的优势，又要确保在企业战略层面的协调一致。另外，还要理顺财务共享服务中心内部的协作关系。最后还需要在统筹考虑岗位技能、岗位能力、岗位空间的基础上，落实相应的人员配置。

3. 变革管理

财务共享服务带来的变革包括：

（1）企业组织形式演进。前期是财务工作地理空间的改变，例如从分散到集中。后续是财务共享服务中心内部组织的持续优化。

（2）新技术实施。新技术的实施需要有主动的管理，同时也需要有一个适应的过程。例如 RPA 的应用，可能会替代一部分员工的工作。

（3）新管理思路的运用。根据国内外的会计理论，会计活动既有管理（监督）的职能，又有服务的职能。财务共享服务则更加强调其服务职能。这就需要财务共享服务的员工转变对其职责的认知。

4. 信息系统适配

财务共享服务的制度和流程需要借助信息系统进行固化。相关的信息系统既要与原有的业务和财务系统对接，还要与财务共享服务数据的采集、存储、加工、检索、传递适配。

与财务共享服务相关的财务信息系统主要有：财务共享运营管理平台、电子影像系统、电子档案系统、电子报账系统、银企直连系统、电子发票系统、会计核算系统、报表管理系统、资金管理系统、资产管理系统、信息披露系统、全面预算系统、税务管理系统等。

【本章总结】

管理会计是会计的重要分支，主要服务于单位内部管理，是通过利用相关信息，有机融合财务与业务活动，在单位规划、决策、控制和评价等方面发挥重要作用的管理活动。一个企业的管理会计实务和应用不仅取决于企业的性质和规模、企业所处行业和发展阶段等自身特征，也要与企业的治理结构、发展战略、企业文化、组织机构、组织流程、信息化应用水平、风险管理与内部控制等内部因素相一致，还要与企业供应链、社会信息化程度等外部环境相适应。

我国管理会计指引体系包括管理会计基本指引、管理会计应用指引和管理会计案例三部分。管理会计基本指引是在总结管理会计应用实践基础上提炼形成的普遍适用的指导性标准，对应用指引和案例示范起统领作用，应用指引的框架设计、案例库的体系搭建等都是根据管理会计基本指引展开。管理会计应用指引是管理会计指引体系的重要部分，为单位的管理会计工作提供具体指导，可以对单位如何正确、有效地选择和应用管理会计工具方法提供借鉴或参考。管理会计案例为单位的管理会计工作应用提供了具体范例，也使管理会计应用指引更具可操作性，是管理会计指引体系的重要补充。

管理会计的活动主要是规划、决策、控制和评价。每一项管理会计活动、每一个管理会计工具方法的应用都有各自的流程。管理会计工具方法是实现管理会计目标的具体手段，是对一个单位应用管理会计时所采用的各种模型、技术、流程的总称。管理会计工具方法主要应用于以下战略管理、预算管理、成本管理、营运管理、投融资管理、绩效管理、风险管理等领域。

整个管理会计应用指引体系围绕企业管理的战略管理、预算管理、成本管理、营运管理、投融资管理、绩效管理、风险管理这七大领域展开，系统阐述了管理会计工具方法在相关管理领域中的应用。每一管理领域的应用指引均按照概括性指引和工具方法指引相结合的思路构建。

随着信息技术的进步，财务管理模式也在不断创新。一是业财融合不断深入，使得管理会计的数据来源更加广泛。二是财务共享中心的发展，在一定程度上既重塑了财务会计，提高了数据的标准化水平，也强化了管理会计的数据基础。三是智能技术在财务领域的应用不仅提高了财务会计的自动化程度，也为管理会计的决策支持等领域提供了更多的工具。财务共享服务既是一种数据的组织方式，还是管理会计的模式之一。财务共享中心不仅服务于财务会计，还为管理会计提供数据支持。近年来基于财务共享服务的管理会计不断发展，财务共享服务也是管理会计的管理基础之一。

【本章思考题】

1. 管理会计的理论基础有哪些?
2. 我国管理会计指引体系包括哪三部分?
3. 管理会计流程可以归结为哪五大方面？并请结合工作实践为每类流程举出实例。
4. 什么是新型财务管理模式？该模式包含哪些内容?
5. 什么是财务共享服务？它有哪些特点？在财务管理的实践中如何应用?
6. 举例说明财务共享服务对传统管理有哪些影响?
7. 举例说明新型财务管理模式对管理会计有哪些影响?

第三章　管理会计信息系统的技术基础

【本章内容简介】

本章首先讨论了数字时代管理会计信息系统的技术需求，说明数据获取、模型计算、数据展现等技术对管理会计的重要性，分析了管理会计信息系统的使用者和建设者的特点，强调数据处理能力、建立模型能力、数据洞察能力和智能化能力的重要性；本章还列举了管理会计信息系统中使用的一系列信息技术，包括：云计算、移动计算、人工智能、区块链、物联网等基础技术，大数据、数据治理、数据中台等数据处理技术，多维分析模型、人工智能模型等相关建模技术，以及数据可视化和数据智能等数据洞察技术等。

【本章学习目标】

1. 了解数字化时代管理会计信息系统相关的技术需求。

2. 熟悉管理会计信息系统建设、管理和应用中的相关角色。

3. 了解与管理会计信息系统相关的基础信息技术。

4. 深入了解管理会计信息系统中的核心技术，包括数据处理技术、数据建模技术和数据洞察技术等。

【本章要点提示】

1. 数字化时代，管理会计信息系统需要强大的数据治理能力、数据建模能力和数据洞察能力。

2. 建设管理会计信息系统需要了解系统的直接使用者、间接使用者和相关的技术支持者是谁，他们的需求分别是什么？

3. 管理会计信息系统建设除了需要常规的硬件、软件、数据和通信技术支持之外，还需要云计算、移动计算、人工智能、区块链、物联网和信息安全等技术的支持。

4. 管理会计信息系统涉及的核心技术是大数据、数据治理、数据中台等数据处理技术，多维分析模型、人工智能模型等相关建模技术，以及数据可视化、数据智能等数据洞察技术。

【本章引导案例】

江苏农垦集团基于数据仓库的财务决策支持系统应用

一、案例背景

江苏省农垦集团有限公司（以下简称“江苏农垦”）诞生于1952年2月，总部设在南京市。经过60多年的改革发展，江苏农垦形成了农林牧渔及食品加工、医药制造、贸易物流及相关服务、投资及房地产、通用设备制造五个产业板块，成为农、工、商综合经营的大型国有企业。

2008年以来江苏农垦高度重视财务信息化建设，以资金集中管理为突破口，逐步推行财务集中在线核算和财务业务一体化。2014年后，又围绕“大数据、人工智能、移动应用、云计算”的建设目标，更新了财务信息化IT基础和软件设施，实现生产数据异地实时容灾和安全接入、报表的自动化处理以及智能财务决策支持等功能。

江苏农垦智能财务决策支持系统（以下简称“系统”）以“信息网络化、管理数字化、报告标准化、决策智能化”为目标，通过创新设计系统架构，从账务系统、网络报表系统和电子表格等原始信息源中抽取数据，经过数据清洗、转换、集成并加载生成数据仓库。基于数据平台，系统可实现对运营各项指标自定义、模块个性化、模板标准化、分析计算智能化，最终智能生成经营分析图表和分析报告。

智能财务决策支持系统以创新的方式解决了管理者对会计报告信息的及时性、真实性、准确性的需求。系统通过智能筛选企业运营的异动指标、搭建问题导向的分析模板、寻求实时互动的原因分析，并实现数据变动与原因分析联动查询，对集团管理层全面掌握各单位的运营状况、强化防控风险、提高资产运营效率起到极大的管控和决策支持作用，真正做到及时准确地发现问题、分析问题，进而解决问题。

二、财务决策支持系统架构

江苏农垦智能财务决策支持系统包括的自下而上层次为：数据抽取层、基础数据仓库、分析控制层和成果展现层，具体系统框架如图3-1所示。

1. 数据抽取层

系统在数据抽取层实现高性能的行列数据分析及多维数据分析处理。集团在进行分析时，系统根据用户的内容，进行快速的行列分析并从数据集市中定位有效与有关数据，从而提高了数据的提取速度。

2. 基础数据仓库

系统创建数据仓库，通过采用构建新型模式方式，使集团的经营数据源有机结合起来，各级管理者可按照自身分析的需要，将有价值的数据进行抽取，并经过系统的过滤、合并、集成，转化为有价值的分析数据，保存在数据仓库内。集团及各单位在进行分析工作时只需要对数据仓库中的数据加以分析，不再对原始数据库进行访问，从而保证了数据的安全性。

3. 分析与控制层

用户可以运用前台控制端来选择分析所需的模块，系统前台具有权限管理、财务报告分析、财务数据查看、财务指标趋势分析、财务预警分析、预警分析、企业决策支持等功能。

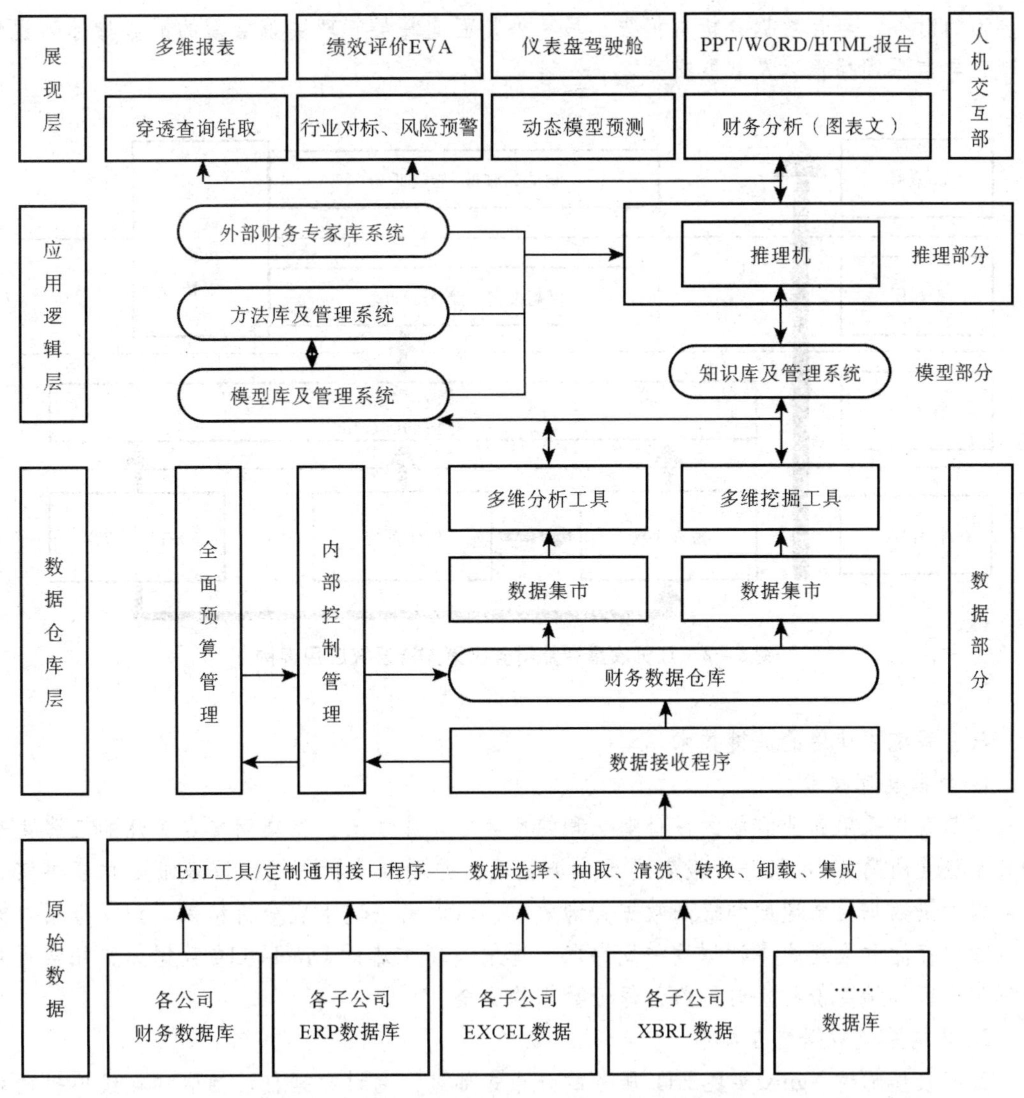

图3-1　江苏农垦智能财务决策支持系统体系架构

4. 成果展现层

根据用户需求的不同，系统将以多种形式来展示相关成果，主要包括网页、word、ppt、pdf等形式。在每种形式中都将以文字、图、表的形式来展现。系统从用户的实际出发，图例的展现又可以分为柱图、拆线图、饼图、雷达图、面形图、点状图等多种形式。这些展现的决策、分析信息将传达到集团及各单位管理层，最终完成一个高效、实时、智能的管理决策闭环。

智能财务决策支持系统以数据、技术、用户角色三个维度为主线进行设计和建设，如图3-2所示。其中业务、财务数据汇集形成系统操作层；技术层是使用ETL工具开发接口抽取企业财务、经营决策支持所需的数据，经过系统的智能清洗、转换、加载到大数据平台，按不同的属性、维度进行归类汇总，形成数据仓库，并通过程序开发实现数据整理、重现；用户角色实际上决定了智能财务决策支持系统的应用场景，一个是面向业务管理层面的财务、经营数据分析与报告，另一个是面向高层管理决策层面的财务指标可视化展现、异常原因播报以及智能交互。

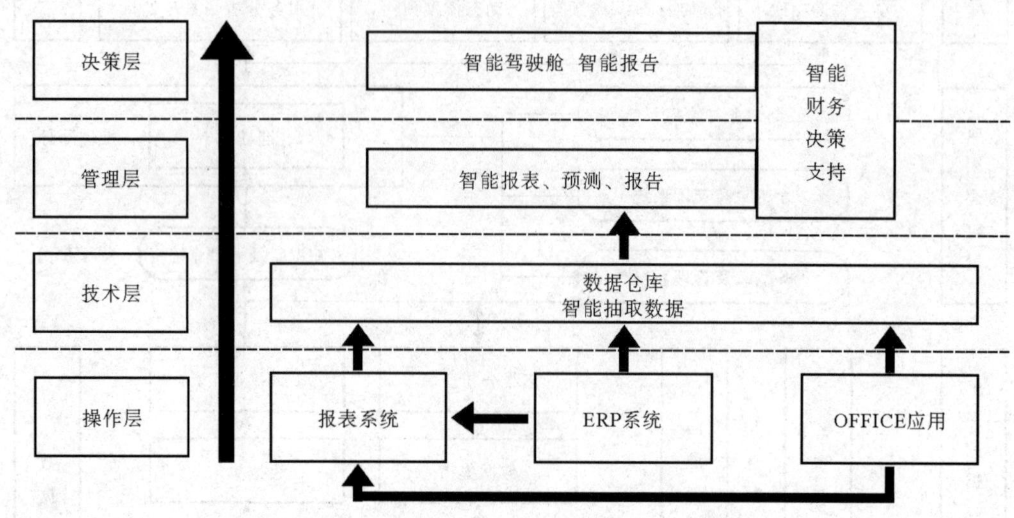

图3-2 江苏农垦智能财务决策支持系统应用架构

三、系统中使用的关键技术

1. 数据仓库技术

江苏农垦采用商业智能的设计理念和使用数据仓库技术，将集团重点关注的三张主表和日常经营所需的16张分析报表进行分类整理，并划分分析主题，按多维度和多事实存储，以加快数据检索速度和提高数据查询效率，从而更快地生成分析结果。为支撑用户大量的数据存储和大用户多数据的并发存取，选用市场主流的Oracle 11g数据库，并实现对数据库进行异地备份和定时备份，保证数据的安全。

2. 异构系统数据交互技术

江苏农垦通过Nginx实现ETL服务的分布式部署，通过数据自动抽取和在线填报两种技术方案来实现数据的收集。

（1）集团通过使用ETL技术，可以针对客户的特定需求，实现报表的接口定制开发，对各类数据源的报表原始数据，经过抽取、清洗、转换和加载等一系列的数据整理过程，智能提取到数据仓库中，实现财务数据统一集中，从而为门户中智能报表、智能报告、智能管理驾驶舱和智能预测等财务分析模块提供有效数据支撑。ETL数据采集同时实现了多公司、多期间手工采集，方便客户快速采集数据，生成客户所关注的分析结果。

（2）通过采用数据在线填报方法，结合江苏农垦的预算数据，使用在线填报的方式实现。集团通过对报表中存在的公式勾稽关系预先设定，对填报的数据进行实时公式校验，不符合的数据不予提交，以确保填报数据符合规范，从而保证最终的财务数据分析结果的准确性。

3. 企业应用门户技术

江苏农垦使用的门户平台是以Java为主导开发语言，使用响应式布局的技术方案，以实现为不同终端的用户，包括PC端、平板、移动终端等，提供更加舒适的界面和更好的用户体验。门户平台主要实现了管理驾驶舱模块，将江苏农垦重点关注的营业收入、利润总额、净资产收益率等指标，以柱形图、仪表盘和折线图等图形方式展现；智能报表模块对重点关注的报表，均实现按公司进行汇总，并层级下钻，最终追溯到报告监控出现异常指标的地方；智能报告模块实现了对异常指标进行监控、筛选、原因填报、保存、提交、下级原因引用、报告催报、补充分析等一系列的报告上报流程，并实现消息的即时传递，解决了企业用户的财务分析沟通问题，提高了企业的财务管理水平。

4. 决策树技术

江苏农垦集团运用决策树等人工智能算法构建企业财务分析决策、行业业务决策等模型。智能财务决策支持系统内置企业利润分析、成本分析、资产结构、偿债能力、营运能力、经营协调性、发展潜力、经营风险、现金流量分析、杜邦分析等企业决策分析 11 大类近百个专家决策分析模型，将账务、报表的对应数据导入各种管理会计模型，自动生成管理会计评价结论和建议。

5. 数据可视化技术

财务数据可视化技术增强了企业管理人员对财务信息的记忆能力，以及对集团公司未来经济走向的判断能力，达到集团公司对可视化管理的要求，为财务部门的发展注入更强活力。借助财务数据可视化技术，江苏农垦集团非财务专业的经营管理人员也可以很清楚地看明白集团目前的经营状况，从而实现对财务知识的普及。

四、系统整体实施效果

智能财务决策支持系统以分析为中心，对数据进行全方位、立体式分析，初步实现了核算、分析、预测、管控四位一体，把握了财务会计的精髓职能——“如何为决策者提供支持”，为领导决策提供了可靠的依据。系统具有实时性、交互性、可视性、操作性较强等优势，体现穿透、联动、集成、高效等特点，为大数据应用管理奠定了良好的基础。

智能财务决策支持系统不仅大大降低了财务分析的工作量，而且还较好地解决了信息不对称问题，便于集团及时、便捷、全面、准确地掌握下属企业的财务状况，夯实了财务管理的基础，有利于提升集团管控力。集团通过对主要异动指标及趋势进行分析，不仅发挥了其预警或警示作用，而且有利于集团及时把握存在问题，动态确定或调整管理重点，及时采取调整、干预、纠偏等行动，促进集团持续健康发展。

智能财务决策支持系统解决了长期困扰财会人员的分析难的问题，进一步提高了财务分析的质量和速度；同时，解决了企业管理者对财务数据和数据背后异动原因实时联查需求，提高了决策针对性和时效性，为集团公司形成立体管控能力提供财务信息支持。

智能财务决策支持系统创立了集团公司智能财务决策支持的领先模式——报告标准化、信息网络化、决策智能化，提高了集团公司的财务分析智能化水平。

（案例来源：刘勤、屈伊春等：《智能财务最佳实践案例（第一辑）》，立信会计出版社 2021 年版。）

案例思考题：

1. 江苏农垦集团利用信息技术实现了哪些管理会计的功能？
2. 在江苏农垦智能财务决策支持系统中使用了哪些信息技术？
3. 结合案例说明一般数据展示的形式有哪些？与其相关的技术是什么？

第一节 数字时代对管理会计信息系统的需求

一、管理会计信息系统的需求分析

管理会计天然具有信息化的基因。管理会计的本质是信息系统，同时也是决策支持系统。财政部在《关于全面推进管理会计体系建设的指导意见》中指出，信息化是支持管理会计理念与方法落地，支撑管理会计功能发挥和价值实现的重要手段和推动力量。曾有学者对管理会计定位如下：它是一个以价值为基础，以战略为导向，以服务组织内部规划、决策、控制和评价等活动为目的，并重组织整体信息和内部构成单位信息、财务信息和非财务信息、历史信息和未来信息，全面、综合的信息系统（张先治，2015）。

管理会计信息化是信息技术在管理会计领域中的运用，是面向管理会计的信息系统在企业中的运用，是企业信息化的重要组成部分。实务界专业人士指出，管理会计信息化的本质是针对特定的管理领域问题，通过获取数据利用模型进行数据的计算处理，再通过各种形式呈现出来，供管理者进行分析决策的过程。这一过程的三个核心环节是：数据获取、模型计算和数据展现。

我国管理会计信息化的发展起步较晚。20 世纪 80 年代以来，以计算机和局域网为代表的信息技术开始在会计信息化领域应用，会计电算化逐渐取代了传统的手工记账。随着核算型会计电算化系统的广泛应用，有学者开始提出，会计电算化应当从核算型向管理型过渡。

一批管理理念领先的大型企业开始搭建管理会计信息化体系，主要模式是应用国内外专业的管理会计信息系统，在 ERP 财务会计模块之上建立独立的管理会计数据仓库，以 ERP 数据作为管理会计的数据基础，进而加工还原成管理会计信息。迄今为止，这种模式依然是国内大多数企业管理会计信息化建设的主流模式。也有很多软件厂商推出了专业化的管理会计套件，通常称作企业绩效管理（enterprise performance management，EPM）套件，内容涵盖了计划预算、管理报告、盈利和成本分析、平衡计分卡、管理仪表盘等模块。

在此背景下，我国管理会计信息化建设迈入第三个发展阶段——基于商业智能（business intelligence，BI）构建的管理会计信息系统阶段。要推进管理会计信息化体系建设，就必须构建基于商业智能的管理会计信息系统。这是因为：第一，BI 技术的特点（强大的建模能力、多维度的构架体系、专业的数据处理技术、灵活的技术特点）与管理会计对信息系统的要求（模型化、多视角、大数据）高度吻合；第二，国外主流的企业绩效管理软件（EPM）供应商多数是商业智能软件厂商，依托于成熟的 BI 技术平台，企业可以构建起一套包含全面预算、ABC 成本、管理报告和分析、管理仪表盘等内容的管理会计应用体系；第三，从国内外的企业应用案例情况来看，多数应用深入、效果明显的管理会计信息系统是基于 BI 的管理会计信息系统。

管理会计“用数据说话、用量化管理”，数据是管理会计发挥职能的重要支撑。因此，管理会计信息系统建设首先要解决数据来源和数据质量的问题，其次要通过数据挖潜价值。

此前，尽管我国管理会计信息化已经取得了阶段性成果，但由于缺乏整体规划，各系统之间的连接性不高，传统的管理会计信息化存在着以下几大问题：

从数据采集角度看，传统 IT 架构下企业内部数据各自分散孤立在不同的子系统中（比如 ERP 系统、CRM 系统、SRM 系统、HR 系统等），但各系统就像不同的烟囱一样彼此独立，形成了大量的数据孤岛，数据采集难度很大。

从数据转换和计算角度看，财务、业务、管理等不同口径所需的数据零散在各个系统，而各系统的数据是按照其固有的需求和规则设计的，不同部门、不同应用系统对同一类甚至同一个数据的口径不一，如：财务口径的数据与交易分离，管理口径的数据与业务脱离等，往往会出现相互之间口径对不上的情况，同时在不同口径的数据间进行的转化和重新计算的过程，产生了管理会计信息系统应用中的数据鸿沟。

从数据获取效率角度看，基于 ERP 系统搭建的管理会计信息系统自动化程度低、时效性差，难以满足瞬息万变的商业环境下企业的实时分析与决策等管理需求，更不具备互联网环境下对业务运营的快速响应能力。

从数据存储和数据处理角度看，企业内外部数据中高达 80% 的数据是非结构化数据，这些数据对信息系统的数据处理能力和读写速度要求更高，因此对数据存储和数据管理能力提出了更高的性能要求。上述要求在传统的烟囱式的信息化架构下难以得到满足，致使很多企业的数据沦为“一团乱麻”。

从以上分析可以看出，在企业数字化转型过程中，仅仅将传统的管理会计信息系统叠加新技术顶多只能提升工作效率和数据准确度，却无法从根本上破解原有的瓶颈。如何重塑管理会计信息系统架构以适应日益复杂多变环境下的企业，为其提供及时、准确、全面的决策分析乃至赋能业务运营，成为摆在企业管理者面前的一道难题。

由此可见，在新的数字化时代，管理会计信息系统需要强大的数据治理能力、数据建模能力和数据洞察能力的支撑。

二、管理会计信息系统的使用者和技术支持者

分析管理会计信息系统的使用者，可以帮助我们精确地对管理会计信息系统各模块，尤其是管理控制和管理会计报告方面的功能需求，进行深入的分析。而了解管理会计信息系统的建设者和技术的支持者，可以帮助我们在设计和建设系统时，知晓新系统在功能配置和数据处理等方面的局限，以及未来系统运营的难度和未来创新的可能性等。

（一）管理会计信息系统的直接使用者——管理会计人员

管理会计与传统的财务会计有很大的区别：

1. 职能不同

管理会计是规划未来的，其职能侧重于对未来的预测、决策和规划；财务会计是反映过去的会计，其职能侧重于核算和监督，属于报账类会计。

2. 约束条件不同

管理会计主要向企业内部各级管理层提供有效经营和最优决策所需的信息，是对内的

报告，不受会计准则和会计制度的约束，处理方法根据企业管理的实际情况和需要而定；财务会计则相反。

3. 报告期不同

管理会计报告的编制不受固定会计期间的限制，根据需要编制反映不同影响期间活动的各种报告，它可以按小时、天、月、年甚至若干年编制；财务会计则相反。

4. 计算方法不同

由于未来的不确定性和复杂性，管理会计在进行预测和决策时，要大量应用数学方法（如微积分、线性规划、概率论）和计算机技术；而财务会计较多使用一般的数学方法（加、减、乘、除）进行会计核算。

5. 计量尺度不同

管理会计虽然主要使用货币计量，但也大量使用非货币计量，如实物量度、劳动量度、关系量度（市场占有率、销售增长率）等；为了综合反映企业的经济活动，财务会计几乎全部使用货币量度。

在管理会计的应用环境下，财务人员需转变思维方式，完成由“记账员思维”向“管理者思维”的思考方式转变，用“管理者思维”重新审视自身乃至所在部门的工作，并发现两种思维结果之间的差距。同时，需发现自身短板，在此基础上补足短板，并在新的学习和思考的过程中发现新的差距，继续补足短板。

管理会计信息系统的直接使用者是会计人员，但管理会计信息（管理报告）的最终用户是各级管理人员。

（二）管理会计信息系统的间接使用者——各级管理人员

利用管理会计信息系统生成的管理报告，各级管理人员可以：

1. 预测现金流

管理会计预测企业中最重要的东西——现金流量。管理层在预测收入现金流的基础上，决定采取纠正措施，增加现金流或加速增长。

2. 预测未来

管理会计有助于预测公司、行业以及社会、政治、经济和技术变化（如果有的话）的未来，因为所有这些因素都会影响企业或组织。

3. 分析投资报酬率

管理会计分析和综合所有收集到的信息。其中最重要的是公司在时间、精力、金钱和资源上获得了多少回报（在金钱、声誉、增长和市场份额方面）；估计性能和实际性能之间的差异造成了多少差异；管理会计帮助管理层了解业绩差异，并提出纠正措施。

4. 指导决策建议

管理会计帮助组织确定是创建基础设施还是简单地外包功能。例如，管理会计帮助组织决定是创建一个基础设施来生产他们产品的原材料，还是简单地外包整个功能。

最开始的管理会计报告主要是为中高级管理人员服务，随着全面数字化时代的来临，管理报告的实时性和精细程度将有极大的提高，管理会计报告从服务高层向服务一切管理者演变，场景化、碎片化应用逐渐增多。更多决策不再集中在高层手里，而是延伸到了级别相对更低、更缺少复杂决策经验的管理者。这意味着对管理会计报告的需求会发生巨大量变。此时，每一个决策者都需要自己的“一张纸”来凝聚关键管理需求，需要“一条路”来满足自己的数据使用习惯，需要在某个特定的场景下来实现自己的分析、决策过程。谁能够更好地运用好现有数据，谁就能做企业内“更有力量的人”。知识就是力量，在这里变成了“数据就是力量”“报告就是力量”。

个人化、自助化、社交化的服务愈发重要。领导者希望能够更快速更直接地按照自己的意愿来分析、整理处理数据，因此由会计部门还是由信息技术部门来做这件工作已经不重要了，重要的是报告能不能产生、平台能不能支持，甚至，领导能不能自己通过简单的操作来构建出这份报告。

报告分析的内容和主题对象也在发生重大变化。传统以法人账套为基础，以传统核算科目为主体的数据已不足以支持更丰富的报告对象的要求。业务单元、虚拟组织、产品、客户、区域、渠道等都可以成为报告的对象。除了组织视角的变化之外，主题视角也发生了变化。过往的报告往往是回溯性分析，但现在面向未来的决策占比将越来越高。

（三）管理会计信息系统的技术支持者——数据和信息技术专家

除了管理会计人员和各级企业管理人员之外，与管理会计信息系统密切相关的人员还有与数据和信息系统相关的人员。

1. 信息技术人员

信息技术人员负责整个管理会计信息系统的建设工作（也可能由第三方实施），负责制定管理硬件、软件和存储的指标，指导并支持部署新的软硬件，以满足业务系统的需求。他们负责日常的系统监控和维护工作，确保系统的正常运行，并在系统发生重大问题之前检测和诊断出这些问题，从而减少运营过程中的停机时间。

2. 业务建模人员

管理会计的最大价值就是为管理者的科学决策提供量化信息支持，而量化管理离不开模型化，模型化是对量化管理的升华，能够透过模型化看清商业模式和盈利模式，进而使企业的运营可预见、可计量、可控制。

以全面预算管理为例，其本质上是通过对未来的经营情况模拟“算赢未来”，是一套涵盖从业务预算到财务预算，从目标制定、预算编制、预算执行和控制、分析反馈、调整和评价的闭环体系。比如，如何将目标定得更加科学合理？模型构建为企业提供了一条科学确定企业目标的途径。构建目标测算模型大体有这么几个步骤：（1）对象的选择；（2）指标选择；（3）目标值确定；（4）权重设定；（5）模型测试。通过对不同情景设置不同的权重，企业可以获得一个相对合理的经营目标。实践中，不管是预算模型中的预算目标测算和分解模型、产销衔接模型、滚动预测模型，都要求系统具备强大的建模功能。

业务建模人员一般是由熟悉业务的人员主导，管理会计信息系统的运营人员（如信息技术人员）协助实施。

3. 数据分析师

通过做预算、执行、找差异、出报告、解决差异，再做更准确的预算这样一个循环；通过不断地重复这个循环，管理会计人员可以更精准地掌控财务数据乃至业务数据，更精准地进行财务预测，更好地对重大投融资财务决策做出支持。为此，需要数据分析师的支持。

数据分析师通过对收集到的大数据进行加工处理，可确保企业在战略规划、战略执行、战略考评、战略调整方面的合理性。在大数据时代，数据分析师对企业产品、服务、收入、成本、费用、耗时等数据进行充分的挖掘，并实现对数据的体系化、深度化分析，进而据此制定严密的工作计划，给企业发展提供合理的运营数据，使企业信息的准确性和决策质量都得到了很大的提升。

数据分析师是一个职业角色，而数据分析则是一种技能。企业管理会计人员，尽管很少能成为一名真正的数据分析师，但也需要通过不断地培训和学习逐步掌握数据分析的技能，这样才能真正地发挥管理会计信息系统的能力，为企业的运营和决策服务。

4. 数据科学家

管理会计的核心在于利用数据及相关见解提升组织的利益。由于技术的突破，组织在收集相当规模的数据时变得容易很多，这是我们在十多年前无法想象的。对这些数据资产的充分利用能为企业创造价值和竞争优势。为发掘组织数据库中蕴含的价值，领导层对人力和技术能力方面的投资势在必行。数据与技术的融合为数据科学领域创造了就业机会，这对管理会计在效率和效益上的演变十分重要。

优秀的业务数据科学家是数据分析师、商业智能分析师、统计员和计算机程序员的结合体。他们能够编写出能获取数据，基于数据运行概率模型，解释输出结果并将结果以一种有利于企业的方式展现给用户的应用程序。

与数据分析师相比，数据科学家工作的重点在分析的自动化上，即数据科学家专注于使用 Python 等语言编写算法，进行自动化分析和预测；而数据分析师则使用静态的或者过往的数据，描述和可视化数据所包含的信息，然后向非技术用户传达并做进一步的解释说明。

三、数字化时代对管理会计信息系统的技术要求

进入 21 世纪之后，互联网对经济和生活的改变越来越大。信息、数据的产生和处理速度日益加快，人们的生活模式、工作模式、企业的商业模式都在不断地变化中，新的模式不断颠覆旧的模式，世界正在变得越来越复杂和不确定。

宝洁公司（Procter & Gamble）首席运营官罗伯特·麦克唐纳（Robert McDonald）借用一个军事术语来描述这一新的商业世界格局：“这是一个 VUCA 的世界。”VUCA 指的是不稳定（volatile）、不确定（uncertain）、复杂（complex）、模糊（ambiguous）。

在这样一个 VUCA 的时代里，企业的商业模式和经营状况充满了变数，当今的管理会计应用的一个主要目标就是要帮助管理者应对众多的不确定性。在这样的环境下用传统的管理会计思维和技术已经不能满足企业需求。管理者需要更精细的数据，更实时的分析报告，更快的预测速度和更强的计算能力。

管理会计应用需要不断引入新的思维和技术来应对这些管理挑战，以下将从数据治理、数据建模、数据洞察三个管理会计最核心的方面，阐述数字化时代对管理会计信息系统的技术要求。

（一）数据治理能力

业务数据经过处理后，逐步形成数据资产，进而形成管理会计报告。从数据转换和计算看，财务、业务、管理等不同口径所需的数据零散在各个系统中，而各系统的数据是按照其固有的需求和规则设计的，不同部门、不同应用系统对同一类甚至同一个数据的口径不一，同时不同口径的数据在管理会计系统应用中形成了数据鸿沟。

杂乱无章的业务数据，数据质量低，需要经过一系列的治理提高数据质量，将数据统一起来进行管控，这个过程中就包括数据标准管理、元数据管理、生命周期管理、数据安全管理等。

（二）数据建模能力

数据建模和计算是管理会计的核心功能。管理会计系统的功能满足度、可扩展性，都依赖系统的建模计算能力。

在管理会计这种面向分析的管理系统中，数据是由多个维度（角度）描述的。

例如：销售收入的数据是由产品、时间、渠道、客户、区域、部门、人员等多个角度进行定义的，在对销售收入的预算或实际发生数据进行分析的时候，分析人员可能会关心按产品、渠道、客户等各维度汇总的销售收入，或者按照不同的维度组合进行数据查询。这些都要求管理会计系统建立一个多维度的数据模型。

多维数据库从设计理念和技术实现上都与面向交易的管理信息系统有着本质的区别。基于联机交易处理（online analytical processing，OLAP）的多维数据库技术不同于关系型数据库，它更面向业务分析人员。多维数据库用户的多角度思考模式，预先为用户组建多维的数据模型。维度指的是用户的分析角度。

（三）数据洞察能力

通过管理会计数据的采集和建模计算后，会产生大量的数据。如何将这些数据有效地呈现给管理者，并对数据进行分析和利用是管理会计信息系统的一个重要任务。

传统的分析工作需要靠人按照一定的路径对管理数据进行浏览和探索（下钻、旋转），与预算、经营目标对比来寻找数据异常以发现经营和管理中的问题，并形成分析结论。这些重复性的工作（例行的日、周、月度分析报告）可以由系统利用自动化和智能化技术实现，释放分析人员查询数据的时间，让他们能更专注地把精力花在分析数据背后的原因上。

在自助分析方面，也可以利用语音或者文字交互，采用类搜索引擎的方式向系统提问，系统理解问题并在后台数据库中探索数据，并以适当的形式呈现给用户。智能化在数据分析领域有着广阔的应用空间。未来，机器学习结合自然语言处理、知识图谱的数据交互分析技术，将给管理会计数据分析带来更大帮助。

例如，企业可通过构建数据与业务的知识图谱，建立数据分析的推理链路，实现数据变动的自动归因溯源分析，辅助业务决策。在认知智能的帮助下，企业的管理报告场景可支持更灵活的分析、更细分的业务场景，这将极大提高企业日常生产经营的决策力。

第二节 管理会计信息系统中的相关技术

一、管理会计信息系统中的基础信息技术

管理会计信息系统除了需要计算机硬件、系统软件、数据库和网络通信等传统信息技术支持之外，还需要云计算、移动计算、人工智能、区块链、物联网和信息安全等新型信息技术的支持。

（一）云计算

“云计算”指IT基础设施（硬件、平台、软件）的交付和使用模式，网站可以不必再在数据中心托管自己的效率低下、能耗巨大的服务器，而代之以基础设施即服务（infrastructure as a service，IaaS）或平台即服务（platform as a service，PaaS）模式通过互联网获取计算力或业务平台，要多少取多少。用户可以直接通过软件即服务（software as a service，SaaS）模式从互联网络获取软件和应用服务。云计算是一种按使用量付费的模式，这种模式提供可用的、便捷的、按需的网络访问，进入可配置的计算资源共享池（资源包括网络、服务器、存储、应用软件、服务），这些资源能够被快速提供，只需投入很少的管理工作，或与服务供应商进行很少的交互。

1. 典型的云服务类别

（1）IaaS：为云服务客户提供云能力类型中的基础设施能力类型的一种云服务类别。使用IaaS时，用户以即用即付的方式从服务提供商处租用IT基础设施，如服务器和虚拟机（VM）、存储空间、网络和操作系统。IaaS的优点：无须自己投资硬件；可按需扩展基础设施规模，以便支持不断变化的工作负载；灵活、创新而且按需提供的服务。

（2）PaaS：为云服务客户提供云能力类型中的平台能力类型的一种云服务类别。PaaS是指云计算服务，它们可以按需提供开发、测试、交付和管理软件应用程序所需的环境。PaaS旨在让开发人员能够更轻松快速地构建Web或移动应用，而无须考虑开发所必需的服务器、存储空间、网络和数据库基础设施进行设置或管理。PaaS的优点：开发应用，更快地打入市场；只需数分钟，就可以将新的Web应用程序部署到云中；使用中间件即服务，降低复杂性。

（3）SaaS：为云服务客户提供云能力类型中的应用能力类型的一种云服务类别。在“软件即服务”的服务模式当中，用户能够访问服务软件及数据。服务提供者则维护基础设施及平台以维持服务正常运作。SaaS使得企业能够借由外包硬件、软件维护及支持服务给服务提供者来降低IT营运费用。另外，由于应用程序是集中供应的，更新可以即时地发布，无须用户手动更新或是安装新的软件。

2. 云计算三类典型部署模式

（1）公有云。公有云的云基础设施对公众或某个很大的业界群组提供云服务。公有云服务可通过网络及第三方服务供应者，开放给客户使用，“公有”一词并不一定代表“免

费”，但也可能代表免费或相当廉价，公有云并不表示用户数据可供任何人查看，公有云供应者通常会对用户实施使用访问控制机制，公有云作为解决方案，既有弹性，又具备成本效益。公有云为第三方云服务提供商所拥有和运营，他们通过互联网提供其计算资源（如服务器和存储空间）。在公有云中，所有硬件、软件和其他支持性基础设施均为云提供商所拥有和管理。使用 Web 浏览器访问这些服务和管理你的账户。

（2）私有云。私有云的云基础设施特定为某个组织运行服务，可以是该组织或某个第三方负责管理，可以是场内服务（on-premises），也可以是场外服务（off-premises）。私有云具备许多公有云环境的优点，例如弹性、适合提供服务，两者差别在于私有云服务中，数据与程序皆在组织内管理，且与公有云服务不同，不会受到网络带宽、安全疑虑、法规限制影响；此外，私有云服务让供应者及用户更能掌控云基础架构、改善安全与弹性，因为用户与网络都受到特殊限制。私有云是指专供一个企业或组织使用的云计算资源。私有云可以实际位于公司的现场数据中心之上。某些公司还向第三方服务提供商付费托管其私有云。在私有云中，在专用网络上维护服务和基础设施。

（3）混合云。混合云的云基础设施由两个或多个云（私有云、社区云或公有云）组成，独立存在，但是通过标准的或私有的技术绑定在一起，这些技术可促成数据和应用的可移植性（例如用于云之间负载分担的 cloud bursting 技术）。这个模式中，用户通常将非企业关键信息外包，并在公有云上处理，但同时掌控企业关键服务及数据。混合云通过允许在公有云和私有云之间共享数据和应用程序的技术将它们绑定到一起。通过允许数据和应用程序在私有云和公有云之间移动，混合云为企业提供更大的灵活性和更多的部署选项。

随着移动互联技术的发展，越来越多的企业将信息化系统架构在公有云、私有云、混合云等云计算平台之上。新型的管理会计信息系统基本都支持基于云的部署方式。

（二）物联网

物联网（internet of things，IoT）使互联网进入了一个全新的领域，连接的对象从人扩大到物，将虚拟网络世界和现实物理世界连接起来。物联网将对今后社会发展产生重大影响，是科技革命的重要一步。它体现了信息技术对其他战略新兴产业的支撑作用。不论哪一个战略新兴产业都离不开物联网。国民经济信息化被演绎成为“感知中国”（“智慧地球”），从智慧电网、智慧交通、水资源管理、医疗保健、物流到智慧城市物联网应用深入国民经济的各个领域。

目前管理会计信息系统的数据主要来自企业内部的业务系统，但随着万物互联的到来，未来越来越多的数据可能直接采集自物联网，例如库存信息、产品流转信息等。

（三）移动计算

移动计算是随着移动通信、互联网、数据库、分布式计算等技术的发展而兴起的新技术。移动计算技术将使计算机或其他信息智能终端设备在无线环境下实现数据传输及资源共享。它的作用是将有用、准确、及时的信息提供给任何时间、任何地点的任何客户。这将极大地改变人们的生活方式和工作方式。移动计算是一个多学科交叉、涵盖范围广泛的新兴技术，是计算技术研究中的热点领域，并被认为是对未来具有深远影响的四大技术方向之一。

移动计算支持管理会计的相关人员可以在任意时间、任意地点、无障碍地访问管理会计信息系统。

（四）区块链

区块链（blockchain or block chain）是借由密码学串接并保护内容的串联文字记录（又称区块）。每一个区块包含了前一个区块的加密散列、相应时间戳记以及交易资料（通常用默克尔树（Merkle tree）算法计算的散列值表示），这样的设计使得区块内容具有难以篡改的特性。用区块链技术所串接的分布式账本能让两方有效记录交易，且可永久查验此交易。

传统管理会计信息系统通常局限于企业自身，数据在跨组织的各个主体间不能互联互通、无法整合，因此并不能为管理者提供充分的关于是否与其他企业形成跨组织合作关系的决策信息。而上游供应商的成本信息与下游客户的需求之间存在一定的差异，导致了企业无法准确地知道各个产品的全部成本信息、利润流向信息和客户盈利信息。在跨组织合作的环境下，企业经理人为了识别与分析企业的经营效率，既需要本企业的各项数据，也需要其他企业的参照数据。

但随着区块链技术应用的标准化和平台化会引发跨组织管理会计的深刻变革。在区块链网络中，一笔业务的多方参与主体均息息相关，所有参与主体的活动与资源均需纳入考虑。此外，在嵌入区块链的跨组织管理会计网络中，横向价值链管理对同类产品的生产在本企业与同行业竞争者之间的对比分析十分必要。基于区块链技术带来的公开透明的网络大环境，企业有机会通过链条获取到不同竞争对手的生产信息，从而克服生产限制，确定最优生产方案。可见，在以大数据为依托的区块链网络中，企业不再局限于依赖自身财务数据，如收入、费用、利润、现金流等对其经营状况进行判断，更多的是综合考虑与对比网络中其他区块的信息，以实现对企业自身的商业模式、核心竞争能力和企业持续创新能力的评估与把控。

（五）人工智能

人工智能（artificial intelligence，AI）是研究、开发用于模拟、延伸和扩展人的智能的理论、方法、技术及应用系统的一门新的技术科学。

人工智能是计算机科学的一个分支，它企图了解智能的实质，并生产出一种新的能以人类智能相似的方式做出反应的智能机器，该领域的研究包括机器人、语言识别、图像识别、自然语言处理和专家系统等。人工智能从诞生以来，理论和技术日益成熟，应用领域也不断扩大，可以设想，未来人工智能带来的科技产品，将会是人类智慧的“容器”。人工智能可以对人的意识、思维的信息过程进行模拟。人工智能不是人的智能，但能像人那样思考，也可能会超过人的智能。

（六）信息安全

信息安全是指为信息处理系统而采取的技术的和管理的安全保护，保护计算机硬件、软件、数据不因偶然的或恶意的原因而遭到破坏、更改、暴露。这里面既包含了两个层面的概念，其中计算机硬件可以看作是物理层面，软件可以看作是运行层面，再就是数据层面；又包含了属性的概念，其中破坏涉及的是可用性，更改涉及的是完整性，暴露涉及的是机密性。

硬件安全。即网络硬件和存储媒体的安全。要保护这些硬设施不受损害，能够正常工作。

软件安全。即计算机及其网络中各种软件不被篡改或破坏，不被非法操作或误操作，功能不会失效，不被非法复制。

运行服务安全。即网络中的各个信息系统能够正常运行并能正常地通过网络交流信息。通过对网络系统中的各种设备运行状况的监测，发现不安全因素能及时报警并采取措施改变不安全状态，保障网络系统正常运行。

数据安全。即网络中存在及流通数据的安全。要保护网络中的数据不被篡改、非法增删、复制、解密、显示、使用等。它是保障网络安全最根本的目的。

管理会计信息系统在设计和运行时必须充分地考虑信息安全问题，确保系统和数据的安全可靠。

二、管理会计信息系统中的核心技术

（一）数据治理技术

数据治理技术具体包括数据标准管理、元数据管理、生命周期管理、数据安全管理等相关技术。

1. 数据标准管理

企业在对数据的使用过程中，出现的很多数据问题，都是由于缺乏标准约束和整体规划设计造成的，如：

（1）数据存储结构不一致，由于某些数据在不同系统中数据存储结构不同，导致数据无法直接关联，影响不同系统之间的数据共享。

（2）数据定义不一致，不同系统对数据的命名、业务含义、取值范围等定义不同，比如同名不同义、同义不同名等。

（3）数据理解不一致，不同人员对数据的理解不一致，导致在数据使用时浪费很多沟通时间。

（4）数据来源不一致，数据存在多个来源，在数据使用时，不清楚应该取哪个系统的数据。

数据标准管理的目标是通过统一的数据标准制定和发布，结合完善的数据标准管理体系，实现数据的标准化管理，保障数据的完整性、一致性、规范性，为后续的数据管理提供标准依据。

数据标准管理包括数据标准制定、数据标准应用、数据标准维护这三个方面。

通过数据标准的建设，可消除数据跨系统的非一致性，从根源上解决数据定义和使用的不一致问题，为管理会计信息系统奠定良好的数据基础。

2. 元数据管理

元数据可以说是企业的数据地图，它直接反映了企业中有什么样的数据，数据是如何存放的，例如，数据结构是什么样子，数据与业务之间的关系是怎么样，数据与数据之间的关系是怎么样，数据有什么样的安全需求，数据有什么样的存储需求。

元数据包括业务元数据、技术元数据和管理元数据。

常见的业务元数据包括：业务定义、业务术语、业务规则、业务指标等。业务元数据从业务角度描述了数据系统中的数据，它提供了介于使用者和实际系统之间的语义层，使得不懂计算机技术的业务人员也能够“读懂”数据系统中的数据。

常见的技术元数据包括：存储位置、数据模型、数据库表、字段长度、字段类型、ETL 脚本、SQL 脚本、接口程序、数据关系等。

常见的管理元数据包括：数据所有者、数据质量定责、数据安全等级等。

元数据管理从功能上主要包括：元数据采集服务、应用开发支持服务、元数据访问服务、元数据管理服务和元数据分析服务。

3. 生命周期管理

数据生命周期管理（data life cycle management，DLM）是一种基于策略的方法，用于管理信息系统的数据在整个生命周期内的流动：从创建和初始存储，到它过时被删除。DLM 产品将涉及的过程自动化，通常根据指定的策略将数据组织成各个不同的层，并基于那些关键条件自动地将数据从一个层移动到另一个层。作为一项规则，较新的数据和那些很可能被更加频繁访问的数据，应该存储在更快的，并且更昂贵的存储媒介上，而那些不是很重要的数据则存储在比较便宜的，稍微慢些的媒介上。

数据资产全生命周期分为四大期间，包括数据资产生成的“入”期、数据资产保存的“存”期、数据资产应用的“用”期和数据资产退出的“出”期。

数据在进入管理会计信息系统后，经过治理形成数据资产，需要定期评估数据资产的活跃度，定期出具数据活性分析报告，为数据管理提供决策支持，比如对彻底无活性的数据选择进行销毁、迁移到低成本存储设备或者想办法激活。有的数据虽然不再活动，也不能直接销毁，比如国家或行业监管有要求保存期限的。对于活跃度不高的数据可以考虑怎么样激活，让其被更多利用，以创造更大的价值。

最后，还是得借助 IT 工具实现自动化管理。通过数据资产全生命周期管理系统，可视化呈现 top100 数据活性最高的数据资产，自动出具数据活性分析报告，列示超过 12 个月的“死掉”的数据清单，根据处理结果，统计释放的存储空间、节约的成本以及提升的效率，并绘制相应的变化趋势图。通过数据资产目录系统展示每一项数据资产的活性，以便于数据资产管理人员以及数据使用人员决策。

完善的数据生命周期管理还可以结合数据资产地图和数据资产活性绘制一份数据资产热力图，更加直观地呈现核心数据资产的分布和流向等。

4. 数据安全管理

大量的业务财务数据汇聚在管理会计系统中，如何确保数据安全是一个非常核心的问题。面对复杂的数据安全环境，需要从四个层面综合考虑以建立全方位的数据安全体系：边界安全、访问控制和授权、数据保护、审计和监控。

（1）边界：限制只有合法用户身份的用户访问数据。

用户身份认证：用户只有在通过服务所需要的安全认证方式之后才能访问数据。

网络隔离：通过网络层面隔离的方式保证网络安全，例如防火墙等。

传输安全：关注数据在传输过程中的安全性，包括采用安全接口设计及高安全的数据传输协议，保证在通过接口访问、处理、传输数据时的安全性，避免数据被非法访问、窃听或旁路嗅探。

（2）访问：定义什么样的用户和应用可以访问数据。

权限控制：包括鉴权、授信管理，即确保用户对平台、接口、操作、资源、数据等都具有相应的访问权限，避免越权访问；分级管理，即根据敏感度对数据进行分级，对不同级别的数据提供差异化的流程、权限、审批要求等管理措施，数据安全等级越高，管理越严格。

审计管理：基于底层提供的审计数据，在权限管理、数据使用、操作行为等多个维度上对大数据平台的运转提供安全审计能力，确保及时发现大数据平台中的隐患点，视不同严重程度采取包括排除隐患、挽回数据、人员追责在内的多种补救措施，同时指导大数据平台不再重复类似的问题。

（3）透明：报告数据从哪里来、如何被使用和销毁。

数据生命周期管理：理解数据的来源，以及知道数据怎么被使用的，何人在何地对其进行销毁，对监测大数据系统中是否存在非法数据访问非常关键，这需要通过安全审计来实现。安全审计的目的是捕获系统内的完整活动记录，且不可被更改。数据平台要能对数据进行全方位安全管控，做到“事前可管、事中可控、事后可查”。

日志审计：日志审计作为数据管理、数据溯源以及攻击检测的重要措施不可或缺。数据平台应具备日志管理和分析能力。然而目前如果要对日志和审计记录做集中管理和分析，仍然需要依靠第三方工具（如 ELK 等）。

（4）数据：数据加密和脱敏；多租户隔离；数据侵权保护；容灾管理。

数据加密：提供数据在传输过程及静态存储的加密保护，在敏感数据被越权访问时仍然能够得到有效保护。在数据加解密方面，能通过高效的加解密方案，实现高性能、低延迟的端到端和存储层加解密（非敏感数据可不加密，不影响性能）。同时，加密的有效使用需要安全灵活的密钥管理。此外，加解密对上层业务透明，上层业务只需指定敏感数据，加解密过程业务完全不感知。

用户隐私数据脱敏：提供数据脱敏和个人信息去标识化功能，提供满足国际密码算法的用户数据加密服务。

多租户隔离：实施多租户访问隔离措施，实施数据安全等级划分，支持基于标签的强制访问控制，提供基于 ACL 的数据访问授权模型，提供全局数据视图和私有数据视图，提供数据视图的访问控制。

数据容灾：采用实时/定期备份等方式为数据提供实时的异地数据容灾功能。

（二）数据建模技术

数据模型可分为基础模型、多维模型和 AI 模型。基础模型一般是关系建模，主要实现数据的标准化，这里不做更多的介绍；多维模型是维度建模，主要实现跨越数据的整合，整合的形式可以是汇总、关联、解析；AI 模型是偏应用的模型，作为企业的知识沉淀在中台内，可在数据应用端调取进行复用。

1. 多维数据模型

在管理会计这种面向分析的管理系统中，数据是由多个维度（角度）描述的。例如：销售收入的数据是由产品、时间、渠道、客户、区域、部门、人员等多个角度进行定义的，在对销售收入的预算或实际发生数据进行分析的时候，分析人员可能会关心按产品、渠道、客户等各维度汇总的销售收入，或者按照不同的维度组合进行数据查询。这些都要求管理会计系统建立在一个多维度的数据模型上。

多维数据模型是为了满足用户从多角度多层次进行数据查询和分析的需要而建立起来的基于事实和维的数据库模型，其基本的应用是为了实现 OLAP。

在了解具体模型之前，这里需要先了解两个概念：事实表和维表。事实表是用来记录具体事件的，包含了每个事件的具体要素，以及具体发生的事情；维表则是对事实表中事件的要素的描述信息。比如一个事件会包含时间、地点、人物、事件，事实表记录了整个事件的信息，但对时间、地点和人物等要素只记录了一些关键标记，比如事件的主角叫“Michael”，那么“Michael”到底“长什么样”，就需要到相应的维表里面去查询“Michael”的具体描述信息。基于事实表和维表就可以构建出多种多维模型，包括星系模式、雪花模式和事实星座模式。

（1）星型模式（star schema）的核心是一个大的中心表（事实表），一组小的附属表（维表）。星型模式示例如图 3－3 所示。

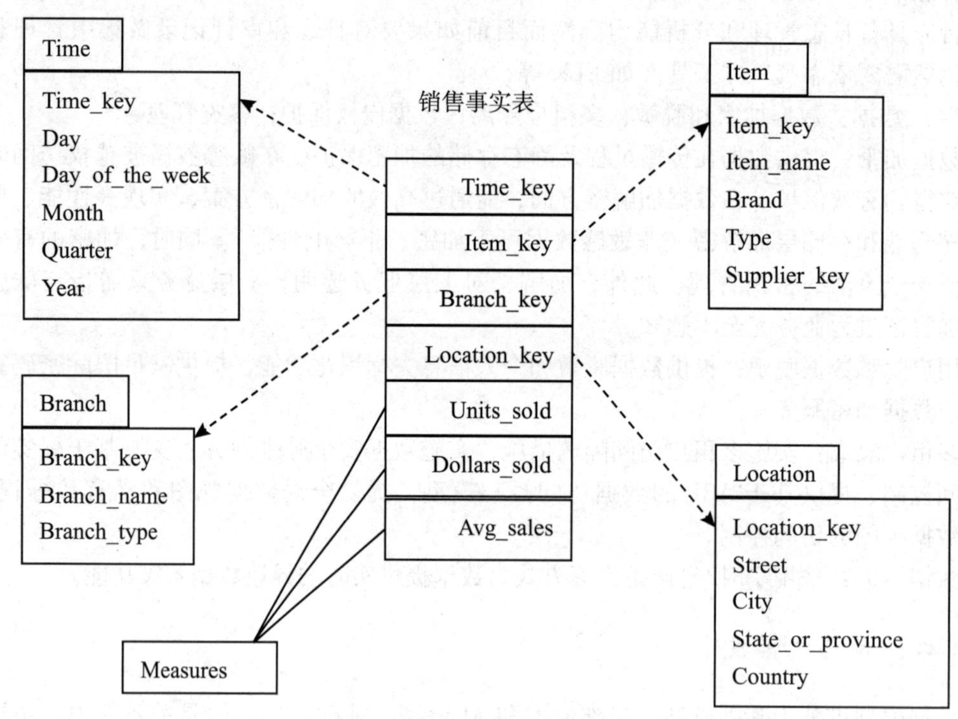

图 3－3　多维数据的星型模式

（2）雪花模式（snowflake schema）是星型模式的扩展，其中某些维表被规范化，进一步分解到附加表（维表）中。雪花模式示例如图 3－4 所示。

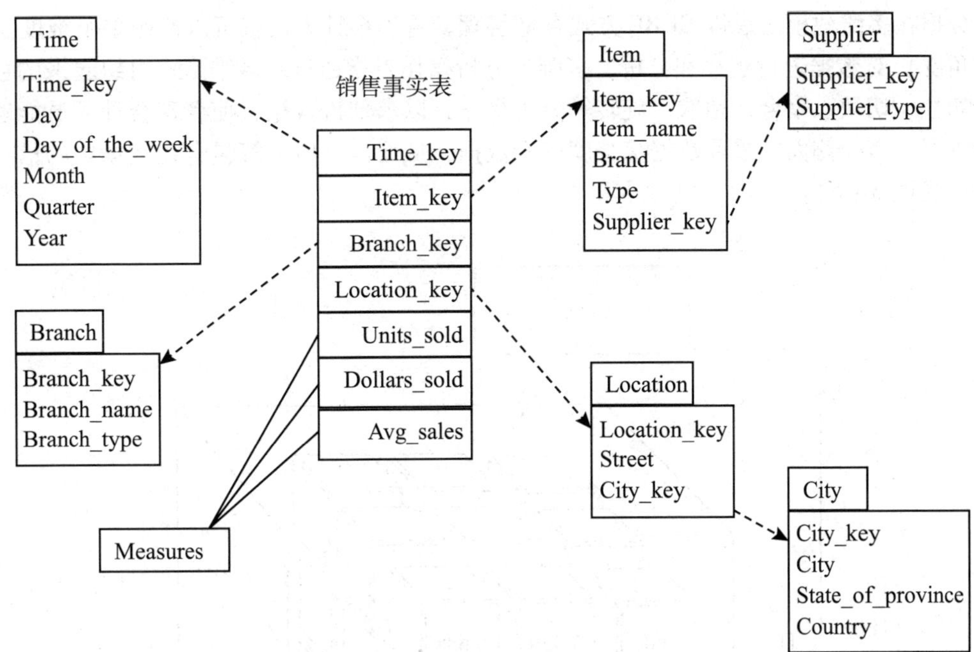

图 3－4　多维数据的雪花模式

从图 3－4 中我们可以看到地址表被进一步细分出了城市（city）维。supplier_type 表被进一步细分出来 supplier 维。

（3）事实星座模式（fact constellation）或星系模式（galaxy schema）数据由多个主题构成，包含多个事实表，而维表是公共的，可以共享，这种模式可以看作星型模式的汇集，因而称作星系模式或者事实星座模式。本模式示例如图 3－5 所示。

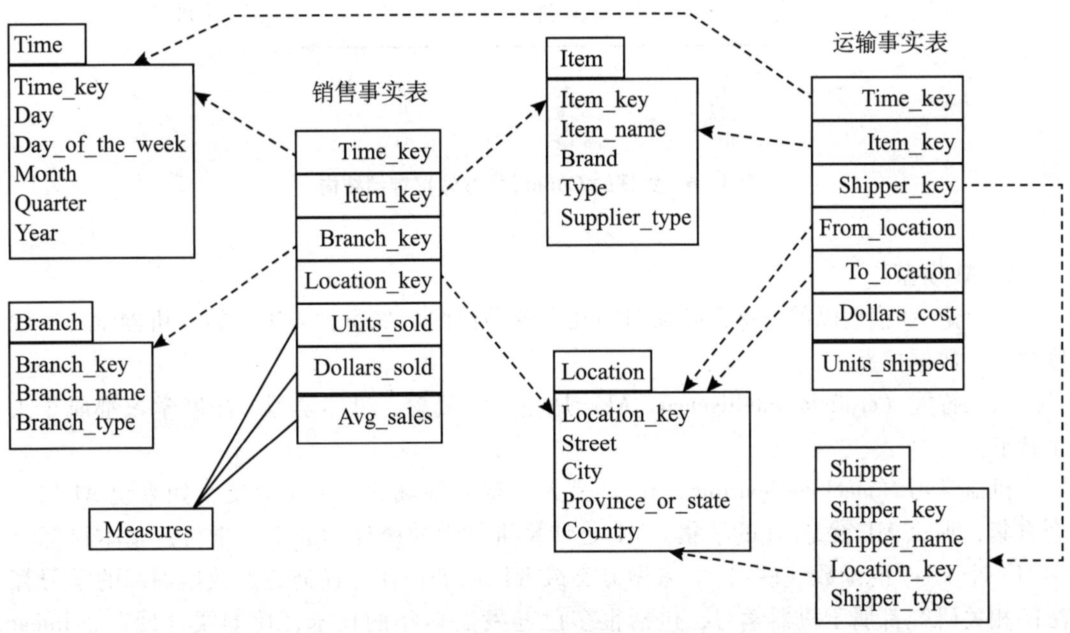

图 3－5　多维数据的事实星座模式

数据在多维建模之后以 CUBE 方式存储管理，管理会计人员就可以按照多个维度（即多个角度）对数据进行观察和分析，多维的分析操作是指通过对多维形式组织起来的数据进行切片、切块、聚合、钻取、旋转等分析操作，以求剖析数据，使管理会计人员能够从多种维度、多个侧面、多种数据综合度查看数据，从而深入地了解包含在数据中的信息和规律（见图 3－6）。

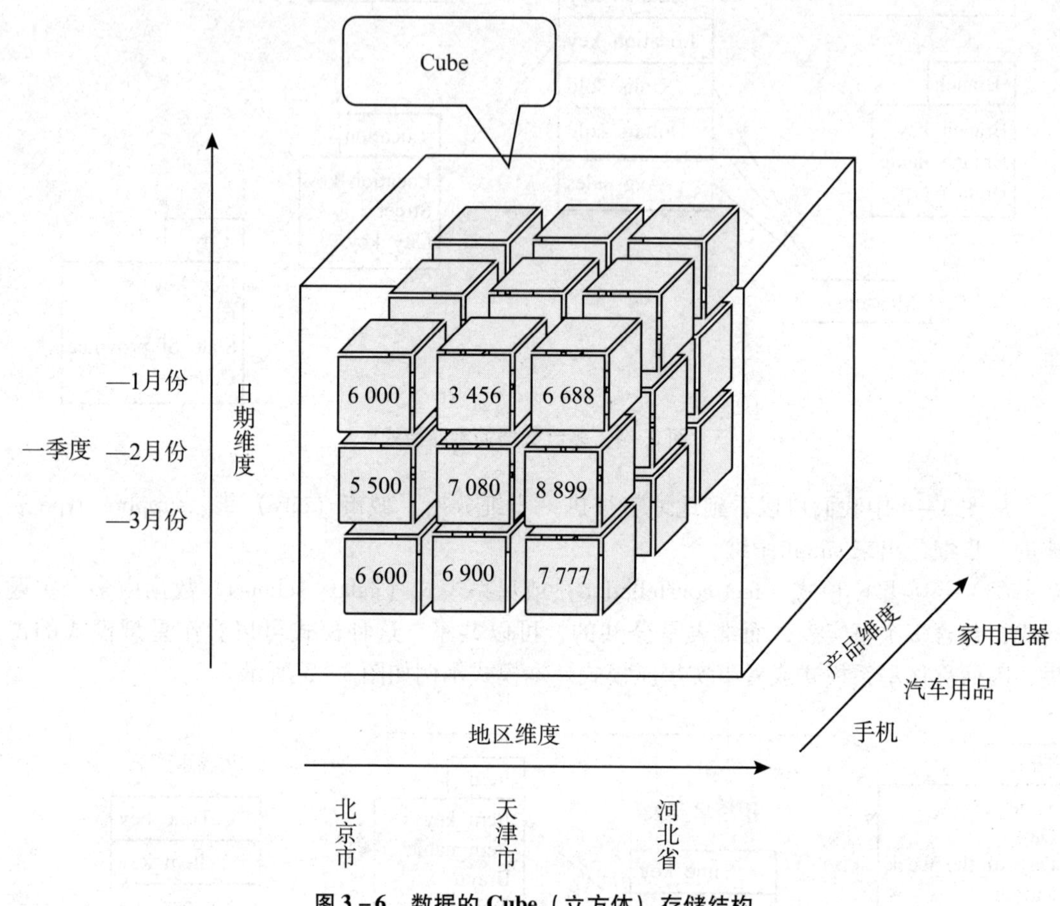

图 3－6　数据的 Cube（立方体）存储结构

2. AI 模型

在讨论 AI 模型以前，首先必须明确几个容易混淆的概念，人工智能、机器学习、深度学习、数据挖掘。

人工智能（artificial intelligence，AI）是一个大概念，机器学习，深度学习都属于人工智能。

机器学习（machine learning，ML）是人工智能领域的一个小分支，如果说 AI 是一个合集，那么 ML 就是 AI 的子集。ML 是计算机科学和统计学的交叉学科，基本目标是学习一个 x→y 的函数（映射），来做分类或者回归的工作。任何通过数据训练的学习算法的相关研究都属于机器学习，包括很多已经发展多年的技术，比如线性回归（linear regression）、K 均值（k－means，基于原型的目标函数聚类方法）、决策树（decision trees，运用概率分析的一种图解法）、随机森林（random forest，运用概率分析的一种图解法）、主成分分析（principal component analysis，PCA）、支持向量机（support vector machine，SVM）以及人工神经网络（artificial neural networks，ANN）。而人工神经网络则是深度学习的起源。

深度学习（deep learning，DL）是机器学习里面现在比较火的一个专题，本身是神经网络算法的衍生，在图像、语音等富媒体的分类和识别上取得了非常好的效果，所以各大研究机构和公司都投入了大量的人力做相关的研究和开发。

数据挖掘（data mining，DM）是一个很宽泛的概念。字面意思就是从成吨的数据里面挖掘有用的信息。这个工作 BI（商业智能）可以做，数据分析可以做，甚至市场运营也可以做。数据挖掘的工作很多是通过机器学习提供的算法工具实现的。

人工智能技术，包括机器学习、深度学习等可以用来解决多变量、很难用一个规则来计算的计算模型。通过管理会计信息系统可以采集大量的预测参数，对数据的输出进行快速计算。

机器学习一般包括以下几个步骤：数据收集、数据预处理与特征工程、数据清理、数据集成、数据规约、数据变换、模型的选择与训练、模型的评估与优化。

通过机器学习得到的智能化模型，可以帮助管理会计师把数据更好地加工成有用的信息，运用到多个领域。这些应用领域包括：

（1）财务预测。包括财务预测、各类指标预测和洞察未来财经。所应用的技术有回归、时间序列。管理会计师在很多情况下需要对未来进行预测，而预测是建立在大量的历史数据和适当的模型基础上的。数据挖掘自动在大型数据库中寻找预测性信息，利用趋势分析、时间序列分析等方法，建立对如销售、成本、资金等的预测模型，科学准确地预测企业各项指标，作为决策的依据。例如对市场调查数据的分析可以帮助预测销售；根据历史资料建立销售预测模型等。

（2）经营推演。包括模拟推演、确定最优资产架构、运营效率、产品投资推演等，所应用的技术有 OR、WHAT - IF 分析和模拟。

（3）风险量化。包括模式识别、智能预警、风险量化，所应用的技术有聚类分析、模式识别、诊断。管理会计师可以利用数据挖掘工具来评价企业的财务风险，建立企业财务危机预警模型，进行破产预测。破产预测或称财务危机预警模型能够帮助管理者及时了解企业的财务风险，提前采取风险防范措施，避免破产。另外，破产预测模型还能帮助分析破产原因，对企业管理者意义重大。数据挖掘技术包括多维判别式分析、逻辑回归分析、遗传算法、神经网络以及决策树等在管理会计中得到了广泛的应用。

（4）价值优化。包括分析企业现金、资产、成本的位置，进行优化分析，所应用的技术有预测、运筹模拟、机器学习、博弈论、影响图、控制系统。

（5）决策自动化。包括购建模型，进行决策推荐与判断，所应用的技术有规则引擎、分类和优化。投资决策分析本身就是一个非常复杂的过程，往往要借助一些工具和模型。人工智能技术从公司的财务报告、宏观的经济环境以及行业基本状况等大量的数据资料中挖掘出与决策相关的实质性的信息，保证投资决策的正确性和有效性。如利用时间序列分析模型预测股票价格进行投资；用联机分析处理技术分析公司的信用等级来预防投资风险等。

（6）信息推荐。包括智能问答、决策参考、信息推荐等，所应用的技术有标签、非结构化处理、神经语言程序、关联规则等。

目前，依托初期的弱智能技术，我们已经可以在信息系统中实现对主体的财务预测、经营推演和风险量化。

未来，随着人工智能技术的深度发展和在财务领域的高阶应用，拥有强人工智能技术的管理会计平台将为管理者提供及时精准的价值优化和信息推荐服务，并直接代替管理者进行自动化决策。当然，这需要我们长期持续的努力。

（三）数据洞察技术

在数据收集整理，以及数据建模后，管理会计信息系统需要通过各种洞察分析技术展现数据的内在意义。数据洞察技术经历了逐步发展的过程，从早期的简单报表展示，自助分析，到现在的场景化分析。随着 AI 技术在数据分析和可视化领域的深入渗透，基于认知智能的数据分析将帮助人们从数据中获得更多价值，进而做出更好的决策或行动。未来的数据洞察技术将包括：报表展示、自助分析、场景化分析、基于认知智能的数据分析。

另一方面，随着 4G、5G 网络和 H5 技术的普及，促进了移动端应有的快速扩展，传统的信息系统正在快速地向移动端迁移。在管理会计信息化领域，分析是移动化需求最迫切的功能，企业的管理决策者对信息获取的实时性要求，推进了分析洞察移动化的普及。

1. 报表展示

管理会计系统首先要完成的就是对指标的报表性展示，解决方案是非常成熟的，前端写页面，后端接口在数据库查询相应字段，直接通过单图（chart）与看板（dashboard）完成数据展现。

（1）单图：主要是对指标进行某种样式的展示，例如日活的折线图、日活的表格、多平台日活对比图等，并可以对单图进行多个维度的查询操作，它提供了：维度：可以选择多个维度，向下进行钻取；时间：可以选择昨天、过去 7 天、过去 30 天、过去 90 天、过去 180 天、过去 365 天以及自定义天数；图表样式：目前支持折线图、横向柱图、竖向柱图、表格、地图、饼图等图表。

（2）看板：能够帮助将相互关联的单图集合在一起，兼顾全面性与单独性，既能够从多个图表中发现关联，也可以对单个图表进行深入分析，方便每天查看相应的数据。看板可以供不同的业务人员实现不同的使用场景：产品经理的看板可能是项目的核心指标、市场人员的看板可能是监控各个渠道来源指标、销售的看板可能是潜在客户的活跃度……

2. 自助分析

报表展示只是满足固定数据的展示，可是，在系统实际运行当中，用户的需求是多种多样的，如果这些需求都让负责管理会计系统的运维人员来配置的话，既增加工作量，又有很大的沟通成本，这时候，管理会计人员就需要一个能够自己在平台上快速方便搭建报表的方式（0 代码开发）。

自助分析功能的核心是创建单图功能，使用人员可以选择图表样式，现在常用的图表类型有表格、折线图、柱状图（横向柱图、竖向柱图）、饼图、漏斗图、堆积图、雷达图、仪表盘、散点图、气泡图、地图等，然后选择数据源里的数据表，把对应的数据表中的字段拖拽到时间、维度、指标栏中，然后选择查询便可以在显示区进行预览，还可以设置过滤条件，进行一些维度的过滤，并可以设置是否在前后端显示。

3. 场景化分析

为了更方便地进行数据分析，每个业务场景总会沉淀下来一套面向场景的数据模型，包括多维模型、智能模型，以及固定的分析思路和分析架构，这套固定的数据模型，分析架构就可以放在管理会计信息系统上来实现，例如渠道分析、盈利分析、成本分析及日常的周月报等。通过分析模板，可以方便快速地查看分析数据，提高效率。

场景化分析是针对企业业务经营的具体场景开展的数据分析。由于企业经营是由一个个具体的场景串联叠加的结果，因此，场景化分析的应用十分广泛。比如零售企业对某商品在某区域销量的销售预测分析，房地产企业对所持有房产的价值分析，制造企业对重点产品做出的产销协同分析，服装企业依据某季服装销售额做出的库存、物流优化分析等。场景化分析符合数字分析敏捷化、业务化、前瞻化的发展趋势，将替代财务分析成为企业数据分析的主流。

场景化分析着眼未来，并致力于解决问题，符合数据洞察“向前看”的发展趋势。财务分析是基于过去的历史数据看未来，着眼于描述性分析（譬如描述企业历史情况，分产品、分区域的销售情况）和诊断性分析（譬如描述目标实际的差异、价差、量差等），主要向决策层展现企业“发生了什么”和“为什么这样发生”。而场景化分析着眼于预测性分析（即利用统计模型等对客户、产品、区域进行前瞻性的分析）、优化性分析（即通过对多种情景模拟场景的快速评估，给出行动和决策的最优建议）和自主性分析（即基于持续性的自主检测和分析，动态调整战略），不仅要重点展现企业“可能发生什么”，更要帮助决策层了解企业“应该怎么做”以及“如何适应改变”。

最后，场景化分析反映了精细化管理的客观要求。任何企业的管理都脱离不了实际场景的运用，理解场景是解决问题的前提。不同于财务分析的大而全，场景化分析将分析深入企业最基础的细分业务环节中，基于不同的业务场景设置模型，开展分析，并将分析数据反馈于对特定场景业务的运营和决策，大大提升了分析的细度，有力提升了分析的科学性和数据的准确性，体现了管理的精细化要求。

4. 基于认知智能的对话式分析

人工智能分为运算智能、感知智能、认知智能三个层次。

运算智能让系统能存会算，感知智能让系统“能听会说，能看会认”，而认知智能让系统“能理解，会思考”，也就是可以联想推理。认知智能是未来数据智能应用中最重要的方向，也是智能技术在管理会计应用中的最大挑战。

基于认知智能的对话式数据分析通过将自然语言理解和知识图谱技术引入到数据探索和分析中，可以提供更直观、易用、快速、有效的基于自然语言的交互方式，降低了数据洞察分析的使用门槛。

对话式分析使管理会计信息系统具备了智能交互、智能理解、智能分析、智能可视化、智能推荐、智能预警、社交协作、轻量级部署等功能。用户不仅能够随时随地（多终端、PC、大屏或者移动设备）以语音、文本等形式与系统进行互动并获取所需信息，还能随时灵活查看数据可视化图表，无须事先创建。

未来，认知智能在管理会计领域的应用还有很大的发展空间。从我们目前已经能够实现的人机对话，到支持特定场景的常识性判断，到对特定领域非结构化数据的自主处理，再到能够基于数据生成自然语言，直至达到让机器拥有完全自主分析能力。通过认知技术的融合，机器将具备越来越强大的自主分析能力，不断引领管理会计应用方式的跃迁。

【本章总结】

管理会计的本质是信息系统，同时也是决策支持系统。管理会计信息系统可以支持管理会计理念与方法落地，可以支撑管理会计功能的实现。

管理会计“用数据说话、用量化管理”，数据是管理会计发挥职能的重要支撑。管理会计信息系统建设首先要解决数据来源和数据质量的问题，其次再通过数据挖潜价值。因此，管理会计信息系统需要强大的数据治理能力、数据建模能力和数据洞察能力。

明确管理会计信息系统的使用者和技术支持者对理解管理会计信息系统的技术基础有重要的意义。管理会计信息系统的主要使用者有管理会计人员和各级管理人员，主要技术支持者有数据和信息技术人员、业务建模人员、数据分析师和数据科学家等。

与管理会计信息系统相关的技术除了计算机硬件、系统软件、数据库和网络通信等传统信息技术支持之外，还有云计算、移动计算、人工智能、区块链、物联网和信息安全等新型信息技术，最核心的技术是数据治理技术、数据建模技术和数据洞察技术等。

【本章思考题】

1. 我国数字化时代对管理会计信息系统的需求有哪些？你怎么看数据的重要性？

2. 管理会计信息系统有哪些直接的使用者？有哪些间接的使用者？参与建设的技术专家又有哪些？他们对系统的需求或共享有哪些？

3. 数据分析师通常有哪些工作职责？他们在管理会计信息系统中的作用是什么？

4. 云计算、物联网、移动计算、区块链、人工智能技术分别是如何影响管理会计工作的？

5. 在管理会计信息系统中为什么要关注信息安全技术？

6. 数据治理技术分别有哪些？数据建模技术分别有哪些？数据洞察技术分别有哪些？

7. 请分别举例说明在管理会计信息系统中是如何使用数据相关技术的？

第二篇　建设管理篇

第四章　管理会计信息系统体系架构

【本章内容简介】

本章第一节介绍管理会计系统主要应用服务包括：战略管理、预算管理、成本管理、营运管理、投融资管理等八大应用；第二节详细阐述了管理会计的业务循环和管理会计框架下的经营过程和信息流动；第三节详细介绍基于 ERP 的管理会计信息系统架构和基于数据中台的管理会计信息系统架构。

【本章学习目标】

1. 熟悉管理会计信息系统的主要应用领域。
2. 了解管理会计业务循环的两条主线：经营控制业务主线、产品控制业务主线。
3. 了解传统基于 ERP 系统的管理会计信息系统架构及其面临的问题。
4. 熟悉基于数字中台的管理会计信息系统架构及其所带来的数字化变革。

【本章要点提示】

基于数据中台的管理会计架构的搭建方法以及所带来的技术变革驱动业财融合的管理会计框架应用实践。

【本章引导案例】

X 公司成立于 1990 年，从事节能工具的生产工作，经过多年的发展已经具有很大的规模。从 1995 年企业开始构建信息化体系，先后使用了 OA、ERP、资产管理、MES、预算管理、绩效管理等系统，并自行开发了很多应用和接口，可以实现一些业务流程的衔接和业务的集成应用。

信息系统在很多岗位和业务开始投入使用，却并没有给企业带来预期的应用效果和价值。虽然信息系统可以实现一些跨模块的业务流程的支持，但是对于前台各业务之间的协同、前台业务与后台服务的协同以及后台对于前台业务的分析和支持方面都存在很多问题，导致流程可以走通，但是管理并没有本质的提升。对于企业的领导来说，需要基于业务处理的数据进行决策。但由于各系统的数据自成体系、数据共享程度很低，信息的传递并不通畅，领导要看企业的经营报表需要从不同系统提取信息，造成企业综合经营分析的需求很难被满足，对企业经营效率和效益的分析、改进和提升缺少必要的数据支持。

企业管理者认为，传统的基于 ERP 的管理会计信息系统架构已经不能满足未来企业快速发展的要求，需要选择一套能够支持企业需求的新应用系统，能够支持企业进行实时经营管控以及预测、经营决策。近年来，在业界开始流行的，基于数据中台架构建立的新的数字化平台就进入到企业管理者的视线。

案例思考题：

1. 为什么一些企业上系统后没有能够给企业带来预期的应用效果和价值？
2. 企业决策需要什么样的管理会计信息系统？

第一节 管理会计主要应用领域

一、战略管理

（一）定义

战略是指企业从全局考虑做出的长远性的谋划。战略管理是指对企业全局的、长远的发展方向、目标、任务和政策，以及资源配置作出决策和管理的过程。

企业战略一般分为三个层次，包括总体战略、业务战略和职能战略。总体战略确定可竞争的经营领域；业务单位战略（也称竞争战略）确定某经营领域具体竞争策略；职能战略与各职能部门的长远发展相关。

（二）业务应用

战略管理领域应用的管理会计工具方法，一般包括战略地图、价值链管理等。借助战略管理工具方法可以更有效地实现管理会计活动与业务活动的融合。战略管理会计工具方法可单独应用，也可综合应用，以加强战略管理、会计管理与业务管理的协同性。

1. 战略地图

战略地图是指为描述企业各维度战略目标之间因果关系而绘制的可视化的战略因果关系图。战略地图通常以财务、客户、内部业务流程、学习与成长四个维度为主要内容，通过分析各维度的相互关系，绘制战略因果关系图。企业可根据自身情况对各维度的名称、内容等进行修改和调整。企业应根据已设定的战略目标，对现有客户（服务对象）和可能的新客户以及新产品（新服务）进行深入分析，寻求业务改善和增长的最佳路径，提取业务和财务融合发展的战略主题。

例如，在财务维度，战略主题一般可划分为两个层次：第一层次一般包括生产率提升和营业收入增长等；第二层次一般包括创造成本优势、提高资产利用率、增加客户机会和提高客户价值等。企业应对现有客户进行分析，从产品（服务）质量、技术领先、售后服务和稳定标准等方面确定、调整客户价值定位。再如，在客户价值定位维度，企业一般可设置客户体验、双赢营销关系、品牌形象提升等战略主题。企业应根据业务提升路径和服务定位，梳理业务流程及其关键增值（提升服务形象）活动，分析行业关键成功要素和内部营运矩阵，从内部业务流程的管理流程、创新流程、客户管理流程、遵循法规流程等角度确定战略主题，并将业务战略主题进行分类归纳，制定战略方案。

企业可应用平衡计分卡的四维度划分绘制战略地图，以图形方式展示企业的战略目标及实现战略目标的关键路径。具体绘制程序如下：

（1）确立战略地图的总体主题。总体主题是对企业整体战略目标的描述，应清晰表达企业愿景和战略目标，并与财务维度的战略主题和 KPI 对接。

（2）根据企业的需要，确定四维度的名称。把确定的四维度战略主题对应画入各自战略地图内，每一主题可以通过若干 KPI 进行描述。

（3）将各个战略主题和 KPI 用路径线链接形成战略主题和 KPI 相连的战略地图。

（4）在绘制过程中，企业应将战略总目标（财务维度）、客户价值定位（客户维度）、内部业务流程主题（内部流程维度）和学习与成长维度和战略 KPI 链接，形成战略地图。

战略地图的主要优点是：能够将企业的战略目标清晰化、可视化，并与战略 KPI 和战略举措建立明确联系，为企业战略实施提供了有力的可视化工具。

战略地图的主要缺点是：需要多维度、多部门的协调，实施成本高，并且需要与战略管控相融合，才能真正实现战略实施。

2. 价值链会计

价值链思想首先由美国学者迈克尔·波特（Michael Porter，1985）提出。他认为价值链是用以对企业的竞争优势进行分析的基本工具。价值链分析的对象是各种价值活动，这些价值活动大致分为基本活动和辅助活动两类。其中基本活动包括内部物流、生产作业、外部物流、市场销售、服务五种类型；辅助活动包括采购、技术开发、人力资源管理、企业基础设施四种类型。通过价值链分析，企业能够识别并获取自己的竞争优势。随着价值链理论的发展，学术界又提出了虚拟价值链和价值网概念，更加突出了信息和顾客在企业管理中的重要性。

价值链理论强调以价值链上的价值活动为管理对象，以价值增值最大化为管理目标，以信息技术为管理手段，不仅重视战术性管理，而且重视战略性管理。作为先进的管理思想，价值链理论在众多企业中得到广泛应用。

以价值链管理理念为基础的管理会计通过吸收价值链理论的合理内核来建立自己的管理会计理论框架。与传统会计管理相比，建立在价值链理论基础之上的价值链会计在管理主体、管理对象、管理目标、管理手段等方面都有所创新。

价值链会计第一层次的管理主体是核心企业，第二层次是价值链联盟。之所以这样划分，是因为价值链会计管理的视角不仅立足于本企业，而且扩展到范围更广的价值链联盟中。

价值链会计的管理对象是价值链上各价值增值单元上的价值活动。所谓价值增值单元是指那些业务性质相同或相似的价值增值活动集合体。实施价值链会计管理前首先必须识别各类价值活动，在此基础上依据各价值活动的价值增值情况归纳出各个价值增值单元。价值增值单元上的价值活动并非都具有正价值效应（增值），有些价值活动具有零价值效应（不增值），甚至是负价值效应（减值）。以这些具有不同价值效应的价值活动为管理对象将有助于分析价值链各环节的价值增值情况。

价值链会计的管理目标是为企业获得最大的价值增值服务。此处所说的企业不仅指核心企业，而且包括整个价值链联盟，因为价值链管理的目标是使价值链各节点企业都获得最大的价值增值从而实现“多赢”。

价值链会计的管理手段是应用现代化的信息技术。价值链会计的管理对象是众多的价值活动，这些价值活动中一切可以量化、有助于决策的信息都被纳入会计管理的范围，显然，其信息量将是巨大的。而且价值链会计要求提供及时的会计信息，实施实时管理。因此，必须利用信息技术容量大、速度快的方式来实施管理。

二、预算管理

（一）定义

预算管理是指企业以战略目标为导向，通过对未来一定期间内的经营活动和相应的财务结果进行全面预测和筹划，科学、合理配置企业各项财务和非财务资源，并对执行过程进行监督和分析，对执行结果进行评价和反馈，指导经营活动的改善和调整，进而推动实现企业战略目标的管理活动。

（二）业务应用

预算管理领域应用的管理会计工具方法包括全面预算管理、滚动预算管理、作业预算管理、零基预算管理、弹性预算管理等。企业可根据其战略目标、业务特点和管理需要，结合不同工具方法的特征及适用范围，选择恰当的工具方法综合运用。

1. 预算管理工具方法的应用

企业应用预算管理工具方法，一般按照预算编制、预算控制、预算调整、预算考核等程序进行。

企业可整合预算管理与战略管理领域的管理会计工具方法，强化预算对战略目标的承接分解。整合预算管理与成本管理、风险管理领域的管理会计工具方法，强化预算对战略执行的过程控制。整合预算管理与营运管理领域的管理会计工具方法，强化预算对生产经营的过程监控。整合预算管理与绩效管理领域的管理会计工具方法，强化预算对战略目标的标杆引导。

首先，预算管理应先建立预算管理体制；其次，在建立健全预算管理体制的基础上，进一步梳理、制定预算管理工作流程；最后，按照不相容职务相互分离的原则细化各部门、各岗位在预算管理体系中的职责、分工与权限，明确预算编制、执行、分析、调整、考核各环节的授权批准制度与程序。

预算管理工作各环节的不相容岗位一般包括：预算编制与预算审批、预算审批与预算执行、预算执行与预算考核。

在预算管理工作各环节中，预算管理部门主要起决策、组织、领导、协调、平衡的作用。企业可以根据自身的组织结构、业务特点和管理需要，责成内部生产、市场、投资、技术、人力资源等各预算归口管理部门负责所归口管理预算的编制、执行监控、分析等工作，并配合预算管理部门做好企业总预算综合平衡、执行监控、分析、考核等工作。

2. 预算管理中的数据应用

数据在预算管理领域的深入运用，有利于提高预算分析的及时性、准确性和全面性，为预算编制提供更科学可靠的依据。

以滚动预算的编制为例，企业在编制滚动预算时，可随时在数据平台查询企业下属所有分子公司上一年度同期的预算执行数据、上一月份的预算执行数据以及预算评价结果，再通过大数据技术采集市场情况等外部数据，并结合企业当月的生产目标、销售计划等按月进行预算编制，使得编制的滚动预算在满足集团战略目标的同时更加符合集团下属分子公司的生产经营情况和同行业竞争现状。

预算管理的本质是通过对未来经营情况的模拟"算赢未来"，是一套涵盖从业务预算到财务预算，从目标制定、预算编制、预算执行和控制、分析反馈、调整和评价的闭环体系。

三、成本管理

（一）定义

成本管理是指企业在营运过程中实施成本预测、成本决策、成本计划、成本控制、成本核算、成本分析和成本考核等一系列管理活动的总称。

（二）业务应用

成本管理领域应用的管理会计工具方法，一般包括目标成本法、标准成本法、变动成本法、作业成本法等。企业应结合自身的成本管理目标和实际情况，在保证产品功能和质量的前提下，选择应用适合企业的成本管理工具方法，或综合应用不同成本管理工具方法，以更好地实现成本管理的目标。

企业应根据其内外部环境选择适合的成本管理工具方法。当综合应用不同成本管理工具方法时，应以各成本管理工具方法具体目标的兼容性、资源的共享性、适用对象的差异性、方法的协调性和互补性为前提，通过综合运用成本管理的工具方法实现最大效益。

企业应用成本管理工具方法，一般按照事前管理、事中管理、事后管理等程序进行。事前成本管理阶段，主要是对未来的成本水平及其发展趋势进行的预测与规划，一般包括成本预测、成本决策和成本计划等步骤。事中成本管理阶段，主要是对营运过程中发生的成本进行监督和控制，并根据实际情况对成本预算进行必要的修正，即成本控制步骤。事后成本管理阶段，主要是在成本发生之后进行的核算、分析和考核，一般包括成本核算、成本分析和成本考核等步骤。

为更好更有效地应用成本管理工具方法，企业应建立健全成本管理的制度体系，包括费用审报制度、定额管理制度、责任成本制度等。以存货成本管理为例，企业应加强存货的计量验收管理，建立存货的计量、验收、领退及清查制度。企业还应建立健全成本相关原始记录，加强和完善成本数据的收集、记录、传递、汇总和整理工作，确保成本基础信息记录真实、完整。企业应充分利用现代信息技术，规范成本管理流程，提高成本管理的效率。

四、营运管理

（一）定义

营运管理，是指为了实现企业战略和营运目标，各级管理者通过计划、组织、指挥、协调、控制、激励等活动，实现对企业生产经营过程中的物料供应、产品生产和销售等环节的价值增值管理。

（二）业务应用

企业营运管理应立足于满足企业业务特点和运营管理需求，综合选择运用各种工具方法。

1. 常用的工具方法

营运管理领域应用的管理会计工具方法，一般包括本量利分析、敏感性分析、边际分析和标杆管理等。企业应根据自身业务特点和管理需要等，选择单独或综合运用营运管理工具方法，以更好地实现营运管理目标。

（1）本量利分析（CVP）工具是在区分企业成本属性基础上，着重研究销量、价格、成本和利润之间数量关系，并以会计数学模型来揭示固定成本、变动成本、销量、单价、销售额、利润等变量之间内在联系规律，为会计预测、决策和规划提供必要信息，该工具常用于确定盈亏临界点。

（2）边际分析是分析某个可变因素的变动能引起其他相关可变因素变动的程度。企业边际分析一般包括边际贡献分析和安全边际分析，该工具常用于评价既定产品或项目获利水平、确定盈亏临界点、分析营运风险、支持营运决策。

（3）敏感性分析是对影响目标实现的因素变化进行量化分析，并确定各因素变化对实现目标的影响及其敏感程度。企业敏感性分析广泛用于识别、控制和防范短期营运决策、长期投资决策等相关风险，也可以用于一般经营分析。

2. 在关键业务环节的应用

企业应在关键业务环节，充分合理地运用管理会计工具方法，将业务与财务相结合，并通过精确量化的数据分析支撑企业战略和管理者决策，实现营运管理目标。

（1）研发环节的目标成本管理。在研发设计环节建立一套财务人员深度参与其中的目标成本管理体系，能有效控制成本源头，整体控制产品全生命周期成本。

（2）采购环节的外包自制决策。企业可运用 ABC 作业成本法核算组件成本，并在信息系统中进行成本估算、查询、分析，及时为公司半成品的自制或外包决策提供合理依据。

（3）生产环节的盈亏平衡分析。通过计算企业在利润为零时处于盈亏平衡的业务量，分析产品对市场需求变化的适应能力，以优化产品生产。

（4）销售环节的定价决策分析。企业应选用合适的产品定价方法，如变动成本定价法、边际成本定价法、目标利润定价法等，为销售的产品制定最为恰当的售价。

五、投融资管理

（一）定义

投融资管理包括投资管理和融资管理。

投资管理，是指企业根据自身战略发展规划，以企业价值最大化为目标，对将资金投入营运进行的管理活动。

融资管理，是指企业为实现既定的战略目标，在风险匹配的原则下，对通过一定的融资方式和渠道筹集资金进行的管理活动。企业融资的规模、期限、结构等应与经营活动、投资活动等的要求相匹配。

（二）业务应用

企业应通过应用管理会计工具方法，进一步加强投融资管理，投融资管理领域应用的管理会计工具方法，一般包括贴现现金流法、项目管理、情景分析、约束资源优化等。

1. 贴现现金流法

贴现现金流法也称作拉巴波特模型，是基于资金时间价值理论，对企业投融资进行评估决策的管理工具，一般适用于企业与投融资管理相关的资产价值评估、企业价值评估和项目投资决策等。

2. 项目管理

项目管理是对项目从投资决策到结束全过程进行的计划、组织、指挥、协调、控制和评价活动。企业项目管理一般运用成本效益法、净值法、价值工程法。成本效益法用于投资决策项目可行性研究阶段的事前控制；净值法适用于项目实施、项目后评价等阶段；价值工程法适用于项目设计与改造、项目实施阶段。

3. 情景分析

情景分析是预测各种可能发生的结果、分析未来可能发生事件的方法，即通过分析各种结果及其影响，帮助企业在投融资决策中做出正确选择，使企业发现自身发展方向和存在的发展障碍。情景分析主要用于企业的投融资决策，也可用于战略目标制定、风险评估等。

六、绩效管理

（一）定义

绩效管理，是指企业与所属单位（部门）、员工之间就绩效目标及如何实现绩效目标达成共识，帮助和激励员工取得优异绩效，从而实现企业目标的管理过程。

绩效管理的核心是绩效评价和激励管理。绩效评价，是指企业运用系统的工具方法，对一定时期内企业营运效率与效果进行综合评判的管理活动。绩效评价是企业实施激励管理的重要依据。激励管理，是指企业运用系统的工具方法，调动企业员工的积极性、主动性和创造性，激发企业员工工作动力的管理活动。激励管理是促进企业绩效提升的重要手段。

（二）业务应用

绩效管理领域应用的管理会计工具方法，一般包括关键绩效指标法、经济增加值法、平衡计分卡、股权激励等。

企业可根据自身战略目标、业务特点和管理需要，结合不同工具方法的特征及适用范围，选择一种适合的绩效管理工具方法单独使用，也可选择两种或两种以上的工具方法综合运用。

在选择绩效管理会计工具方法时要确保绩效考核和评价落实到位。绩效考核和评价是绩效管理的关键环节，要使绩效考核评价更加科学合理、公平公正、权威有效，要特别重视评价方法选择的科学性、评价过程的客观性和评价结果反馈的及时性。

1. 重视评价方法选择的科学性

现行的 KPI、BSC、360 度绩效反馈、OKRs 等方法各有利弊，关键是要抓住企业的核心目标，科学选择能合理评价、易于操作、结果公平的方法。首先，例如在考核以行为结果为主的专业技术人员时，可以引入 OKRs 的方法，通过挑战性的目标和标准，引导成就动机强、专业技能高的员工不断突破自我，取得专业技术上的成就。其次，科学合理选择考核方法时一定要避免过于复杂，过于复杂的考核办法会将员工的注意力从目标本身转移到考核上，造成本末倒置。最后，在进行绩效考核的时候，人力资源部门的主要职责应是选择合适的工具，辅导相关人员使用工具，具体的评价工作还需要由各级领导负责。

2. 重视评价过程的客观性

考核结果的公平公正对结果的有效性和员工接受程度，甚至绩效管理工作是否能够发挥作用，都是至关重要的，因此要尽量降低考核过程中的主观偏见。首先，参与考核评价的管理者要根据实际掌握的员工工作情况、客观事实和数据等信息来对被评价者进行考核，不能根据个人的喜好和思维定式来做出判断。其次，要避免近因效应，不能仅根据近期发生的事情和完成的某项工作来做出整体评价。再次，要避免晕轮效应，不能由于被评价者某个特点突出而以偏概全。最后，要避免小团体影响，不能根据被评价者是否与自己同处于某一个小团体来作为评价标准。

3. 重视评价结果反馈的及时性

评价结果应及时进行反馈，各级管理者在向员工反馈评价结果时，为保证沟通有效、激励有力、员工能够接受，在绩效反馈过程中要注意以下问题：第一，坚持对事不对人，不能只反馈缺点，还要反馈优点，重点在于员工的改进和提升，促进员工的个人成长；第二，将绩效反馈与薪酬兑现分开，尽量不要在绩效面谈中提及奖金结果，避免员工由于关注收入而忽视对于绩效的讨论，也避免员工由于对薪酬分配结果有意见而影响面谈效果，甚至发生冲突；第三，在各级管理者主导绩效反馈的同时，注意要保证员工有充分参与讨论的权利。

七、风险管理

（一）定义

风险管理，是指企业为实现风险管理目标，对企业风险进行有效识别、评估、预警和应对等管理活动的过程。企业风险，是指对企业的战略与经营目标实现产生影响的不确定性。需要注意的是，企业风险管理并不能替代内部控制。

（二）业务应用

企业应根据风险形成机制，识别可能影响风险管理目标实现的内外部风险因素和风险事项。企业应在风险识别的基础上，对风险成因和特征、风险之间的相互关系，以及风险发生的可能性、对目标影响程度和可能持续的时间进行分析。

企业应在风险评价的基础上，针对需重点关注的风险，设置风险预警指标体系对风险的状况进行监测，并通过将指标值与预警临界值的比较，识别预警信号，并进行预警分级。

企业应针对已发生的风险或已超过监测预警临界值的风险，采取风险接受、风险规避、风险转移、风险分担、风险转换、风险对冲、风险补偿、风险降低等策略，把风险控制在风险容忍度之内。

企业应根据风险管理职责设置风险管理考核指标，并纳入企业绩效管理，建立明确的、权责利相结合的奖惩制度，以保证风险管理活动的持续性和有效性。

风险管理部门应定期对各职能部门和业务部门的风险管理实施情况和有效性进行考核，形成考核结论并出具考核报告，及时报送企业管理层和绩效管理部门。

企业应定期对风险管理制度、工具方法和风险管理目标的实现情况进行评价，识别是否存在重大风险管理缺陷，形成评价结论并出具评价报告。

风险管理领域应用的管理会计工具方法，一般包括风险矩阵、风险清单等。

1. 风险矩阵

风险矩阵，是指按照风险发生的可能性和风险发生后果的严重程度，将风险绘制在矩阵图中，展示风险及其重要性等级的风险管理工具方法。

风险矩阵的基本原理是，根据企业风险偏好，判断并度量风险发生可能性和后果严重程度，计算风险值，以此作为主要依据在矩阵中描绘出风险重要性等级。

企业应用风险矩阵，应明确应用主体（企业整体、下属企业或部门），确定所要识别的风险，定义风险发生的可能性和后果严重程度的标准，以及定义风险重要性等级及其表示形式。

风险矩阵适用于表示企业各类风险重要性等级，也适用于各类风险的分析评价和沟通报告。

企业应用风险矩阵工具方法，应综合考虑所处的外部环境、企业内部的财务和业务情况，以及企业风险管理目标、风险偏好、风险容忍度、风险管理能力等。

2. 风险清单

风险清单是在对潜在风险进行分析时，最经常和普遍使用的方法，其作用类似于备忘录。在清单上逐一列出企业所面临的风险，并将这些风险与企业的经营活动联系起来进行考察。

风险清单应列示企业关注的风险资产，并针对列出的风险资产所处的环境和潜在的风险源，进行风险评价。

3. 全面风险管理

实施全面风险管理，企业应广泛、持续不断地收集与本企业风险和风险管理相关的内部、外部初始信息，包括历史数据和未来预测。企业对收集的初始信息应进行必要的筛选、提炼、对比、分类、组合，以便进行风险评估。企业风险通常可以划分为运营风险、财务风险、战略风险、法律风险和市场风险。

八、管理会计报告

（一）定义

企业管理会计报告，是指企业运用管理会计方法，根据财务和业务的基础信息加工整理形成的，满足企业价值管理和决策支持需要的内部报告。

（二）业务应用

管理会计报告是企业管理会计体系的核心内容，企业可根据管理的需要和管理会计活动的性质设定报告期间。一般应以日历期间（月度、季度、年度）作为企业管理会计报告期间，也可根据特定需要设定企业管理会计报告期间。

企业管理会计报告的内容应根据管理需要和报告目标而定，易于理解并具有一定灵活性。

第二节　管理会计信息系统的业务逻辑

不管企业将管理会计应用于战略管理，还是应用于预算管理、成本管理、营运管理、投融资管理、绩效管理和风险管理等领域，为这些领域应用提供支持的管理会计信息系统输入的数据、执行的具体处理过程和最终输出的信息是不同的，但是构建管理会计信息系统基于的业务逻辑却是相同的，都是基于管理会计业务循环构建。

一、管理会计业务循环

管理会计业务循环是指管理会计活动过程中各环节业务的信息勾连关系。这是构建管理会计信息系统架构的基础。

管理会计业务循环类似于 PDCA 管理循环，由“目标规划与预算（plan)→执行与过程控制（do)→核算与差异反馈（check)→业绩评价与提升（act)”四部分构成的周而复始循环的闭环系统（见图 4－1），我们将其称为管理会计 PDCA 循环。管理会计 PDCA 循环每完成一个循环过程的终点，同时也螺旋提升进入下一个过程新的起点，是在管理会计水平提升基础上的再循环，是更高阶段的开始，更高水平的开始。

管理会计业务循环是一个典型的管理控制系统结构，这个管理控制系统由外层大循环和内层小循环构成（见图 4－1）。外层大循环是指管理会计从总体上是个由 P、D、C、A 四个业务循环过程和两条核心业务主线（经营控制主线和产品控制主线）构成的管理控制系统。内层小循环是指各责任中心组织的管理会计业务循环，关注的是责任中心组织各自的经营预算、经营过程控制、经营核算以及绩效评价与提升。

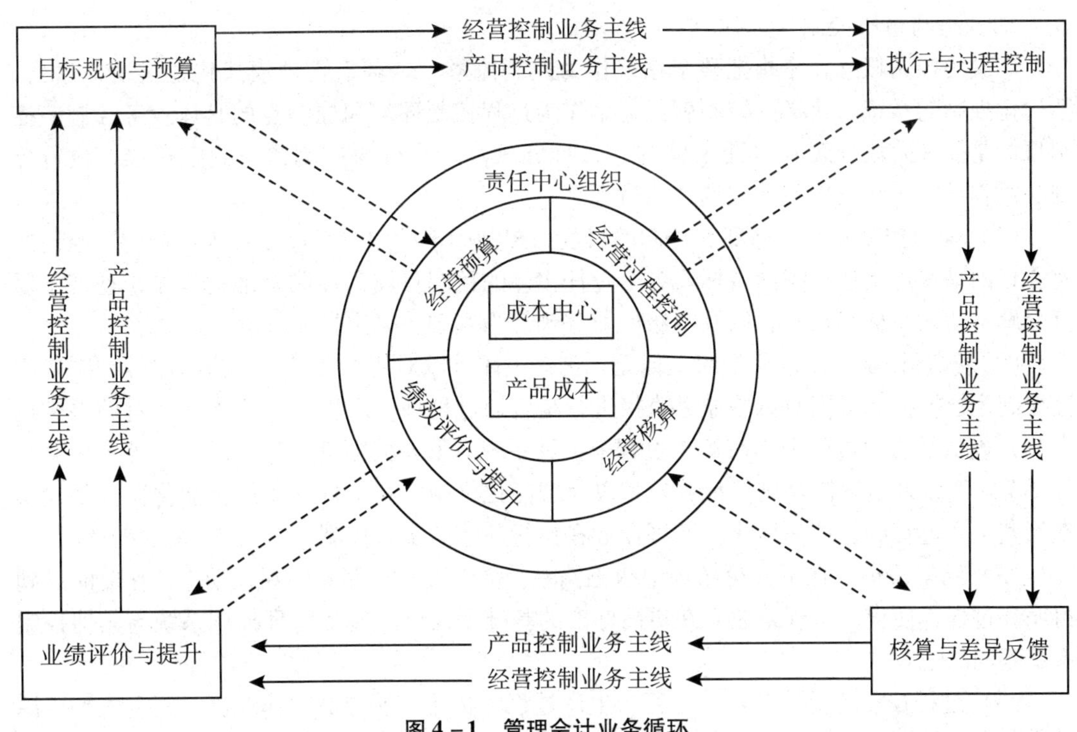

图4－1　管理会计业务循环

（一）经营控制业务主线

管理会计业务循环的第一条业务主线是经营控制业务主线。经营控制的主体是组织或人，这类组织在管理会计环境中叫责任组织或责任中心，可以统称为责任主体。责任主体在管理会计中区分为利润中心、成本中心、投资中心、收入中心和费用中心等，不同性质的责任主体具有不同的控制内容和控制指标。

1. 目标规划与预算

在经营控制循环中，一次（初次）循环的起点是从目标规划与预算开始的，这里的目标规划和预算指企业整体的战略目标到具体的全面经营目标的规划，从具体的各类业务预算、专项预算、资本投资预算到综合的全面预算的确立，这一阶段是管理会计业务循环的起点。

经营目标和预算数据需要分解落实到责任组织，并达成一致需要经过从上到下再从下到上的多次平衡才能完成。

管理会计要完成这一阶段的任务，可以根据企业实际的需要选择适合自身业务特点的管理会计的工具和方法，这些工具和方法可以参考财政部发布的管理会计应用指引中关于“战略管理”部分的第100号、第101号和“预算管理”部分的第200号、第201号、第202号、第203号以及第204号指引。这些工具和方法的使用在指引中都给出了关于应用环境、应用程序等方面最为权威的解释说明。

该阶段的核心任务是预算，预算管理的实质是通过构建一个统一的体系、完整的系统来实现对整个价值链过程、控制点（责任体系）进行总体控制。全面预算编制完成并分解下达到责任主体，系统地执行控制任务，具体的控制动作是转由下一环节执行与过程控制来完成的。

2. 执行与过程控制

广义的控制概念，是指把整个系统作为控制体系，是基于管理模式构建实现体系化、结构化控制的系统。狭义的控制就是这里作为过程控制环节和控制点的具体业务控制。控制目标是前一阶段分解到责任主体的总目标和预算。执行与控制是由确定标准、执行控制、过程反馈、纠正偏差构成的回路过程。

（1）确定控制标准。标准是控制的尺度，控制标准的建立是以预算为依据的，控制的实施目的是实现责任组织的目标。各个责任主体的控制目标和控制标准的建立，是基于预算分解下达的目标和指标，以及本级的业务预算为基础，确定控制标准。

（2）执行控制，在过程中纠正偏差。责任主体可以对执行业务事项进行刚性控制或弹性控制，根据控制规则对偏差业务直接进行是否通过处理，或根据弹性条件（对偏差进行调节）确认是否通过处理。在控制过程中借助系统对偏差数据进行记录反馈，进入核算会计环节。系统通过内嵌规则、计算模型以及智能化机制，利用自动化或智能化监控手段实现经营生产过程的管控一体化，实现业务在执行环节的实时控制。

（3）结果反馈，在下一轮循环中纠正偏差。会计方法对偏差的纠正动作往往要滞后到再循环过程，使得再循环是建立在更高标准的基础上运行。这是管理控制系统与其他控制系统不同的地方。

（4）过程控制的受控要素。经营与生产过程的物流、能源流、作业流、资金流等资源的投入产出都可以建立控制标准，进行建模控制。

信息系统环境下的控制过程实际上既是控制过程也是数据的采集收集过程，收集数据包括实际执行数据和脱离标准的差异数据，这些数据会转入下一管理环节的实际核算与差异反馈阶段使用。

3. 核算与差异反馈

在这一阶段系统要为责任组织和业务单元建立完整的记录，通过收集执行过程中的实际执行数据，并将执行结果与目标控制数据进行比较，对过程差异进行反馈，按管理要求定期形成其间的核算报告。

从整个循环来讲，核算环节是执行控制中的信息反馈系统，具体到业务层面，执行会计业务是经营会计核算的主要内容，按经营会计流程需要建立责任中心单元、设立核算账簿、建立核算流程、设置交易核算规则、进行经营核算。好的核算系统能够反映经营过程中价值运动的真实动态，利用信息跟踪过程的有效信息进行实时在线管理。建立在信息技术基础之上的核算系统，主要价值就体现在实时快速、动态准确这些方面。

4. 业绩评价与提升

业绩评价与提升是管理会计业务循环的最后一个阶段，利用管理会计核算信息进行业绩评价，发现问题，追溯原因，从而改善管理，提升整体业绩。既是一次循环的终点，也是二次循环的起点。从系统的内在逻辑来说，业绩评价环节与其他三大环节是环环相扣的。

（1）与控制环节的关系。业绩评价的主题、指标、维度就是控制环节需要设置的主题、指标和维度，内容和口径都应该一致。

（2）与核算环节的关系。业绩评价需要评价什么内容，核算系统就核算什么内容，内容和口径也应该一致。

（3）与目标规划及预算的关系。业绩评价的体系、目标、评价指标要求，都应该纳入预算体系中来。如果有问题，就会在二次循环中纳入新的预算体系。

（二）产品控制业务主线

管理会计业务循环的第二条业务主线是沿着产品控制的循环展开的，即产品的全成本控制循环。

1. 目标规划与预算

面对新产品，这一条主线上的目标规划与预算阶段就是新产品的规划与设计阶段，负责对设计成本进行评估改进，形成目标成本。

如果面对的是再生产的产品，那这一阶段的任务就是通过进行技术和管理改进评价，形成新的目标成本。

这一阶段的结果形成产品成本数据库，成本数据以成本清单（成本 BOM）的形式展现。成本 BOM 数据是产品成本预算编制的基础，但是一个期间的生产成本预算的形成不仅仅是依据成本 BOM 来生成的。

2. 执行与过程控制

产品成本的执行与过程控制，也是由确定标准、执行控制、过程反馈、纠正偏差构成的回路过程构成的。

（1）确定成本控制标准。首先是建立成本控制标准，要根据当前生产条件的技术工艺和管理基础建立产品生产过程中产品消耗的控制标准，此处的标准一般是根据产品的制造工艺 BOM 为基础建立的成本标准（有成本制造 BOM 的条件下）。

（2）执行控制和过程纠正偏差。产品控制的控制流程和控制点一般是根据生产工艺和生产组织方式决定的。从控制策略上可以按照不同的成本类型进行控制，一般分为材料成本控制和制造费用控制。

材料成本是指构成产品实体的材料，产品实体材料成本控制的起点应从产品 BOM 用料的技术设计开始，也就是从产品生产前的物料配置开始。接下来才是产品材料的各环节的投料点作为成本控制点，进行材料成本控制。可以根据成本的制造 BOM 分投料工序建立成本控制标准，进行成本控制，并按控制点收集实际消耗和差异数据。

产品加工制造费用的控制一般是按成本中心以及工作中心作为成本控制点，按产品生产需要的制造资源消耗建立控制标准。一般按作业标准、工时或机时标准等来设置成本标准，按标准进行成本控制，并按控制点收集实际消耗和差异数据。

制造环节成本控制的难点和重点是制造资源成本的控制，也就是说，除了产品的原材料以外，其他资源在生产过程中是怎样被产品消耗的，这是控制的主线。为控制制造成本，在建立控制模型时有一种方法值得重视，就是建立产能成本控制模型。它包括能力资源成本的测定、剩余能力成本的计算与处理等。对这方面需要更具体的了解，可参阅成本中心管理部分内容。

3. 核算与差异反馈

产品核算与成本差异反馈，是成本信息系统日常最重要的业务之一。系统要以产品为对象，按生产流程过程建立完整的成本数据记录，收集产品生产过程中各个环节的实际成本数据，包括物料实际用量和消耗量差，制造资源的实际用量和量差，并将执行结果与控制标准数据进行比对，将过程差异进行反馈，按管理要求定期形成其间的成本核算报告。

4. 业绩评价与提升

产品成本业绩评价，首先是对成本控制效果的测定，成本控制效果是以目标成本控制标准为基础，实际完成数据与成本标准数据对比进行差异计算。

产品成本分析评价的方法一般采用因素分析法，具体包括量差、价差、产品技术变更等因素分析。

（1）量差因素。量差因素指脱离标准量对成本的影响，包括材料消耗量、资源消耗量、机器及人工消耗量等。

（2）价差因素。价差因素分析关注实际消耗的原材料、使用资源的价格变化对成本的影响。

（3）产品技术变更因素。产品技术变更因素分析一般包括产品结构变更、材料变革或替代、工艺变更等因素的分析。需要说明的是，这里产品技术变更是指在制造成本标准确定之后的情况，成本标准确定之前的变更不包含在其中。

二、管理会计系统中的信息流动

我们以制造业为例，以生产经营系统为切入点，研究其经营业务循环与信息流动的基本规律，并进一步从现代管理理论的角度，探讨信息流动与业务循环之间的作用关系。如图4－2所示为“企业经营过程与信息流动”的场景示例。

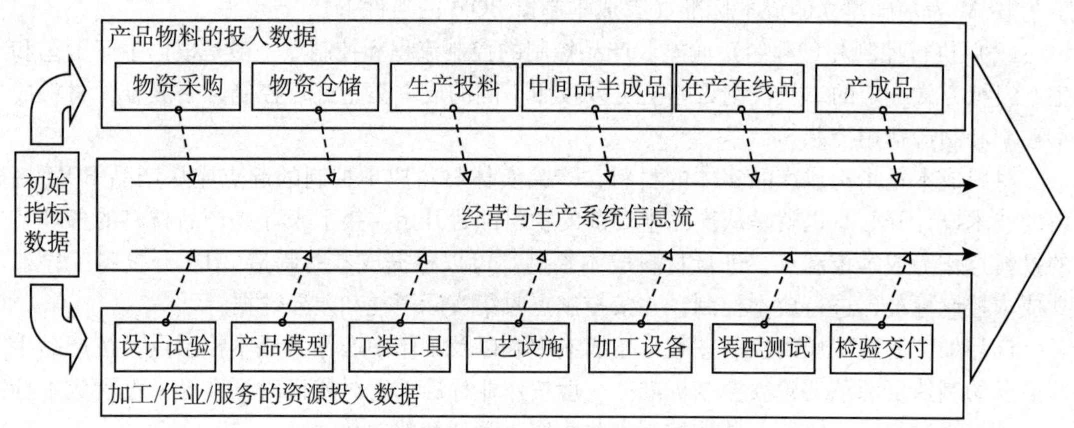

图4－2 企业经营过程与信息流动

管理会计系统中的信息流动充分反映了经营过程的业务循环规律。

信息系统是业务循环的镜像系统，使我们能够从整体层面看清生产经营体系的全貌以及各环节之间的业务联系和运动状况。在企业经营过程中信息流动可以沿着两条线梳理：一条线是顺着物料的投入产出循环去看；另一条线是沿着经营活动的作业链——也就是由加工作业前后连接构成的作业链循环去看。

（一）物料流转过程的信息流动

了解制造业企业运营过程中信息流动情况的第一条主线是物料的投入和流转，最终变换为产品的过程。按马克思的价值理论，产品价值包含生产资料价值转移而形成的价值和活劳动创造的新价值两部分，物化劳动本身并不产生价值的增值，只是一种成本的转移，只是等额地将物料价值附加到新产品中去的过程。中间即便有形态的转变，也是在作业活动的作用下完成的。

在管理会计的核算中，物料成本项目作为单独要素进行归集处理，一般不进行加工成本的分摊（如果中间环节有交易行为除外）。不进行加工费用的分摊，便于在管理上使用技术定额建立材料消耗定额，进行生产过程的材料成本跟踪控制，也有利于清晰地核算产品成本的材料构成。

（二）加工作业过程的信息流动

在管理会计中，制造成本的核算相对较为复杂，必须根据不同的生产条件和生产组织方式，采用不同的成本核算方法。在信息化条件下，必须根据企业的制造工艺和生产管理系统环境以及业财融合的信息技术应用状况，来建立管理会计信息系统。

实现价值信息管理是构建管理会计信息系统的核心理念，管理会计信息系统在这一核心理念的指导下支持管理会计目标——企业的价值最大化目标实现，并提供运用管理会计的目标决策、预算资源配置计划、过程反馈与控制、成本链控制、业绩核算、管理报告与绩效评价等功能。

第三节　管理会计信息系统架构

管理会计信息系统，是指以财务和业务信息为基础，借助计算机、网络通信等现代信息技术手段，对管理会计信息进行收集、整理、加工、分析和报告等操作处理，为企业有效开展管理会计活动提供全面、及时、准确信息支持的各功能模块的有机集合。

在企业管理会计应用早期，管理会计信息系统并没有独立的系统架构，管理会计的大部分核算和数据加工都是在财务会计的总账基础上进行的。当时管理会计的主要应用过程为：产品成本的核算在财务会计系统总账模块下的“成本费用”科目进行，部门核算在“收入和费用”科目中增加“部门辅助核算”进行，管理会计报告主要通过报表工具定义取数来源生成，内容和格式都相对简单，这些应用基本停留在核算型的初级应用阶段。不同领域的单项管理会计应用通常按照业务系统模块化独立架构，如成本管理、预算管理、责任中心会计、营运管理、战略管理、绩效管理等系统分别形成各自独立架构。

随着信息技术和管理软件应用的发展，目前企业实务中常用的管理会计信息系统架构主要有两种：基于ERP的管理会计信息系统架构和基于数据中台的管理会计信息系统架构。

一、基于ERP的系统架构

（一）架构思想

基于ERP的管理会计信息系统架构是当前实务中主流架构之一。ERP系统是以流程驱动的信息系统，贯彻的是业务流程化、流程信息化的思想。基于 ERP 系统构建的管理会计信息系统，其数据输入是以业务数据和财务数据为基础的，因此管理会计系统被作为 ERP 系统的一个子系统，也在很大程度上继承了 ERP 的架构思想。所以我们可以把这种架构称为基于 ERP 的管理会计信息系统架构。

（二）架构特征

图 4－3 展示的是基于 ERP 的管理会计信息系统架构，该架构分为数据源层、数据交互层和数据加工及数据服务层。基于 ERP 的管理会计信息系统主要从各业务模块和财务模块获取数据，在数据交互层根据数据加工及数据服务层的具体管理会计应用，通过定义组织、对象和业务流程等参数与数据源进行数据交互，满足管理会计不同领域应用需求。

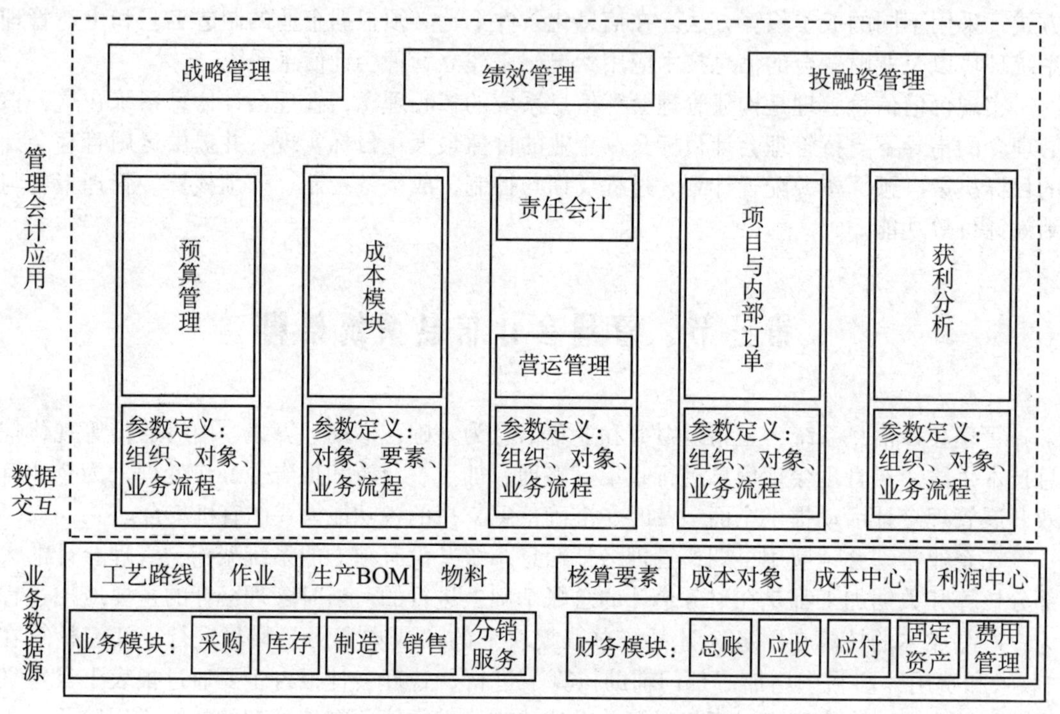

图 4－3　基于 ERP 的管理会计信息系统架构

当前，作为会计信息化建设的先行者，一些大型集团企业采用的基于 ERP 的管理会计信息系统架构，通常都是站在集团的角度做了统一规划，应用一般都较为成熟。业务各子系统之间、管理会计子系统与业务子系统之间、管理会计各子系统之间都能很好地实现了数据集成共享，可以便利地满足管理会计不同领域的应用需求。

但是还有许多企业的管理会计信息系统仍处于建设的起步阶段，对这些企业而言，其采用的基于 ERP 的管理会计信息系统具有以下特征：

1. 与 ERP 中的业务流程集成度高

该架构下，管理会计信息系统各子系统与 ERP 前端业务系统在作业流程层形成流程集成，各子系统几乎是嵌入式地与业务系统融为一体。在业务处理的同时直接生成管理会计数据，是一种适用于以事务处理为主要业务的应用系统架构模式。

2. 与各管理会计子系统间的数据共享程度有限

该架构下，虽然管理会计信息系统各子系统都与 ERP 系统集成，但是各管理会计子系统之间的数据共享程度不足，容易形成独立的数据孤岛，将给企业进一步数字化转型和数据中心建设、数据资产管理等带来困难。

3. 尚不能很好满足数字化管理与数据业务应用需求

管理会计是典型的数据业务，是当前支撑企业实现财务数字化转型的利器，管理会计信息系统应该为企业实现“用数据管理、用数据决策”提供平台化管理数据服务，但是如果管理会计各子系统之间不能实现数据集成共享，将难以适应企业这一数字化管理和数据业务应用需求。

二、基于数据中台的系统架构

（一）架构思想

基于数据中台的系统架构以数据中台为支撑，用业务数据化、数据资产化的思想来设计企业服务，用数赋智、通过数据资产的复用与价值挖掘，驱动企业商业创新。

基于数据中台的系统架构采用开放的平台与架构，以业务中台、数据中台和技术中台为核心，提供基于统一的数字化应用云服务平台和数据公共服务，实现数字商业应用基础设施平台和企业服务产业共享共创平台。

基于数据中台的系统架构构建的管理会计信息系统是数据驱动的智能企业大脑。基于数据中台能力，管理会计信息系统可以实现与业务系统便捷集成应用，赋予企业数据分析能力、可视化展示能力，提供自助式分析和报表能力。系统支持用户可视化建模，用户可以使用智能推荐、智能预测等技术实现基于业务元数据模型的即时分析与探索，以场景化、沉浸式的全新体验，赋能企业数智化应用。基于数据中台的管理会计信息系统采用企业人工智能支撑技术（如光学符号识别 OCR、自然语言处理 NLP、知识图谱、意图识别、智能搜索等），提供一站式 AI 服务，支持本地算法上云与在线模型开发能力，满足从开发者到集团型企业的不同智能需求，提供基于云上资源的强大计算能力与丰富的组件服务，并预置大量具有业务特性的场景化模型，打通从数据管理到模型开发、模型训练，再到模型上线发布的全部流程。

基于中台技术的架构是一种数用分离架构，是将数据和应用分离的一种架构设计模式。该架构强调数据基于单一真实数据源（single source of truth，SSOT）和多版本事实（multiple versions of the truth，MVOTs）思想将数据入湖并资产化，打破数据的应用所属和领域使用约束，实现数据跨领域的场景化共享与重用，并支持基于数据驱动模式实现快速商业场景化创新。该系统架构下，数据结构是稳定的、数据内容是流动的，基于数据的多层次标签和多维度关系，支撑管理会计信息系统前端多模式、随需而变地进行应用。

（二）架构特征

图 4 -4 展示的是基于数据中台的管理会计系统架构图，该架构分为业务系统层、中台层和数据消费层。

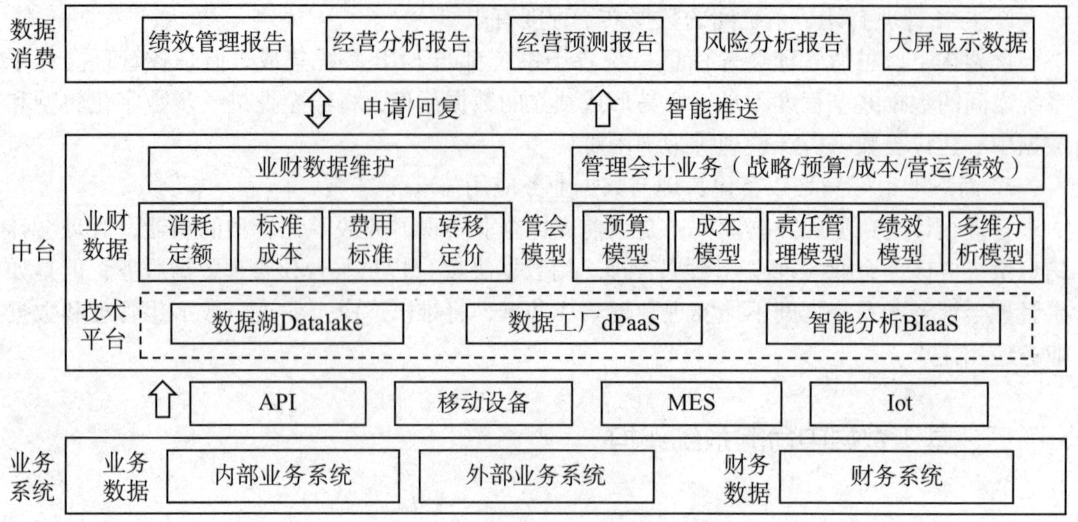

图4－4　基于中台技术的管理会计系统

各前端业务系统处理并生成企业的内外部业务数据及有关的财务数据。业务数据和财务数据通过有关系统数据集成的工具，进入到数据中台。中台层汇集来自业务系统的业务数据和财务数据，中台层的技术平台有数据湖、数据工厂和智能分析平台。中台层是基于数据中台的相关技术构建起来的一套数据体系和功能体系，有关技术支持包括数据存储的技术支持（数据湖）、数据加工技术（数据工厂 PaaS）、数据分析技术（BIaaS）等。数据消费层作为管理会计应用和展示的层级，包括向各级领导提供绩效管理报告、经营分析报告、经营预测报告、风险分析报告，以及进行绩效管理、大屏显示数据等。数据消费层应当包括管理会计八大应用领域以及扩展出来的其他更多场景化应用。数据消费层的数据是由管理会计中台提供，相应的数据可以是通过向中台发出数据申请获得，又或者是按照系统配置的推送规则或订阅信息由中台智能推送获得。

基于数据中台的管理会计信息系统具有以下特征：

1. 整个数据中台是构建管理会计数据服务的中枢

数据中台的核心能力是数据加工，主要以数字技术为部件，以数据为资源，以数据服务为产出物，是“数据＋算法＋算力”的数字化大脑。

2. 提供管理会计的业财数据

业财数据，是企业制定的对业务进行财务测量的有关数据，包括销售价格、标准成本、材料消耗定额、费用标准等数据，此类数据主要是在对业务进行财务计量时使用的数据，在编制预算、成本核算、考核数据核算、绩效管理等模型应用的时候会使用到。

3. 提供管理会计的算法模型

通过数据建模或者利用最新的机器学习智能化模型，形成服务化的数据应用，因此中台层本质是“数据模型＋管理模型”层。

数据模型可以分为基础模型、融合模型和挖掘模型。基础模型一般是关系建模，主要实现数据的标准化；融合模型一般是维度建模，主要实现跨越数据的整合，整合的形式可以是汇总、关联、解析；挖掘模型是偏应用的模型，作为企业的知识沉淀在中台内，可在数据应用端调取进行复用。基于数据中台层的数据建模，依托内存多维数据库、智能数据分析、机器学习等新技术，管理会计所需的数据将实时、多维、智能、自动地被加工成有用信息，进而促进管理会计透过数据发现价值、赋能增值。

管理模型，是根据管理会计相关的管理模型制定的有关数据模型，包括预算模型、成本模型、责任中心模型、绩效管理模型、多维分析模型等。同时相关模型提供相关的处理和服务功能。当前端的业务和财务数据进入管理会计平台后，管理会计平台根据相关来源数据以及业财数据中相关的数据和规则进行数据的加工，形成管理会计相关模型的数据，并基于管理会计模型的有关数据提供线管的数据的计算处理，以及提供对外数据服务。

（三）数据中台的支持技术

数据中台将企业财务系统、业务系统、物联网数据、移动设备数据、社交网络数据等数据进行数据接入，通过数据治理形成统一的数据标准、计算口径，统一保障数据质量，并面向数据分析场景构建数据模型，使通用计算和数字服务沉淀并能复用。

数据中台能满足多元业务下不同应用场景数据使用和数据创新业务需求，是企业实现数据价值的核心。数据中台包括以下内容：数据汇聚、数据存储、数据计算、数据开发、运营监控。

1. 数据汇聚

数据汇聚范围包含企业级的所有数据，其构建的不只是财务数据，而是企业内外部各业务系统数据互联互通的企业级数据。这些数据横向连通各个业务部门，纵向打通集团、子公司甚至是外部主体，加强与供应商信息系统、客户信息系统、外部平台及税务监管平台的业务和数据交互，提高了财务自身的运营效能，深化了业财一体化。

数据汇聚有助于推动资源整合，消除数据孤岛。以服务企业信息系统集成为核心，全面整合各部门各系统数据资源，畅通数据采集通道，扩大数据采集范围，拓展数据资源获取方式，促进各部门数据信息集成融合，消除数据孤岛。

2. 数据存储

数据中台具有数据存储功能，财务数据存储包括了元数据存储、数据目录存储、多种类型数据库、分布式文件系统。

3. 数据计算

数据中台中的数据计算根据应用场景可分为：

（1）批量计算：对海量、速度要求不高的数据进行批处理，如数据仓库加工处理、大规模数据清洗和挖掘等。

（2）实时计算：适用对数据加工处理和应用有较强时效性的场景，如实时显示数据动态的可视化大屏。

（3）在线查询：用于数据结果的在线查询、检索、条件过滤和筛选等。

（4）即时分析：对大规模的数据集市进行快速多维交叉分析，满足多种分析类应用。

（四）基于数据中台的数据治理

企业数据种类繁多，格式多样，且分散在各个业务领域和系统中，需要通过数据标准的管理，提升数据的合规性和规范性，提升数据质量。

数据治理是一个长期、持续的基础工作。数据治理包含元数据、数据标准、数据资产、数据质量、数据调用和数据安全等方面的内容。

1. 元数据

元数据是描述数据的数据，是一组用来描述数据的信息组或数据组，反映某个数据的基本属性。数据元又称数据类型，是通过定义、标识、表示以及允许值等一系列属性描述的数据单元。在特定的语义环境中被认为是不可再分的最小数据单元。数据治理过程中，元数据管理包括元数据采集、存储、分析三个方面，可实现数据源、表、视图、数据类型等信息的查询和浏览。

2. 数据标准

数据标准是数据治理的重要依据，通常分为通用标准和行业标准，用于统一描述对象的属性，统一元数据和数据元的名称、类型、长度、内容、范围等。

通用标准主要包括人、企业、资产等对象属性的描述。行业标准特指某个领域的数据内容，专业性、业务性比较强，如海洋、石油、森林、旅游等数据。

3. 数据资产

中国信通院将数据资产定义为："由企业拥有或控制的，能够为企业带来未来经济利益的，以物理或者电子的方式记录的数据资源。"如文件资料、电子数据等。

数据资产常常表现为聚合企业内外部的海量多维数据，包括结果数据、过程数据、行为数据、业务底层的明细数据等。企业需要不断拓展数据的深度与广度，将原始数据转化为数据资产，快速构建数据服务中心，为企业制定各种适配管理会计八大应用领域的解决方案，实现数据可视化、可运营、可建模、可分析。

4. 数据质量

数据规范是数据质量的重要保障，数据规范通常指数据清洗、加工、存储、分析、共享、利用的工作流程或工作指南。为保障数据质量，进行数据治理需要对企业数据的完整性、规范性、一致性、及时性、准确性、唯一性、关联性进行系统检查，主要对数据缺失、内容不全、记录为空、字段重复、名称不统一、类型不一致等信息进行检查和判断，并按照统一规范的转换规则进行加工处理，形成逻辑统一、相互联系、归属清晰的数据库或数据图谱。数据质量处理需要数据使用单位的评估，从业务的角度评价数据解决业务场景的效率，并定期形成数据质量分析报告。

5. 数据调用

数据平台进行数据汇聚后，再提供共享和利用，也可以建成数据物理分散、逻辑统一、相互关联、统一调用的模式。

6. 数据安全

数据治理不仅需要技术手段，而且更需要建立一套完整的数据安全管理制度，形成数据安全体系。

数据安全管理制度包括数据通用标准、行业标准、数据清洗加工规范、数据资产管理办法、数据调度管理办法、数据安全管理办法、数据脱敏工作流程、数据转换规则等。

数据安全包括基础数据安全、数据应用安全、数据存储处理安全。

第四章　管理会计信息系统体系架构

【本章总结】

管理会计系统主要服务战略管理、预算管理、成本管理、营运管理、投融资管理、绩效管理、风险管理、管理会计报告八大领域，本章重点介绍了这些应用领域的相关概念、管理工具和核心的业务应用范围。

管理会计的业务循环是指管理会计活动过程中各环节业务的信息勾连关系，它是构建管理会计信息系统架构的基础。管理会计业务循环是由“目标规划与预算→执行与过程控制→核算与差异反馈→业绩评价与提升”四部分构成的闭环系统。

管理会计系统中的信息流动充分反映了经营过程的业务循环规律。

在企业管理会计应用早期，管理会计信息系统并没有独立的系统架构，管理会计的大部分核算和数据加工都是在财务会计的总账基础上进行的。

随着信息技术和管理软件应用的发展，目前企业实务中常用的管理会计信息系统架构主要有两种：基于ERP的管理会计信息系统架构和基于数据中台的管理会计信息系统架构。这两种模式各有利弊，相对而言，基于ERP的架构更为成熟，属于传统的架构，基于数据中台的架构是探索中的技术，具有较好的发展空间。

【本章思考题】

1. 管理会计信息系统的主要应用领域有哪些？
2. 什么是管理会计业务循环？
3. 管理会计的核心业务主线是什么？
4. 如何分析管理会计信息系统的信息流动？
5. 管理会计信息系统通常采用什么样的系统架构？
6. 基于ERP的管理信息系统架构思想是什么？具备什么样的架构特征？
7. 基于数据中台的管理信息系统架构思想是什么？具备什么样的架构特征？
8. 数据中台的支持技术有哪些？
9. 企业进行数据治理应该关注哪些内容？

第五章　管理会计信息系统建设路径

【本章内容简介】

本章第一节介绍了管理会计信息系统建设和应用原则、条件；第二节介绍了信息系统规划阶段的主要任务和关键成功因素法、战略目标集转换法和业务系统规划法等常用信息系统规划方法；第三节介绍了信息系统分析阶段系统调查、用户需求分析、新系统逻辑模型提出和系统分析报告编写等主要任务；第四节介绍了信息系统设计阶段的概要设计和详细设计，以及系统实施阶段的物理系统实施、程序设计、系统测试、人员培训、数据准备与录入、系统转换等主要任务；第五节以A公司“大管会”系统构建典型场景为例，分析了企业为什么要构建管理会计信息系统，系统构建思路、总体架构和模块设计，系统实施应用过程中的关键问题和经验总结等。

【本章学习目标】

1. 了解管理会计信息系统建设和应用原则、条件。
2. 了解信息系统规划阶段的主要任务和常用系统规划方法。
3. 熟悉信息系统分析阶段的主要工作任务。
4. 了解信息系统设计和实施阶段的主要工作任务。
5. 了解管理会计信息系统构建和应用的主要场景和常见问题。

【本章要点提示】

管理会计信息系统是企业信息系统的重要组成部分，是会计信息系统的延伸。它的设计与搭建，是企业管理思维、管理方式的反映。管理会计信息系统的建设和应用必须遵循相应的原则和条件，通常以系统开发生命周期法为指导构建。

【本章引导案例】

华润构建以BSC为框架的6S管理体系

华润公司是一家有着50年发展历史的国有大型企业集团。中国华润总公司控股的华润（集团）有限公司设在中国香港。作为管理总部，华润集团长期在成熟的市场经济环境下运作，特别是资产上市后受到资本市场的约束，管理意识比较强，管理理念比较先进。

快速的多元化扩张造成了华润集团旗下业务地域分布广、产业跨度大、业务关联度低、集团管理复杂化的困难局面，整合中的冲突、混乱与效益低下，将多元化的潜在收益几乎抵消殆尽。在多元化发展中，企业数目迅速增多、业务庞杂、交叉经营严重，整个组织被分为集团、二级公司、三级公司等，机构层次重重叠叠。而且国企没有改革之前，每一级的公司都与相应的行政级别相对应，也与待遇挂钩，非常僵化。当时华润集团多元化的矛盾迅速凸现，集团对实业和贸易的未来发展无明确的战略方向和计划，虽有大规模整合，但对下属子公司的管理不力，同类业务分散经营。例如一段时间里，有很多子公司都经营房地产和酒店业务，食品加工企业不断在各个子公司重复出现，甚至出现了上游下游的产品分属不同子公司经营等怪现状。

20 世纪 90 年代初，华润就开始建立和执行严格的财务管理，但是核心是包干式资金管理，总部仅仅是制定基本规定约束下属企业“不准代开信用证，不准放账，不准对外担保”，但旗下的二级子公司都不能严格遵守。有些违规的经理人因此受到集团的严厉处罚，可是客观上已经给华润集团造成巨大损失。

庞大的华润急需要一种先进的管理理念和工具，带领集团走出盲目多元化带来的混乱无序低效的困境。

一、战略型集团管控模式

1998 年，华润逐步开始选择了一种战略型的集团管控模式，华润集团总部脱离业务运作角色，通过掌控行业整合战略与资源，追求在特定业务领域内的投资回报最大化。

华润集团总部在管控层面上只做四件事情：第一是管战略，确定一级利润中心的发展速度、规模、方向；第二是管人，决定一级利润中心一把手及班子成员的组成；第三是管财务，包括资金政策和财务报表政策，各企业执行统一的会计政策，杜绝假账等；第四是管考核和预算，考核各利润中心的经营业绩，审核和批准各公司上报的预算。在整合层面，做好整体协调与统一形象这两件事情。

二、6S 管理体系全面引入

1999 年，华润开始在内部全面导入 6S 管理体系。6S 管理体系是将集团内部多元化的业务及资产划分为责任单位，并作为利润中心进行专业化管理的一种体系，其组织领导及监督实施机构是集团董事会下设的 6S 委员会。

6S 管理体系具体包括（见图 5－1）：利润中心编码体系、利润中心管理报告体系、利润中心预算体系、利润中心评价体系、利润中心审计体系、利润中心经理人考核体系。

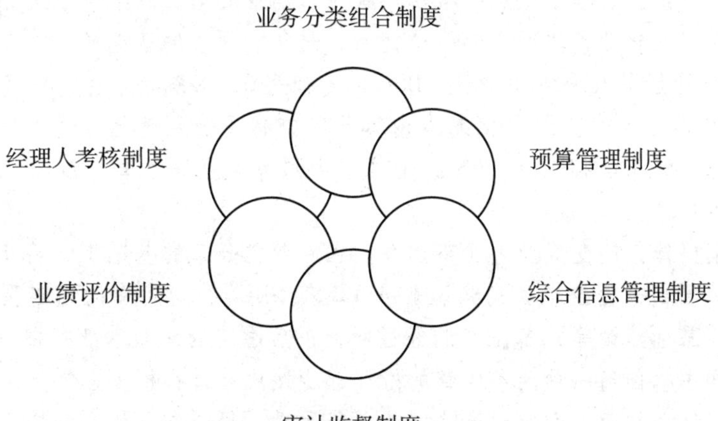

业务分类组合制度

经理人考核制度　　预算管理制度

业绩评价制度　　综合信息管理制度

审计监督制度

图 5－1　6S 管理体系的初期模型

6S 既是一个全面预算管理体系，也是一个多元化的信息管理系统。它以管理会计理论为基础，以全面预算为切入点，其目的不仅仅是解决财务管理方面的问题，还要解决集团的系统管理问题，如以往经营中存在的管理重点不突出、约束机制不健全、管理信息反馈不及时、财务及经营风险控制不到位、企业发展方向不明确、人才激励机制不科学等问题。

三、6S 管理体系全面实施

2000 年 1 月，6S 管理体系开始在华润全面实施。

（一）构建利润中心编码系统

他们首先将集团及下属公司按管理会计的原则划分为多个业务相对统一的利润中心（称为一级利润中心），每个利润中心再划分为更小的分支利润中心（称为二级利润中心），逐一编码，使管理排列清晰，便于分类统计。编码系统实施后，业务进一步清晰，利润点被清晰识别，管理层次得以扁平化，迅速改变了原来的以贸易型公司为主的业务架构和管理架构。

（二）管理层次扁平化

编码系统实施后，业务进一步清晰，利润点被清晰识别，管理层次得以扁平化，迅速改变了原来的以贸易型公司为主的业务架构和管理架构。集团层面可以清晰地看出一级利润中心下面有多少业务单元，通过这个办法彻底划小了核算单位，于是盈亏不再是笼统的产业盈亏，而是每个利润中心贡献如何，该如何处置。

这个做法有力地支持了集团清理、合并过多子公司的工作，迅速制止了下属公司无序盲目的多元化扩张，有效防止了整个集团投资失控的现象。

由此，华润逐步将原先较为庞杂的业务进行资产重组，分为分销、地产、科技及策略性投资四大类，逐渐演变为现在的由 25 个一级利润中心、108 个利润点组成的、主营业务相对突出的实业型控股集团的管理架构，从而走上了从多元化经营转向有限度相关联多元化战略下的专业化发展道路。

四、6S 管理体系的战略型进化

6S 利润中心管控体系在初期管控了集团的财权，对集团的扩张发挥了控制和稳定的作用，但却没有在扩张过程中形成战略协同效应。产业之间的战略管理关系还需要进一步明确。怎么样在多元化业务之间串起一个链条，是华润面临的新选择。

2003 年华润开始引入平衡计分卡（BSC）来补充 6S 体系战略协同的不足。这一新的 6S 管理体系，仍然是 6 个“S”，但基本内容与以前有了很大变化。变化最大的是业务战略体系和业绩评价体系。相应地，6S 的定位也由预算管理和运营控制系统提升到战略管理系统（见图 5－2）。

利润中心编码体系转变成业务战略体系，在专业化分工的基础上，将集团及属下公司按战略管理的原则划分为数十类战略型业务单元（SBU），而所有的战略型业务类别（比如电力、钢铁、基础建设等）都是华润经过研究以后圈定的一些本身有相对优势和竞争力的产业，各利润中心任何一项业务经营的好坏都能按战略进行检查评价。

原来的编码体系转变，划归到战略型业务单元后，每个细分的利润中心都必须是可制定战略、可执行战略的单位。只有更加专业化，符合华润总体战略要求的业务单元，才可能进入战略业务单元序列。为了保障战略执行，还要将业务战略细化成可实现的目标和可评价的指标，而指标间相互驱动的因果链关系犹如战略地图反映出企业的战略轨迹，由此实现从业绩评价到业绩改进、从战略实施到战略检讨的联动效应，而平衡计分卡提供的这种战略思维刚好可以融入6S的战略性框架。

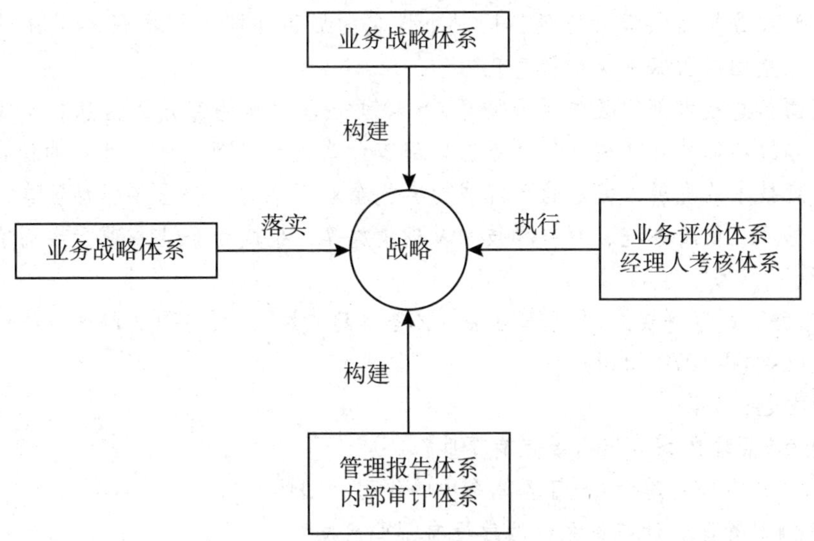

图5－2　6S管理体系的战略型进化模型

另一大转变是以适应利润中心竞争战略的利润中心业绩评价体系，转化成了财务、顾客、流程和学习四个维度的关键业绩指标体系，从而使考核评价成为战略执行工具。

五、6S管理体系的信息化提升

一个庞大的企业，一个完善的管理系统，离不开信息化工具的支持。如果说6S管理体系的初步建立和战略型进化分别代表华润企业管理的两次革命的话，那么6S管理体系的信息化（见图5－3）就是华润企业管理的第三次革命。

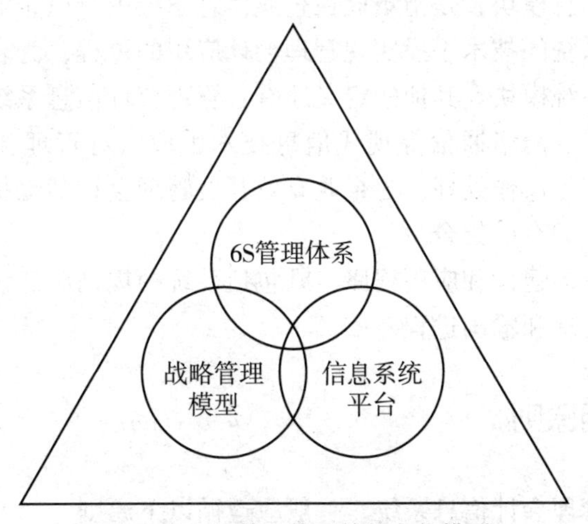

图5－3　6S管理体系的信息化模型

为了推动6S管理体系的信息化，2002年，华润集团信息化核心应用系统第一期正式启动，基于SAP软件系统的财务会计管理系统和决策信息系统率先在集团总部成功实施。随后，集团接收利润中心传输的管理报表能够自动进行信息化处理，并可通过再加工形成直观的图表，突出实际与预算、实际与历史的差异，还可进一步下溯差异产生的原因，为日常监控和管理分析提供极大方便，同时个性化的界面还能方便决策层实时查询，6S管理报告体系在集团层面基本实现信息化。

华润集团信息技术部门又先后开发了6S管理体系的其他部分的信息化运用：全面预算体系、业务战略体系和业绩评价体系、内部审计体系和经理人考核体系的信息化。实际上，随着信息技术的发展，信息化已经成为实施企业战略的一个重要推动因素，而信息化所涵盖的数据库、信息系统、网络和技术基础设施等，也成为企业一项重要而有战略价值的无形资产。

（案例来源：元年科技：《华润管理会计体系搭建之路》，元年网，http：//www. yuannian. com/gz/algs/jtal/1070. html）

案例思考题：

1. 华润6S管理体系的核心要点有哪些？
2. 信息系统在华润建设6S管理体系中的作用有哪些？
3. 该案例对管理会计信息系统的建设有哪些启发？

第一节　管理会计信息系统建设和应用指引

一、定义

按照《管理会计应用指引第802号——管理会计信息系统》中的定义，管理会计信息系统，也称管理会计信息模块，是指集成在企业信息系统中，以企业信息系统中财务和业务数据为基础，借助系统的技术手段实现管理会计应用的过程，为企业有效开展管理会计活动提供支持的信息系统模块。其他的定义还有：管理会计信息系统是指以财务和业务信息为基础，借助计算机、网络通信等现代信息技术手段，对管理会计信息进行收集、整理、加工、分析和报告等操作处理，为企业有效开展管理会计活动提供全面、及时、准确信息支持的各功能模块的有机集合。

管理会计信息系统的建设和应用程序，既包括系统的规划和建设过程；也包括系统的应用过程，即输入、处理和输出过程。

二、建设和应用原则

企业建设和应用管理会计信息系统，一般应遵循以下原则：

1. 系统集成原则

管理会计信息系统各功能模块应集成在企业整体信息系统中，与财务和业务信息系统紧密结合，实现信息的集中统一管理及财务和业务信息到管理会计信息的自动生成。

2. 数据共享原则

企业建设管理会计信息系统应实现系统间的无缝对接，通过统一的规则和标准，实现数据的一次采集，全程共享，避免产生信息孤岛。

3. 规则可配原则

管理会计信息系统各功能模块应提供规则配置功能，实现其他信息系统与管理会计信息系统相关内容的映射和自定义配置。

4. 灵活扩展原则

管理会计信息系统应具备灵活扩展性，通过及时补充有关参数或功能模块，对环境、业务、产品、组织和流程等的变化及时做出响应，满足企业内部管理需要。

5. 安全可靠原则

应充分保障管理会计信息系统的设备、网络、应用及数据安全，严格权限授权，做好数据灾备建设，具备良好的抵御外部攻击能力，保证系统的正常运行并确保信息的安全、保密、完整。

三、建设和应用条件

管理会计信息系统的建设和应用程序既包括系统的规划和建设过程，也包括系统的应用过程，即输入、处理和输出过程。

管理会计信息系统规划和建设过程一般包括系统规划、系统实施和系统维护等环节。

企业建设管理会计信息系统，一般应具备以下条件：

（1）对企业战略、组织结构、业务流程、责任中心等有清晰定义。

（2）设有具备管理会计职能的相关部门或岗位，具有一定的管理会计工具方法的应用基础以及相对清晰的管理会计应用流程。

（3）具备一定的财务和业务信息系统应用基础，包括已经实现了相对成熟的财务会计系统的应用，并在一定程度上实现了经营计划管理、采购管理、销售管理、库存管理等基础业务管理职能的信息化。

第二节　信息系统规划

在管理会计信息系统的规划环节，企业应将管理会计信息系统规划纳入企业信息系统建设的整体规划中，遵循整体规划、分步实施的原则，根据企业的战略目标和管理会计应用目标，形成清晰的管理会计应用需求，因地制宜逐步推进。

一、信息系统规划

（一）信息系统规划的主要任务

信息系统规划的主要任务是设计支持企业战略层、战术层、操作层等各不同组织层面要求的信息系统结构。

信息系统结构包括硬件、软件、网络、数据以及参与系统设计、开发、维护和支持人员等系统要素。

作为一个非信息系统的管理人员，会计师将通过各种方式参与信息系统结构的设计过程。信息系统规划过程中会计师的任务：

（1）提出本部门的信息需求和对系统的要求，将有助于开发过程。

（2）参与确定部门系统的成本效益。

（3）参与确定项目及各项活动的优先顺序，将从财务上和可操作性上来说更具有可行性的项目和活动排在前面。

（4）在部门预算中纳入信息系统项目成本预算的内容。

（二）信息系统规划的制定者

信息系统规划除了由高级信息系统主管负责制定，通常还会包括其他参与者。

1. 其他信息系统员工

其他信息系统员工主要负责收集信息，研究新技术及其潜在应用，准备不同目的的成本效益分析。

2. 信息系统用户

信息系统用户主要对部门用户和部门经理采用正式和非正式咨询方式，获得对部门需求的了解。

3. 高层管理者

高层管理者主要负责提供计划的战略方向和需要的资金、时间、人员方面的支持。

4. 财务管理人员

财务管理人员作为信息系统的重要用户，主要负责确定信息系统产品的服务成本、效益，进行信息系统项目投资决策。

5. 客户（或供应商）

客户（或供应商）作为企业业务循环必不可少的部分，是信息系统的外部使用者，也是信息系统的重要用户。

6. 外部监管者

外部监管者作为企业经营活动合法合规性的监督者，也是信息系统运行的法律环境遵循情况的监督者。

（三）需要制定信息系统规划的情形

企业通常会出于不同的管理需求制定信息系统规划，具体包括战略规划需要、预算要求和特定项目要求等情形。

1. 企业战略规划需要

企业由于经营环境的变化，可能会对企业战略做出大的调整，用于支持企业战略目标实现的信息系统也需要相应地进行升级换代。

2. 预算要求

企业的运营是在一定的资源限制条件下进行的，用于信息系统的资源必然非常有限，现在很多企业都在执行预算管理，对信息系统的应用也要求制定预算并加以管理。在大多数企业中，许多战术层的信息系统规划是作为每年预算的一部分，与企业内部的其他部门一样，信息系统部门必须明确下一年的财务需求。该计划预算有助于信息系统部门去关注可能的项目和可能获得的标志性成果，也有助于确定项目的优先权。

3. 特定项目要求

企业在运营的过程中难免会遇见一些特殊事项，这类特殊事项对于信息系统的需求与企业日常业务活动的常规需求不同，因而对信息系统可能会存在特殊要求，也就要求企业能制定相应的计划以保证项目的正常进行。

二、信息系统规划的常用方法

信息系统规划方法常用的主要有关键成功因素法（critical success factors，CSF）、战略目标集转化法（strategy set transformation，SST）、业务系统计划法（business system planning，BSP）等三种。

（一）关键成功因素法（CSF）

关键成功因素是关系到组织的生存与组织成功与否的重要因素，它们是组织最需要得到的决策信息，是管理者重点关注的因素。不同组织、不同的业务活动中的关键成功因素是不同的，即使在同一组织同一类型的业务活动中，在不同的时期，其关键成功因素也有所不同。因此，一个组织的关键成功因素应当根据本组织的判断，包括企业所处的行业结构、企业的竞争策略、企业在本行业中的地位、市场和社会环境的变动等。

1970 年哈佛大学的威廉·泽尼（William Zani）在 MIS 模型中使用企业关键成功变量确定 MIS 成败。10 年后，麻省理工学院的约翰·洛克艾特（John Rockart）把企业关键成功因素提升成为企业信息系统战略规划要素。应用关键成功因素法制定系统规划，可以对企业成功的重点因素进行辨识，确定组织的信息需求，明确信息系统在企业中的位置。

关键成功因素法是通过分析找出企业成功的关键因素，然后再围绕这些关键因素来确定系统的需求，制定战略规划。其步骤如下：

第一步，了解企业和信息系统的战略目标。

第二步，识别影响战略目标的所有成功因素。

第三步，确定关键成功因素。

第四步，识别性能指标和标准。

确定关键成功因素所用的工具是树枝因果图，例如，某企业有一个目标，是提高产品竞争力，可以用树枝因果图画出影响它的各种因素，以及影响这些因素的子因素（见图 5－4）。

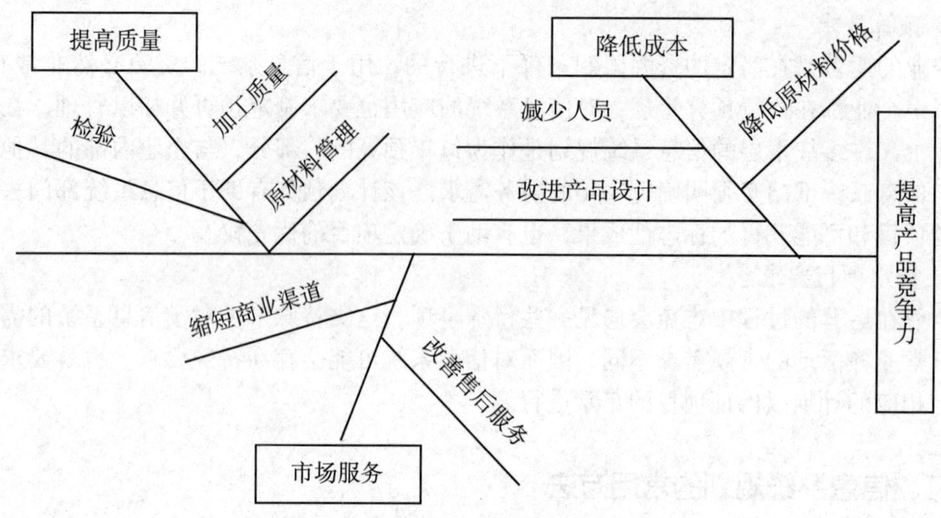

图5－4　系统规划方法：关键成功因素法

（二）战略目标集转化法（SST）

1978年威廉·金（William King）把组织的战略目标看成是一个“信息集合”，由使命、目标、战略和其他战略变量等组成。信息系统规划过程是把组织的战略目标转变为信息系统战略目标的过程（见图5－5）。

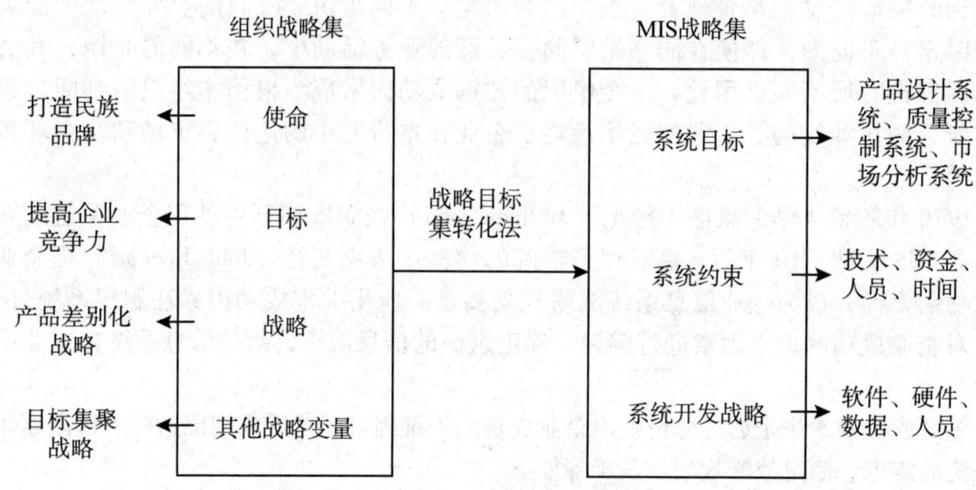

图5－5　系统规划方法：战略目标集转化法

战略目标集转化法的步骤如下：

第一步，识别组织的战略集，先考查一下该组织是否有成文的战略或长期计划，如果没有，就要去构造这种战略集合（由使命、目标、战略以及其他战略变量构成）。

第二步，将组织战略集转化成MIS战略集（由系统目标、系统约束以及系统开发战略等构成）。这个转化的过程包括对应组织战略集的每个元素识别对应MIS战略约束，然后提出整个MIS的结构。

第三步，选出一个方案提交总经理。

（三）业务系统计划法（BSP）

业务系统计划法是由IBM公司于20世纪70年代提出的系统战略规划方法论，与CSF法相似，首先自上而下识别系统目标、业务过程以及数据，然后自下而上设计系统，以支持系统目标的实现。BSP法从企业目标入手，逐步将企业目标转化为管理信息系统的目标和结构。BSP法摆脱了管理信息系统对原组织结构的依从性，从企业最基本的活动过程出发，进行数据分析，分析决策所需数据，然后自下而上设计系统，以支持系统目标的实现（见图5－6）。

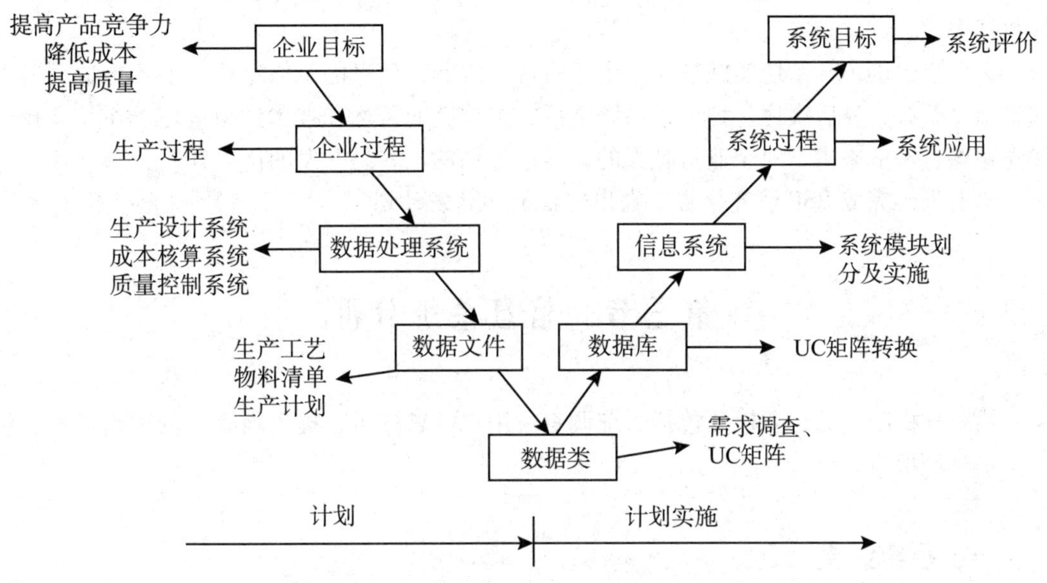

图5－6　系统规划方法：业务系统计划法

业务系统计划法的步骤如下：

第一步，研究开始。成立计划组，进行系统初步调查，分析企业的现状、了解企业有关决策过程、组织职能和部门的主要活动、存在的主要问题、各类人员对信息系统的看法。要在企业各级管理部门中取得一致看法，使企业的发展方向明确，使信息系统支持这些目标。

第二步，定义业务过程（又称企业过程或管理功能组），定义业务过程是BSP方法的核心。业务过程就是逻辑相关的一组决策或活动的集合，如订货服务、库存控制等业务处理活动或决策活动。业务过程构成了整个企业的管理活动，识别业务过程可对企业如何完成其目标有较深的了解，可以作为建立信息系统的基础。按照业务过程所建造的信息系统，其功能与企业的组织机构相对独立，因此，组织结构的变动不会引起管理信息系统结构的变动。

第三步，业务过程重组。在业务过程定义的基础上，分析哪些过程是正确的，哪些过程是低效的，需要在信息技术支持下进行优化处理；哪些过程不适合计算机信息处理，应当取消。检查过程的正确性和完备性后，对过程按功能分组，如经营计划、财务计划、成本会计等。

第四步，确定数据类。定义数据类是 BSP 方法的另一个核心。所谓数据类就是指支持业务过程所必需的逻辑上相关的一组数据。例如，记账凭证数据包括了凭证号、借方科目、贷方科目、金额等。一个系统中存在着许多数据类，如顾客、产品、合同、库存等。数据类是根据业务过程来划分的，即分别从各项业务过程的角度将与它有关的输入输出数据按逻辑相关性整理出来归纳成数据类。

第五步，设计管理信息系统总体结构。功能和数据类都定义好之后，可以得到一张功能/数据类表格，该表格又可称为功能/数据类矩阵或 U/C 矩阵。设计管理信息系统总体结构主要工作就是可以利用 U/C 矩阵来划分子系统，刻画出新的信息系统的框架和相应的数据类。

第六步，确定子系统实施顺序。由于资源的限制，信息的总体结构一般不能同时开发和实施，总有个先后次序。划分子系统之后，根据企业目标和技术约束确定子系统实现的优先顺序。一般来讲，对企业贡献大的、需求迫切的、容易开发的优先开发。

第七步，完成 BSP 研究报告，提出建议书和开发计划。

第三节　信息系统分析

系统分析阶段的主要任务包括系统调查、用户需求分析、提出新系统的逻辑模型、编写系统分析报告。

一、系统调查

系统调查是系统设计者认识系统，同会计人员交流的过程，是设计新系统的必要准备，在整个会计信息系统的开发过程中占有非常重要的地位。系统调查包括初步调查、可行性分析和详细调查三项活动。

（一）初步调查

初步调查的内容包括：

1. 系统目标调查

系统目标调查了解系统使用者在系统开发之前的目标，以及希望系统能达到某些要求或某种功能。系统开发人员要通过与使用者反复交流，确定一个较为明确可行的系统目标。

2. 内外部环境调查

内外部环境调查需要了解：

（1）系统使用单位的规模、组织机构、管理体制和管理水平。

（2）单位领导人和财会人员使用会计信息系统的迫切程度，开发过程中可能会受到哪些方面的阻力。

(3) 单位的地理位置、自然环境、通信设施等是否能够满足建立系统的需要。

3. 当前资源调查

当前资源调查了解单位的经营状况和经济实力，在会计信息系统开发过程中能投入的人力、物力和财力的情况。

4. 技术情况调查

技术情况调查了解单位的技术力量，现有人员素质及现有计算机使用状况。

5. 数据处理情况调查

数据处理情况调查了解数据处理的方式、方法、数据流向、数据流量、输入输出的数据内容及频率等。

（二）可行性分析

可行性分析的任务是明确是否有必要开发系统，以及是否有可能开发出新系统，可行性分析需要在初步调查的基础上完成。可行性分析的内容包括：

1. 技术可行性

技术可行性主要应分析当前的软、硬件技术能否满足对系统提出的要求，例如对加快速度的要求、对存储能力的要求、对通信功能的要求等，都需要根据现有的技术水平进行认真考虑。这里所说的现有水平，应该是指社会上已经比较普遍使用的技术，而不应该把尚在实验室里的新技术作为讨论的依据。此外，还要考虑应着重考察从事系统开发以及系统投入运行之后的维护管理人员的技术水平。

2. 经济可行性

经济可行性主要进行系统开发项目的成本效益分析。成本不仅应该考虑构建成本，还应该考虑运行和维护成本，不仅应该考虑可见成本，还应该终点关注“隐含成本”。经济效益则应从两方面综合考虑，一部分是可以量化为以货币衡量的效益，如加快流动资金周转，减少资金积压等；另一部分是不可以量化为以货币衡量的效益，例如提供更多的更高质量的信息，提高取得信息的速度等。

3. 管理操作可行性

管理操作可行性主要分析管理方面的条件是否能够满足系统应用管理和操作方面的要求。如管理方法是否科学，相应管理制度改革的时机是否成熟，规章制度是否齐全以及原始数据是否正确，操作人员是否具备相应的知识技能等。

4. 法律可行性

法律可行性指系统开发必须能够满足相关法律法规的要求。

5. 时间可行性

时间可行性指了解系统是否有可能在预期的时间内完成。

（三）详细调查

信息系统分析阶段还需要在初步调查的基础上对现行信息系统做详细调查。详细调查的目的是深入了解企业管理工作中信息处理的全部具体情况和存在的具体问题，为提出新系统的逻辑模型提供可靠的依据，因此其细微程度要比初步调查高得多，工作量也要大得多。

详细调查应遵循用户参与的原则，即由使用部门的业务人员、主管人员和设计部门的系统分析人员、系统设计人员共同进行。设计人员虽然掌握计算机技术，但对使用部门的业务不够清楚，而管理人员则熟悉本身业务而不一定了解计算机，两者结合，就能互补不足，更深入地发现对象系统存在的问题，共同研讨解决的方案。

详细调查要求开发人员深入到会计部门中，通过参加实际工作，访问会计人员等手段，弄清会计数据的来源、流向，以及会计数据之间的关系。

详细调查是系统分析设计的必要准备，详细调查的主要内容包括：组织结构调查；业务流程调查；数据流程调查、数据处理量调查；薄弱环节调查等。

二、用户需求分析

构建信息系统的目的在于使用者有信息需求，而信息系统分析阶段的主要任务就是明确系统需求。信息系统分析阶段需要明确业务需求和用户需求两种不同类型的需求，对用户需求还需要进一步明确功能性需求和非功能性需求。

（一）信息系统需求类型

1. 业务需求

业务需求反映组织机构或用户对系统、产品高层次的目标要求，通常在项目定义与范围文档中予以说明。

如某经理对其所需信息系统的表述："我们要建立一套完整的商业管理软件系统，包括商品的进、销、调、存管理，是总部门店的连锁经营模式。通过通信手段门店自动订货，供应商自动结算，卖场通过扫条码实现销售，管理人员能够随时查询门店商品销售和库存情况。另外，我们也得为政府部门提供关于商品营运的报告。"此类需求表述就属于业务需求。业务明确了大体结构框架，说明了整个系统的目标，但这类高层次的业务需求不足以提供信息系统后续开发任务的足够支持，还必须明确实际将要使用系统的业务人员的需求。

2. 用户需求

用户需求描述用户使用产品必须要完成的任务，包括功能性和非功能性需求，需要在使用实例或方案脚本中予以说明。

用户需求属于下一层次需求，必须从使用系统产品的用户处收集，因为他们清楚要使用该产品完成什么任务和功能性及非功能性的特性需求。例如程序的易用性、稳定性和可靠性，而这些特性将会使用户很好地接受具有该特点的软件产品。经理层有时会试图代替实际用户说话，但通常他们无法准确说明"用户需求"。用户需求来自产品的真正使用者，必须让实际用户参与到收集需求的过程中。如果不这样做，产品很可能会因缺乏足够的信息而遗留不少隐患。

（1）功能性需求：功能性需求定义开发人员必须实现的软件功能，使用户利用系统能够完成他们的任务，从而满足业务需求。

（2）非功能性的需求：非功能性需求描述系统展现给用户的行为和执行的操作等，它包括产品必须遵从的标准、规范和约束，操作界面的具体细节和构造上的限制，描述的是软件系统所应具有的外部行为。

（二）设计约束

设计约束一般也称作设计限制条件，通常是对一些设计或实现方案的约束说明。例如，要求待开发软件必须使用 Oracle 数据库系统完成数据管理功能，运行时必须基于 Linux 环境等。

三、提出新系统的逻辑模型

（一）确定新系统的业务流程

新系统的业务流程是业务流程分析和优化重组后的结果，包括以下内容：原系统的业务流程的不足及其优化过程；新系统的业务流程；新系统业务流程中哪些由计算机系统来完成及哪些由用户来完成。

（二）确定新系统的数据流程

新系统的数据流程是数据流程分析的结果，包括下列内容：原数据流程的不合理之处及优化过程，新系统的数据流程，新系统的数据流程中哪些由计算机系统来完成及哪些由用户来实现。

（三）确定新系统的逻辑结构

新系统的逻辑结构即新系统中的子系统划分，一个大的会计信息系统通常可以划分为更多的子系统，每个子系统执行特定的功能。

（四）确定新系统中数据资源的分布

确定新系统中数据资源的分布即确定数据资源如何分布在服务器或主机中。

（五）确定新系统中的管理模型

管理模型是系统在每个具体管理环节上所采用的管理方法。管理模型是一个广义的概念，涉及管理的方方面面，不同单位由于环境条件各不相同，对管理模型会有不同的要求，在系统分析阶段必须与用户协商，共同决定采用哪些模型。在系统分析中，要根据业务和数据流程的分析结果，对每个处理过程进行认真分析，研究每个管理过程的信息处理特点，找出相适应的管理模型，这是使管理信息系统充分发挥作用的前提。

四、编写系统分析报告

系统分析报告又称为系统说明书或逻辑设计说明书，是系统分析阶段的重要文档，反映系统分析阶段的全部情况，是系统分析阶段的成果与工作总结，报告系统分析阶段的最终结果——新系统的逻辑模型。用户可以通过系统分析报告来验证和认可新系统的开发策略和开发方案，系统设计人员可以用它来指导系统设计和系统实施阶段的工作，还可用来作为评价项目成功与否的标准。

五、管理会计信息系统需求示例

（一）管理会计信息系统需求特征

当前，管理会计对信息系统的需求表现出模型化、多视角化、大数据化、灵活化等一些特征。

1. 模型化

管理会计的本质在于企业业务模型化，即通过建立量化模型来模拟企业的商业模式和业务模式。不管是预算模型中的预算目标测算和分解模型、产销衔接模型、滚动预测模型，还是成本费用分配模型，以及管理报告中的业务分析模型，这些都需要管理会计信息系统具有强大的建模能力。

2. 多视角化

管理会计融合业务和财务，不管是从业务预算到财务预算的全面预算体系，还是从财务结果到业务动因的管理报告体系，以及涵盖资源、作业、产品等要素的作业成本体系，再到财务、客户、内部流程和学习成长四个方面的平衡计分卡框架，无不反映了管理会计的多视角特点。这些管理会计工具将涉及的业务方面内容进一步细化到产品视角、客户视角、区域视角、渠道视角、部门视角等。这些特点要求管理会计信息系统能够从不同视角来组织、存储、计算和展现这些数据。

3. 大数据化

管理会计作为企业量化管理的工具，数据几乎就是一切。这些数据不仅包含成本数据、预算数据，还包含管理会计报告数据；也不仅仅是财务口径的收入、成本、费用、利润等价值量数据，还包括大量产量、作业量、动因量、人工及工时量的实物量数据。这些数据年复一年积累，形成企业管理会计体系的数据平台，也是企业最权威的官方口径管理数据，更是企业未来大数据的核心。

4. 灵活化

管理会计是面向企业内部管理需要的。然而，随着企业的发展，内部管理的要求会随着环境、业务、产品、组织和流程的变化等发生改变，这要求管理会计体系也能顺时应变，进行灵活调整。

（二）管理会计信息系统的业务需求

精益高效的管理体系无疑需要会计信息的有效支撑，由此，就需要企业对财务会计核算进行系统性的管理化改造，从而形成以财务会计核算为基础，充分体现管理意图和精细化要求，兼具个性化和针对性的管理会计报告体系。

从内容上来看，多维精益管理体系主要有以下几点内涵：

（1）搭建一套由会计科目与管理维度（包括成本监管类维度、业财信息类维度、信息规范类维度）共同构成的多维精益信息反映体系，实现价值信息的多维记录。

（2）建立一套业财共同遵循的多维精益管理规范，贯通业财链路，实现多维信息记录的有效溯源。

（3）建立一套频道化的管理会计报告体系，围绕公司发展目标、运营效率、风险管控、资本布局等内容，生成多样化的管理会计报告。

多维精益管理体系的目标是“以业财深度融合，促管理变革提升”，具体要求为：

（1）深化业财协同。从业务视角出发，对会计信息增设管理维度，以会计科目和管理维度共同构建多维价值信息反映体系，推动价值信息反映从会计语言向业务语言全面转变、财务信息与管理需求有效对接、财务反映规则与业务管理标准逐步统一。在具体操作层面，将项目类型、作业工单、成本中心等业财信息类管理维度设置为业财信息融合载体，全面规范业务处理规则并在信息系统中予以固化，从而打通业财流程断点，推动业财信息共建共享、自动反映。

（2）支撑价值管理。适应管理需要，划小价值信息反映单元，建立业务管理和会计核算的有效衔接机制，实现每一项会计记录都有多维度的支撑和展现：每一项业务活动都有精准的价值反映，每一个价值记录都有鲜活的业务支撑，从而实现会计记录由数字向信息的全面升级。比如，通过收入按电压等级、用户类别多维度反映，成本按管理维度（如业务活动、电压等级、资产类型）多角度分析，深度挖掘数据价值，准确记录公司的价值行为，清晰反映各业务环节的价值分布，有效识别价值高地或价值洼地，准确分辨创造价值或毁损价值的行为，形成契合内部管理需求的管理会计报告，为公司的价值管理提供决策支撑。

（3）服务精准激励。依托多维体系构建一套贯穿业务全过程的价值反映和分析系统，将公司各业务环节的每一笔开支都打上不同维度的标签，按照不同的管理口径进行汇总分析，准确记录每个业务环节的价值信息，有效评估每个最小业务单元（如每一台设备、每一位员工）的价值贡献，为实施精准考核和有效激励提供核算依据。

（4）适应监管要求。随着电力体制改革的深入推进，政府对电网企业的收入、成本、投资、电量等核心数据的监管更加严格且日趋常态化，政府、社会对公司信息披露的需求不断上升。多维体系将根据使用者的需要，实现会计信息频道化输出，并形成多维度的管理会计报告体系，从而有效满足多样化的信息需求。

第四节　系统设计与实施

一、系统设计

系统设计阶段要着重解决的是“如何做”的问题，也就是根据系统分析阶段所确定的新系统的逻辑模型和功能要求，在用户提供的环境条件下，设计出一个能在用户环境下实施的方案，即建立新系统的物理模型。系统设计工作由概要设计和详细设计两部分组成。

（一）概要设计

概要设计是系统开发人员根据系统需求说明书的要求，运用结构化程序设计思想，将系统自上而下逐层分解成多个系统模块，直到分解成每一个模块只具有单一的功能，能用一个或几个程序实现的树形结构为止。

概要设计阶段还要定义各模块的数据传递关系，设计系统的编码方案、文件存储策略、输入输出格式，以及硬件和系统系统配置，最后编制概要设计说明书。

概要设计说明书又可称系统设计说明书，这里所说的系统是指程序系统。编制概要设计说明书的目的是说明对程序系统的设计考虑，包括程序系统的基本处理流程、程序系统的组织结构、模块划分、功能分配、接口设计、运行设计、数据结构设计和出错处理设计等，为程序的详细设计提供基础。

（二）详细设计

详细设计是对总体设计中划分的每个模块再进行详细定义和说明。它包括定义每一模块的详细功能、输入数据、使用文件及使用方式，确定输出内容及格式，模块实现的详细算法，每一模块的程序构成等。详细设计是系统功能、结构实现方法的最详细说明，是程序设计的依据。

详细设计的内容主要包括：编码设计、输入设计、输出设计、人机界面设计、数据库设计、系统安全设计几项内容，详细设计的最终成果是编制详细设计说明书。

1. 编码设计

编码是指用来表示事物的名称、属性、状态等的符号或记号。为了便于计算机数据处理，在建立新系统时，必须对整个系统进行编码设计，处理对象如物资资料、产品、部门、职工等都需要进行统一编码。用数字或外文字母等字符代替汉字拼音或其他形式表示的名称，可以缩短数据项目的长度，并可使之标准化、系列化，从而减少存储空间的占用，便于对数据的识别和处理。

编码设计在系统分析阶段就应当开始。由于编码的编制需要仔细调查和多方协调，是一项很费事的工作，需要经过一段时间，在系统设计阶段才能最后确定。

2. 输出设计

输出设计的出发点是保证输出达到用户的要求，正确及时地将有用的信息提供给需要它的用户。

详细设计是一个从输出设计到输入设计的过程，需要先进行输出设计，确定要得到哪些信息，再考虑为了得到这些信息，需要准备哪些原始资料作为输入。进行输出设计时要考虑有效地利用已有的各种输出设备，选择合适的输出方式。

3. 输入设计

输入设计的目标是在保证向信息系统提供正确信息和满足需要的前提下，尽可能做到输入方法简单、迅速、经济，方便使用者。输入数据的正确性决定了整个系统工作的质量，系统的效率在某种程度上讲取决于输入。

输入设计要遵循“使用方便，操作简单，便于录入，数据准确”的原则。在输入设计中，要对全部输入数据设想其可能发生的错误，对其进行校验。输入设计的重要内容之一是设计好原始单据的格式，设计新系统时，即使原系统的单据很齐全，一般也要重新设计和审查原始单据。输入设计还需要确定输入设备的类型和输入介质。

4. 人机界面设计

人机界面是人与计算机进行对话交流的窗口，人机界面设计即人机对话设计及屏幕设计。人机界面设计的基本原则是为用户操作着想，而不应从设计人员设计方便来考虑。因此，人机界面设计应注意以下几点：

（1）界面要清楚、简单，用词要符合用户观点和习惯。

（2）对话要适应不同操作水平的用户，便于维护和修改。

（3）错误信息设计要有建设性，在一个好的错误信息设计中，用词应当友善，简洁清楚，并要有建设性，即尽可能告知使用者产生错误的可能原因。

（4）关键操作要有强调和警告。对某些要害操作，无论操作人员是否有误操作，系统应进一步确认，进行强制发问，甚至警告，而不能一接到命令立即处理，以致造成恶劣的后果。

5. 数据库设计

数据库设计是在选定数据库管理系统基础上建立数据库的过程。进行数据库设计，首先要确定数据处理的方式、文件的存储介质、计算机操作系统提供的文件组织方式、存取方式和对存取时间、处理时间的要求等。然后根据文件的使用要求、处理方式、存储量、数据的活动性以及硬件设备的条件等，合理地确定文件类别，选择文件介质，决定文件的组织方式和存取方法。数据库设计主要包括概念结构设计、逻辑结构设计和物理结构设计三个部分。

（1）概念结构设计。概念结构设计的任务是根据用户需求设计数据库的概念数据模型（以下简称“概念模型”）。概念模型独立于具体的数据库管理系统，它描述的是从用户角度看到的数据库，反映了用户的现实环境，而与数据库将来怎样实现无关。

（2）逻辑结构设计。逻辑结构设计是将概念数据模型转换成特定的数据库管理系统（DBMS）能支持的数据模型。通常不同型号计算机系统配备的 DBMS 的性能不尽相同，为此数据库设计者还需深入了解具体数据库管理系统的性能和要求，以便将一般数据模型转换成所选用的 DBMS 能支持的数据模型。

（3）物理结构设计。物理结构设计是为数据模型在设备上选定适合的存储结构和存取方法，以获得数据库的最佳存取效率。

6. 系统安全性设计

系统安全性是指系统对自然灾害、人为破坏、操作失误或系统故障的承受能力，包括系统的可靠性和保密性。

系统可靠性有两层含义：（1）采用正确的算法、程序，从而在正常的情况下，提供正确的信息；（2）要有防错、查错、纠错的措施以便及时发现和纠正发生的差错。

系统保密性是指系统对信息资源的存取、修改、复制及使用等权限的限制。系统保密性设计的目标为：（1）保护信息不被破坏；（2）力求信息不泄露。

系统安全性设计主要包括如下内容：（1）系统连续正常运行的能力；（2）系统防震、防火、防雷击等防护措施；（3）输入、输出和处理阶段可靠性保证；（4）数据备份设计；

（5）备用设备设计。

二、系统实施

完成了系统分析、系统设计之后，如何将原来纸面上的、类似于设计图的新系统方案转换成可执行的实际系统，这是系统实施阶段的主要目标。系统实施的主要工作包括物理系统的实施、程序设计、系统测试、人员培训、数据准备与录入、系统转换、文档资料的建立等。系统实施阶段完成后，除了提交可以实际运行的系统之外，同时提交的还有一系列的系统开发文档资料。

（一）物理系统的实施

物理系统的实施是计算机系统和通信网络系统设备的订购、机房的准备和设备的安装调试等一系列活动的总和。购置计算机系统应该考虑系统的设计要求、计算机系统的性价比、可扩充性、售后服务和技术支持等方面。网络系统的实施主要是通信设备的安装、电缆线的铺设及网络性能的调试等工作。

（二）程序设计

程序设计即人们常说的程序编写阶段，这一阶段系统开发人员根据详细设计说明书自上而下地将每一模块用指定的程序设计语言编写成源程序代码，并进行测试，保证程序的顺利运行，同时编制程序说明书。程序设计由程序编制和程序测试两个阶段组成。

（三）系统测试

系统测试是程序设计结束后，将整个系统的全部软硬件装配在一起形成完整的软硬件系统，通过实际数据或模拟数据验证系统的各项功能及所达到的性能指标，判断其是否达到了系统设计的要求。

（四）人员培训

会计信息系统的操作、维护、运行是由企业各层次人员参与，因而，必须对企业各层次人员开展有针对性的培训，才能确保所开发的会计信息系统正常运行并充分发挥作用。

（五）数据准备与录入

数据是信息系统运行的基础，因而数据准备和录入是系统实施过程中一项非常重要的工作，可以说数据准备和录入关系到新系统成功与否。数据准备就是按照新系统对数据格式和内容的要求统一进行收集、分类和编码，数据录入则是将整理好的数据输入系统中。

（六）系统转换

系统转换是指系统开发完成后新老系统之间的转换。系统转换的方式有四种，分别为：直接转换方式、并行转换方式、阶段转换方式、试点转换方式。

1. 直接转换方式

直接转换方式是指在某一时刻，旧系统终止使用，新系统投入运行，新系统一般要经过较详细的测试和模拟运行。

考虑到系统测试中试验样本的不彻底性，以及新系统没有真正担负过实际工作，因而这种方式虽然最简单、最省钱，但风险性最大，在转换过程中很可能出现事先预想不到的问题。一般只有在旧的系统已完全无法满足需要或新系统不太复杂或数据不很重要的情况下采用这种方法。一些比较重要的大型系统则不宜采用这种转换方式。

2. 并行转换方式

并行转换方式下，新系统投入运行时，旧系统并不停止运行，而是与新系统同时运行一段时间，新旧系统并存的时间一般为 3 ~5 个月左右。

3. 分阶段转换方式

分阶段转换方式实际上是以上两种转换方式的结合。分阶段转换对由多个部分构成的系统分多个步骤进行转换，每次用部分新系统代替旧系统中的某些部分，平衡后再进行下次转换，直到整个系统转换完成。

4. 试点转换方式

试点是一个执行所有操作的试验系统，如一个部门或地区分部。试点转换是指先在一个业务单位试点安装运行新系统，如果试点成功，再继续在更多业务单位逐渐推广新系统。这种转换方式时间短、费用低，通过试点的成功转换，可大大增强系统用户或管理者对新系统的信心。

第五节 管理会计信息系统构建典型场景

管理会计信息系统是企业信息系统的重要组成部分，是会计信息系统的延伸。它的设计与搭建，是企业管理思维、管理方式的反映。管理会计信息系统已逐步成为企业运用各项管理会计工具、提供各种管理会计报告的载体，在帮助企业落实各项管理活动、提高管理效率、进行价值创造的过程中的作用越来越显著。

一、A 公司的管理会计信息系统建设困境与问题分析

（一）A 公司概况

A 公司是致力于为客户提供不良资产经营、资产管理、银行、证券、保险、信托、租赁、投资等在内的综合金融服务的大型央企集团。A 公司成立后，完成了由政策性金融机构向商业化金融机构的转型，创建或控股了证券、信托、租赁、银行等子公司，逐步发展成为一个综合性金控集团。A 公司在改革发展过程中确立了不良资产经营、并购重组和全牌照综合金融服务“三位一体”的战略布局。其中，股份制改革、引入战略投资者并择机上市是实现公司战略目标的重要环节。

（二）A 公司管理会计信息系统建设困境

1. 核算系统基础薄弱，管理会计活动缺乏根基

A 公司核算系统于 2007 ~ 2009 年自主设计开发上线，可以无缝对接核心业务系统，支持辅助核算。然而，经历了近 10 年的发展，公司业务由单一变复杂。监管机构和投资者对信息披露的要求日益严格和丰富，A 公司的核算系统无法支持业务发展和监管要求的变化，面临全面升级的挑战。一方面，原有系统无法满足多币种、多账套、多准则的全集团统一核算的系统需求。另一方面，核算系统支持的辅助核算有限，无法提供标准化、多维度的核算基础数据，进而限制了成本分摊、预算管理、绩效考核等管理会计工作的发展空间。此外，同类业务在不同分支机构存在核算方式不统一、不规范的问题，顽疾难破，无法满足改制上市的对外信息披露要求。

2. 管理会计系统空白，无法满足内部管理需要

A 公司的成本分摊、盈亏分析，是以分支机构的收入、利润、资产规模等指标加权计算分摊系数，将总部的管理费用分摊至各经营单位。总部成本分摊管理的颗粒度仅能达到分支机构和主管业务条线层面，无法达到分摊至项目、资产的层面，距离单项目/资产的盈亏分析要求差距甚远，分摊结果粗糙。预算管理、绩效管理全靠邮件报送和 excel 汇总，无法实现高效的平衡计分卡指标库管理，并且整个过程线下沟通、线下审批，费时费力。

3. 信息统计管理落后，无法满足信息披露和决策支持的需要

A 公司的各类统计报表基本上靠邮件报送和 excel 汇总、处理，填报、审核、数据处理全靠人工，报表质量难以控制，核对工作量大且效果不理想。报表自动化程度低成为公司信息统计管理的短板。实现报表自动化、报表灵活定制，建立高效高质量的监管报送、内部管理信息报告生成机制，成为摆在统计工作面前的一个重要课题。

（三）A 公司管理会计信息系统建设问题解决思路

1. 着眼公司战略，做好系统建设顶层设计

信息系统建设投入高、影响大，必须着眼公司长期发展需要，高标准、高要求，理顺各个系统、模块关系，做好顶层设计。系统设计必须遵循系统集成原则、数据共享原则、规则可配原则、灵活扩展原则和安全可靠原则。A 公司管理会计信息系统建设项目以满足上市信息披露、监管报送及内部管理需求为基本目标，对公司的核算系统、业财转换系统进行重构，并基于此规划和设计预算管理系统、考核管理系统、成本分摊系统、内部资金转移定价系统等管理会计系统。

2. 聘请外部专家，引入先进的管理理念和方法

A 公司在确定系统建设目标后，聘请外部专家帮助进行公司现状调研、差距分析，完成管理会计体系建设的顶层设计，并进行需求编制。充分利用外部专家丰富的同业咨询经验，学习和了解各种先进的管理理念和方法，完成部分关键流程的再造和系统建设在公司的落地。

3. 统筹实施计划，分步完成落地

多系统建设必然涉及系统建设的先后顺序问题。A 公司按照基础系统先行、急用先行

的原则，将整个管理会计信息系统建设项目划分为三个阶段：第一阶段完成基础财务会计系统和管理会计系统的建设和推广；第二阶段优化前台业务流程，升级前台系统功能；第三阶段推进子公司管会系统建设，加强集团财务管控。

二、A公司的“大管会”系统建设实践

（一）A公司“大管会”系统的总体架构

1. “大管会”系统含义

A公司管理会计信息系统建设项目既包含成本分摊系统、预算管理系统、考核管理系统等狭义管会系统，又包含业财转换系统等广义管会系统，因此统称为“大管会”系统。

2. “大管会”系统构建目标

A公司“大管会”系统构建目标为：增强前台业务信息和后台核算信息的统一性、完整性和及时性，满足上市信息披露、监管报送及内部管理的需求。

3. 系统建设思路

A公司“大管会”系统建设原则为：（1）最大限度地沿用前台业务系统信息，保证数据同源性、减少数据录入量；（2）系统将相关记账信息返回前台系统，同时更新业务台账并登记总账；（3）支持录入项目、账户层级的各类信息指标，以满足生成内外部报表的需要，为管理会计多维度分析提供基础数据。

具体建设思路为：

（1）以“合同+客户”为最小颗粒度，建立资产或负债账户，进行账户管理。依据业务包含的资产（或负债）类型，建立完善的资产（或负债）账户管理体系；对最小颗粒度的资产（或负债）建立核算账户，对资产的购入、计息、公允价值变动、处置/回款，负债的形成、计息、清偿等进行登记，形成账户明细账。

（2）统一核算标准，设计会计引擎模块，对业财映射关系进行统一配置。在账户、业务场景、资产（或负债）类型以及会计科目和分录间建立对应关系，形成自动制证规则，支持财务核算系统记账并更新业财转换系统的账户明细账，为管理会计多维度分析提供必要的业务信息和财务信息。

（3）交易信息以系统单据为载体，经业务、财务审核和总部集中审核机构复核通过后，方可传送总账，业财转换系统的明细账与总账进行总分核对一致后，方可完成总账结账操作。

依据建设原则和建设思路，A公司成立了由总裁负责、相关部门负责人参与的管理会计领导小组，由相关部门具体经办人员组成的管理会计工作小组，并成立了由财务部门和信息技术部门的有关人员专岗的管理会计小组办公室。在咨询机构的帮助下，A公司对自身业务、上市信息披露、外部监管要求和内部管理信息需求进行了全面梳理，在此基础上形成公司的管理会计信息系统建设架构（见图5-7）和各子系统的建设目标。

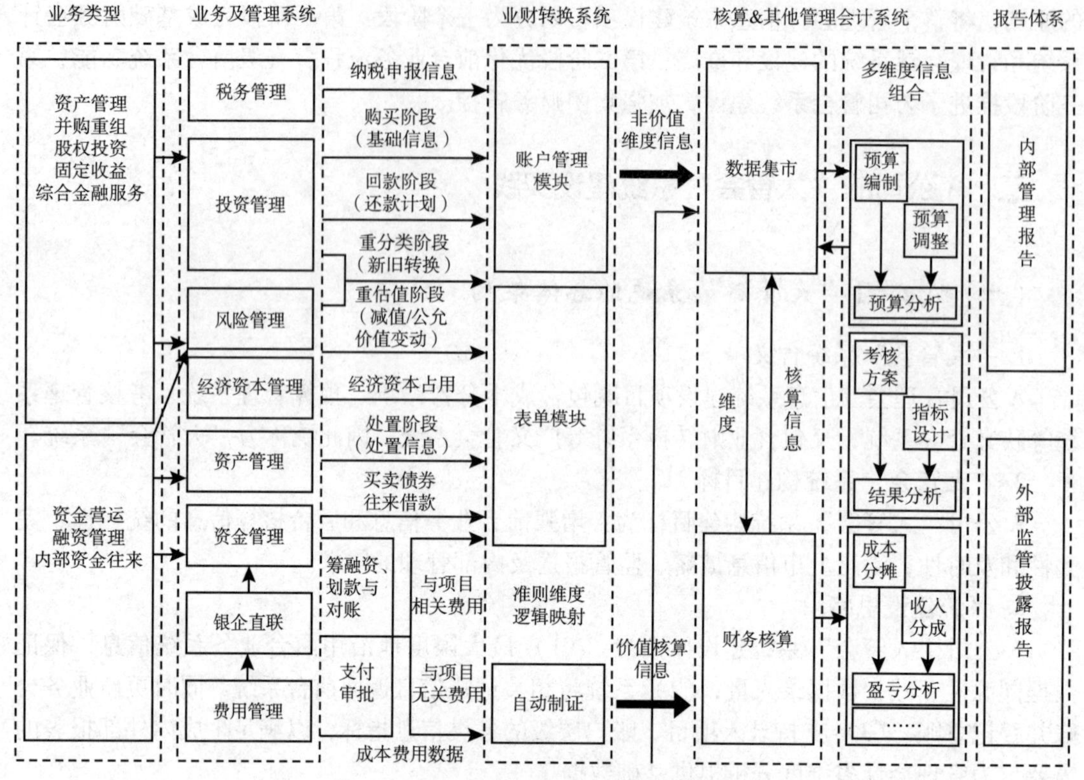

图5-7　A公司“大管会”系统建设架构

（二）A公司“大管会”系统模块设计

A公司根据系统建设规划，完成顶层设计和需求提交后进入第一阶段的系统建设。第一阶段的系统建设又分两个批次：第一批次建设重点为在母公司建设新业财转换系统、财务核算系统、费用管理系统、银企直联系统、资金管理系统、经济资本管理系统，升级和改造已有的前台业务系统，并进行有关系统的推广；第二批次建设重点为建设预算管理、考核管理、成本分摊/收入分成/盈亏分析系统等。

在咨询公司的帮助下，A公司完成了包括新财务核算、费用管理、银企直联、业财转换、成本分摊、报告及数据平台系统、预算管理、绩效考核管理等系统的需求文档编制。其中，新财务核算系统在实现老核算系统既有功能的基础上，试点部署至集团下属的部分子公司，实现财务一体化、规范化管理；费用管理系统和银企直联系统将原有的线下报销、资金支付转为线上管理，方便成本费用规范管理和信息的有效收集。新核算系统和费用管理系统模块为财务会计的主要应用模块，均采用的是市场上的主流软件产品，在其基础功能模块的基础上进行客户化的配置和开发。以下将着重介绍业财转换、成本分摊、报告及数据平台、预算管理、绩效考核系统的系统设计。

1. 业财转换系统

业财转换系统是连接业务系统和核算系统的桥梁，根据公司业务特点设计了多种业务场景和单据类型。将业务系统中相关核算数据承接过来，或经业务人员录入信息后，提交财务人员审核，调用会计引擎生成会计凭证。一方面，覆盖了公司所有的经营业务类型，有效实现前后台系统的联动；另一方面，规范了会计核算，解决了同类业务不同机构核算方法不一致问题。

系统主要功能模块设计如图 5－8 所示。

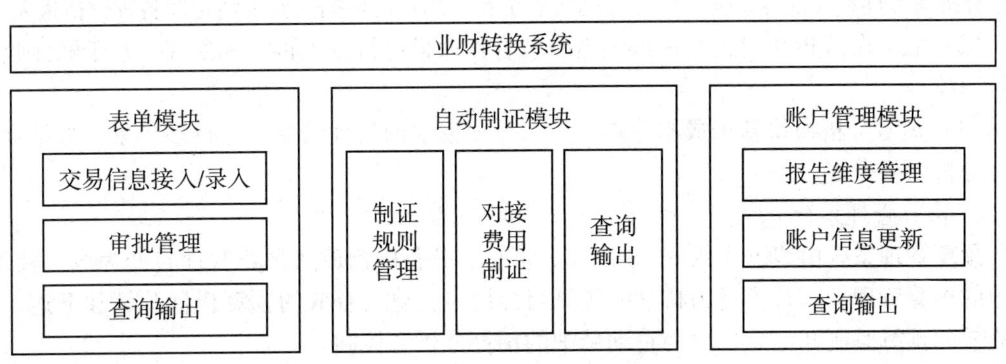

图 5－8　业财转换系统功能模块

2. 成本分摊系统

成本分摊系统承接会计核算系统和业财转换系统的信息，进行成本归集、分摊，收入的归集和分成以及盈亏分析。

成本分摊系统模块定期提取加工上游系统数据（包括业财转换系统、财务核算系统、经济资本系统数据等），将直接成本直接归集至对应的资产账户，间接成本按照一定规则分摊至资产账户。按照机构、部门、地区、条线、产品、资产、项目、客户、行业等维度对收入和成本进行汇总分析，进而生成各维度的盈亏分析报表。

成本分摊系统模块设计吸收作业成本法的理念，设计成本分摊路径，基于对公司各类成本费用的梳理和成本效益原则，简化作业成本法应用，确定了成本分摊的责任中心以及每个责任中心费用的分摊动因和成本对象。成本分摊系统主要功能模块设计如图 5－9 所示，主要模块为成本分摊模块、收入分成模块、盈利分析模块。

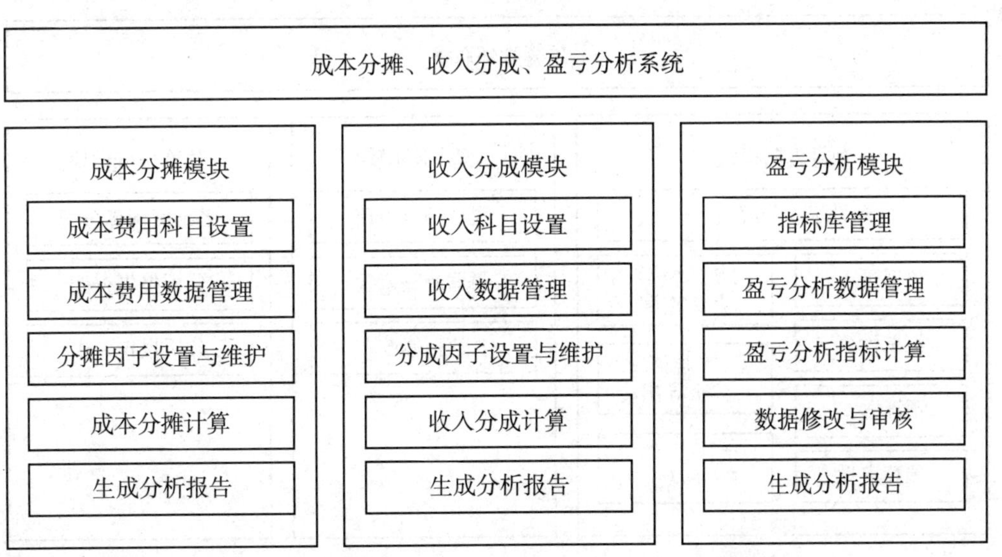

图 5－9　成本分摊模块、收入分成模块、盈亏分析模块

（1）成本分摊模块基于 OFSAA 系统实现，对成本分摊路径、成本对象、分摊因子进行配置，以业财转换系统中对资产账户（最小单元）为颗粒度对资金成本、经济资本占用、间接费用进行分摊。根据总部和分公司的不同数据分析需求，建立了两个成本分摊场景。为提高数据分析有效性和灵活性，公司引入专门报表工具，用户可根据需要灵活定制各种分析报表。

（2）收入分成模块对公司内部经营单位合作项目进行收入再分配处理，基于账面收入进行调整。

（3）盈亏分析模块基于成本分摊、收入分成模块的处理结果，进行多场景、多维度的盈亏分析结果呈现。

3. 预算管理系统

预算管理系统由线下应用 excel 收集、汇总、分析的粗放式预算管理转变为线上精细、高效的预算管理。实现了更为科学的预算目标设定，更为有效的预算指标分解和下达、更为高效的预算编制和汇总，更为自动精细的预算分析和控制。

预算管理系统目的是为管理层、预算管理部门提供管理支持，完善预算编制管理控制。支持独立的业务预算、财务预算、资金预算和资本性支出预算等，获取源自核算系统、业财转换系统、费用管理系统的数据，实现预算执行情况的定期分析、预算调整的申报，并将预算编制结果共享至数据平台、费用管理系统等以便支持相关系统的数据分析与业务控制。

预算管理模块的主要功能包括对企业预算参数设置、预算管理模型搭建、预算目标制定、预算编制、预算执行控制、预算调整、预算分析和评价等全过程的信息化管理。系统支持预算目标设定、预算分解和目标下达、预算编制和汇总以及预算审批过程，实现自上而下、自下而上等多种预算编制流程，并提供固定预算、弹性预算、零基预算、滚动预算等多种预算编制方法的处理机制。系统与总账、业财转换系统、费用管理系统等进行数据交互，实现对财务和业务预算执行情况的实时控制等。系统支持生成多种预算分析模型，实现在预算执行的数据基础上，对预实差异进行多期间、多层次、多角度的分析，为绩效考核提供数据基础。预算管理系统主要功能模块如图 5－10 所示。

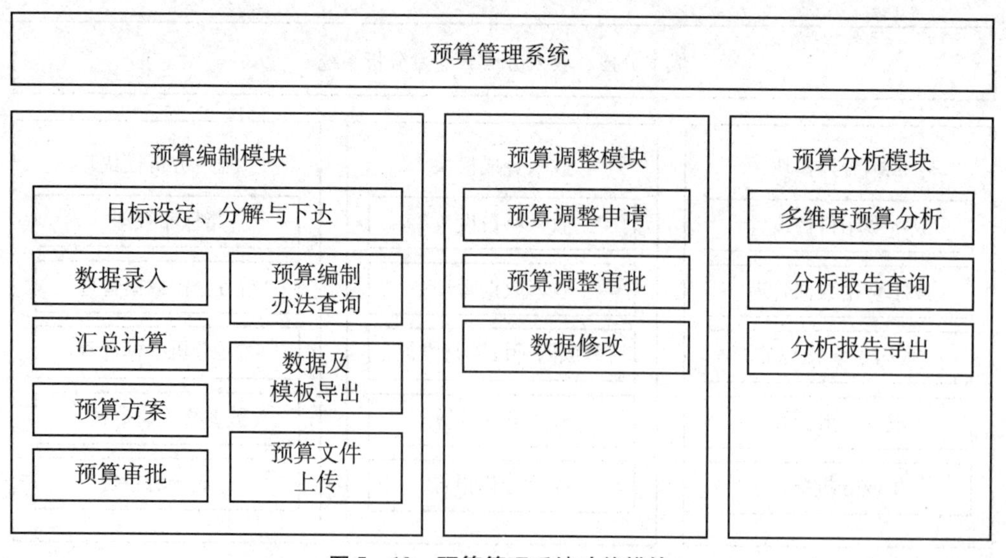

图 5－10　预算管理系统功能模块

4. 绩效考核系统

绩效考核系统将现行线下的平衡计分卡考核转移至线上，实现更为高效的绩效管理。

绩效考核系统目标为支持总部、分公司和子公司的考核工作。绩效考核系统涵盖考核方案管理、指标设置和指标库管理、考核结果分析与查询等功能点，优化管理、流程、关键考核指标等，提升绩效考核的自动化管理水平。获取源自业财转换、财务核算、费用管理、经济资本管理、成本分摊等系统的数据，并输出绩效考核分析结果，实现有关数据的自动化传递和获取。

考核方案管理和制定主要完成绩效目标和标准的设定、分解和下达以及计划的编制和审批流程。系统提供企业各项考核指标、考核对象的定义和配置功能，并可从核算系统、业财转换系统、预算管理系统中提取各类考核对象的实际绩效数据，进行计算处理，形成考核结果分析。系统支持定期计算指标实际值，进行考核结果监控，对比实际值与目标值的偏差。

绩效考核系统主要功能模块设计如图 5－11 所示。

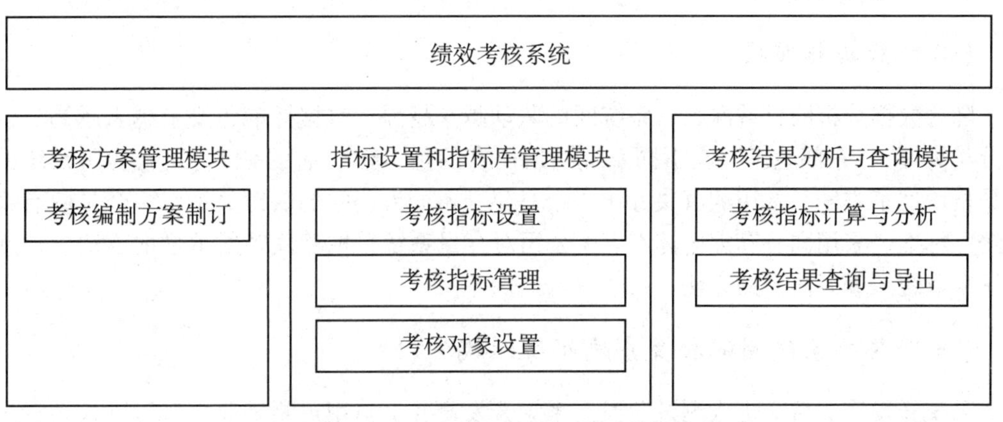

图 5－11　绩效管理考核系统功能模块

5. 报告及数据平台系统

报告及数据平台系统是信息汇集、传递和报告的平台。

系统目标为收集、汇总各系统的管理会计信息，并根据有关系统对数据源的需求提供经转换后的数据。基于源自各系统的数据，计算和输出内部管理报告、外部监管报告、信息披露报告等。系统支持生成固定格式报表和通过报表工具对数据进行组合处理的自定义报告。

报告及数据平台系统以数据集市为实现基础，采用专门报表工具自动生成多维度报表、生成管理会计报告，支持企业有效实现各项管理会计活动，根据企业战略层、经营层和业务层的信息需求，提供不同的报告模板；支持自定义报告，包括报告主体、期间、结构、数据源、计算公式以及报表展现形式等。

三、A 公司“大管会”系统实施和应用中的关键问题

经公开招标，A 公司陆续确定了各系统的实施商。各系统实施商对需求进行分析后形

成《需求分析报告》，对 A 公司的用户系统需求进行解读，基于《需求分析报告》完成《软件需求说明书》，进而完成《系统设计报告》等文档，实现客户需求到计算机语言的转变，系统进入开发和配置阶段。

根据 A 公司的系统实施经验，需要解决的几个关键问题如下。

（一）系统实施边界

每个系统都有自己的输入、处理和输出的内容。当相互关联的几个系统在同一时期开发时，就必须事先明确各自的范围和主数据管理权限。比如：机构、部门、人员信息是各个系统都会用到的数据，但各个系统的使用需求又不相同。费用管理系统中，本公司的所有人员都会被授予信息录入的角色，而在核算系统中，只有财务人员才会被授予相关的角色权限。如果各系统分别维护用户数据库则会导致数据管理的混乱，形成信息孤岛，导致数据整合使用存在困难。A 公司的解决方案是以人力资源系统的信息为准绳，在数据平台建立共享库，各需求系统以同步的人力资源数据为基础，从共享库同步有关数据并按需使用。

（二）数据标准化

随着数据分析的日益深入，系统间的联动越来越强，数据标准化要求越来越高。以地区分类为例，“东部地区”在不同系统的编码有的是 1001，有的是 1，这就为跨系统的数据分析增加了难度。常用的解决办法一个是建立不同编码间的映射关系，一个是所有系统都统一标准、采用同一套编码体系。A 公司对存量系统采取建立映射关系的方法，对新建系统采取统一编码体系的方法。

（三）单个系统测试和多系统联动测试

系统开发完成后会进入测试阶段。系统开发商在交付用户测试前会自行进行多轮集成测试。用户测试时，需要由相关系统的关键用户进行，一般应按照有关业务流程编制典型测试案例，将业务中的各种场景纳入其中。A 公司的用户测试分为两轮：第一轮是管理会计办公室各系统的负责人员进行测试，旨在发现影响系统业务进程的关键问题。第一轮问题解决后进入第二轮测试。第二轮是组织各机构的关键用户进行测试，人数更多，案例更为丰富，旨在更为全面地发现问题并提升用户使用体验。

（四）系统数据的初始化

新旧系统切换的关键问题，就是新系统的初始化数据要与旧系统保持一致。如何将旧系统数据同步至新系统需要早做安排，制订详尽计划，涉及多系统关联的还需要统筹考虑对其他系统的影响，必要时进行系统数据初始化的演练。A 公司业财转换系统既与业务系统关联，又与核算系统关联。核算系统和业务系统关键数据的一致性尤为重要，在启用新的业财转换系统前需要对业务系统和核算系统的项目信息、余额信息进行核对和纠错。为此，A 公司在新系统上线前半年就开始设计新系统的数据初始化方案，上线前两个月完成业务系统和核算系统的数据核对和纠错，上线前一个月进行各机构的数据初始化演练。最终，在既定的时间窗口内顺利完成各机构的新旧系统切换工作。

（五）系统上线后的数据交叉验证

系统上线后，有必要对相互之间存在关联的系统进行数据的交叉验证，以便发现系统漏洞及业务操作中的不规范。比如：前台业务系统、业财转换系统、财务核算系统的交叉验证；业财转换系统、财务核算系统与成本分摊、收入分成、盈亏分析系统数据的交叉验证；财务核算系统、费用管理系统与预算管理系统数据的交叉验证等。通过这种方式，A公司在系统上线后的半年内有效地夯实了数据质量。

四、A公司的“大管会”系统建设的经验总结

（一）系统建设必须满足一线使用人员的诉求

“有用”和“好用”是系统成功的关键指标。A公司“大管会”系统建设项目的前期需求研制由咨询机构实地调研后完成。在系统的需求分析、设计、建设、测试阶段，A公司从业务一线抽调了部分骨干充实到管理会计工作组中，负责各个系统模块的建设工作。系统上线运行的实践证明，一线人员参与程度高的系统模块普遍用户友好程度更高、重大问题发生率相对更低，而其他系统模块的问题发生率显著高于前述模块、用户满意度较低。一线用户的深度参与是让系统“好用”起来的关键。

（二）系统上线后必须落实管理和优化责任

系统上线后就开始接受各类真实业务处理的考验，上线初期各类问题集中暴露，相应的bug修复、系统优化、需求变更必须及时跟上。系统运行趋于稳定后，可着眼于进一步提升系统自动化水平、优化业务处理流程、丰富系统功能。从A公司的系统建设实践来看，系统上线并不意味着工作结束，必须安排专人负责系统优化功能需求的提出和上线后问题的反馈。问题响应越快，用户体验越好，系统使用越广泛，发挥的作用越大。反观以往部分系统未能发挥应有作用，一个重要原因就是存在“重建设、轻管理”的问题。系统上线后没有专人负责需求管理和系统优化，导致很多功能并没有真正被使用。

A公司“大管会”第一阶段系统上线一年内各类系统优化和需求变更两千余条，显著提升了系统的数据处理质量和效率，为“大管会”第二阶段的系统推广和管理会计其他模块的上线奠定了坚实基础。

（三）系统需求研制不能单纯依靠外部咨询机构

A公司“大管会”系统建设项目的前期需求研制主要依靠咨询机构实地调研后完成，在系统落地过程中又组织有关业务人员进行了需求夯实。那么，需求到底应该怎么编写，到底应该是引入“外脑”还是内部研发？“外脑”的要求应该怎样？从A公司的实践来看，咨询机构对部分系统模块设计理念确实先进，内部研发很有可能达不到这种高度；但也有部分模块设计主要内容与公司已有实践类似，并没有实质上更为先进的元素融入。没有系统实施经验的咨询机构主导编写的几乎所有系统需求都存在忽视用户体验的问题，部分模块的设计忽略了业务处理效率的问题。在系统建设过程中，业财转换系统因其在系统

建设阶段有一线人员的充分参与，补足了咨询机构初始编写的需求书中的用户体验短板，上线表现较好；而另有部分模块上线后用户体验和系统处理效率的问题才暴露出来，上线即面临升级。

实际上，“外脑”依托其专家团队和以往的相关项目经验，对政策解读和事项的通用做法十分熟悉，但对企业自身的问题和个性化需求需要经由业务访谈等方式了解；而企业内部人员对于自身的痛点非常了解，但对于业内更先进的做法了解有限。需求的研制阶段应该是以企业业务和科技部门组成的专项小组为主导，基于对一线业务骨干、同业其他公司、信息技术厂商、咨询机构的充分调研，由企业有关业务人员、咨询机构充分参与，才能编制出既具先进性又切实可行的系统需求。

五、A 公司下步拟开展的事项和对同业管理会计体系建设的启示

（一）完善内部资金转移定价（FTP）管理，并与成本分摊系统对接

成本分摊系统应用应基于有效的内部资金转移定价（FTP）管理。A 公司的资金管理体系在一定程度上是基于传统的上拆下借的模式，借鉴了一定内部资金转移定价的理念，进行内部资金计价，但尚未采用更为精细的 FTP 系统，在定价流程的配套设计、利率曲线构造的科学性、在定价对象的设计和规范、市场及政策性的调节设计、资金计价的模式准确性上，仍有较大的提升空间。A 公司将成本分摊系统安排在项目一期开发，而将 FTP 安排在二期，使得一期成本分摊系统上线应用效果受资金成本分摊影响而打了折扣。

资金成本是金融机构最大的经营成本，FTP 作为金融机构的利率管理工具，主要功能为公平绩效考核、优化资源配置、分离利率风险、引导产品定价，是金融行业精细化管理的基石。成本分摊系统作为盈亏分析的工具，如不与 FTP 相结合，应用结果一定会大打折扣。

（二）加快开展数据治理，进而挖掘数据资产价值

在 A 公司的系统建设及落地的过程中，同样暴露出了很多因数据标准不明确、数据管理职责不明确而导致的问题，以及因数据标准和口径不统一导致的内部管理信息、外部监管报送信息失真的问题。

对金融企业来讲，随着各类业务的迅速发展、产品结构的日益复杂，很多企业面临着对于数据的管控机制难以赶上业务及经营发展步伐的问题。与此同时，伴随着金融科技的不断发展，金融机构业务的数字化转型势在必行，大数据、数据资产管理水平是企业未来的竞争优势所在。2018 年，中国银行保险监督管理委员会又出台了《银行业金融机构数据治理指引》。可以说，数据治理是企业内部管理和外部监管的共同要求。

（三）企业应建立一支强有力的数据和系统营运管理团队

工欲善其事，必先利其器。系统上线不是终点，而是起点。经由“大管会”项目的历练，A 公司管理会计系统建设和管理团队已见雏形。A 公司拟以此为基础，加快建立一支强有力的数据和系统营运管理团队。

第五章　管理会计信息系统建设路径

金融企业应建立一支专业团队，获取快速响应业务变化和金融科技发展的能力，对系统进行更新迭代、对数据进行挖掘分析。一方面，深入了解企业业务发展，挖掘企业的数据价值，快速响应业务发展变化；另一方面，掌握金融科技发展方向，应用先进的管理理念、技术，助力企业数字化转型。

【本章总结】

本章介绍了管理会计信息系统建设和应用原则、条件；信息系统规划阶段的主要任务和常用方法；信息系统分析阶段系统调查、用户需求分析、新系统逻辑模型提出和系统分析报告编写等主要任务；信息系统设计阶段的概要设计和详细设计；系统实施阶段的物理系统实施、程序设计、系统测试、人员培训、数据准备与录入、系统转换等主要任务；A公司“大管会”系统构建典型场景示例。

【本章思考题】

1. 管理会计信息系统的建设和应用应该遵循哪些原则？
2. 管理会计信息系统的建设和应用应该具备哪些条件？
3. 信息系统规划阶段的主要工作任务有哪些？
4. 信息系统规划常用的方法有哪些？
5. 会计人员在信息系统规划中主要的工作任务是什么？
6. 信息系统分析阶段如何进行初步调查？
7. 信息系统分析阶段如何进行可行性分析？
8. 信息系统分析阶段如何进行详细调查？
9. 信息系统需求有哪些不同类型？
10. 信息系统设计阶段的主要工作任务有哪些？
11. 信息系统实施阶段的主要工作任务有哪些？
12. 从A公司管理会计信息系统建设案例中可以获得哪些经验借鉴？

第六章　管理会计信息系统运行管理

【本章内容简介】

本章基于信息系统运行管理的通用做法，结合管理会计信息系统的特点，介绍管理会计信息系统运行管理的相关知识，包括管理会计信息系统运行管理的基本概念、组织和制度、日常运行管理、系统维护管理和系统评价。

【本章学习目标】

1. 了解管理会计信息系统运行管理的概念、内涵、原则和服务定位。
2. 熟悉管理会计信息系统的运行管理的组织和制度保障。
3. 掌握管理会计信息系统运维的目标和具体内容。
4. 掌握管理会计信息系统运行管理的评价体系。

【本章要点提示】

1. 管理会计信息系统运行管理的组织和人员保障。
2. 管理会计信息系统运行管理的制度保障。
3. 管理会计信息系统运维。
4. 管理会计信息系统运行管理的评价体系。

【本章引导案例】

A集团预算管理系统的运行管理

一、案例背景

A集团是一家多元化经营的大型国有企业集团，其以现代零售为主业，以电子和制药为重点产业，涉足酒店、传媒、教育、矿业、投资等十几个产业，拥有两家上市公司和一家国家级农产品物流工程技术中心、一家国家企业技术中心，从业人员近20万人。

为全面提升预算管理水平，推动集团战略目标的实现，A集团各板块陆续开展预算管理的转型实践。集团和分子公司各层级陆续建立了“预算目标制定与分解→预算编制→预算执行控制→预算监控分析→预算调整→预算考核”的完整的闭环流程体系。

在系统建成运行后，系统的运行和维护问题日益突出。主要表现在：

(1) 随着集团发展，组织、人员、科目变更时有发生，需要及时对系统信息进行调整。

(2) 系统权限管理规则不完善，权限变更不及时，存在安全漏洞。

(3) A集团内部有多套其他财务和业务系统。尽管预算系统在建设中已经考虑了与其他系统的集成，并建立了接口，但是在运行过程中，由于系统优化或系统新建等，还需调整、维护和新建。

(4) 预算管理系统中沉淀了大量和数据，需进行严格的数据备份和数据管理，以确保数据的安全性和有效性。

二、系统的运行管理

为了更好地提高系统信息调整的及时性，优化系统权限的权限管理，更好地实现预算管理系统与其他业务系统的集成，并提高数据的安全，A集团进一步完善了预算管理系统的运行和维护。

1. 日常运维

A集团设立了完善的管理制度，对用户、权限、表单、逻辑等的变更进行严格的限制和管控，并且还建立了每日、每周、每月的基础维护计划，对系统运行环境进行统计，以便及时解决主机、线路运行方面的问题。对于系统档案，A集团设置有专人管理，同时落实管理制度。针对磁性存储介质，加强防磁处理。对于系统数据，A集团建立了严格的数据备份制度，并定期备份各产业的数据库，拷贝到指定的存储介质中去。

2. 授权和审核管控

为严格对系统输入进行管控，A集团严格授权和审核制度，统一用户认证，统一授权管理，并通过编码制度，统一科目编码，并设置错误更正、平衡校验、逻辑等控制方式，确保系统完善，强化改进系统查错、改错功能。

统一认证，即为用户提供统一的身份认证，在系统中采用统一认证体系；统一账号，即为用户提供统一集中的账号管理及分发；统一授权，即对用户/组/角色关联进行统一权限管理，授权功能集成。

3. 基础数据调整

当需要对系统基础数据进行调整时，A集团遵循严格的流程管控：(1) 由集团及子分公司人资部门/财务部门员工整体发起提交基础数据变动申请。(2) 相关领导对基础数据变动的真实性和提供数据的质量审核，审批同意流转至系统管理部门处理。(3) 系统主管根据集团对基础数据的统一口径和变动流程及变动影响进行评估并制订合理的系统变动方案，必要时发公告通知系统维护时间段。(4) 运营维护人员根据主管制定的方案进行系统变动。

4. 组织和人员调整

组织架构变动是对企业组织的再设计。A集团为实现战略目标、适应市场环境、提升企业内部管理均需要对现有组织架构进行调整。因此，预算管理系统中的组织也需要进行相应调整。

当集团组织架构发生组织新设、合并、删减、重组，原则上在一定时期内预算管理原组织架构应保持不变。当系统中的单据流程处理完毕或终止后，再对原架构中有变动部分的基础数据变动维护流程。组织调整需经过新增、变更、禁用、重组、逐级审批等流程，由预算系统主管执行基础数据修改，对原有基础数据进行禁用但仍保留组织编码名称及展示，以便后期进行数据统计及对比分析。对新的组织架构连同其关联的各种组合维度进行单独设置。

人员信息变动包括员工岗位、职级、部门、银行账户、人员审批权限等信息。在预算管理系统中的处理和组织架构变动处理类似。员工未处理完成的单据在规定时间内撤回终止或审批结束。在原组织架构下禁用该人员，同时在新的架构下接入该人员，重新定义人员审批权限、菜单权限等数据权限。

5. 科目和表单调整

科目体系主要是预算管控维度预算科目，表单即各项预算系统中生成的各项报表。随着集团的发展和业务的变化，预算系统中的科目也可能随之发生增加、减少、合并、重命名等。A 集团基本每隔一段时间就会发生科目新增，例如 2020 年新增了云产品线，新增资产减值损失、信用减值损失等；重命名了数据网络服务等科目。当科目发生变动时即需对变动部分进行原数据禁用，并对新数据进行新建及映射关系的重置。

一般来说，科目调整的同时也会涉及表单的调整。例如在 2020 年，集团在业务部门利润表中增加信用减值损失的同时，隐藏了财务费用中利息收入和利息支出两个子项。

6. 系统安全管理

系统的稳定性和安全性是硬件维护的重点之一。A 集团在运维中重视优化完善网络安全体系：通过加密、身份验证等方式，对服务器进行管理，并记录信息备查；通过服务器拒绝方式，隔绝非法入侵；切断非法入侵通道，系统可发出警报，以提示管理人员管控；针对外接设备，做好病毒检测；将防病毒软件安装在工作站、服务器中，实现实时化管控，同时检测硬盘病毒。

同时，基于大数据技术和机器学习算法，运维人员对来自系统的报警消息与数据指标进行统一的接入与处理，支持报警事件的过滤、通知、接收、处置、跟踪以及多维分析，实现问题事件全生命周期的全局管控。利用标签、拓扑关系和多种算法实现事件的报警收敛、异常检测、根因分析等智能运维场景化应用。

三、运行管理的效果

1. 保障了预算系统的正常安全运转

通过对预算管理系统实施运维管理，强化系统的运维技术，减少了故障发生，确保了系统运行的稳定性。

2. 提升了预算系统性能，提高了预算管理的效率

针对可能发生的问题，提前制订解决方案，优化了系统性能，提高了预算管理的质量和效率。

（案例来源：笔者根据企业资料整理而成。）

案例思考题：

1. A 集团预算管理信息系统运行管理主要解决了哪些问题？
2. 管理会计系统运行管理包含哪些关键流程？
3. 结合案例说明管理会计系统运行管理的重点有哪些？

第一节　管理会计信息系统运行管理概述

一、概念和内涵

管理会计信息系统运行管理是指对管理会计信息系统的运行和维护进行管理，以确

保系统能够安全、稳定、可靠地运行，并使得系统不断得到改善和优化，以充分发挥其价值。

管理会计信息系统建设完成并投入运行后，即进入到系统的运行管理阶段。系统运行维护工作贯穿系统的整个生命周期。《管理会计应用指引第802号——管理会计信息系统》专门强调：企业应做好管理会计信息化运维和支持，实现日常运行维护支持及上线后持续培训和系统优化。可见管理会计信息系统运行管理非常重要。一般来说，系统运行维护管理的基本任务包括：

（1）进行系统的日常运行和维护管理，实时监控系统运行状态，保证系统各类运行指标符合相关规定。

（2）迅速而准确地定位和排除各类故障，保证系统正常运行，确保所承载的各类应用和业务正常。

（3）进行系统安全管理，保证系统的运行安全和信息完整、准确。

（4）在保证系统运行质量的情况下，提高维护效率，降低维护成本。

二、原则

系统运行管理的目的就是保证系统中的各个要素随着环境的变化始终处于正确的和最佳的工作状态。结合管理会计信息系统的特点，企业在开展运行管理时应遵循如下原则：

1. 安全性

系统运行管理工作应在保证系统和数据安全的前提下开展工作。

2. 标准化

对系统的运行管理应遵循标准化原则，制定完善的规章制度、授权体系、操作规范和工作流程，并严格据此执行。要详细记录运行维护的时间、地点、提出人和问题描述。

3. 专业化

在系统运行过程中实行专业化管理，构建专业性组织，选拔并培养专业化人才，依照专业化的流程和规范，开展专业化的运行管理和维护管理工作。

4. 集中化

对系统的运行和维护管理应遵循集中化原则。企业应将管理会计的相关信息系统，如预算管理系统、成本管理系统、管理会计报告系统等进行集中，以构建安全、协同的系统运行和维护体系。

第二节　管理会计信息系统运行的组织和制度

一、组织建设

信息系统的运行效率与信息系统运行的组织结构密切相关。一般而言，信息系统运行的组织结构越好，信息系统的运行效率越高。作为企业信息系统架构中的重要部分，管理会计信息系统的组织结构是构建在整个信息系统规划之下的。

一般来说，信息系统在企业中有两种组织形式：

分散平行式。分散平行式就是让各职能部门分别去管理各部门的业务，他们可以根据工作实际来处理相应的问题，利用了信息系统的权利平等。但是这种方法有其不足之处，那就是信息处理的能力和支持决策的能力相对较差。

集中式。顾名思义，集中式就是统一集中的管理信息。所有的计算机系统设备都集中到一个信息中心，而各个职能部门是信息中心的服务对象。集中式保证了信息资源集中管理，有利于信息共享和支持决策。其不足之处是与各个职能部门无法紧密联系，可能影响整个信息系统的应用效果。

目前来看，企业最普遍采用的是“集中—分散式”的组织方式，这种方式兼具了两种组织结构的优点。企业既能集中管理信息，又能将信息站点设置在各个职能部门。

管理会计信息系统的运行管理应遵循统一领导、分级管理和维护的模式。系统的运行管理一般由企业信息系统管理职能部门负责。与企业中的其他管理部门一样，信息管理职能部门也有特定的职责和任务，企业应明确责任部门的相关责任和工作流程，以确保相关工作能够执行到位。

二、人员建设

人员建设是系统运行成败的关键因素之一。企业信息系统的结构特点决定了如何设置各个层面的管理人员。管理会计信息系统收集的数据包括企业各部门的经营数据。对于管理会计人员来说，更为擅长的是对财务数据进行归集、汇总、统计、分析等工作，而对于涉及其他业务部门的数据进行深入分析具有一定的难度。这就在一定程度上导致了管理会计人员对管理会计信息系统所收集的管理会计数据信息分析与业务工作结合不够，可能造成了数据信息价值的浪费。因此，企业需要组建起相应的复合型团队（例如包括管理会计人员和业务部门人员），参与到管理会计信息系统的运行管理中来。这不仅能够让系统收集的数据价值最大化，还能够让各业务部门的人员参与到系统运行管理中来。

一般来说，为有效开展管理会计信息系统的运行管理，企业需要设置系统主管人员、数据校验人员、程序员、系统操作人员、系统维护人员等岗位。此外，由于管理会计信息系统涉及企业经营管理的方方面面。因此，企业各部门人员都可能是管理会计信息系统的使用人员，需要按照所设项目组各自使用系统资源。

（1）系统主管人员：组织各方面人员协调一致地完成系统所担负的信息处理任务、掌握系统的全局，保证系统结构的完整，确定系统改善或扩充的方向，并按此方向组织系统的扩展和优化工作。

（2）数据校验人员：保证进入信息系统的数据能够正确地反映业务的客观情况。

（3）程序员：在系统主管人员的组织下，具体实施系统的扩展和优化，为满足使用者的临时要求编写所需要的程序。

（4）系统操作人员：按照系统规定的工作规程进行日常的运行管理。

（5）系统维护人员：负责系统的软硬件日常维护。

三、培训体系

现代化管理会计信息系统的建设对会计人员的综合素质提出了更高的要求。这就需要企业的业务人员和管理会计人员积极地开展对相关新知识的学习，并保持对信息系统一定程度的关注。现代企业的发展需要人才，人才的培养是一个循序渐进的过程。优秀的专业人才可以更好地开展管理会计信息系统的运行管理，持续发挥其优势，有利于用好管理会计信息系统，为企业的发展提供更加科学、及时、可靠的数据支持。在信息时代，无论是管理人员还是技术人员，都应该将学习和提高信息系统专业素质和业务能力作为自己职业技能中不可缺少的部分。企业需要定期对各部门的工作人员进行培训，更好地进行系统建设的交流，使其更好地适应新系统带来的业务和管理流程的变化。除了内部培养，企业可以根据系统运行的需要，直接招聘相关的管理会计人才和系统维护人才。

四、管理制度

企业应建立并完善信息系统运行管理的相关制度，包括：岗位规范和人员管理制度、系统运维管理制度、办公管理制度、成本控制制度、信息服务的管理制度、系统运维绩效考核制度等。通过规范系统运维流程，制定完备的运维管理规章、系统评价规范，全面涵盖日常巡检、重大变更、故障处理、应急处置、事件报告等方面的管理框架、实施细则以及操作规范，形成完善的信息系统运行管理制度体系。同时，通过建立考核标准，将相关的运维管理目标、运维职责以及系统安全运行保障纳入绩效考核指标中，建立相应的奖惩办法，为企业提高管理会计信息系统运维管理的效率和效益提供保障。

对管理会计信息系统运行和维护的管理应遵循企业相关管理制度的规定。企业可基于管理会计信息系统的特点，在企业整体信息系统管理制度之外，制定补充的操作流程和标准，以有效加强对管理会计信息系统的运行管理。

第三节　管理会计信息系统日常运行管理

管理会计信息系统投入使用后日常运行的管理工作通常包括日常记录、数据收集和管理、文档管理、应急管理、安全管理等任务。

一、日常记录

对系统运行情况进行记录是系统运行管理中一项重要的日常工作。企业应对管理会计系统的运行情况进行及时、准确、完整的记录，以反映系统在大多数情况下的状态和工作效率。记录系统运行情况是一件细致而又烦琐的工作，在系统投入运行时就应开始开展。企业不仅要记录正常情况，还要记录意外情况发生的时间、原因与处理结果，这些记录内容将对系统的评价与改进具有重要的参考价值。

系统记录的内容主要包括：（1）有关工作数量的信息。例如开机时间、每天（周、月）录入的数据量、系统中积累的数据量、数据使用频率、所提供的信息服务规模及系统功能的最基本数据等。（2）工作效率。即系统为了完成所规定工作所消耗的人力、物力和财力情况。例如完成一次报告所耗费的时间和人力等。（3）服务质量。服务质量包括用户是否认可和满意系统提供的服务方式，系统提供的信息是否符合要求等。（4）维护修改记录。例如维护工作的内容、情况、时间、执行人员等。（5）故障记录。故障记录包括故障发生的时间、现象、当时的工作环境、处理方法、处理结果、处理人员的姓名、善后应处理措施和原因分析。

上述五方面内容中，通常正常情况下的运行数据是比较容易被忽视的。因为发生故障时，人们往往比较重视对有关情况加以及时的记载，而在系统正常运行时，则容易忽略。事实上，要全面掌握系统情况，还需要重视正常运行时的情况记录。

二、数据收集和管理

管理会计信息系统运行过程中会产生和积累大量数据，这些数据是企业的宝贵资源，它们反映了企业的过去、现在的情况，甚至包含着预测未来的信息，需要进行严格的收集和管理，以确保数据的有效性、完整性和数据安全。

数据的收集一般包括数据采集、数据校验和数据录入三项任务。

（1）数据采集。数据采集工作不做好，系统工作就成了“空中楼阁”。系统主管人员应努力通过各种方法，提高数据收集人员的技术水平和工作责任感，对他们的工作进行评价、指导和帮助，以便提高所收集数据的质量，为系统有效工作打下坚实基础。

（2）数据校验。管理会计信息系统的数据校验工作通常由专职人员完成。一般来说，数据收集由各业务部门的业务人员完成，信息部门无法对其工作进行直接的管理。因此，数据校验这种“数据把关”的工作是不可或缺的。

（3）数据录入。数据录入工作的要求是迅速和准确。录入人员的责任在于把经过校验的数据录入电脑，并不对数据在逻辑上和含义上进行考虑与承担责任。

数据进入系统后，企业还需要对这些数据进行例行的处理和管理。常见的工作包括：例行数据更新、统计分析、报告生成、数据备份和保存、数据传输与共享等。这些工作一般都是由系统操作人员按照一定的规程，定期或不定期地运行某些事先编制好的程序。

企业应禁止以非正常方式修改系统中的任何数据。数据备份是保证系统安全的一个重要措施，它能够保证在系统发生故障后，数据能够恢复到最近的时间界面上。重要的数据必须每天备份。备份可采用磁盘、移动硬盘、U 盘等存储介质。系统在进行对数据的重要修改前也应有相应的备份功能，以确保系统数据的安全。

三、文档管理

信息系统的文档是描述系统“从无到有”整个发展与演变过程及状态的文字资料。信息系统实际上由系统实体以及与此对应的文档两大部分组成，信息系统建设要以文档的描述为依据，系统实体的运行和维护更需要文档来支持。

信息系统的文档包括：系统开发阶段的可行性分析报告、系统说明书、系统设计说明书、程序清单、测试报告、用户手册、操作说明、评价报告、运行日记、维护日记等。这些文档是系统的重要组成部分，企业要做好文档的分类、归档工作，以便对这些文档进行长期、妥善保存。文档的借阅也应建立严格的管理制度和必要的控制手段。

信息系统的相关文档为信息系统的项目管理和运行维护提供依据。开发人员把系统建设整个过程中发生的事件以文档的形式记录下来，这些记录下来的文档将为项目管理者提供项目计划、预算、开发进度等各方面信息，从而作为检查开发进度的依据，减少项目风险，实现对信息系统开发的项目管理。同时，记录开发过程中的有关信息，也能为信息系统的维护工作提供有关的资料和经验，便于指标信息系统的运行和维护。

企业应采取如下措施开展文档管理：

（1）设立文档保管员，负责集中保管信息系统的主文档。

（2）对文档进行标准化和规范化管理，在系统开发前必须首先选择或制定文档标准。

（3）开发小组成员根据工作需要可在自己手中保管一些个人文档。这些一般都应是主文档的复印件。另外，还要注意这些文档与主文档的一致性，在做必要的修改时，也应首先修改主文档。

（4）在新文档替换旧文档时，管理人员应及时注销旧文档。

（5）项目开发结束时，文档管理人员应收回开发人员的个人文档，发现个人文档与主文档差异时，应及时处理。

四、应急管理

为有效防范系统运行过程中产生的风险，预防和减少突发事件造成的危害和损失，企业应建立健全系统突发事件应急机制，提高技术和业务应急处理和保障能力，确保系统安全、持续、稳健运行。应急管理机制主要应包括故障报告、故障处理、应急预案、应急保障。

1. 故障报告

当系统发生故障或异常情形时，如访问数据库速度迟缓、不能进入相应程序、不能保存数据、无法访问网络、应用程序非连续性工作时，信息系统管理人员应立即上报业务主管部门，由主管部门启动信息系统突发事件应急预案，并联合相关部门，组织技术人员进行故障处理。

2. 故障处理

系统管理部门对报告的问题应高度重视，做好记录，经核实后向报告者反馈信息，同时召集人员及时分析故障原因，尽快恢复系统工作，最大限度降低损失，并对恢复细节做好详细记录。当出现较严重的整体故障，导致无法在短期内处理完毕时，企业可临时转入手工操作。待故障排除后，再由相关工作人员分片包干，协助业务部门开展数据补录工作。

3. 应急预案

应急预案包括供电系统应急预案、空调系统应急预案、意外火灾预案、自然灾害和盗抢应急预案、机房水患应急预案、病毒感染或遭受恶意软件攻击应急预案、遭遇雷击应急预案等。

4. 应急保障

应急保障包括组织管理措施、技术保障和网络保障。在组织管理措施方面，企业应明确应急管理组织及人员，记录并及时更新人员信息，并定期开展安全知识培训。在技术保障方面，一方面企业要进行网络设备的安全加固，例如增加防火墙、入侵监测设备等，对已知的系统漏洞及时安装补丁程序；另一方面要进行技术储备，对内部人员进行定期培训。还可以向网络安全公司购买安全服务，以加强处理紧急情况的能力和效率。在网络保障方面，要切实加强网络安全，在网络工程建设设计时要考虑设备的冗余备份和信息存储的异地备份等。

五、安全管理

系统的安全管理是为了防止系统外部对系统资源不合法的使用和访问，保证系统的硬件、软件和数据不因偶然或人为的因素而遭受破坏、泄露、修改或复制，维护正当的信息活动，保证信息系统安全运行所采取的手段。

企业对管理会计信息系统安全性的基本要求主要体现在保密性、可控制性、可审查性和抗攻击性四个方面：

（1）保密性。保密性指信息不泄露给非法用户，不被非法利用。保密性另一方面的含义是信息的保密隐藏——组织将不宜向公众开放的信息用某种方式隐藏起来，只有经过特定的授权后才能根据授权级别对信息进行相应访问。信息的保密性可以通过加密和访问控制机制来实现。

（2）可控制性。可控制性指信息资源可被合法的授权用户使用。当需要时，用户总能存取所需要的信息。

（3）可审查性。可审查性是指用户对系统的任何操作痕迹都能够被系统全部记录下来，并且无法被清除或篡改。通过进行身份认证和数字签名可以锁定操作行为的执行对象，通过数字时间戳可锁定操作行为发生的时间。

（4）抗攻击性。抗攻击性指系统能够有效抗击外部威胁和攻击，预防、控制或减少攻击带来的危害。

管理会计信息系统中存储和处理的信息，既有财务信息，也有业务信息，其中相当部分是属于极为重要并有保密要求的。系统软硬件的损坏或信息的泄露都可能给企业带来不可估量的经济损失，甚至危及企业的生存和发展。与此同时，作为企业内部连接财务流程和业务流程的重要系统，管理会计信息系统几乎被企业内部每一个部门、每一位管理人员和业务人员接触和使用。这使得管理会计信息系统时刻可能面临内在因素所带来的安全性风险。同时，在互联网时代，企业与外界的信息交互日益广泛和频繁，信息的易传播性和易扩散性使得系统安全管理的难度大大增加。外部恶意的系统攻击，如常见的病毒传播破坏和电脑“黑客”犯罪时刻危及系统安全。

为有效开展系统安全管理，企业应从实体安全、软件安全、信息安全和运行安全四大方面加强管理：实体安全指的是机房设施、计算机主体、存储系统、辅助设备、数据通信设备以及存储介质的安全。软件安全包括严格遵守软件开发规程、软件安全测试、软件的修改与复制过程规范并保证相关资料的完整性。信息安全是指系统拥有的信息或数据的使用完整、有效、合法、不被故意或偶然地泄露、破坏、更改。信息安全的破坏主要表现在信息可用性、完整性、保密性的破坏以及信息泄露。运行安全是指系统安全的重要环节。因为只有系统运行过程中的安全得到保证，才能完成对信息的正确处理，达到发挥系统各项功能的目的。

系统的安全管理涵盖安全技术和制度建设两个方面：

一是安全技术。企业应使用安全的信息系统平台，开发可靠的应用系统，并采用密码系统、认证技术、访问控制，制定统一的安全标准、算法和协议，采用实体安全技术等，全面增强信息系统的技术防范能力，不能只注重效率而忽视了安全。

二是制度建设。企业应建立和健全安全管理和防范的规章制度，切实发挥安全管理的重要作用。在信息系统安全中，人是安全管理的关键因素，要培养高素质的安全技术人才，在管理体制上要制定相应安全管理和防范规章制度，并要求员工自觉遵守、严格执行。

第四节　管理会计信息系统维护管理

系统维护管理是对系统使用过程中发现的问题进行处理的过程，也是系统完善的过程，它包括对系统功能的改进和解决系统运行过程中发生的问题和错误。

一、管理会计信息系统维护的目标和内容

（一）管理会计信息系统维护的目标

管理会计信息系统维护的直接目标是保证系统的安全、正常、可靠运行，并不断完善系统，以增强系统的生命力，延长系统的生命周期。根本目标是不断提高企业的管理水平，为企业创造价值。

（二）管理会计信息系统维护的内容

按照维护对象的不同，管理会计信息系统的维护工作包括硬件维护、软件维护、网络维护、数据维护、代码维护和运行环境维护。

1. 硬件维护

硬件维护是指对硬件进行的定期保养性维护和突发性故障维护，包括定期对硬件做全面测试；对主机、硬盘等部件进行清洁处理；对打印机、绘图仪等机械设备进行常规保养等。硬件维护应由专门的硬件维护人员负责，而且一般需要同硬件厂商合作来共同完成。对于系统的硬件系统，不仅需要进行适时的更新和突发性故障的维修，而且需要进行定期的预防性维修。例如在每周或每日固定的时间对系统硬件进行常规性检查和保养。

2. 软件维护

软件维护包括系统软件维护和应用软件维护，系统软件维护即对系统管理程序的维护

和对系统支持程序的维护，应用软件维护即确定系统维护的目的和分析应用系统的组成及运行管理。

按照维护原因的不同，软件维护工作可以分为改正性、适应性、完善性和维护性四种类型。改正性维护又叫纠错性维护，即诊断和改正系统错误，以纠正在开发期间未能发现的遗留错误，确保系统功能正确。适应性维护是使系统适应运行环境的改变而进行的维护，保证系统性能稳定。完善性维护是为提高系统性能或改变系统原有功能而进行的维护，以扩展系统功能、改善系统性能，是系统维护中最主要的一类维护。预防性维护是为了提高系统未来的可维护性或可靠性，或为了给未来的改进工作奠定更好的基础而修改系统的活动。

3. 网络维护

网络维护是指为保证通信的顺畅和网络的安全所做的维护，包括配置管理、性能管理、故障管理、安全管理等。

4. 数据维护

数据维护是指对数据的计划、备份、演练、组织和分析工作，以确保数据的安全、完整和可用。系统的业务处理对数据的需求是不断变化的，要经常对文件或数据库进行修改（不包括正常更新），增加数据库的新内容和建立新的文件。

5. 代码维护

随着系统的变化，系统中的旧代码往往不再适应新的要求，需要进行修改或更新。代码维护主要指修改旧的代码体系或制定新的代码体系，包括订正、新设计、添加和删除等内容。

6. 运行环境维护

运行环境维护是指对系统运行的温度、湿度、清洁度、照明度、静电、噪声等进行维护。

二、管理会计信息系统维护管理体系

信息系统中一个流程的修改，往往会影响其他流程或其他系统。因此，系统的维护工作需要特别慎重。系统的各项维护工作名目繁多，每项工作都应有专人负责，并且通过一定的批准手续等授权过程。通常，对于一些重大的修改项目还要填写变更申请表，由审批人正式批准后，才能进行维护工作。维护工作的审批人要对系统非常熟悉，能够判断各种变更的必要性、影响范围和产生的后果。有时在系统的操作运行中发生中断，当时在场的操作人员可能会直接进行修改，及时排除了故障。但是事后必须要填写修改记录，注明事故原因和解决的措施，以便有据可查。

三、管理会计信息系统维护的流程管理

系统维护应遵循一定的流程，主要有：系统维护要求应以书面形式提出；制订系统维护计划；实施系统维护工作；整理系统维护工作的文档。

（1）提出修改申请。由系统操作的各类人员或业务领导提出对某项工作的修改要求，申请形式可以是报告或填写专门申请表。

（2）修改申请的审批。由系统维护小组的领导负责审批各项申请。

（3）分配维护任务。根据维护的内容向系统维护人员分配任务，并确定完成的期限和其他有关要求。

（4）验收。当有关人员完成维护任务后，由维护小组和用户人员验收成果，并将新的成果正式投入使用。同时，验收人员也要对有关的资料进行验收。

系统的维护工作需要使用很多资源，对于某些重要的修改，甚至可以看作是一个系统开发项目。因此，也要求按照系统开发的流程进行。

第五节　管理会计信息系统评价

系统评价就是对信息系统的性能进行评估、检查、测试、分析和评审，包括对实际指标和计划指标进行对比，以及评价系统目标实现的情况。系统评价应贯穿于系统运行和维护的各个阶段的工作环节之中。

一、管理会计信息系统评价的目的

管理会计信息系统构建完成后，企业通常会开展系统评价。一是检查系统建设的目标、功能及各项指标是否达到设计要求，能够满足用户需求；二是检查系统中各项资源，包括人、财、物以及硬件、软件资源的作用情况和利用程度；三是根据评审和分析的结果，找出系统的薄弱环节并提出改进的意见。

对系统的评价一般可以从技术和经济两方面进行。一方面是在一定的经济条件下，获得尽可能多的系统功能和尽可能高的系统性能；另一方面是在满足一定功能和性能要求的条件下，尽可能地节省消耗、提高效率。因此，对管理会计信息系统进行评价，一般包括功能评价和经济效益评价。同时，在一些企业还会进行社会效益的评价。

二、管理会计信息系统评价的指标

系统评价工作是一项复杂和困难的工作。由于信息系统涉及很多方面，其中有很多内容是无法单独靠定量分析进行评价的。因此，需要用到定性和定量相结合的方法。目前一般采用多指标评价体系的方法，首先给出评价信息系统的若干指标，其次设置指标评价的度量值，最后用系统工程中的综合评价方法得到综合度量指标。

系统评价的指标是进行系统评价、新旧系统对比分析的依据。对管理会计信息系统来说，有些性能是无法用经济效益来衡量的，评价指标可分为经济指标、性能指标和管理指标三个方面。

经济指标主要指信息系统的运行所产生的直接经济效益指标和间接经济效益指标。其中，直接经济效益指标包括一次性投资、系统运行费用、系统运行新增加的效益、投资回收期。间接经济效益指标包括管理体制进一步合理化、管理方法科学化、管理基础数据规范化、提高管理效率和改善企业形象等。

性能指标一般包括用户对系统的满意程度、系统开发过程的规范性、系统功能的先进性、系统运行结果的完整性和有效性、信息资源的利用率、提供信息的质量和系统的实用性等。

管理指标包括企业管理者对系统的评价、管理会计信息系统的使用者对系统的评价以及外部环境对系统的评价等。

三、管理会计信息系统评价的内容

系统评价需要从系统功能和技术性能两个角度进行评价，主要内容包括系统目标实现的情况、系统资源利用率、系统的安全保密性、系统的可用性、系统的可维护性、系统成本及系统管理工作的完备性等。

（1）系统目标实现的情况。对照系统需求分析阶段确定的系统目标，建设新系统是否已实现了全部预定目标。这实际上是对系统功能和系统效益的全面综合检查，是评价系统是否成功的主要依据。在考核效益时，既要考核直接经济效益，还要考核间接效益，如管理水平的提高、用户需求的满足等。

（2）系统资源利用率。这项考核主要依据运行记录，检查硬件、数据及软件资源的利用情况，要计算各种外部设备和主要系统利用率，还要考察数据资源的利用情况，如存入系统的数据是否得到了充分的利用，是否还能在更多方面提供对管理和决策的支持。对系统中软件的考核要依据系统设计方案和运行记录，检查使用得最多、最频繁的软件设计是否满足要求，现在的效果如何等。各程序模块的调用是否与设计时有较大出入；运行中是否及时地恢复；安全措施是否产生过因涉及不当造成的错误。

（3）系统安全保密性。检查系统运行期间是否发生了数据丢失、泄密、被非法使用的现象，在出现软、硬件故障时，系统是否受到破坏，是否能及时地恢复，安全措施是否有效，用户是否有进一步的安全性要求。

（4）系统的可用性。系统的可用性包括系统使用是否方便；操作员和其他人员输入数据时是否有困难；系统响应是否及时；输出报表是否清晰明确。总之，用户是否乐于接受和使用该系统，是系统是否有生命力的一个重要因素。

（5）系统的可维护性。系统的可维护性要结合系统设计方案来评价。系统的结构化模块程度越高，越便于维护。另外，完整的系统设计原始资料、框图和源程序中的注释语句都能提高系统的可维护性。如有近期的维护记录，应具体考察几个维护实例，以检查可维护性。系统的可维护性是系统开发人员技术水平高低的一个重要标志，也是系统用户能否长期独立维护该系统的重要条件。

（6）系统成本。检查系统开发与运行成本，如果与预期偏离较大的话，要分析偏离的原因。

（7）系统管理工作的完备性。考核系统运行中的组织与管理工作，即系统用户是否建立了必要的管理组织机构、职责与制度是否明确、运行与维护记录是否及时完整等。

系统评价结束后应形成书面文件及系统评价报告。系统评价报告既是对系统开发工作的评定和总结，也是今后进一步进行系统维护工作的依据。它主要包括：有关系统的文件资料、系统性能指标的评价、直接经济效益指标的评价、间接经济效益指标的评价、综合性评价、评价结论及建议。

四、管理会计信息系统经济效益评价

经济效益是评价管理信息系统的优劣的一个重要指标。一般认为，管理信息系统的效益可以分为直接经济效益评价和间接经济效益评价两大类。

（1）直接经济效益评价。它是指企业运行系统之后所节约的开支与企业在建设系统过程中的一次性投资（包括软件、硬件投资的折旧和运行费用）相比较的结果。管理会计信息系统的应用，增加了投资和一些费用，但可以减少管理人员，这就减少了工资及劳动费用，通过实现管理现代化，节约物资消耗，降低成本消耗，减少库存资金，节约管理费用，还能够堵塞资金漏洞等。科学的计划决策更能带来难以估价的经济效益。

（2）间接经济效益评价。它是指企业在运行系统之后，在提高管理效率方面和数据集中管理方面，以及在建立网络系统之后数据的共享和数据传递的及时性、准确性方面，可以实现实时、定量的管理方面，提高了企业竞争力而带来的效益的评价。其主要表现在通过管理手段，由于整体管理工作水平的提高所带来的综合经济效益，这类综合性的效益，往往要经过一段时间才能反映出来，而且越是向高级阶段发展，这类效果就越显著，并能对企业产生质的战略性的影响。它主要反映在能够使企业管理工作自动化、基础数据现代化、管理体制合理化、管理决策科学化、管理效果最优化等方面。

但是，因为信息系统工程和一般工程不一样，其投资不可能是一次性的，也不可能只是硬件的投资。随着系统的建设和运行，还可能会有一系列不明显的费用投资（如开发费用、软件费用、维护费用、运行费用等），而且这些费用的比例越来越大。同时，系统的见效有着强烈的滞后性、相关性及不明显性。系统见效要在系统建成之后相当一段使用时间之后，而且，信息系统的效益与管理体制、管理基础、用户使用的积极性、用户的技术水平等有着非常密切的相关性。

【本章总结】

管理会计信息系统运行管理是指对管理会计信息系统的运行和维护进行管理，以确保系统能够安全、稳定、可靠地运行，并使得系统不断得到改善和优化，以充分发挥其价值。

管理会计信息系统建设完成并投入运行后，即进入到系统的运行管理阶段。系统运行维护工作贯穿系统的整个生命周期。系统运行维护管理的基本任务包括：（1）进行系统的日常运行和维护管理，实时监控系统运行状态，保证系统各类运行指标符合相关规定；（2）迅速而准确地定位和排除各类故障，保证系统正常运行，确保所承载的各类应用和业务正常；（3）进行系统安全管理，保证系统的运行安全和信息完整、准确；

(4) 在保证系统运行质量的情况下，提高维护效率，降低维护成本。企业在开展运行管理时应遵循安全性、标准化、专业化和集中化的原则。

在管理会计信息系统运行的组织方面，企业最普遍采用的是“集中—分散式”的组织方式，这种方式兼具了两种组织结构的优点。企业既能集中管理信息，又能将信息站点设置在各个职能部门。管理会计信息系统的运行管理应遵循统一领导、分级管理和维护的模式。

系统的运行管理一般由企业信息系统管理职能部门负责。与企业中的其他管理部门一样，信息管理职能部门也有特定的职责和任务，企业应明确责任部门的相关责任和工作流程，以确保相关工作能够执行到位。为有效开展管理会计信息系统的运行管理，企业需要设置系统主管人员、数据校验人员、程序员、系统操作人员、系统维护人员等岗位。企业需要定期对各部门的工作人员进行培训，更好地就系统建设进行交流，使其更好地适应新系统带来的业务和管理流程的变化。

企业应建立并完善管理会计信息系统运行管理的相关制度，包括：岗位规范和人员管理制度、系统运维管理制度、办公管理制度、成本控制制度、信息服务的管理制度、系统运维绩效考核制度等。

管理会计信息系统投入使用后日常运行的管理工作通常包括日常记录、数据收集和管理、文档管理、应急管理、安全管理等任务。对系统运行情况进行记录是系统运行管理中一项重要的日常工作。企业应对管理会计系统的运行情况进行及时、准确、完整的记录，以反映系统在大多数情况下的状态和工作效率。数据的收集一般包括数据采集、数据校验和数据录入三项任务。信息系统的相关文档为信息系统的项目管理和运行维护提供依据。企业应做好管理会计信息系统的文档管理工作。管理会计信息系统的应急管理机制主要应包括故障报告、故障处理、应急预案、应急保障。企业对管理会计信息系统安全性的基本要求主要体现在保密性、可控制性、可审查性和抗攻击性四个方面。

管理会计信息系统维护的直接目标是保证系统的安全、正常、可靠运行，并不断完善系统，以增强系统的生命力，延长系统的生命周期。其根本目标是不断提高企业的管理水平，为企业创造价值。按照维护对象的不同，管理会计信息系统的维护工作包括硬件维护、软件维护、网络维护、数据维护、代码维护和运行环境维护。系统维护应遵循一定的流程，主要有：提出系统维护要求；制订系统维护计划；实施系统维护工作；整理系统维护工作的文档。

管理会计信息系统构建完成后，企业通常会开展系统评价。一是检查系统建设的目标、功能及各项指标是否达到设计要求，是否满足用户需求；二是检查系统中各项资源，包括人、财、物以及硬件、软件资源的作用情况和利用程度；三是根据评审和分析的结果，找出系统的薄弱环节并提出改进的意见。管理会计信息系统评价需要从系统功能和技术性能两个角度进行评价，主要内容包括系统目标实现的情况、系统资源利用率、系统的安全保密性、系统的可用性、系统的可维护性、系统成本及系统管理工作的完备性等。

第六章　管理会计信息系统运行管理

【本章思考题】

1. 管理会计信息系统运行管理需要遵循哪些原则?
2. 请举例说明管理会计信息系统常见的组织方式，并进行比较。
3. 管理会计信息系统日常运行管理包括哪些主要工作?
4. 请说明管理会计信息系统维护管理的目标和内容。
5. 请举例说明管理会计信息系统评价的主要指标及其应用的注意事项。

第三篇　应　用　篇

第七章　战略管理信息系统及其应用

【本章内容简介】

本章介绍了战略管理信息系统的实现方式，与全面预算、绩效、风险管理系统之间的关系及战略管理信息系统的使用者。讲解了战略管理信息系统的典型业务场景，包括阐述了企业战略绩效管理组织机构与职责、战略绩效管理典型流程、常见战略管理信息系统的基本功能及战略管理信息系统与其他系统之间的逻辑关系。分析了战略管理信息系统中平衡计分卡、战略规划和战略地图及其具体实现方式，以及战略管理信息系统的主要输出。并以某虚拟销售经理处理日常工作和进行定期战略绩效评价为例详细分析了战略管理信息系统的典型应用场景。

【本章学习目标】

1. 了解战略管理系统的实现方式。
2. 了解战略管理与全面预算、绩效、风险管理之间的关系。
3. 了解企业战略绩效管理组织机构与职责。
4. 了解战略管理与其他系统之间的关系。
5. 了解构建战略管理信息系统的核心前提。
6. 熟悉战略绩效管理的典型流程。
7. 熟悉平衡计分卡、战略规划和战略地图及其实现方式。
8. 掌握战略管理信息系统的基本功能。

【本章要点提示】

1. 战略管理系统的实现方式。
2. 战略管理与其他系统之间的关系。
3. 战略绩效管理的典型流程。
4. 战略管理信息系统的基本功能。
5. 构建战略管理信息系统核心前提。

【本章引导案例】

美孚石油北美区分销暨炼油事业部

1992 年美孚还是一个积弱不振的组织，获利水平居行业排名之末，管理体制官僚化，效率低，无法抵御外部的激烈竞争，因此开始引入新战略并实施一系列组织改革。1994 年公司开始实施平衡计分卡，1995年公司的获利能力晋升为行业之冠，在竞争白热化的行业市场中持续维持竞争优势四年，直到1999年美孚与艾克森合并为艾克森美孚集团。

美孚石油的战略涉及市场重新定位、成本控制和提高内部工作效率几个重心。平衡计分卡是其战略管理流程的核心，藉由它美孚创造了绩效导向的文化。

美孚石油的公司战略是希望降低成本，提升整个价值链的生产力（低成本），增加高价位高品质产品和服务的营销量（差异化），进而将公司资本运用回报率提高至12%。

美孚石油借助战略管理信息系统构建起以平衡计分卡为基础的战略管理体系，共有四个层面、九个战略主题、十七个战略性任务目标和二十六个测量指标，如图7－1所示。利用该体系实现对客户、财务、内部流程、学习与成长四个方面关键绩效的体系化管理，并据此指导战略行动。美孚石油公司的平衡计分卡具有设计精练、准确、简洁易懂、便于沟通、能够快速准确地将企业发展战略的关键信息传播开的几方面特点。

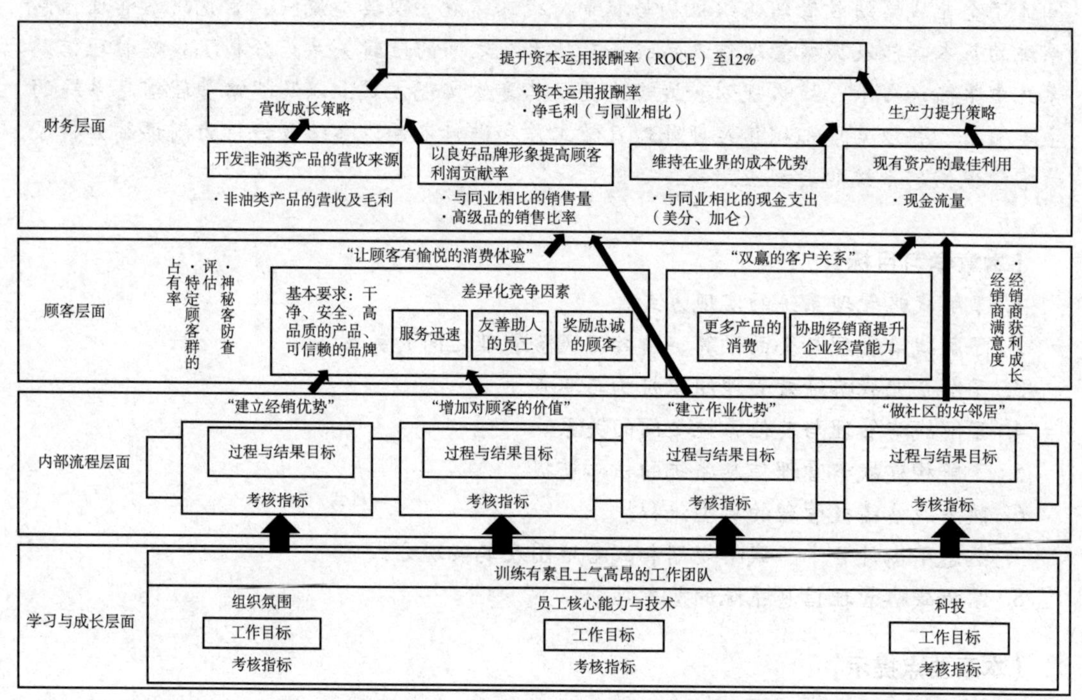

图7－1　美孚石油基于平衡计分卡的战略管理体系

（一）财务层面

美孚财务方面的最高一级战略目标是三年内将资本运用回报率由7%提高到12%。在一个已经饱和且成长趋缓的资本密集行业，面临着至少半打以上的竞争对手和无数的小型业者的觊觎，美孚的领导层认为，从7%到12%的资本回报率增长是一个困难的伸张指标（stretch target）。当竞争对手都采用低成本战略，靠降低成本、提高生产能力获得收益时，美孚在“资本运营回报率成长”的战略目标之下，有两项重要的策略性主题。

1. 提高生产力（productivity）（节流）

（1）降低成本。

战略目标：成为产业中的成本领导者（cost leader）。

测量指标：营运成本（operating cash expenses）与产业内平均值比较，每加仑多少美分（cents per gallon）。

（2）提高现有资产利用率。

战略目标：营业额增长时，不增加对固定资产的投资。

测量指标：现金流量用现金的流入减去资本的支出，即用现有资产创造出更高的生产能力所带来的现金流增加。还要做到因库存量降低而提高收益。

2. 提高经营收益（revenue growth）（开源）

（1）增加销售量。

战略目标：藉由优良的品牌形象，提高经营收入。做到一般性的石油类产品销售量的成长率必须高于产业的平均成长率、高价位产品的销售量占所有产品总销售量的比例必须逐年提高。

测量指标：销售总量增长率（与竞争者比较）、高级品所占的销售比例。

（2）以顾客导向思维来捕捉商机，扩大经营收入。

战略目标：①增加非油类产品的经营收益，同时创造新的品牌价值；②提供与汽车相关的服务和产品，增加洗车服务、换油、局部维修，以及机油、润滑油和一般零件的销售。

测量指标：销售非油类产品及服务的经营收入与毛利（margin）。

（二）顾客层面

美孚在顾客层面的战略目标是以为顾客提供优良的购买体验凸显品牌的价值和集中差异化战略，创造性地建立与经销商的双赢关系。

首先美孚将其目标客户群定位为“道路勇士”“忠诚族”和“F3 世代”。在顾客层面上第一个策略性主题是“让顾客有愉悦的消费体验”；其次美孚跳出旧模式，把经销商看作“顾客”，协助他们在为最终顾客提供优质产品和服务的同时成为获利率最高的加油站业者。第二个策略性主题是“双赢的经销商关系”。

顾客层面，美孚始终坚持三个主要差异化竞争因素：服务迅速、环境安全洁净优雅且员工友善、奖励忠诚的顾客。

美孚在顾客层面的主要测量指标：

（1）三个细分目标市场的占有率。

（2）为目标客户“提供优良购买经验的水平”，并委托外部调查机构秘密访查评估。

（3）经销商毛利增长。即与经销商共享的经营收益利润增长。

（4）经销商满意度。

（三）内部流程层面

美孚在内部流程层面有四个策略性主题：“建立经销优势”“增加顾客价值”“建立营运作业优势”和“做社区的好邻居”。四个主题下共设定了八个战略目标：

（1）理解目标顾客的需要，开发新的产品和服务。

（2）增加非油类产品经营，以提高经销商的经营收益和利润。

（3）协助经销商提高管理能力，建立行业内最佳的经销商团队。

（4）降低作业成本，保持领先优势。

（5）保持设备质量，提升设备功能。

（6）维持产品品质良好统一，及时供货。

(7) 改善库存管理。

(8) 环境保护、安全和健康保护。

美孚在内部流程层面的主要测量指标包括:

(1) 前三个战略目标的衡量指标:非油类新产品的投资回报率、非油类新产品被接受的比例、经销商的品质评估。

(2) 其余衡量指标:优良产品维持统一率、无计划停工次数、零缺失订单、营运作业成本、存货水准、缺货率、环境事故次数和出勤率。

(四) 学习与成长层面

美孚学习与成长层面的策略性主题是"训练有素并且士气高昂的工作团队"。为此设定的战略目标有三项:

(1) 提高员工的核心能力和技能。帮助和鼓励员工更广泛深入了解美孚战略,培养全局眼光以利业务整合;让员工掌握达成组织目标的核心能力与技能;提高开发管理人员的领导能力。

(2) 使用战略信息。对确保战略执行必需的战略信息进行界定,改善信息的传播流程,发展建立信息系统平台,以便于广泛使用战略信息,突破过去缺乏战略信息的困境。

(3) 建立全员参与、全员贡献的组织气氛。

美孚在学习和成长层面的主要测量指标:员工的满意度调查、全员中完成个人计分卡员工的比例、员工的能力与技能水平、战略信息的完备与信息系统的可用程度。

(案例来源:[美] 罗伯特·卡普兰 (Robert S. Kaplan),[美] 戴维·诺顿 (David P. Norton) 著;上海博意门咨询有限公司译:《战略中心型组织》,北京联合出版公司 2016 年版。)

案例思考题:

1. 美孚石油基于平衡计分卡的战略管理体系的主要内容?
2. 美孚石油在客户、财务、内部流程、学习与成长四个层面的战略目标有哪些?
3. 美孚石油是如何衡量和评价其在客户、财务、内部流程、学习与成长四个层面战略目标的实现程度的?

第一节 战略管理信息系统概述

一、战略管理信息系统

战略管理系统不像业务处理系统那样具有更多的灵活性和人机交互,所以在企业应用实践中,战略管理系统通常有两种实现方式。

(1) 专业的战略管理工具与平台。这类软件通常会将战略管理理论与实践中常用的工具与方法通过抽象方式,转化成系统功能逐步展开与实现。在此过程中提供应用的管理流程支持、数据的获取与导入,以及与相关软件系统的接口与集成,如全面预算、绩效、ERP 系统等。

（2）基于大数据与分析类平台，通过建模方式构建相应的战略管理平台。此种方式实现的战略管理功能相对单一，而且会更加侧重在战略管理的结果监控与分析层面，如很多企业构建的管理驾驶舱与战略地图，以战略的实际完成效果与绩效的形式展现。

企业战略管理的不同阶段和不同业务领域，管理重点、管理方法都有所差异，信息系统能对战略管理提供支撑与管理的功能也有不同方式方法。对于不同的战略管理理论和方法需要进行抽象，才能够通过信息系统来实现一部分的支撑与辅助作用。在此过程中，需要界定信息系统所提供的功能与企业管理人员自主决策的分界线，一方面尽可能自动化地为企业管理人员提供战略管理需要的数据与信息；另一方面是可快速定义的建模能力、灵活全面的工具，从而满足战略管理的复杂性、灵活性要求，为使用人员提供更加智能化的战略管理工具、提升效率、降低沟通成本。

二、战略管理与全面预算、绩效、风险管理之间的关系

有效的战略管理需要准确及时的指标体系支撑，因此战略管理需要借助全面预算管理分解战略到可执行层面，需要借助绩效管理设定组织、团队、个人的目标，从而组合构成企业整体战略目标与结果的评价。在此过程中，基于企业自身所处的行业、业务经营中识别出的关键风险监控指标，与绩效管理指标也是相同或接近的。在企业的实务工作中，战略管理循环与全面预算管理循环、绩效管理循环、全面风险管理循环，实际上往往是你中有我、我中有你的，在指标的形成、指标的衡量方式与数据获取、指标的监控与指导策略等方面都有相似或相通之处。但这并不意味着不需要建立战略管理系统。

每一个系统都有自身的功能与定位，由于功能实现的逻辑、业务流程与重心，这使战略管理、预算管理、绩效管理和风险管理四个系统很难基于一套业务逻辑进行设计与开发。

战略管理信息系统，除了满足企业战略基于特定战略方法指标与数据的承载，更重要的功能在于在企业内部战略传达、沟通与协同。希望通过这个系统，让企业的各个组织、各个层级的人员对公司战略有着真正的认识与理解、了解当前年度公司战略执行的状况，本部门甚至于个人在公司战略所处的位置以及对公司战略达成所扮演的角色。战略管理信息系统无论是在具体战略指标分解、战略执行数据的获取反馈、战略绩效的监控上都离不开全面预算、绩效管理、风险管理系统的配合与数据支撑。

三、战略管理信息系统的使用者和系统定位

制定、实施和执行战略管理的任务是公司管理的核心与灵魂所在，是一项庞大而复杂的工程，更是一种充分调动组织内外部资源以实现组织目标的艺术手段。面对瞬息万变的企业内外部环境，如何利用信息技术辅助企业战略管理过程，借助信息系统将战略管理落实到日常的绩效管理中，是一个优秀的战略绩效管理系统要解决的问题之一。

通常企业在推动战略管理工作时会遇到很多挑战，制定出来的战略和计划，在企业内能否进行迅速和有效地执行？决策层与管理层是否可以及时获取战略执行的准确数字？相信大多数答案是不清楚，实际上企业在战略和执行之间存在着巨大的差距，以及面临着深

刻和广泛的挑战。

造成上述问题的根源主要有以下方面：

（1）大部分员工无法充分认知公司与组织战略，因此不知道如何决定和影响组织的其他部分。

（2）员工激励制度很少和组织战略联系起来，使个人的目标无法与公司目标匹配。

（3）管理制度授权不充分，员工做出独立决定与可发挥的空间较小。

（4）缺少系统化方法或工具来连接组织的战略目标与预算、计划、绩效与最终报告。

（5）没有体系化流程与工具为实现公司战略绩效管理提供及时、准确、有效的数据。

值得注意的是，大部分问题不能通过企业内的财务数据解决，甚至连基本的平衡计分卡和仪表板数据都无法得到完整的展现。财务数据在战略管理中是非常重要的，可以体现常规的收入、盈利能力、成本等指标的达成结果，但无法提供更加深入而详尽的业务与运营绩效数据，比如员工工作效率下滑、客户满意度下降、产品质量下降的根本原因。

同时，战略执行环节需要一个面向公司各个层级的战略沟通平台。战略一旦制定完成，如何快速分解下达、如何与每一个战略组织单元/个体做到充分有效沟通，使得整个企业的员工都能了解这些战略和他们所在部门、职位在公司战略中承担的责任。而且也要让企业员工可以随时了解所在部门、个人相应指标的达成情况、差距在哪里，提升公司整体战略管理、沟通的透明度。

谈到战略管理信息系统的使用者，首先就要确定企业战略管理的推动者与企业的组织机构、职能设置。企业战略管理组织机构的设置是公司进行有效战略管理的制度体现与保障，也是公司实现有效战略绩效管理的基础。企业的战略管理过程涉及的组织结构中不同层面的部门和人员，每个层次的部门或人员都有相应的职责。为战略绩效管理流程设置专人，明确相关的岗位的具体责任，是企业进行战略绩效管理的前提与必要条件。

与战略管理相关的组织机构设置，需要考虑公司的股权结构、业务特点、企业战略、企业文化等多种因素，并没有统一模式。对于战略绩效管理，不同公司的组织结构设计也千差万别。

第二节　战略管理信息系统的基本功能

一、战略管理信息系统的典型业务场景与示例

不同公司的流程会有所不同，通常的战略管理信息系统也可以根据不同的流程实现不同的配置。学习与掌握好典型的业务流程及其配置，有助于了解战略管理系统的需求。

（一）企业战略绩效管理组织机构与职责

战略绩效管理组织机构设置是公司进行有效的战略管理的制度体现与保障，也是公司实现有效战略绩效管理的基础。企业的战略管理过程涉及的组织结构中不同层面的部门和人员，每个层次的部门或人员都有相应的职责。为战略绩效管理流程设置专人，明确相关

的岗位的具体责任，是企业进行战略绩效管理的前提与必要条件。

公司组织机构设置需要考虑公司的股权结构、业务特点、企业战略、企业文化等多种因素，并没有统一的模式。对于战略绩效管理，不同公司的组织结构设计也是千差万别。在本书中只是列举了其中一种常见的、简化后的组织架构设计，旨在说明公司绩效管理的职责分工及相应的业务流程。示例的组织绩效管理架构安排如图7－2所示。

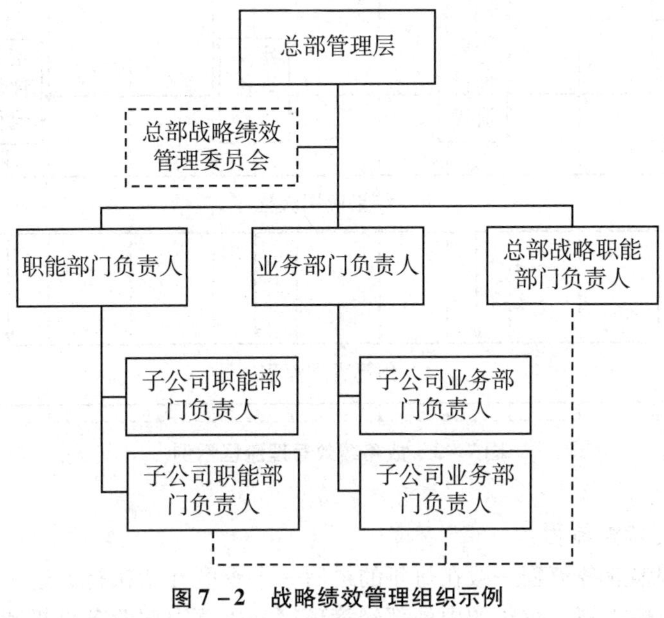

图7－2　战略绩效管理组织示例

其中，总部管理层通过承担全集团绩效管理目标向董事会负责，负责监控分子公司、各条线/部门绩效目标的完成；总部各职能部门和业务条线负责人为总部战略绩效管理委员会主要成员，承担本机构或部门绩效目标，并监控下属机构或部门绩效指标的完成；总部战略绩效管理部门为战略绩效管理委员会下设机构，负责战略绩效管理日常事务。根据企业管理层级的不同，各职能部门下属单位和各业务条线下属单位可以参照同样的结构再设置下一级别的绩效管理组织。

（二）战略绩效管理典型流程

战略绩效管理流程一般包括战略的制定、战略的下达与分解、战略的日常执行与监控、定期评价与反馈等子流程。战略绩效管理流程是企业整体业务流程的一部分，战略绩效管理流程还会与企业的预算管理流程、报表合并流程、项目管理流程、人事评价流程等其他业务流程有接口。

1. 战略绩效管理流程总览

战略绩效管理流程是与企业经营管理及其评价的周期紧密结合的。一般而言，我们所界定的管理流程是在一个完整的经营、评价周期中，战略绩效管理体系从设计、分解、执行、跟踪、评价、报告、结果使用等各环节的具体操作，将作为全公司战略绩效管理的标准流程。通常一个完整的经营、评价周期的主要环节如图7－3所示。

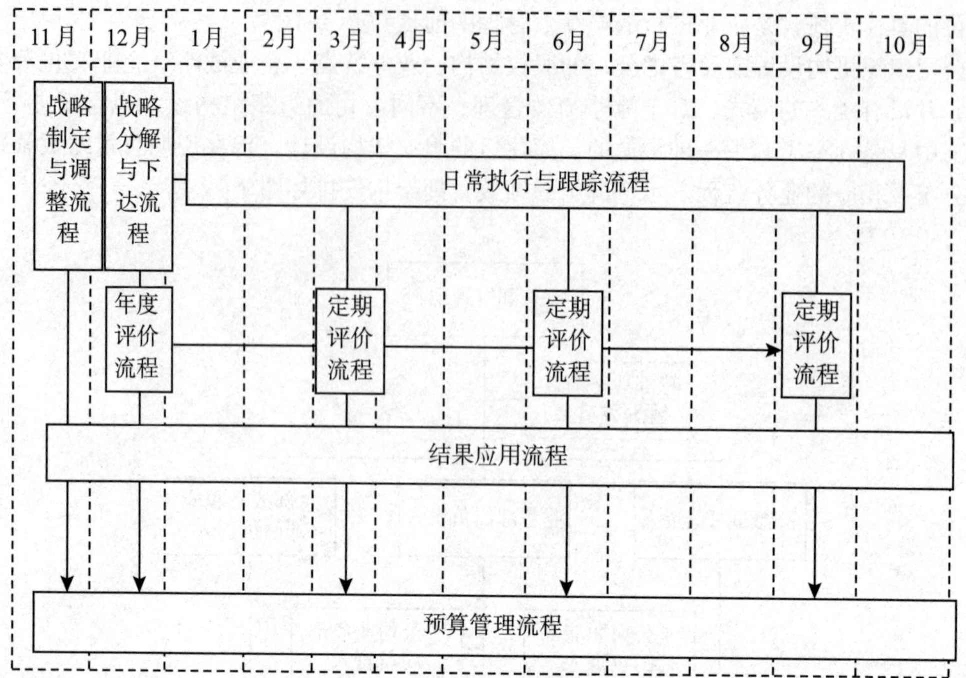

图 7－3　战略绩效管理流程示例

2. 战略制定与调整流程

战略制定与调整业务流程一般在每年的最后一个季度开始执行，这一流程的输入主要有企业中长期的战略规划、每年的内外部经济环境分析、内部业务分析和经营规划等，流程的主要产出是全公司的年度战略、战略地图及战略绩效评价管理体系，并与公司的预算管理流程接口，影响公司资源投入方向与投入重点。简化的流程如图 7－4 所示。

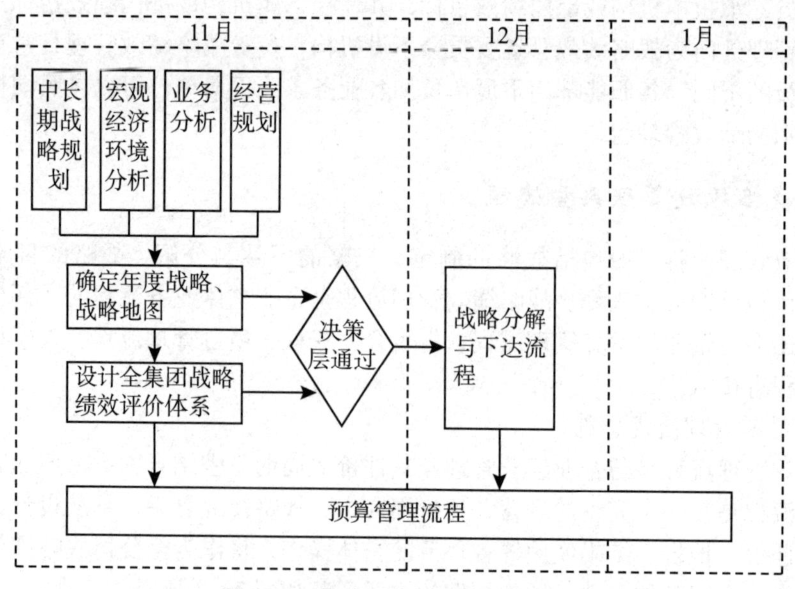

图 7－4　战略制定与调整流程示例

这一流程主要的参与者是总部战略绩效管理相关人员。总部管理层主要负责战略沟通，确定计划年度经营规划，审定战略绩效评价体系；绩效管理委员会负责监督本流程工作进程，审核计划年度战略绩效管理工作计划；战略绩效管理部门根据战略设计全公司战略绩效评价方案；预算管理部门组织编制总体预算，提交预算方案，确定主要目标值。

3. 战略分解与下达流程

根据公司组织结构、组织层级和业务范围不同，战略分解和下达流程可能是一个多步骤、多维度分解的过程。在大多数情况下，往往同时存在职能部门的逐层分解与业务条线的逐层分解的过程，而这个分解过程又是互相影响，互相支持的。一个简化的战略分解与下达流程如图7－5所示。

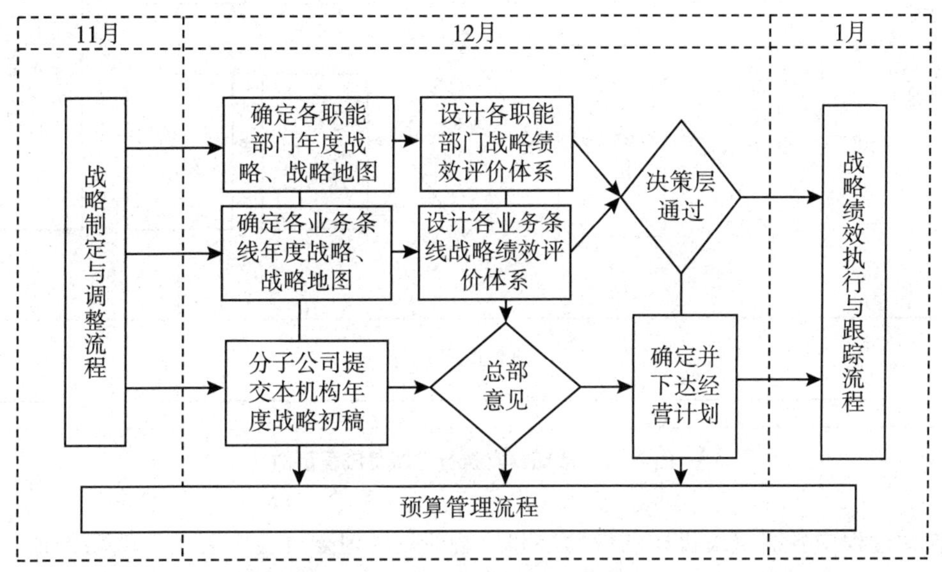

图7－5　战略分解与下达流程示例

在确定总部各部门/条线年度战略过程中，公司管理层主要负责审定各部门/条线绩效管理及评价办法；战略绩效管理委员会负责监督工作进程，审核计划年度战略及管理办法，监督分子公司战略绩效评价体系分解进程，进行诊断优化；战略绩效管理部门负责组织协调，提供技术支持，交付战略绩效模板及配套的管理办法；总部各部门/条线负责组织本部门/条线战略绩效评价体系的设计、分解，提供目标值；战略绩效管理员协调本部门绩效评价体系设计工作，负责与绩效管理部门的沟通、联系，将需交付的内容及时提交绩效管理部门。各部门/条线在绩效管理部门的支持下提交本部门/条线年度战略方案经总部管理层审定后，汇总归档。

战略管理部门根据总部战略规划，分解分子公司计划年度经营战略指标到各部门/条线；分子公司管理层审定分子公司各部门/条线战略分解方案；分子公司战略绩效管理部门组织协调分解工作，提供技术支持，汇总归档；分子公司战略绩效管理员协调及支持本机构战略分解工作，负责与战略绩效管理部门的沟通、联系，将需交付的内容及时提交战略绩效管理部门。

4. 战略日常执行与跟踪流程

对战略绩效指标的跟踪及对员工的绩效辅导是战略绩效管理的重要环节，是各管理人员的日常管理职能，包括制度化的定期数据收集和持续不断的绩效沟通。

战略日常执行与跟踪流程在不同层面，不同级别的管理人员中展开，每时每刻都在进行，是各级管理人员日常工作的组成部分。图7－6是对战略执行与跟踪流程的示例。

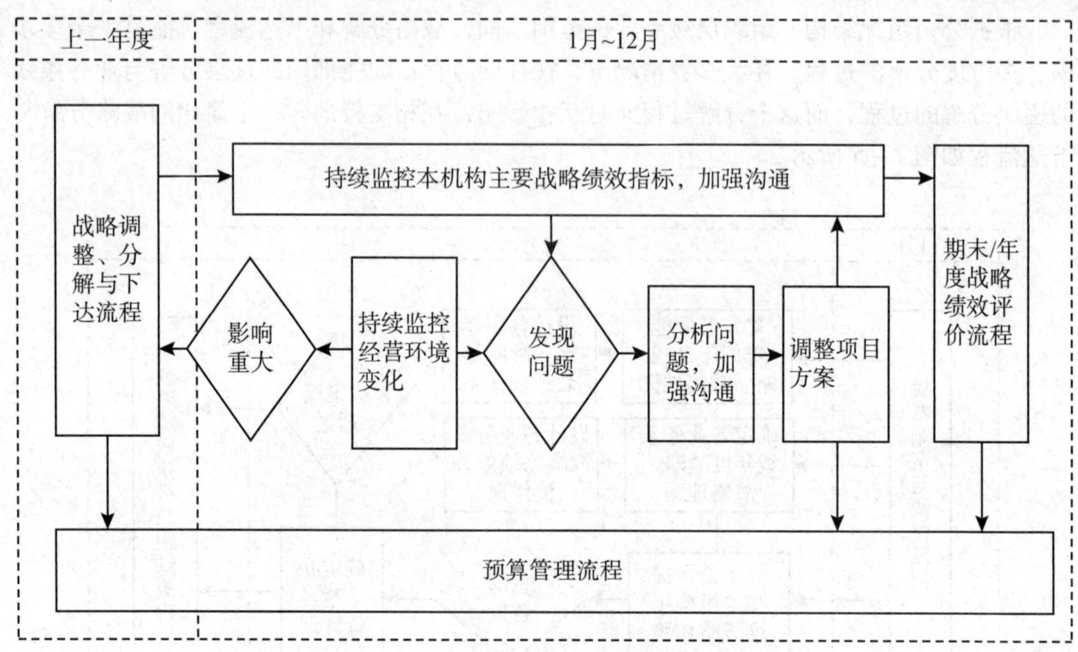

图7－6　战略日常执行与跟踪流程示例

在此过程中各级组织机构的管理层和战略绩效管理委员会主要负责战略沟通、绩效沟通；战略管理部门负责跟踪、报告战略执行情况，并提供技术支持，协助推进目标达成，进行问题记录与报告；各级管理人员也是战略执行人员，要根据战略绩效管理的目标，有效、稳步地推进战略执行，及时回馈执行中出现的问题，组织内部、外部绩效沟通；各级战略绩效管理员对于本部门、机构负责人跟踪战略执行情况提供支持，负责与战略绩效管理部门的沟通、联系，将问题、执行情况及其他需交付的内容及时提交战略绩效管理部门。

5. 定期、年度评价流程

在战略日常执行过程中，需要周期性地对战略绩效进行评价和总结，常见的评价周期有月、季度、半年或一年。如图7－7所示。周期性战略绩效评价工作会涉及大量的数据和信息的收集。其中，通过各类报表可以直接获取的资料或者通过公式衡量的量化指标直接按期间计划计算，其间计划可体现在行动方案中；项目型指标直接按照项目计划的里程碑，分期评价；事项型指针按照行动方案中制订的事项及完成的时间节点，分期评价；其他评价性指标由评价主体按照汇报频度做出评价。

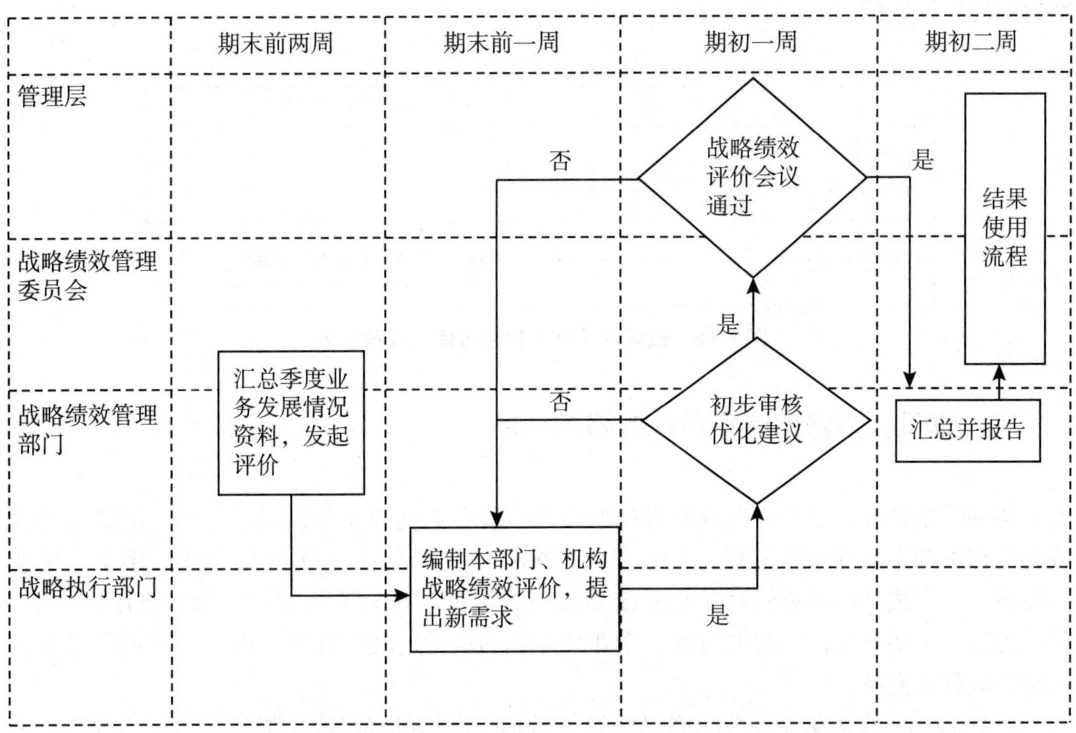

图7-7　战略定期、年度评价流程示例

对于采集的数据，战略绩效管理部门初步审核后，可以提交相关部门针对数据的真实性进行审核。对于需要人工收集、处理的数据，数据来源部门的战略绩效管理员应在规定的期限内提交绩效管理部门。

在战略绩效评价流程中，管理层和战略绩效管理委员会开会审议变更需要，确定定期评价结果；战略绩效管理部门汇总业务发展情况资料，发起定期评价，监督各部门保质保量完成评价，报告评价结果，提出优化建议；各个战略执行部门加强战略绩效沟通，编制各部门、分支行、个人 KPI，提交变更需求；战略绩效管理员负责及时向战略绩效管理部门交付需本部门、机构采集的数据，发起、协调本部门、机构的评价工作，为本部门、机构负责人提供评价、报告的支持，向战略绩效管理部门填写、提交评价结果报告，反馈意见以改善下一期战略绩效管理效果。

6. 战略评价结果的报告与使用流程

与战略绩效管理评价流程一样，这一流程分为全公司、总部条线/部门、分子公司、员工等几个层面分别进行，其中评价结果的使用有多个方面，其中一个是与总部部门、分子公司绩效薪酬管理办法相衔接，如图7-8所示。

在战略评价结果的使用流程中，战略绩效管理委员会负责审定全公司总体评价结果的报告方案，审定总部条线/部门、分子公司评价结果的使用方案；战略绩效管理部门负责汇总、审核、报告全公司总体及总部条线/部门、分子公司评价结果及其使用建议；各部门、机构负责人负责确定本部门、机构内员工的评价结果，确定评价结果的使用方案，负责与员工的绩效沟通；各级战略绩效管理员负责与战略绩效管理部门沟通、联系，提交本部门沟通、回馈情况。

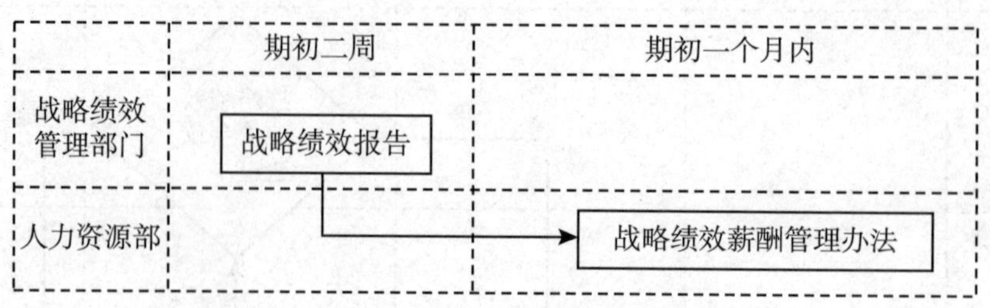

图7-8 战略评价结果报告与使用流程示例

二、常见战略管理信息系统的基本功能

各种战略管理方法是针对战略管理的不同阶段和不同的业务领域设计的。随着各个领域相关理论和实践的不断丰富，人们在有些领域开发了专门的IT应用系统，用于支撑业务发展。一个成功的战略管理信息系统需要包含以下三个核心要素：目标、措施和指标。只有当这三个要素保持一致的时候，企业才能顺利地推进战略管理工作，并通过信息系统得到全流程的支撑。

（1）目标。大多数企业都有自己的愿景目标，有的已经形成了战略计划，不过总是只有少数人能够精确地理解战略目标，并且知道如何去执行。为了提高绩效，企业必须设定目标，与股东充分地沟通，并把沟通的结果和公司的运营结合在一起。

（2）措施。措施又称为项目方案。大多数情况下，当一些经理人和员工被分配到一个项目中时，他们并不真正地知道为什么这个项目对于整个计划是多么重要。因此，项目的参与者需要获得更多的和战略相关的信息，这样他们才能划分那些项目应该获得优先权。

（3）指标。伴随着越来越多的管理驾驶舱和计分卡，企业没有淹没在数据中，却淹没在了无数的绩效指标中。成百上千的统计绩效指标，每天、每个星期、每个月都在被更新。因为数据不准确，很多绩效指标似乎都是不可靠的，另外很多指标都没有意义，因为只有少数专家才知道如何用它们。企业需要的是可靠的绩效指标并且具有下钻明细数据以及可以为每一个用户建立个性化界面的功能。

可以看出战略管理在企业管理中承担的重要战略意义与重要性。但从当前企业的信息化工作中，我们可以了解到，无非是从应用的普遍性和深度上相比较其他管理信息系统有着一定的差距。

三、战略管理信息系统与其他系统之间的逻辑关系

战略管理信息系统需要帮助管理层解决如下经营过程中的问题：

（1）什么是我们公司的长期和短期的战略呢？

（2）我需要做出什么计划、预算和行动计划，来满足战略的执行呢？

（3）哪些部门负责确保这些战略的执行？

（4）企业战略对本部门、本人的日常工作、行动有哪些影响？

（5）我的决定和行动如何影响企业整体战略目标？

（6）我怎样才能重新分配资源和预算才能更好地实现战略呢？

如果一个企业专门靠“孤岛”式的仪表盘，手工的、延迟的、低质量的数据形成的平衡计分卡和绩效报告来管理、来执行公司战略，这对企业的战略管理与执行无法起到任何积极的促进作用，往往会造成员工在使用过程中的反弹。

作为这些问题的答案，各级管理层和员工需要一个全面的、体系化的战略管理解决方案，使得企业的组织可以自上而下衔接平衡计分卡和管理仪表板，展现更加清晰的战略举措、战略达成与差异在哪里。一体化的战略管理信息系统，可以让企业各个层级的战略相关者都可以了解、回答这些问题，从而做出更加符合公司战略达成的决定。

企业的数字化系统构建过程中，战略管理信息系统绝对不能作为一个孤立的系统来考量。构建战略管理信息系统有几个核心前提：

（1）数字化水平。是否已具备全面覆盖企业人财物、产供销的全面一体化的信息系统；标准、规范化的业务流程；高质量的数据管理体系。

（2）战略管理体系。是否已经有相对成熟的战略管理体系，从集团到各级子公司、部门、人员具备一定的战略管理意识。

一个先进的、实时一体化的数字化平台是企业构建战略管理信息系统的大前提。如图7－9所示。以下几个方面的系统，对于战略管理信息系统构建有着至关重要的作用：

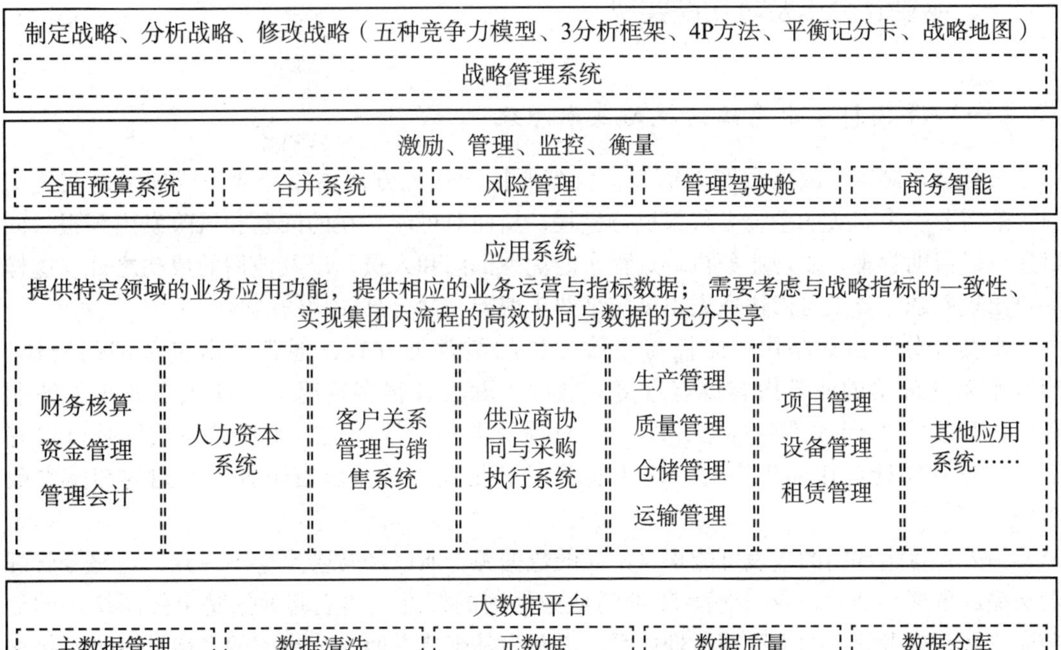

制定战略、分析战略、修改战略（五种竞争力模型、3分析框架、4P方法、平衡记分卡、战略地图）

战略管理系统

激励、管理、监控、衡量

全面预算系统 | 合并系统 | 风险管理 | 管理驾驶舱 | 商务智能

应用系统

提供特定领域的业务应用功能，提供相应的业务运营与指标数据；需要考虑与战略指标的一致性、实现集团内流程的高效协同与数据的充分共享

财务核算 资金管理 管理会计	人力资本系统	客户关系管理与销售系统	供应商协同与采购执行系统	生产管理 质量管理 仓储管理 运输管理	项目管理 设备管理 租赁管理	其他应用系统……

大数据平台

主数据管理 | 数据清洗 | 元数据 | 数据质量 | 数据仓库

图7－9　战略管理与其他系统之间的关系

第一类：面向企业内部管理的应用系统，包括：财务核算、资金管理、成本控制；人力资本系统（包括人事、档案、薪酬、绩效、培训）；采购库存管理、销售管理、生产计划与执行、质量管理、运输管理、项目管理、设备全生命周期管理等面向企业内部管理的应用一体化平台，就是通常所讲的ERP系统。通过面向企业内部ERP管理系统，真正实现人、财、物的实时一体化，是战略管理系统实现的最坚实基础。

第二类：面向企业外部生态的数字化系统，包括：渠道市场、电商平台、会员系统、招采平台、供应商协同、供应链管理、差旅管理、移动app等。这些系统对于捕捉企业外部生态、市场、点击与流量的变化提供了更加全面的信息。

第三类：决策支持系统，包括全面预算、合并管理、风险管理、管理驾驶舱等，是战略管理目标分解、战略绩效、战略风险监控的延伸与辅助，是战略管理系统构建时必要的辅助系统。

第四类：大数据平台，包括主数据治理、源数据管理、数据清洗、数据仓库等相关系统，是保障与提升企业内部、外部数据质量的工具。高质量、一致化的数据基础不仅仅是企业数字化转型的基础，也是战略管理系统可以真正有效执行的基础。

第三节　战略管理信息系统的框架与具体功能实现

一、平衡计分卡及其功能实现

（一）平衡计分卡系统实现的基本原理

一旦公司制定了战略和实施措施，就需要按照规范方法去监控业务或项目的实施情况。这需要一个有效的系统去跟踪执行进程，从而对可能存在的问题和风险发出警报。同时还可以帮助管理者发现业务执行过程中的优秀部门和人员，以及他们的成功之处。这样一旦出现问题，员工可以快速做出反应来纠正偏差，并分享成功的经验。

平衡计分卡是战略执行监控与绩效评估的最常见方式，通常会由多个部门制作，形成平衡计分卡的业务内容没有直接必然的关联。在很多情况下，IT人员并不了解业务流程以及它们用到哪些数据，IT人员对绩效考核系统的支持工作结果往往是以没有充分数据和功能应用而告终的。IT人员为了满足业务的需求疲于奔命得到的却是失败落空。

另外，各个部门的报表可能来自不同的数据源，所以经常会发生不一致，这是令管理者头痛的事情。当然，我们推荐IT部门使用强制的标准，建立起面向整个集团统一的业务应用平台或者统一的主数据治理体系，以此为基础建立面向全集团的平衡计分卡、报表和管理驾驶舱。

与此同时，传统的计分卡方式在解决大的决策问题时是片面的。通常情况下，计分卡里反映的问题，部门的员工都会予以否认，因为他们不知道数据的来源，也不知道评分的规则；或者因为计分卡只是从单一的角度去看问题，或者计分卡没有和战略目标、计划流程以及资源计划关联。结果就是，只有少数制定这些指标的人相信这些指标数据。

战略管理系统一般提供给用户的计分卡是一个简单而集成的视图，它允许用户进行个性化的设置，也允许查看数据的来源明细。所有的明细数据都可以直接来自核心的运营系统，这些数据也被用来制作战略管理系统的关键绩效指标，计划和措施。这样员工就知道计分卡的数据来源在哪里，计分卡的结果是如何生成的。如图 7－10 所示。

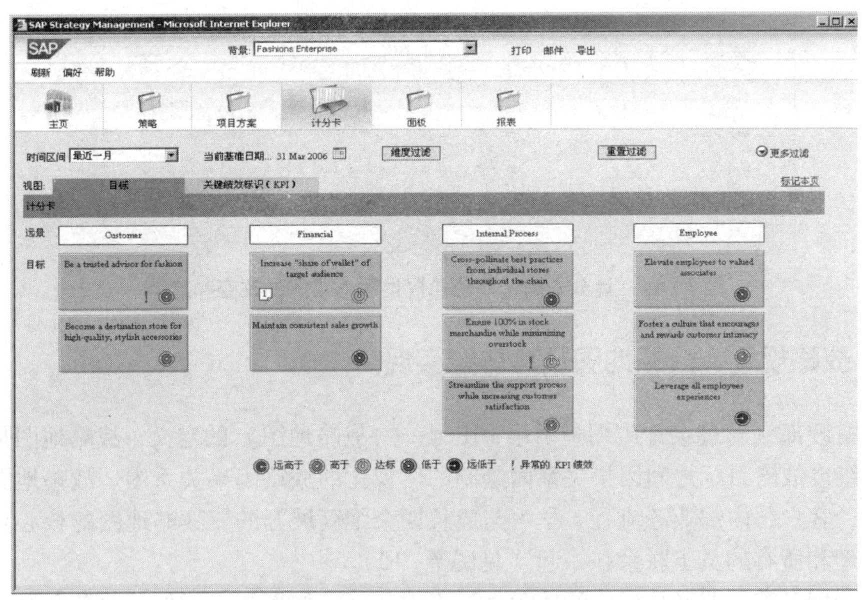

图 7－10　用户界面：计分卡

（二）平衡计分卡的主要功能

计分卡组件允许用户按照企业绩效考核体系设定个性化的计分卡，每张计分卡可以由一系列目标组成，每一个目标可以用一系列指标进行衡量。本章将着重讨论计分卡。

系统提供了非常多的功能来帮助用户完成设定计分卡的工作。计分卡可以协助用户进行绩效管理，监控财务和运营的绩效，帮助员工优化业务流程（见图 7－11）。SAP 战略管理系统支持多个版本的目标设定，例如：预算、预测或者行业基准数；用户可以将实际的绩效数据和这些版本的数据进行比较，对绩效进行考核。用户可以用不同的方式给绩效评分，例如：红、黄、绿等级，ABC 评级等，采用各种直观恰当的方式使员工更容易理解也更容易接受这个软件。对于目标的具体衡量是通过关键绩效指标来实现的，SAP 战略管理系统内置的指标视图直观便捷地提供给用户各种各样关于财务和运营的指标，包括数据的指标和质量的指标。我们也可以通过相应的指标监控一些主观的目标，例如：客户关系，品牌影响力，员工满意度等。用户也可以给关键绩效指标（KPI）设定权重，反应它们的重要度，使它们在绩效考核视图中更有意义。

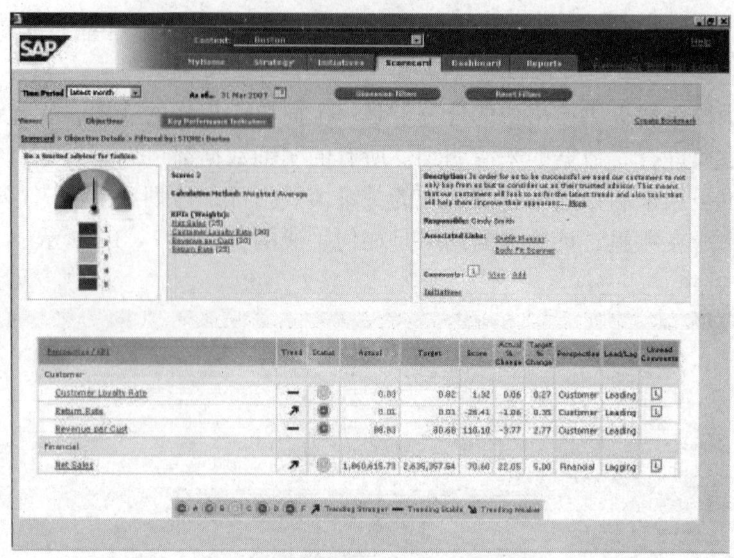

图7-11　计分卡的钻取功能提供深入了解的改变和趋势

二、战略规划、战略地图及其功能实现

根据财政部《管理会计应用指引第101号——战略地图》的定义，战略地图是指为描述企业各维度战略目标之间因果关系而绘制的可视化的战略因果关系图。战略地图的重点是从财务、客户、内部业务流程、学习与成长四个维度展开的。战略地图的核心功能就是把战略管理和所有的员工联系在一起（见图7-12）。

企业管理者需要明确目标，然后激励员工去实现。如果员工对他的角色和对公司效力不感兴趣，他们不可能在你的带领下完成公司目标。所以一个重要的方面是描绘公司的宏伟蓝图，告诉员工公司的长期和短期的目标，以此来激励员工，让员工知道公司将会有长远的发展，他们也将伴随着公司的系统的一步一步成长的步伐走向个人的成功。

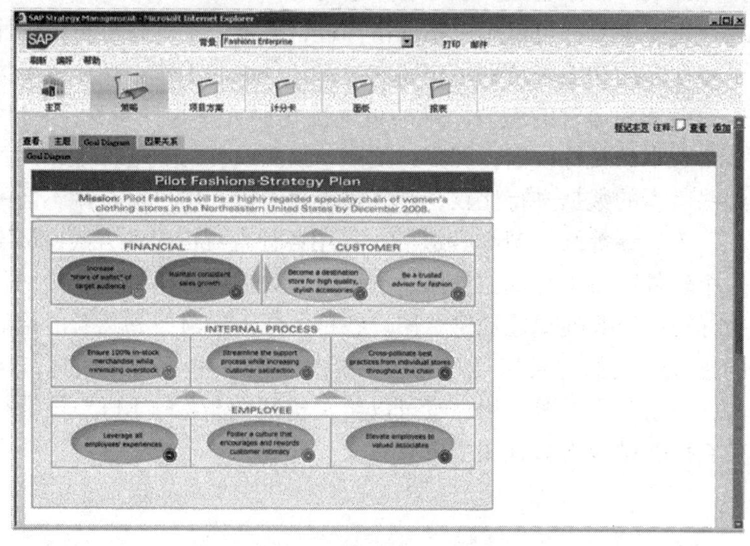

图7-12　一个完整清晰的战略地图

战略管理系统可以帮助管理者把战略分成不同的战略主题，员工们可以用它来讨论，分享和调整工作（见图7－13）。

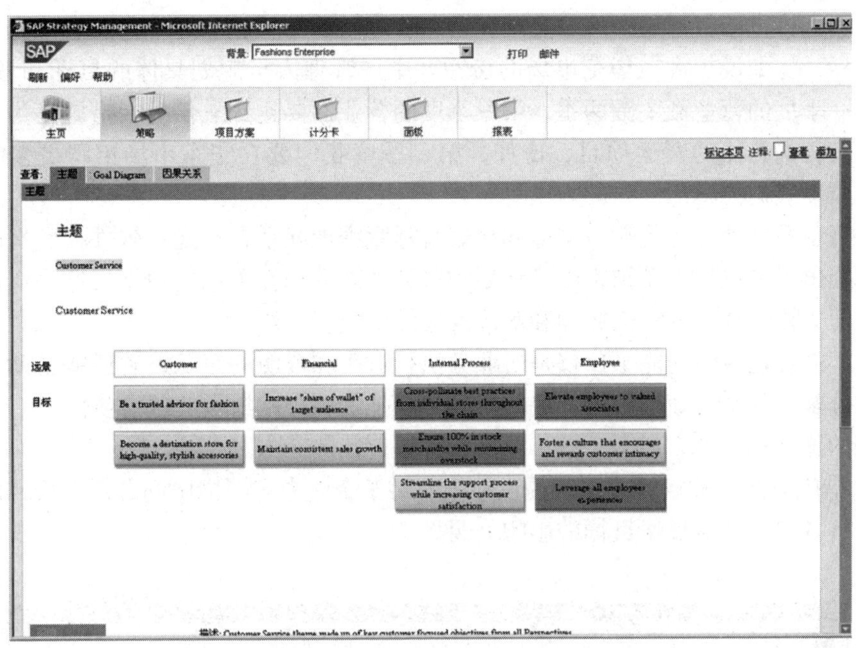

图7－13　按主题设置战略地图

战略管理系统也可以帮助管理者把计划转换成战略发展流程，这些和流程有关的文档也可以用图形化的方式来展现，非常利于理解（见图7－14）。

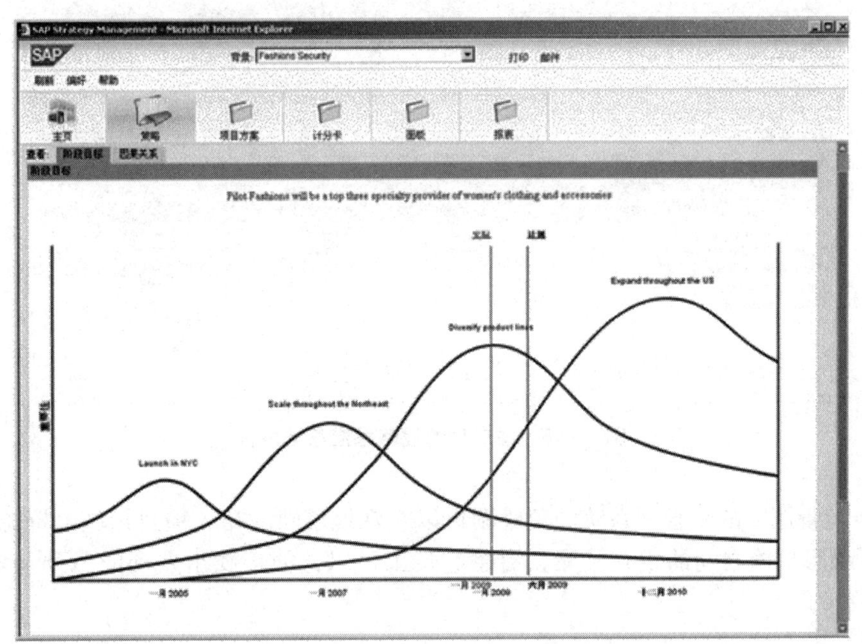

图7－14　把战略计划转化为流程

三、系统的主要输出

战略管理推进的目标是把战略管理和营运管理联系在一起。通常高层管理人员规划企业大的目标，比如说扩大在华东市场的份额。中层管理人员规划具体的目标和考核标准，比如说第一季度的营业额要翻两番，第三季度的营业额要达到三倍等。措施是为了达到战略目标而实行的具体的营运项目，比如，第一季度我们要在华东市场招聘更多的销售代表，第二季度我们要增加广告的力度等。

战略管理系统把营运流程，措施和战略目标紧密地联系在一起。软件为所有的业务执行情况都提供了进展报告总结报告，计划和预算状态等相互关系的数据。这些清晰的数据帮助我们通力协作找到发展的瓶颈和解决问题的措施。

另外，系统提供的功能不仅仅是对业务执行过程和资源的跟踪，它还能帮助管理者优化资源的分配，使企业面临资源冲突的时候也能把资源分配给最关键的项目。

系统的详细功能如下：

（1）措施总结。战略管理系统提供给用户对于企业中多项措施的总结报告，使我们可以深入了解各项措施对战略目标的影响（见图7－15）。

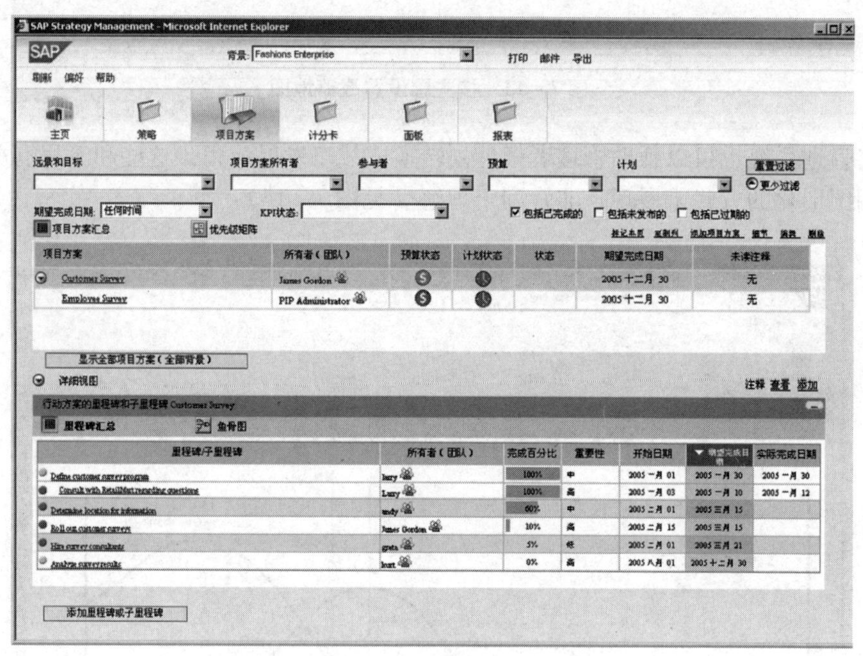

图7－15　按专项的战略举措总结报告

（2）鱼骨图。战略管理系统的鱼骨图可以直观地反映战略、项目措施、资源和计划。它强调了项目措施之间的相互关联，有了它员工可以方便地找出发展的瓶颈和解决方案（见图7－16）。

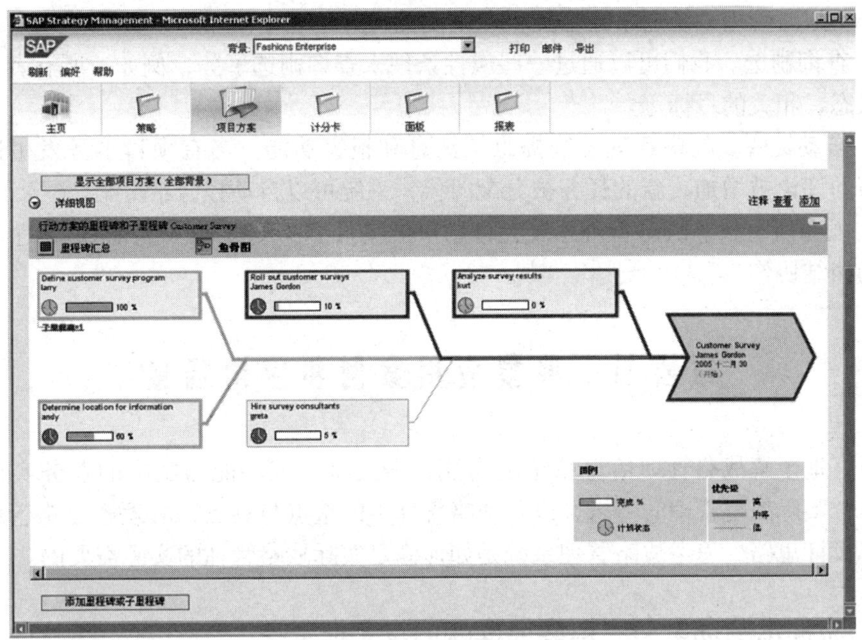

图 7－16 鱼骨图

（3）优先级矩阵。战略管理系统中一般也会包含创新性的优先级矩阵，它描述了每一项事务的重要性和紧急性。优先级矩阵可以保证管理者和 IT 人员以正确工作，正确的决策来支持企业的战略目标。他们总能知道什么时候应该做什么，也清楚地明白他们的选择和行动对其他部门和同事的影响（见图 7－17）。

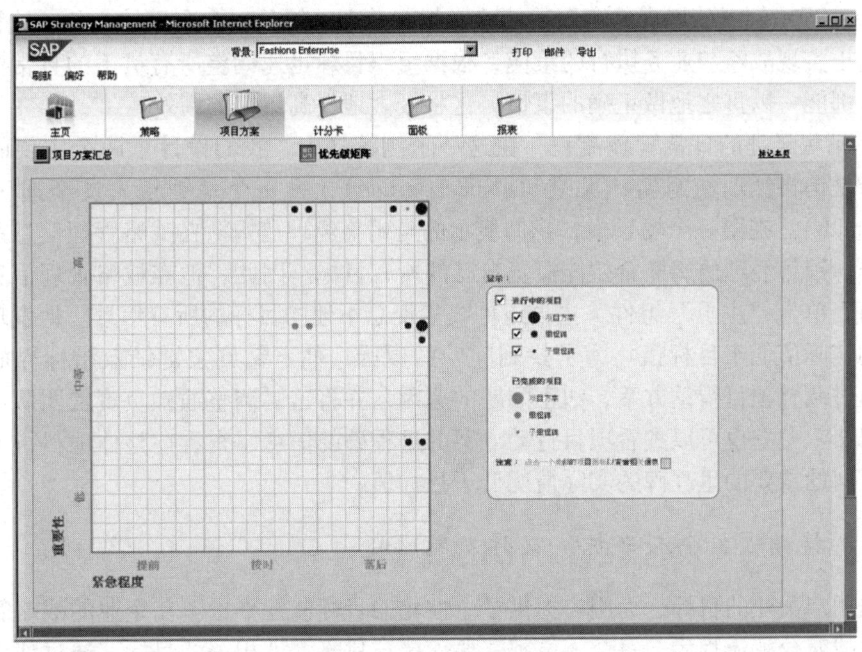

图 7－17 优先级矩阵

此外，战略管理系统通常还会提供以下功能：

（4）查询刷选。我们可以通过一些属性条件来查询刷选事务，例如：所有者，预算和计划的状态，相关的目标等。

（5）自动提醒。战略管理系统提供了消息和报警功能，当有项目事务发生进展，变更，有新的评论被增加，新的任务被分配时候，系统可以自动报告给员工。

（6）发布所有权。战略管理系统允许用户把项目事务发布给其他同事，这个功能促进了有效的团结协作。

第四节　典型应用案例和应用场景

要更好地了解战略管理信息系统的功能，需要将系统功能与实际的业务实践结合起来。要结合实际战略管理的需求，以及战略管理中的重点与难点，去理解战略管理系统的功能及其设计思路，思考战略管理系统是如何满足实际战略管理的实际需要的。

一、流程示例场景一：销售经理的日常工作

（一）销售经理的日常工作场景概要

企业的中层管理人员在战略执行过程中充当着重要的角色，直接承担着将战略管理与运营管理相结合的重任。我们的第一个示例场景讲述的就是一个销售经理的日常工作的情景。根据企业的战略分解流程，销售经理制定了明确的个人目标，在日常工作中，销售经理借助战略管理信息系统保证个人目标的落实和实现。

（1）流程示例场景展现的主要功能点。战略管理系统是一个全面的业务绩效管理软件框架，真正实现战略与业务执行的策应，根据组织目标迅速调整所有员工的日常活动，实现每个人都能一以贯之地做正确的事情，这将极大地提高组织的绩效。

（2）销售经理的日常管理流程。在这一示例场景中，我们设计了两个主要的系统用户，一个是销售经理詹姆斯·戈登（James Gordon)，另一个是销售人员辛迪·史密斯(Cindy Smith)。在第一个场景中，我们演示的是销售经理詹姆斯在战略管理信息系统中的日常工作。销售经理詹姆斯希望能概览自己的所有目标。因此，他在战略管理信息系统的用户界面上单击“主页”组件，主页组件收集汇总了他的目标的所有信息。他发现其中一个目标的实际值低于目标值。为了找到问题的原因，他下钻到关键绩效指标界面进行分析。他通过调整项目行动方案，纠正问题的原因，并将这一调整通知负责的团队成员。而且，詹姆斯·戈登也可以查看项目行动方案的进程碑的信息，查看在整体项目行动方案中是否有任何的重要的里程碑的实际情况低于目标值。

（二）持续监控个人目标，及时发现问题

根据用户关注的目标，为用户提供了个性化的目标监控平台。在企业的战略管理体系中，经过战略分解流程后，每个人员都需要承接与战略管理相关的目标。通过使用主页组件，用户可以定制自己关系的目标，作为日常工作监控战略执行情况的起点。目标是战略

管理三要素中的第一个要素。

1. 登录系统，选择需要查看的背景

作为日常工作的内容，詹姆斯经常登录战略管理系统查看重要的战略绩效信息。这一天，他同样使用自己的用户登录系统，并选择了他想查看的背景，如图7－18所示。

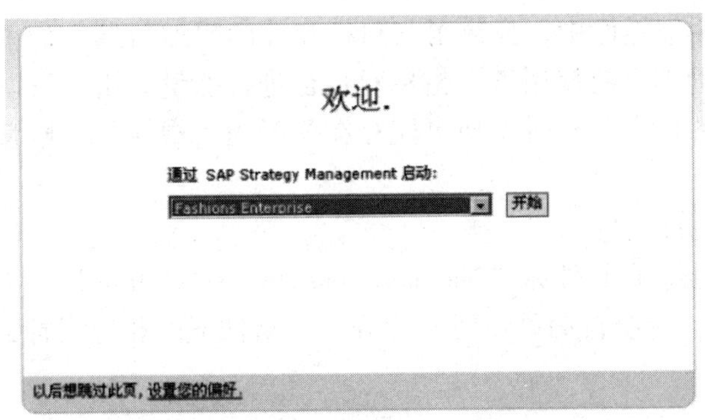

图7－18　登录系统并选择相应的背景

“背景”代表了一个基于特定分类方法形成的相对独立的业务组群，比如不同地区、部门、集团等。不同“背景”包括不同的战略规划、项目方案，每个背景具有一张计分卡。

2. 查看个人主页信息

登录系统后，进入了“主页”组件。如图7－19所示。

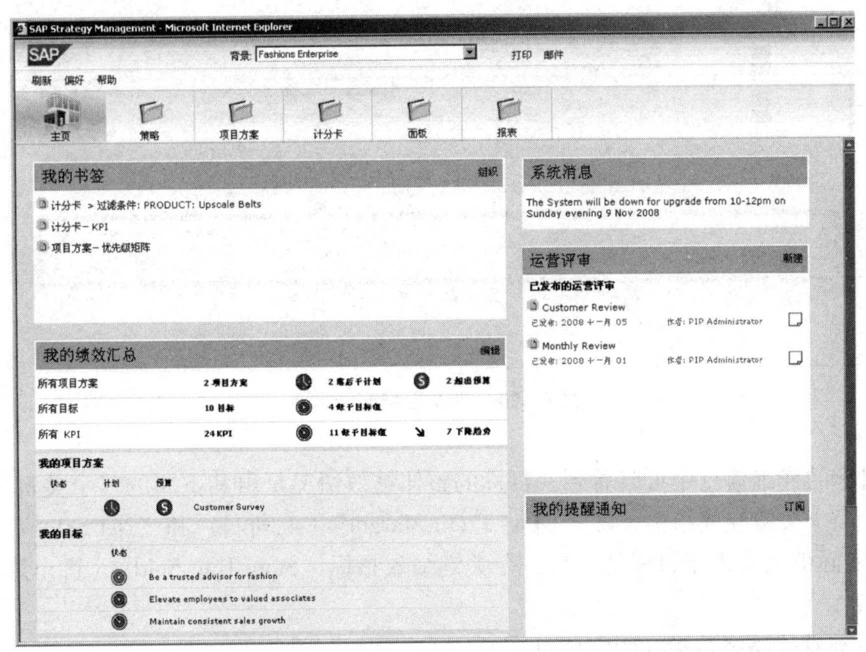

图7－19　查看个人关注的信息

“主页”组件收集汇总了其他组件的信息：我的书签、我的绩效汇总、系统消息、运营评审、我的提醒通知。

詹姆斯·戈登发现“我的绩效汇总”部分的“我的目标”中的“Maintain consistent sales growth”（保持持续的销售增长）这一目标的实际情况低于目标值。如图 7－19 所示。多年的工作经验告诉他，这是个重要的问题，他决定进行更深入的分析。

3. 查看目标和指标的明细信息，分析问题

在系统的目标明细界面中，提供了与目标相关的明细信息。为了更好地对目标进行监控和管理，战略管理系统使用若干指标对目标进行衡量。用户可以分析与目标相关的指标，获取更详细的信息，及时发现可能存在的问题。指标是战略管理三要素的第二个要素。

（1）查看目标明细信息。

首先，詹姆斯通过单击目标“Maintain consistent sales growth”（保持持续的销售增长），查看明细信息。系统自动跳转到“计分卡”组件下的相应目标的详细信息界面，如图 7－20 所示。

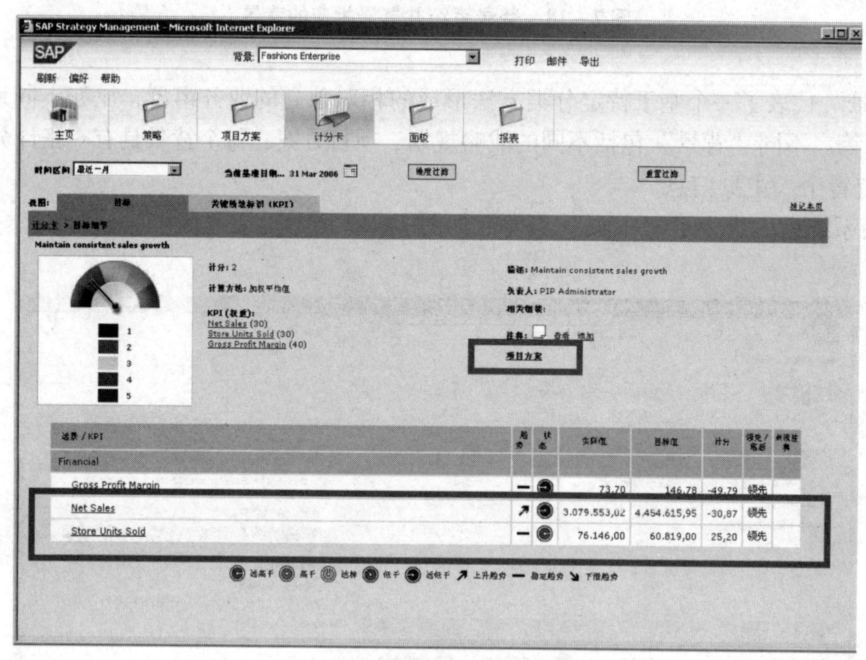

图 7－20　查看目标明细信息

从目标的详细信息中可以看到，目标的整体绩效情况是由其下属的三个关键绩效指标决定的。两个关键绩效指标，即“Gross Profit Margin”（毛利润）和“Net Sales”（净销售额），其实际值大大低于目标值。另一个关键绩效指标“Store Unit Sold”（售出库存数量）完成目标值。

（2）查看战略绩效指标明细信息。

在前两个指标中，詹姆斯觉得主要问题出在“Net Sales”（净销售额）上，他决定对该指标进一步进行分析。詹姆斯单击“Net Sales”（净销售额），查看这一绩效指标明的细节。如图 7－21 所示。

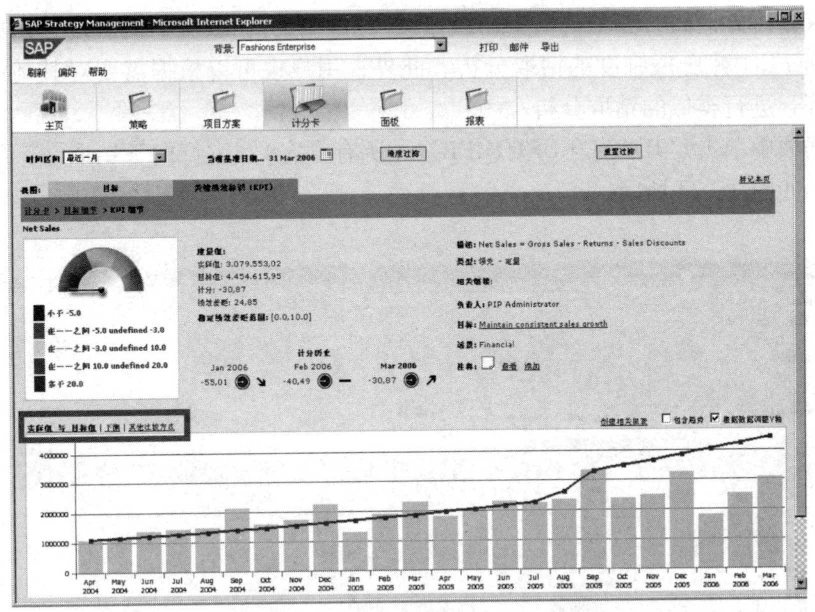

图 7－21　查看战略绩效指标明细信息

指标的明细信息界面列出了这一关键绩效指标的实际值与目标值的历史变化趋势。在缺省情况下，显示的是指标的汇总数。由于这一指标是没有完成目标值的，仅查看汇总数不能精确地定位问题原因，詹姆斯决定对各个维度深入钻取分析，找出确切的原因所在。

（3）对绩效指标进行多维度钻取分析。

詹姆斯要进行深入钻取，进行更详细的分析。他单击图粗线方框中的“下溯”进行钻取分析。系统进入钻取分析界面，如图 7－22 所示。

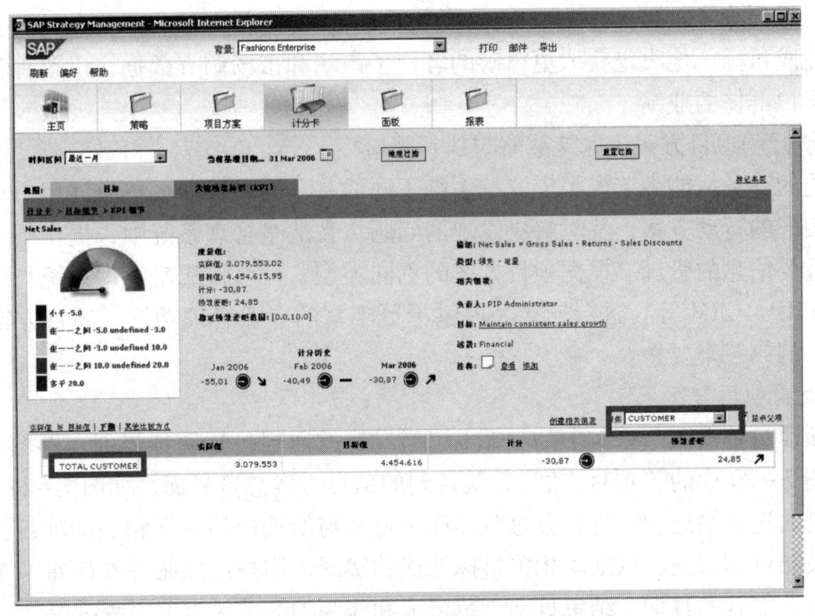

图 7－22　绩效指标钻取分析界面

在钻取分析界面的右侧下拉框中，用户可以选择进行钻取分析的维度。詹姆斯选择进行“Customer”（客户）维度的钻取分析。此外，用户也可以根据需要对其他维度，如产品或商店等，进行类似的钻取分析。

在数据项中单击“TOTAL CUSTOMER”（所有顾客），进行向下钻取。系统展现更明细的数据，如图 7 – 23 所示。

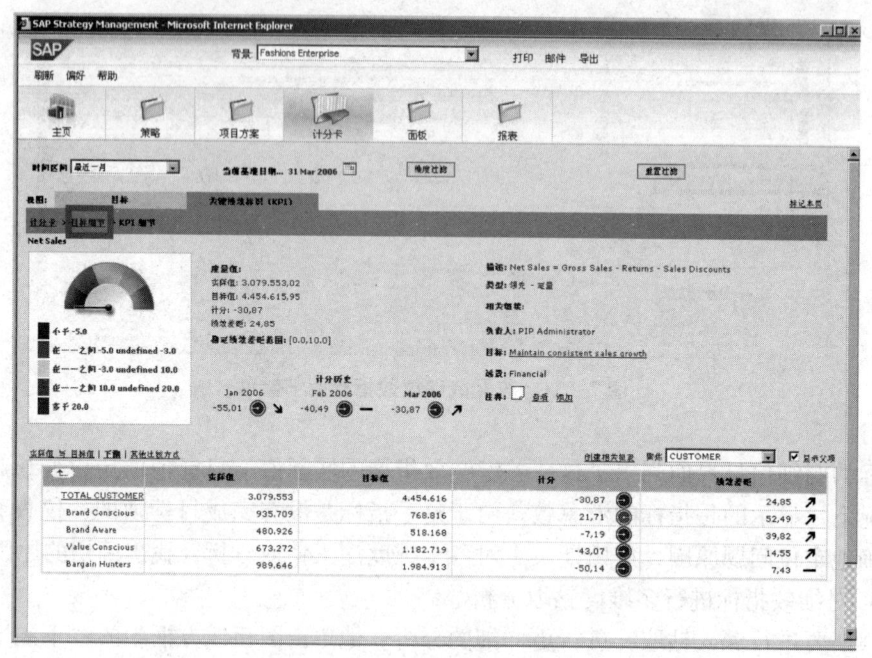

图 7 – 23　按客户维度向下钻取分析

詹姆斯看到除了“Brand Conscious”（注重品牌）的客户群以外，绝大部分客户群都没有成功完成目标。他决定获取更精确的客户子市场和市场调查数据，以改善其业绩低于目标值的客户群体的业绩。

4. 调整行动项目方案，保持战略与执行策应

与传统的商务智能系统或报表监控系统不同的是，战略管理系统允许用户在发现问题后，制订相应的行动方案，及时解决发现的问题。在战略管理系统中，提供了对项目方案的基本和重要信息的管理。根据项目方案的不同类型，可以将战略管理系统与不同的专业系统（如 ERP、CRM 等）进行连接，提供了更丰富的专业管理功能。项目方案是战略管理三要素中的第三个要素。

（1）查看项目方案。

詹姆斯通过单击图 7 – 23 中的“目标细节”，返回到目标明细界面，即图 7 – 20。再通过单击图 7 – 20 中的“项目方案”，跳转到的项目方案总览界面。如图 7 – 24 所示。

系统自动进行筛选，项目方案总览界面只显示与所选择的目标相关的项目方案。这些项目方案被制订和实施，以推动相关目标的成功实现。用户可以跟踪掌握每一个项目方案的基本信息，如开始日期、结束日期、负责人和作为检查关键点的里程碑等。

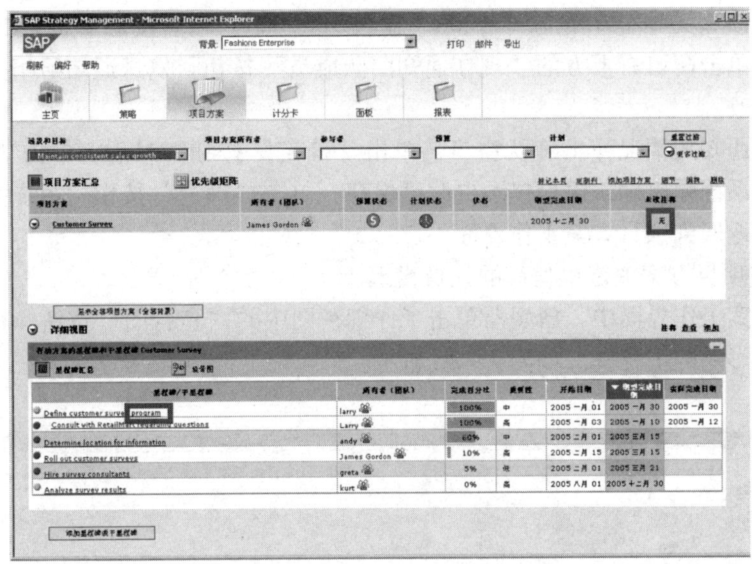

图7-24 项目方案工作界面

(2) 调整项目方案总预算。

系统已缺省选择了项目方案“Customer Survey”(客户调查),詹姆斯单击“编辑”链接,对这一行动方案进行调整。系统弹出编辑窗口,如图7-25所示。

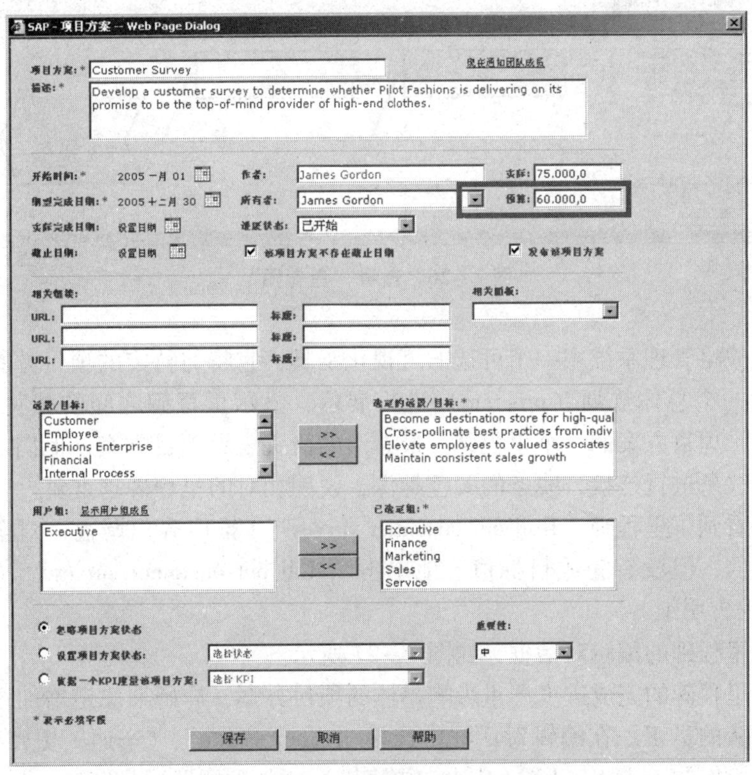

图7-25 修改项目方案总预算

詹姆斯在预算文本框中删除 60,000，输入 100,000，然后按回车键，对预算进行修改。接着，他单击窗口右上方的“现在通知团队成员”按钮，发送通知给相关的员工，该项目方案已更改。

系统根据通知的情况弹出确认窗口，单击“确定”按钮。最后，单击“保存”按钮以保存更改。系统弹出确认窗口提示更改已保存，单击“确定”按钮。系统关闭项目方案编辑对话框，返回到项目方案工作界面。

（3）调整项目方案关键里程碑的人员投入。

在项目方案工作界面中，詹姆斯单击了详细视图中的“鱼骨图”按钮，查看对本项目方案具有负面影响的里程碑。如图 7－26 所示。

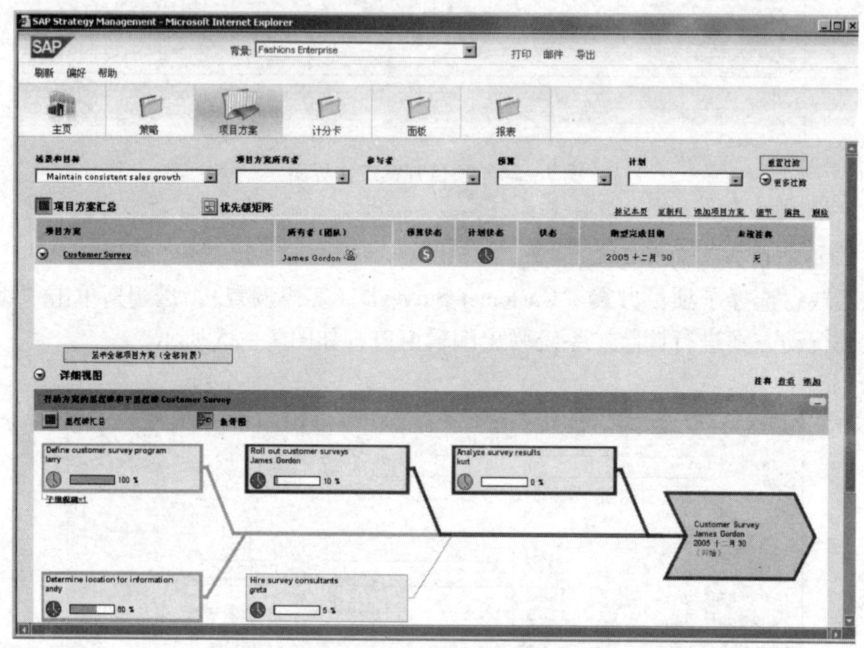

图 7－26 查看“鱼骨图”

鱼骨图是战略管理系统中一个可选的可视化工具，它将与特定的项目方案相关的一系列里程碑作为一个总体规划（program）进行展示，显示里程碑之间的相关关系。其中，每一个方框表示项目方案的一个里程碑，最右边的箭头表示项目方案，他们之间按时间的先后关系使用线条进行连接，线条的颜色越深，说明相对的里程碑越重要。

詹姆斯查看到了里程碑“Roll out customer survey”（推广客户调查）对全局的项目方案是非常重要的，但没有完成目标值。他单击“Roll out customer survey”（推广客户调查），查看里程碑明细。

系统弹出里程碑的编辑对话框，如图 7－27 所示。

由于这一里程碑的完成进度严重影响整体的项目方案，詹姆斯决定增加这个重要的里程碑的负责团队的员工。在编辑对话框中选择“Cindy Smith”（辛迪·史密斯），并单击“团队”按钮，将“Cindy Smith”（辛迪·史密斯）添加到团队成员窗口。

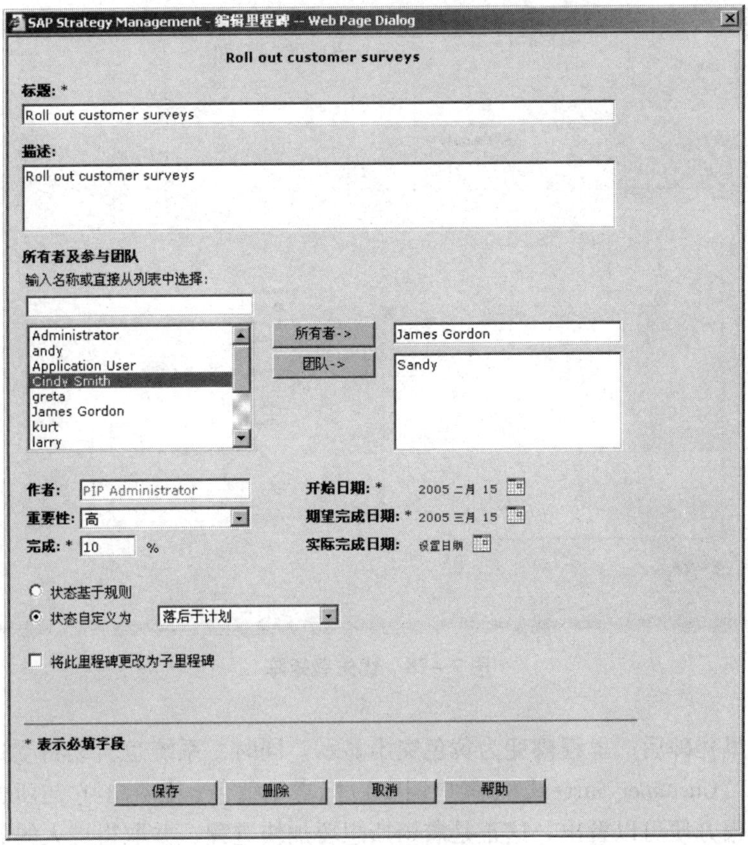

图 7-27　编辑里程碑

最后，单击“保存”按钮，以保存对里程碑的修改。系统弹出对话框提示“里程碑/子里程碑已更新”，单击“确定”按钮，关闭对话框。

（4）查看优先级矩阵，确定资源的投入方案。

为了确定项目方案调整的正确性，詹姆斯使用战略管理系统提供的另一工具——优先级矩阵进行检查。

詹姆斯在项目方案工作界面上单击“优先级矩阵”按钮，切换到优先级矩阵视图。如图 7-28 所示。

优先级矩阵是战略管理系统提供的一种可选的可视化工具，它将项目方案、里程碑、子里程碑都显示在一个二维的矩阵上。用户可以沿 Y 轴查看项目方案及其里程碑和子里程碑的重要性；沿 X 轴查看这些对象提前或者落后于日程安排。在这一工具中，右上角象限的对象是需要经理人员关注的，这一象限显示的是优先级别高且落后于日程安排的项目方案和里程碑。

詹姆斯单击右上角象限中的里程碑（右上角的蓝色圆圈[①]），詹姆斯看到这正是他刚才增加人员投入的里程碑“Roll out customer survey”（推广客户调查）。

① 实际在软件上操作时会有颜色分辨，为使操作者更直观地学习该软件，本书会带上颜色进行描述，后文表述同此处。

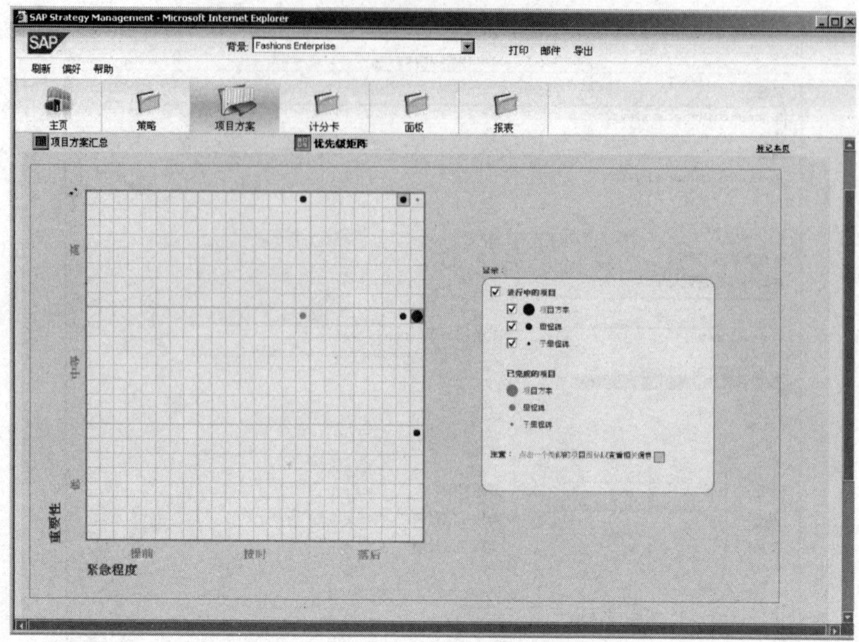

图 7－28 优先级矩阵

选中这一里程碑后，里程碑变为黄色突出显示。同时，系统也自动将受这一里程碑影响的项目方案“Customer Survey”（客户调查）标志呈黄色，显示了它与所选中的里程碑之间的关系。很方便可以看出，这正是詹姆斯想要加快进程，并取得更大的成功的项目。

用户还可以单击向下滚动条，查看里程碑的详细列表，如图 7－29 所示。

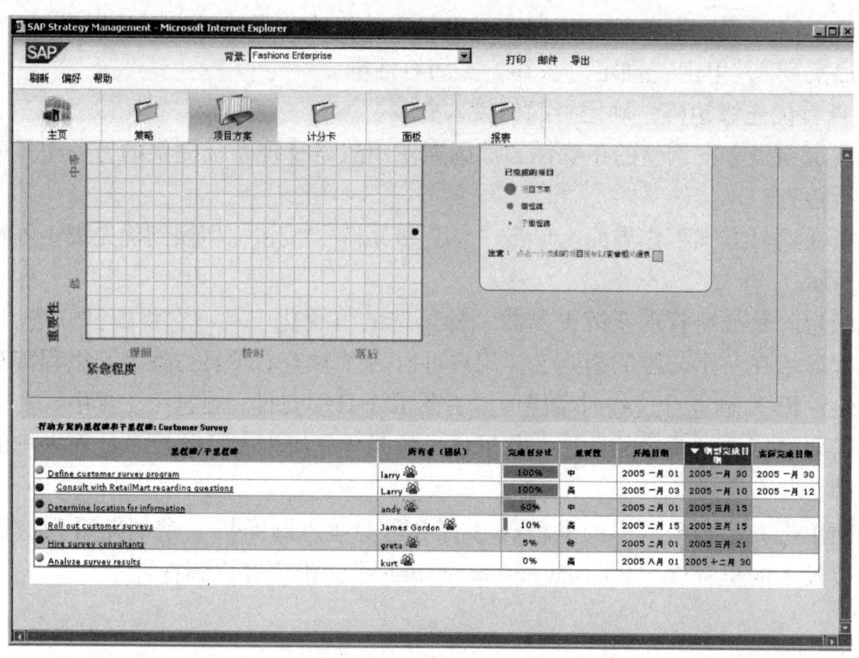

里程碑/子里程碑	所有者（团队）	完成百分比	重要性	开始日期	预计完成日期	实际完成日期
Define customer survey program	larry	100%	中	2005 一月 01	2005 一月 30	2005 一月 30
Consult with RetailMart regarding questions	Larry	100%	高	2005 一月 03	2005 一月 10	2005 一月 12
Determine location for information	andy	60%	中	2005 二月 01	2005 三月 15	
Roll out customer surveys	James Gordon	10%	高	2005 二月 15	2005 三月 15	
Hire survey consultants	greta	5%	低	2005 二月 01	2005 三月 21	
Analyze survey results	kurt	0%	高	2005 八月 01	2005 十二月 30	

图 7－29 优先级矩阵中的里程碑列表

这项快速的检查说明詹姆斯把资源投入到正确的项目方案和其最重要的里程碑当中，分别增加了其资金投放量和人员投入。詹姆斯可以返回主页，进行其他项目的工作。至此，我们演示的第一个场景结束。

二、流程示例场景二：定期战略绩效评价

使用战略管理系统，任何类型的战略绩效评价需要的一切资料都由系统集中管理，经过系统验证其准确性，并立即可以发布给相关人员。这不仅节省了整个组织范围内信息工作人员的宝贵的准备时间（这类工作往往也是耗时的），也可以让管理人员制定一个更有条理、具有一贯性的运营评审的筹备流程。

（一）销售经理创建运营评审文件

作为詹姆斯每月定期战略绩效评价的一部分，詹姆斯想和他管理的团队成员沟通他的绩效情况。战略管理系统支持这一业务流程，提供了“运营评审”功能实现信息的自动收集与发布。因此，在战略管理系统里，詹姆斯首先需要创建一个“运营评审”，并授权负责执行的团队成员辛迪·史密斯可以查看这一“运营评审”。

1. 新建运营评审文件

在战略绩效评价工作开始之前，詹姆斯想编写一份运营评审文件，例如，PDF 文件类型的情况说明书。他在战略管理系统的主页组件的运营评审区域单击“新建”链接。系统弹出对话框，提示输入运营评审名称，如图 7－30 所示。

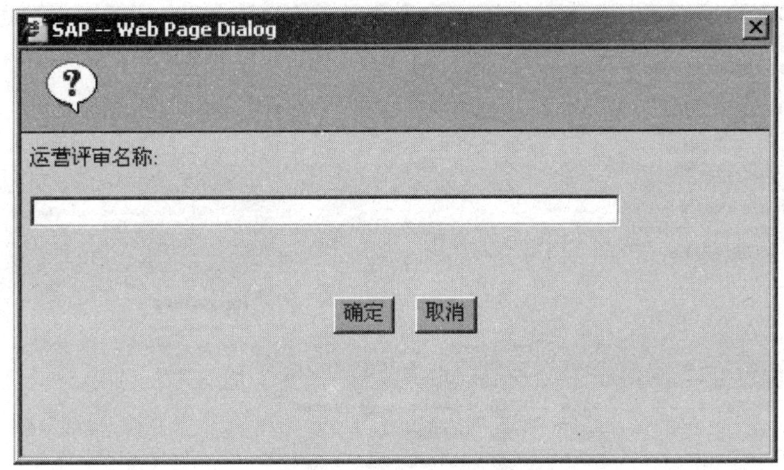

图 7－30　新建运营评审

键入运营评审的名称“每月度绩效评价”，然后单击“确定”按钮。系统进入运营评审的编辑界面。如图 7－31 所示。

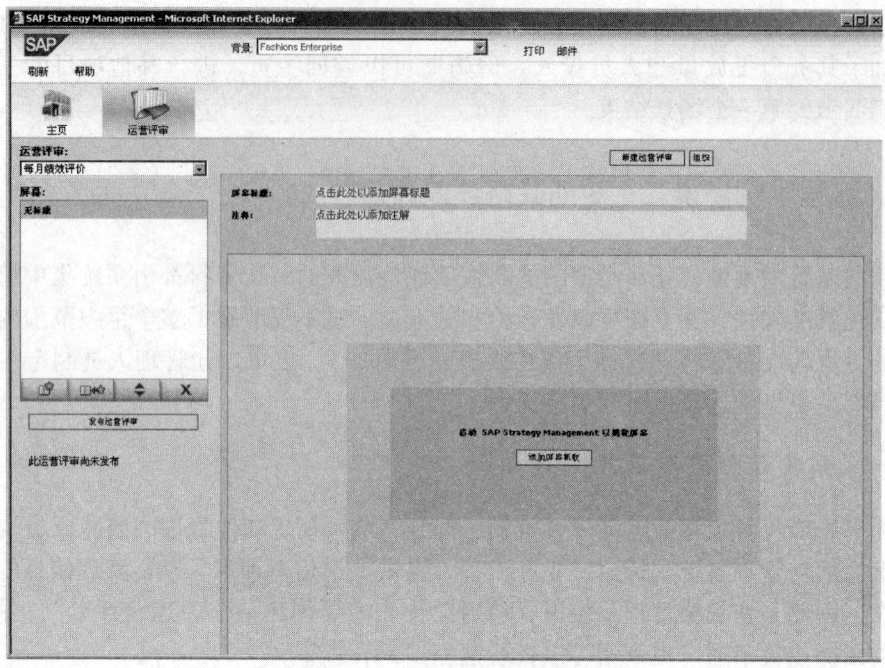

图 7－31　运营评审编辑界面

2. 在运营评审文件中添加战略地图

在运营评审的编辑界面单击“添加屏幕抓取”按钮。系统弹出如图 7－32 所示窗口。

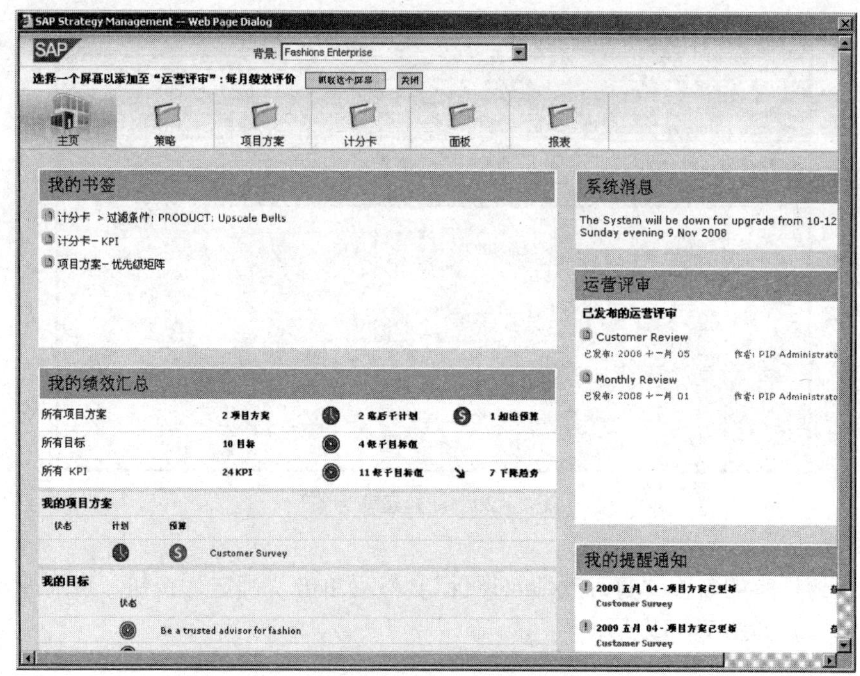

图 7－32　在运营评审中添加屏幕

现在，詹姆斯看到的操作界面是和平常一样的，但是多了一个可以捕获他所查看屏幕的指示按钮“抓取这个屏幕”。

首先，詹姆斯想将他的战略地图，即目标图示作为运营评审 PDF 文件的一部分。他单击“策略”选项卡。如图 7－33 所示。

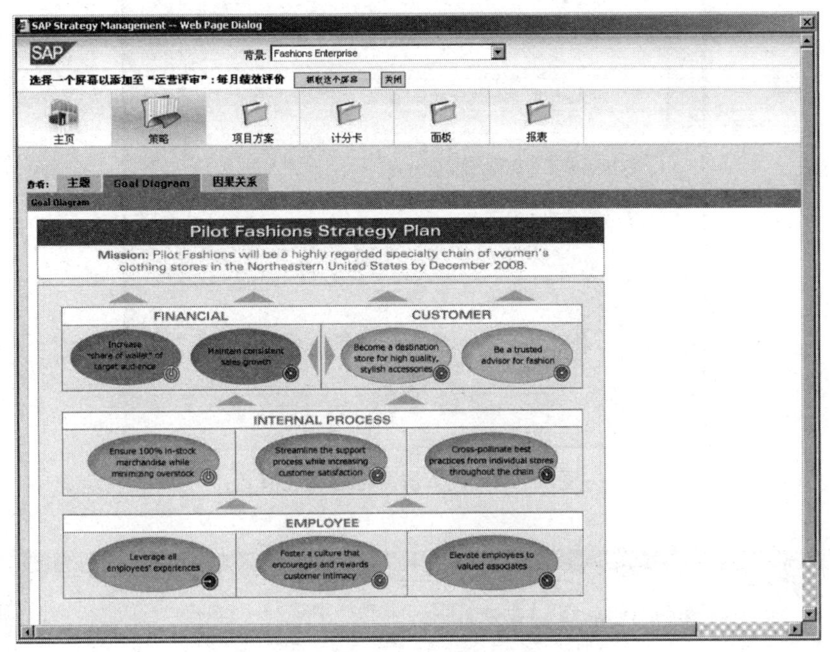

图 7－33　在运营评审中添加战略地图

“策略”组件实现了跨组织的战略协作、战略可视化和战略沟通。作为战略地图，目标图示显示了使命以及为成功实现使命而制定的目标，并将目标按不同的视角进行分组。

战略地图有两种产生方式：

（1）系统生成。

（2）将自定义图像导入系统，比如用 photoshop 制作。

目标图示的制作将在系统的配置部分进行介绍，本场景不包括这一内容。目标图示是互动式的。如果用户单击一个目标，用户会看到相关的项目方案的描述、关键绩效指标等。需要说明的是，在我们的示例场景中，目标图示是基于战略绩效评价体系方法构建的，但战略管理系统本身是与方法无关的，支持如六西格玛等其他方法。

詹姆斯单击“抓取这个屏幕”按钮，将这一屏幕的记录到运营评审中。系统弹出对话框，如图 7－34 所示。

用户可以输入自定义的屏幕标题和注解，再单击“确定”按钮。系统显示等待进度条，并在结束后弹出提示对话框。关闭提示对话框，此页面已被添加到运营评审中。

3. 在运营评审文件中添加计分卡

完成各种战略目标是詹姆斯战略绩效的重要组成部分，计分卡通过跟踪目标衡量战略绩效的完成情况。接下来，詹姆斯希望将他的计分卡也作为运营评审的一部分。

詹姆斯单击“计分卡”选项卡。如图 7－35 所示。

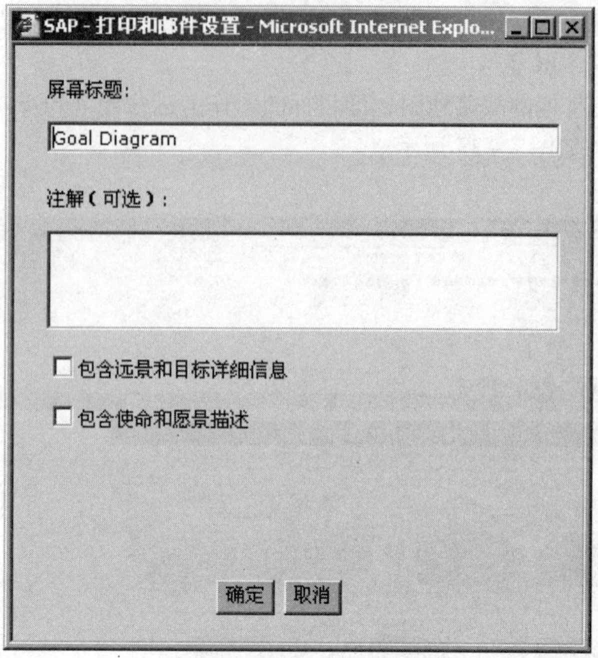

图 7－34 输入屏幕标题和注解

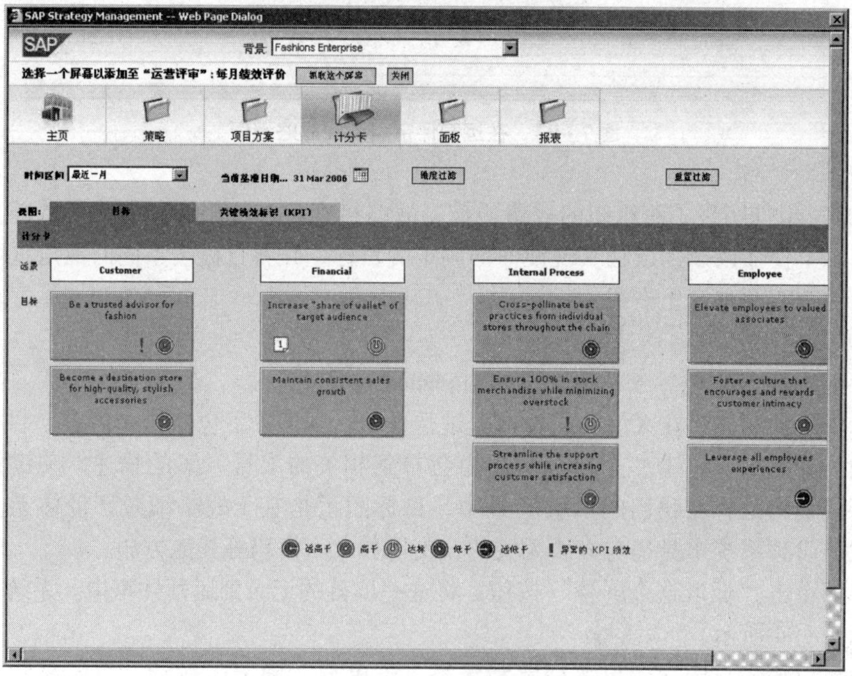

图 7－35 在运营评审中添加计分卡

单击“抓取这个屏幕”按钮，将这一页面记录到运营评审中。同样地，系统弹出“输入屏幕标题和注解”对话框，缺省的屏幕标题是“计分卡”。单击“确定”按钮，计分卡屏幕添加完成。

4. 在运营评审文件中添加目标

接下来，詹姆斯要将目标“Maintain consistent sales growth”（保持持续的销售额增长）作为运营评审的一部分。目前，这一目标没有完成。詹姆斯单击计分卡中的目标“Maintain consistent sales growth”（保持持续的销售额增长），如图7－36所示。

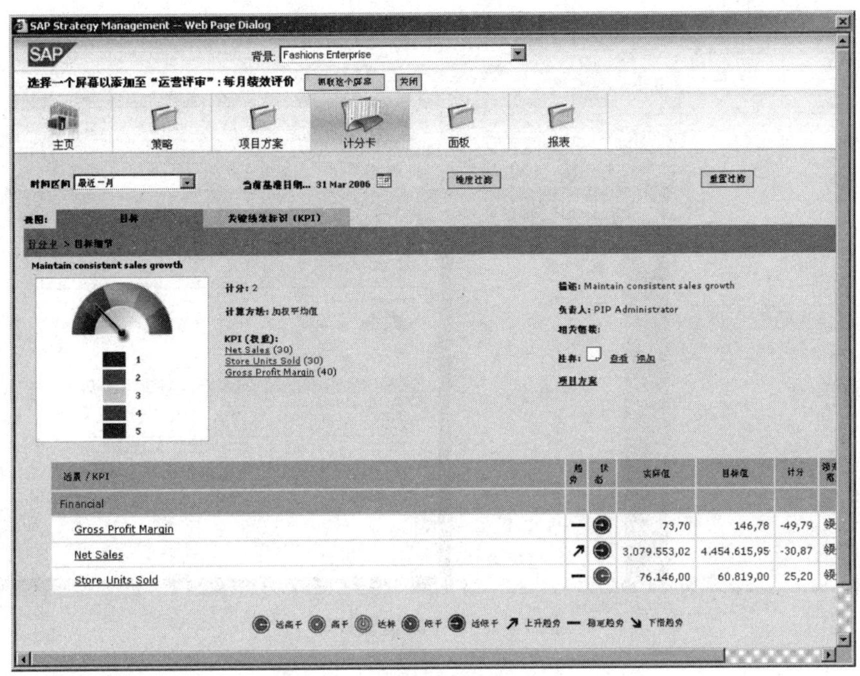

图7－36　在运营评审中添加计分卡

单击“抓取这一屏幕”按钮，将这一页面记录到运营评审中。在随后的“输入屏幕标题和注解”对话框中，输入注解“增加项目方案预算及人员投入。”如图7－37所示。

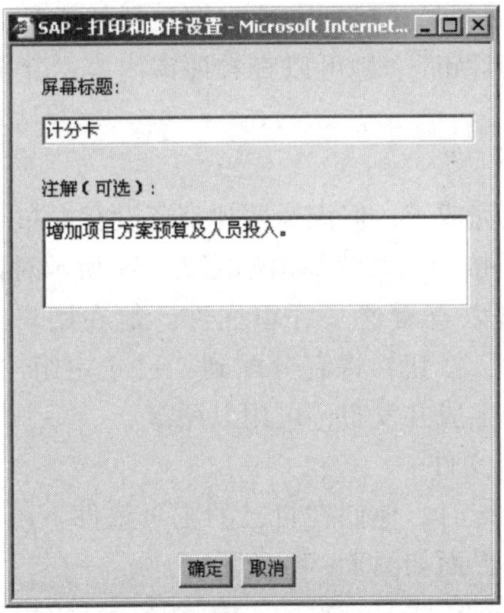

SAP - 打印和邮件设置 - Microsoft Internet...

屏幕标题：

计分卡

注解（可选）：

增加项目方案预算及人员投入。

确定　取消

图7－37　输入注解

稍后这将出现在生成的 pdf 文件中。单击“确定”，完成后的界面如图 7－38 所示。

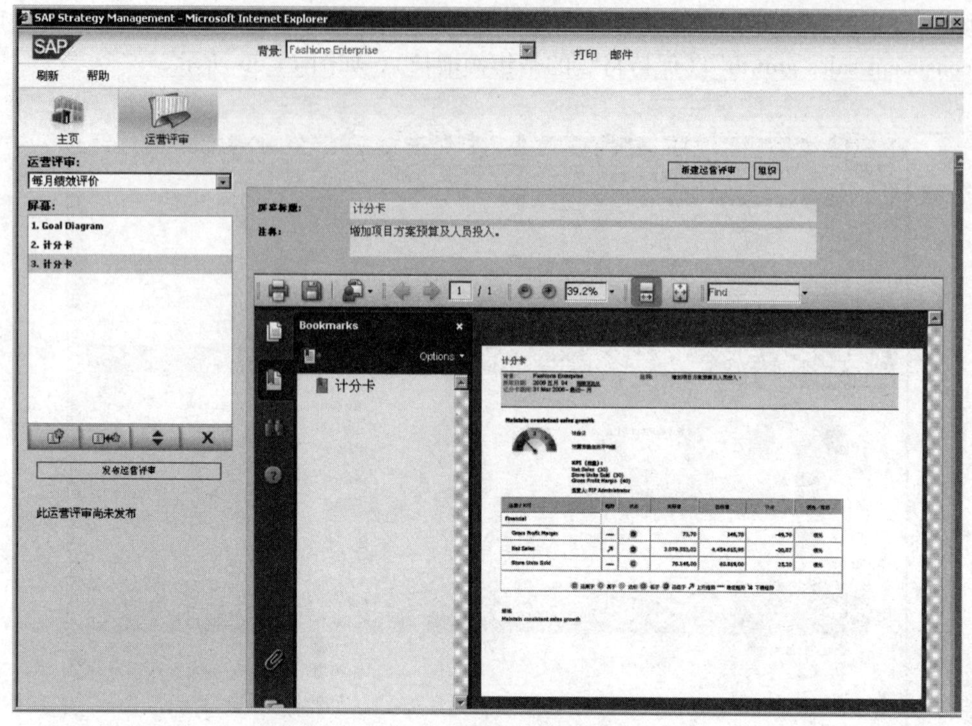

图 7－38　完成运营评审

（二）发布运营评审文件，用于战略绩效评审

在销售经理完成创建“运营评审”资料后，他可以指定团队中的哪些成员可以查看这一“运营评审”资料。在本示例中，詹姆斯指定所有“Executive”（执行人员）都具有查看资料的权限。

辛迪·史密斯是“Executive”（执行人员）用户群的成员，她收到詹姆斯发送到她的系统主页和收件箱的“运营评审”。她可以查看评审内容，并进行后续处理，为战略绩效评审工作做好准备。

1. 发布运营评审文件

至此，建立运营评审就完成了，但该运营评审还没有发布。在运营评审的编辑界面中可以单击“发布运营评审”按钮，系统弹出如图 7－39 所示对话框。

詹姆斯指定哪些用户可以查看这一评审文件。他在用户组列表中选择“Executive”（执行人员）并单击“>>”按钮，将它分配到“已选定组”列表中。单击“确定”按钮。运营评审文件就会自动生成并发布，可用以评审。

2. 接收、查看运营评审文件

当指定的用户登录到系统时，他们在自己的主页组件下可以看到一个新的运营评审。詹姆斯单击返回主页组件，界面如图 7－40 所示。

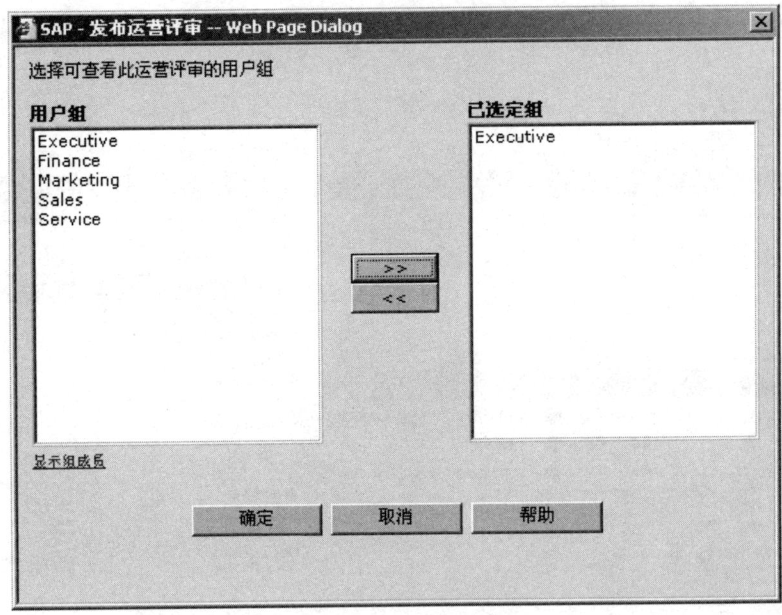

图 7－39　发布运营评审

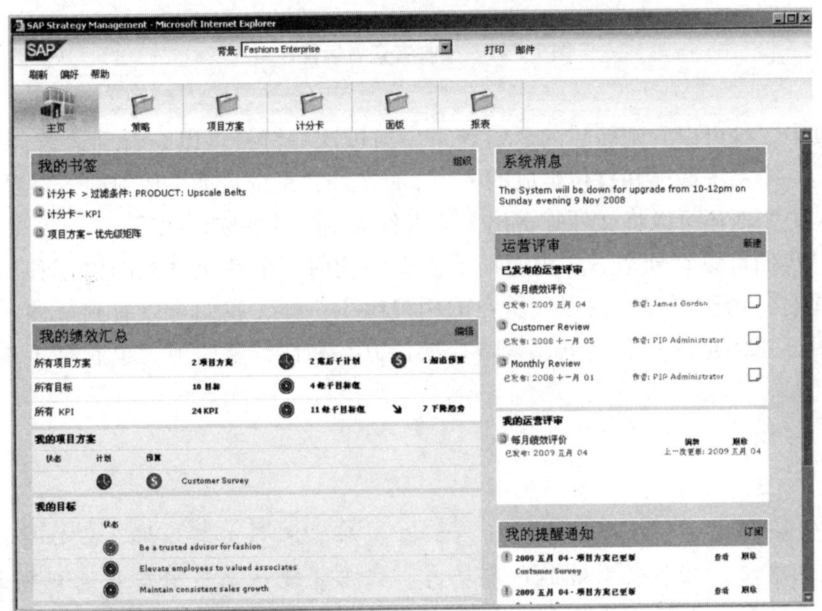

图 7－40　发布者查看运营评审

詹姆斯可以单击运营评审区域的“每月绩效评价”查看运营评审的内容，也可能通过“我的运营评审”下的链接修改运营评审。

辛迪·史密斯是用户组“Executive”（执行人员）中的一员。现在她登录系统后，主页界面如图 7－41 所示。

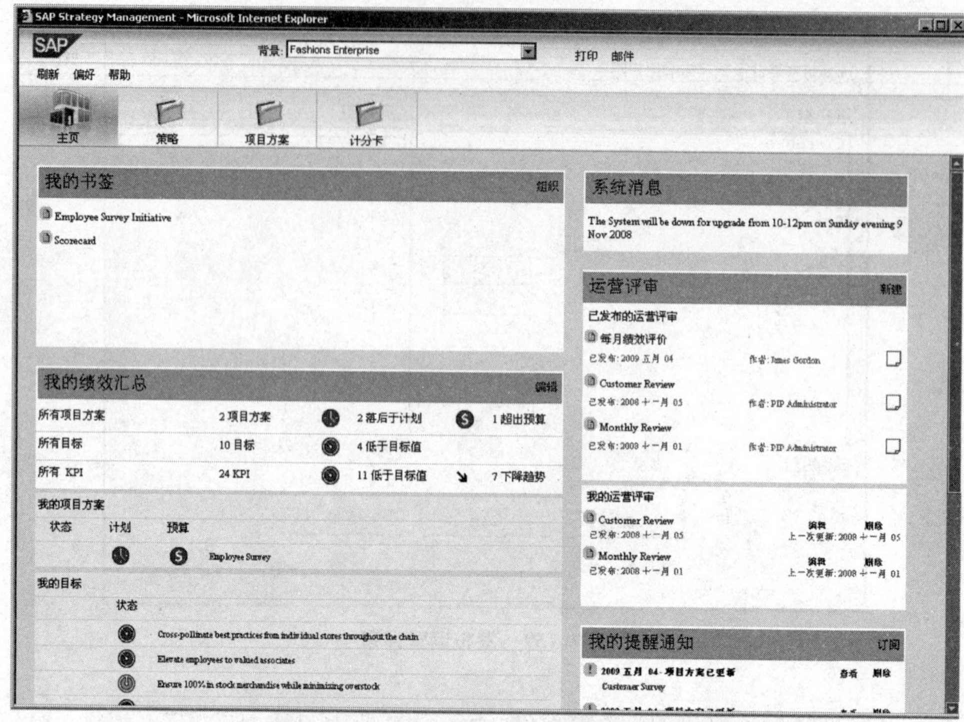

图7－41　接收者查看运营评审

在主页中，她可以看到新建的运营评审。通过这一链接可以查看到运营评审的内容，运营评审是一个系统截屏并打包生成的一个pdf文件，系统自动生成封面、目录。

辛迪·史密斯还可以将文件邮寄出去或者作为幻灯片放映使用等。

此外，我们可以看到辛迪·史密斯的主页中的内容个性化设置的内容和詹姆斯是不一样的。同时，由于用户的权限或所在的用户组不一样，我们可以看到辛迪·史密斯的用户界面中显示的组件只有主页、策略、项目方案和计分卡四项，也有别于詹姆斯的界面组件。

【本章总结】

本章讨论了战略管理信息系统的基本概念和实现方式，分析了战略管理的典型流程、常见战略管理信息系统的基本功能、战略管理信息系统与其他系统之间的关系、战略管理信息系统中平衡计分卡、战略规划和战略地图及其具体实现方式，以及战略管理信息系统的主要输出，并结合案例讲解了战略管理信息系统的典型应用场景。

【本章思考题】

1. 战略管理系统的实现方式有哪些？
2. 简述企业战略绩效管理组织机构与职责。
3. 简述战略管理信息系统与其他系统之间的关系。

4. 试分析一下造成企业战略制定和执行之间存在巨大差距的主要原因有哪些？
5. 构建战略管理信息系统核心前提有哪些？
6. 企业战略绩效管理典型流程都包括哪些？
7. 试画出企业战略制定与调整、战略分解与下达的流程。
8. 试分析一下企业战略日常执行与跟踪的流程。
9. 试画出企业战略评价结果报告与使用的流程。
10. 简要说明一个销售经理如何利用战略管理信息系统进行定期战略绩效评价。

第八章　预算管理信息系统及其应用

【本章内容简介】

本章第一节介绍了全面预算管理信息系统支持的主要业务内容；第二节介绍了数字化时代全面预算系统的信息化应用架构和数据处理逻辑，并给出具体示例；第三节详细阐述了全面预算信息化的战略规划、年度目标分解、预算编制、预算审批、预算调整、预算控制、预算分析及评价等预算管理程序及工具是如何在信息化系统中实现的，结合具体应用场景更详细充分地介绍全面预算信息化产品功能；第四节用一个制造业案例将全面预算信息系统在实际业务应用做详细阐述。

【本章学习目标】

1. 了解全面预算的信息化建设基础工作：编制内容、编制流程、控制方式、调整方式、分析内容及方法。

2. 结合实际业务设计全面预算信息化系统的组织、指标、表格，审批流程，调整，同时思考企业的刚性、柔性控制方式适应于哪类预算业务，收集经营会计系统、成本管理系统实际数据做预算实际对比分析。

3. 理论结合实际通过全面预算信息系统应用案例，了解在预算管理系统中如何进行预算编制、规范预算调整流程、通过预算分析出具管理报告。

【本章要点提示】

企业全面预算管理系统中统一设计、管理、调整预算模型，各级公司、部门按年度进行预算编制的工作，在业务过程中实时控制，发生重大变更时进行调整，并按期进行预算执行分析。系统根据预算的业务流程进行建设，全面预算管理要点如图 8－1 所示。

第八章　预算管理信息系统及其应用

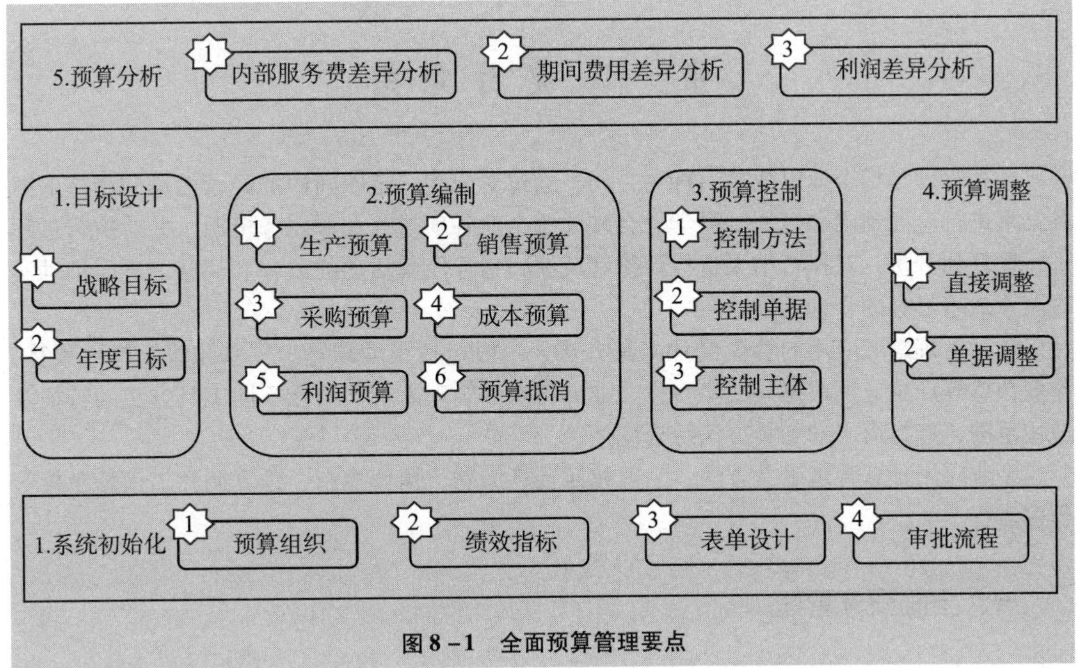

图8-1　全面预算管理要点

【本章引导案例】

鸿途集团水泥股份有限公司，是国家重点支持的前三家水泥企业（集团）之一，是工信部重点支持兼并重组的五大水泥企业之一，2011年12月23日，鸿途水泥在港交所主板成功上市。截至2019年2月，鸿途水泥总产能超1.5亿吨，旗下公司覆盖河南、辽宁、山东、安徽、山西、内蒙古、新疆、天津等省份。

鸿途集团顺应时代发展潮流，对传统产业进行数字化变革。"数字生产与集团管控"实施以来，建设的适合企业集团战略发展需要的全面预算信息平台实现了以下功能：

(1) 绩效目标：集团公司中长期战略目标的设定，指导公司未来3~5年战略发展方向。

(2) 目标分解：年度目标分解，在全集团实现自上而下的年度绩效目标，将目标责任层层分解传递，明确各级的绩效目标，制订绩效计划并建立考核指标体系和激励机制。

(3) 预算编制：企业各层级根据集团设定的年度目标，编制达成目标所要投入人力、资金、设备、成本等资源进行编制审核，成为年度进行业务执行的指导标准。

(4) 预算控制：实现与采购系统、费用管理系统、资金系统、收付款合同等系统预算规则设置，预算单据组织及预算额度的实时控制。

(5) 预算分析：根据目标完成情况参考公司绩效管理制度，对责任中心的业务完成情况进行评估。

(6) 绩效评价：正确、及时、完整地将责任中心的财务业务运营的绩效报告给企业管理者。

（案例来源：根据用友客户企业应用编写，案例中企业名称为化名。）

第一节　业务介绍

预算管理是指企业以战略目标为导向，通过对未来一定期间内的经营活动和相应的财务结果进行全面预测和筹划，科学、合理配置企业各项财务和非财务资源，并对执行过程进行监督和分析，对执行结果进行评价和反馈，指导经营活动的改善和调整，进而推动实现企业战略目标的管理活动。

预算管理领域应用的管理会计工具方法，一般包括滚动预算、零基预算、弹性预算、作业预算等。企业可根据其战略目标、业务特点和管理需求，结合不同工具方法的特征及适用范围，选择恰当的工具方法综合应用。

企业应用预算管理工具方法，一般按照预算编制、预算控制、预算调整、预算考核等程序进行。

一、全面预算管理

企业进行预算管理一般都会包括经营预算、专门决策预算和财务预算等内容，也就是说通常实行的都是全面预算管理。企业进行全面预算管理，一般应遵循战略导向原则、过程控制原则、融合性原则、平衡管理原则和权变性原则。

全面预算以战略为导向，在对未来经营环境预测的基础上，确定预算期内经营管理目标，逐层分解、下达于企业内部各个组织单位，并以数量和金额形式反映企业生产经营和财务活动的计划安排。

企业一切经济活动以及人、财、物各资源与供、产、销各环节，都须纳入预算管理，形成由战略目标测算及分解、年度目标、业务计划、经营预算、投资预算、筹资预算、财务预算等一系列预算组成的相互衔接和勾稽的综合预算体系。

随着信息化大数据与云计算技术的突飞猛进，全面预算作为企业管理中承上衔接企业战略，启下链接企业最小组织全管理覆盖工具，其信息化建设难点有三点：涉及有企业组织繁多；预算指标繁杂、数据量庞大，因此全面预算的信息化工作势在必行。

集团全面预算管理信息化平台应统筹考虑集团战略管理的长远发展需要。企业的全面预算管理横向将战略目标、年度计划与全面预算编制、执行控制、预算分析、绩效考核紧密结合，实现全面预算管理的“全面、全员、全过程”的闭环管理，从而形成业务到财务的贯通，对各项关键业务进行处理和监控，实现财务、实物资源优化配置；纵向上，形成自上而下的数据贯通，提高预算管理效率及准确性，增强集团管控水平，提升企业整体预算及绩效管理能力。

二、全面预算管理主要工作任务

企业进行全面预算管理时的主要工作任务包括战略规划、年度经营目标制定、预算编制、预算审批、预算控制、预算调整、预算分析与考核。

（一）战略规划

全面预算要求将企业战略目标具体化，各层级管理人员与经营人员制定目标，为企业具体经营进行做出行动规划，战略实施计划包含了3～5年的战略长期计划和年度经营计划。战略实施计划包含了：第一，将集团的总目标在时间上做分解，分析计划在时间框架下的可执行性；第二，根据3～5年滚动计划，联系实际完成，形成年度目标，集团年度目标下达到产业集团/分子公司/事业部，板块将年度目标分解到工厂/部门。目标的纵向分解。第三，以集团战略目标为基本价值导向，贯彻落实公司发展战略，以从源头上理清对企业实施全面预算管理意义的认识。

（二）年度经营目标

集团在提出战略目标方案后，在时间维度上分解为3～5年滚动计划，同时落实下一年度的年度目标预算，年度目标为能够实现自上而下分解又能够实现自下而上汇总审批，年度经营目标是对企业的资源进行合理的分配；建立预算责任中心分解—编制—分析—考核流程，不同层级的组织考核不同的内容；通过将目标层层分解、控制策略与战略的一致性，同时为自下而上形成资源需求及自上而下资源配置。

（三）预算编制

在集团建立预算管理的模型架构、流程及管控模式，分析方法和考核，加强集团、产业集团/分子公司/事业部、工厂/部门三级管控，实现全面预算工作的业务标准化，编制流程化，建立全面预算框架；基于预算系统的自动化、灵活性、直观性的支撑能力，以及预算管理报告、审批报表的设计，提高预算编制效率，使预算的决策审批更科学有效。预算系统要覆盖从业务到财务的全方面内容，建立业务计划与财务预算的勾稽关联，实现年度目标、经营计划、专项计划、筹资计划、投资计划、经营预算、项目预算、投筹资预算与财务预算（利润预算表、现金流量预算表、资产负债预算表、利税模型测算表）的有效衔接。

（四）预算审批

对各预算主体的预算编制、申报、审查、批准程序设计预算管理报告、审批报表作出规定，明确有关部门的责任和权利。预算审批流程包括：一是面向本单位的汇总审批，二是下级对上级上报汇总审批。预算审批内容包括：预算编制审批、预算控制审批、预算调整审批。

（五）预算控制

集团全面预算控制，要实现事前、事中、事后控制，通过对预算执行进行有效的控制，对预算执行过程中出现的偏差及时地进行调整和修正，从而提高企业的运营效率，完成集团的绩效目标。预算控制内容包括但不限于：费用报销、采购付款、项目结算、其他往来款等内容。

（六）预算调整

全面预算调整是预算执行一个阶段后，企业各层级组织可根据实际执行情况，集团和产业集团在特定的时间根据预算调整程序对年度预算进行调整。预算调整包括：年中大范围调整、预算指标调整和预算调剂。

（七）预算分析与考核

集团全面预算分析构建“全面直观、业财一体、由果溯因”的预算管理会计报告体系和实时分析体系，分析内容包括：预算执行分析、数据穿透查询分析、量本利分析、年度预算指目标完成情况分析报告等自定义分析能够支撑公司经营管理和战略发展决策。

对于年度考核，可设置一系列综合经济指标和非经济指标进行评价；可根据预算上报情况设置预算编制的及时性、准确性方面的考核指标；可根据预算执行分析的及时性和预算分析报告的完整性和建设性方面设置考核指标；可对重点事项完成情况进行考核；考核应与企业的组织绩效和预算责任单位的奖励机制挂钩，从而调动员工对企业经营的主观能动性。

第二节　系统应用架构与处理逻辑

一、系统应用架构

（一）预算管理系统应用架构定义和内容

预算管理系统应用架构用于描述预算管理系统功能和信息技术实现的内容，通常分为企业级和单个系统级两个不同的层面。

企业层面的应用架构向上承接企业战略发展方向和业务模式，向下规划和指导企业各个信息系统的定位和功能，起到统一规划、承上启下的作用。

在信息系统构建过程中，企业层面的系统应用架构是最重要和工作量最大的部分，具体工作包括设计企业应用架构蓝图、架构标准/原则、系统的边界和定义、系统间的关联关系等方面的内容。

单个系统级的应用架构工作一般属于项目组，单个系统的应用架构设计需要遵循企业总体应用架构原则。单个系统应用架构具体工作包括设计系统的主要模块和功能点，明确从前端展示到业务处理逻辑、到后台数据是如何架构的。

与之相对应，系统应用架构图也分为两类，一类为企业层面的多系统应用架构图，用来分层次说明企业不同系统间的业务逻辑关系、信息流、系统边界等。一类为单个系统应用架构图，用来分层次说明某个系统主要组成模块和功能点之间的业务逻辑关系。预算管理系统应用架构属于单个系统级别的应用架构。

从应用架构图的描述方式或岗位角度而言，系统应用架构图又可以分为业务架构图（系统功能性架构图）和技术架构图（系统技术层次架构图）。

（二）用友预算系统应用架构示例

用友 YonBIP 全面预算系统将财务会计、责任会计、供应链、人力资源、风险管理、绩效管理等管理领域有机结合，以数据服务为基础，数智化为支撑，利用全面预算工具和方法，将财务和业务有效融合，充分发挥全面预算分析过去、控制现在、决策未来的支撑作用。

用友 YonBIP 全面预算系统应用架构包括“四层次一集成”（见图 8 -2）。

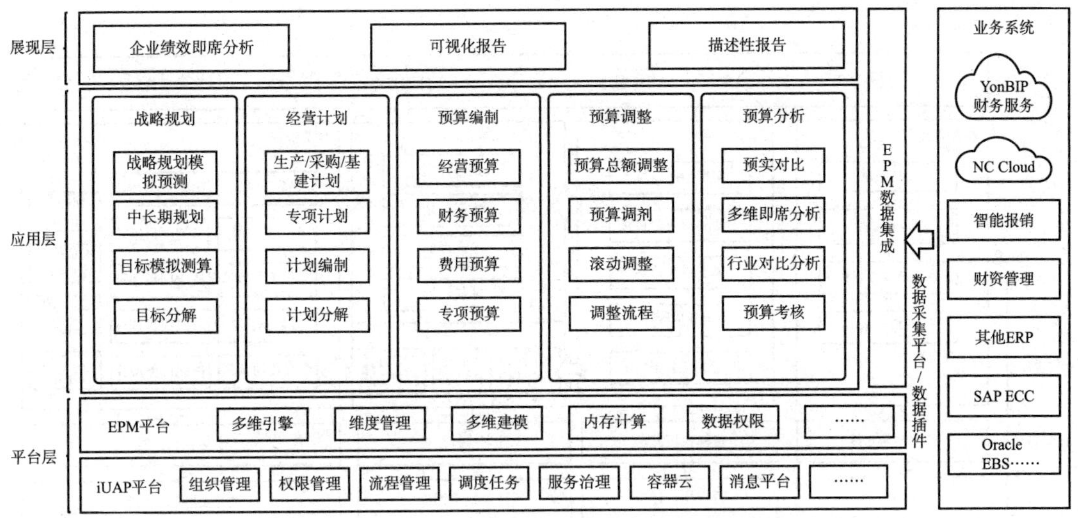

图 8 -2　用友 YonBIP 全面预算系统应用架构示例

1. 平台层

构建于用友 YonBIP 的 IUAP 平台，可实现用户权限管理、预算组织管理、流程管理、容器等公共管理应用。

2. EPM 层

预算建模，实维度维护、多维引擎实现数据的多维聚合。

3. 应用层

用户在应用层面编制战略规划、经营计划、年度预算编制、预算调整、预算分析等。

4. 展现层

借助大数据技术对数据进行多维整合，对数据进行分析出具即席分析报告、可视化报告等内部管理报告。

5. EPM 数据集成

通过数据采集平台，将大型企业分布在其他信息应用系统中的数据采集到 EPM 平台中。

二、预算管理系统的处理逻辑

预算管理系统的处理和其他任何信息系统的处理一样包括输入、处理和输出三个基本环节，但具体处理逻辑各自不同。预算管理系统的基本处理逻辑是：首先在特定预算管理思想的指导下，结合企业战略目标，明确企业的预算内容和预算目标，分解确定下级单位的预算目标。其次选定预算管理方法和工具，按照特定的预算执行程序进行预算管理。

企业预算管理系统一般按照“战略—目标—计划—预算”全面预算管理思想指导下的处理逻辑来设计，依据 PDCA 循环来构建。

（一）PDCA 循环

企业全面预算系统处理逻辑一般通过构建基于“战略—目标—计划—预算”的全面预算 PDCA 循环的预算管理系统来实现（见图 8－3）。

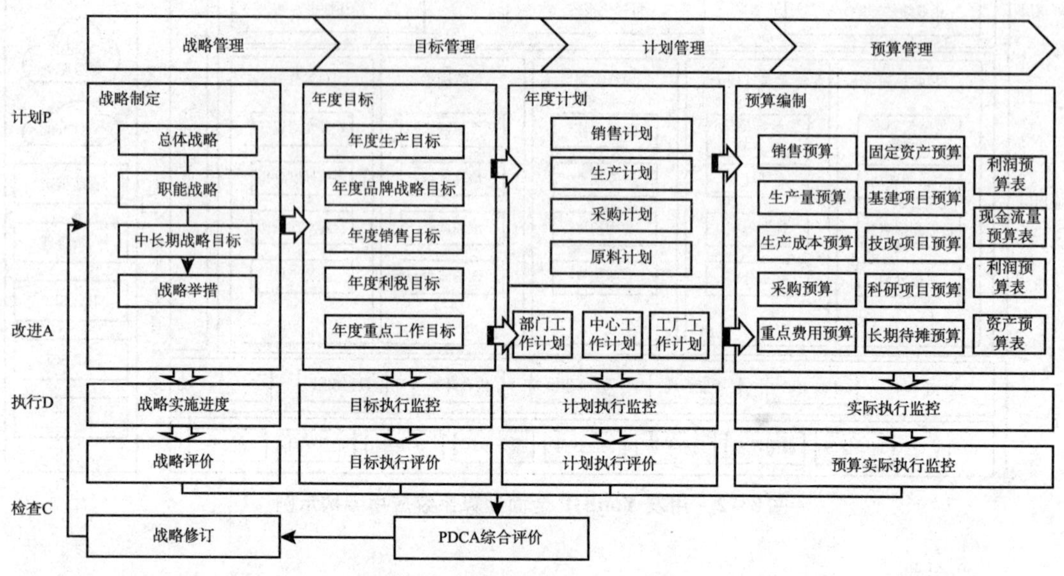

图 8－3　预算管理系统处理逻辑

1. 计划（P）

战略目标：集团长期战略目标的设定，指导公司未来 3～5 年战略发展方向。

目标分解：年度目标分解，在集团实现自上而下的年度目标，将目标责任层层分解传递，明确各级的绩效目标，制订绩效计划并建立考核指标体系和激励机制；

全面预算：企业各层级根据集团设定的年度目标，编制达成目标投入的资源计划，进行平衡/编制，成为年度进行业务执行的指导标准。

2. 执行（D）

成本管理：成本管理系统中记录每个成本中心、产品的材料成本、人工成本、制造费用，进对成本中心、品牌、客户等维度进行成本的归集和分摊，记录各成本中心的实际成本。

业财一体化：从业务到财务，多维核算收入、成本、费用、利润等情况。

3. 检查（C）

绩效管理：根据目标完成情况参考集团绩效管理制度，对各层级组织的业务完成情况进行评估。

管理报告：正确、及时、完整地将各组织的财务业务运营的绩效报告给企业管理者。

4. 改进（A）

将企业经营成果与年度预算进行执行评估，保持经营成果，纠正经营偏差，在下一 PDCA 循环周期中，确定新目标，启用新的 PDCA 循环。

（二）用友全面预算管理系统处理流程示例

用友公司根据企业全面预算业务，统一设计、管理、调整预算模型，按年度进行预算编制的工作，在业务过程中实时控制，发生重大变更时进行调整，并按期进行预算执行分析。

预算管理系统根据预算的业务流程进行建设全面预算管理涉及如下主要流程，包括：基础设置、指标分解、预算编制、预算调整、预算控制、预算执行和预算分析等流程，全面预算处理流程关系如图 8－4 所示。

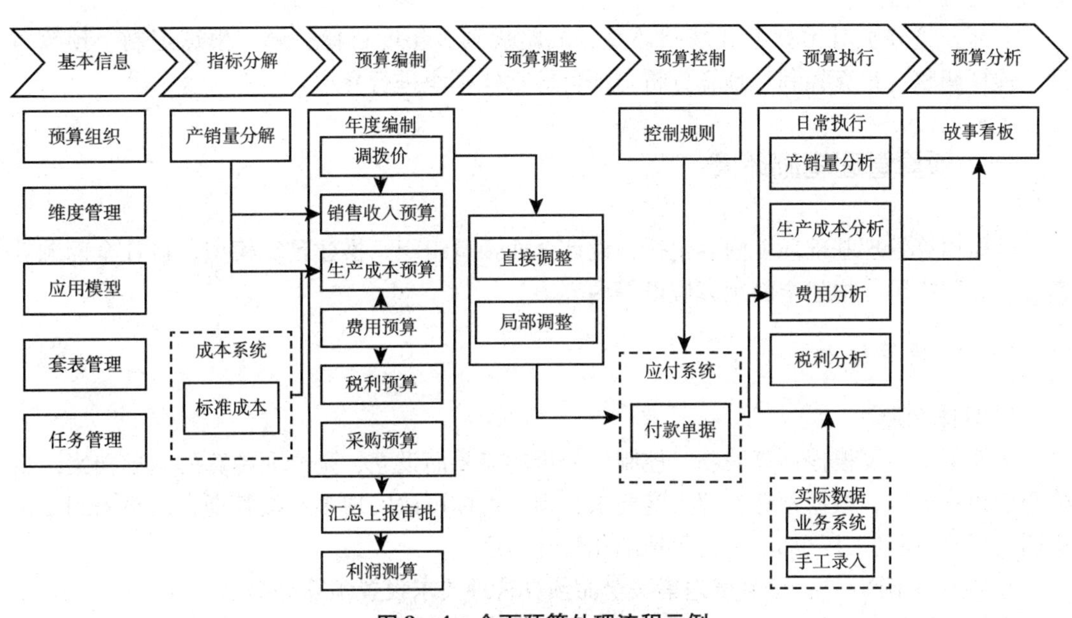

图 8－4　全面预算处理流程示例

第三节　系统功能与管理工具方法的实现

预算管理系统用于支持企业实施全面预算管理的各项主要工作任务，因此应该相应具备战略规划、年度经营目标制定、预算编制、预算审批、预算控制、预算调整、预算分析与考核等功能模块。

借助预算管理系统各功能模块，企业可以获得以下管理效益：

（1）落实公司年度预算指标体系，通过测算模型将指标落实到业务预算，确保各业务预算间的关联性，能够将集团指标分解到各级组织并最终落实到最小业务单元上。

（2）实现预算指标体系的联动测算，在编制或调整时，可对经营类指标、财务类指标、投资类指标、资本类指标进行综合平衡处理。

（3）实现对产品的销售收入、生产成本、费用预算、税利预算等进行实时监控，并通过与业务系统的对接，能够在业务的申请、审批、执行等环节对相关项目进行控制。

（4）适应内外部环境变化，对年度预算进行年中调整或是对某个指标局部调整。

（5）通过预算执行实现对产销量、生产成本、税利等关键指标的月度分析，能够实时地对指标的预算和执行情况进行对比分析，并对结果进行及时反馈，便于企业对异常情况及时采取措施，降低生产经营风险。

（6）公司能够根据分析结果对最小业务单元进行考核分析，并根据自身的实际情况进行奖励。

除此之外，因为不同企业的组织结构不同，应用的预算管理方法工具不同，构建的预算模型、分析维度也会因为预算项目和预算环境变化而需要调整，因此，预算管理系统通常需要有一个基础模块用于对企业组织、权限分配、预算管理模型、预算维度、预算套表等内容进行设置。

本部分将分别对预算管理基础环境、战略规划、年度目标分解、预算编制、预算审批、预算调整、预算控制、预算分析与评价等功能模块进行介绍。

一、预算管理基础环境

全面预算管理基础环境内容包括，设计全面预算组织，搭建预算模型、设计全面预算套表、分配权限、构建全面预算假设等内容。

（一）预算组织

1. 具体功能

预算主体主要根据预算编制、控制、分析的需要而设立，是全面预算的基础档案。搭建全面预算组织，根据预算管理力度要求，预算主体可以实现多层级管理，由集团到二级集团/分子公司到工厂/部门项目等精细化管理力度。

2. 应用示例8－1：按照鸿途集团全面预算管理要求设置预算组织

案例预算管理组织如表8－1所示。

表8－1　案例预算管理组织

编号	利润中心名称	是否法人
1	鸿途集团股份有限公司	是
2	鸿途集团水泥有限公司	是
3	大连鸿途水泥有限公司	是
4	采购公司	否
5	销售公司	否
6	原料线	否
7	产品线	否

用友预算系统支持预算组织体系多版本，以适应预算组织架构的随时调整变化。

（1）业务场景。将参与编制及汇总的组织作为全面预算组织，此案例中是按照鸿途集团内部管理需要建立组织树，该组织树管理会计账簿结构使用同一套组织体系，以便取实际数据，预算组织管理口径是在鸿途集团现有的组织架构基础上界定集团总部、子公司、职能部门在全面预算管理中的职责权限，规范全面预算工作流程所做的全面预算组织体系梳理，建立鸿途集团的预算组织体系。

（2）系统实现。根据鸿途集团预算组织，在系统中建立全面预算组织体系（见图8－5）。

	编码	名称	简称	助记码	上级业务单元	所属管控范围	实体属性	所属公司	分管领导	负责人	会计期间方案	本位币	外币汇率方案
1	1001	鸿途集团股份...				鸿途管控范围		鸿途集团股份...			基准会计期间...	人民币	基准汇率方案
2	1002	鸿途集团结算...			鸿途集团股份...			鸿途集团股份...			基准会计期间...	人民币	基准汇率方案
3	1003	鸿途财务共享...			鸿途集团股份...			鸿途财务共享...			基准会计期间...	人民币	基准汇率方案
4	1004	中国鸿途（香...			鸿途集团股份...			中国鸿途（香...			基准会计期间...	人民币	基准汇率方案
5	2001	鸿途集团水泥...			鸿途集团股份...	鸿途管控范围		鸿途集团水泥...			基准会计期间...	人民币	基准汇率方案
6	2002	大连鸿途水泥...			鸿途集团水泥...	鸿途管控范围		大连鸿途水泥...			基准会计期间...	人民币	基准汇率方案
7	2002(	原料线			大连鸿途水泥...	鸿途管控范围		大连鸿途水泥...			基准会计期间...	人民币	基准汇率方案
8	2002(	产品线			大连鸿途水泥...	鸿途管控范围		大连鸿途水泥...			基准会计期间...	人民币	基准汇率方案
9	2002(	销售公司			大连鸿途水泥...	鸿途管控范围		大连鸿途水泥...			基准会计期间...	人民币	基准汇率方案
10	2002(	采购公司			大连鸿途水泥...	鸿途管控范围		大连鸿途水泥...			基准会计期间...	人民币	基准汇率方案

图8－5　全面预算组织设置

（二）预算维度

1. 具体功能

预算管理系统应具备预算维度的设置功能，系统中描述数据的角度越多、维度越多，在数据展现和分析的角度就会越精准。

2. 应用示例8－2：按照鸿途集团全面预算管理要求设置预算维度

以 YonBIP EPM 平台里预制的多维引擎为例（见图8－6），EPM 平台多维引擎实现了对数据维度、维值、维表的管理，全面预算预算管理模型按照多维构建，可以形成不同的数据块（CUBE），以把不同的维度组合以后形成不同多维模型。

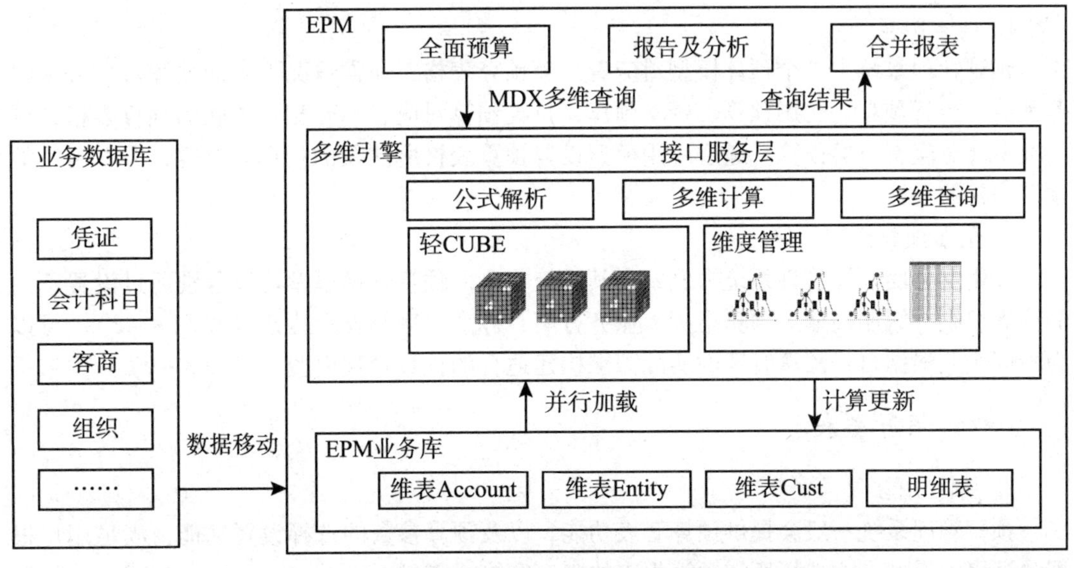

图8－6　用友预算管理系统中的EPM平台中预置的多维引擎

用友 YonBIP EPM 维度包括：预算组织、编制周期、预算指标、标准定额、业务方案等维度。

（1）业务场景。在系统初始化时，需将表中涉及的维度预置于系统中，并与相关基础档案关联，编制时参选到表样中的行维度和列维度中。鸿途集团预算体系中涉及的绩效指标主要以业务内容为主，如各产品的产量、采购数量、采购金额等。

（2）系统实现。根据预算模型，在系统中增加绩效指标，并按需求对指标进行分类管理（见图 8－7）。

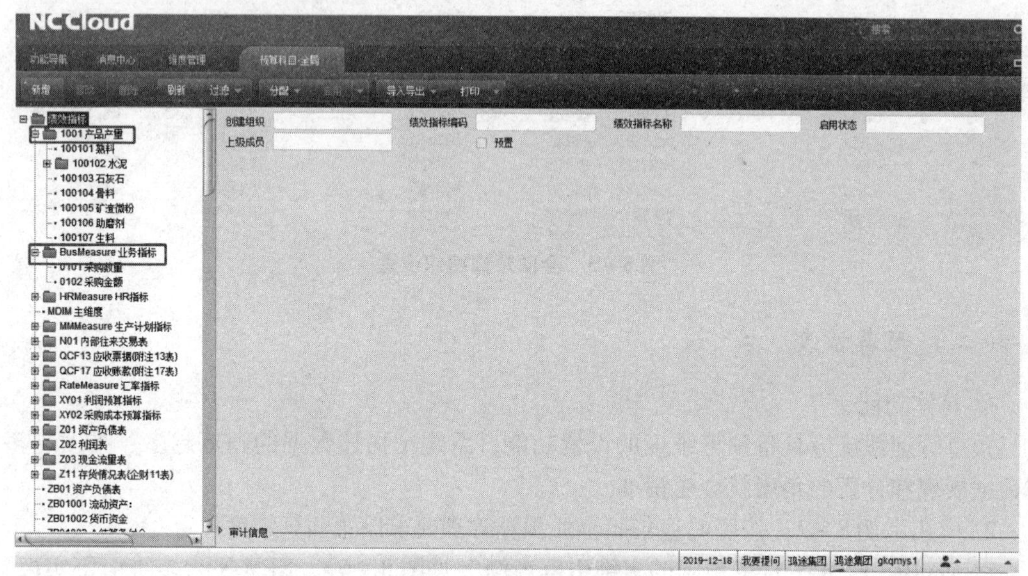

图 8－7　绩效指标配置

（三）预算模型

1. 具体功能

预算管理系统中一个预算模型对应着一套预算表格，通常情况下全面预算管理分为财务预算、经营预算、费用预算、资本预算，每类预算对应着一套相互关联的预算表格，应用模型就对应着每类预算。通过应用模型设置预算表格所涉及的指标、维度，方便后续的预算表样的设计。

2. 全面预算模型示例

以用友全面预算管理系统为例，在其系统中全面预算管理模型可以分别通过设置不同的预算组织、编制周期、预算指标、业务方案、标准定额等要素构建（见图 8－8），可以为不同企业根据自身预算管理的实际需求构建适合的预算管理模型（见图 8－9）。

（四）预算套表

1. 具体功能

预算管理系统一般会提供预算套表功能，以及预算参数的选择设置功能，满足用户根据预算多维模型自主选择所需预算报表的内容和格式需求。

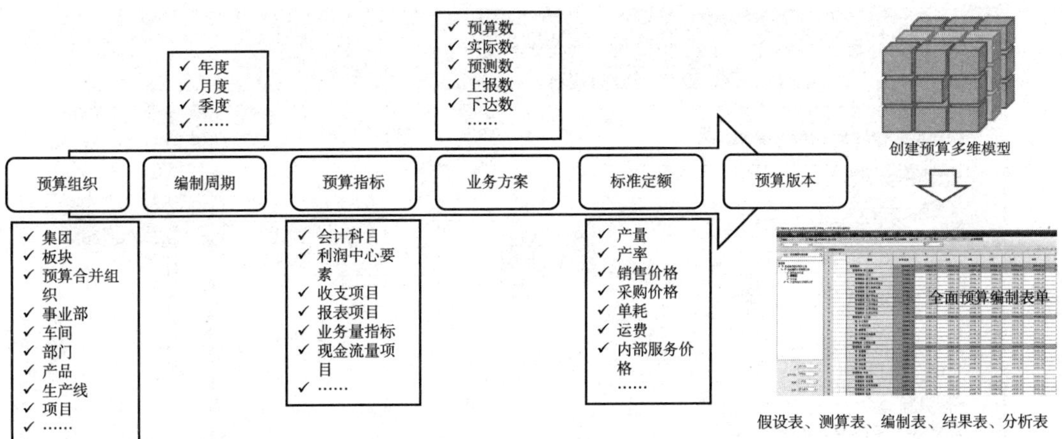

图 8－8　全面预算模型

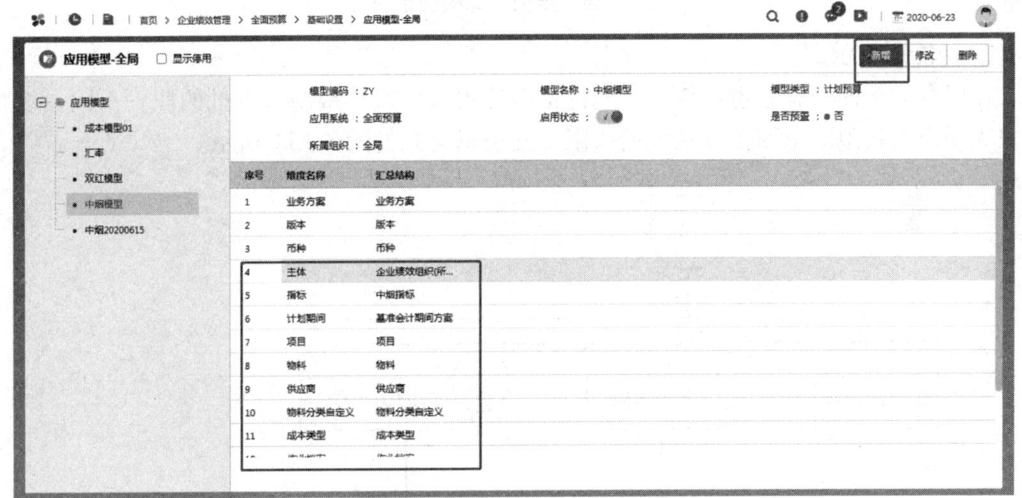

图 8－9　全面预算模型系统界面

2. 功能应用示例

在用友的全面预算管理系统中，根据选定的预算多维模型，用户可在 excel 中设计预算样表。系统还提供了自动化的填充生成功能，企业如需要分别针对 1～12 月编制预算，系统也提供了各种快捷选择功能。因样表采用的是 excel 设计，样表内及样表间的计算公式均为 excel 公式，而 excel 所有的计算公式都可以被 NC 预算支持。

预算参数可理解为预算表头维度，亦即本表共用的维度，用户可以通过选择不同预算参数确定预算报表的预算编制单位、预算编制年度、预算版本等信息。系统可以设计固定表和浮动表，全面预算设计界面如图 8－10 所示。

（五）权限管理

1. 具体功能

预算管理系统应能按照企业组织结构确定的权责分工进行权限管理。

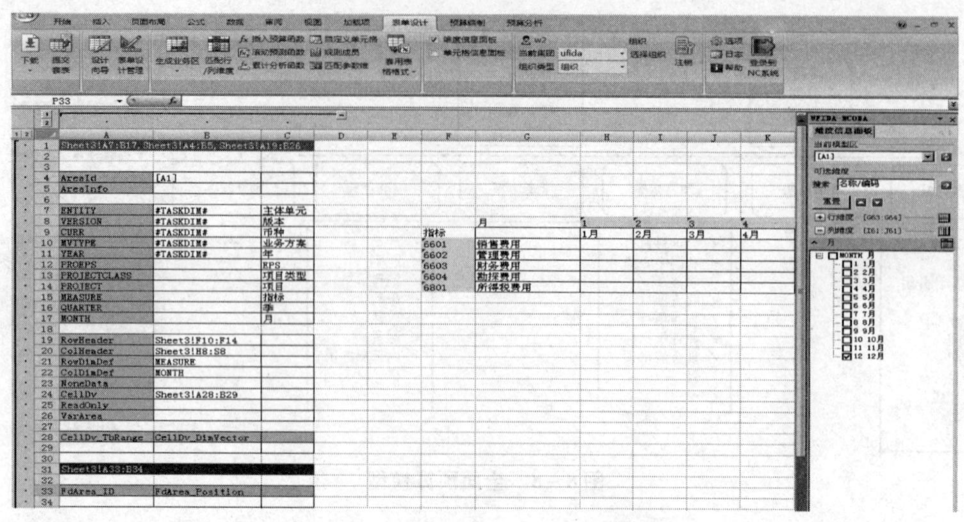

图 8－10　全面预算模型系统

2. 功能应用示例

在用友的全面预算管理系统中，允许根据使用人的预算编制、审批的职责不同，设置用户和用户组权限。全面预算系统的权限分配逻辑建立如图 8－11 所示。

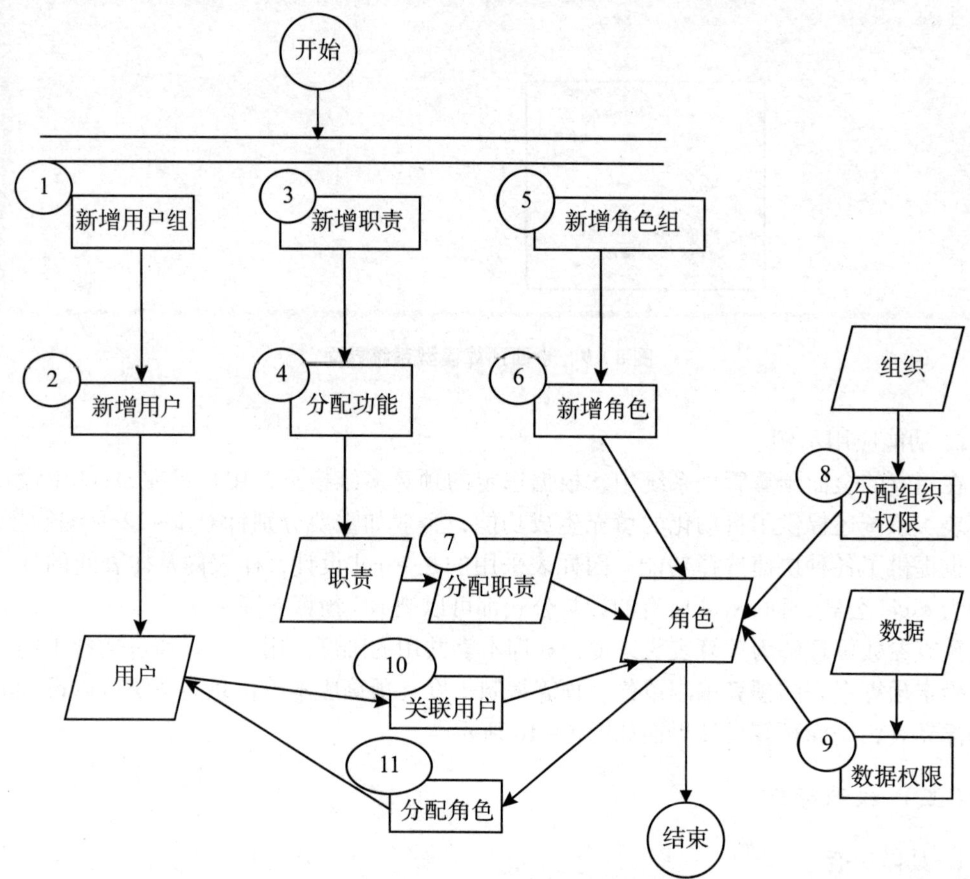

图 8－11　全面预算系统的权限分配逻辑

（六）定额管理

1. 具体功能

标准定额是全面预算管理的基础工作，预算管理系统应该具备定额管理的功能，允许企业在系统中建立定额标准指标，进行定额标准指标管理。定额标准指标管理包括对定额标准指标的增加、修改和删除功能。

定额标准指标是指在某一类指标（比如人工工时、人员级别标准、差旅费包干等）会随着时间或者经营环境的差异而发生变动。一般在预算模型初始化时，需对定额标准指标进行相应定义并作为预算假设。

定额标准指标有以下两个方面的作用：一方面方便下级单位进行调整，只需选择相应的定额标准指标进行调整即可；另一方面方便上级单位进行判断，一看就知道是定额标准指标的调整，便于审查和批复。

2. 功能应用示例

以用友全面预算管理系统环境下的应用为例，某集团要求按期间录入定额管理辅助基础数据，按照标准的格式详细登记各项费用发生金额。集团可以在系统中建立相定额预算假设，结合审核功能使各单位的数据符合要求，得以利用。如图 8－12 为集团办公室按照体检的性别和年龄为定额分段基准，编制体检费用预算表示例。

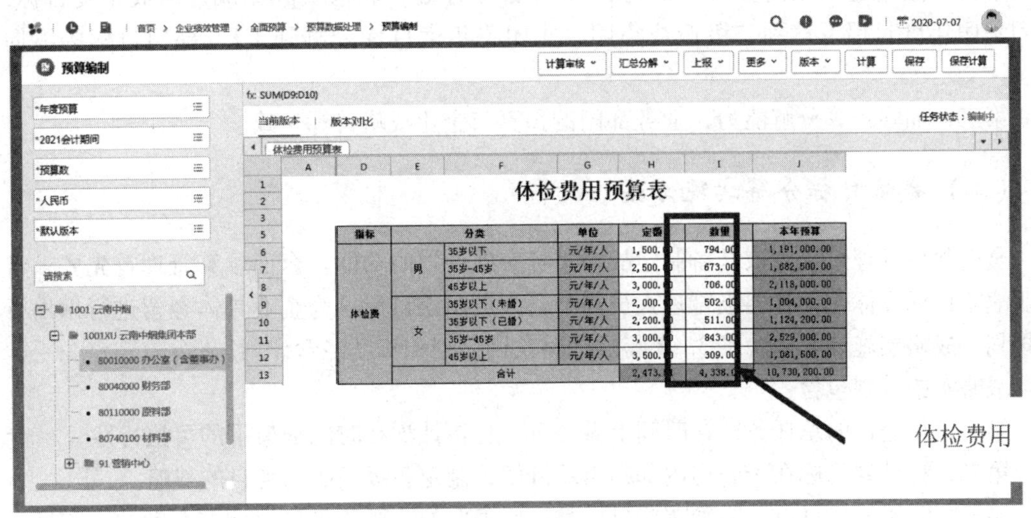

图 8－12　预算定额编制表示例

二、企业战略规划

（一）战略目标的分解

全面预算系统应支持年度目标自上而下的各级组织纵向分解。

图 8－13 所示为某集团公司战略目标自上而下的三级组织纵向分解示例。

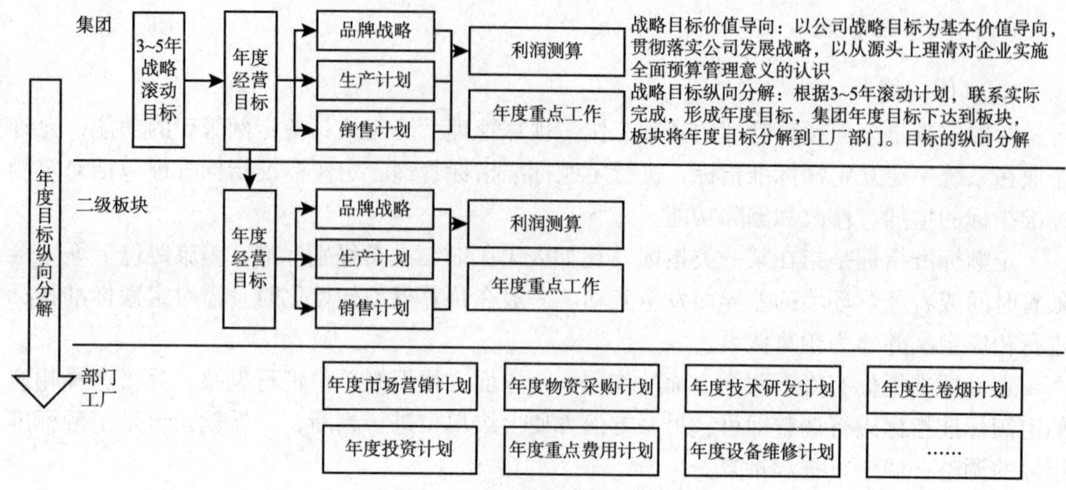

图 8-13　战略目标分解示例

集团战略目标分解应遵循以下三点：

第一，战略目标价值导向，以集团战略目标为基本价值导向，贯彻落实公司发展战略，以从源头上厘清对企业实施全面预算管理意义的认识。

第二，战略目标纵向分解，根据 3～5 年滚动计划，联系实际完成，形成年度目标，集团集团年度目标下达到二级产业集团，集团将年度目标分解到工厂/部门目标的纵向分解。

第三，加强预算分解能力，业务部门的预算与企业战略目标一致。

（二）战略目标分解实现方法

全面预算管理系统应该具备制定战略目标实施计划的功能。全面预算管理首先要求将企业战略目标具体化，各层级管理人员与经营人员制定目标，为企业具体经营进行做出行动规划，战略实施计划包含了 3～5 年的战略长期计划和年度经营计划。

战略实施计划包含：

第一，将公司的总任务，在时间上做分解，分析计划在时间框架下的可执行性。

第二，将计划目标在个公司内部的组织分解，制定各级组织的各自的战略。

第三，明确战略重点，明确哪些目标是需要确保的，哪些是可以调整变动的，在目标之间设计目标执行优先权。

通常预算组织与企业的管理组织结构和管理方式强关联的。通过搭建预算组织体系可以将企业目标与企业的管理组织层级匹配，企业战略目标按照预算组织层级系逐级向下分解。从而使各预算组织明确自己的战略目标，这样的分解能通过实现各责任中心的目标从而实现企业的整体目标。

（三）战略目标分解组织架构

全面预算管理系统还应该具备组织结构设置和管理功能，以支持战略目标自上而下按组织结构层级纵向分解任务的实现。图 8 – 14 为某集团企业全面预算三级管控组织结构示例。

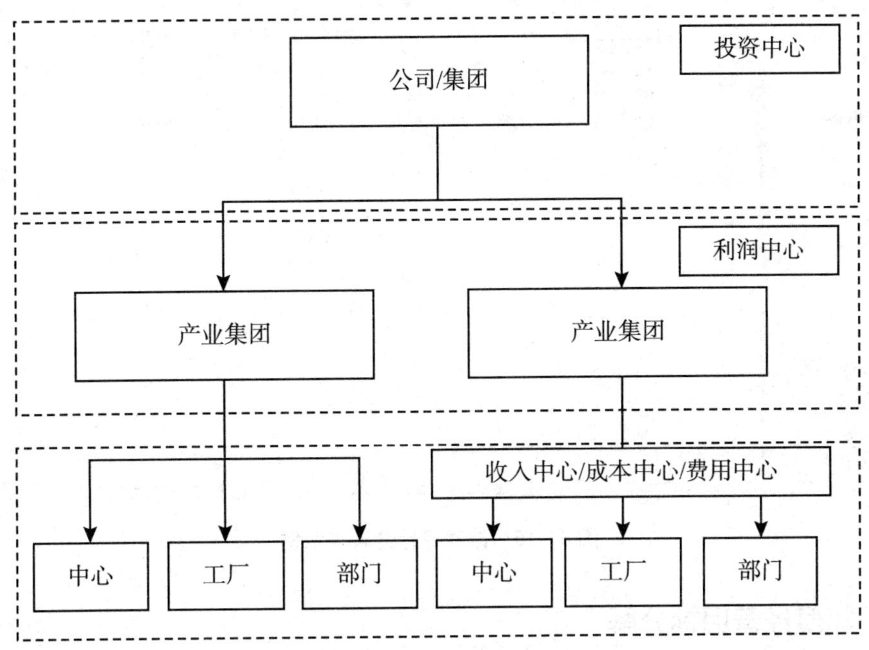

图 8 – 14　全面预算三级管控

第一级：集团层级。集团编制 3 ~ 5 年战略滚动目标，将 3 ~ 5 年战略滚动目标分解到年度经营目标，年度经营目标形成集团的品牌战略、生产计划和销售计划，根据这些年度业务计划，测算出集团的利税模型测算，同时集团编制集团层级的年度重点工作。

第二级：产业集团层级。各产业集团承接集团分解下来的年度经营目标，根据产业集团各自的年度目标编制品牌战略，生产计划和销售计划，根据以上计划生成产业集团各自的利税测算表，同时产业集团编制年度重点工作。

第三级：产业集团的部门、中心、工厂。各产业集团下级业务组织按照不同的业务职责编制各自的业务计划，业务计划包括：研发中心对应的市场营销计划、采购中心对应的年度物资采购计划等内容。

（四）战略目标分解业务场景及功能应用示例

应用示例 8 – 3：鸿途集团战略目标分解

（1）业务场景。鸿途集团根据规划发展的总体目标，制定企业 5 年经营战略目标，主要有投资回报率、经济增加值、营业收入、利润总额等，并按照不同板块、下属公司进行层层分解，使各预算组织明确自身的目标，从而实现集团的整体目标。

（2）产品实现。以该集团水泥板块中的大连鸿途水泥有限公司为例，编制公司的战略目标；公司以集团整体战略为前提，在公司发展规划的基础上，制定自身的经营战略目标，具体目标如图 8 – 15 所示。

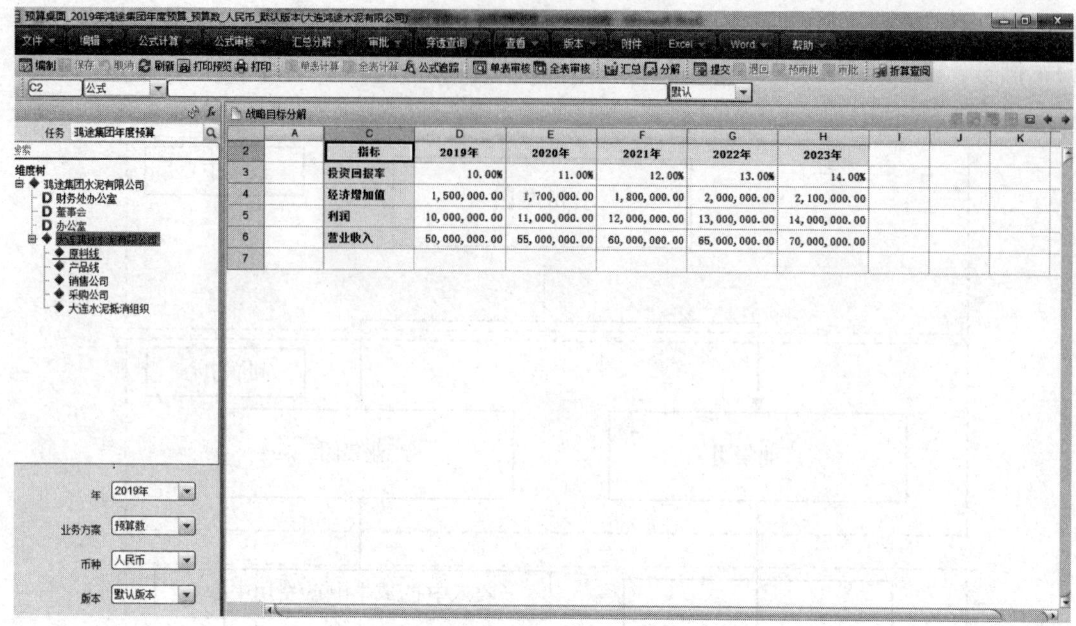

图 8-15　战略目标分解表示例

三、年度经营目标分解

年度经营目标是对战略目标在时间和空间的承接，是对集团在一年期内的经营层面所能达到成果的多个指标的期望值，是要求集团经营层、产业集团经营层、工厂、中心、部门所能达到业绩目标的具体标准，该业绩标准也是年度目标执行完成后的年度考核目标。一个企业制定的年度目标包括两大类：年度财务目标和年度非财务指标，这些指标包括定性指标也包括定量指标。集团年度目标包括：生产目标、年度品牌战略目标、年度销售目标、年度利税目标、年度重点工作目标等。

集团制定的年度目标制定方法也采用自上而下各级组织分解确定的方法，在集团内部建立各级责任中心全面预算的分解—编制—分析—考核流程。各级组织按照业务分工的不同，目标及考核内容也不相同。

图 8-16 为预算组织层级与战略目标、年度目标和业务计划之间的关系示例。通过将集团年度目标进行纵向分解，形成自上而下的一致目标，自下而上地上报形成资源需求，集团平衡后自上而下形成全集团资源的合理配置。

（一）年度目标经营分解测算

预算管理系统应该具备年度目标经营分解测算功能。

经营预测是根据历史积累数据，运用数学模型方法，对企业未来的经营做出科学的判断的过程，是企业基于战略目标、编制业务计划、年度全面预算的重要手段。

经营预测是基于企业收集的内部和外部数据如以往 3 ~ 5 年的预算数据，以往 3 ~ 5 年的实际完成数据，外部收集的行业对标数据，请第三方机构做的外部市场环境调研报告、战略分析、SOWT 分析等数据加以整理分析建立数据测算模型，制订年度收入计划、薪酬计划、经营性支出计划、品牌计划等年度计划（见图8-17）。

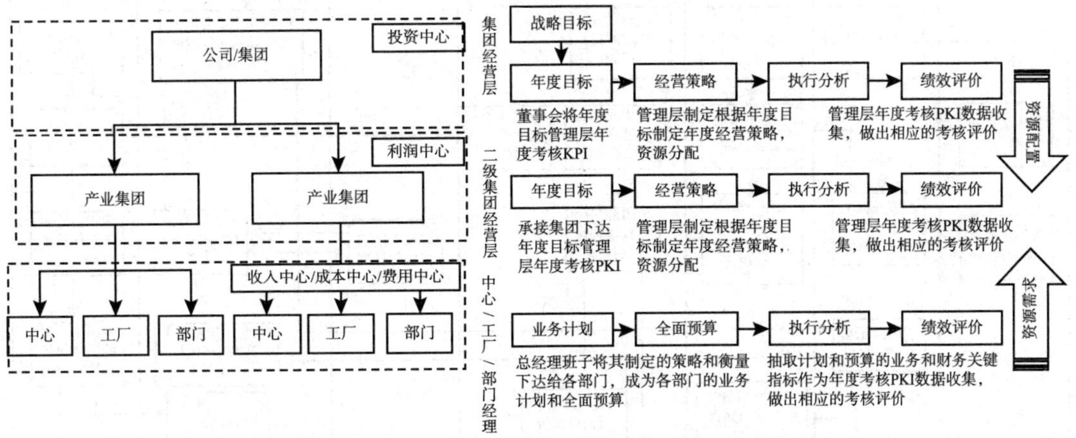

图8-16　预算组织与战略目标/年度目标/业务计划的关系

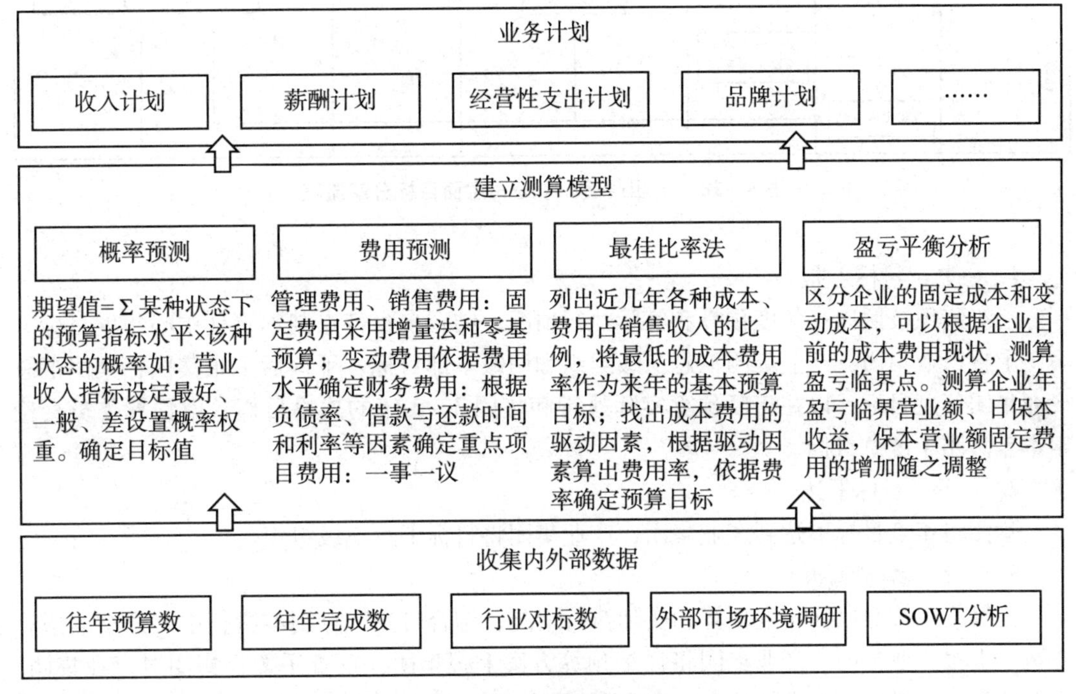

图8-17　经营测算方法

（二）年度经营目标分解流程

预算管理系统还应具备支持年度经营目标分解各流程作业执行的功能，即支持企业灵活定义N上N下的上报与下发预算编制的流程。以二上二下为例阐述具体分解流程（见图8-18）。

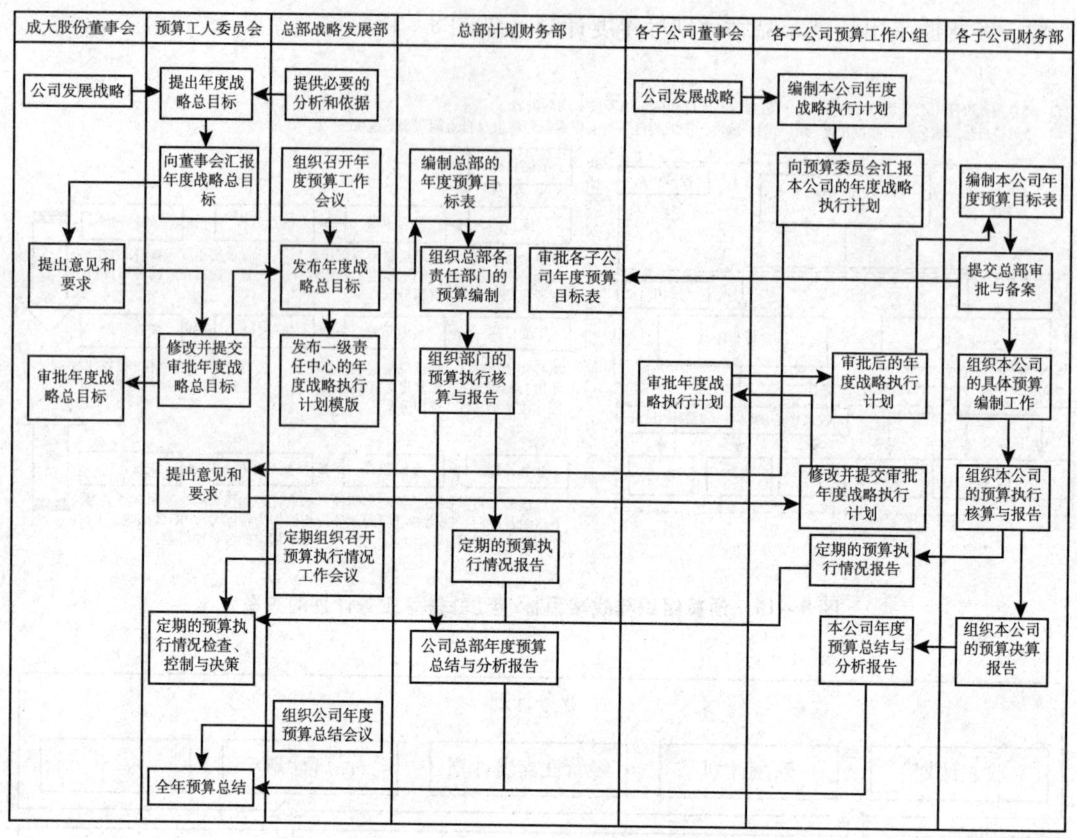

图 8-18 集团层面和子公司层面目标分解流程

1. 一上，目标上报

三级组织按照以往年度预算和实际执行情况，结合自身特点制本责任中心年度目标方案，上报产业集团；产业集团汇总三级组织和两级本部目标，平衡后上报集团；集团汇总产业集团年度目标，以往年度预算实际执行和集团 3 ~ 5 年的战略目标，由预算委员会确定本年集团年度总目标。

2. 一下，目标下达

集团将年度目标下达到产业集团，产业集团将目标下达三级组织。

3. 二上，编制上报

三级组织按照以往年度预算和实际执行情况，结合自身特点制本责任中心详细的预算方案，上报产业集团。产业集团将详细预算方案上报集团；审查平衡：集团对产业集团，产业集团对三级组织上报预算方案审查、汇总，提出综合平衡建议。对发现的问题提出调整意见，并反馈给有关预算执行单位予以修正；审议批准：集团预算管理部门编制出企业预算方案，报预算委员会讨论。对于不符合发展战略目标的事项进一步调整。在此基础上，集团正式编制年度预算。

4. 二下：下达执行

对经董事会批准的年度预算，预算部门分解一系列指标体系，逐级下发给各预算执行单位。

目标分解系统可根据时间维度分解法、预算指标权重分解法，预算目标下达将业务活动落实到具体时间、产业集团、中心、工厂、部门等维度。

（三）年度经营目标分解业务场景及功能应用示例

应用示例 8－4：鸿途集团的年度经营目标分解

鸿途集团的年度经营目标是在集团战略目标的基础上，进行细化，根据现有经济形势、财政政策、战略规划，年度目标细化为投资回报率、经济增加值、营业收入、利润、产量、销量、生产成本等。

集团下各预算主体分别进行年度经营目标编制上传和下达的工作，图 8－19 为鸿途集团年度经营目标 N 上 N 下分解后大连鸿途水泥公司的年度目标编制表。

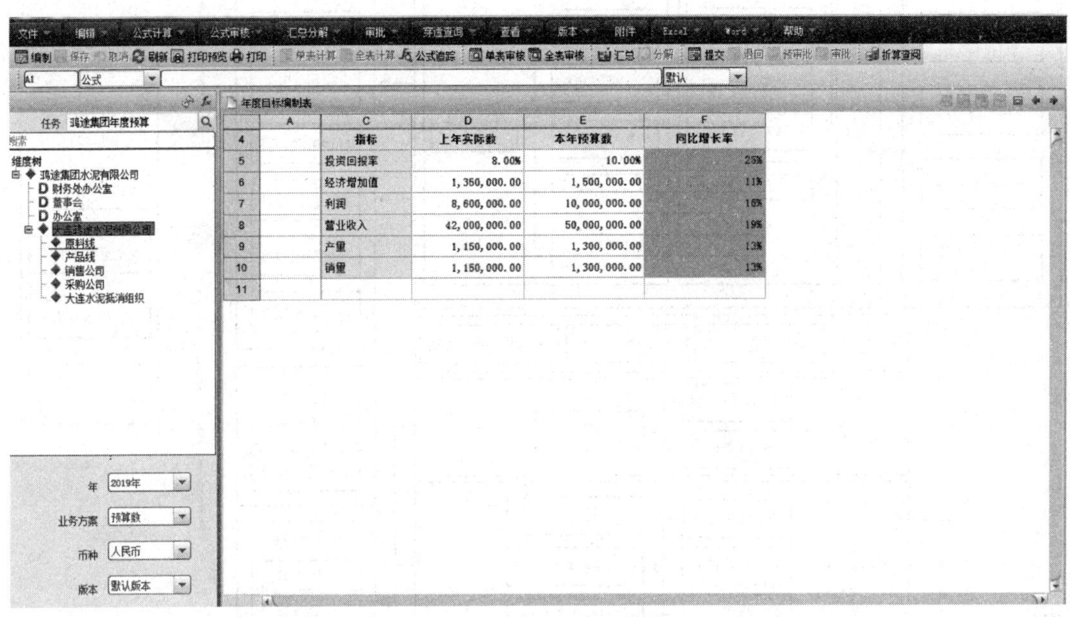

	A	C	D	E	F
4		指标	上年实际数	本年预算数	同比增长率
5		投资回报率	8.00%	10.00%	25%
6		经济增加值	1,350,000.00	1,500,000.00	11%
7		利润	8,600,000.00	10,000,000.00	16%
8		营业收入	42,000,000.00	50,000,000.00	19%
9		产量	1,150,000.00	1,300,000.00	13%
10		销量	1,150,000.00	1,300,000.00	13%
11					

图 8－19　年度目标编制表

四、预算编制

集团整体战略、策略目标及年度运营计划的确定后，集团企业各级组织需要根据集团策略目标编制预算，执行集团审定的预算。集团公司通过整合内部数据、获取决策支持信息，加强对各事业部的情况的了解与控制。二级单位则从收入预算、项目管理、成本核算、供应链管理、投融资决策等方面层层上报、上下结合，明确自身的预算信息收集分析职责。

预算管理系统应具备预算编制功能，多角度、灵活、立体地反映数据，统一集团与各级组织的财务目标，实现资源统一调配，以帮助集团及各级组织提高财务分析效率。

集团预算编制主要是通过业务活动与财务科目勾稽关系，根据经营计划内容对应业务活动进行汇总后，自动形成预算报表数据。

预算管理系统提供预算编制、预算下达、预算分解、预算上报、预算汇总、汇总平衡、多数据版本等主要功能。从年度目标分解，到业务计划、专项计划、投资筹资计划等的制定，再到经营预算、项目预算及投资筹资预算，最后到财务预算，预算管理系统都可以支持。图 8－20 展示了预算管理系统遵循的从业务预算到财务预算的编制逻辑。

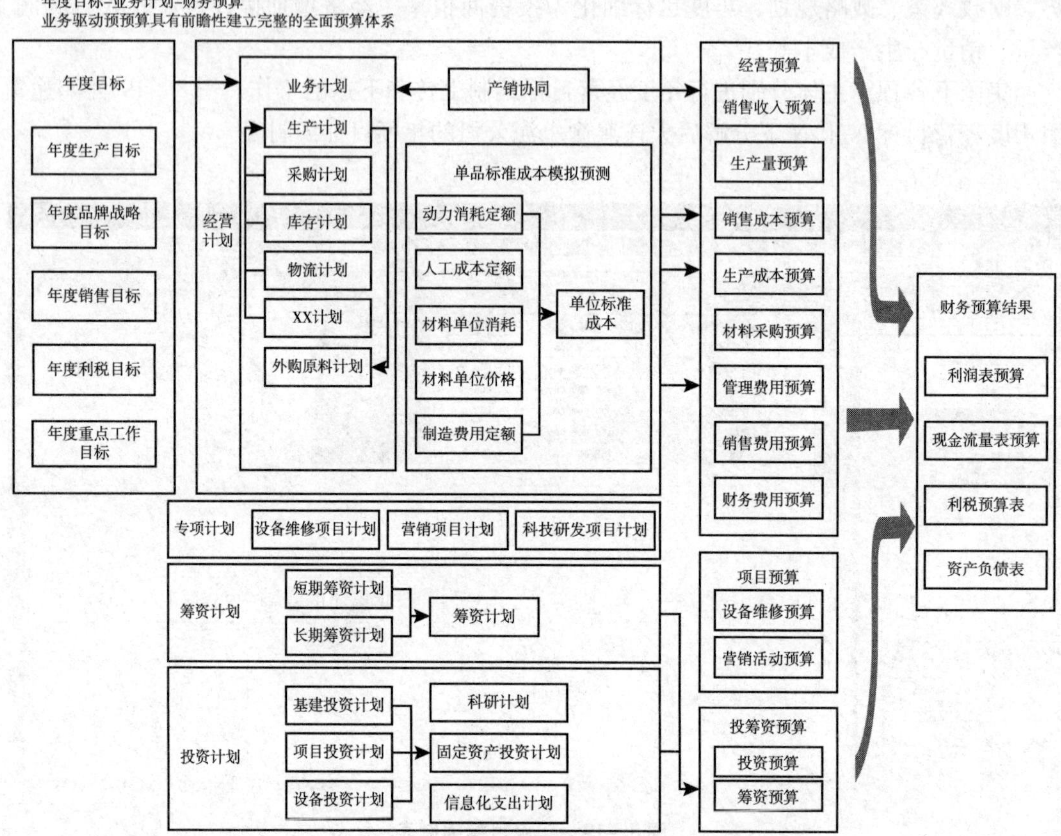

图 8－20　从业务预算到财务预算编制逻辑

（一）套表设计

1. 系统功能

全面预算管理的落地实施，制度设计是基础，而制度的落实很大程度依靠预算表格。

一个完整全面的预算表格体系应该分为三个层次：

（1）基础表。各责任中心的预算编制表，是预算明细表的编制基础，有责任中心编制，反映业务计划和预算资源消耗等信息

（2）明细表。预算明细表包括主营收入预算表、生产成本明细表、材料采购预算表、管理费用预算表、销售费用预算表等。预算明细表是由预算基础表汇总形成，反映分类汇总信息。

（3）预算主表。预算主表主要指财务预算表，具体包括预计利税表、预计利润表、预

计资产负债表、预计现金流量表，由预算管理办公室根据各责任中心的上报的明细表汇总编制。

2. 应用示例8－5：预算套表模型

表8－2所示为某工业企业全面预算套表模型，企业可以在预算管理中应用预算套表功能设计适用的预算套表模型。

表8－2　　　　根据对企业各层级业务的详细调研设计预算套表模型

预算表分类	预算表	填报组织
年度战略目标下达分解	集团5年战略规划及分解表	集团
	集团年度预算承接表	产业集团
	集团主要指标分解表	产业集团
	税利测算表	集团＋产业集团汇总表
年度预算	生产成本预算表	工厂
	产销量预算表	产业集团
	样品预算表	产业集团的营销中心部门
	销售收入预算表	产业集团的营销中心部门
	原材料采购预算表	产业集团的采购中心部门
	归口管理－营销费用表	集团＋产业集团的营销中心部门
	归口管理－管理费用表	集团＋产业集团的办公室部门
	部门费用预算表	产业集团的营销中心部门
	销售费用预算表	产业集团的营销中心部门—集团
	利税表	集团＋产业集团的营销中心部门
	利润表	集团＋产业集团
	现金流量表	集团＋产业集团
	工业企业资产负债预算表	集团＋产业集团
月度滚动税利预测	税利测算表	集团＋产业集团汇总表
	销售收入预算表	营销中心部门
	生产成本预测表	生产中心部门
	生产费用预算表	生产中心部门
	作业量预算表	生产中心部门
	作业量价格预算表	生产中心部门
预算分析	成本预规划分析表	财务部门
	主要指标预算模拟分析表	财务部门
采购预算	采购预算表	采购中心部门
资金预算	付款计划表	财务部门

根据鸿途集团的预算表单模型，在预算管理系统中一般都已建立一套预算套表，在关联系统中设置好的应用模型，预算的编制都使用一套预算表单，满足集团预算统一管理的需求。鸿途集团应用用友的预算管理系统，在excel中设计预算表单（见图8－21），上传到系统，在套表管理中对预算表单进行管理（见图8－22）。

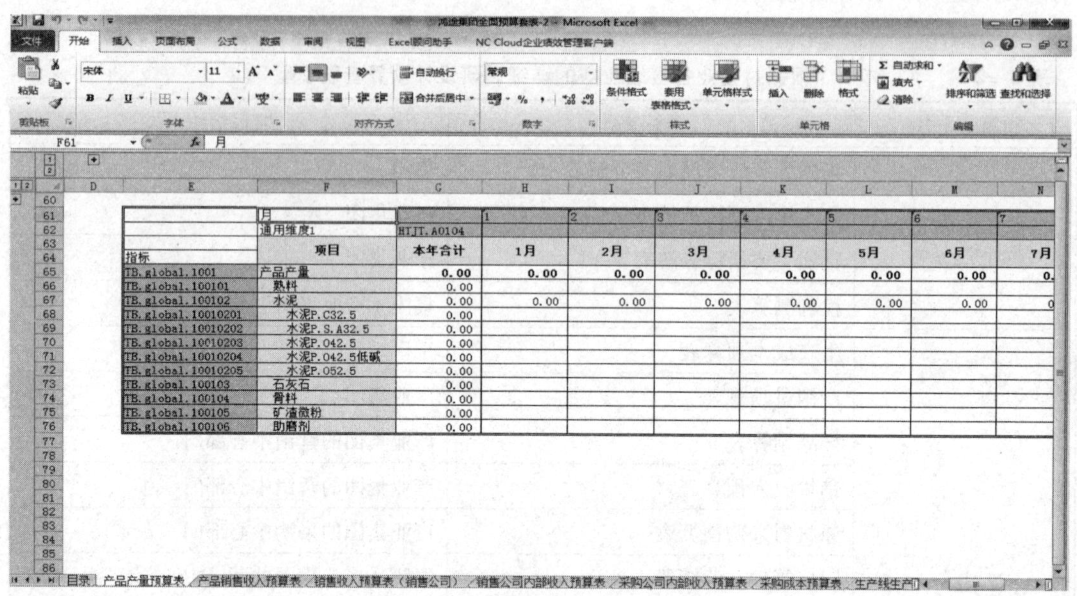

图8－21　预算表单excel设计界面

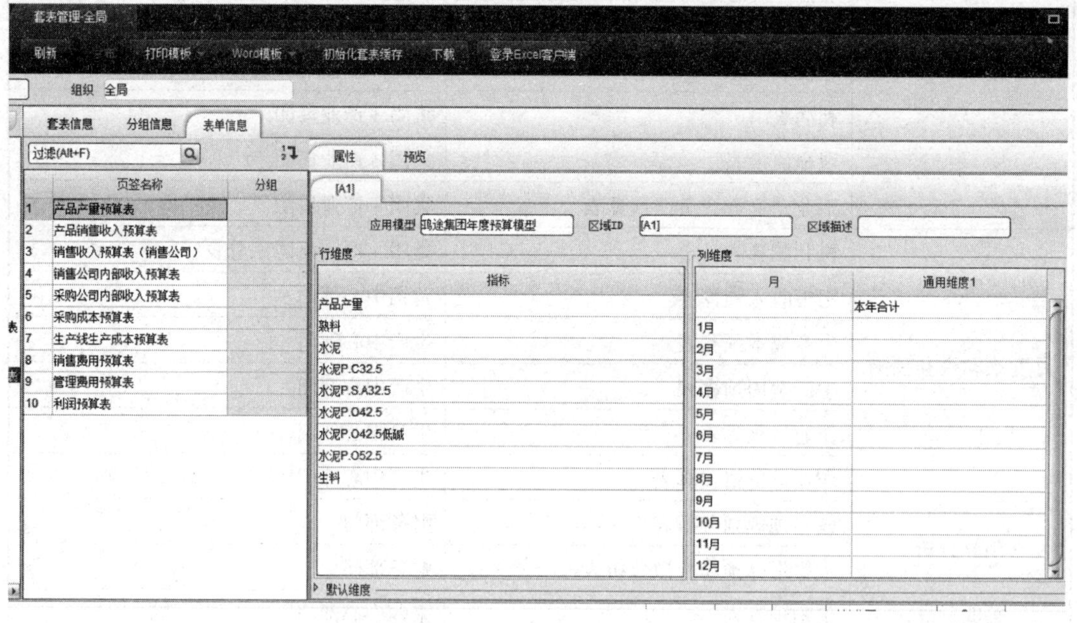

图8－22　预算套表配置界面

（二）归口管理

1. 系统功能

预算归口管理指各预算责任中心遵循纵向分级管理与横向归口管理相结合的原则。各归口预算管理部门对归口责任内的预算，负责编制、审核、汇总、分析与控制。

2. 应用示例8－6：编制鸿途集团归口管理预算

鸿途集团归口费用的承接和上报分别采用自上而下和自下而上的方式。自上而下指归口费用的集团自上而下承接；自下而上指归口费用自下而上的上报批复（见图8－23）。

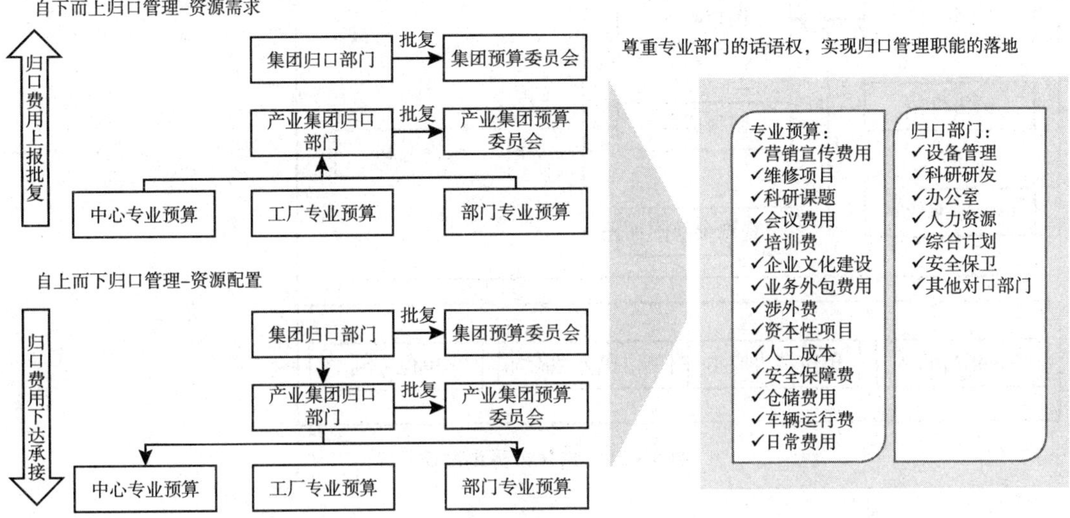

图8－23 业务预算的专业归口管理

归口专业预算内容包括：营销宣传费用，维修项目，科研课题，会议费用，培训费，企业文化建设，业务外包费用，涉外费，资本性项目，人工成本，安全保障费，仓储费用，车辆运行费，日常费用。

专业预算归口部门包括：设备管理部，科研研发部，办公室，人力资源部，综合计划部，安全保卫部，其他归口部门。

（三）销售预算

1. 系统功能

销售预算是对企业未来一年的销售量、销售收入、销售费用进行预算。

在以销定产的企业，销售预算是整个全面预算起点，销售预算编制是否准确会影响到销售收入、销售费用甚至生产基地排产预算的编制准确。销售预算编制内容包括销售预测，销售收入预算和销售费用预算。

下年的年度目标下达后，目标由上而下地分解到销售组织，依据所在行业特点，在不能突破总量控制的前提下，改善、优化产品品牌、规格结构。销售预算具体项目一般包括：销售量预算、销售价格（调拨价格）预算、单位标准成本预算、销售收入预算、销售成本、销售税金及附加预算、销售毛利等（见图 8 - 24）。销售预算编制过程中需要应用的单位产品销售指标计算公式如下：

单位产品销售收入 = 销售收入/销售量

单位产品销售成本 = 销售成本/销售量

单位产品税金及附加 = 销售税金及附加/销售量

单位产品销售毛利 = 销售毛利/销售量

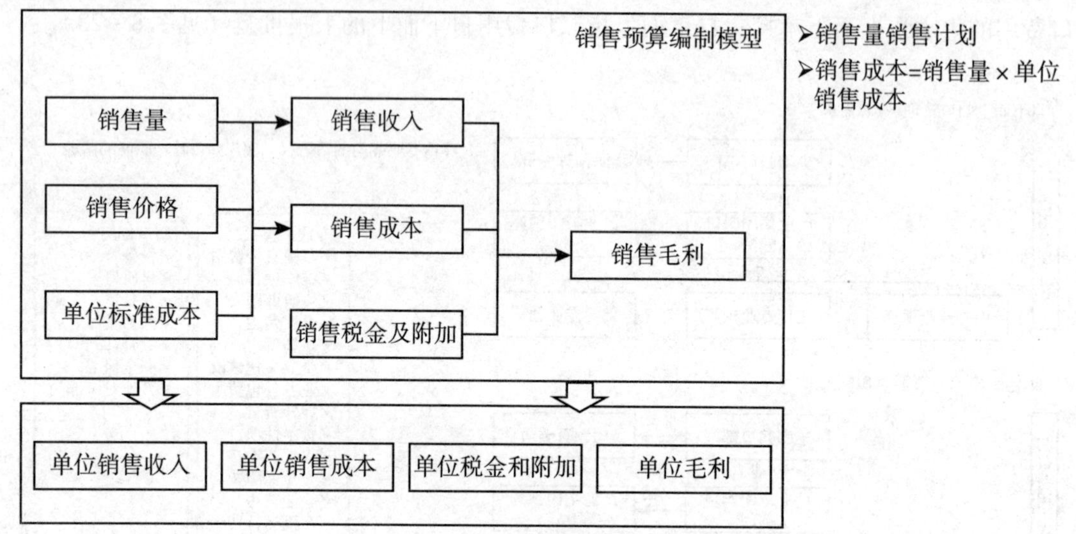

图 8 - 24　销售预算编制逻辑

2. 应用示例 8 - 7：编制鸿途集团销售预算

（1）业务场景。

销售收入预算分为内部销售收入、外部销售收入两部分。内部销售是指原料线销售给产品线的收入，以及销售公司收取生产线的销售服务费收入，和采购公司收取生产线的采购服务费收入；外部销售是指原料线、产品线通过销售公司对外销售，取得的收入。

鸿途水泥编制销售预算时，因不考虑期初期末库存的问题，当期生产均视为当期销售，因此主要预算项目计算公式为：销售预算的销售数量 = 生产预算的生产量；单价是根据各产品现阶段的单价，以及对下一年度市场的判断，对预计售价进行编制；再根据销售数量，算出各产线的销售收入。

销售公司收取各产线的销售服务费，是根据产线对外销售的数量 × 内部确定的销售服务费单价。

采购公司与销售公司相同，同样对各生产线收取内部服务收入，但与销售公司不同的是，采购公司并不按销售量收取，而是按照跟各生产线签订的服务包干价格，计算采购公司的内部收入，因生产水泥等产品的材料较多，且各材料的计量单位不同，无法统一进行计算，因此按各产线的生产能力及采购材料的数量，预估固定的采购服务费收入，作为采购公司的内部收入。

（2）系统实现。

在不同的预算组织，编制对应的销售数量；如图 8－25 所示，产品线预计 2019 年产量 720 000 吨，产品销售收入中数量也为 720 000 吨。

	项目	单价	本年合计		1月		2月	
			数量	金额	数量	金额	数量	金额
5	主营业务收入		720000.00	54000000.00	60000.00	4500000.00	60000.00	4500000.
6	内部销售收入		0.00	0.00				
7	生料销售收入		0.00	0.00				
8	熟料销售收入		0.00	0.00				
9	外部销售收入		720000.00	54000000.00	60000.00	4500000.00	60000.00	4500000.
10	生料		0.00	0.00				
11	熟料	50.00	120000.00	6000000.00	10000.00	500000.00	10000.00	500000.
12	水泥		600000.00	48000000.00	50000.00	4000000.00	50000.00	4000000.
13	水泥P.C32.5	80.00	120000.00	9600000.00	10000.00	800000.00	10000.00	800000.
14	水泥P.S.A32.5	80.00	120000.00	9600000.00	10000.00	800000.00	10000.00	800000.
15	水泥P.042.5	80.00	120000.00	9600000.00	10000.00	800000.00	10000.00	800000.
16	水泥P.042.5低碱	80.00	120000.00	9600000.00	10000.00	800000.00	10000.00	800000.
17	水泥P.052.5	80.00	120000.00	9600000.00	10000.00	800000.00	10000.00	800000.

图 8－25　产品销售收入预算表

（四）产量预算

1. 系统功能

产品产量预算是按照销售量预算，根据销售测算出各产品的销售量和各生产责任中心的产能情况，经过生产计划部进行生产平衡，按照责任中心产品计算出每个产品的计划产量。

产品产量预算是按照期初库存量、期末库存量、预计销售量，根据销售测算出各产品的销售量，和各生产责任中心的产能情况，经过生产计划部进行生产平衡，按照责任中心产品计算出每个产品的计划产量。

2. 应用示例 8－8：编制鸿途集团产量预算

在预算管理系统中，鸿途集团产品产量预算编制表如图 8－26 所示。

（五）成本预算

1. 系统功能

生产成本是根据成本模块进行标准成本模拟预测，推算出品牌的单位标准成本，根据单位标准成本结合销售量和生产量推算出销售成本预算和生产成本预算（见图 8－27）。主要预算项目计算公式为：

销售成本预算＝预计销售量×品牌单位成本

生产成本预算＝预计生产量×品牌单位成本

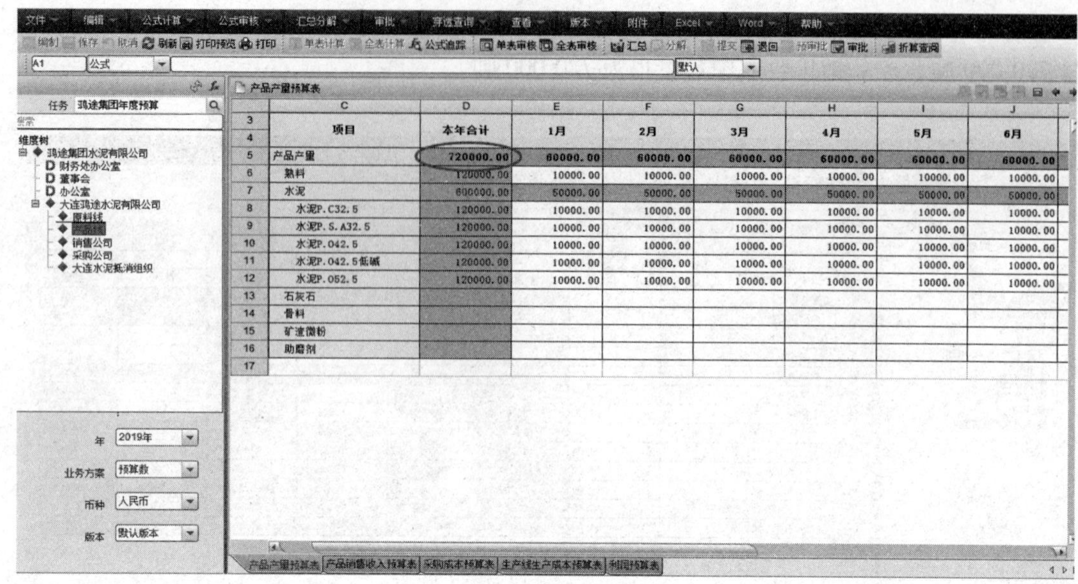

产品产量预算表

项目	本年合计	1月	2月	3月	4月	5月	6月
产品产量	720000.00	60000.00	60000.00	60000.00	60000.00	60000.00	60000.00
熟料	120000.00	10000.00	10000.00	10000.00	10000.00	10000.00	10000.00
水泥	600000.00	50000.00	50000.00	50000.00	50000.00	50000.00	50000.00
水泥P.C32.5	120000.00	10000.00	10000.00	10000.00	10000.00	10000.00	10000.00
水泥P.S.A32.5	120000.00	10000.00	10000.00	10000.00	10000.00	10000.00	10000.00
水泥P.042.5	120000.00	10000.00	10000.00	10000.00	10000.00	10000.00	10000.00
水泥P.042.5低碱	120000.00	10000.00	10000.00	10000.00	10000.00	10000.00	10000.00
水泥P.052.5	120000.00	10000.00	10000.00	10000.00	10000.00	10000.00	10000.00
石灰石							
骨料							
矿渣微粉							
助磨剂							

图 8－26　产品产量预算表

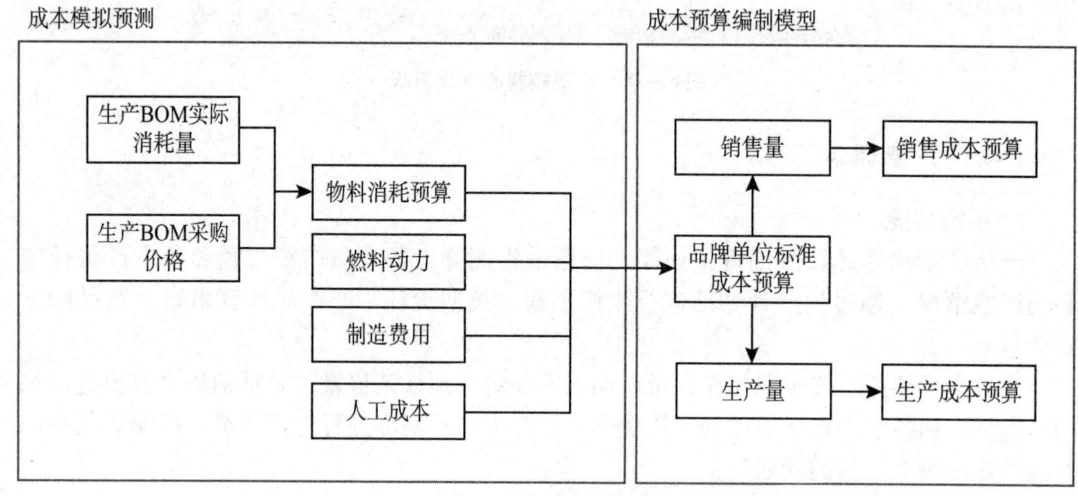

图 8－27　成本预算

2. 应用示例 8－8：编制鸿途集团生产成本预算

（1）业务场景。鸿途集团的生产成本包括材料采购成本、人工成本等，还包含支付给销售公司及采购公司的内部服务费；标准生产成本的数据，在成本管理系统计算得出并导入到预算系统中。

（2）系统实现。在预算管理系统中，鸿途集团生产成本编制表如图 8－28 所示。

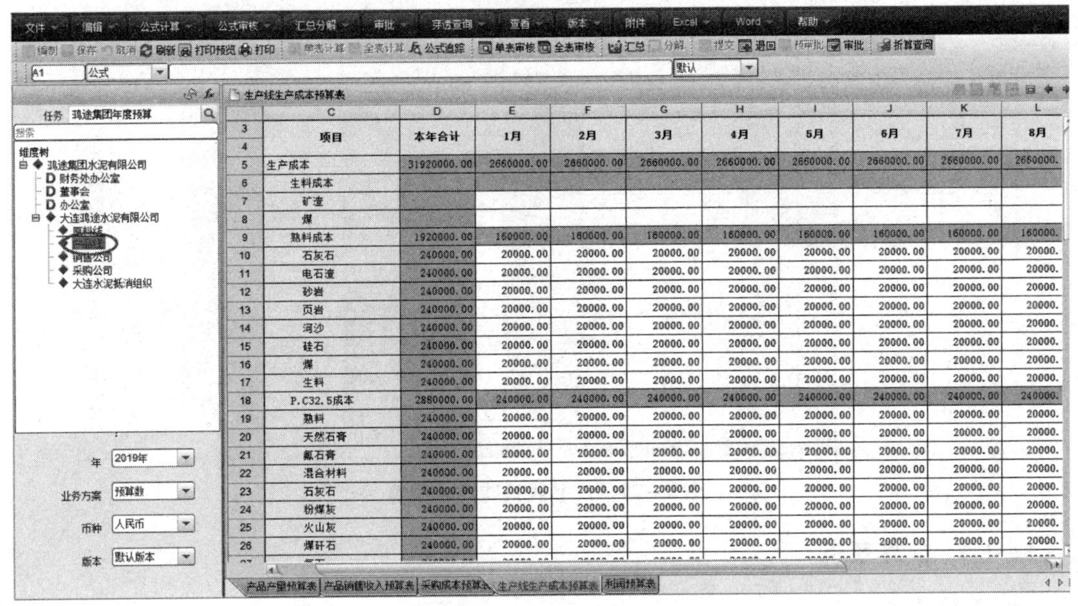

	C	D	E	F	G	H	I	J	K	L
3 / 4	项目	本年合计	1月	2月	3月	4月	5月	6月	7月	8月
5	生产成本	31920000.00	2660000.00	2660000.00	2660000.00	2660000.00	2660000.00	2660000.00	2660000.00	2660000.
6	生料成本									
7	矿渣									
8	煤									
9	熟料成本	1920000.00	160000.00	160000.00	160000.00	160000.00	160000.00	160000.00	160000.00	160000.
10	石灰石	240000.00	20000.00	20000.00	20000.00	20000.00	20000.00	20000.00	20000.00	20000.
11	电石渣	240000.00	20000.00	20000.00	20000.00	20000.00	20000.00	20000.00	20000.00	20000.
12	砂岩	240000.00	20000.00	20000.00	20000.00	20000.00	20000.00	20000.00	20000.00	20000.
13	页岩	240000.00	20000.00	20000.00	20000.00	20000.00	20000.00	20000.00	20000.00	20000.
14	河沙	240000.00	20000.00	20000.00	20000.00	20000.00	20000.00	20000.00	20000.00	20000.
15	硅石	240000.00	20000.00	20000.00	20000.00	20000.00	20000.00	20000.00	20000.00	20000.
16	煤	240000.00	20000.00	20000.00	20000.00	20000.00	20000.00	20000.00	20000.00	20000.
17	生料	240000.00	20000.00	20000.00	20000.00	20000.00	20000.00	20000.00	20000.00	20000.
18	P.C32.5成本	2880000.00	240000.00	240000.00	240000.00	240000.00	240000.00	240000.00	240000.00	240000.
19	熟料	240000.00	20000.00	20000.00	20000.00	20000.00	20000.00	20000.00	20000.00	20000.
20	天然石膏	240000.00	20000.00	20000.00	20000.00	20000.00	20000.00	20000.00	20000.00	20000.
21	氟石膏	240000.00	20000.00	20000.00	20000.00	20000.00	20000.00	20000.00	20000.00	20000.
22	混合材料	240000.00	20000.00	20000.00	20000.00	20000.00	20000.00	20000.00	20000.00	20000.
23	石灰石	240000.00	20000.00	20000.00	20000.00	20000.00	20000.00	20000.00	20000.00	20000.
24	粉煤灰	240000.00	20000.00	20000.00	20000.00	20000.00	20000.00	20000.00	20000.00	20000.
25	火山灰	240000.00	20000.00	20000.00	20000.00	20000.00	20000.00	20000.00	20000.00	20000.
26	煤矸石	240000.00	20000.00	20000.00	20000.00	20000.00	20000.00	20000.00	20000.00	20000.

图8-28　产品线生产成本预算表

（六）采购预算

1. 系统功能

在生产环节，每个产品开发完成后，一般由技术研发部确定BOM数据，导入到生产管理信息系统中。在预算管理系统中，会将预先设置好采购价格预算假设和人工标准、燃料标准等生产成本，形成该单品的标准成本BOM。BOM也是标准成本。主要预算项目计算公式为：

直接材料采购量预算 = 预算生产量 × 单位耗用量 + 期末库存 − 期初库存

直接材料预算额 = 直接材料采购量 × 直接材料采购计划单价

采购预算编制内容包括：

（1）主要材料采购预算。

（2）辅助材料采购预算。

（3）备品备件采购预算。

（4）燃料动力采购预算。

2. 应用示例8-9：编制鸿途集团采购预算

（1）业务场景。根据产品生产量、材料耗用、材料库存等因素编制采购数量，并通过对采购价格的判断，计算得到采购金额数据。

（2）系统实现。材料的采购单价、数量，并计算出采购金额，如图8-29所示为鸿途集团产品线生产成本预算表。

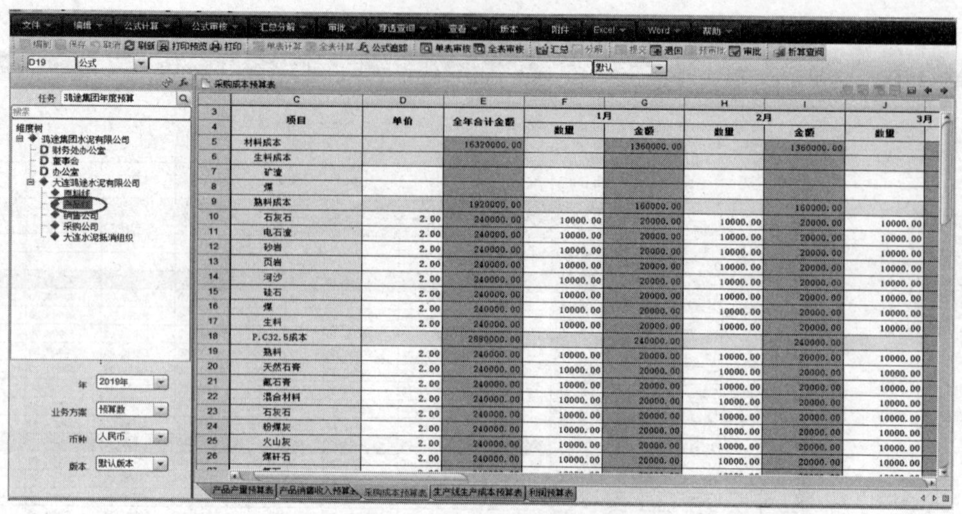

图 8-29　产品线采购成本预算

（七）费用预算

1. 系统功能

费用预算是指期间费用预算，包括了管理费用预算、销售费用预算和财务费用预算等内容。

2. 应用示例 8-10：编制鸿途集团费用预算

在预算管理系统中，管理费用预算编制模块可以把管理费用分为固定费用和可控费用。可控费用可以根据成本中心预算年度的可以直接控制的费用按照去年实际情况预测额度进行控制。可控管理费用是与企业经营的生产量和销售量有关系的，如果销售和生产量增加或减少，可以影响以后管理费用预算编制。销售费用可以分为变动销售费用和固定销售费用，变动销售费用，是指随着销售量增减而变化的费用，如销售人员的佣金提成、促销费等。变动费用，变动销售费用预算编制时，可以根据各产品的产量酌情编制。如图 8-30 所示为系统中鸿途集团的部门费用预算编制表示例。

图 8-30　部门费用预算编制表

（八）项目预算

1. 系统功能

预算管理系统应该具备支持项目预算管理的功能模块。项目预算以单个独立的业务项目作为预算管理的起点，项目立项流程要纳入全面预算管理流程中。

项目预算管理模块支持各个成本中心在公司分解的年度成本额度或季度成本额度内逐业务项目立项，项目按照进行预算费用的申请、审批、商务合同的签订、调整、报账乃至报告分析等一系列跟踪和控制活动。

2. 应用示例8－10：编制鸿途集团项目预算

鸿途集团以业务项目为中心，将业务立项流程纳入预算管理范畴，实行业务项目全生命周期管理。项目一旦建立预算，即贯穿从合同签订到后续执行的全过程，直至项目结束，打通业务财务管理流程，实现业务财务数据一体化。

鸿途集团的项目预算主要包括：投资项目预算、科研项目预算、设备维修预算、营销活动预算，如图8－31所示为系统中鸿途集团设备维修项目的预算编制表。

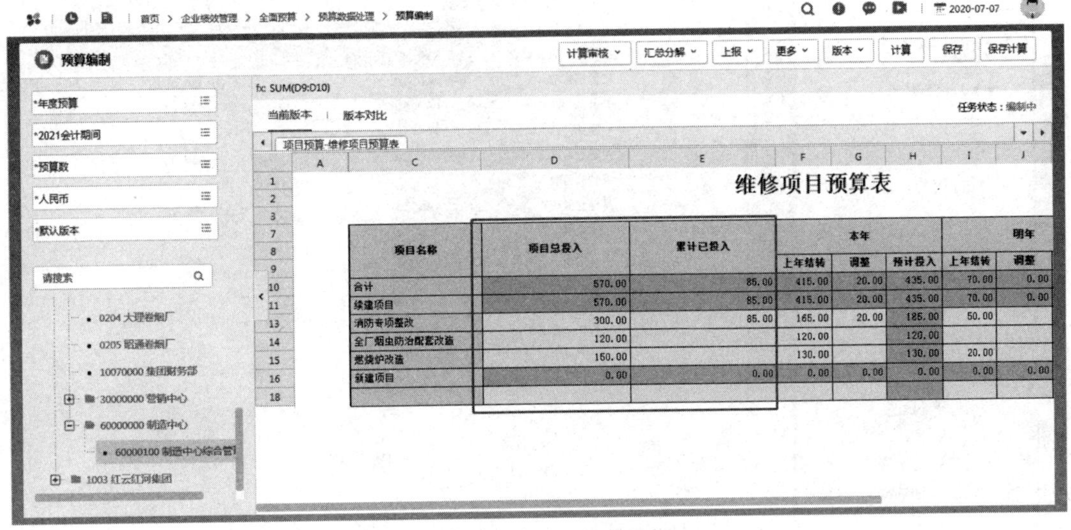

维修项目预算表

项目名称	项目总投入	累计已投入	本年			明年	
			上年结转	调整	预计投入	上年结转	调整
合计	570.00	85.00	415.00	20.00	435.00	70.00	0.00
续建项目	570.00	85.00	415.00	20.00	435.00	70.00	0.00
消防专项整改	300.00	85.00	165.00	20.00	185.00	50.00	
全厂烟虫防治配套改造	120.00		120.00		120.00		
燃烧炉改造	150.00		130.00		130.00	20.00	
新建项目	0.00	0.00	0.00	0.00	0.00	0.00	0.00

图8－31　设备维修项目预算编制表

（九）财务预算

1. 系统功能

财务预算包括：利润表预算、资产负债表预算、现金流量表预算，财务预算是预算管理系统重要的功能模块。

预计利润表反映未来的盈利状况，企业各级管理者可以了解企业的发展趋势，适时调整经营策略。按照收入、费用、成本、出具责任中心组织的利润表。责任中心利润表也是企业管理报告的重要组成部分。

预计资产负债表可以为集团提供预算期末预期财务状况的信息，它有助于企业未来期间的财务状态，防止不良资产的出现。

预计现金流量表，是在预测一定预算周期内的现金流入和流出情况的预算结果表单，该表的编制可以用来了解预算期内集团整体和分组织资金流转状况和企业经营能力，而且能突出表现一些长期的资金筹集与使用的方案对计划期内企业的影响。

2. 应用示例 8－11：编制鸿途集团各层级利润表预算

（1）业务场景。鸿途水泥预算主体按利润中心组织口径进行管理，因此各业务单元均视为单独经营主体，出具利润预算表；利润预算表中的数据，分别由业务预算数据构成。

（2）系统实现。在预算管理系统中，不同的预算组织编制利润预算表（见图 8－32），数据可以从业务预算自动取得。如图 8－33 所示为鸿途集团产品线的利润预算表，其中的外部销售收入取自产品销售收入预算表中的外部销售收入汇总，主营业务成本取自生产线生产成本预算表中的生产成本汇总数据。

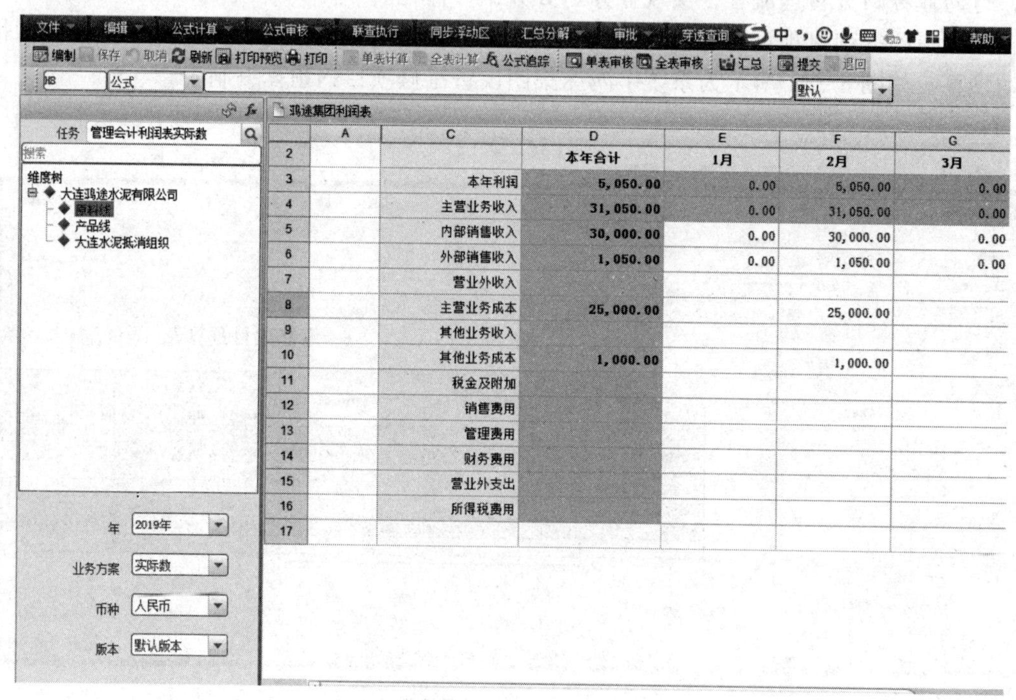

	A	C	D	E	F	G
2			本年合计	1月	2月	3月
3		本年利润	5,050.00	0.00	5,050.00	0.00
4		主营业务收入	31,050.00	0.00	31,050.00	0.00
5		内部销售收入	30,000.00	0.00	30,000.00	0.00
6		外部销售收入	1,050.00	0.00	1,050.00	0.00
7		营业外收入				
8		主营业务成本	25,000.00		25,000.00	
9		其他业务收入				
10		其他业务成本	1,000.00		1,000.00	
11		税金及附加				
12		销售费用				
13		管理费用				
14		财务费用				
15		营业外支出				
16		所得税费用				
17						

图 8－32　原料线利润预算表

3. 应用示例 8－12：编制鸿途集团合并利润表预算

（1）业务场景。鸿途集团、鸿途水泥、大连鸿途等经营组织汇总合并节点，收集下级阶段利润表数据，层层汇总合并，形成集团利润表。

（2）系统实现。在预算管理系统提供的预算执行功能中，首先进行上报数据根据业务规则执行汇总合并。其次编制差额单位抵消表，建立虚组织大连水泥抵消组织将内部收入 30 000 元抵销（见图 8－34）。最后合并汇总：合并上级组织——大连鸿途水泥合并利润表（见图 8－35）。

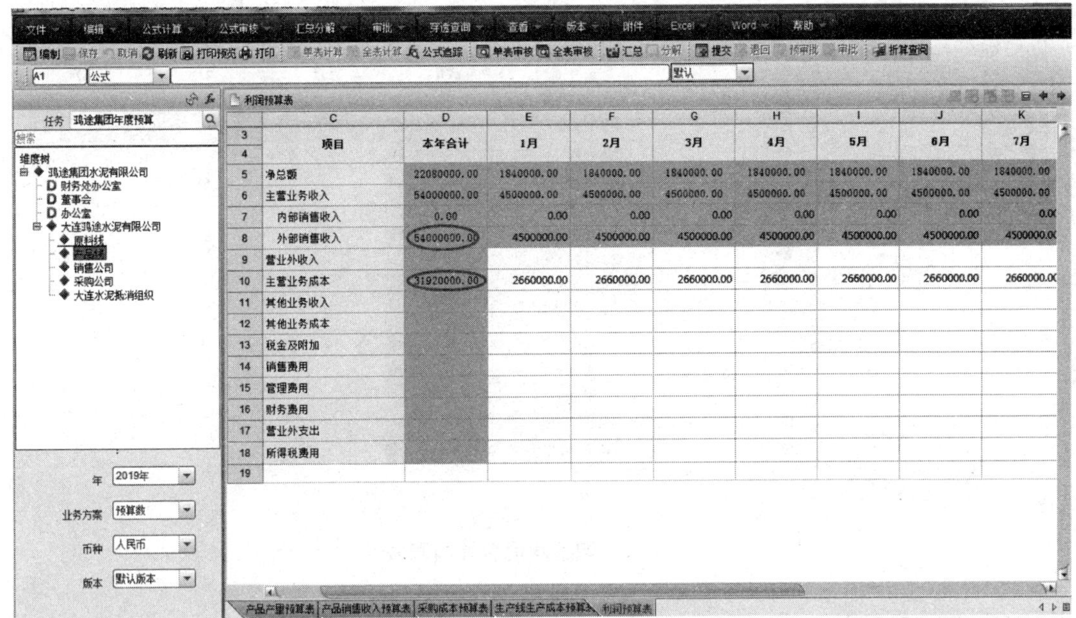

	项目	本年合计	1月	2月	3月	4月	5月	6月	7月
5	净总额	22080000.00	1840000.00	1840000.00	1840000.00	1840000.00	1840000.00	1840000.00	1840000.00
6	主营业务收入	54000000.00	4500000.00	4500000.00	4500000.00	4500000.00	4500000.00	4500000.00	4500000.00
7	内部销售收入	0.00	0.00	0.00	0.00	0.00	0.00	0.00	0.0
8	外部销售收入	54000000.00	4500000.00	4500000.00	4500000.00	4500000.00	4500000.00	4500000.00	4500000.0
9	营业外收入								
10	主营业务成本	31920000.00	2660000.00	2660000.00	2660000.00	2660000.00	2660000.00	2660000.00	2660000.0
11	其他业务收入								
12	其他业务成本								
13	税金及附加								
14	销售费用								
15	管理费用								
16	财务费用								
17	营业外支出								
18	所得税费用								

图 8－33　产品线利润预算表

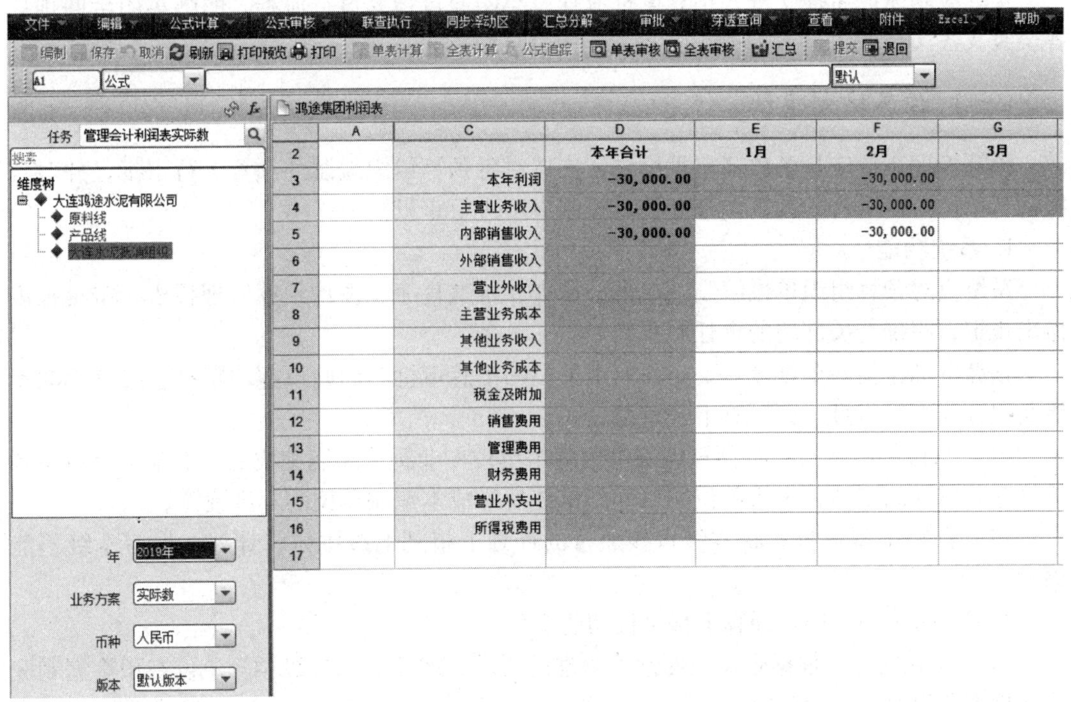

	C	本年合计	1月	2月	3月
3	本年利润	-30,000.00		-30,000.00	
4	主营业务收入	-30,000.00		-30,000.00	
5	内部销售收入	-30,000.00		-30,000.00	
6	外部销售收入				
7	营业外收入				
8	主营业务成本				
9	其他业务收入				
10	其他业务成本				
11	税金及附加				
12	销售费用				
13	管理费用				
14	财务费用				
15	营业外支出				
16	所得税费用				

图 8－34　差额单位抵消表

	A	C	D	E	F	G
2			本年合计	1月	2月	3月
3		本年利润	-12,950.00	0.00	-12,950.00	0.00
4		主营业务收入	51,050.00	0.00	51,050.00	0.00
5		内部销售收入	0.00	0.00	0.00	0.00
6		外部销售收入	51,050.00	0.00	51,050.00	0.00
7		营业外收入				
8		主营业务成本	55,000.00		55,000.00	
9		其他业务收入				
10		其他业务成本	0.00		0.00	
11		税金及附加				
12		销售费用	6,000.00		6,000.00	
13		管理费用	3,000.00		3,000.00	
14		财务费用				
15		营业外支出				
16		所得税费用				
17						

图8－35　鸿途水泥合并利润表

五、预算审批

预算编制完成后提交进入预算审批流程，集团通过预算审批流程，明晰集团全面预算各层级及各岗位职责分工。

（一）预算编制审批

预算管理系统应具备预算审批模块，支持对各预算组织编制的预算进行审批，并对各级预算单位需要进行的预算调整和预算控制事项进行审批。

1. 系统功能

系统应对预算组织单位编制、申报、审查、批准程序、设计预算管理报告、审批报表做出规定，明确有关部门的责任和权利。

预算审批包括两个维度：一是面向本单位的汇总审批，即归口部门审批，二是面向上级组织预算汇总审批，即预算上报审批。

（1）归口部门审批：各预算编制单位将本单位专业预算编制完成后，上报上级单位预算管理归口部门审核，上级单位归口部门审核后形成本编制单位的年度预算。

（2）预算上报审批：将本级审核通过的计划上报到上级主体，计划上报后本级不能修改。

2. 应用示例8－13：预算上报审批功能实现

（1）业务场景。根据企业全面预算管理的要求，鸿途集团各级预算单位在预算编制完成之后需要提交上机部门审批。

（2）系统实现。以用友预算管理系统实现为例，允许企业相关人员在预算编制完成后，根据审批上报的步骤，在系统中设置相应的审批流程，审批流可定义本组织的审批，也可定义跨组织的审批，譬如本组织预算审批后，需要上级组织继续审批。

图 8－36 为预算汇总示例，实现的功能是下级组织数据编制后，可汇总到上级组织准备审批。

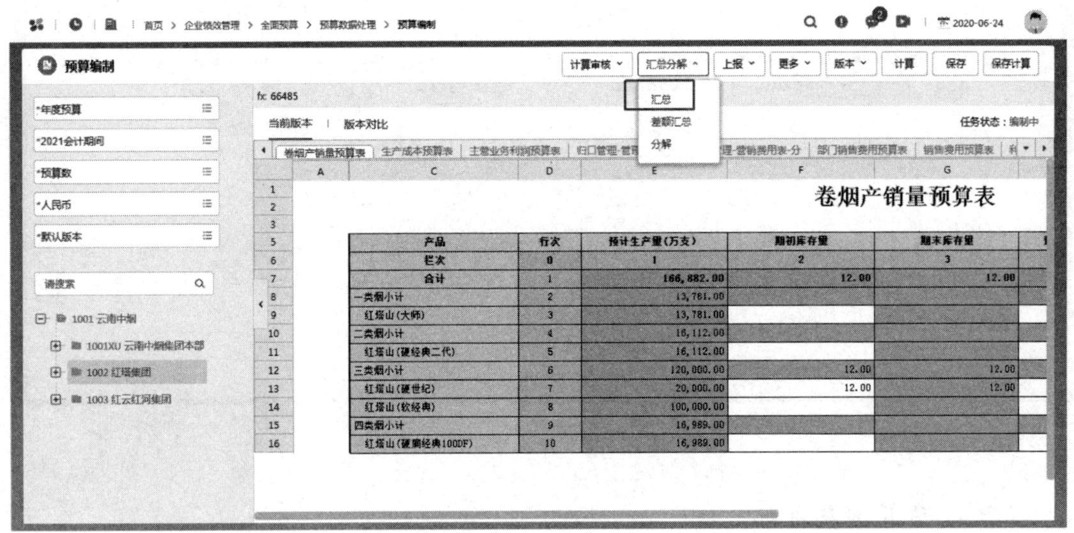

图 8－36　全面预算汇总

图 8－37 为全面预算审批流程设置功能模块的实现，支持各项任务审批，任务上报后，可根据绑定的审批流，进行审批。预算审批中心会显示提交的各项任务（见图 8－38），方便审批人员进行相应审批任务的选择。

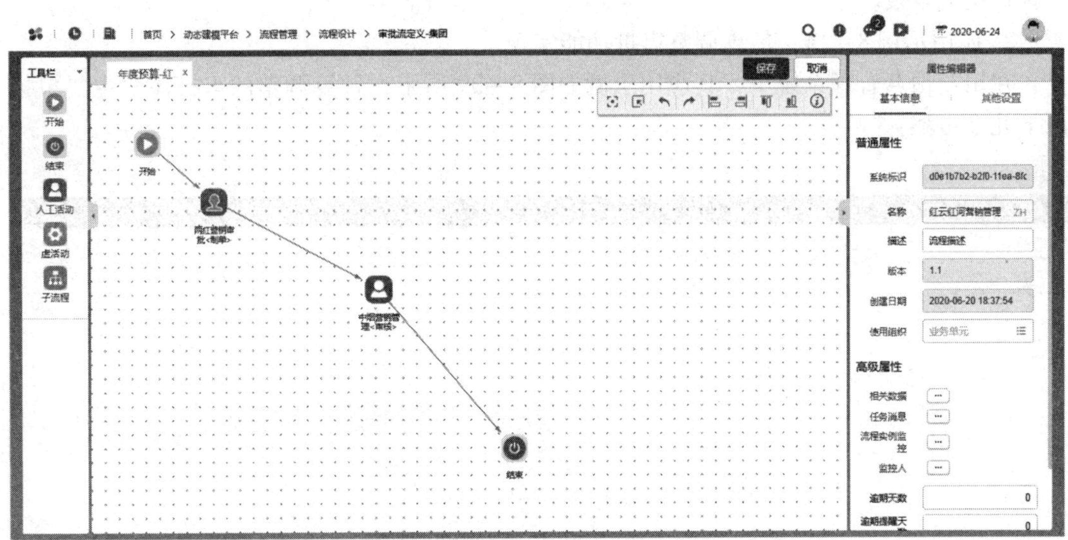

图 8－37　全面预算审批流设置

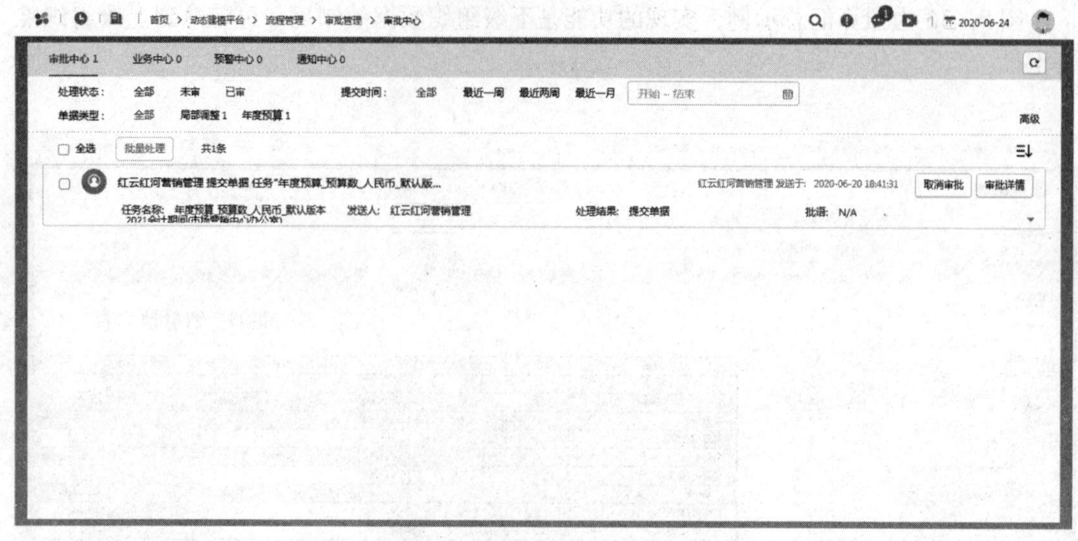

图 8－38　预算审批中心

（二）预算调整审批

1. 系统功能

预算管理系统中的预算调整审批应该能够支持预算调整申请、预算调整申请提交、预算调整申请审核、预算调整方案编制、上报和审核等功能。

全面预算调整流程为，通过全面预算分析对预算执行数与预算编制数编制分析报表，业务部门提出全面预算调整方案，由业务部门发起预算调整申请，预算归口部门审批通过后预算调整生效。

2. 应用示例 8－14：预算调整审批功能实现

在用友预算管理系统中，其应用示例如图 8－39 所示，预算调整的审批流程主要包括以下几个步骤：

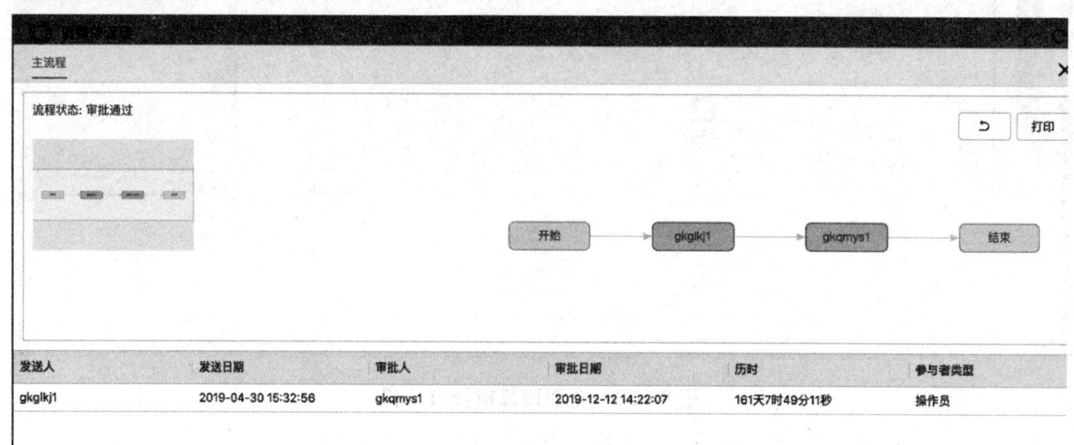

图 8－39　预算调整审批流程

（1）各预算责任部门向所在单位提交预算调整申请，申请中要说明调整的内容、调整的原因以及调整的影响等内容。

（2）各层级预算管理委员会经过审核，将预算申请提交至上一级预算管理委员会，直至集团层级的预算管理委员会。

（3）集团预算管理委员会对预算调整事项进行审核、分析，编制企业年度预算调整方案，上报董事会审核。

（4）董事会对预算调整方案进行审核，批准后下发执行新的预算。

（三）预算控制审批

审批及工作流管理是预算控制重要组成部分，也是预算管理系统预算控制审批模块的主要子功能。预算控制审批及工作流管理是保证费用报销、采购付款、项目结算、其他往来款等财务业务管理制度及管理流程落地的重要环节。

为保证审批及工作流管理能够满足日常业务需要，预算控制审批及工作流管理模块具备以下功能：

（1）系统可提供多种业务处理流程，可实现报销、申请—报销、申请—借款—报销、合同审批及付款等业务处理流程，以满足不同业务需要。

（2）系统支持各类单据的审批，包括费用归集中心审批、财务审核等，并且支持多级人员审批。

（3）系统支持单据的单张审批及批量审批，方便审批工作进行。

（4）系统支持在各审批环节添加审批意见、驳回意见。

（5）系统提供审批状态查询，实时查询单据的审批环节、已审批人、待审批人等信息。

（6）系统能够对待审批事项进行提醒，也支持对审批结果的反馈提醒。

（7）系统提供在审批过程中查看单据的审批流程及各级审批结果，方便下级审批人了解审批状态。

（8）系统提供单据审批状态汇总查询，如已审批单据、待审批单据、审批通过单据、未通过单据等单据审批信息。

（9）系统提供委托审批功能，并能够灵活选择被委托人、委托单据、业务流程、时期等。

（10）工作流能够灵活定制，实现不同组织机构、不同部门、不同单据可以具有不同工作流程。

六、预算调整

预算调整是指实行预算管理的企业，在预算执行一个阶段后，根据预算的实际执行情况，企业各级预算单位以预算执行反馈报告的形式将一定期间的预算执行情况进行分析并形成报告，在特定的时间根据预算调整程序对年度预算进行调整。

预算调整是预算执行和控制的基本手段之一，是确保全面预算管理系统高效、协调运行的基础和保障，也是预算监控和预算考评的基础。

（一）预算调整流程和方法

预算调整一般按照以下流程来进行：首先分析实际与预算执行情况，然后由业务部门提出调整方案，提交预算调整申请，预算归口部门在收到预算调整申请后进行审核，审核通过后预算调整生效（见图8－40）。

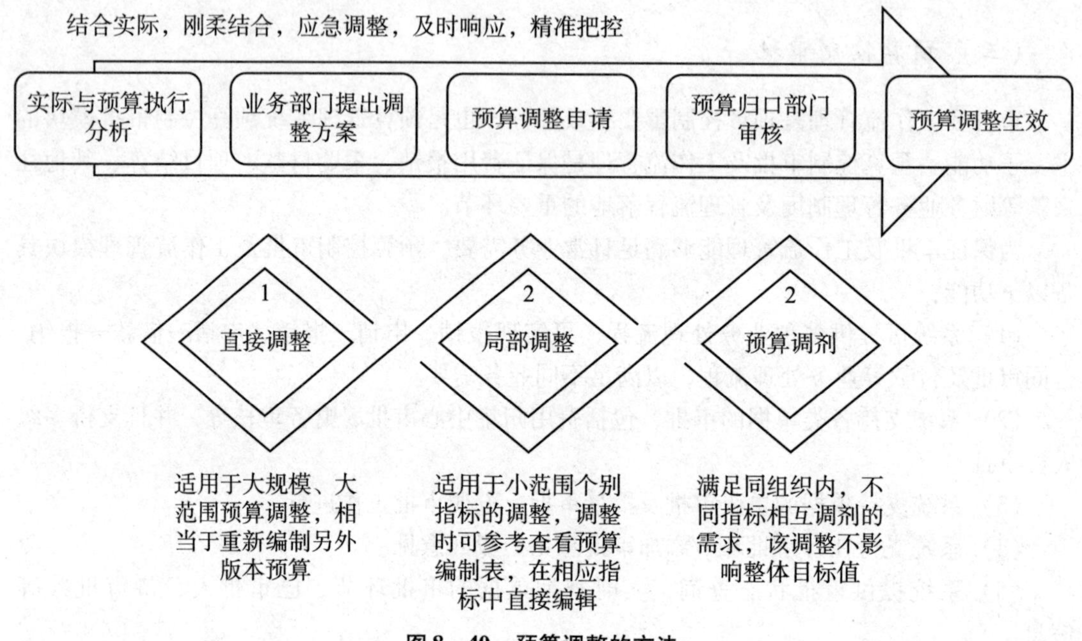

图8－40 预算调整的方法

预算调整方法主要有直接调整法、局部调整法和预算调剂法。

直接调整法适用于大规模、大范围的预算调整，相当于重新编制另外一个版本的预算。局部调整法则适用于小范围个别指标的调整，调整时可参考查看预算编制表，在相应指标中直接编辑。预算调剂法指在同一组织内不同指标预算相互调剂，不影响该组织单位预算的整体目标值。

（二）预算调整的条件

实施全面预算管理的企业年度预算编制完成后，由于市场环境瞬息万变，当市场环境出现预算编制当时无法预料的重大事件，符合预算调整的条件时，可以由各级责任主体发起自上而下（或自下而上）的预算调整。

通常在发生以下事项的条件下，各预算责任部门可以提出预算调整申请：

（1）集团公司董事会调整公司发展战略，重新指定公司经营计划。

（2）外部客观环境发生重大变化，如国家政治经济环境、国家政策发生重大变化等。

（3）公司内部环境发生重大变化，如企业进行体制改革等。

（4）发生不可抗力的事件，如重大自然灾害等。

（5）董事会或预算管理委员会认为必须调整的其他事项。

（三）预算调整业务实现示例

1. 应用示例8－15：全面预算直接调整

（1）业务场景。本示例的业务场景为鸿途水泥应用直接调整法进行预算调整。鸿途水泥需要进行大规模的预算调整，并且该调整影响年初设定的经营目标值，该调整的流程与预算编制的流程相同，需要审批后才能生效。

（2）系统实现。以用友预算管理系统为例，启动直接调整任务后，直接在预算表单上进行数据修改，计算保存，上报审批后，即完成直接调整（见图8－41）。

图8－41　全面预算直接调整

2. 应用示例8－16：全面预算调剂

（1）业务场景。本示例的业务场景为鸿途水泥应用预算调剂方法进行预算调整。鸿途水泥本部的财务处办公室，在预算执行一段时间后，发现管理费用—办公费中，日常办公用品费预算有些紧张，而印刷费的预算还有剩余，决定将印刷费部分预算调剂给日常办公用品费，根据集团的预算管理办法，该类调整只是在本部门的同一类费用内进行调剂，不影响集团整体指标，部门可自行调整，因此在调整单中对指标进行调增、调减即可。

（2）系统实现。以用友预算管理系统为例，预算调剂通过单据调整功能实现，启动单据调整任务后，在调整单中分别录入调增、调减的数据，单据生成后，即调整预算中对应指标的金额，如图8－42所示为用友预算管理系统中的单据调整示例。

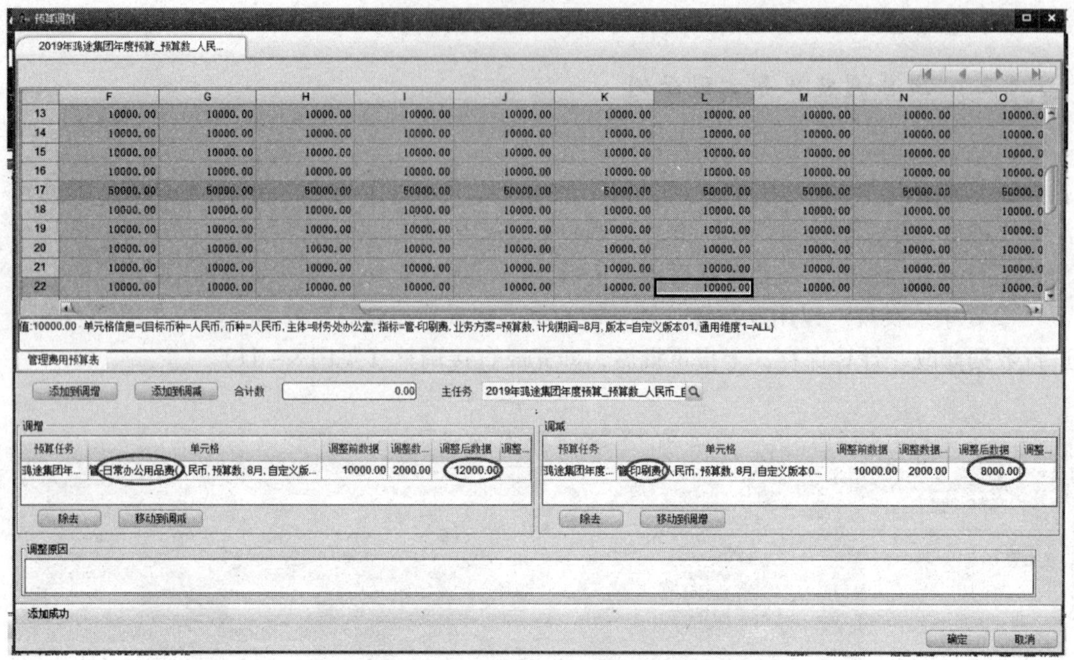

图 8-42 全面预算单据调整

七、预算控制

（一）系统功能

预算管理系统应具备预算控制的功能，能够支持企业不同预算模式选择和，具体包括控制对象、控制标准、控制方式、控制期间以及业务控制流程的定义和设置。

预算控制是预算管理的重要环节，预算控制要求对企业预算进行事前、事中、事后控制。事前控制是执行申请时预算额度的控制，事中控制是按照采购计划、采购提前期及库存控制、会议费、对外捐赠、差旅费、公务用车、外事活动按照预算编制额度控制费用支出，同时投资项目计划、市场营销项目、科研课题项目等项目类预算有签订合同的，还需进行合同额度的控制。事后控制则是对其他指标实时进行预算执行情况的统计、预警提醒。在各预算控制时间节点，预算申请单的申请金额作为预算占用数，报销、采购、领料、资金支付、固定资产采购等活动完成作为实际发生数，预算控制一般要求实际发生数控制在预算占用数之内。

预算控制可以进行年度累计控制，月度预算控制，项目预算控制，预算分析等业务场景。

全面预算的控制方式，按各需要控制的预算项目的控制关注点不同，可以分为刚性控制，柔性控制和预警控制。刚性控制指对一些期间费用如可控费用，各责任中心应采用刚性控制的方式，控制原则是费用完全不能超出预算。柔性控制指当一些受业务量影响的可控成本或费用，由于业务量的增加，成本或是费用超出预算编制金额，应按预算管理制度流程追加预算。预警控制指预算实际执行中，当实际执行数据已经超出预算编制数，该预算项目只是提醒超出金额，并不会中断业务执行。预警控制的预算项目有人力薪酬预算。

进行预算控制需要事先明确预算控制对象，如在采购预算控制中为采购支出、预算支出、投资支出、营销支出等。然后需要确定控制标准，比如在采购预算控制中可以将控制标准确定为年度预算，也可以将月度预算作为控制标准。再次要确定控制方式，如刚性控制还是柔性控制。最后明确控制期间，是月度控制，还是年度控制或累计控制。

预算控制可以按组织进行，也可以按项目、部门和人员分别进行控制。

预算控制的业务控制流程可以针对资金管理、采购管理、费用管理等业务分别设置。

如图 8－43 所示，以采购预算控制为例，采购预算的事前控制一般通过采购计划实现，事中控制则融入采购实施和采购订单中，事后控制则体现在物资领用和资金支付过程中。

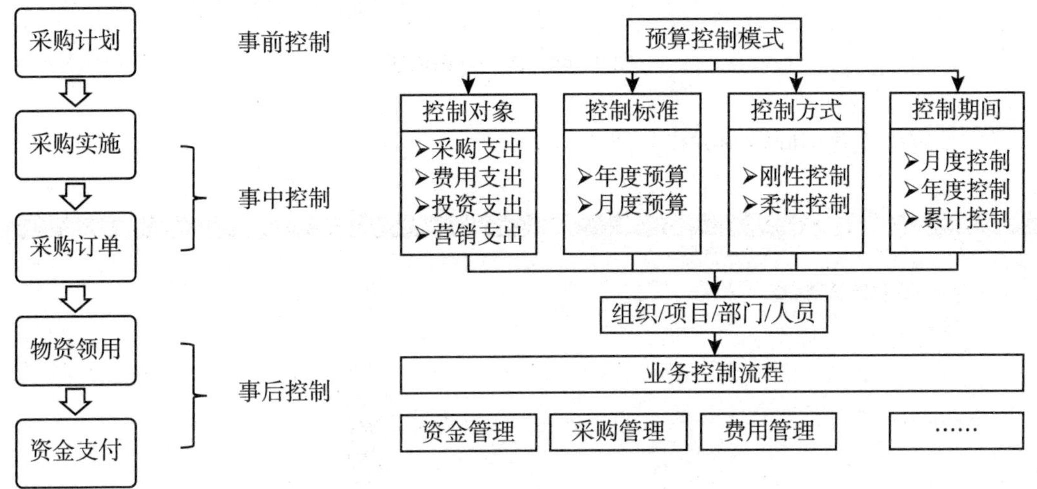

图 8－43　采购预算控制模式

（二）应用示例 8－16：全面预算日常业务控制实现

鸿途水泥根据集团全面预算管理要求，本着谁编制谁负责的原则，对各预算主体发生的成本费用实行预算控制。预算控制依据为审定后的预算数据，如预算数据按月或季度编制，控制时可按当期编制数据或者本年累计数据进行控制。

本示例部分将以用友预算管理系统为例，对系统中设置控制方式、控制单据、控制主体等内容进行阐述说明。

本示例设置的控制规则为：在成本系统、费用系统、供应链系统等业务系统实际业务发生时，进行使用，触发控制规则，按预设的控制内容进行控制。

1. 设置控制规则和控制方式

（1）业务场景。鸿途公司对成本费用进行事前控制，控制方式一般为刚性控制，即在业务发生到一定百分比时，将不再予以通过，以确保预算执行的严谨性。

（2）系统实现。在系统中实现时，首先根据不同的控制内容建立控制规则，如图 8－44 所示，针对部门的管理费用中通讯费、差旅费、日常维修费分别单独设定不同控制规则。

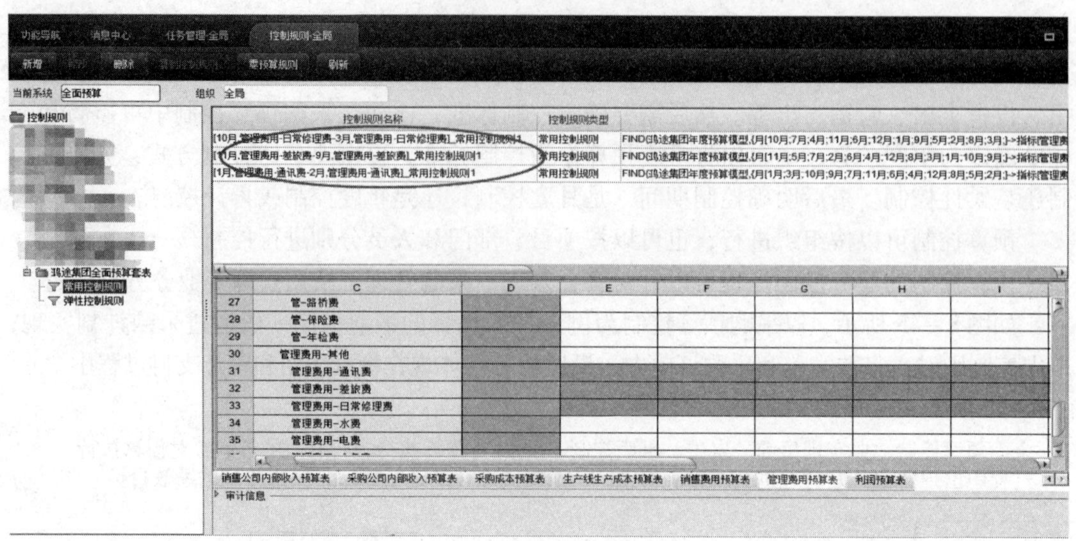

图 8－44　控制规则设置

在系统中设置不同控制方式如图 8－45 所示。

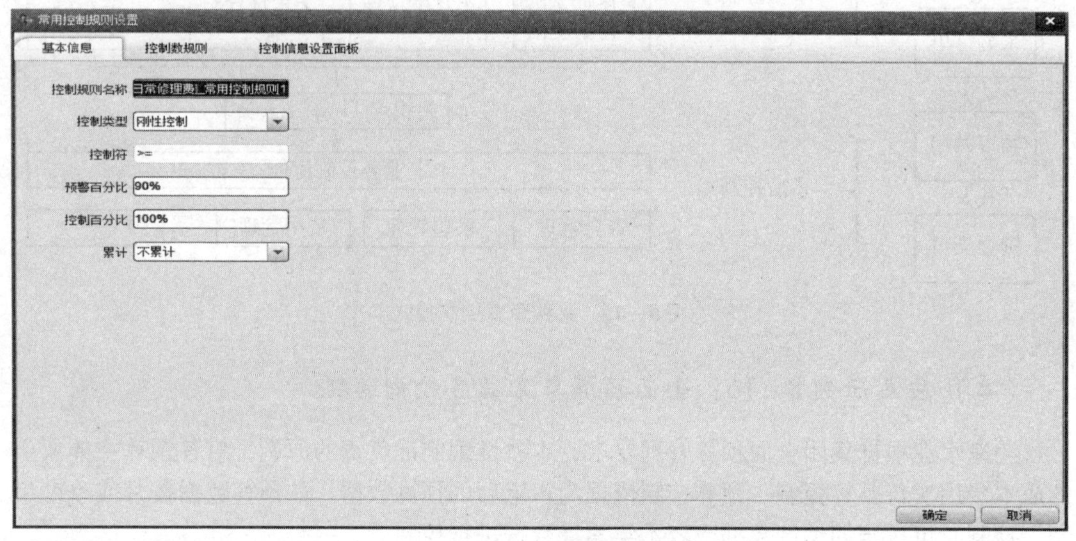

图 8－45　控制方式设置

2. 选择需要控制单据

（1）业务场景。鸿途公司成本费用的控制来源一般在业务系统，针对不同的业务系统，设置不同的业务类单据控制。例如差旅费发生时，填制费用系统中的差旅费报销单，单据保存提交时需要用预算数据进行控制，在控制规则中需要对差旅报销单这个单据类型进行设置。

（2）系统实现。例如，在用友预算管理系统建立的控制规则中，通过选择对应的业务系统单据进行控制设置，如图 8－46 所示。

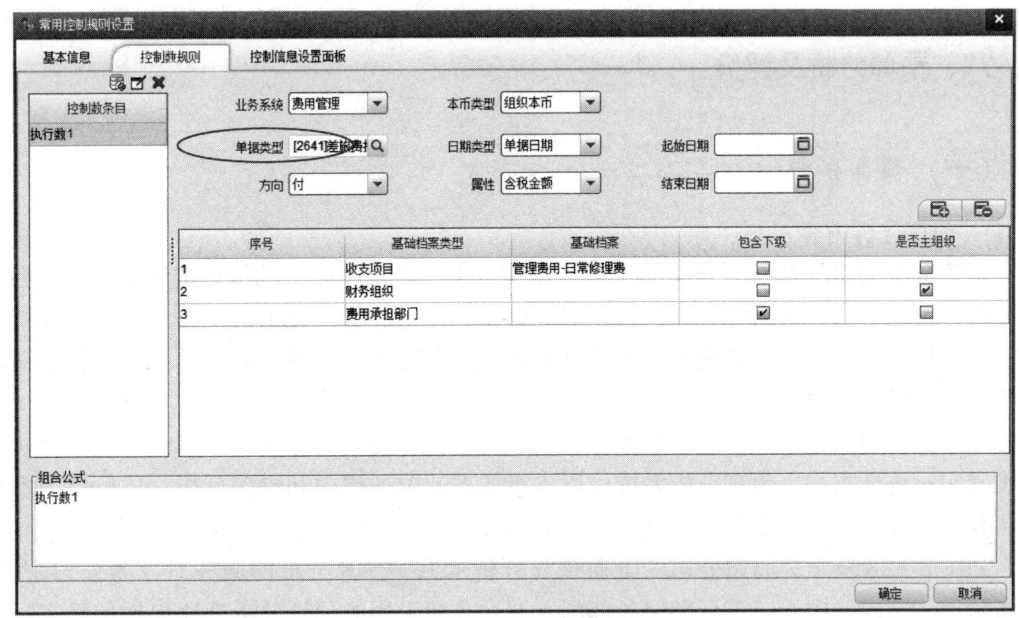

图 8 – 46　控制单据设置

3. 设置控制主体

（1）业务场景。鸿途集团各单位对成本费用的控制要求不统一，需要针对不同的控制主体进行控制规则的设置。

（2）系统实现。以用友预算控制系统为例，通过在设置中的财务组织及费用承担部门中选择适合的控制主体，可以完成控制规则的设置。如图 8 – 47 所示，鸿途公司通过在建立的控制规则中，选择对应的控制组织、部门进行设置。

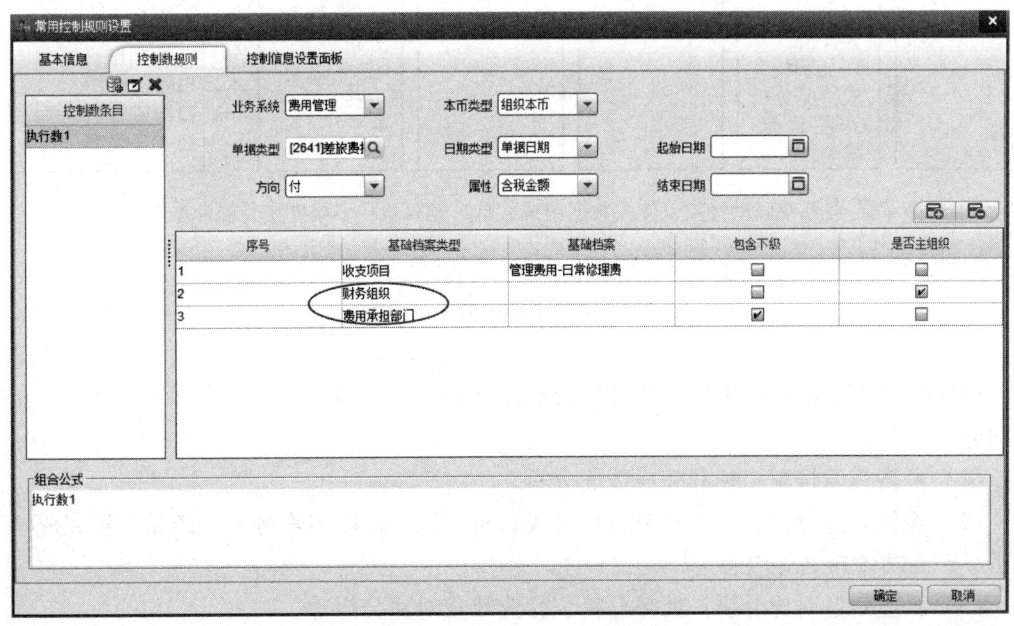

图 8 – 47　控制主体设置

八、预算分析及评价

（一）预算分析

1. 预算分析内容

预算分析构建的是一个“全面直观、业财一体、由果溯因”的预算定期报告体系和实时分析体系。预算分析内容应该包括：对标分析、监控分析、成本费用分析、预算执行分析、考核指标月度财务分析报告、季度（年度）预算执行情况分析报告、能够支撑公司经营管理和战略发展决策。

预算分析通过业务—预算—财务各系统联动管控，使大数据集成共享，实现预算执行多维度实时统计查询。预算分析系统可以支撑业务、财务横向和纵深分析，还可以为本年度预算调整和下年度预算编制提供依据，为领导决策提供参谋。

如图 8 -48 所示为鸿途公司的全面预算分析示例，预算分析的服务对象为公司领导、集团领导、部门、中心、工厂和财务部门。鸿途公司采用的预算分析方法包括预算实际执行分析法、产品排名分析法、实际执行累计分析法和历史数据对比分析法等。预算分析分别从因素分析、构成分析、业务类型分析等不同的角度展开。

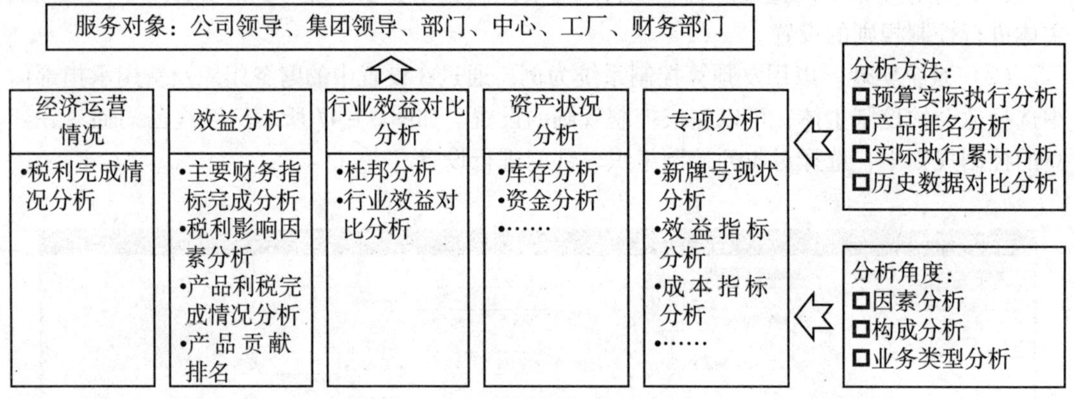

图 8 -48　全面预算分析方法

鸿途公司的预算分析涵盖了经济运营情况分析、经济效益分析、行业效益对比分析、专项分析等内容。

（1）经济运营情况：税利完成情况分析。

（2）经济效益分析：主要财务指标完成分析、税利影响因素分析、产品利税完成情况分析、产品功效排名等内容。

（3）行业效益对比分析：杜邦分析、行业效益对比分析等。

（4）资产状况分析：原材料库存分析，产品库存分析、资金分析等。

(5) 专项分析：新品分析、效益指标分析、成本指标分析等。

2. 系统功能

(1) 预算分析系统架构。预算分析系统架构分为三层（见图8－49）：业务运营层（ERP系统）、战略管控层（企业绩效管理）和经营管理决策层（数据分析）。业务运营层记录详细实时的业务数据；战略管控层会产生大量的落实企业战略的计划预算、报表和合并报表数据；决策支持层是通过对大量数据的分析，帮助决策者做出正确的决策。

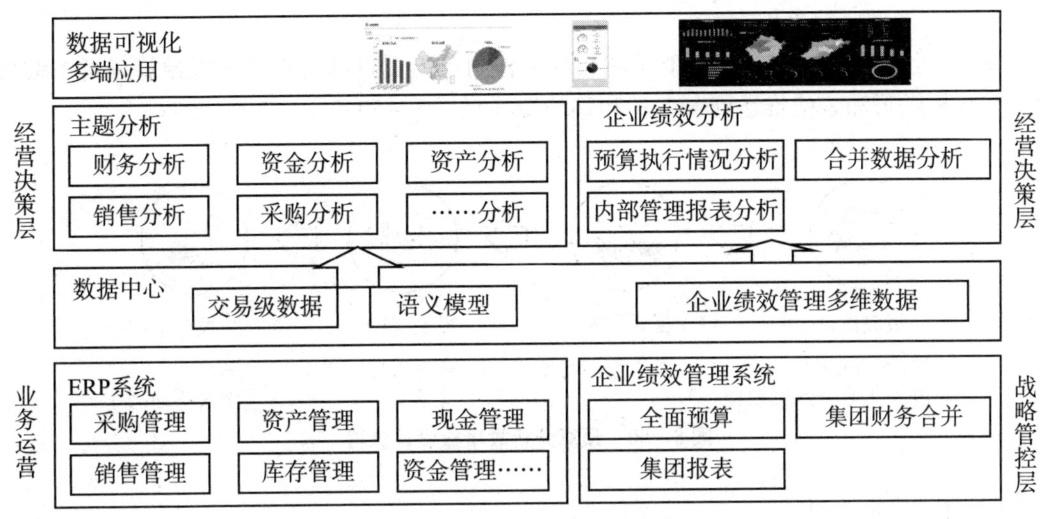

图8－49　全面预算分析系统架构

(2) 预算分析主题。预算分析系统可以进行财务分析、资金分析、资产分析、销售分析、采购分析等不同主题的分析。还可以进行预算执行情况分析、合并数据分析、内部管理报表分析等企业绩效分析借助数据可视化和多端应用，为经营管理层提供管理决策支持。

3. 预算分析方法

预算分析系统中可以支持趋势分析、占比分析、对比分析、排名分析、预算执行分析、同比/环比分析、中间值分析、预警分析等不同数据分析方法。

(1) 趋势分析：通过历史以及现在数据的变化趋势和变化规律，确定财务状况和经营状况。

(2) 占比分析：通过分析一个整体中各实体所占份额对整体结构进行分析，便于整体了解情况，对不合理的结构进行调整。可以从不同的角度分析，如：各单位占比、各产品占比、各种业务指标占比。

(3) 对比分析：一般用于两个或多个因素进行对比，看出差异或好坏。可以纵向对比，如今年和去年比较，也可横向比较，如几个单位的销量比较，还可以是关键指标的对比。

(4) 排名分析：通过对组织的排名，了解整体经营情况以及个体的优劣。

(5) 预算执行分析：通过对预算执行情况的分析，了解当前完成进度。

(6) 同比/环比分析：趋势分析法中的指标，有同比分析、环比分析，以及同比增长率分析、环比增长率分析。

（7）中间值分析：中间值分析通过对一些相关指标进行多元加工得出中间值，通过中间值反映企业经营状况。如利润率＝利润/收入，同比＝（本期－上期）/上期，单个价值＝总收入/数量。

（8）预警分析：对一些关键指标设定目标、正常、警戒值等，对其进行监控。当某一财务比率或者财务指标超出特定的范围时，发出相应的预警信息给决策者，预警结果还可以通过红、黄、绿三种颜色的亮灯状态进行发布，辅助企业管理者做出正确的决策。

4. 应用示例：故事板查看

在用友预算管理系统中，预算分析模块允许财务人员自己自定义配置预算分析查询报表，将分析图形和表格推送到web端和移动端（见图8－50）。

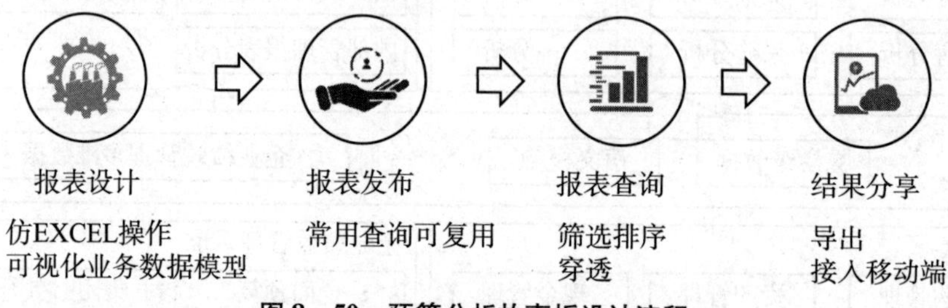

图8－50　预算分析故事板设计流程

（二）预算考评

1. 预算考评体系

预算管理考核评价体系的构建是为了确保预算工作质量和预算执行效果，工作质量考核侧重评价基础工作的开展情况，包括核算符合度、审核通过率、归口管理等内容。执行效果考核侧重评价预算指标的完成情况，包括年度执行完成情况和过程执行完成情况。

预算管理考评内容包括战略目标、年度经营目标、运营管理、采购管理、销售管理、财务管理、科研项目等。一般包括定量考核（权重80%）和定性考核（权重20%）两部分（见图8－51）。定量考核一般采取评分制，根据评分结果奖罚分明。评分项目主要包括预算申报质量、预算业务管理、预算目标完成和预算过程管理。预算申报质量考核指标为及时性、准确性、完整性和审减率等指标考核。预算业务管理考核评价指标为均衡度、合规性和归口责任。预算目标完成情况考核指标为符合度和重要性。预算过程管理评价指标为调整度和执行率。

定性考核主要关注基础管理，考核基础管理工作是否健全、规范，基础工作亮点和问题处理情况。

2. 系统功能

预算考评系统应该能够根据预算考核要求设置多类多个考核指标，结合集团年度目标方案，年终对于各级组织进行预算评价和绩效考核，可设置一系列综合经济指标和非经济指标进行评价；可根据预算上报情况设置预算编制的及时性、准确性方面的考核指标；可根据预算内、预算外事项及预算调整事项执行程序的规范性方面设置考核指标；可根据预算执行分析的及时性和预算分析报告的完整性和建设性方面设置考核指标。

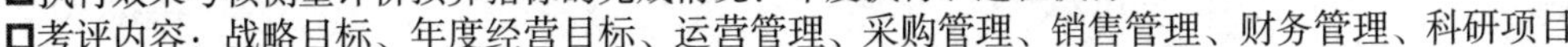

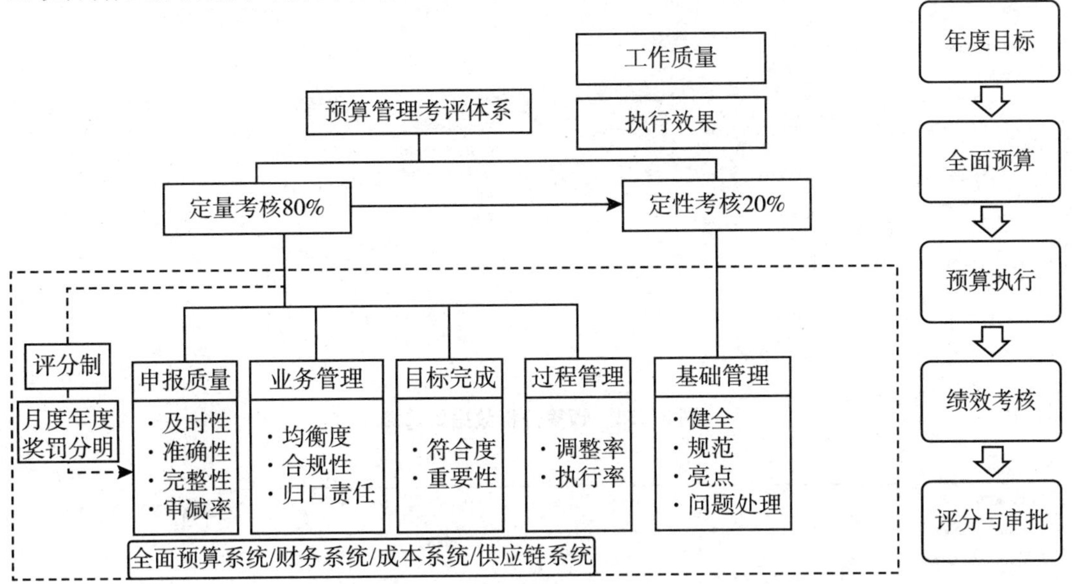

图 8－51　全面预算考评体系

企业通过预算考评系统，可以实现：

（1）上报及时性考评：可根据预算上报情况设置预算数据上报的及时性、准确性考核指标。

（2）执行偏差考评：可根据预算的执行控制情况，设置预实偏差值范围考核指标。

（3）预算对标考评：在编制预算时参考预算考核可以列出需要进行同业对比的指标，以及规模、业务相同的同类公司平均值，每期以实际发生数与同业进行对比，并可根据计算公式追溯到相关项目，便于企业分析与同行业企业的差异。

（4）其他考评分析：按项目考评、归口部门考评、按会计科目考评、财务比率考评等。

（三）应用示例 8－17：预算分析评价业务场景实现

1. 业务场景

仍以鸿途公司为例，公司要求将业财数据提取到多维模型中，可以根据多维数据中的组织、时期、指标进行组合，以美观的图表进行可视化呈现。

2. 系统实现

以用友预算分析系统为例，鸿途公司可以在系统中对需要分析的主题从报告的数据维度中进行范围约束，形成数据池。如进行成本预算分析，需要先在数据集界面，选定成本管理数据集，包括需要分析的组织范围、时期范围、成本相关的指标等（见图 8－52）。

然后在图表设计界面，选择要展现的图例，如饼状图、柱状图、仪表盘等。基于数据池拖拽需要分析展现的维度，形成图例保存（见图 8－53）。

最后利用系统的故事看板，将设计好的图表进行组合，并分配权限供管理者实时掌握企业情况（见图 8－54）。

图 8－52　预算分析数据集选择

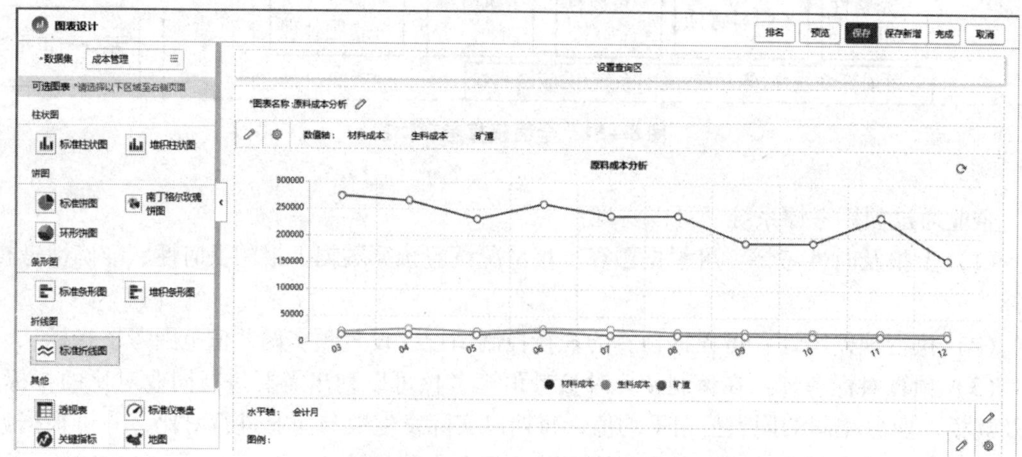

图 8－53　预算分析图表设计

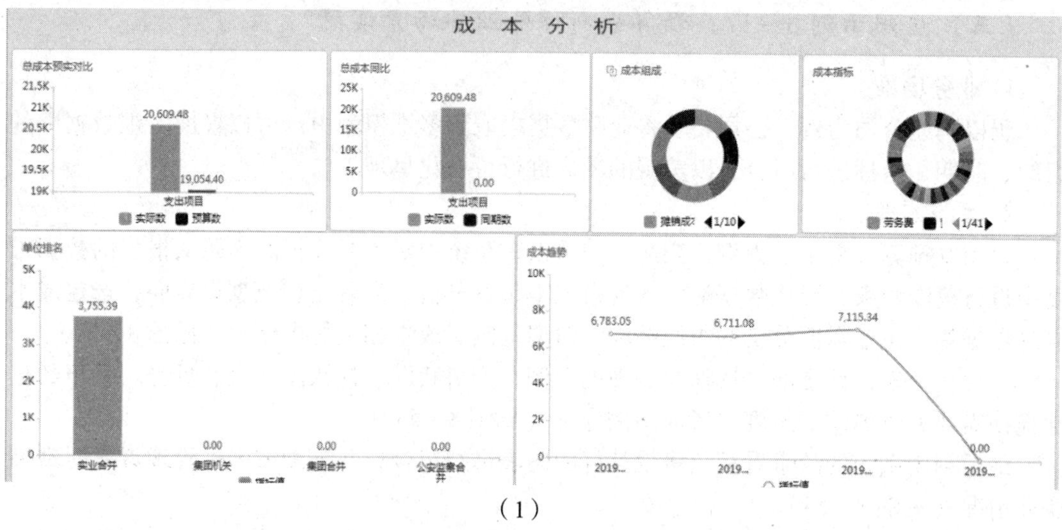

（1）

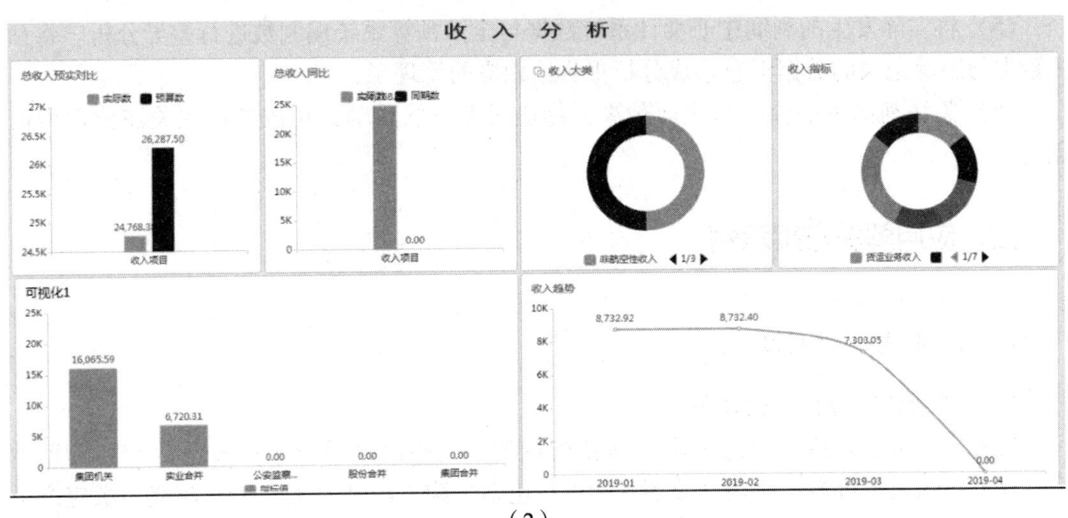

（2）

图 8－54　预算分析故事看板

第四节　全面预算信息化实现案例

一、应用场景

（一）案例公司简介

D 公司创立于 1985 年，经过 20 年的持续稳定发展，现已成为国内领先的煤化工深加工的资源综合利用企业，经营范围：煤炭开采、原煤洗选、焦炭生产加工与销售、发电、焦炭附属化工产品的生产与销售等业务。

随着企业的发展壮大，D 公司需要划小经营责任主体，引入内部市场化机制，对最小责任主体进行年度经营目标进行全面绩效考核，以适应企业管理提升。经过市场考察和招标，D 公司引入了用友全面预算管理系统来实现战略落地绩效考核。

（二）系统应用需求

经过用友公司对 D 公司高层管理人员、二级平台公司管理人员、财务人员、计划考核部门人员、生产部门人员、销售部门人员多轮访谈和一手资料的收集，总结 D 公司对全面预算应用需求如下：

（1）根据公司长期的战略规划，由战略目标分解为公司各级责任中心的经营目标。

（2）根据公司战略制订出业务计划，由业务计划推演出全面预算。业务计划和全面预算成为连接公司战略和预算的桥梁。

（3）编制公司各层级的年度全面预算，预算平衡后下达。

（4）预算执行过程中采用事中控制与事后分析相结合方式，事中控制、事后控制采用利润中心会计中实际发生数据。

（5）将实际发生的利润中心会计系统数据与全面预算系统编制数进行差异分析。将预算数据与跟踪记录的数据汇总形成分析报告给相应的管理层。

（6）关注利润中心会计与全面预算目标达成率考核激励公司成员自主关注公司价值创造。

二、应用解决方案示例

（一）系统设计思路

1. 基于价值链分析关键业务

D 公司的价值创造是通过一系列活动构成的，这些活动可分为：基本活动和辅助活动。D 公司的基本价值链活动（见图 8－55）包括采购、内部服务、生产制造、供应商维护、销售、客户服务等活动；而辅助价值链活动则包括：组织机构、企业管理、行政、后勤、计量、质检、结算、人力资源管理、财务核算、管理会计、计划考核等。不同的辅助

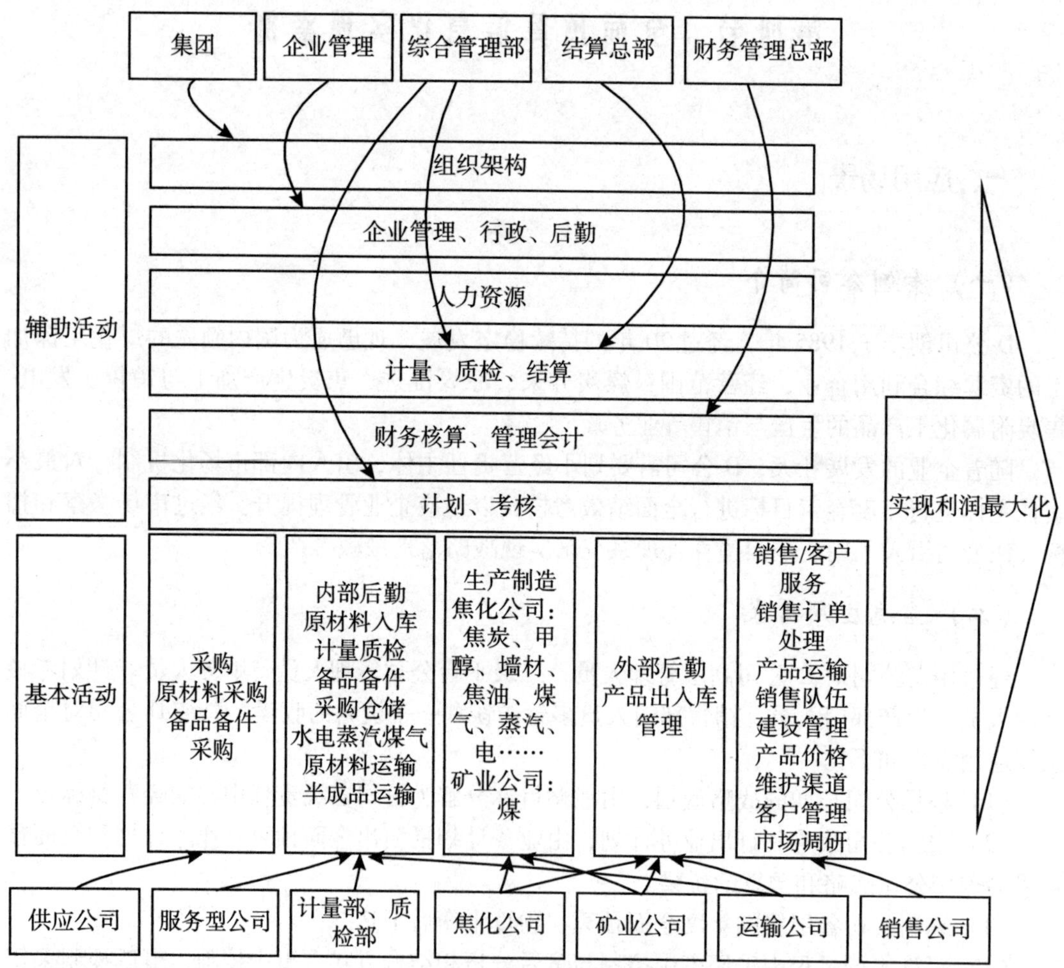

图 8－55　D 企业价值链梳理

活动分别由不同职能部门负责，集团总部负责组织架构，企业管理部门负责企业管理、行政、后勤，综合管理部负责人力资源、计划、考核等，结算总部负责计量、质检、结算，财务管理总部负责财务会计和管理会计工作。不同的基本活动也对应由不同的分子公司或业务部门，供应公司负责采购；服务型公司、计量部和质检部运输公司共同执行对内后勤工作；焦化公司、矿业公司共同完成生产制造；焦化公司、矿业公司和运输公司共同执行对外后勤工作，销售/客户服务活动主要由销售公司执行。

D 公司的关键价值链（见图 8－55）重点为："采购—生产制造（包含辅助生产）—产品销售—客户"。D 公司将关键价值链的每个战略环节分解为一级利润中心，对每个一级利润中心的收入、成本、费用、利润进行实际数据收集，并将公司战略目标分解到每个一级利润中心，实际业务结合年度预算对业务进度、达成目标进行分析，对利润中心进行考核，问题分析和目标修正。

2. 基于关键业务划分责任中心

D 公司根据业务管理现状，建立责任中心权责，梳理内部组织、流程优化、界定利润中心边界，根据企业内部流程将责任中心划分为投资中心、利润中心、成本中心和费用中心（见图 8－56）。以责任中心为考核容器，确定考核重点进行业绩评价。

D 公司的责任中心按关键业务划分为：

投资中心：D 公司作为企业唯一的投资中心，对整个集团的利润负责。

一级利润中心：包括了价值链中基本活动组织如供应公司、焦化公司、矿业公司、销售公司及其集团下属的各个辅助生产单位、内部服务单位。

二级利润中心：焦化公司下属的生产厂，煤矿业公司下属的煤矿、煤层气公司。

成本中心：焦化公司的生产厂到产品，煤矿到各工作面。

费用中心：能源公司职能部门、焦化公司职能部门、矿业公司部门。

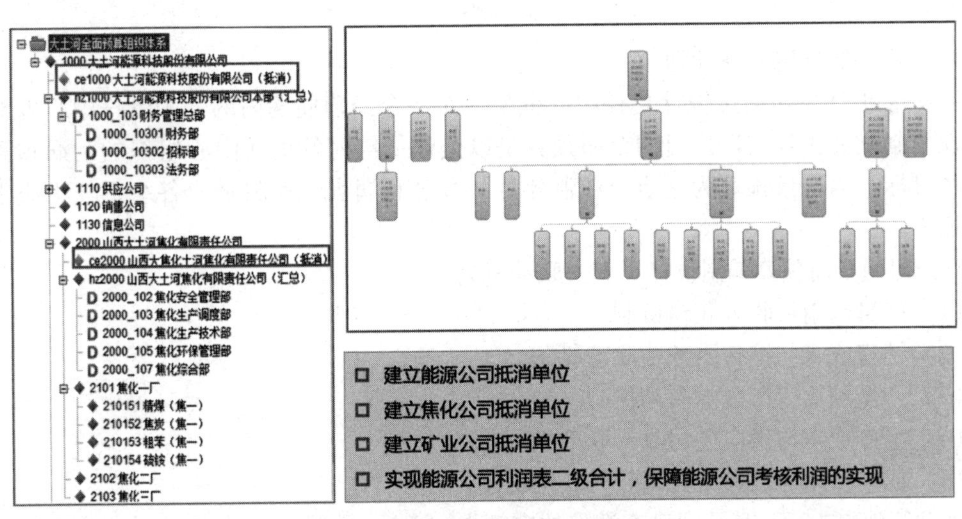

图 8－56 D 公司的全面预算组织体系

3. 业绩目标自上而下的分解

年度业绩指标设计是企业绩效管理的关键，该企业年度计划目标是执行自上而下的分解，主要指标包括：利润、产量、质量、收入、安全、成本、费用七大关键指标包含了财务指标和非财务指标。

如何合理将业绩指标落实到每个责任中心的并达成合理的目标值，这个需要根据以往年度的预算数据、实际业绩数据、本行业标杆数据等来制订来年的目标计划。

在正式编制年度计划之前，投资中心（D公司）需将各指标细化分解到一级利润中心和一级费用中心，一级利润中心（焦化公司、矿业公司）在承接投资中心目标后再进行目标细化，再下发到二级利润中心（各工厂、各煤矿），二级费用中心（焦化职能部门、矿业职能部门）二级利润中心将目标下达到各产品，各产品测算填报，上报上级节点，逐级汇总后，投资中心与一级、二级利润中心分析上报指标和下达指标之间的差异，平衡确定最终目标，规范绩效管理下一阶段的年度预算编制（见表8－3）。

表8－3　　D集团预算组织及责任目标的梳理

级次	利润中心	上级公司	目标
投资中心	能源公司		利润
一级利润中心	焦化公司	能源公司	产量、质量、安全、成本、利润
一级利润中心	矿业公司	能源公司	产量、质量、安全、收入、成本、费用、利润
二级利润中心	一厂、二厂、三厂	焦化公司	产量、质量、安全、成本、利润
成本中心	选煤、焦炭、粗苯、硫铵	一厂	产品加工量、产品质量、安全（人身、环保、设施……）生产成本、利润
费用中心	财务部、计划部、综合管理部……	能源公司	费用

4. 全面预算框定业务计划

用友帮助D公司通过设计责任中心框架，对一个经营周期内的各个责任中心内部经营活动编制全面预算。D公司的全面预算是以企业一年内各责任中心组织的利润预算额为考核目标，以产量预算为起点，编制年度、月度利润表，反映企业各级责任中心下年经营成果。

D公司的全面预算编制设计了五大联动机制：

（1）产量与销售收入联动机制。

（2）销售收入与销售服务费联动机制。

（3）产量预算生产成本联动机制。

（4）生产成本与供应公司收入联动机制。

（5）成本费用与服务型公司收入联动机制。

在预算编制方面，D公司已有数年的定额指标积累，例如：焦化版块的产率、费率能源消耗指标、销售价格假设、内部服务费结算价格等和煤矿板块的容量、断面等。这些标准定额作为预算假设参与业务预算编制。

从编制形式使用了只编制金额，数量×单价＝金额。产量×配比＝使用量；加工量×产率＝产量等。这样编制优点是全面预算是由企业的各责任中心的业务参与者共同编制并共同执行控制的。

D 公司的预算内容包括：产量预算、原材料采购预算、销售预算、生产成本预算、薪酬预算、费用预算、财务预算等。

D 公司责任中心的预算编制具备如下特点：

（1）以产定销：焦煤行业的预算编制起点一般是按产量编制。

（2）数据联动：根据产量联动销售收入、内部销售服务费、生产成本，实现业务人员填制业务量数据后自动出具下游预算数据。

（3）内部服务：责任中心间的内部服务费，动力成本根据产量和使用量计算平衡表，生成服务供方收入预算和需方成本费用预算编制数据。

5. 利润中心会计结合预算控制

全面预算编制是确定各责任中心考核的标准，预算控制则通过建设这套能由各个责任中心管理者负责的预算体系，将实际的业绩与预算目标进行比较，找到实际与预算间的差异，为 D 公司各级责任中心管理者提供经营指南。

D 公司的利润中心会计是对各责任中心的收入、成本、费用、利润进行实际执行数据收集的入口，利润中心在企业经营活动中通过增加收入、减少成本费用来提升责任中心利润，或是通过减少资产占用提升利润，利润中心会计结合预算控制有助于真实反映每个责任中心的实际成本。

6. 责任中心绩效分析考核

D 公司设计了基于业绩评价系统用以评价一定时期企业管理活动决策的后果。

业绩评价系统功能包括：数据收集整理归类、管理报表输出、全面预算与利润中心会计分析、问题推送等内容。用于业绩评价的绩效数据来自企业日常管理，D 公司责任中心核算数据的收集实现了自动化，大大提高了数据准确性并提高管理效率。图 8－57 为 D 公司预算责任中心月度绩效考核评分表示例。

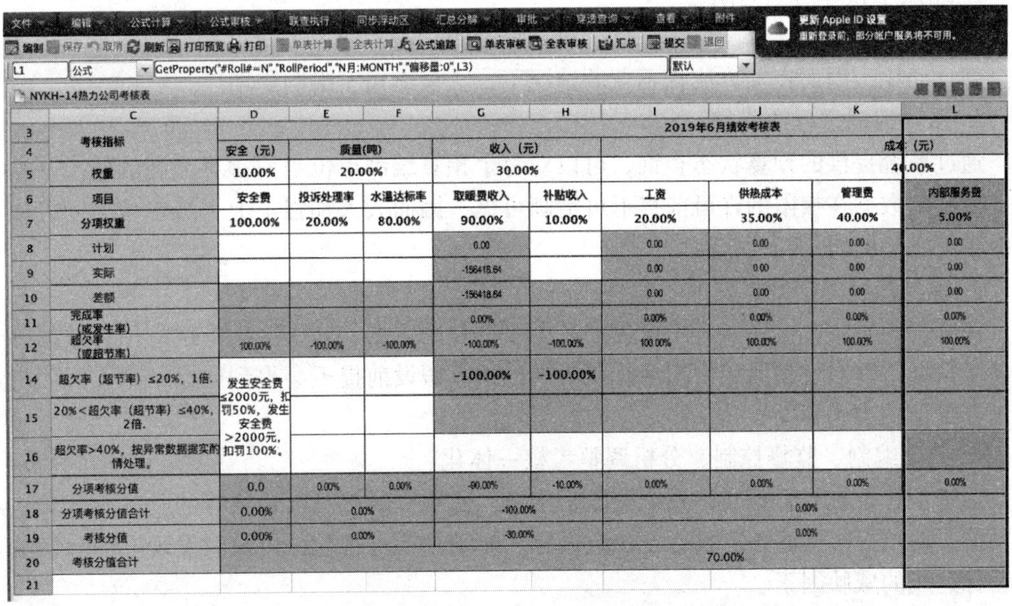

NYKH-14热力公司考核表

	C	D	E	F	G	H	I	J	K	L
3	考核指标	2019年6月绩效考核表								
4		安全（元）	质量(吨)		收入（元）		成本（元）			
5	权重	10.00%	20.00%		30.00%		40.00%			
6	项目	安全费	投诉处理率	水温达标率	取暖费收入	补贴收入	工资	供热成本	管理费	内部服务费
7	分项权重	100.00%	20.00%	80.00%	90.00%	10.00%	20.00%	35.00%	40.00%	5.00%
8	计划				0.00		0.00	0.00	0.00	0.00
9	实际				-156418.64		0.00	0.00	0.00	0.00
10	差额				-156418.64		0.00	0.00	0.00	0.00
11	完成率（或发生率）				0.00%		0.00%	0.00%	0.00%	0.00%
12	超欠率（或超节率）	100.00%	-100.00%	-100.00%	-100.00%	-100.00%	100.00%	100.00%	100.00%	100.00%
14	超欠率（超节率）≤20%，1倍.	发生安全费≤2000元，扣罚50%，发生安全费>2000元，扣罚100%。			-100.00%	-100.00%				
15	20%＜超欠率（超节率）≤40%，2倍.									
16	超欠率>40%，按异常数据据实酌情处理。									
17	分项考核分值	0.0	0.00%	0.00%	-90.00%	-10.00%	0.00%	0.00%	0.00%	0.00%
18	分项考核分值合计	0.00%	0.00%		-100.00%		0.00%			
19	考核分值	0.00%	0.00%		-30.00%		0.00%			
20	考核分值合计	70.00%								
21										

图 8－57　预算责任中心月度绩效考核评分表

（二）系统实施步骤

全面预算项目实施步骤通常分为方案咨询+系统落地两个阶段，结合D公司的预算管理基础、信息化现状以及公司年度计划，其全面预算管理体系的建立也分两阶段推进。D公司方案咨询+系统落地两个阶段共用了6个月时间。

1. 第一阶段：方案咨询设计

方案咨询设计包括预算组织设计、业务详细梳理、全面预算编制体系建立、预算维度梳理、业务方案逻辑验证等主要活动。

（1）预算组织设计：可以按管理会计组织一致的组织结构设计全面预算组织、建立全面组织层级并包含预算合并。

（2）按预算组织区分对每个组织涉及业务详细梳理并结构化到预算表单。

（3）建立全面预算编制体系：组织+业务表单（含预算假设表、预算编制表、预算结果表、预算分析表）。

（4）预算维度梳理：预算周期、管理会计要素、预算科目、收支项目、业务方案等。

（5）业务方案逻辑验证，客户高层汇报。

2. 第二阶段：系统实施落地

系统实施落地目标为建设全面预算管理信息化平台，主要工作任务为全面预算模型构建和全面预算系统实施。其中全面预算系统实施具体任务包括：预算维度抽取、预算套表设计、预算编制任务设计、预算分析模型设计、预算控制规则设计、数据验证等。从试点到推广，逐步上线各系统模块，预算系统与责任会计的集成，实现全面预算预实对照分析。

（三）系统应用效果

1. 缩短了预算编制周期

系统提供的自动计算、自动汇总、自动分解等功能，使过去通过手工操作来完成的工作全部自动化，因而在预算流程不变的情况下，大大缩短了编制周期。

2. 预算编制过程透明化

通过系统提供的预算状态查询，可以对每个预算编制单位当前预算编制的状态一目了然，编制的数据在权限的许可前提下可清晰可见，因而大大加强了上下级单位之间，以及同级单位之间的协作与配合。

3. 预算数据的准确程度大大提高

在编制预算时，可以参考历史数据、上级批复的数据、同级协作单位的预算数据等各种参考数据，并通过预测和模拟来看在不同的预算假设前提下会得到什么结果，因而提高了预算数据的准确程度。

4. 预算编制、监督控制、分析调整考核一体化

通过预算系统与管理会计系统的紧密集成，使预算的控制以及预算的及时有效分析成为可能，使整个集团的预算目标、执行过程、业绩结果可视化，可及时发现、消除影响业绩目标达成的威胁因素。

5. 预算成为真正的全面预算管理体系

由于预算指标具有全面性和可扩展性，因而可以随着企业预算管理体系的逐步发展而发展，最终建立起全面预算管理体系。

6. 激发了全员参与预算的积极性

系统界面具有亲和力，而且提供了编制预算所需要的资料，预算编制工作得到良好支持，大大激发了全员参与预算编制的积极性。

【本章总结】

本章介绍了全面预算管理的主要工作任务；预算管理系统的应用架构和处理逻辑；预算管理系统的主要功能；预算管理工具方法在系统中的实现；全面预算系统的信息化应用架构和数据处理逻辑，用实际实施案例详解介绍了系统落地方案，全面预算信息化的战略规划、年度目标分解、预算编制、预算审批、预算调整、预算控制、预算分析及评价等预算管理程序及工具是如何在信息化系统中实现的。

【本章思考题】

1. 全面预算管理的工作任务有哪些？
2. 预算管理信息系统的应用架构起什么作用？
3. 如何理解预算管理系统的处理逻辑？
4. 在预算管理系统中为什么要设置预算管理基础环境？
5. 预算管理中企业战略规划模块与其他模块之间是什么样的关系？
6. 企业对预算管理系统一般有什么样的应用需求？
7. 企业对预算管理系统一般有什么样的应用效果期望？
8. 企业一般遵循什么样的思路来设计预算管理系统？
9. 企业预算管理系统一般需要经过哪些实施步骤？
10. 全面预算管理 PDCA 循环内容是什么？
11. 全面预算信息化能为企业带来哪些价值？

第九章　成本管理信息系统及其应用

【本章内容简介】

本章通过与成本管理信息系统相关的业务介绍、系统应用架构与处理逻辑、系统功能与管理工具方法的实现、场景和案例，为读者了解全球企业在成本控制领域企业的最佳实践提供信息。

【本章学习目标】

1. 了解成本管理业务。
2. 了解成本管理业务信息化的基本过程。
3. 知晓成本控制系统的应用该架构和处理逻辑。
4. 掌握成本控制系统的核心设计。
5. 明确企业当前发展管理会计信息系统所面临的挑战和机遇。

【本章要点提示】

1. 成本控制与企业业务和财务会计的关系。
2. 成本控制信息化的内容和范围。

【本章引导案例】

江西某汽车零部件企业早在20世纪60年代就开发生产汽车板簧产品，经过40多年的发展，已建成为国内生产汽车弹簧的大型专业厂家，进入了中国汽车零部件百强企业。现在公司拥有国内一流水平的汽车板簧、稳定杆和扭杆生产线，具有年产汽车板簧6万吨、稳定杆60万件、扭杆20万件的生产能力。产品覆盖重、中、轻、微等300多个车型，上千的规格品种，产能性能达到国际先进水平，是国内品种规格最齐全，保供能力最强的企业之一。

1. 通过信息化建设，提高效率，提升市场竞争力

当今，整车厂商采购体制的变革，要求汽车零部件厂商不断地与之相适应，不但要求汽车零部件生产企业扩大自己实力、提高产品开发能力，同时还要求其缩短开发周期，提供优质廉价产品。

面对充分竞争的市场状况，汽车零部件行业的价格、成本、利润相对比较透明，要求汽车零部件企业不断加强成本控制，提高企业运行效率，提高市场反应速度。基于此企业期望通过进一步的信息化建设消除企业内部信息孤岛和信息壁垒，构建企业信息化共享数据平台；实现公司整个物流、资金流、信息流等方面的全面运作；实现公司对各个业务单

元的有效管理和控制；实现公司各种资源的优化配置和有效利用。通过加强各部门的计划、组织、领导能力来提高管理水平，推动管理决策的科学化，促进现代企业制度建设，最终通过实现信息化和工业化的融合提高企业的竞争能力。而旧有的系统已经不能满足企业的当前需求，亟须一款满足行业需求、功能强大的信息化解决方案，帮助企业实现这一目标。

2. 选择全球知名 ERP 软件，搭建覆盖产供销到财务的实时一体化体系

公司的整体 ERP 项目实施涉及综合管理部、生产机动部、品质管理部、财务管理部、储运中心、销售公司、采购部、车间等部门；开发包括增强的成本管理、开发增强生产报工管理、开发增强的订单原材料领料分摊管理；将原三个生产单位合并成两个，成立了专门的杆件事业部；为了使企业运作更规范、更有效率，重新梳理了生产计划流程及采购管理流程等。企业 ERP 项目实施成功后，为企业建立统一平台的财务业务一体化管理、增强生产管理、成本管理控制，正在企业管理过程中发挥着积极作用。

3. 公司在管理和成本管理方面得到跨越式的发展

ERP 项目已达成预期的目标并正为企业的经营带来诸多收益，其具体表现在以下方面：

（1）生产过程的控制得到很大的提高：原来手工作业情况下，无法从数字报表中及时得到每日的生产信息，更无法明细到每个工序。ERP 系统的生产模块可以很快速地查询每个订单，每道工序的计划数量、完工数量和完成日期。方便销售部门和企业高管对生产情况及时了解，也为生产部总调度的排产和计划的安排提供了数字依据。

（2）工艺路线得到改进：原来的工艺路线是通过标准 6.5 个小时的加工时间所能够处理的批处理量的办法来核算产能；现在通过 ERP 系统的工艺路线能体现每片的人工定额、机器定额、煤气定额、电定额、其他制造费用定额更加明细化，为作业成本法的核算提供依据。ERP 系统可以同时处理多个版本的工艺路线，符合公司的不同层面的工艺路线的管理要求。在生产报工的过程中，现有的工艺路线也充分体现了并行工序的处理办法，主要是涉及同一个工序可以在多个工作中心来处理的并行工序。

（3）工作中心和成本中心的改进：原来工作中心的设置是按某个区域的工段来设置一个成本中心，现在 ERP 的工作中心是按照主要能耗的机器设备作为工作中心的设置标准，方便工作中心能耗的反馈；能更加准确地反馈一个工作中心的煤气、电等主要能耗的实际耗用；并且在改变了工作中心设置按照现有机构的设置局限性；为今后机构改革预留改变的可能；原来的成本中心，主要是根据现有公司组织构架来设置，管理相对粗放；而现在 ERP 系统的成本中心设置在不改变现有公司构架的基础上，增加了更加明细的成本中心，为成本会计的分析和工序成本的归集创造更加明细的基础；原来手工管控模式下成本中心选择相对随意粗放，现在 ERP 系统中，对物料领用进行了严格控制。

（4）生产订单下发过程的改进：原来的生产订单下发过程中，由于没有严格执行可用量检查，导致物料的可用数不是太准确，现在通过 ERP 系统在下达生产计划时，就开始进行 MRP 运算，并且针对每张订单还可以进行 ATP 物料耗用的检查，对原材料的采购进行指导；生产订单类型和原有生产订单类型相比也有较大改进，通过 ERP 系统订单分类，管理控制更加精细。

（5）引入按订单领料管理理念：原来生产管控模式没有按生产订单领料概念，各类物资消耗统计均是按照部门领料，导致月底成本核算时只能统计产品的平均成本，不能掌握

具体产品的成本情况，公司只能粗略了解企业的盈利能力，无法获得准确的有效的信息。通过ERP生产计划管理模块正常运行以后，所有BOM涉及的物料都必须按订单领料，这样就能比较准确地核算订单的成本和投入与产出的差异，有利于车间的成本控制和销售公司分析每批产品的成本差异，为销售报价做了最有力的成本模型分析。

(6) 各参数相互参照能力得到了很大的提高：ERP系统中相互参照功能允许基于不同的准则，如客户的客户编号、通用产品的物料编码、销售订单号、交货订单号、发票编号、产品组代码、物料组代码、分销渠道、销售组、仓库编号等，来查看相应的订购情况。

(7) 业务管理和财务管理的集成：业务系统与财务系统集成后，免去了传统模式下每月部门之间相互对账的工作量，数据之间实现了共享。比如库存数据、生产数据能及时共享，从而减少错误和信息孤岛，加快公司高管的决策流程。从市场角度来看，由于企业主要的客户都是汽车制造厂商，并且都已经实施了ERP系统。当企业实施了ERP系统后，生产周期缩短，对客户产品交付率提高了，退货率、投诉率降低了，客户的采购计划可以直接和企业的销售计划对接，沟通和交流变得十分通畅。成本管理增强后，对同一产品的不同生产订单成本和不同产品的成本把握更加精准，报价也更加趋于合理。

在工作方式上，传统模式下没有及时的数据依据来供领导决策，现在一切数据都在系统中，内部沟通交流也十分通畅。公司员工的工作方式也发生了改变，由于流程规范，工作也更严谨规范，减少扯皮推诿事件的发生。

同时通过ERP项目，扩大企业品牌形象，扩大企业的知名度；为企业培养大批懂管理和信息化的综合人才，为集团信息化提供样板工程，加快集团信息化的发展；ERP项目的建设，以资源共享、数据共享为基础，优化企业流程，增强企业协同处理能力与企业柔性，使公司组织运转流程畅通，为公司业经营决策提供科学数据依据，使公司股东利益得到最大的保障；通过信息化项目的实施，提高企业内部员工之间的协同处理业务能力，提高员工满意度，增强企业凝聚力；通过形成集成化管理系统，提高企业与供应商、客户的协同业务处理能力，强化了行业供应链的竞争能力，提高客户满意度，挖掘客户价值，提高赢利能力，为公司的持续性发展打下坚实的基础。

(案例来源：笔者根据企业资料整理而成。)

案例思考题：

1. 在引导案例中，你认为该企业导致成本管理相关问题的本质原因是什么？
2. 你认为解决生产成本管理问题的核心方法与策略应该是什么？

第一节　成本管理信息系统概述

一、成本管理信息系统概述

(一) 成本管理的内涵

根据财政部《管理会计应用指引第300号——成本管理》的定义，成本管理是指企业在营运过程中实施成本预测、成本决策、成本计划、成本控制、成本核算、成本分析和成本考核等一系列管理活动的总称。通常成本管理信息系统主要提供以下几个方面的归集、管理与分析功能：

（1）收入管理：按产品或服务类型如何归集与细分；按订单如何全程跟踪；按客户类型与市场区域等特性；按企业内部责任单元进行归集、细分、重分配与考核。

（2）直接与间接成本管理：根据不同的企业经营特点，按产品、按订单、按责任主体、按服务内容、按单个项目等。

（3）期间费用管理：按责任主体、按项目或专项管理、按作业、按流程等。

收入、成本、费用，根据各自的管理特点与不同行业企业的生产经营特点，有着不同的归集和管理分析模式，在企业的实践中经常会组合来运用，这对企业的成本管理提出了比较高的挑战。

（二）费用成本管理业务

责任会计是指为适应企业内部经济责任制的要求，对企业内部各责任中心的经济业务进行规划与控制，以实现业绩考核与评价的一种内部会计控制制度。企业内部单位职责范围和权限大小，可以将其分为成本中心、利润中心等。

其中，成本中心是指只对其成本或费用承担经济责任并负责控制和报告成本或费用的责任中心。在财务与业务一体化系统中，成本中心通常用于表达最小的责任部门单位。

（三）生产成本管理业务

生产成本计算的过程是成本的归集和分配过程，生产经营成本通过多次的归集和分配，最终计算出产品总成本和单位成本。

1. 实际生产费用的归集和分配

实际生产费用的归集和分配是指生产费用的计算和分配过程。包括材料费用的归集和分配、职工薪酬的归集和分配、外购动力费的归集和分配和制造费用的归集和分配等多个方面。

2. 完工产品和在产品的成本分配

当月发生的产品的费用，并不都是当月完工产成品的成本。需要计算出本月产成品成本，方法是将本月发生的生产费用，加上月初成本，然后再将其在本月完工产品和月末未完工产品之间进行分配，计算出本月产成品成本。

3. 联产品和副产品的成本分配

联产品，是指使用同种原料，经过同一生产过程同时生产出来的两种或两种以上的主要产品。如炼油厂，通常是投入原油后，经过某个加工过程，可以生产出汽油、轻柴油、重柴油和气体四种联产品。联产品的生产成本需要按照一定的方法进行分摊。

副产品，是指在同一生产过程中，使用同种原料，在生产主要产品的同时附带生产出来的非主要产品。由于副产品价值相对较低，而且在全部产品生产中所占的比重较低，因而可以采用简化的方法确定其成本，然后从总成本中扣除，其余额就是主产品的成本。副产品可以按预先规定的固定单价确定成本。

（四）获利能力分析业务

企业为了能够对其在各种不同细分市场的业绩进行评估，需要对产品在细分市场的利润或边际贡献进行多维度分析，为企业在市场、销售和企业计划等部门提供可靠的数据信息，以支持内部管理和决策。

从企业整体角度看，可以通过财务与业务一体化软件系统，获得集成了销售收入与相关成本支出的全部产品的销售收入与成本、费用、支出构成的市场细分的边际收益分析报表。其中：

（1）销售收入和销售成本的业务数据来源财务与业务一体化集成的软件系统组件的销售模块和成本控制模块。

一般销售业务会围绕着销售订单展开，销售订单可以包含丰富的业务维度，或称特征值，如销售组织、分销渠道、产品组、销售组、利润中心、客户、客户组、物料组、发票代码、工厂、国家、销售订单、物料代码等。企业可以从多维度特征值去详细分析各项业务活动的盈利能力。

（2）销售费用的业务数据来源一体化集成 ERP 系统的费用管理模块。在会计实务中，为了将销售费用能够准确地分摊到相关销售订单和相关正确的特征值，企业会要求销售和市场团队在报销费用时，同时写明销售费用所对应的特征值字段，以确保销售费用在入账时，被准确地记录到具体的销售订单和相关的特征值。

（五）利润中心会计

利润中心是指对利润负责的责任中心，是对收入、成本和费用都要承担责任的责任中心。利润中心有两种类型：一种是自然的利润中心，它直接向公司外部出售产品，在市场上进行购销业务。例如，某些公司采用事业部制，每个事业部均有销售、生产、采购的职能，有很大的独立性，这些事业部就属于自然的利润中心。另一种是人为的利润中心，它主要用于在公司内部按照内部转移价格出售产品。

内部转移价格，是指企业内部分公司、分厂、车间、分部等责任中心之间相互提供产品（或服务）、资金等内部交易时所采用的计价标准。分散经营的组织单位之间相互提供产品或劳务时，需要制定一个内部转移价格。转移价格对于提供产品或劳务的生产部门来说表示收入，对于使用这些产品或劳务的购买部门来说则表示成本。

二、成本管理信息系统的基本模式

（一）成本管理信息系统的基本模式

企业在生产和经营活动过程中发生费用和支出的基本过程如图 9－1 所示。

企业全部费用和支出可以划分成生产经营消耗、筹资耗费和其他耗费三类。生产经营消耗中一部分是正常成本，用于计算生产成本，一部分属于非正常支出，作为其他支出计入利润表的有关支出项目。成本核算主要包括以下几个过程：

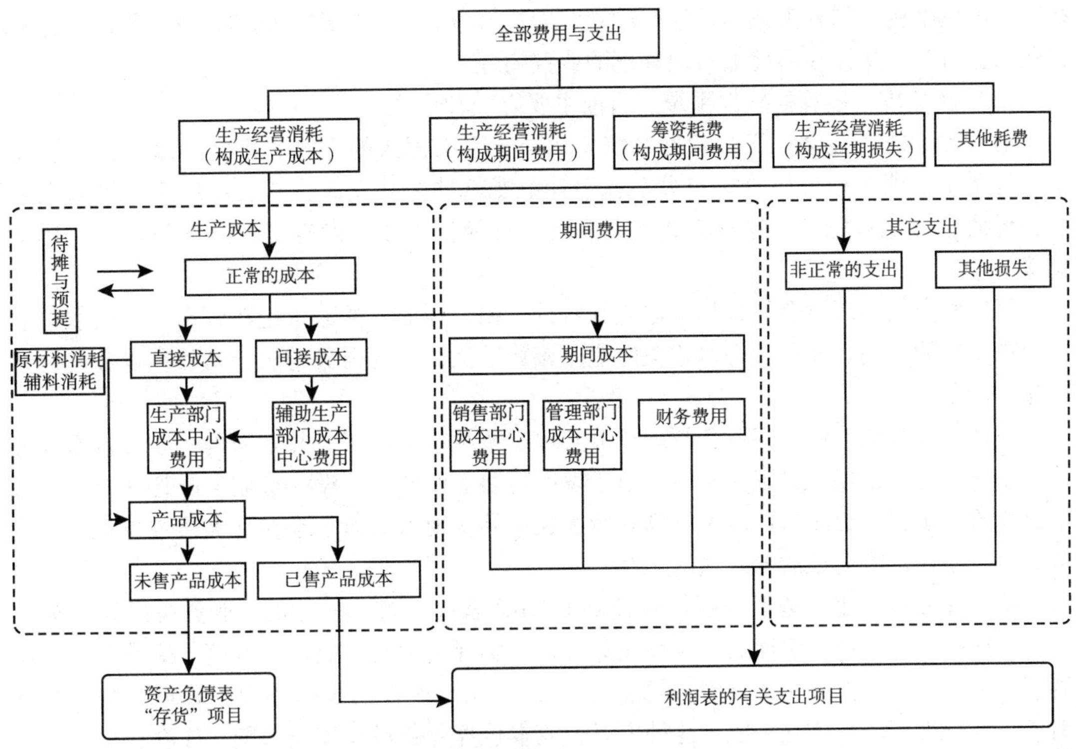

图 9-1　成本计算基本过程

（1）由生产经营消耗中的正常成本部分归属形成产品生产成本。其中投向生产的直接原辅材料成本、生产部门发生的直接人工和制造费用消耗等属直接成本，从辅助生产部门转入的原辅助材料、人工、制造费用消耗等成本费用是间接成本。产品成本核算包括两方面：投入的生产成本，按照“直接成本+间接成本”计算；完工产成品和半成品的成本。先按照公式“产成品（或半成品）单位成本=(直接成本+间接成本)/[完工产品（或半成品）数量+在产品折合数量]”计算产成品或半成品的单位成本，再计算完工产成品和半成品的成本。其中，完工半成品主要作为生产产成品的原材料投入，也有部分出售给客户用作产品维修的备品备件；完工产成品主要是出售给客户，也存在把完工产成品用作原材料投入的情况。

产成品（或半成品）完工入库后，如果在当期实现销售的，则计入产品销售成本；如果当期未实现销售的，则仍作为库存，体现在资产负债表的“存货”项目上。

（2）由生产经营消耗和企业筹资业务成本形成期间费用。期间费用主要包含销售部门成本中心发生的销售费用、管理部门成本中心发生的管理费用和企业的财务费用。

（3）将生产经营消耗中的非正常支出按性质计入利润表的有关支出项目。生产经营消耗中非正常消耗的直接材料、直接人工和制造费用等构成当期损失。其中属于自然灾害的计入营业外支出；属于管理不善的计入管理费用。

（4）将企业在生产经营过程中发生的需要计入当期损益的其他耗费，按性质计入利润表的有关支出项目。

（二）成本核算业务的软件系统实现方式

（1）从财务与业务一体化集成的信息系统的设计考虑，围绕生产业务，在系统中建立相应的组织架构、物料主数据、生产计划、生产订单、生产管理、成本核算与管理、会计记账、分析等，从而在系统上实现真正的业务闭环。

（2）产品成本核算的软件系统。目前主要有三种形式：

第一种方式：纯会计记账软件系统，相当于手工记账的方式。主要是以软件系统模拟会计手工记账，业务核算工作大多在会计记账软件之外完成，然后将核算结果输入系统，形成会计记账凭证。这种方式主要实现会计簿记工作，没有实现财务与业务一体化集成。

第二种方式：围绕会计核算，建立针对进、销、存业务的数量记账管理，从而取得会计记账所需的采购、库存、销售相关的业务核算数据，实现财务与进、销、存业务与会计记账一体化。

这种方式在进、销、存业务管理环节实现了系统数量记账，并在采购、原材料库存方面与会计核算和记账实时集成，但是由于没有打通生产环节，没有形成生产管理与生产成本核算的同步，产成品生产成本核算和销售成本的实现方式通常是在月末通过线下计算完成，再以会计记账凭证的方式输入账套。

第三种方式：建立基于企业资源计划的 ERP 软件系统。一方面，业务可以计划为主导，实现供、产、销、库存的全闭环业务管理，实现最优的企业业务价值，提升企业整体管理水平；另一方面，由于 ERP 系统是供、产、销、库存的全闭环业务管理系统，实现财务与业务真正的一体化集成。这种方式，成本核算业务可以覆盖采购、库存、生产、销售等全部领域，在业务全过程都能实现实时成本核算，完成实时会计记账。

第二节　系统应用架构与处理逻辑

一、成本管理总体应用架构和处理逻辑

管理会计在财务领域有专门的管理理论，成本流和成本对象是管理会计的基本概念。管理会计提供多种工具实现成本归集和流转，借助于企业信息系统的业务与财务一体化特性和特定的成本工具使得成本对象和成本流变得清晰透明，回答了企业在经营过程中，发生了什么，责任人是谁，利润情况，预测产生的经济效益等问题，从而使管理者可以更加客观和科学地控制成本、考评绩效、分析市场、快速决策。

图 9－2 表述了典型的企业管理会计的成本对象和成本流。

为了更全面、及时、准确地实现企业的成本管理，在管理会计应用中企业首先要来学习两个基础的概念“成本要素”和“成本对象”。

1. 成本要素

用来描述管理会计中成本流的性质，通过成本要素记录企业某种类型的成本或费用，成本要素分成两大类，一类是初级成本要素（类似于收入、成本和费用类会计科目），它们实则上就是财务会计中的损益类科目，另一类是次级成本要素，它们用来描述管理会计内部各成本对象间的成本流转。

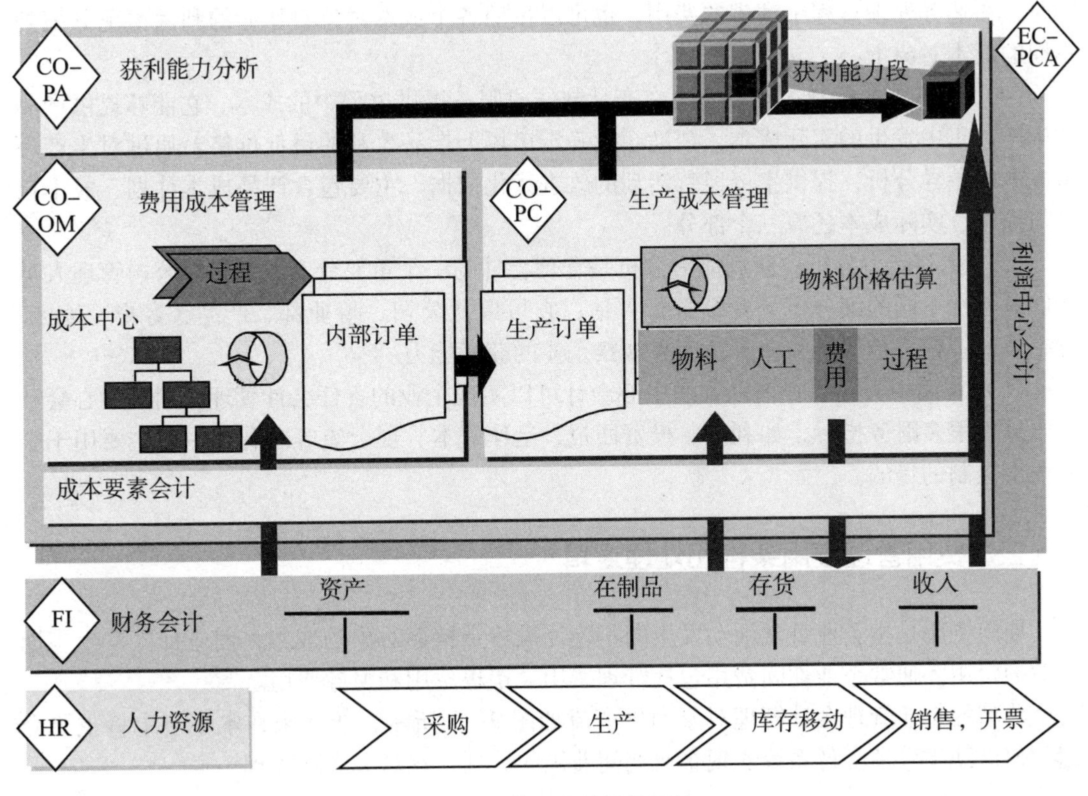

图 9－2　管理会计的数据流

2. 成本对象

成本对象是指归集成本的对象，比如“部门”“项目”“生产订单”“销售订单”等，在管理会计应用中，经过总结和归纳成本对象形成了若干大类，每个大类的成本对象其性质和特征都有一定的规律，通常企业需要根据本行业、本企业的情况，依据这些大类的成本对象设计具体的成本对象类别，乃至总的管理会计架构。

在管理会计中包含以下组件或功能模块来管理不同的成本和费用：

（1）成本要素会计：将成本和收入对象分类为不同的对象类型和价值类型，回答企业在经营过程中发生什么费用或成本。在企业管理会计系统中成本要素成为科目表中的一类科目，它与科目表中的损益类科目合二为一，分为初级成本要素和次级成本要素。其中初级成本要素是财务会计和管理会计的桥梁，通过初级成本要素将总账的信息传递给管理会计；次级成本要素用于管理会计内部对费用和成本进行再次加工处理。

（2）间接费用控制：根据企业间接费用的流程管理成本，包括成本中心会计和内部订单会计。成本中心会计一般用于管理企业内部管理组织单元发生的成本或费用；内部订单会计管理由于内部活动而发生的成本，企业使用内部订单对某项特定活动发生的费用进行收集和管理。借助于间接费用控制功能企业可以利用计划功能对未来发生的费用成本制订计划，以便更好地监控和管理费用的发生。

（3）基于作业的成本核算：是基于对业务处理成本对象的成本和运作情况进行评估的方法。作业成本法按照各个业务处理对资源的占用情况将产生的费用分配到各个作业中；

同时，在业务处理过程中产生的费用，也可以按照各个成本对象对作业的利用情况分配到不同的成本对象上。

（4）产品成本控制：计算发生在产品制造或服务提供过程中的成本。它能够提供产品在生产过程中发生的实际成本，帮助企业确定市场上产品盈利的最低价格。通过对生产环节成本的差异分析，提供生产经营活动的改进优化依据。主要包含产品成本计划、成本核算与控制、实际成本还原三个部分。

（5）获利能力分析：获利能力分析是管理会计的一个重要分支，它使得公司管理人员能够对各种不同的细分市场业绩进行评估，它可以从公司、事业部、产品、客户、地区、分销渠道、销售员等各种业务角度来观察企业的获利能力。

（6）利润中心会计：借助利润中心会计可以实现企业的责任会计管理，利润中心会计可以分析很多财务指标，如利润、投资回报、运作资本、现金流等。利润中心主要用于企业内部控制的目的。

二、费用管理应用架构和处理逻辑

期间费用是指企业日常活动发生的不能计入特定核算对象的成本，而应计入发生当期损益的费用。通常企业期间费用包括管理费用、销售费用和财务费用。

典型的企业管理会计管理对象和价值流如图 9－3 所示，接下来在本小节中将主要介绍如何借助于管理会计系统实现企业期间费用的计划、预算和实际管理。

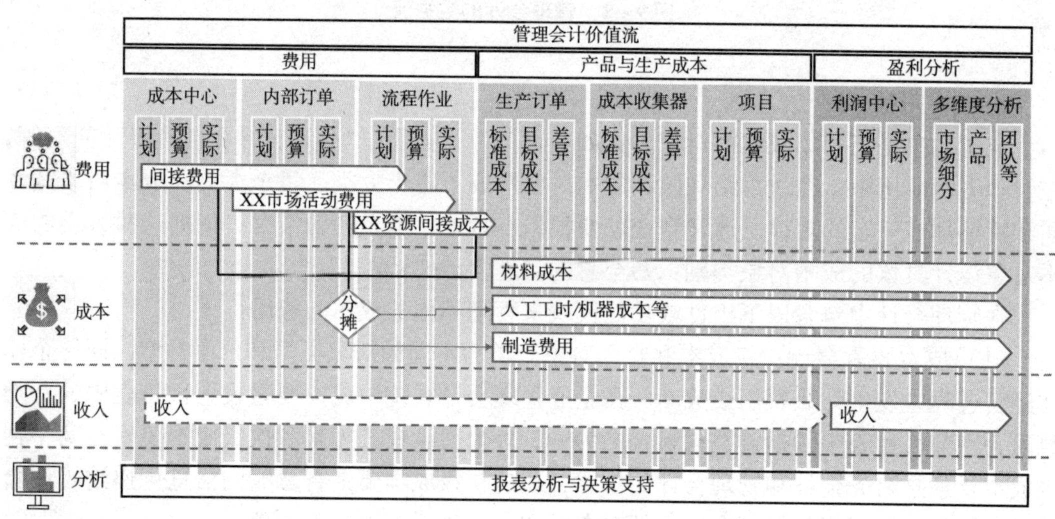

图 9－3　管理会计中的成本对象与归集路径

在企业期间费用管理应用中，企业将了解如何通过成本中心会计、内部订单会计来灵活实现期间费用的计划、预算和核算，以及费用如何在期间费用管理过程中实现归集、结转、结算和提供及时、准确的期间费用分析。

（一）组织架构与基础数据

为了更好地理解管理会计应用和处理逻辑，企业要先了解管理会计的组织架构和基础数据，成本管理最基础组织结构包括：公司代码（会计主体）、成本中心、作业类型、统计指标、内部订单和流程等。

1. 公司代码（会计主体）

公司代码是依照外部会计要求的会计实体（一般）而设置的最小组织单元，有其自身完整的科目和账套。所有的业务交易过账之后都将在该层次上得以反映和记录，以出具法定的财务报表，如资产负债表、现金流量表和利润表。

2. 成本中心和成本中心组

成本中心是一个组织单位，表示产生成本的位置。每个成本中心分配一个类别，例如市场营销、生产或开发。可从职能、结算、活动、空间或责任等角度，划分成本中心的结构。成本中心用于根据相关范围的使用情况将间接费用成本分配到各个组织活动，还用于对组织产生的成本进行区别化管理。

企业可以对成本中心进行分组，设置根据特定条件定义和组织的成本中心的层次结构。

3. 作业类型和作业类型组

作业类型是对成本中心执行的活动进行分类的单位，作业类型描述了一个成本中心对于其他成本中心或成本对象提供的工作和服务，这种工作和服务是该成本中心的产出，在耗用了企业的各项资源后，成本中心通过提供作业实现了其存在的意义，也将价值转移到了企业价值链的下一环。典型的作业类型包括机器小时、人工小时、咨询时间、CPU 时间等。

通过作业类型，成本中心可以设定相应的作业成本费率，以实现基于成本中心计划和分配成本的目的，在成本中心执行的作业成本费率可以手动输入，也可以由系统基于分配到作业的成本计算得出。

4. 统计关键指标或跟踪因子

统计指标用于描述和记录成本中心或其他成本对象的某些特性，例如各成本中心的职员人数，办公室面积等。统计指标主要应用于：作为成本内部分摊的标准；计算企业各责任中心的关键考核指标（key performance indicator，KPI）。

统计指标的值可以在管理会计系统中手工输入和批输入，也可以从前端业务信息系统中通过集成取得。统计指标是指提供有关组织单位的非货币数据信息的数字。例如员工结构、机器数量、能力使用、市场信息。

5. 内部订单和内部订单组

内部订单提供成本控制和短期的工作与任务的监测。内部订单通常被用于内部工作和任务的计划、信息收集和成本清算等，如市场营销活动和返工修复等。成本中心用于长期成本管理，而内部订单则用于中短期的成本管控。整个内部订单生命周期过程（从订单的创建、计划、实际成本的清算到结算归档）都可以对内部订单进行监测。

该项工作完成时，企业将成本结算至一个或多个接收方（成本中心、固定资产、获利能力段等）。

内部订单根据内部订单类型而创建。内部订单类型包含了所有创建内部订单所必需的信息，并且在处理内部订单时候必须采用与期末结算时相同的方式来处理。企业可以利用管理会计系统所提供的内部订单类型创建订单，也可以根据用户的要求创建内部订单。

在管理会计应用中，以下是几种常见的内部订单类型：间接费订单、投资订单、收益订单、销售订单、统计性内部订单。借助于内部订单组可以实现相同类型的内部订单分类汇总，为管理会计分析提供灵活的分类汇总报表支持。

6. 流程

在成本管理体系中还存在一种更极致的管理方法——作业成本法（activity based costing），在作业成本法中围绕企业流程来进行精细化成本管理，流程是作业成本法的核心。流程反映了企业内部一个连贯的业务处理过程，流程才是间接费用产生的原因。一个流程在管理会计中不是被禁锢在某个特定的成本中心里，相反它是跨职能部门的成本对象。比如一个采购流程可能跨越了采购、货物接收和质检三个成本中心。

（二）成本中心管理

成本中心会计是用来实现企业的内部控制的模块，帮助企业实现成本透明，能够针对各种分析维度（如部门、产品、业务条线、客户等）进行利润分析，提供决策支持数据。成本中心会计能够将所有的成本根据其来源进行归集和分配，包括难度最大的间接费用的分配问题。

在成本中心会计模块中，成本中心承担了成本流的计划、分摊、分配等众多工作职能，下面简要介绍关于成本中心会计的具体功能。

1. 成本中心计划

成本中心的计划是整个企业计划的一部分，并且与其他计划集成。成本中心计划的主要工作是为指定的成本中心、指定的计划期间，输入成本中心、作业、价格或统计指标的计划数据，通过比较实际数据和计划可以确定差异，这些差异可以看作是需要调整业务流程的信号。

2. 实际成本过账和分摊分配

成本中心会计在日常核算过程中通常与财务会计集成，比如某部门员工报销的核算往往会直接核算过账到对应的成本中心，这就形成了成本中心会计的实际成本过账或直接成本过账。

（三）内部订单管理

内部订单通常用来进行对企业内部工作和任务的成本进行计划、归集和结算。内部订单系统能够帮助用户监督内部订单的整个生命周期，包括创建、计划、实际成本过账、结算和归档。

1. 内部订单计划

系统支持对内部订单进行作业相关的成本计划和作业无关的成本计划。

整体计划是最简单的内部订单成本计划方法，该方法不依赖于成本要素，可以用来为内部订单输入整体计划值和年度计划值。

2. 实际成本过账

与成本中心会计类似，内部订单在日常核算过程中通常与财务会计集成，比如某企业举办一场市场活动，关于这场市场活动直接的费用或成本就形成了内部订单会计的实际成本过账或直接成本过账；在定期的成本月末结算过程中，假设这类市场活动费要结转至最终的销售订单成本对象或生产订单中，那么就会借助于内部订单会计中的分摊、分配、间接作业分配等方式方法。

三、生产成本管理应用架构和处理逻辑

根据财政部《管理会计应用指引第300号——成本管理》的定义，成本管理是指企业在营运过程中实施成本预测、成本决策、成本计划、成本控制、成本核算、成本分析和成本考核等一系列管理活动的总称。它主要包括三个阶段。首先，在企业对自身详细认知的基础上做出成本预测；其次，按照预定的成本目标进行成本控制和过程成本的核算；最后，对企业经营项目进行成本的期末核算，分析以及总结。三个阶段密切相关。高质量的成本管理，首先要有事前成本的准确预测及事中处理，其次还要有精准的事后成本管理。

因此生产成本管理需要一个能协调计划、监控和管理企业所发生的各种成本的全面集成的系统。主流ERP系统的成本管理一般包括产品成本计划、成本对象控制、实际成本/产品成本差异还原三大部分（见图9-4）。

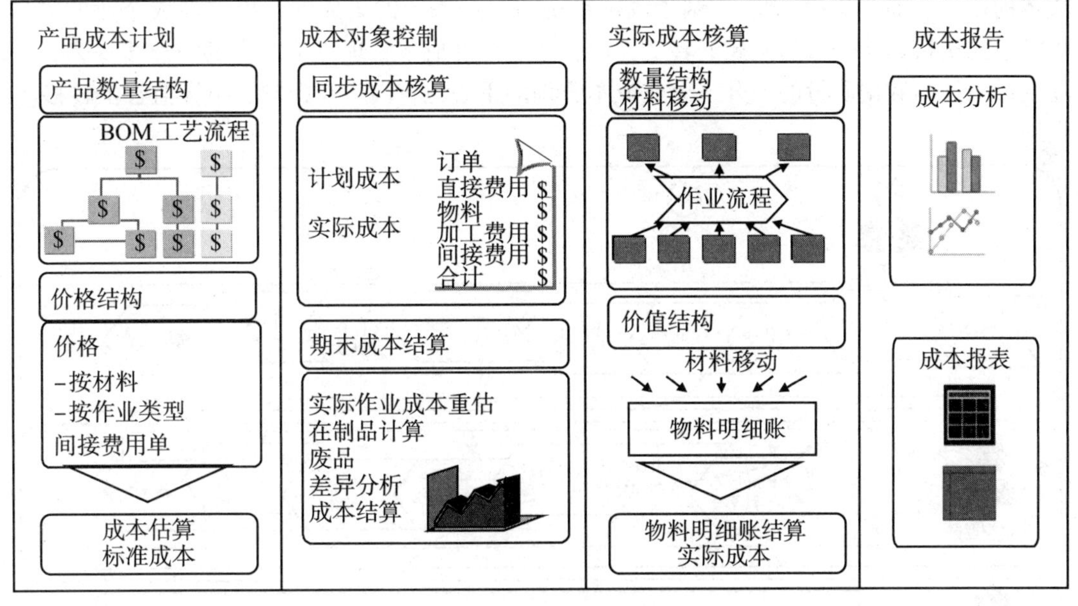

图9-4　生产成本管理系统应用架构

1. 产品成本计划

产品成本计划可以作为产品成本控制的基础。其目的在于确定产品的标准成本（或计划成本），既可作为仓库存货的计价基础，又可作为利润分析中销售成本的计价基础。同时，为成本对象控制中的差异核算提供比较的标准。此外，还可以作为最低价格界限，由此可以谨慎地为产品定价。产品成本计划的模拟功能可以帮助企业评价生产方法的改变对制造成本的影响，并可以估算新产品成本。通过产品成本计划所提供的快速成本估算工具，可以实现：

（1）模拟估算客户定制产品的销售订单成本。估算时，可以为物料的标准成本，或物料当前最新市场采购价格，或上一个月的加权平均价格作为估价的基础。

（2）为设计与工艺部门提供支持。基于不同工艺路线、不同产线与车间、不同配方提供成本测算支持，帮助企业选择最佳工艺路线。

（3）企业标准成本库的编制工具。基于产品成本计划所提供的快速测算能力，可以帮助企业快速制定年度标准成本，在测算过程中基于不同的管理目标与要求，可以进行多版本的比较与分析，方便企业标准成本体系的建立与考核标杆的逐步形成。

（4）构成企业全面预算的一部分。通过产品成本计划所提供的测算功能，可以帮助预算部门基于设定的产品构成结构进行下一年度的生产成本预算。

2. 成本对象的成本归集与核算

成本对象控制可以根据企业的特点和要求使用不同的成本对象监控制造过程，如可使用成本收集器按期间进行成本核算，可按制造订单进行核算，还可按销售订单进行成本核算。由于成本核算部分可以和其他业务模块以及财务会计模块集成，成本对象可随时收集发生的产品成本情况，如物料消耗、直接人工和制造费用等，并可以实时进行产品成本的计算。这样企业就可以通过系统中的设置确定成本核算的详细程度，并实时地分析各种产品的成本发生。系统中月底后续的计算可用来确定和分析企业实际成本和计划成本或标准成本的差异。如图9－5所示，基于成本系统与生产系统的集成性，可以促成企业的成本管理模式从核算向分析与监控的转变，而且随着标准成本管理方法的贯彻与逐步深入，企业基础工作与数据质量的提升，企业成本管理的重心也将向生产控制、指导监督上转移。

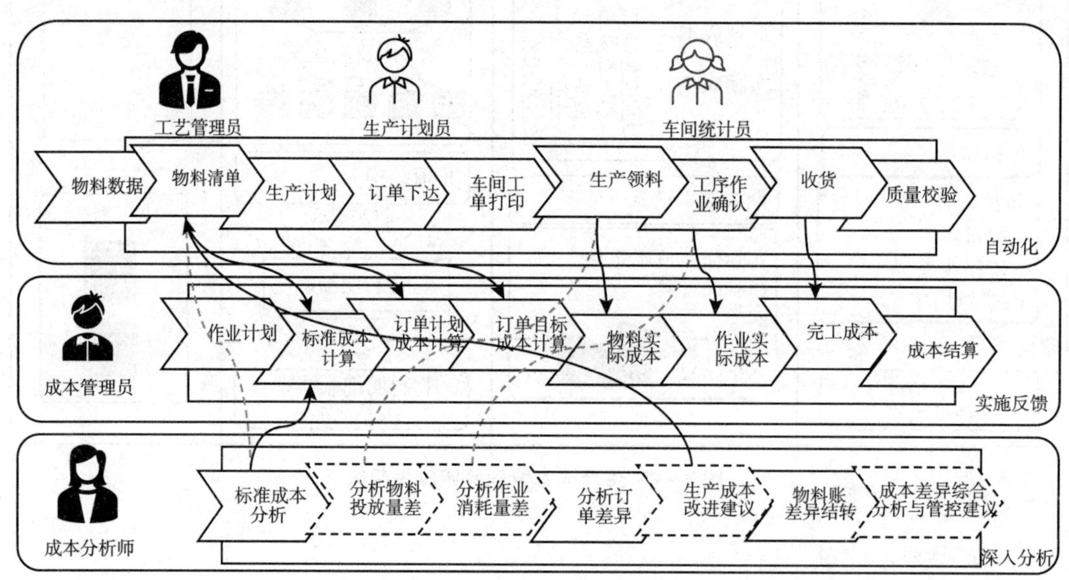

图9－5　促成企业成本数据归集与成本管理重心的转变

3. 实际成本还原

在计算出各生产对象实际成本后，产品的实际成本还需要通过成本价差还原过程来计算得到。ERP通过独特的增强方式实现对产品的实际成本还原，其基本原理是：物料和物料流转的计价可通过标准价格来进行，与此价格的任何差异都被存储到此期间的成本还原数据模型中；当进行月底结账时，通过成本还原增强的运行，本结算期的产品实际成本就能被确定出来，从而实现企业对产品实际成本的核算与分析报告。

四、获利能力分析应用架构和处理逻辑

获利能力分析是对企业获利能力的全方位的分析，它可以从公司，事业部，产品，客户，地区，分销渠道，销售员等各种角度来观察企业的获利能力（见图9－6）。

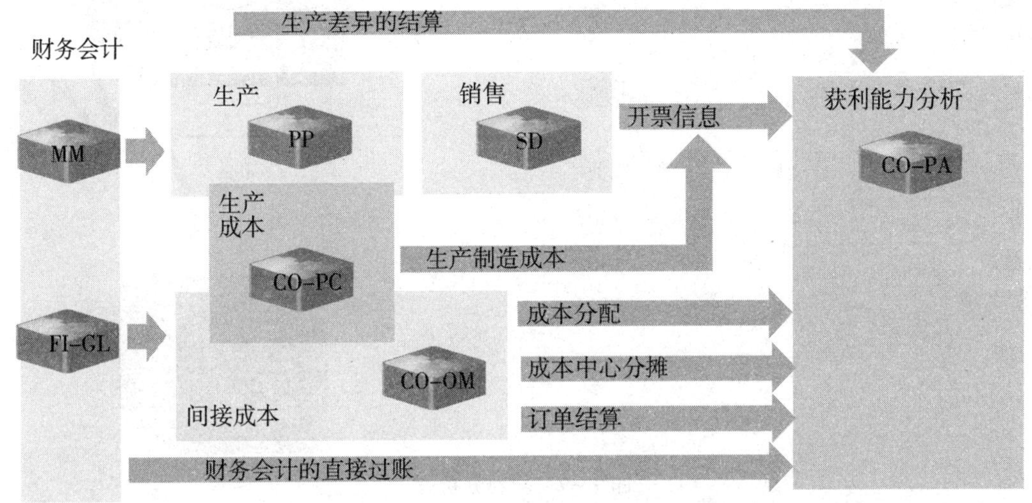

获利能力分析的目的是分析某一部分业务在特定的细分市场究竟是盈利还是亏损

图9－6　获利能力分析的应用与集成架构

获利能力分析是管理会计的一个重要分支，它使得公司管理人员能够对各种不同的细分市场的业绩进行评估。细分市场既可以是对产品，客户，分销渠道等特性进行单个的划分也可以是对其任意组合进行的划分。它能够帮助管理人员评估各产品或产品系列在不同细分市场公司的利润或边际贡献的情况。

获利能力分析的最终目的是提供公司的销售，市场，产品部门和集团计划部门足够的信息，以支持企业制定经营管理决策。

ERP的获利能力分析模块中企业将市场细分的标准称之为特性，在各行各业中可以定义适应自身管理需要的一系列特性，而多个特性的组合就是一个细分市场也是获利能力管理的分析对象，通常称为获利分析段。举例如图9－7所示。

获利能力分析实际数据包括了全面的业务收入及支出信息，因此与其他模块的集成性和一致性是利润分析数据质量的保证。从ERP系统其他模块，如销售模块，物料模块，费用模块，资金模块等都可实时传入获利能力分析中。

（1）与销售模块的集成。

获利能力分析模块与销售模块有着紧密的联系，大部分的成本收入信息都是来自销售模块。在销售订单管理中开票时，除了会产生会计凭证外，还会将收入、折扣等不同维度的信息传输到获利能力分析（CO－PA）模块中。同时，以销货数量及标准成本为基础评估出标准销货成本（COGS），并支持将销售成本COGS根据产品成本计划中的成本构成进行分解，将成本的明细项同步传输到COPA中。

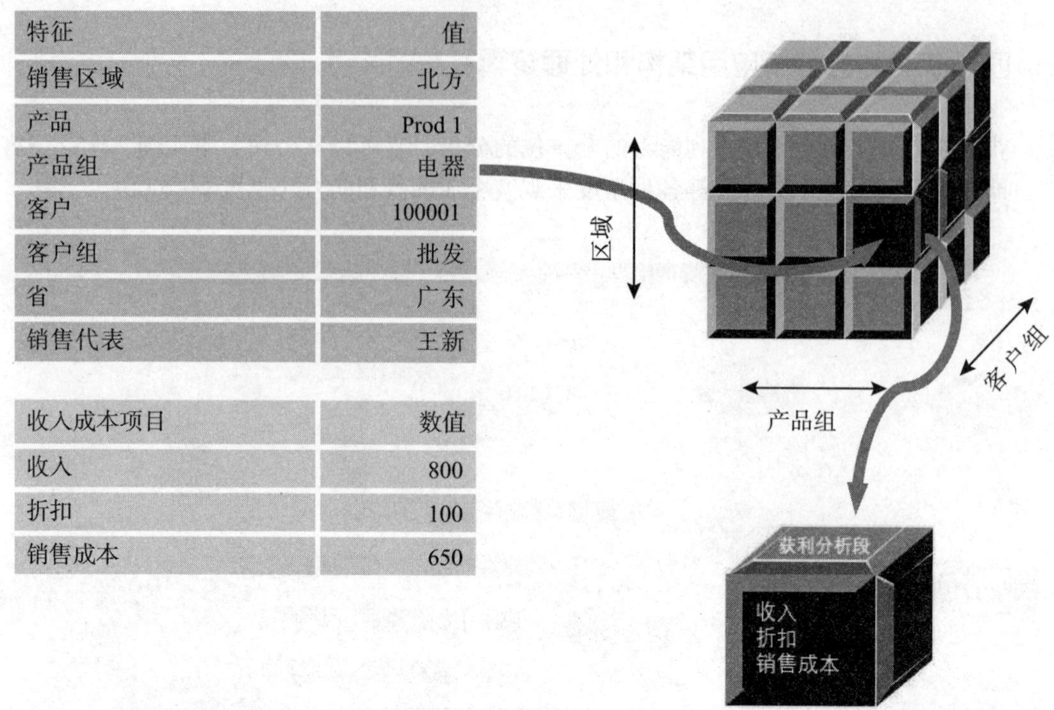

图 9－7　获利分析段

（2）与生产成本的集成。

如果针对成品或半成品的成本核算方法选择了用标准成本平时发货使用标准成本，月末工单结算时计算生产差异（见图 9－8）：

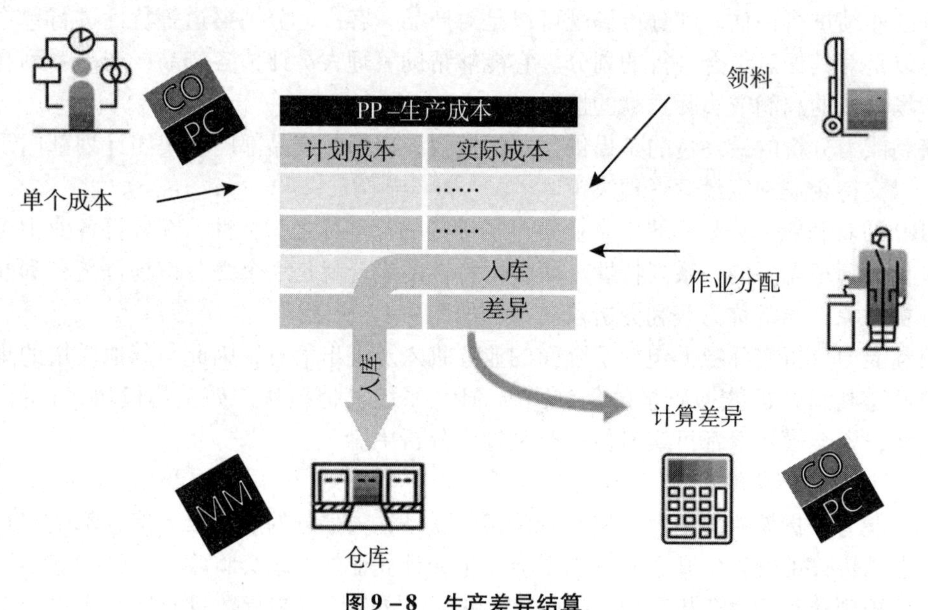

图 9－8　生产差异结算

生产订单产生的差异可以直接结算到获利能力分析。生产订单差异可以根据差异类别的不同按差异类别分别结算至获利能力段中，如此是把生产差异全部视作销售成本。

如果启用物料账，生产订单产生的差异不会直接结算到获利能力分析，差异会先结转至物料账作为当期接收到的差异，随着库存销售，物料账会在月底对差异进行处理，计算出产品的实际价格，并按实际价格重新评估销售成本，把相应部分的差异转到获利能力分析（同时产生相应的财务凭证）。

（3）与成本中心会计集成。

从销售到获利能力分析的数据主要是满足于针对毛利的分析，如果要得到全面性的盈利分析（包括净利润等），需要把成本中心收集的管理费用、销售费用等间接费用传输至获利能力分析模块。

（4）与财务核算模块集成。

直接过账使企业可以将直接成本，收入和销售扣除额过账到获利能力段。

五、利润中心会计应用架构和处理逻辑

利润中心可以被看作公司内的公司，利润中心不同于成本中心，因为成本中心仅表示产生成本的单位，而负责利润中心的人员还负责平衡其成本和收入。

利润中心会计可以让集团以利润中心为责任单位进行内部组织单元的经营业务核算，可以帮助企业核算到最小的内部组织单元。从而满足企业各级管理人员对内部责任单元利润的考核需求。企业可以根据自身需求，按总、分、支机构，业务单元、区域等来灵活地定义公司内部的利润中心结构。并通过将利润中心分配给相关的主数据，如物料、订单、成本中心等，在物料移动或会计记账时，相应的信息将被记录下来。有了这样的结构，系统可以提供各利润中心的资产负债表和损益表，还可以进行利润中心合并以产生集团的管理合并报表体系（见图9－9）。

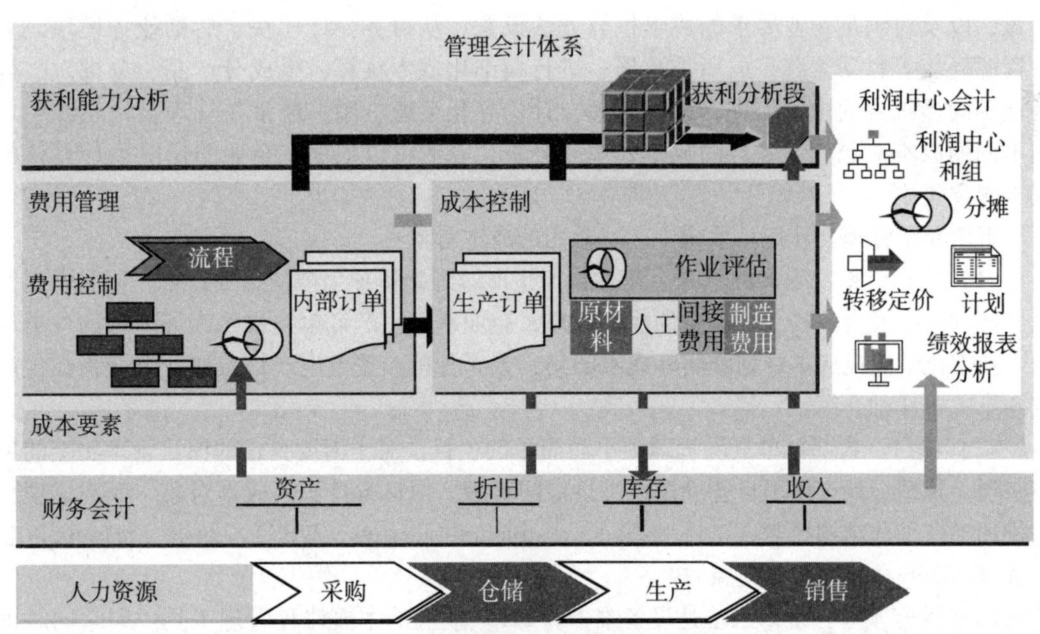

图9－9　利润中心会计的应用与集成架构

利润中心会计提供了按会计期间全面灵活分析各个内部责任单元经营情况的功能。可以从财务会计、成本中心会计，一直追溯到销售和物料管理等业务模块的数据源，直接分析潜在的风险。

第三节 系统功能与管理工具方法的实现

一、成本管理系统功能和工具概述

企业目前用的大多数财务信息化系统工具，是基于原有核算型会计软件，通过核算型会计软件产生数据，在此基础上实现数据汇集、计算、加工、提取，然后形成一些分析结果。基于核算型会计软件的设计思路导致数据来源先天性不足，很难为企业的经营决策分析提供更多、更细致的信息。而市场上的管理会计软件，由于在信息化项目实施落地过程中，没能很好地将软件中的最佳业务实践和先进管理理念，与国内企业的管理实际以及用户的使用体验结合，导致管理信息系统中的功能并未完全使用，造成系统的使用效率低下。

成本管理信息系统应实现与成本管理相关的功能，一般包括：主数据管理，成本核算方法设定，与ERP系统中的库存、生产等模块的无缝集成，获取进行成本精细化管理的多维数据，实现企业成本管理的事前计划、事中控制、事后分析，为企业的经营决策提供有效支持。实现会计与业务活动的有机融合，帮助企业根据自身情况开展管理会计信息化工作。

成本管理信息系统包括的主要功能有：对成本要素、成本中心、成本对象等参数的设置，以及对满足企业要求的成本核算方法设置；从财务会计模块、后勤业务模块、人力资源模块等自动无缝集成所需数据，进行精细化成本核算，生成分产品、分批次、分区域等的多维度的成本信息；结合管理会计信息化系统应用，通常在管理会计系统中启用不同的成本对象完成各自的成本处理和分析，企业可以根据本企业的情况设计具体的成本对象类别。

下面介绍管理会计信息系统中一些常用的成本对象：

（1）生产订单：生产订单是企业在执行生产过程中指导生产的指令订单，同时也是归集生产过程中发生的料、工、费的成本对象，企业基于生产订单完成生产环节中的各类活动，精细化地完成成本计划和实际成本归集，差异分析。关于生产订单概念企业将在生产成本章节中详细介绍。

（2）项目：内部订单只能管理短小而简单的项目。对于需要真正的项目管理功能的项目来说，管理会计提供项目管理模块进行专门管理。项目本身不是成本对象，而构成项目结构的工作细分结构要素（work breakdown structure elements，WBS）、网络（network）和任务（activity）才是成本对象。

（3）维修工单：维修工单是设备维护（PM）模块的主要流程管理工具。但它同时也是管理会计中的一种成本对象。在维修工单中企业可以核算因为设备维修所引起的备品备件费用，人工费用等。

（4）销售订单：销售订单是销售模块的主要凭证之一。它同时也是管理会计中的成本对象。对于按特定销售订单组织生产活动的业务，销售订单就会转变为管理会计中一个重要的成本对象，将所有和本销售订单相关的生产成本和销售成本都归集到该销售订单中，以便更精确地核算成本和利润。

上述成本对象在不同的管理会计应用中承担不同职能，依据业务流程和成本结构定义，综合应用，完成了管理会计的主要职能，具体内容将在后面章节中介绍。

二、费用成本管理系统的主要功能和工具方法

间接费用是指不能通过直接认定的方法归集到生产或销售的费用。譬如销售费用是财务会计中三大期间费用（间接费用）之一，但是如果某笔销售费用比如交际应酬费可以直接认定到销售订单或市场细分，那它在日常管理会计处理中就不再是间接费用了。结合近年来管理会计应用系统的不断发展，借助于管理会计系统工具可以实现灵活、多样的期间费用管理，比如成本中心会计、内部订单会计、作业成本会计等。

综合应用不同成本管理工具方法时，应以各成本管理工具方法具体目标的兼容性、资源的共享性、适用对象的差异性、方法的协调性和互补性为前提，通过综合运用成本管理的工具方法实现最大效益。本小节将主要介绍常用的费用成本管理系统功能和工具方法。

（一）成本要素会计

成本要素会计是管理会计的一个基础模块，在一个结算周期里对成本的流动进行跟踪、分类。成本流是一个抽象的概念。从技术的角度来看在管理会计系统中它表现为管理会计凭证信息。管理会计凭证信息是系统中记账会计凭证中的一部分针对成本管理的内容。它记录了什么性质的成本（其实包括绝大多数的损益）从哪里流向哪里。它也借用了“借/贷”的概念，“借”是成本的流入，“贷”是成本的流出。因此在有些管理会计凭证里借贷是平衡的，它们表示的是成本流从一个成本对象流入另一个成本对象。有些管理会计凭证里借贷是不平衡的，它们的含义是成本流从财务会计模块流入了管理会计模块。成本要素的主要功能包括主数据和系统集成。

成本要素是对控制范围内企业生产要素的消耗进行分类。它们提供有关企业内部价值流和价值消耗的信息。代表着财务会计（FI）中的科目与管理会计（CO）中成本要素之间的关联，每个成本要素与科目表中一个成本相关的科目相对应，用来描述管理会计中成本流的性质（见图9－10）。

在管理会计系统中，成本要素分两大类：

一类是初级成本要素/收入要素，就是会计科目表中初级成本或收入科目类型下的总账科目。初级成本要素针对经营费用，例如与销售相关的费用、管理费用。初级成本要素通常有：材料成本、人工成本和能源成本。

另一类是次级成本要素，在系统中是会计科目表中次级成本类型下的总账科目，它们用来描述管理会计内部各成本对象间成本流转时的成本性质。例如：单位的食堂本身会发生很多费用，比如场地、人员、燃料、粮食副食品等。当食堂的费用分摊到各部门时，企

业不再关心初级成本要素，企业只需要以“食堂伙食费用”这样的次级成本要素表示其性质就可以了。而食堂本身的初级成本费用，在考核食堂本身的管理时才是有用的。次级成本要素通常有：管理费用分配、内部作业分配、订单结算等。

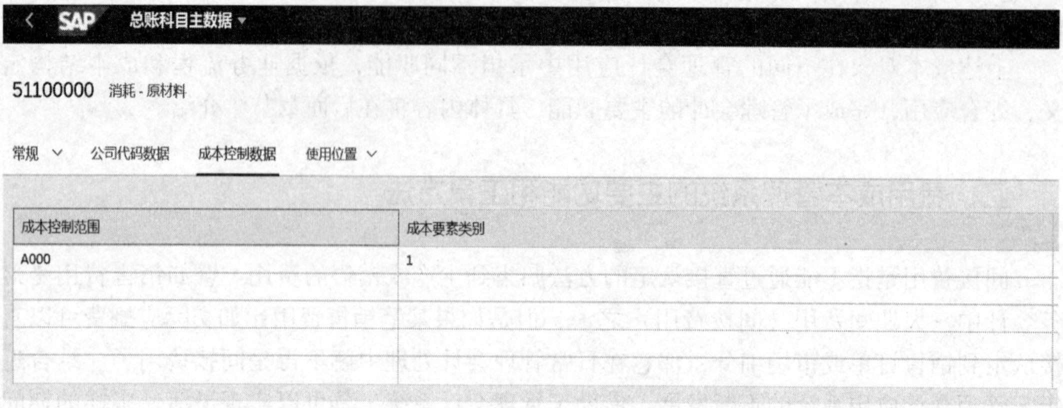

SAP
总账科目主数据
51100000 消耗 - 原材料
常规
公司代码数据
成本控制数据
使用位置
成本控制范围
成本要素类别
A000
1

图9－10　成本要素与会计科目

总之，成本要素的作用体现在法定财务会计核算的基础上，提供动态的成本流转信息，为企业提供管理所需的强大的分析和控制能力。

（二）成本中心会计

成本中心会计是管理会计中管理间接费用的两个常用和主要的工具之一。图9－11简要描述了成本中心会计的功能框架。

成本中心计划
成本中心组织结构
预算控制
成本中心报表分析
计划/实际间接费用分摊

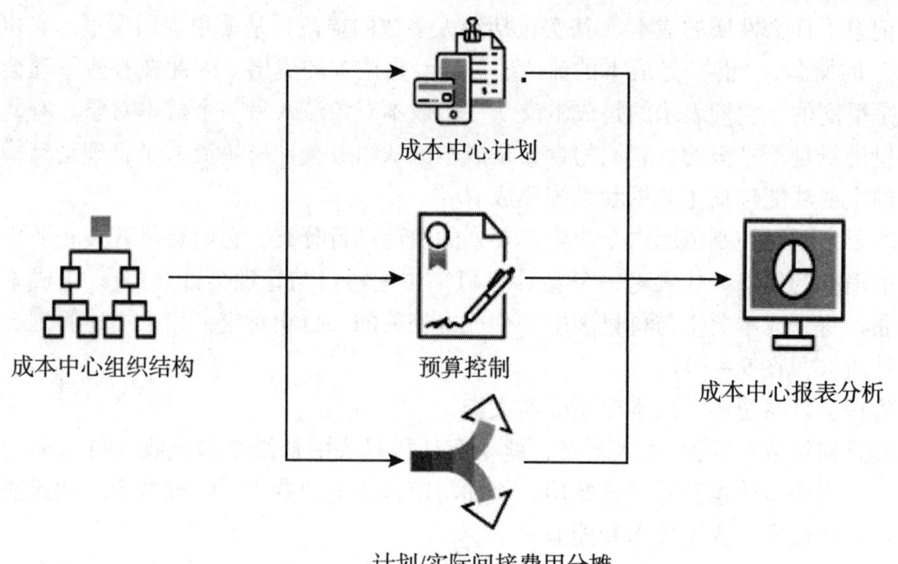

图9－11　成本中心功能框架

成本中心的主要功能包括如下：

1. 主数据

(1) 成本中心主数据。

成本中心是成本控制范围内的组织单位，表示产生成本的位置，类似于企业内部“部门”的概念，但在管理会计中它主要用于成本控制的目的。每个成本中心分配一个类别，例如市场营销、生产或开发。可从职能、结算、活动、空间或责任等角度，划分成本中心的结构。成本中心用于根据相关范围的使用情况将间接费用成本分配到各个组织活动，还用于对组织产生的成本进行区别化管理。

通常可以分成两种类型的成本中心：运营成本中心：直接为生产、服务和维修等流程提供服务；支持成本中心：为其他成本中心提供服务，其成本必须分摊到要求成本中心组。

企业可以根据不同的标准将成本中心分组，能够使用成本中心反映组织的结构。企业还可以创建任意组合的成本中心组。例如，可以根据组织或功能性来分组。成本中心组帮助企业能够对每个决策、责任或控制范围进行评估。它们同时支持进行计划和内部分配。

如图 9－12 和图 9－13 所示为管理会计系统中典型的成本中心主数据管理示例。

(2) 作业类型主数据。

作业描述了一个成本中心对于其他成本中心或成本对象提供的工作和服务，这种工作和服务是该成本中心的产出，在耗用了企业的各项资源后，成本中心通过提供作业实现了其存在的意义，也将价值转移到了企业价值链的下一环。

典型的作业类型包括机器小时、人工小时、主管小时、CPU 分钟等。

如图 9－14 和图 9－15 所示为管理会计系统中典型的作业类型主数据管理示例。

SAP 管理成本中心

标准 *

搜索　编辑状态：全部　*控制范围：A000 (BestRun)　成本中心：　成本中心类型：　有效日期：今天 (24.05.2021)

标准层次结构节点：　公司代码：1 个项目　调整过滤器 (4)　执行

成本中心 (411)　标准　复制　使用位置　变更日志　隐藏草稿值　删除　创建

成本中心	名称	有效期	成本中心类型	公司代码	利润中心	负责用户	货币	创建人
1301	结算 接收人	01.01.2015 - 31.12.9999	W (行政)	1710 (BestRun US)	YB800 (分配)		USD	C5241404 (Santosh Putankar Ranganath)
1701	工厂维护	01.01.2015 - 31.12.9999	W (行政)	1710 (BestRun US)	YB800 (分配)	General Ledger Manager	USD	C5241404 (Santosh Putankar Ranganath)
17101101	财务 (US)	01.01.2012 - 31.12.9999	W (行政)	1710 (BestRun US)	YB600 (共享服务)	General Ledger Manager	USD	SET_SERVICE (SET_SERVICE)
17101201	采购和存储 1 (US)	01.01.2012 - 31.12.9999	G (后勤)	1710 (BestRun US)	YB110 (产品 A)	David Rouse	USD	SET_SERVICE (SET_SERVICE)
17101202	采购和存储 2 (US)	01.01.2012 - 31.12.9999	G (后勤)	1710 (BestRun US)	YB111 (产品 B)	Controller	USD	SET_SERVICE (SET_SERVICE)
17101301	制造 1 (US)	01.01.2012 - 31.12.9999	F (生产)	1710 (BestRun US)	YB110 (产品 A)		USD	SET_SERVICE (SET_SERVICE)
17101302	制造 2 (US)	01.01.2012 - 31.12.9999	F (生产)	1710 (BestRun US)	YB111 (产品 B)		USD	SET_SERVICE (SET_SERVICE)

图 9－12　成本中心主数据示例

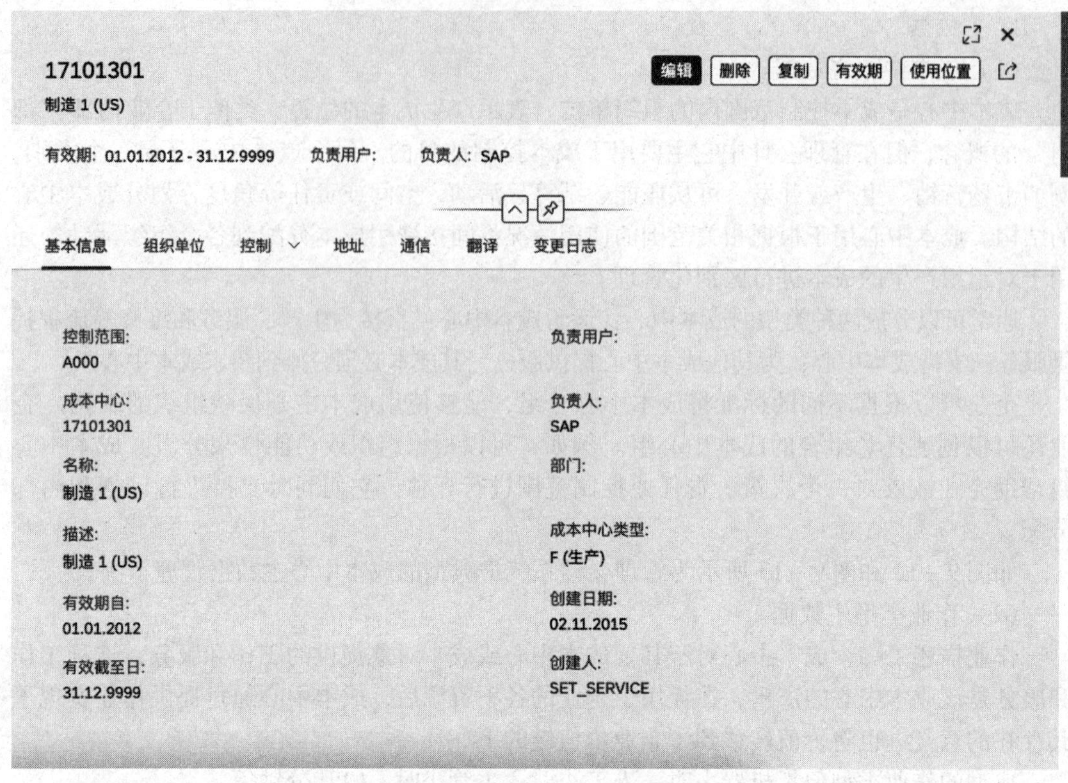

图 9－13　成本中心主数据示例

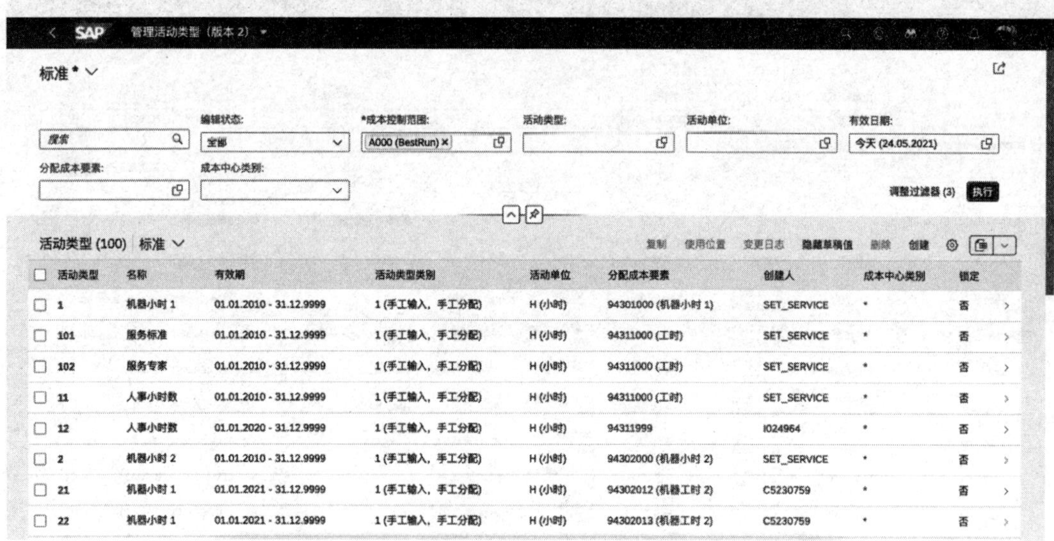

活动类型	名称	有效期	活动类型类别	活动单位	分配成本要素	创建人	成本中心类别	锁定
1	机器小时 1	01.01.2010 - 31.12.9999	1 (手工输入，手工分配)	H (小时)	94301000 (机器小时 1)	SET_SERVICE	*	否
101	服务标准	01.01.2010 - 31.12.9999	1 (手工输入，手工分配)	H (小时)	94311000 (工时)	SET_SERVICE	*	否
102	服务专家	01.01.2010 - 31.12.9999	1 (手工输入，手工分配)	H (小时)	94311000 (工时)	SET_SERVICE	*	否
11	人事小时数	01.01.2010 - 31.12.9999	1 (手工输入，手工分配)	H (小时)	94311000 (工时)	SET_SERVICE	*	否
12	人事小时数	01.01.2020 - 31.12.9999	1 (手工输入，手工分配)	H (小时)	94311999	I024964	*	否
2	机器小时 2	01.01.2010 - 31.12.9999	1 (手工输入，手工分配)	H (小时)	94302000 (机器小时 2)	SET_SERVICE	*	否
21	机器小时 1	01.01.2021 - 31.12.9999	1 (手工输入，手工分配)	H (小时)	94302012 (机器工时 2)	C5230759	*	否
22	机器小时 1	01.01.2021 - 31.12.9999	1 (手工输入，手工分配)	H (小时)	94302013 (机器工时 2)	C5230759	*	否

图 9－14　作业类型主数据示例

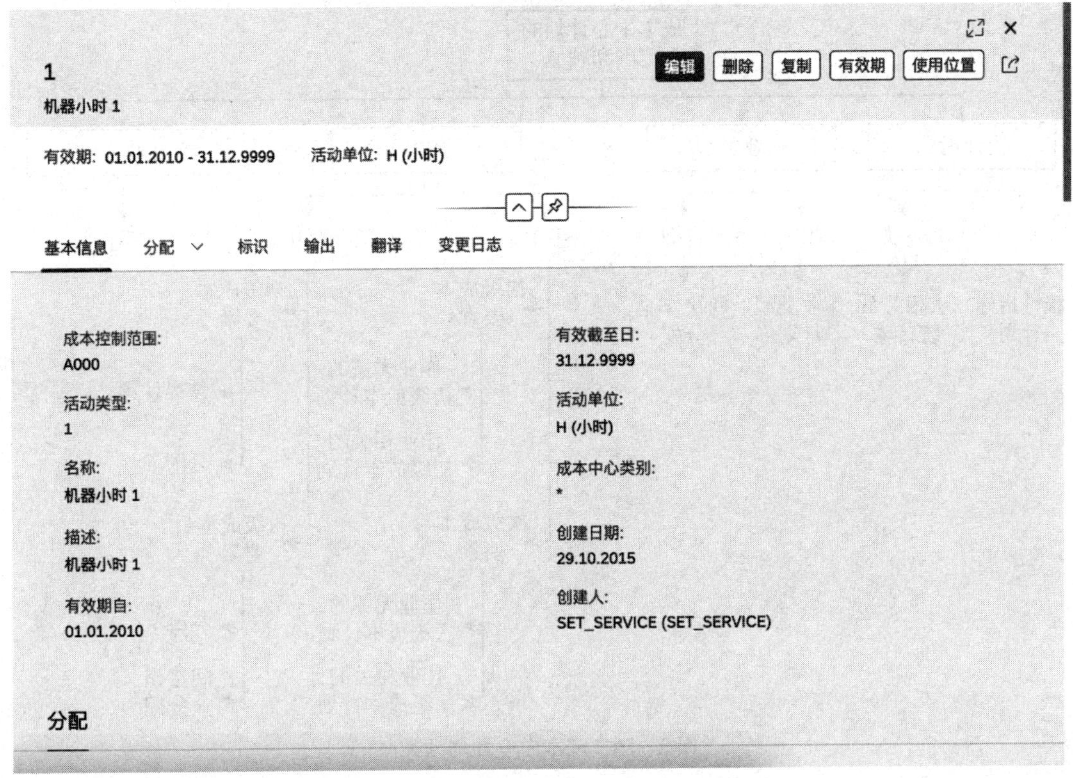

图 9－15　作业类型主数据示例

2. 成本中心计划与预算

成本中心计划是企业总体计划的一部分。因此，成本中心计划与总体计划、其他计划之间的集成性、一致性非常重要。

如图 9－16 所示是各个计划领域的关系总览。

作业相关的初级和次级成本计划需为作业类型进行固定和/或变动成本的计划。如果成本管理用到基于边际成本或者基于全成本的灵活的标准成本核算，就会用到这种计划。作业无关的初级和次级成本计划并不指向特定的作业类型。

3. 成本中心核算与过账

对于成本中心作为成本对象进行成本管理来说，主要包含以下常用的几种过账管理工具：

（1）重过账（reposting）。

重过账主要的作用是更正原先错误的或者简化的成本流。比如财务会计在做费用凭证时输错了成本中心，而成本中心不是财务会计凭证的关键字段，所以可以由成本中心会计在成本中心模块中做重过账，而不去影响财务凭证。技术上这种类型的重过账有两种：一种是参照某张财务会计凭证行项目的重过账，另一种是不带参照的重过账。

（2）直接作业分配（direct activity allocation）。

即前面“作业会计”。这种方法适用于成本中心对其他成本对象提供的作业是可以明确计量的情况下的成本分配。直接作业分配既可以是在成本中心会计中输入，也可以是在工票确认或工时单（time sheet）过账时自动产生。

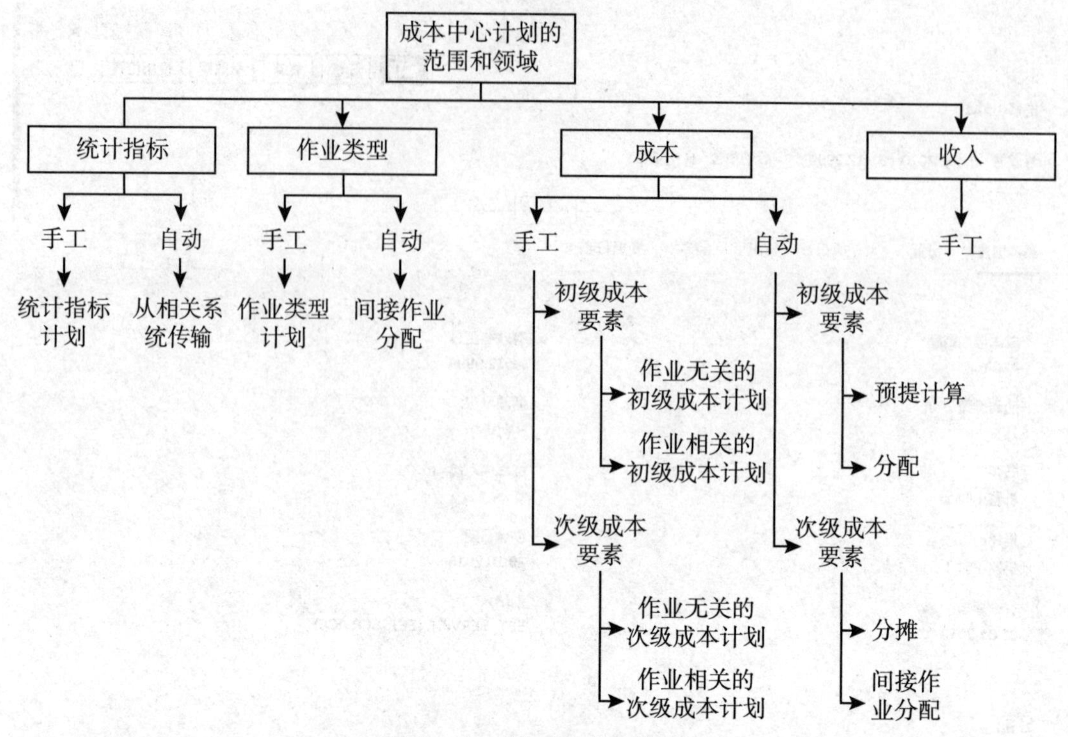

图9－16　成本中心计划分类

（3）非直接作业分配（indirect activity allocation）。

在某些情况下，成本中心提供了多少作业是可以明确计量的，但是具体这些作业是为哪些成本对象服务的是无法计量的，或者即使可以计量但是太花时间以至于成本太高。比如企业可以记录下质检员检查测试存货所花的小时数，但是如果要记录这些时间具体是花费在检测哪些原材料或产成品上却费事费力。这种情况下，可以使用非直接作业分配。非直接作业分配是记录下该成本中心提供的作业量，在期末根据某种标准（比如统计指标）将作业分配到各种接收服务的成本对象上。在某些情况下，甚至连成本中心提供了多少作业也不可以明确计量。这时候可以定义成本流接收方的统计指标和作业之间的换算权重来间接计算作业量。以计算出来的作业量来分配发送方成本中心的成本。

（4）不分配作业过账（posting non-allocatable activities）。

在某些情况下，某些成本中心的费用完全不依赖作业分配到其他成本对象上去。但是该成本中心的费用和绩效却和某作业相关，这时需要记录这种作业量，以利于通过目标成本和实际成本的比较以及差异分析来控制该成本中心的费用。这时可以用不分配作业的形式，只记录下作业量而不使用作业来分配成本。比如某培训登记中心的费用和绩效与接听电话数量是密切相关的，但是费用却不需要通过电话数量进行结转，所以可以采用不分配作业的方式记录下电话数量，只作为培训登记中心差异分析和绩效考核使用。

（5）实际＝目标作业分配（target＝actual activity allocation）

实际＝目标作业分配是一种特殊的非直接作业分配。实际作业量是根据计算接收成本流的成本中心的目标作业量消耗获得的。目标作业量消耗是根据作业量（或经营率）调整后的计划作业量消耗。举例来说，某成本中心 B 计划 100 个小时的作业 B1，按此计划对成本中心 A 的作业 A1 的固定消耗是 500 个小时，可变消耗是 500 个小时。如果 B 实际的 B1 作业量是 90 个小时，即 90% 的经营率，对于 A1 的目标作业量消耗就是：500 + 500 × 90% = 950 小时。这 950 个小时的作业 A1 就作为实际作业，将成本从 A 结转到 B。后续的方法都使用了作业的概念，都需要做成本中心和作业的计划以及计划作业价格的计算。它们也都提供像前面所讲的差异分析工具来分析和控制成本中心的间接费用。

（6）分摊（assessment）。

即前面成本结转方法比较中的成本分摊方法。成本分摊的规则可以有很多，比如根据统计指标，根据百分比，根据权重，根据固定金额等。企业在系统中将分摊规则定义在一个重要的参数——分摊循环中。分摊循环是多行的，每一行中都定义了分摊成本流的发送方，接受方，分摊规则等内容。在月末企业指定需要执行的循环，系统自动完成分摊的全过程（见图 9 - 17）。

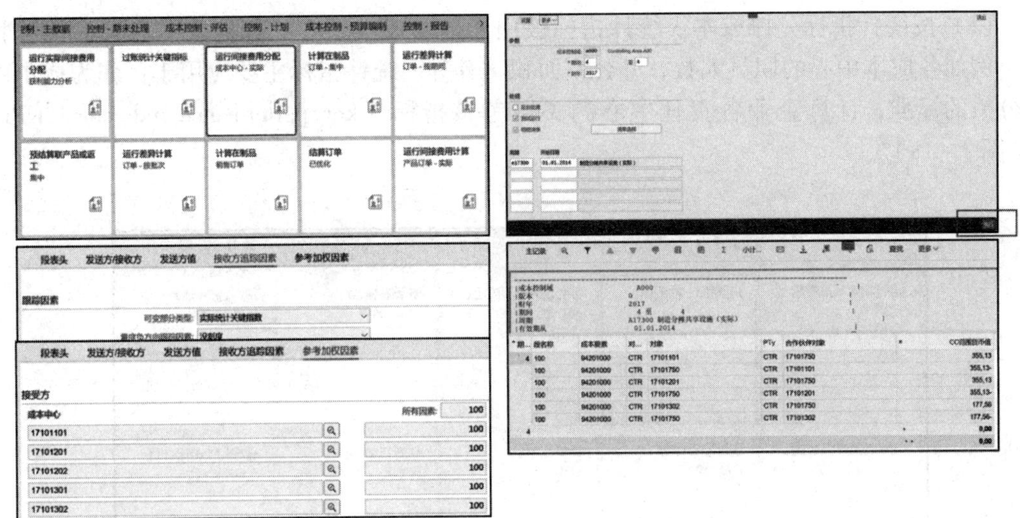

图 9 - 17　成本分摊

（7）分配（distribution）。

分配和分摊极为类似。分配的不同是它只处理初级成本要素，而且分配后的成本流仍然保持原成本要素。因此分配被经常用于类似水电费，房租等特定成本要素的分配过程。而分摊往往是将某个服务性成本中心的所有费用都以新的形式分配出去。

（8）预提费用：百分比法（accrued costs：percentage method）。

有些费用出现在某个会计期间，但是它们覆盖了若干个会计期间（比如整个会计年度）。比如年底的双薪或奖金。在管理会计里为了防止费用不恰当的波动，可以使用预提费用的功能来解决这个问题。百分比法是一种简单直观的预提费用方法：预提费用（如预提双薪或奖金）以某个实际费用（如月薪）为基准，按一定的百分比（比如 8.33%）计算金额。该成本流从一个特殊的预提费用成本对象（如某个特定的成本中心或内部订单）流入各实际承担费用的成本中心（如各部门）。当预提的费用实际发生时（如年底发双薪或奖金时），成本流从财务会计直接流入该特殊的预提费用成本对象，该成本对象的差异将用于分析。

（9）预提费用：实际 = 目标成本法（accrued costs：target = actual method）。

另一种预提费用方法称为目标成本法。如果某些需要预提的费用和作业量相关就可以使用这种方法。目标成本是根据作业量调整后的计划成本。举例来说，某成本中心计划 100 个小时的作业，固定费用 500 元，可变费用 500 元，如果实际作业量是 90 个小时，即 90% 的经营率，目标成本就是：500 + 500 × 90% = 950 元。使用目标成本法预提费用时本月就预提 950 元该费用。成本流的走向和百分比法是一样的。

4. 两种成本结转方法的比较

成本中心看似简单，但是要在现实企业中真正实现通过成本中心控制流明确责任是复杂和困难得多的。因此需要借助管理会计系统提供的工具。这些工具大部分都是围绕成本中心成本的结转的。为更好地理解成本中心会计工具的使用，企业想通过比较两种成本结转方法来获得一个感性的认识。两种方法都是为了解决“如何将维修部门的费用合理地结转到维修工单上”这个问题的。

（1）按统计指标分摊成本：统计指标被用于描述成本中心或其他成本对象的某些特性，例如各成本中心的职员人数，办公室面积，等等。统计指标主要应用于：作为成本内部分摊的标准；计算企业各责任中心的关键考核指标（key performance indicator，KPI）（见图 9 - 18）。

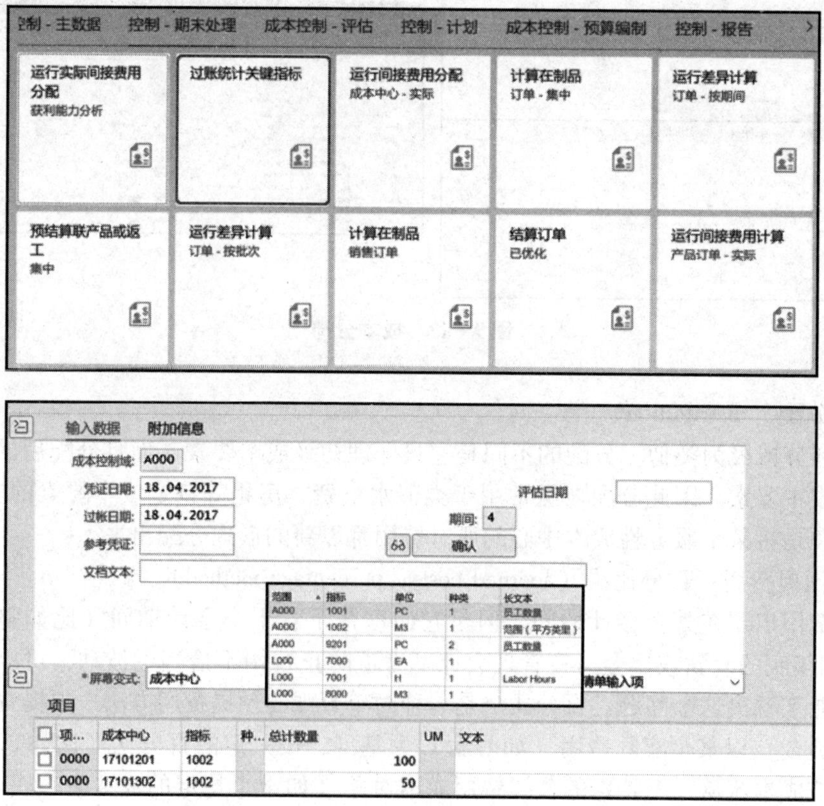

图 9 - 18　统计指标

分摊成本的方法是一种较为常见的做法，它的优点在于直观和简单，而且分摊的结果也较客观。但是它有一个缺点：实际成本被简单地分摊下去，企业因此缺乏关于效率、价格和责任的成本分析。举个例子来说，上例中如果维修成本中心本月只执行了一个维修工单 0012，17 天，那么所有的维修成本中心的费用都被分摊到了该维修工单上，实际上本月该维修工单过高的费用和维修工单的操作效率是无关的，维修部成本中心产能使用不足所造成的损失被完全转嫁到了维修订单上。所以成本分摊方法的问题是分析能力的不足。

（2）作业认定和差异分析法：作业描述了一个成本中心对于其他成本中心或成本对象提供的工作和服务，这种工作和服务是该成本中心的产出，在耗用了企业的各项资源后，成本中心通过提供作业实现了其存在的意义，也将价值转移到了企业价值链的下一环。

比如图 9－19 中维修成本中心给各个维修工单提供的维修就是维修成本中心提供的作业，这项作业的计量单位是“天”。企业在系统中为该作业计算了一个作业价格，该价格一般是系统根据成本中心在通常的产能利用率下和在通常的费用支出计划下计算出来的。根据这个作业价格和实际作业量，成本被分别结转到了维修工单中。

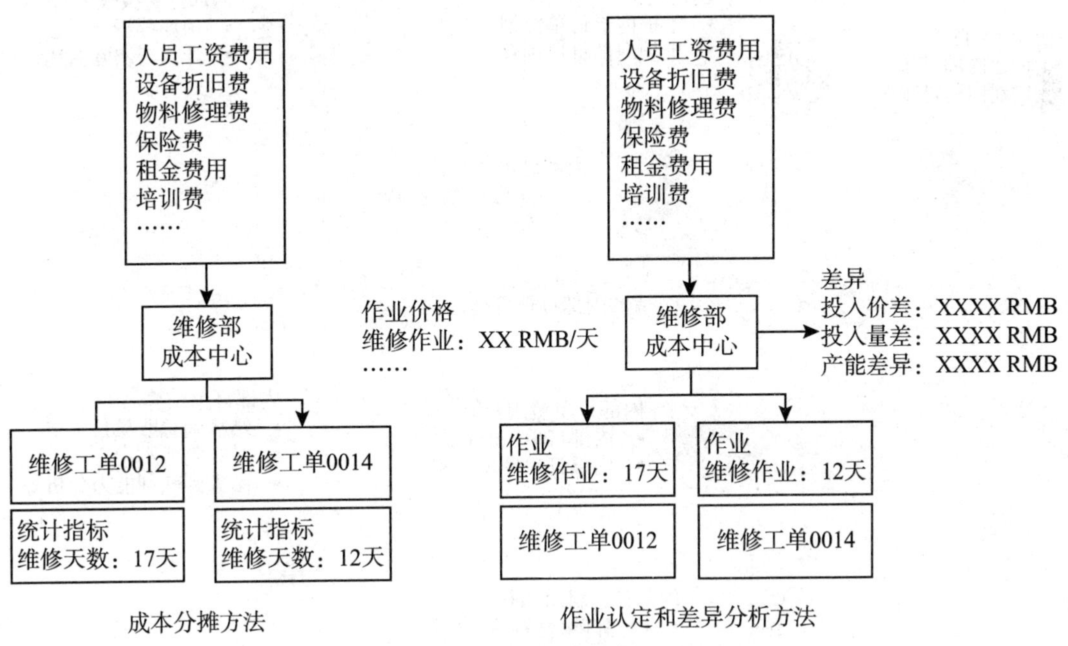

图 9－19　成本结转方法的比较

对于维修部成本中心，企业既有投入也有产出，两者是不平衡的，系统自动将这之间的差异分离成各种差异类别，不同的差异类别的产生是有不同的原因的，企业因此可以追查成本偏离目标的责任。比如费用投入的价格差异是由采购价格波动造成的，费用投入的数量差异是由可变成本的使用效率变化造成的，产能差异是由产能使用不足造成的。量化的差异为企业提供了成本控制的风向标。因此，在系统中实际上维修工单和维修部的成本关系，一般采用作业认定和差异分析的方式。作业认定和差异分析方法的缺点在于该方法的理论和操作较为复杂，而且必须先做成本中心和作业的计划，否则差异是无从谈起的。

从上述比较中企业可以看出管理会计系统提供了众多结转成本的工具，企业实际选用哪几种将视成本流的实际情况和管理层的目标而定。

（三）内部订单

内部订单通常用来进行对内部工作和任务的成本进行计划、归集和结算。管理会计系统能够帮助用户监督内部订单的整个生命周期，包括创建、计划、实际成本过账、结算和归档和成本中心类似，内部订单也是一种成本对象，企业可以对内部订单进行成本的计划，认定，控制和分摊，例如营销成本中心的某展销会专项费用，或者管理代表独立于成本中心的活动，例如研发项目或投资项目成本。和成本中心不同的是内部订单有明确的开始和结束，它不是一种组织机构，而是一个个小的项目（project）。一次市场促销活动，一次公司聚餐或者一次内部培训都可以是一个内部订单。图 9 - 20 为典型的内部订单管理流程。

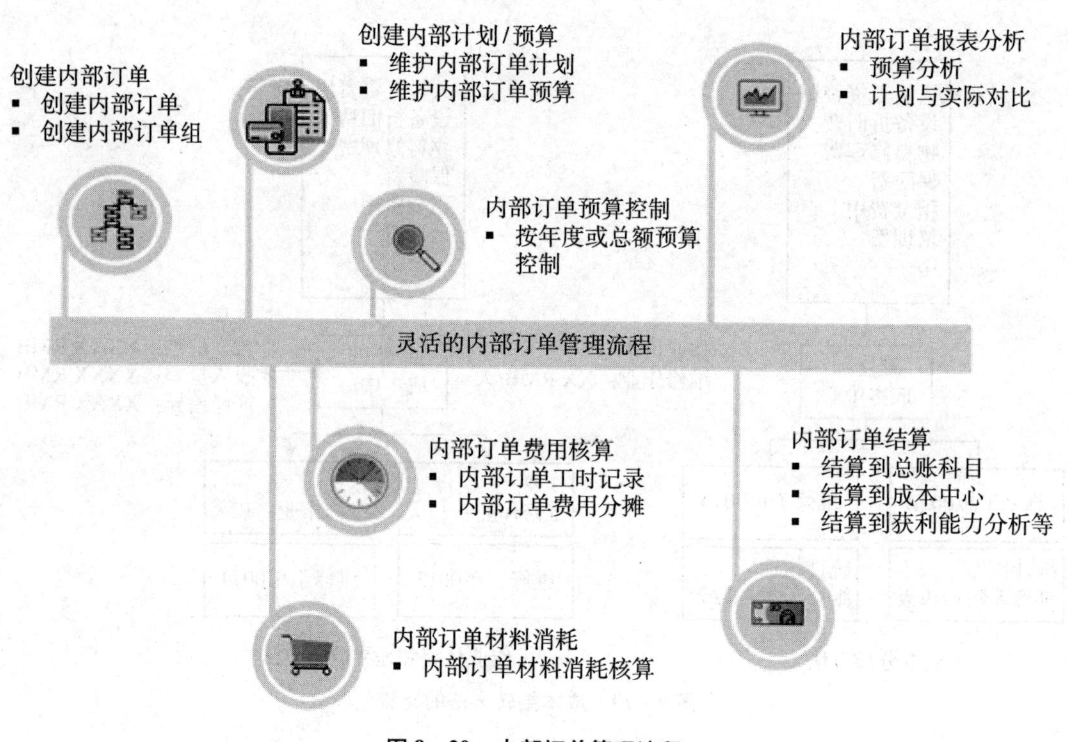

图 9 - 20　内部订单管理流程

在系统中什么时候使用内部订单，又在什么时候使用项目，对于这个问题除了考虑项目本身的复杂程度外还需要考虑管理层对于它们的管理要求。内部订单的主要功能包含。

1. 内部订单主数据

内部订单主数据由几个不同的部分组成，每个部门由包含有带预定义字段组的标签页构成。可以在“自定义”中更改标签页的标题，还可以单独地将字段分配给标签页。标准的订单主记录数据布局具有下列标签页：

（1）分配（包含机构分配，如公司代码、业务部门、利润中心等）。

（2）控制（包括订单状态信息、订单货币、统计订单指示器等）。

（3）期末结算（包含计算间接费用的成本核算表单名、结算参数等）。

（4）一般数据（包含申请人、责任人等）。

（5）投资（在上面的示意图中没有显示。包含资产投资订单所需的参数）。

通常内部订单在建立时，需要选择不同的订单类型（见图9－21），不同的类型可以设置不同的分类与是否进行承诺管理内部订单，用来监控某特定时段内的针对某项工作的成本或生产作业的成本（和收入，如果需要的话）。当然，内部订单也可用于进行长期的成本监控。通常使用到的内部订单类型有：

（1）间接费用订单：用于对间接费用（执行作业时发生的）进行有时间限制的监控，或用于对部分间接费用进行长期监控。

（2）投资订单：可以监控可资本化并结算为固定资产的投资成本。

（3）应计订单：能够监控在财务会计中过账的费用与在成本会计中按照权责发生制借记的与期间相关的应计成本或费用。

（4）带收入的内部订单：可以监控为外部合作伙伴的活动或不构成企业核心业务一部分的内部活动所产生的成本和收入。

（5）订单模板：创建新的内部订单时，可以参考使用订单模板。

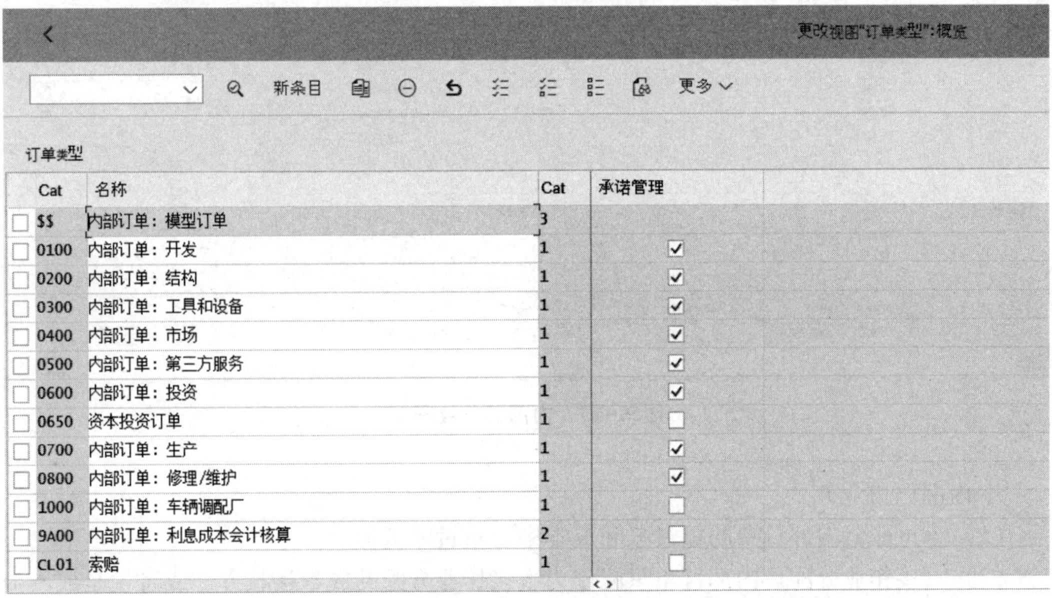

更改视图"订单类型"：概览

新条目　更多

订单类型

Cat	名称	Cat	承诺管理
$$	内部订单：模型订单	3	
0100	内部订单：开发	1	✓
0200	内部订单：结构	1	✓
0300	内部订单：工具和设备	1	✓
0400	内部订单：市场	1	✓
0500	内部订单：第三方服务	1	✓
0600	内部订单：投资	1	✓
0650	资本投资订单	1	☐
0700	内部订单：生产	1	✓
0800	内部订单：修理/维护	1	✓
1000	内部订单：车辆调配厂	1	☐
9A00	内部订单：利息成本会计核算	2	☐
CL01	索赔	1	☐

图9－21　内部订单类型

如图9－22和图9－23所示为管理会计系统中典型的内部订单管理示例。

图 9 – 22　内部订单数据 1

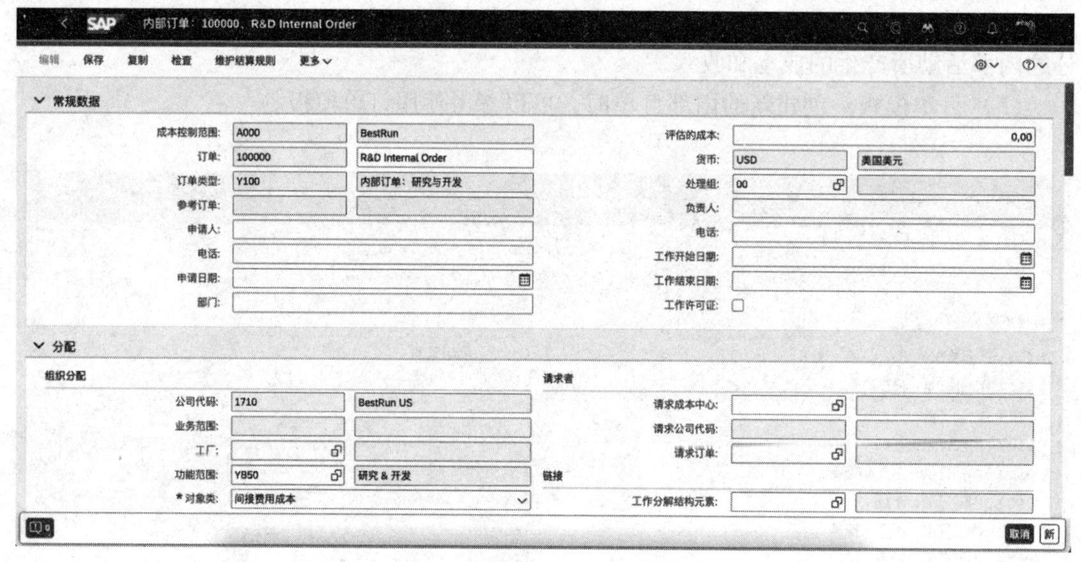

图 9 – 23　内部订单数据 2

2. 内部订单业务

（1）重过账。内部订单的重过账和成本中心重过账类似。

（2）直接作业分配。内部订单只能作为直接作业分配的成本接收方，或者说是成本流入方。前面中大多数成本中心业务，内部订单都可以作为成本接收方。

（3）间接费用法（overhead costing）。间接费用法是指通过基于百分比或基于数量的间接费用率将间接费用附加到适当的成本对象上。计算的基数通常是那些能直接认定到订单上的初级成本要素。在制造业，基数往往是人工和材料成本。间接费用法的计算规则和成本流规则都维护在一个重要参数里：成本核算单（costing sheet）。通过间接费用法间接费用从发生这些费用的成本中心或内部订单结转到了适当的成本对象上。前面中预提费用的百分比法是一种特殊的间接费用法。

（4）结算（settlement）。内部订单通常被用来作为成本的临时收集器以及计划、控制和报告流程的支持工具。当内部订单所代表的任务完成后，成本将被结转入它们的目的地（成本中心，WBS 要素，市场细分，等等）。这个过程被称为结算。图 9－24 即描述了以订单为中心的成本流以及结算的意义。

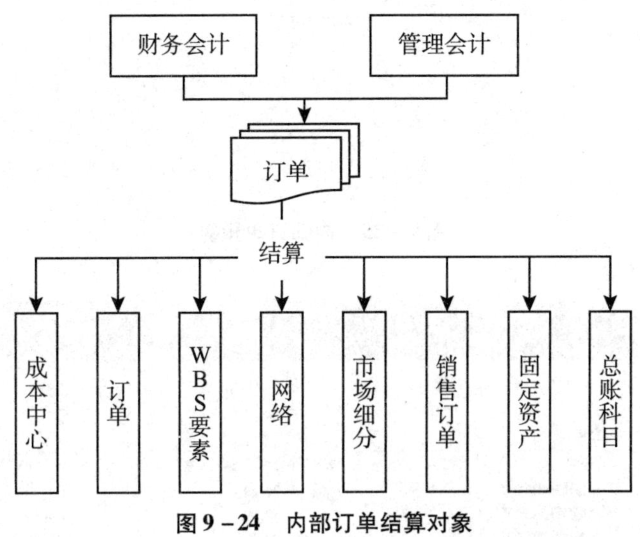

图 9－24　内部订单结算对象

在结算时，一个订单累计的部分或全部成本被结转到一个或几个接收成本对象上。企业可以处理单个订单的结算，也可以集中处理一组订单。结算接收方的形式是非常多样的。如图 9－24 所示，结算到固定资产和总账科目是外部结算，因为财务会计因此将被更新。这是由内至外过账的一种形式。而结算到图中其他对象则是管理会计的内部结算。

3. 内部订单结算

企业可以不改变成本要素来进行结算，也就是说原来流入内部订单的是什么成本要素，现在结算出去也用什么成本要素。这使得企业可以追踪成本流详细的原始形态。或者，企业可以使用结算成本要素来结转成本。这样企业可以很容易地知道哪些成本是通过内部订单结算结转到接收方的。

此外企业还可以对于不同的成本要素组定义不同的结算规则。这使得企业可以选择将内部订单累计的有些进行成本资本化，而另一些进行成本费用化。

4. 内部订单预算管理与控制

企业可以利用内部订单进行简单的计划、预算、控制的执行能力，本身内部订单与采购、财务、项目、差旅等各个模块进行集成，对说核算的内部订单的对象进行事前的预算管理，这里在内部订单模块中进行输入计划、各年度的执行预算，而且预算发生不足与变化的时候的调整都可以在内部订单模块中执行（见图 9－25）。

预算的执行进度，可以在后台进行配置，以便在不同进度时系统自动进行警示，或者报出错误以便不准许业务执行（见图 9－26）。

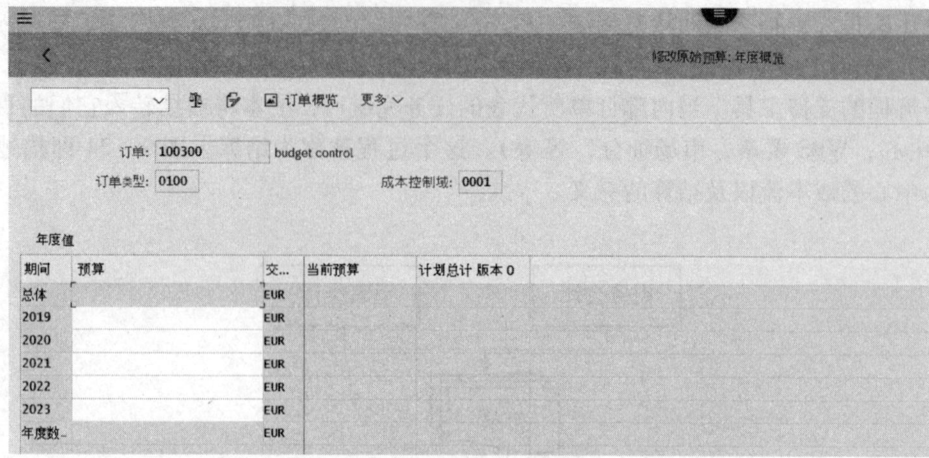

图 9－25　内部订单预算

更改视图"订单可支配资金控制: 容差限度": 概览

新条目　更多

订单可支配资金控制: 容差限度

范围	参数文件	说明	作业组	操作	消耗 %	绝对公差	货币
0001	000001	一般预算参数文件	++	1	90,00		EUR
0003	000001	一般预算参数文件	++	1	90,00		USD
A000	000001	一般预算参数文件	++	1	90,00		EUR
A000	ZARIBA	一般预算参数文件	++	1	75,00		EUR
A000	ZARIBA	一般预算参数文件	++	3	95,00		EUR
RECO	000001	一般预算参数文件	++	1	90,00		EUR
REOB	000001	一般预算参数文件	++	1	90,00		EUR
SG01	000001	一般预算参数文件	++	1	90,00		SGD

图 9－26　内部订单预算参数设置

三、生产成本管理系统的主要功能和工具方法的实现

本章节重点介绍标准成本法的实现，以及如何在标准成本法中综合运用目标成本法、变动成本法与作业成本法的管理思想实现生产成本的精细化管理。

（一）标准成本法

在生产成本管理系统中同，标准成本法有三个关键要素，实际成本、标准成本与成本差异。如果企业采用标准成本法作为企业成本管理的工具，基于 ERP 系统成本管理的应用架构，会分为标准成本的核算与制定、成本对象成本控制、实际成本核算（差异还原）及成本报告四大功能。

1. 标准成本核算

（1）标准成本估算的处理逻辑。

标准成本的计算逻辑：如图 9－27 所示，标准成本计算的关键在于如何确定标准价格与标准数量。通常：成本中心作业类型的标准价格 = 成本中心的成本费用预算项目金额/成本中心的作业计划用量；物料的标准价格通常基于采购部门与供应商签订的采购价格，或者基于此价格及对物料未来一年的价格走势预测而计算出的一个全年采购的目标价格；材料标准用量通常是基于研发的设计用量及生产工艺水平，考虑到生产加工过程中的合理损耗而设定的全年的目标耗用数量，在产品的物料清单（BOM）中进行定义；作业标准耗用数量通常是根据设计的理论作业工时，考虑合理的机器偶然故障、人员闲置等低效与失误而所能达到的合理的工作效率，从而计算出的理论作业消耗数量，在产品的工艺路线中进行定义。

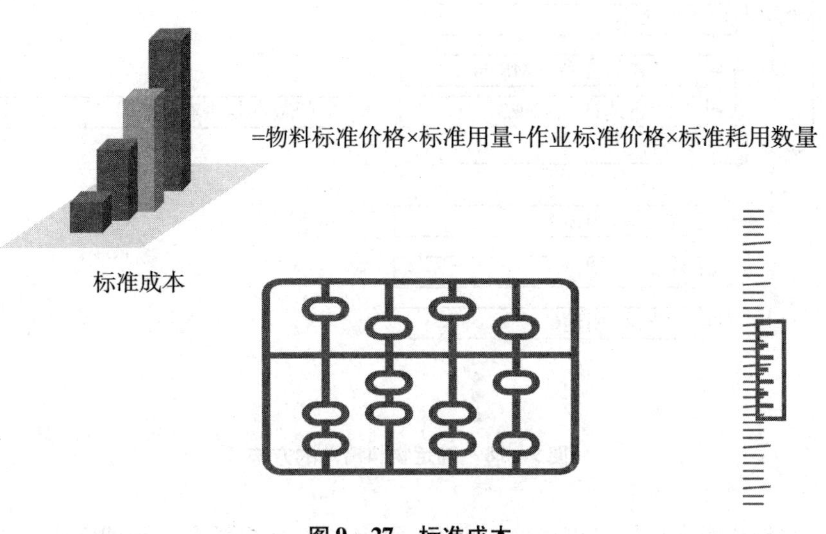

图9－27　标准成本

标准成本的成本结构：产品标准成本的成本结构是指在标准成本中各项成本费用项目（例如原料、人力、厂房、机器设备、信息、通路、技术、能源、后勤管理等）所占的比例或各成本项目占总成本的比重。成本结构可以反映产品的生产特点，同时成本结构在很大程度上还受技术发展、生产类型和生产规模的影响。分析产品的成本结构及成本结构的变化趋势，可以发现问题，寻找进一步降低成本的途径。

（2）产品标准成本估算的工具。

标准成本估算主要用于产品成熟阶段，而对于制造企业来说，除原材料产品外，其他产品（半成品、产成品）都有其相应的数量结构（BOM和工艺路线）。因此企业在这里主要介绍含数量结构的标准成本估算。

①创建含数量结构的物料成本估算：创建含数量结构的成本估算时，需要输入成本核算变式、物料和成本估算范围（一般定义为工厂）。对于有数量结构的成本估算，除了需要在成本核算变式中制定成本核算类型（决定了计算出的成本是标准成本还是计划模拟成本），评估变式（定义了计算产品成本时所使用的原材料和生产作业的取价策略），日期控制（决定成本估算的有效期）等参数信息外，还需要维护数量结构确定（即如何选择正确的BOM和工艺路线）等相关参数，而通常数量结构确定的流程与逻辑最为复杂，因为企业在实际生产过程中通常会定义多套不同用途BOM，如研发BOM、生产BOM以及成本BOM。

物料清单（BOM）的确定如图9－28所示，ERP系统通常会提供多种确定BOM的方法，并设置相应的优先级：

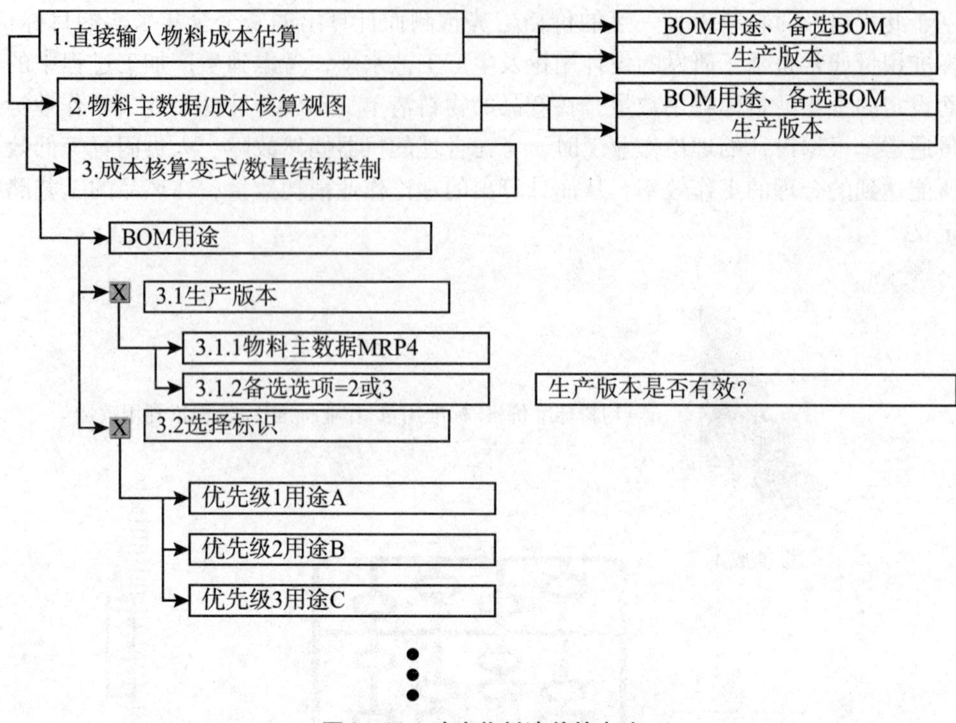

图9－28　确定物料清单的方法

第一，在创建成本估算时直接输入 BOM 用途（一个物料在一个期间内针对某一种用途只会有一个有效的 BOM）、备选 BOM（当对某一用途存在多个有效 BOM 时，通过备选 BOM 编号的指定决定 BOM 的选择）、工艺路线或生产版本（生产版本定义了产品在特定的生产批量所使用的物料清单和工艺路线）等相关信息（见图 9－29）。

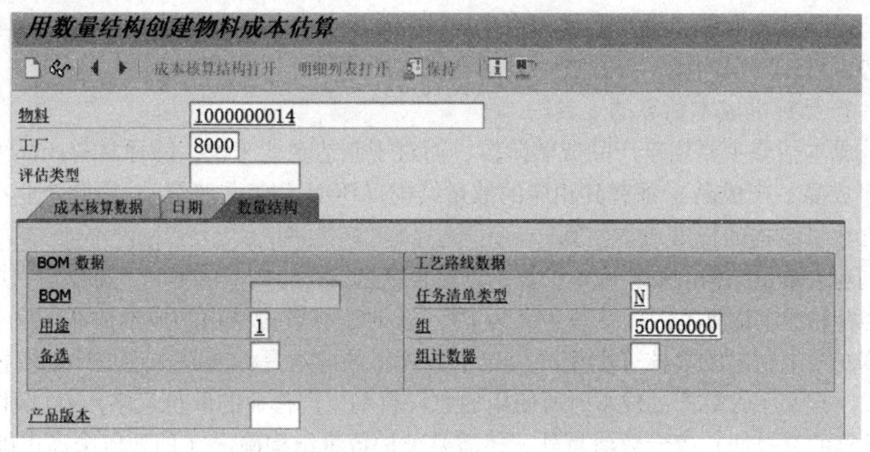

图9－29　创建成本估算中的数量结构

第二，可以在物料主数据的成本视图中指定 BOM 用途、备选 BOM 在成本核算变式中输入数量结构控制标识或生产版本（见图 9－30）。

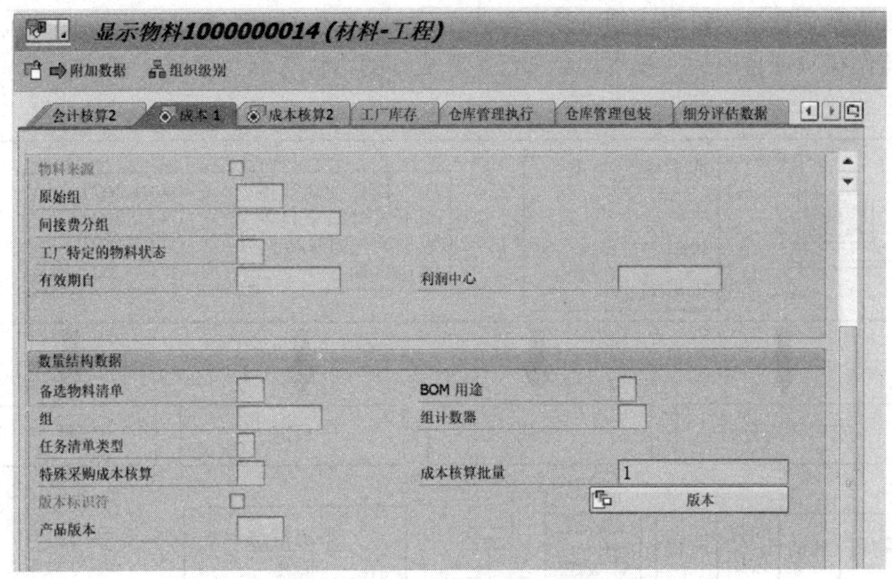

图 9－30　物料主数据中的数量结构

第三，可以在成本核算变式中输入数量结构控制标识。此标识通过 BOM 应用程序和工艺路线选择标识指定 BOM 和工艺路线的优先级。BOM 应用程序通过选择标识来确定将首先选择哪种用途的 BOM。

工艺路线的确定如图 9－31 所示，与 BOM 类似，这里不再赘述。

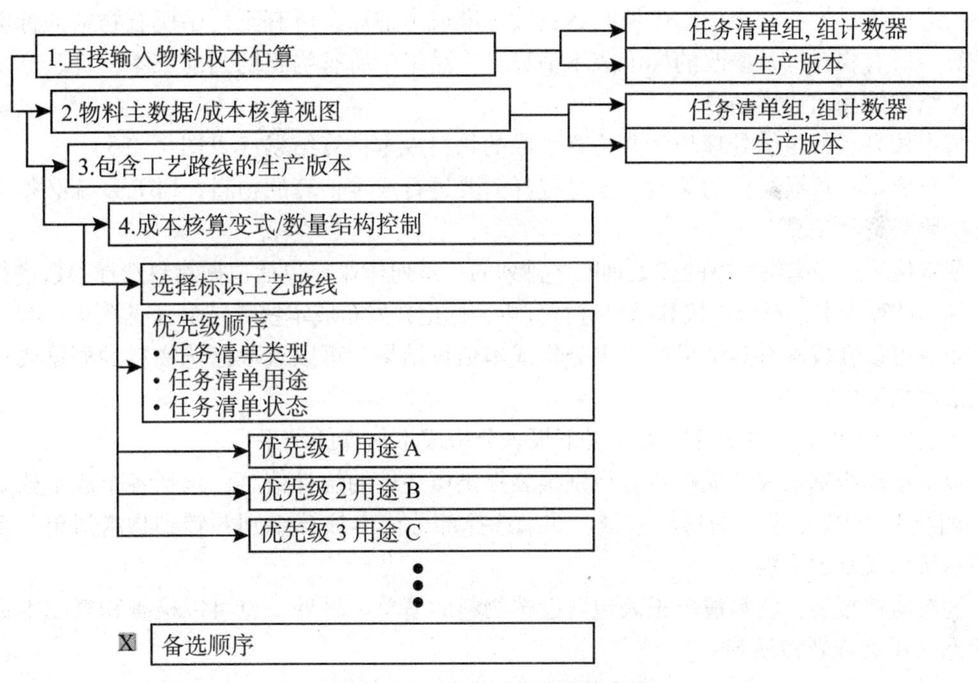

图 9－31　确定工艺路线的方法

如果成本估算没有错误，则可以保存此次成本估算的结果，并通过系统标准报表显示成本核算结果、项目明细、成本构成和已核算成本的物料清单（见图9－32）。

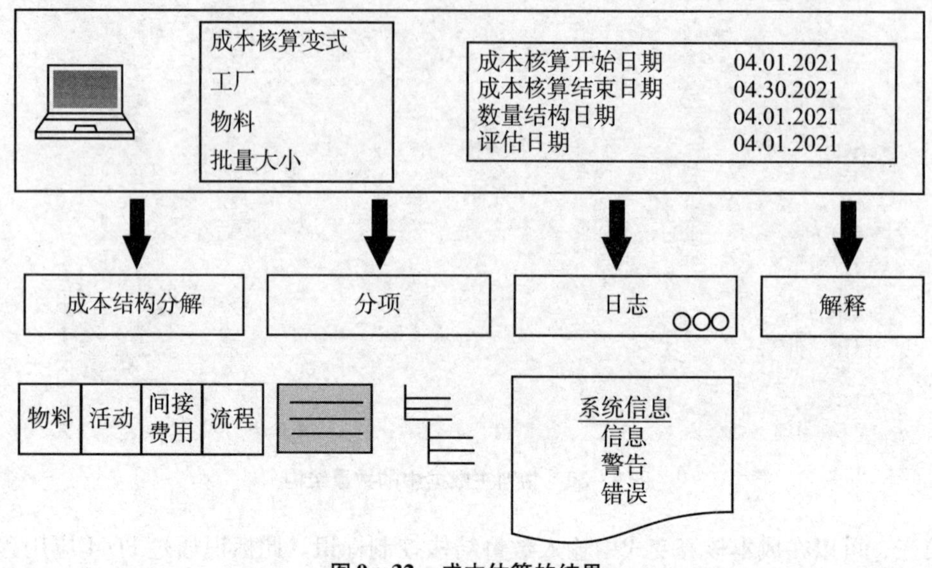

图9－32　成本估算的结果

②批量创建产品成本估算：主流ERP系统提供批量创建产品成本核算的可执行应用程序（以下简称“成本核算运行”），该应用程序是产品成本计划中的批量处理工具。其典型的应用场景为：一个工厂中所有物料的标准成本估算、所有工厂中所有物料的标准成本估算、所有物料每月修改的标准成本估算、产品组中所有物料的当前成本估算、高度复杂产品结构的当前成本估算。

成本核算运行组织处理步骤并检查生成的物料成本估算结果（见图9－33）。

执行成本估算运行前的关键一步是选择需要进行成本估算的物料，ERP系统必须提供灵活的物料选择工具。

成本核算运行提供完整的按处理顺序排列的一系列作业，包括根据物料选择参数进行物料选择，计算成本，对成本核算结果进行分析，标记并发布成本核算结果（见图9－34）。

企业可以在成本核算结果区域中分析成本估算结果。可以获取已选物料的概览或查看单个成本估算的结果。

主流的ERP系统通常可以提供以下报表分析成本估算的结果：

成本核算级别报表：成本核算级别报表提供概述性的统计信息，包括各个成本核算级别（相当于BOM层级）的物料数量。如果选择部分成本核算级别并转到物料清单，系统只显示所选级别的物料。

物料清单报表：物料清单报表包含已选物料的清单。另外，也可以检查物料成本估算的状态（正确或者错误等）。

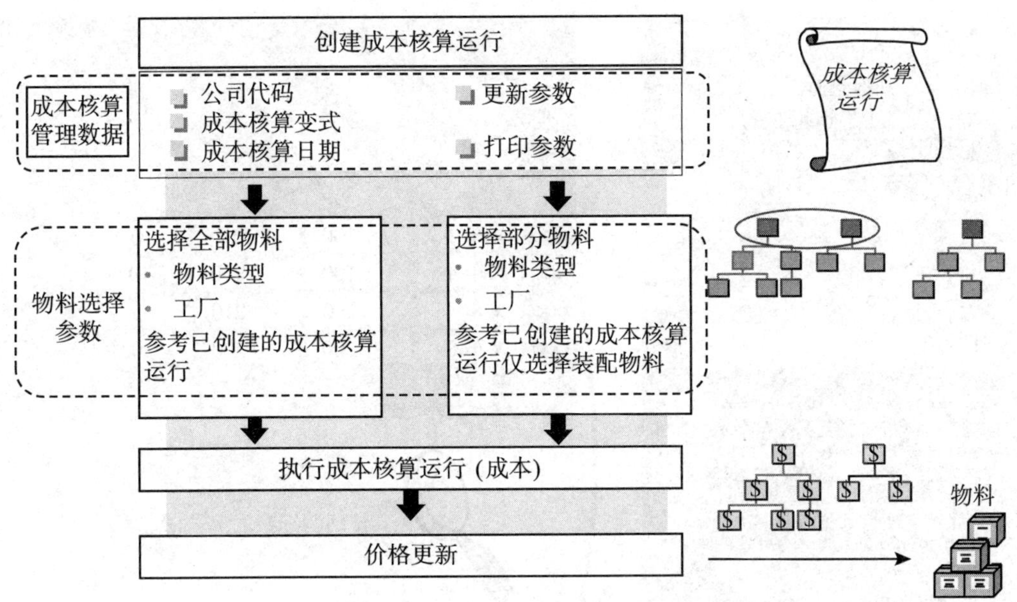

图 9－33　成本核算运行的方法

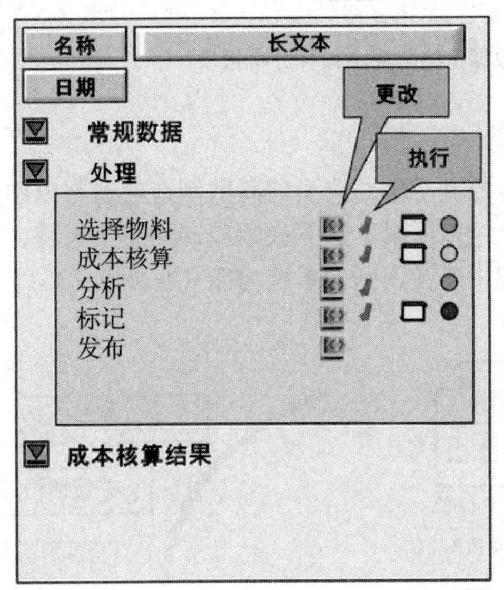

- 不同的处理顺序
- 更改参数和执行是分开处理的
- 执行可在线进行,也可在后台进行
- 即时保存处理步骤的结果
- 每个处理步骤的统计
- 通过活动的和非活动的图标显示的选项

图 9－34　执行成本核算的步骤与顺序

分析报表：通过分析报表，可以将一个成本核算运行的结果与其他成本核算运行的结果或物料主数据中的价格进行比较。分析选项用于比较新标准成本估算与标准价格可以使用该选项查看成本估算是否正在发生重大改变。可以通过设置例外查询条件快速发现存在较大差异的物料，并且可以便捷快速地访问到更明细的分析报表以查找具体的问题（见图 9－35）。

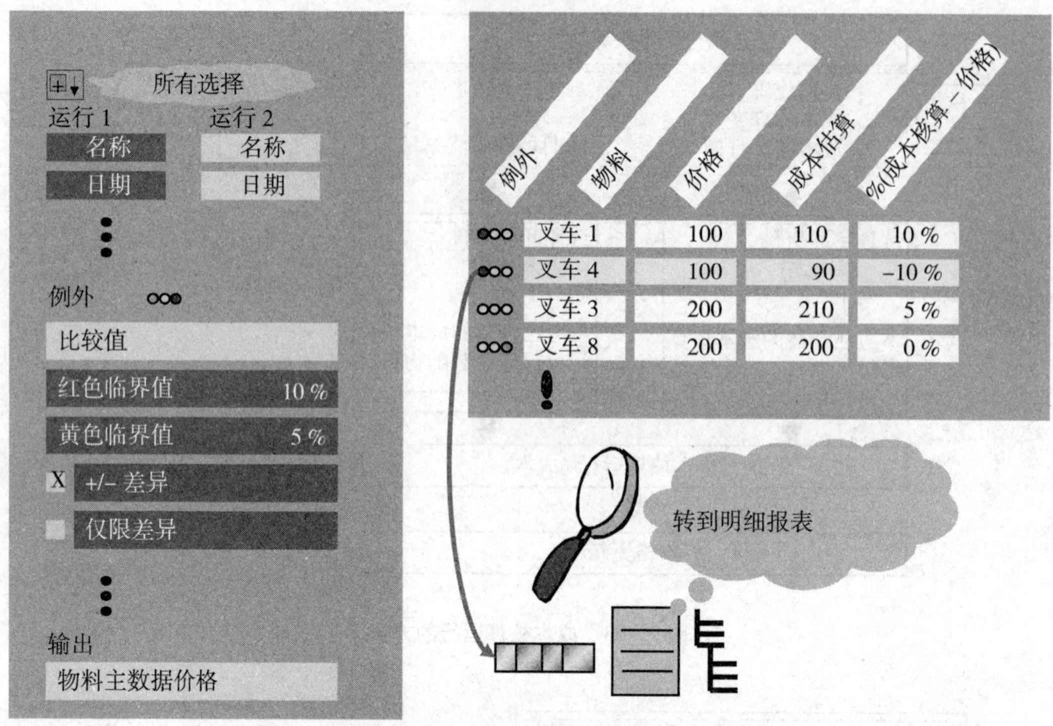

图 9－35　比较物料主数据价格与成本核算分析报表

2. 成本对象控制

不同行业的企业通常会选择不同的成本控制对象，典型的离散制造业通常以生产订单为成本控制对象，本节围绕生产订单周期介绍标准成本法下成本控制的整个过程，即从订单创建开始到最后的结算存档为止整个过程中所使用到的系统功能（见图 9－36）。

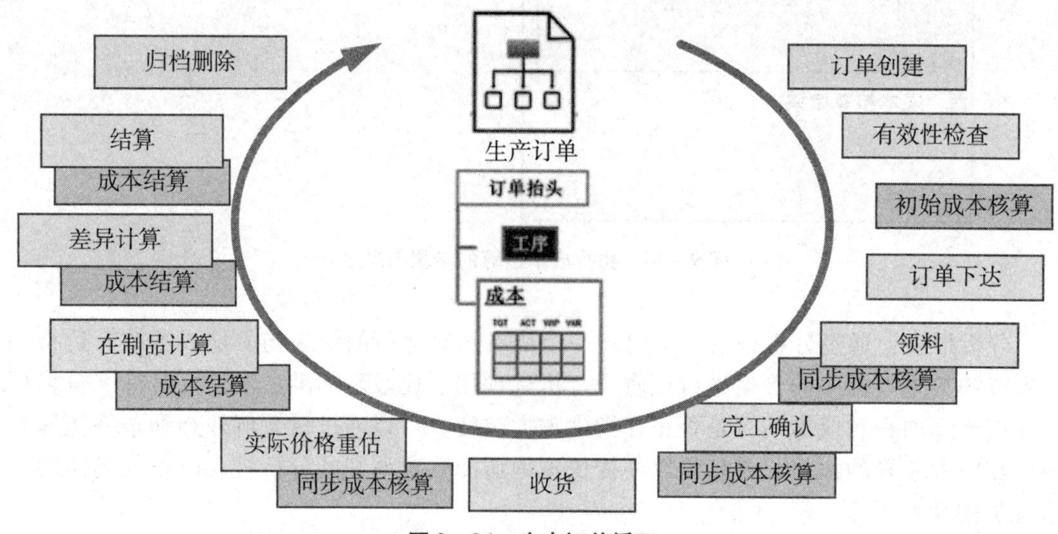

图 9－36　生产订单循环

（1）生产订单下达与成本预估。

生产订单定义了什么产品将在什么时候、在什么地点被生产；同时，多少工作、多少资源将被使用，以及订单的成本将被如何结算。生产订单下达后，车间开始执行生产任务。由于系统中已经维护了产成品的工艺路线和物料清单，所以在生成生产订单时，系统会自动建议生产工序以及各道工序的原材料投料，计划员可以在此基础上进行变更和确认。

（2）生产订单领料。

车间在执行生产订单的过程中，系统会提示各工序需要领用的原材料的种类和数量，实际领用可以参照提示或做调整。仓储部门负责库存的管理，库管员会根据实际数量在系统中记录针对该生产订单的本次发货。在系统中生成了一张反映库存移动的物料凭证（即出库单），记录原材料 WH01 从仓库 X 中被生产订单 Y 领用 125 个；同时，系统自动生成了一张财务会计凭证，分录为："借：生产成本—原材料 贷：原材料"，其金额为"领用数量 X 原材料标准价格"，假设金额是 120 000 元。系统还同步自动生成了一张管理会计凭证，记录了"生产成本—原材料"流入了该生产订单，金额是 120 000 元。不同模块的这三张凭证相互之间，以及和生产订单之间都存在勾稽关系。

（3）完工确认。

在生产订单执行过程中，各道工序要对耗用的时间加以确认。系统会以订单下达时的标准工艺耗用量作为提示，生产主管需根据实际耗用的作业量修改并确认。该项工作对财务会计没有任何影响，但是从管理会计的角度来看此时发生了成本的转移。举例说明，生产成本中心 CC01 - 开板车间为该生产订单提供了服务，而该成本中心正在耗用公司的资源——成本流入，但它同时也正在创造价值，而工单及工单上确认的作业数量就是这种价值的体现。因此成本从生产成本中心 CC01 - 开板车间转移到了（或者说流入到了）生产订单。对成本中心来说这是它的产出，而对生产订单来说这就是它的投入。

本例中成本流的金额的确定方式如表 9 - 1 所示。

表 9 - 1　　确认的作业

作业	作业量/小时	作业价格/小时/元	总计/元
ACT01 生产准备	100	200	20 000
ACT02 开板	160	250	40 000
ACT03 抛光	300	200	60 000

（4）产成品完工入库。

当各道生产工序都完成后，产成品将被验收入库，系统会根据生产订单提示应该入库的数量，当然真正输入的应当是仓库实际收到的数量。和生产订单领料相似，此时系统中也产生了三张凭证，即物料凭证、财务会计凭证和管理会计凭证。只是此时是入库单，而不是出库单。假设本月完工入库 100 套。会计分录为"借：产成品　贷：生产成本——产出"。

假设产成本标准成本 4 000 元/套，总成本 400 000 元。此时成本流是 400 000 元的成本从生产订单中流出。

（5）生产订单实际价格重估。

不论是生产工位的成本中心还是间接制造费用的成本中心都有成本的投入和产出，由于投入和产出是按各自的方式核算，月末这些成本中心的投入往往不等于产出。这种差异可能是由开工率变化造成的，也可能是资源消耗超标造成的，也可能是资源价格变化造成的。因此月末计算出成本中心的实际作业单价，系统将用实际作业单价重估生产订单的作业成本并量化不同类别的差异。

（6）在产品结算。

在产品是指月末结账时仍在生产状态的产品，由于会计上按会计期间出具财务报表的需要，因此需要将在产品的成本量化成存货价值，反应在资产负债表中。系统在月末将未完工的生产订单所累计的成本扣除部分已入库的产成品价值作为在产品价值，用公式表示为：在产品成本 = 生产订单成本 - 已入库产成品成本。

（7）生产订单差异结算。

和成本中心类似，生产订单的投入和产出也是不平衡的。产生差异的原因有原材料消耗超标、原材料价格波动、生产效率降低、批量太大或太小等。系统同样也会量化这些不同类别的差异。

3. 实际成本核算与差异分析

我国企业会计准则对存货规定，企业应当采用先进先出法、加权平均法或个别计价法确定发出存货的实际成本。如何将以标准成本计价的库存价值转化为实际成本计价的库存价值？这里介绍物料分类账这一实际成本核算工具。

物料分类账有两个主要作用：

（1）期中按标准成本进行成本记录，期末将各类差异还原到其对应的原材料、半成品和产成品中，实现产品成本的真实还原，提高成本核算的准确性。

（2）可以分析各个期间的实际成本和产品的实际料工费构成，进行实际成本的监控和分析。

物料分类账，简称为物料账，即物料的明细分类账（或者说库存会计明细分类账），每个物料在物料分类账中都被视为一个明细科目，系统自动在该明细分类账记录所有和该物料有关的业务，从而实现按期间计算该物料的实际成本（即期间单位价格），以此进行出入库和库存实际成本核算。

物料账是基于期间进行核算，物料在日常用标准价格核算，在会计期间内物料的收、发、存等一系列的后勤移动，均采用物料的标准价计价，不同的差异来源及差异金额。到月末再将采购、收货、发票校验等过程产生的差异，在库存与已发出的产品之间进行分摊，使得月末物料的库存价值更接近于实际价值。

差异科目设置一般分为差异接收科目和差异分摊科目；差异接收科目在不启用物料分类也需要配置，差异分摊科目是启用物料分类账后，重估库存、消耗和在制品时用于分摊差异的科目。差异接收科目与收货的移动类型相关，一般包括采购收货、生产订单接收、发票校验、物料转储、物料重估、汇率等；而差异分摊科目与出库的移动类型相关，一般包括生产发料、销售出库、库存盘点、成本中心领料、资产消耗等（见表9-2）。

表 9－2　　差异科目表示例

差异接收科目		差异分摊科目	
科目编号	名称	科目编号	名称
1409000001	材料采购价格差异	1409003001	汇率差异－单层
1409000002	半成品采购价格差异	1409003002	汇率差异－多层
1409000003	成品采购价格差异	1409004001	转入库存的差异－单层
1409001001	半成品生产差异	1409004002	转入下一层物料的差异－单层
1409001002	成品生产差异	1409004003	转入消费重估的差异－单层
1409002001	材料重估差异	1409004004	从下层接收的差异－单层
1409002002	半成品重估差异	1409004005	转入库存的差异－多层
1409002003	成品重估差异	1409004006	转入下一层物料的差异－多层
1409002004	物料转移价格差异	1409004007	转入消费重估的差异－多层
1409002005	其他业务差异	1409004008	从下层接收的差异多单层
1409003001	汇率差异－单层	1409005001	在产品重估差异
		1409005002	其他消耗的差异
		1409005003	库存重估差异

物料分类账计算实际成本的方法是采用了差异上卷的技术。也就是说将各种差异按生产过程从原材料到产成品逐级上卷如图 9－37 所示，从而算出原材料，半成品和产成品的实际成本。

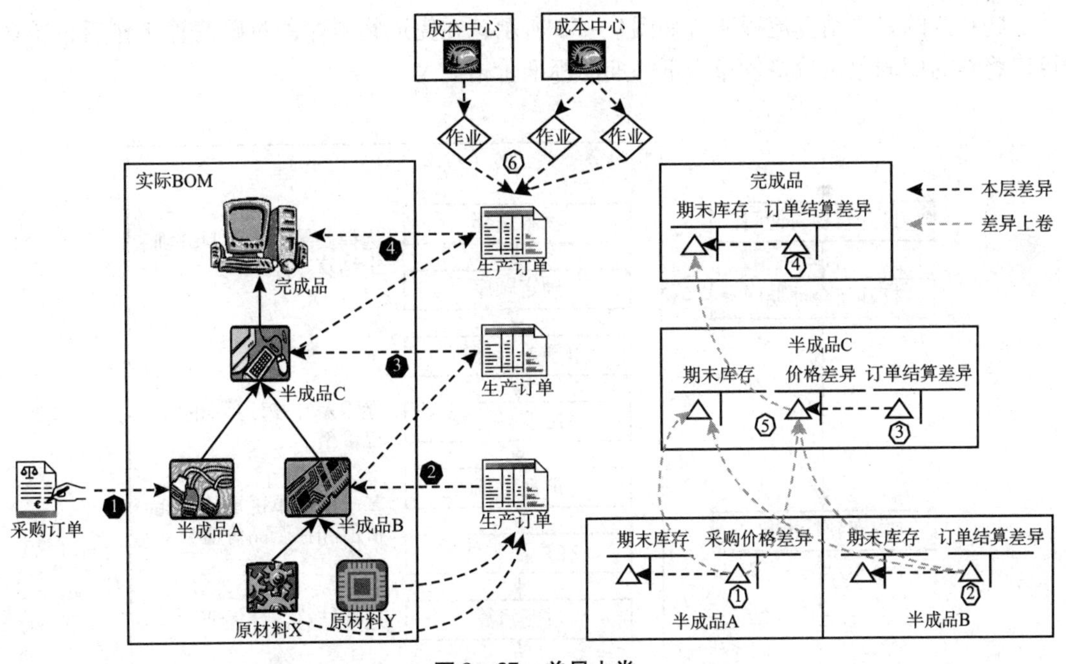

图 9－37　差异上卷

$$物料当期的实际价格 = (期初库存价值 + 期初差异金额 + 本期入库金额 + \sum 本期收货差异金额)/(期初库存数 + \sum 本期入库数)$$

$$\text{期初库存差异} + \sum \text{本期收货差异} = \sum \text{本期消耗差异} + \text{期末库存差异}$$

期末计算物料的实际价格（期间单位价格）如图 9－38 所示，用以评估期末库存价值和主营业务成本等。

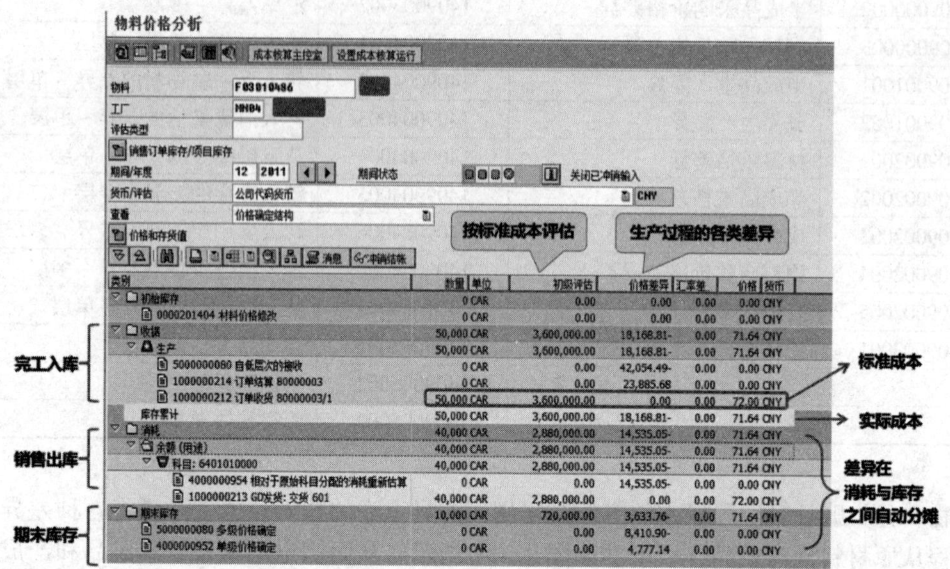

图 9－38　物料账示例

物料账的月末结算流程通常如图 9－39 所示，在完成物料账的过账清算工作后，企业可以将新的期间单位价格发布为下一期的标准价格。

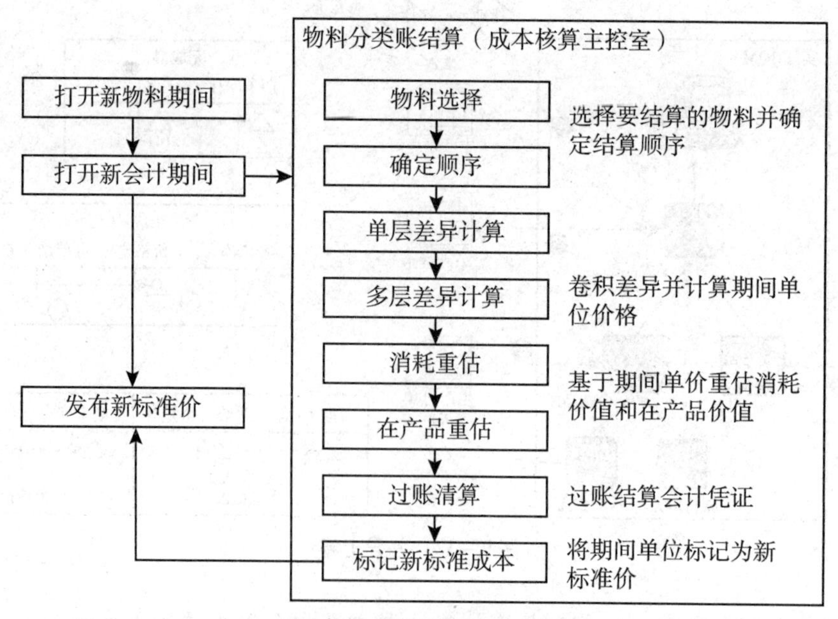

图 9－39　物料账挂账流程

（二）变动成本法

根据财政部《管理会计应用指引第303号——变动成本法》的定义，变动成本法，是指企业以成本性态分析为前提条件，仅将生产过程中消耗的变动生产成本作为产品成本的构成内容，而将固定生产成本和非生产成本作为期间成本，直接由当期收益予以补偿的一种成本管理方法。

变动成本法的主要优点：一是区分固定成本与变动成本，有利于明确企业产品盈利能力和划分成本责任；二是保持利润与销售量增减相一致，促进以销定产；三是揭示了销售量、成本和利润之间的依存关系，使当期利润真正反映企业经营状况，有利于企业经营预测和决策。

生产成本管理实践中通常将标准成本法与变动成本法结合使用。

在“标准成本法”章节，我们谈到标准成本的成本结构，即按照生产要素类别细分成本构成。在此基础上，可以先根据成本费用与产量的依存关系将生产制造所使用的作业区分固定成本相关的作业类型还是变动成本相关的作业类型，进而通过标准成本估算将成本构成中的成本组件区分为变动成本与固定成本。

固定成本是相对于变动成本的，是指其成本费用在会计期间和业务量范围内，不受业务量的增减变动而保持不变的成本费用。如厂房和机器设备折旧、房屋租金和管理人员工资等。

变动成本是其成本费用的增减变化，随着业务量的变化而发生增减变动，与业务量有着直接的联系。如原辅材料、能耗和生产人员工资等。

在“获利能力分析应用架构和处理逻辑”章节，我们谈到可以将标准成本按成本构成的明细传输至获利能力分析，也可以在启用物料账后将生产差异或实际成本按成本构成传输到获利能力分析模块。

如图9－40所示，这样，企业对于市场细分的分析就可以采用边际分析的模式：产品销售收入扣除产品标准成本的变动成本后是第一个层次的边际贡献，再扣除和生产订单相关的差异是第二个层次的边际贡献。通过该边际贡献报告，公司的问题出在哪里应该已经一目了然了。企业还需要从该报表出发，借助报表体系中的短期经营决策分析加以分析就可以得到问题的答案，从而对症下药解决问题。

（三）ABC作业成本法

1. ABC作业成本法的原理及特点

根据财政部《管理会计应用指引第304号——作业成本法》的定义，作业成本法（activity-based costing，ABC）是以作业为基础的成本核算方法，其指导思想是“产品/服务消耗作业，作业消耗资源”，即按照资源动因数量分布情况，将资源分配到各个作业中心，得到作业成本；按照作业动因数量分布情况，将作业成本分配给产品或项目，最终得到产品或项目成本（见图9－41）。

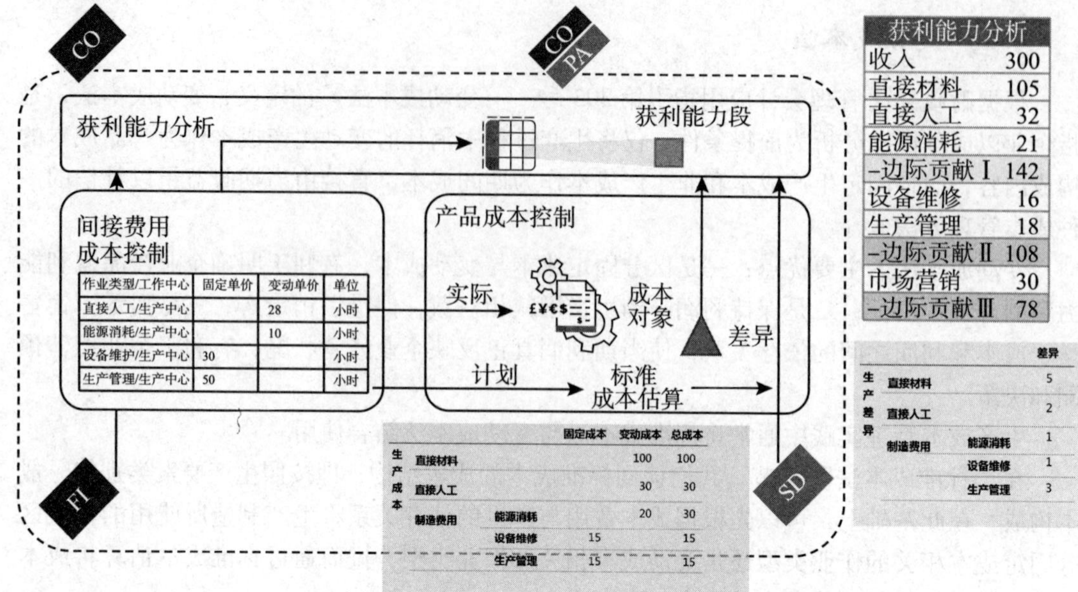

图9－40　基于标准成本法与变动成本法的边际贡献分析

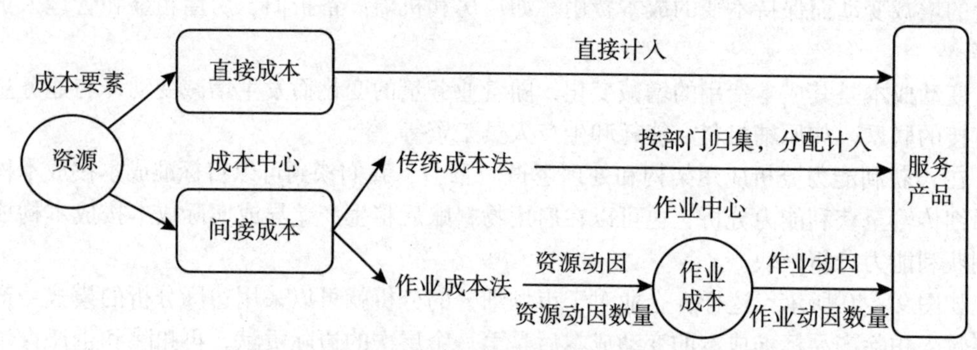

图9－41　ABC作业成本法与传统成本法的比较

传统的会计核算方法重点关注的是产品成本结果本身，即以“产品”为中心。而作业成本法彻底改变了传统的成本观念，是以“作业”（或作业中心）为成本核算及成本控制对象。在作业成本法下，其关注的不仅是产品成本结果本身，更注重分析确定产品成本形成过程和成本的形成原因。因此，作业成本法确定成本计算对象应当是多层次的，即不仅把最终产品（或服务）作为成本计算对象，而且还要把资源、作业单元（或作业中心）、生产中心和费用中心等均作为成本计算对象。通过对作业成本的确认和计量，为尽可能地消除“非增值作业”，改进“增值作业”（即作业基础管理），及时为企业提供有用的成本会计信息（见图9－42）。

作业成本法没有固定的框架和统一的模式，不同的企业有不同的实施目的和核算体系，制造行业应用作业成本法往往侧重于制造费用到产品成本的分摊。而服务行业由于间接成本占比高，应用空间巨大，但是受观念落后、企业技术水平落后、缺乏必要的技术支持、会计人员素质需提高等诸多因素的影响。目前我国企业应用作业成本法的案例有集装箱运输企业和快递企业（见图9－43），并取得一定进展。

- ABC作业成本法弥补了传统成本核算法的一些缺陷，提供了更准确的成本信息，同时可以满足现代企业对成本控制的要求，具有很强的实用性
- 通过对所有与服务（产品）相关联作业活动的追踪分析，为尽可能消除“不增值作业”，改进“增值作业”，优化“作业链”和“价值链”，增加“顾客价值”提供有用信息，提高决策、计划、控制的科学性和有效性
- 减少浪费，降低能耗，最终达到提高企业的市场竞争能力和盈利能力，增加企业价值的目的

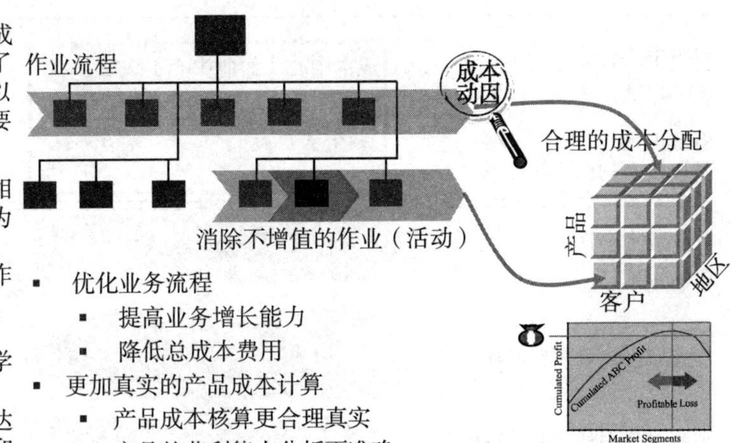

企业一直在埋头“作业”，没有抬头系统的看一看我们的作业增值在哪里？那些作业是为客户创造价值的，那些作业是非增值的，那些作业是可以消除的，那些作业是可以改进的……

图 9－42　ABC 作业成本法的应用价值

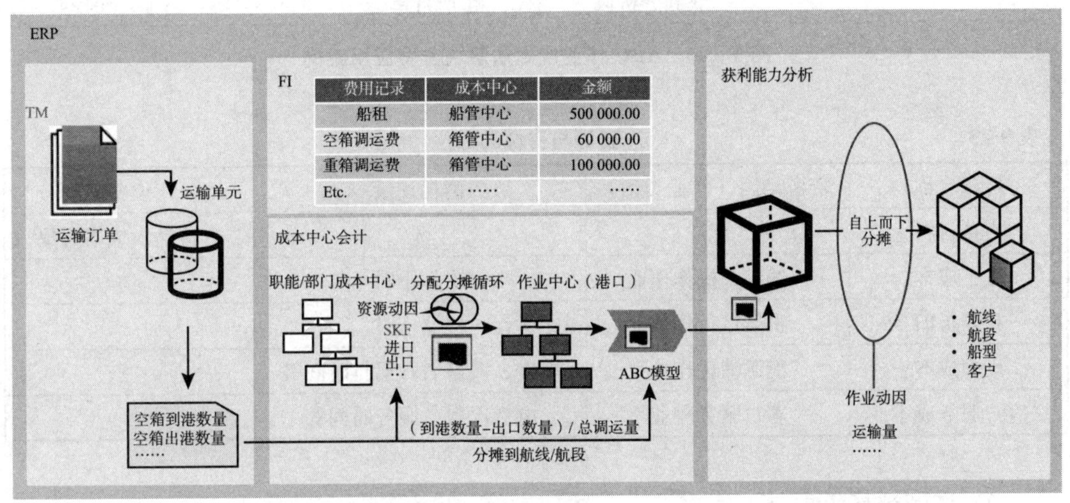

图 9－43　某集装箱运输企业 ABC 作业成本法解决方案应用架构示例

2. ABC 作业成本法的解决方案与实现方法概述

企业应用作业成本法一般按照资源识别及资源费用的确认与计量、成本对象选择、作业认定、作业中心设计、资源动因选择与计量、作业成本汇集、作业动因选择与计量、作业成本分配、作业成本信息报告等程序进行（见图 9－44）。

（1）资源在 ABC 模块中的实现。

作业成本模型中的资源如表 9－3 所示，按财务模块中的成本要素（例如人工、材料、机器折旧等）划分，这些成本在实际发生时归集到成本中心。

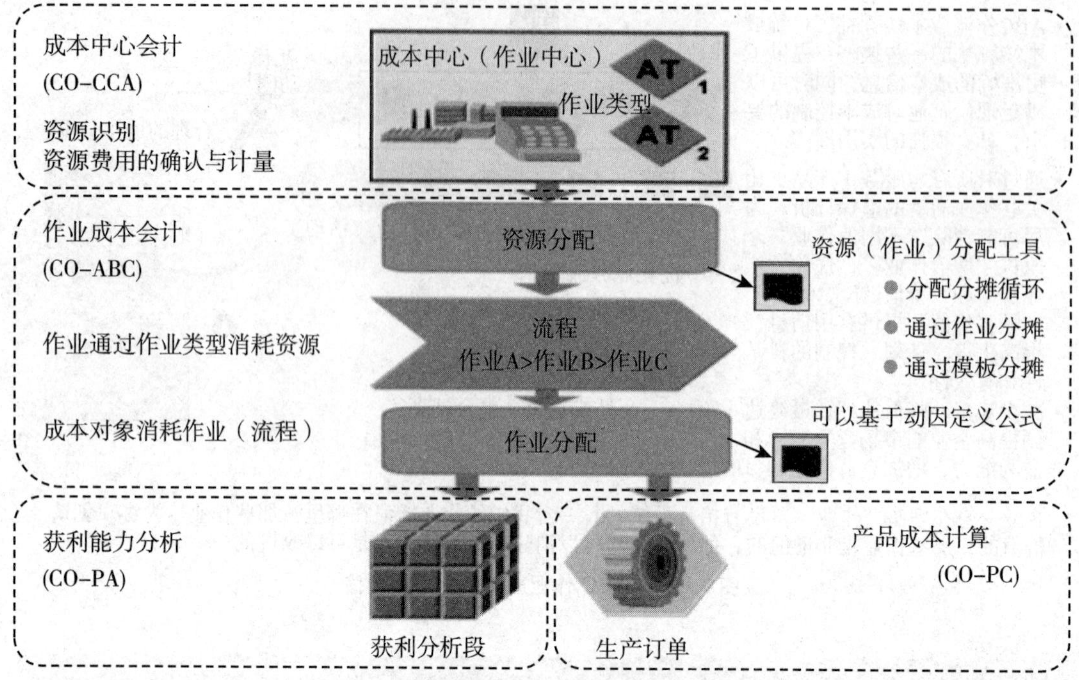

图 9-44　ABC 作业成本法解决方案应用架构

表 9-3　资源与资源动因

资源名称	资源动因（作业类型）	消耗计量	说明
直接材料	无	无	直接计入成本对象
人工成本	产线工人操作作业	工作小时	
机器折旧	机器运行作业	机器小时	
动力成本	能源消耗作业	电表、流量表和运行时间等	
客户服务成本	客户服务作业	电话次数、服务时间等	

（2）资源消耗的实现。

作业类型按照成本中心归集成本要素大类进行定义，核算并维护计划价格，财务月结时可以将成本中心归集的实际费用按照作业类型进行分割，此时系统可以对比分析计划和实际成本。

通过作业流程消耗的资源分配可以直接通过分配分摊循环实现“价值分配”，也可以通过直接、间接或结构化的作业流程进行资源分配，产生的“数量跟踪”。使用“数量跟踪”技术具有显著的优势，例如可以对所有间接资源分配进行反冲。

如图 9-45 所示，引入模板结构已在数量跟踪方面提供了灵活性，例如结构化流程实现从资源结构的较低级别的成本中心/作业类型和/或流程到更高级别的业务流程自动分配资源。这种结构可以视为动态活动清单，因为它允许动态计算流程消耗的资源动因数量。

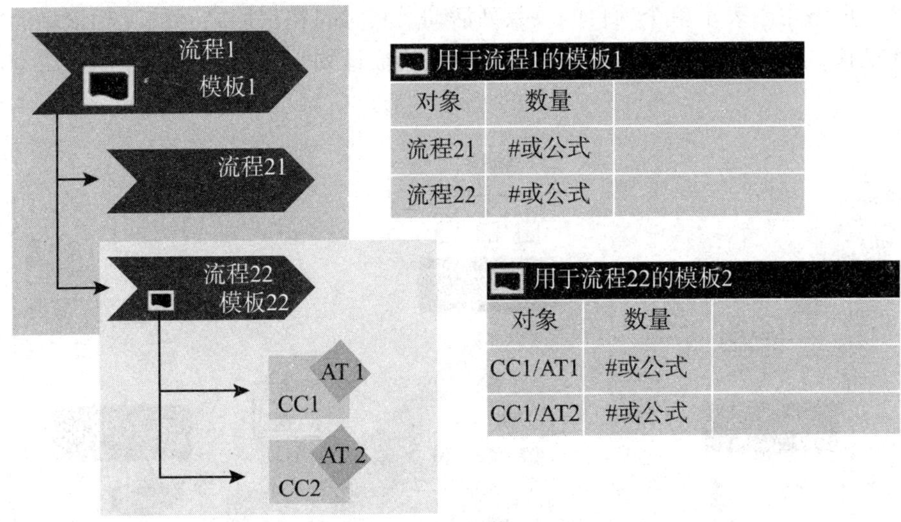

图9-45　作业流程与模板

（3）成本对象消耗作业流程的实现。

ABC成本法根据作业动因来分配作业流程成本到相应的产品、服务等成本对象中，而不是以传统的一刀切的形式来按照产品数量、人工工时或者机器工时来分配成本，这是ABC作业成本法的精髓。

作业动因本质上是指引起作业流程成本因素的计量方法，比如销售订单处理流程的作业动因是订单数量和订单更改次数，不同行业的企业对于作业动因的定义，用技术方法是无法标准化的。

模版这种新的分配工具也可以用于流程的分配分摊。流程模板中定义消耗对象和消耗数量，消耗对象代表了“使用了哪些流程或作业类型”，数量则代表“使用了多少这个流程或作业中心所提供的作业”。

（四）几种其他业务场景产品成本控制方法的介绍

1. 基于项目制造的成本管理

在船舶、航天、系统集成及大型装备制造等行业，客户需求个性化程度高，往往企业必须要变更设计或重新设计生产新的产品才能满足客户的需求。每个客户订单需求往往会导致唯一的一组零件编号、物料清单和工艺路线，而整个生产周期往往长达数月甚至超过一年。同时，产品的交付往往还会涉及大量的专业服务及一系列后期的售后服务保障要求等。企业把这种面向订单设计，并组织采购和生产的业务模式通常叫按单设计模式（engineer to order，ETO）。

目前，大部分这类企业选择通过专业的项目系统管理软件来实现整个项目的全过程管理。在ERP系统中，项目系统往往作为一个单独的模块，并与其他模块的各个相关功能紧密集成，从而确保快速、有效且成本可控地处理必要的业务流程（见图9-46）。

主流的项目系统一般提供两个基本结构：

工作细分结构WBS：WBS用来描述项目层次结构，即将项目中的工作细分至各个阶段或功能。WBS是预算编制、排产和成本控制的基础。

网络：网络用于表示单个项目的一系列活动及其时间和它们之间的互相依赖的逻辑关系。换句话说，网络代表项目的业务流程。网络构成计划、分析和进度控制、成本、资源的基础。

项目零件的
层次结构
销售
采购
跨部门
会计
生产
资源
预算
计划与控制
日期
成本收入
付款
复杂性，唯一性

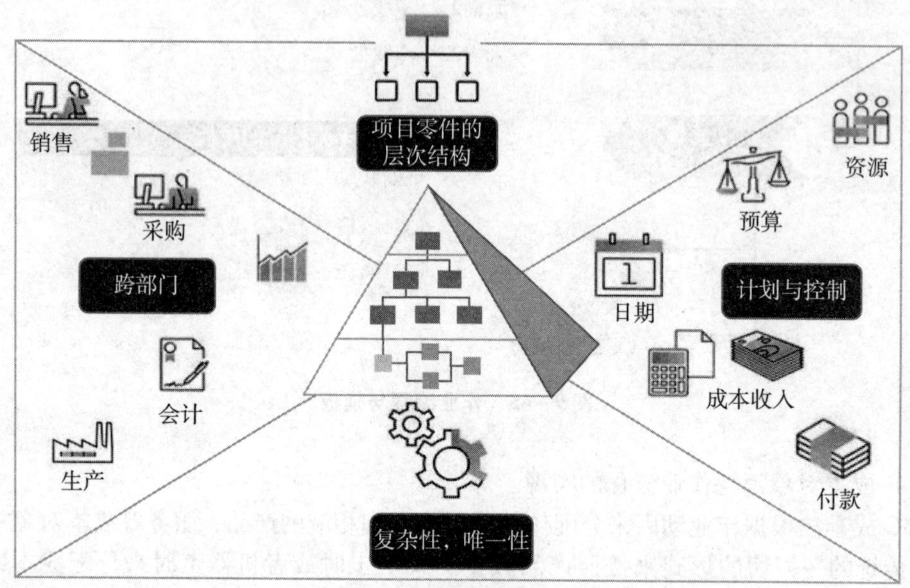

图 9－46　项目管理概览

项目通常可分为若干阶段，如图 9－47 所示。计划和协调复杂的大型项目时，需要高度的精确性。计划项目的流程时，可安排截止时间和日期，准备资源并分配资金。ERP 要为企业提供项目所有阶段需要的支持，而管理会计要提供项目管理执行过程中的成本计划、成本控制与成本结算所需的功能与管理工具。

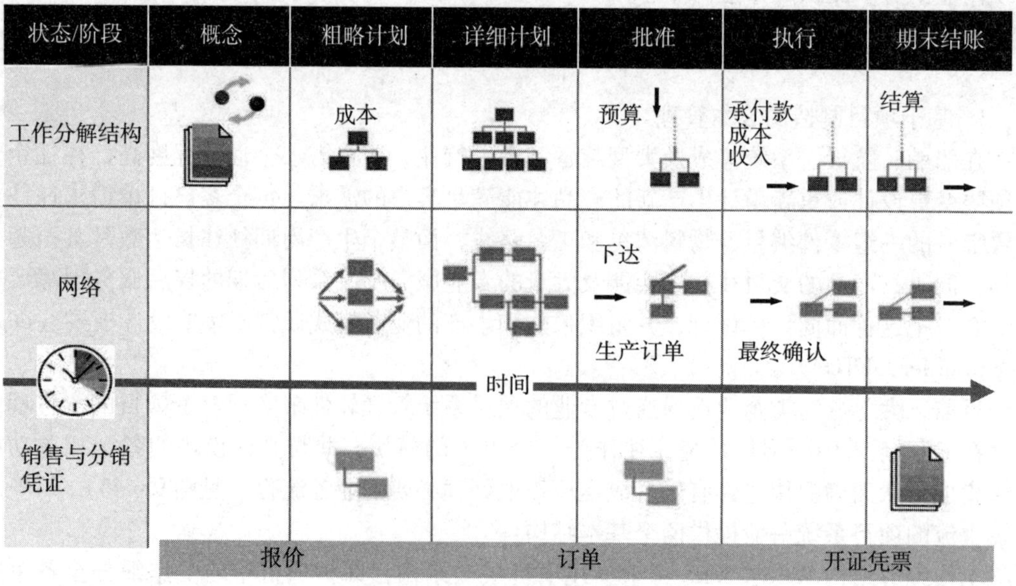

状态/阶段
概念
粗略计划
详细计划
批准
执行
期末结账
工作分解结构
成本
预算
承付款
成本
收入
结算
网络
下达
生产订单
最终确认
时间
销售与分销
凭证
报价
订单
开证凭票

图 9－47　项目阶段

（1）项目计划。

项目启动之初可以从创建基于 WBS 的总体计划开始，这是成本计划的最基本形式，其中 WBS 要素（物料与活动等）的成本需要手动输入。这适用于除此对项目及其工作包的成本进行简单（粗略）估算（见图 9－48）。

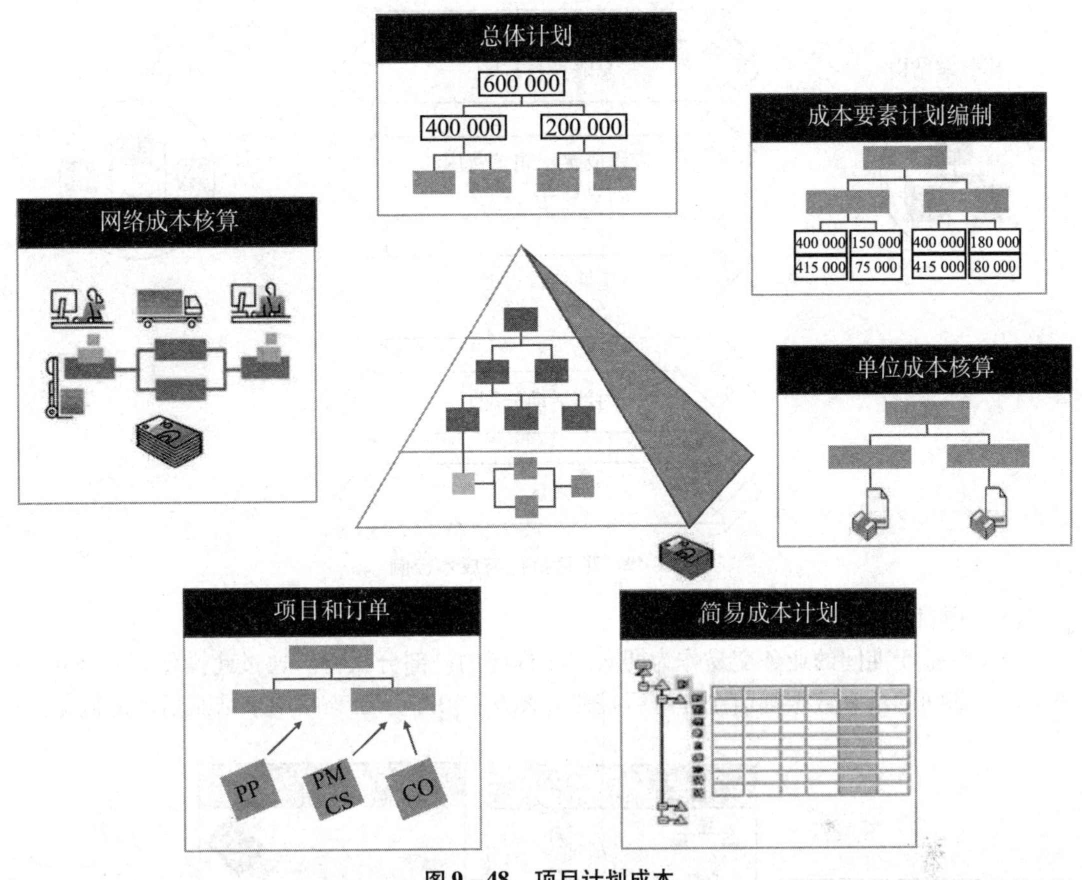

图 9－48　项目计划成本

当有更准确的信息时，则按成本要素（详细计划）编织成本计划，包括成本费用计划与活动成本计划。在企业计划网络活动的日期和资源时，系统会自动确定由网络成本核算所导致的响应计划成本，包括内部作业处理活动的成本、外部服务的成本、物料组间的成本以及使用的企业内部资源所导致的其他成本费用。

（2）项目执行和成本控制。

在项目执行阶段，将针对成本费用计划、活动计划或 WBS 的收入计划（开票计划）数据过账采购申请、采购订单、收货、活动分配或 WBS 要素发票产生的实际成本、承诺和收入（见图 9－49）。

在进行生产时，用户会使用 WBS 要素和网络活动来确定装配和生产活动。如同生产订单一样，在网络活动中用户也可以使用物料清单，并打印所需物料的详细车间作业文件和拣配单。适用内部作业活动，企业可以从仓库中提取物料，适用成本活动过账发票，以及过账因报工或服务确认而产生的生产成本。

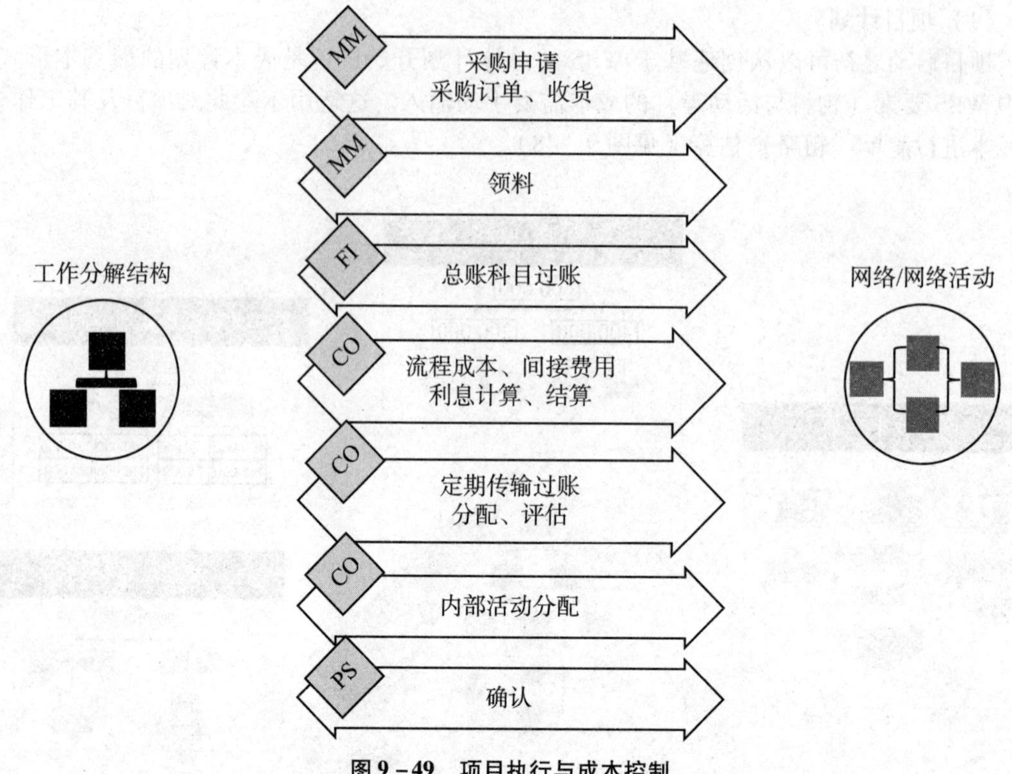

图 9－49　项目执行与成本控制

（3）项目期末结算。

企业将基于期间的业务交易作为期末结账程序的一部分执行。通过此操作，企业可以确保每个期间的所有数据都由企业进行控制。图 9－50 显示了项目期末结账活动的概览。

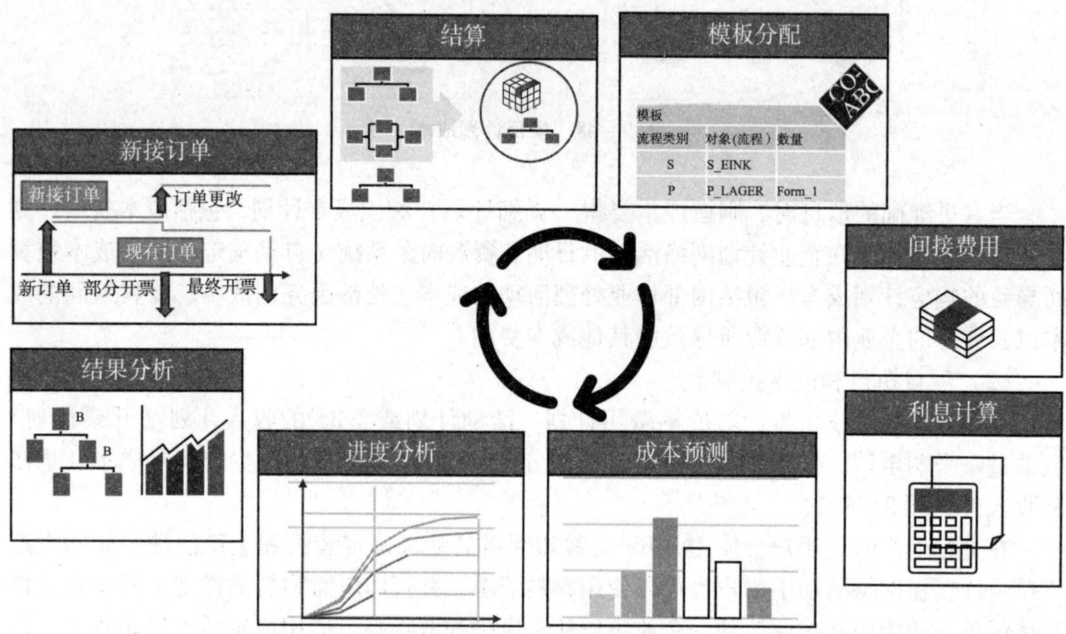

图 9－50　项目结算

通常，期末结账活动包括以下工作：

间接费用成本核算：间接费用成本核算用于分配供应物料、机器和人工的间接费用成本（按百分比或基于数量的间接费用）。

利息计算：利息计算在长期运营和成本密集型项目中发挥着重要作用。在项目管理中，计划和实际利息计算可用于计算和更新利息。

成本预测：通过成本预测，企业可以在项目执行阶段调整成本计划以适应不断变化的情况。在成本预测中，系统根据网络中的计划、预测和实际价值确定和评估剩余活动。

进度分析：企业可以使用进度分析根据实际结果比较项目的计划和实际进度。

结果分析：结果分析执行项目定期评估。将计算库存价值、销售成本和预留等数据。

新接订单：通过与项目相关的新接订单功能，系统确定新接订单的关键指标，并从分配给项目的销售订单中打开订单。这使企业能够在早期阶段得出关于客户项目预期结果的结论。

结算：企业可以使用项目结算来分配项目中的成本和收入，或将结果分析数据分配给一个或多个接收方。结果分析：在项目管理当中，企业经常会遇到项目是跨年的、跨周期的，这样就需要对项目在各会计期间的收入和成本数进行调整。结果分析是根据事先设定的规则自动计算收入和成本并生成会计分录的功能。例如，完工百分比法和收入值法。结算规则：结算项目需要结算规则。如图 9－51 所示，用于结算项目的两个典型场景。这些规则确定了是否需要结算（如“必须结算”“可选结算”和“不容许结算”），需要将结算对象中的哪些部分传输到哪个成本对象，即成本接收方。结算规则中还可以详细规定成本的接收方的类型，如会计科目、成本中心、物料、固定资产等。

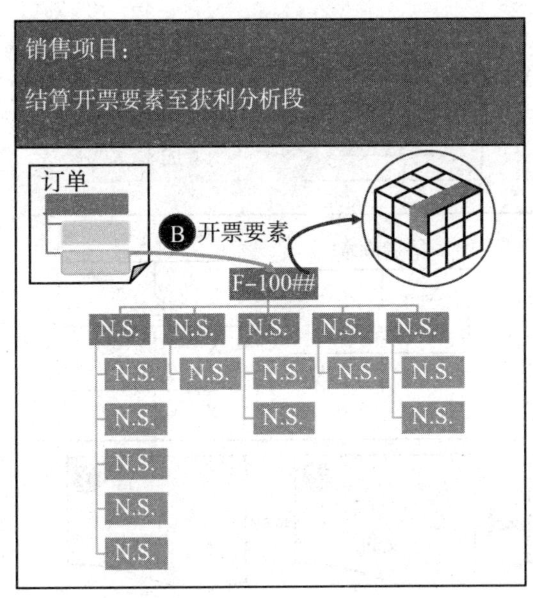

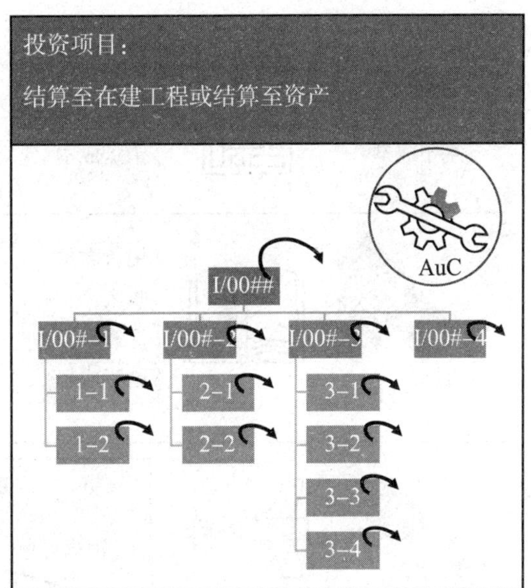

N.S.=无结算　　AuC =在建资产

=结算规则　　=获利能力段

图 9－51　结算场景

2. 流程行业的成本管理

流程行业有其自身的特点，例如配方、联产品、副产品等，结合行业特点通常通过流程订单核算。但实际情况下，在流程行业并不一定都使用这种方式，例如在食品、饮料等行业并没有使用配方或者是流程订单特有的功能。这是因为食品行业并不像化工行业那么复杂，另外生产订单也可以解决流程行业的需求；但在化工或者制药行业，还是使用以流程订单为主的解决方案。

四、获利能力分析（COPA）的主要系统功能和工具方法

获利能力分析系统应该具备哪些功能，提供一些什么样的工具，帮助企业快速分析企业获利能力情况、创建预测并执行企业利润分析计划。本节从以上几个方面介绍获利能力分析所需要的主要系统功能与工具方法。

（一）获取实际数据的主要功能与工具方法

1. 销售业务流程与集成点

获利能力分析不仅是对已发生数据的记录与反映，也可以支持新接订单的预期利润的早期分析。因此，主流的 ERP 系统，销售业务流程与 COPA 的集成点有两个时点（见图 9－52）：

（1）创建销售订单时，根据订单的销售数量、销售售价条款及产品成本核算结果传输至获利能力分析中预估订单的利润。

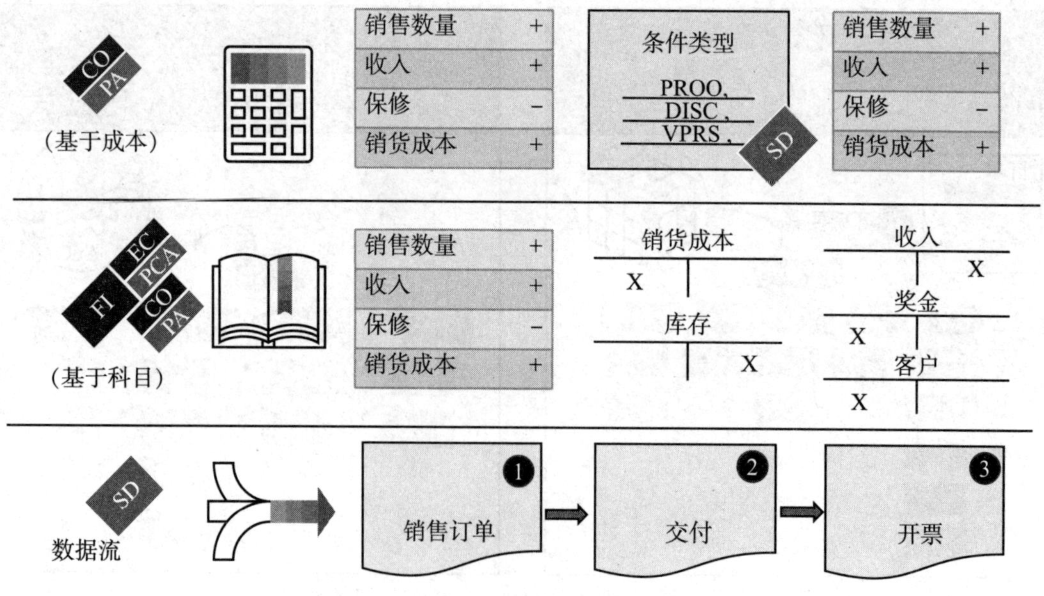

图 9－52　销售流程与集成点

（2）销售开票时，将实际开票数量和开票价格等信息传输至 COPA 中。因此，在开票凭证的基础上反映实际利润和边际收益实现过程的报表也可用于在新接订单的基础上分析其发展趋势。

2. 销售开票时对开票凭证传输的校验检查

关键数据信息是否缺失对财务记账信息的准确性及利润分析的管理意义至关重要。

因此，系统在销售开票时需要检查是否能够在 FI 和 COPA 中正确更新信息。如果存在错误，无法执行这两个过账中的一个，则也无法执行另一个。该功能可以确保并行更新数据的准确性与一致性（见图 9－53）。

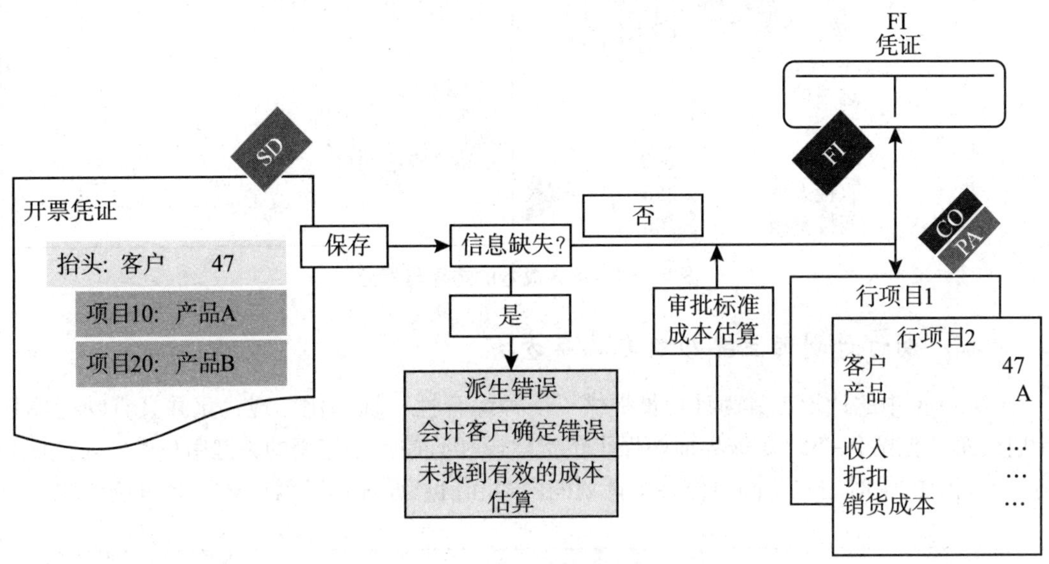

图 9－53　销售开票的校验检查

3. 销货成本的选择与拆分

产品成本控制（CO－PC）模块用于生成物料的产品成本估算。可通过各种方式查看产品成本估算的结果，如按成本行项目、成本要素或成本构成。通过成本构成值，评估可从 CO－PC 提取产品成本估算信息并将估算传输到 CO－PA。可使用评估功能将大量销售成本信息导入到 CO－PA，以制作灵活的边际收益报表（见图 9－54）。

ERP 系统中对于同一个产品往往会存在多个产品估算结果，应该选择哪一个成本估算的结果传输至 COPA 作为销货成本？如何将销货成本拆分将其构成传输到 COPA 中？ERP 系统需要提供灵活的配置工具，企业可以根据自己的分析管理需要灵活制定销货成本的选择与拆分。

如果根据实际成本核算逻辑计算产品成本和库存评估，则需要确保基于期末实际成本的销货成本重估也将显示在获利能力分析报表中。包括拆分成物料、劳动力成本和其他销货成本类别。通过添加此功能，企业可涵盖所有不同的产品成本核算场景，在利润报表中以正确的方式表示销货成本拆分，而无须通过增强功能在更多流程中拆分销货成本，仅针对参考销售订单的货物移动处理拆分的销货成本拆分。

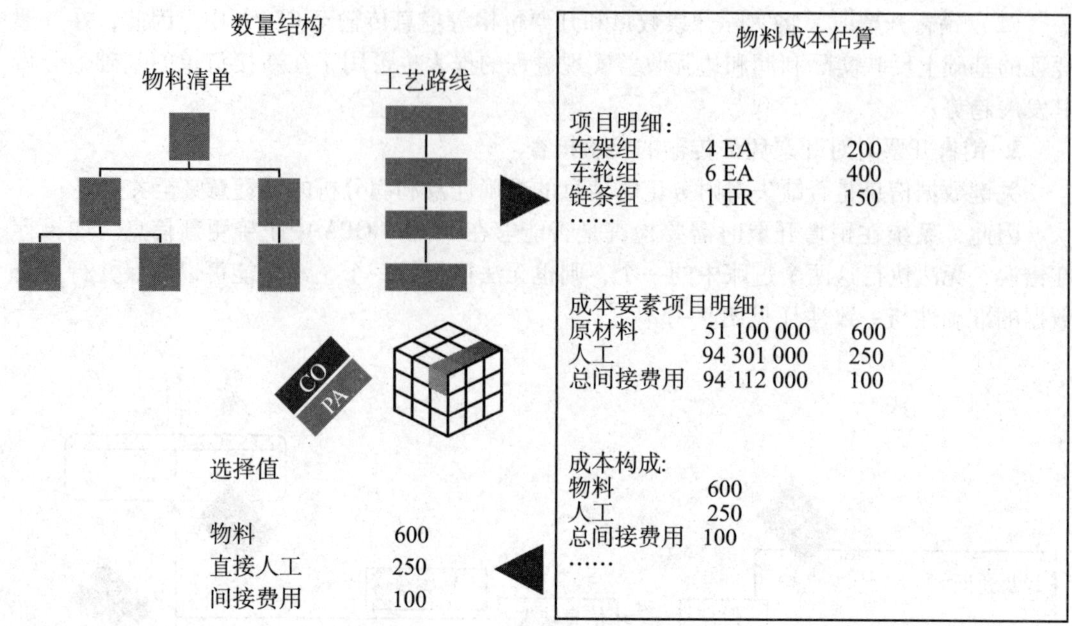

图 9－54 销售成本的选择与拆分

（二）制订计划的主要功能与工具方法

CO－PA 中的计划工具为计划员提供了一种综合性、统一化、现代化并且直观的图形计划界面（见图 9－55）。该界面确保了负责建模和监控计划流程的关键用户中心与仅偶尔确认计划值的临时用户共同协作各个计划的内容和信息详细程度因计划员的角色和职责范

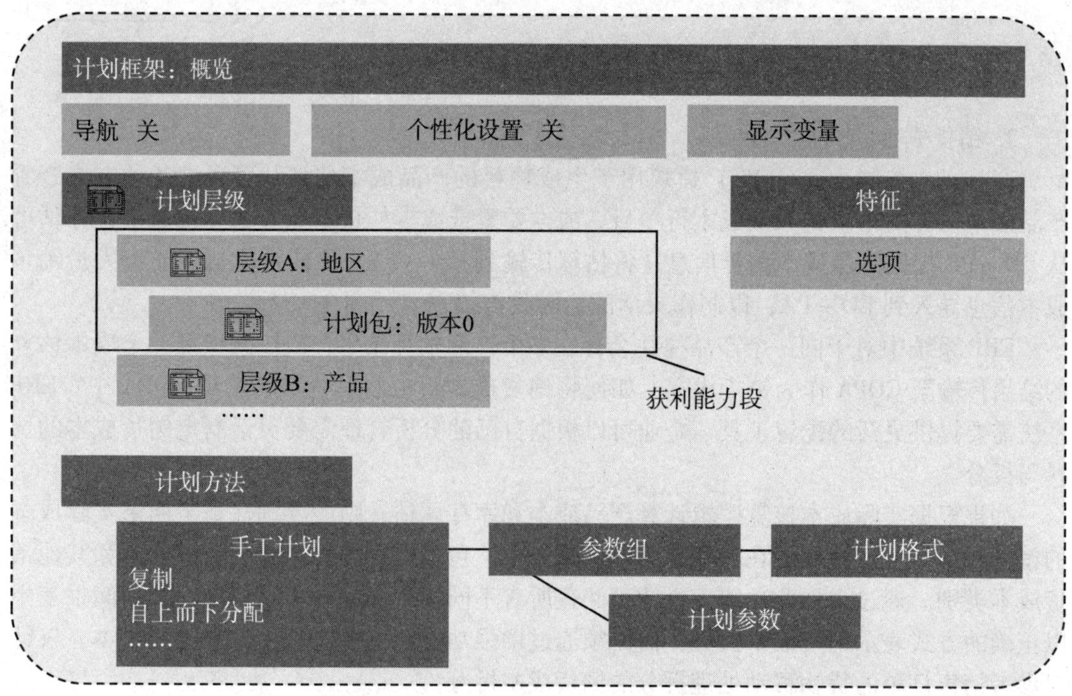

图 9－55 获利能力分析的计划工具概览

围而不同。因此，CO－PA 中的计划屏幕可供企业根据特定计划级别和计划内容单独构建计划，并将该计划结构分配给各个用户。

鉴于典型的销售和利润计划流程，专业的计划工具必须具备下列功能：

手工计划功能是指用户根据角色权限直接输入自己管理的计划数据。并支持个性化的计划工具、模板、计划格式、计划参数等。

自动计划功能提供了一系列功能，如复制、预测、分摊、评估等方法。例如通过自上而下分配功能（参考实际数据的自上而下分配功能），根据设定好的参数，系统自动计算计划数据，并展开到各相关计划层级。实现从汇总到明细的计划工作。

集成计划功能是指计划包含多种业务活动，每种业务活动制订自己的业务计划，各业务计划既独立又有相关性，如销售计划、生产计划、采购计划、财务计划。通过与其他业务功能模块集成或者企业全面预算管理系统集成，集成计划功能提供从集成的系统与功能模块中获取相应的业务计划数据，形成一致完整的整个公司的利润分析运作计划。

五、利润中心会计系统的主要功能和工具方法

利用利润中心会计，可以根据销售成本会计（和/或期间会计）计算利润中心的内部运作结果。这表示利润中心会计可供任何行业部（如机械工程、化工或服务行业）中的公司以任何生产形式（如重复制造、按订单制造或流程式制造）使用。ERP 实现利润中心会计的所应具备的主要功能。

（一）灵活管理利润中心的层次结构

利润中心结构的变化很复杂，但也很频繁。公司需要修改设置和构建新的层次结构，使所有成本中心都需要包含在新的层次结构中（见图 9－56）。

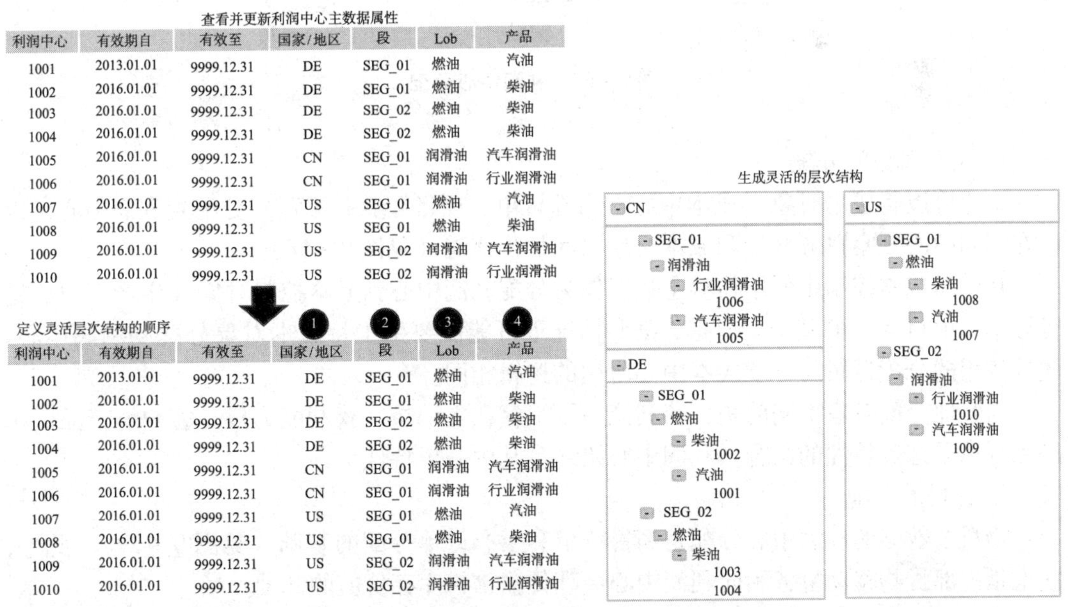

图 9－56　灵活管理层次结构

灵活的层次结构使用户可以基于利润中心主数据属性生成报告层次结构。用户也可以根据所选属性的顺序定义设置新的灵活层次结构。这一灵活的层次结构还提供了一种快速有效的方法，只需使用不同的属性顺序即可并行设置不同的层次结构。

管理灵活的层次结构应用还要满足批量更改主数据属性的需求。

（二）利润中心的分配

如何确保所有已过账的成本收入数据均已传输至利润中心以出具利润中心层面的完整的资产负债表、损益表和现金流量表？系统需要提供利润中心的分配功能，将利润中心分配到所有成本收入相关的科目分配对象，从而确保资产负债表项目及损益表项目到各个利润中心的传输（见图9－57）。

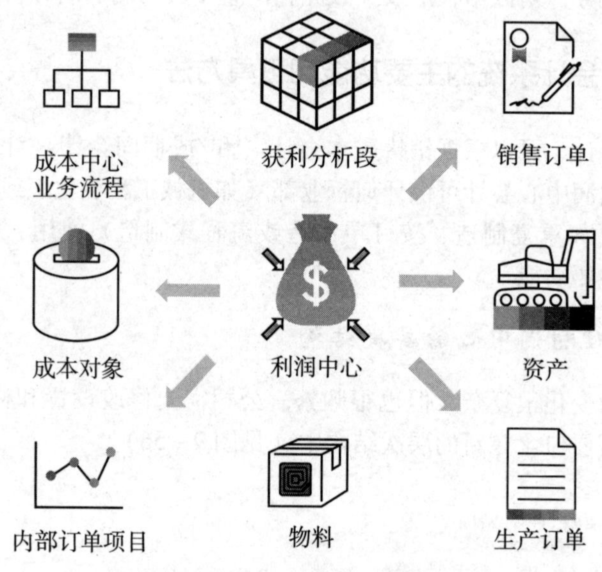

图9－57　利润中心分配

1. 成本对象的分配

企业可以将成本对象（成本中心、内部订单、项目和业务流程）分配到利润中心，以便在利润中心观察财务会计和成本对象之间的价值流（见图9－58）。

在产品成本控制中使用物料主数据作为分配利润中心到成本控制对象（生产订单、销售订单、项目等）的基础。但是，某些情况下可能需要手工将成本对象分配到利润中心。此处使用的分配逻辑与分配成本中心所用的逻辑相同。

与其他分配对象不同的是，获利能力段不存在主记录。获利能力段是客户、产品、工厂和分销渠道等特性的组合。利润中心始终是其中一个特性。

2. 物料的分配

物料主数据的利润中心分配是销售订单和生产订单分配的基础（见图9－59）。此外，它也是内部货物移动事务和向利润中心会计传输物料库存价值的基础。

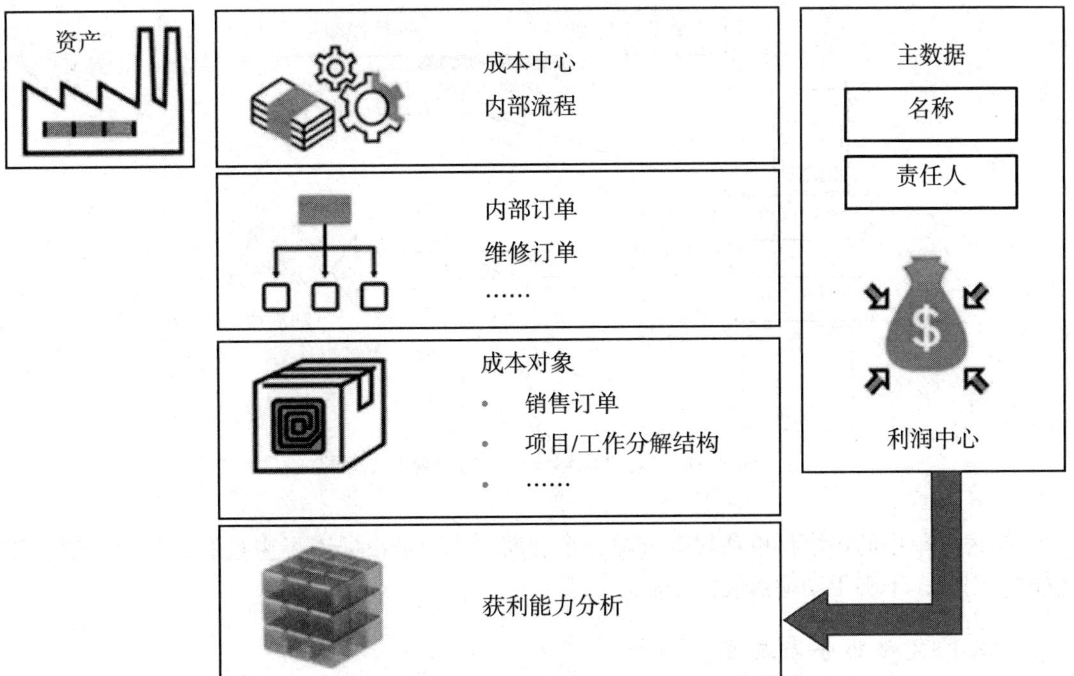

图9－58　成本对象分配

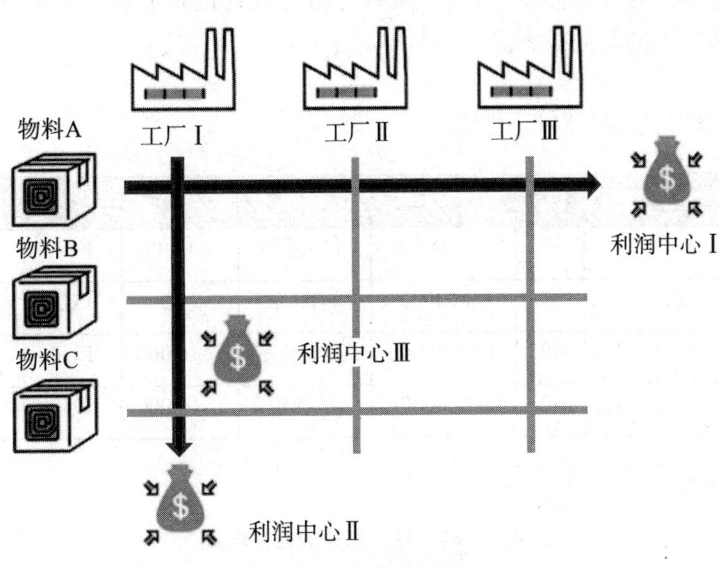

图9－59　物料分配

工厂通常被定义为成本评估范围，此时物料始终分配到工厂级别的利润中心。同一个物料在一个工厂下只能有一个利润中心，这样才能保证一个物料在一个利润中心下只有唯一有效的标准成本。

3. 生产订单与销售订单的分配

生产订单中包含利润中心的分配，可以在抬头信息下找到利润中心字段，缺省利润中心提取自正在生产的物料的主记录（见图9－60）。

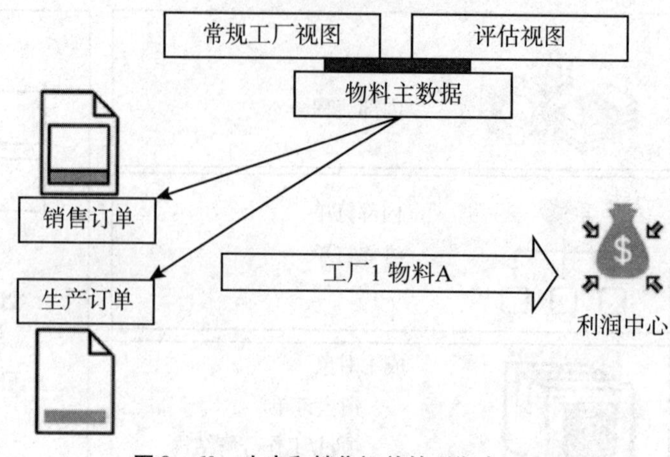

图 9－60　生产和销售订单的利润中心分配

销售订单中的每个订单项目都分配一个利润中心，是根据销售物料的利润中心缺省建议的。因此，不必手动输入利润中心。

（三）凭证拆分与过账

凭证拆分的主要任务是确保将利润中心分配给所有凭证行，即使在具有单一费用行的一对一情况下也是如此（见图 9－61）。只有使用有效且正确配置的凭证拆分规则，才能为利润中心生成完整的余额报表。

要求：使用不同的利润中心进行过账

输入视图

公司代码	项目	PK	科目	名称	金额	货币	利润中心
1010	1	31	T-AV00	供应商X	-11 000	EUR	
	2	40	65003000	车辆成本	4 000	EUR	T-PCA00
	3	40	65003000	车辆成本	6 000	EUR	T-PCB00
	4	40	12600000	进项税	1 000	EUR	

解决方案：凭证拆分

图 9－61　凭证拆分的触发场景

图 9－62 显示了供应商发票，其中两个不同的利润中心分配给了费用行。通过凭证拆分，系统可以自动将其他行的金额分配到利润中心（基于可定制的规则）。此过程对于输入数据的人来说是无缝的，不会使凭证过账流程复杂化。

根据凭证拆分的原则，系统在进行凭证拆分时可能会创建清算行（按比例拆分四舍五入后导致的尾差）以实现精确的利润中心“零余额”凭证拆分。系统可以使用零余额标识（在凭证拆分定制中）控制该流程。

输入视图：

公司代码	项目	PK	科目	描述	金额	货币	成本中心	利润中心
1010	1	31	T-AV00	供应商X	-11 000	EUR		
	2	40	65003000	车辆成本	4 000	EUR	T-CCA00	T-PCA00
	3	40	65003000	车辆成本	6 000	EUR	T-CCB00	T-PCB00
	4	40	12600000	进项税	1 000	EUR		

总账视图：

公司代码	项目	PK	科目	描述	金额	货币	成本中心	利润中心
1010	1	31	21100000	供应商应付账款	-4 400	EUR		T-PCA00
	2	40	65003000	车辆成本	4 000	EUR	T-CCA00	T-PCA00
	4	40	12600000	进项税	400	EUR		T-PCA00
	1	31	21100000	供应商应付账款	-6 600	EUR		T-PCB00
	3	40	65003000	车辆成本	6 000	EUR	T-CCB00	T-PCB00
	4	40	12600000	进项税	600	EUR		T-PCB00

图9－62　凭证拆分的结果

（四）利润中心转移定价

在企业内部经常会出现模拟市场，管理会计信息系统提供了自动的转移价格确定的实现方法。通过定义转移价格评估，用于评估独立组织单位之间的商品和服务转移的影响。如图9－63所示，通过平行评估并记录面向法人、集团和利润中心三个不同视角的交易价值，为集团内的价值链提供了三个不同视角。

（1）法人视角：转移价格从关联公司的角度查看业务交易，包括加价。

（2）利润中心视角：转移评估将利润中心视为独立公司使用的价格，一般采用内部协定的价格。

（3）集团视角：集团评估查看整个集团的运作情况，剔除关联交易加价的影响。

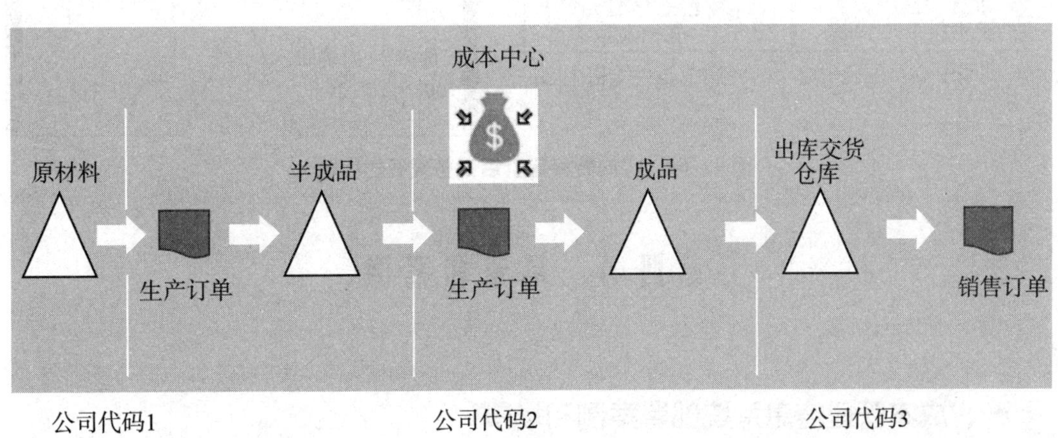

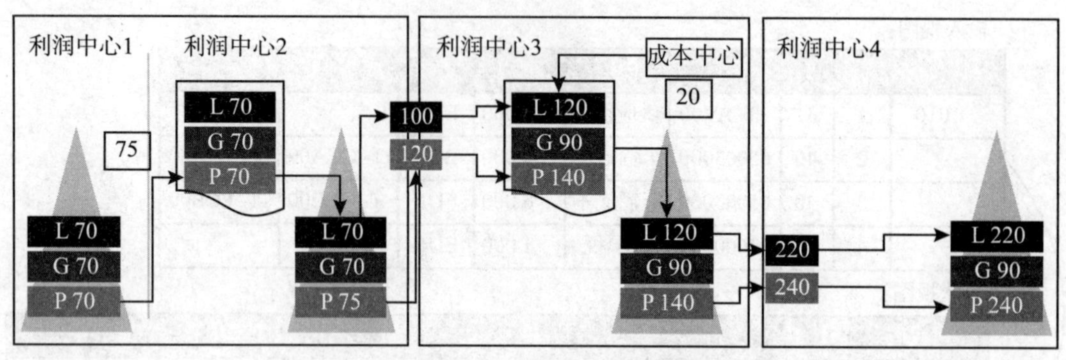

图 9-63　平行评估方法在多级生产流程中的应用

转移价格评估方案实现的关键是评估计价信息的存储，企业建议将三个视图的并行评估结构记录在同一财务分类账中的多个单独的金额字段。

无论是跨公司的还是公司内的，只要是跨利润中心的物料转移，都会引起利润中心成本收入与资产负债的变化（见图 9-64）。系统要能实时动态识别跨利润中心的所有业务交易，并自动触发利润中心之间的记账。相关记账规则与科目设置可以根据企业管理的需要与会计科目体系的设置在系统后台灵活配置。

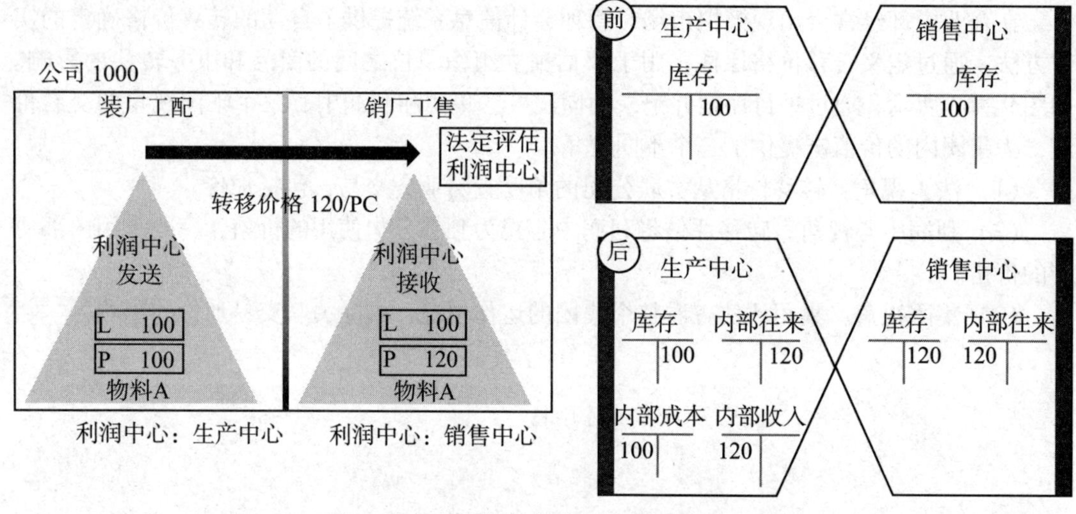

图 9-64　实施转移定价后财务凭证的变化

第四节　场景和案例

一、成本管理信息系统部署案例和场景

以某集团公司（以下简称“该集团”）信息化部署作为案例，介绍该集团是如何通过

集团信息化的推进，不仅实现了集团有各层级的管控目标，同时也助力企业实现业务管理能力提升的。

二、集团业务情况

经过多年的经营，“该集团”逐步形成了化工、制药、生物科技、新能源、装备制造五大产业，发展成为大型的生产企业集团。“该集团”在发展过程中除了通过建新厂扩展之外，还通过大量的兼并和收购活动，使集团的法人实体达到几十家，集团的资产总额实现了高速增长。

在业务发展的同时，集团管理层发现以下问题的存在，制约着集团业务的展开，无法实现 1 + 1 = 2，或 >2 的效益。

（一）企业的规模发生了变化

“该集团”已经发展成为拥有五大产业板块、几十家生产企业的集团公司，但是，集团公司的管理层和职能部门的业务治理模式和管理习惯没有改变，集团与企业、企业与企业之间的业务协同方式缺乏科学性，效率低下。这些问题主要表现在：

（1）对下属企业的业务决策和安排，主要通过集团总裁或分管领导与下属企业的领导人进行沟通和布置，集团各产业板块和职能部门只能起到辅助支持作用。

（2）集团总部的业务指令和下属企业的业务运营结果的反馈，主要靠 OA 和手工报表，管理模式已经落后于同行业企业。

（3）核心业务软件系统孤岛林立，其中：由集团投资新建厂成立的企业，使用的是集团公司部署的财务与进、销、存业务一体化的系统。集团并购或合资进来的企业，基本上都在使用其并购前在用的软件系统，包括：有的企业在用各自的 ERP 系统，使用其中的会计记账与进、销、存业务一体化集成功能；有的企业在用纯会计记账软件，只有少部分企业能够用到存货的数量金额账。

（4）企业报表缺乏体系规划，不能满足各级管理部门的需求，更缺乏基于集团顶层设计的分析报告体系，集团的治理与决策缺乏实时的数据依据。

（5）集团的战略目标无法展开分解到执行层，基层企业的经营绩效也无法被实时评估与报告。

（6）伴随着企业兼并，面对集团各企业间的文化差异较大，需要有效的方法使之符合集团的文化。

（二）业务和管理的模式发生了变化

相比较初创期间，“该集团”当时的核心业务是基础化工，产品种类多，产量小，生产成本核算非常简化。现在的市场已经发生了巨大的变化，化工产业与还有其他四大产业，共同组成“该集团”业绩的支柱。以“该集团”的化工产业为例，业务和管理模式的变化突出表现在：

（1）在生产业务方面，经过多年的发展，已从原来的小装置、小反应釜式的生产模式，发展成为拥有大量的大型生产装置，连续生产的模式，生产计划模式也呈现多样化：

有按库存生产的生产方式 MTS、按销售订单的生产方式 MTO。

但是，由于沿用传统的生产组织和管理方式，难以适应现在的业务需求，表现在生产管理粗放，生产调度缺乏足够及时准确的综合信息；供应链、生产计划与生产执行不协调；物料需求计划基本靠经验，缺乏科学的计划体系。

管理层的变革需求：建立计划和生产统计在系统中的管理，打通需求—产能—计划—设备—采购—财务的整体管理流程；打通各个层级信息系统，提高生产控制层、工厂生产执行层到经营管理层数据的连接和提取能力；实现生产成本精细化核算，提高决策准确度，提高企业利润。

（2）在销售业务方面，“该集团”的销售业务由于缺乏一体化的信息系统支持，不能满足快速业务增长及销售业务管控需要；现有的销售业务，有的企业有系统支持，有的缺乏系统支持。在有系统支持企业中，大多在生产、仓库、财务等部门之间不集成或集成度弱，没有实现实时集成和数据共享，跨部门协同工作量大，容易出错。

从集团总部或产业板块的视角来看，由于下属分子公司中有的已有系统支持，有的没有系统支持，因此，集团管理层如果要想获得整个集团的销售数据，只能是通过下属单位上报数据汇总的方式获得，及时性和一致性不能满足集团管理层的需要。

从下属单位销售业务部门的视角来看，由于系统支持能力比较弱，业务的流转和业务信息需要大量的人工处理，造成了数据的差错机会，存在风险。

管理层的变革需求：构建满足销售业务运行和管控体系，提升销售业务管理水平，销售管理系统与关联系统（如物资、生产、质量、物流、财务等）一体化集成，确保数据的及时性和一致性；在一体化集成的销售系统与各相关系统的基础上，实现业务流程的自动化，增强各业务部门的协同能力，从而提高工作效率。

（3）在物料管理方面，“该集团”存在采购管理信息系统分散，业务数据不能实时共享，集团无法实时掌控采购合同的执行情况；下属企业仍在通过电子表格管理纸质合同，线下人工监控采购合同的执行情况，工作量大且容易出错；库存实物账与财务账不能实时一致；线下人工批次管理、架期管理、库龄管理等；物资采购业务及库存管理业务的需要保持数据的一致性等。

管理层的变革需求：建立覆盖集团本部、产业板块、各分子公司的一体化系统，提升物资系统和其他关联业务系统的数据集成性，确保数据的及时和共享；实现业务流程的自动化，增强各业务部门的协同能力，从而提高工作效率。

（4）在财务核算方面，“该集团”会计核算相关的基础数据需要统一和细化，但是，各公司、业务单元中核算相关的主数据如客户、供应商、物料主数据等还未进行统一，同时会计科目在集团内尚未统一到末级科目，这对于完善集团层面的跨业务单元、跨公司的分析会造成比较大的阻碍；已形成围绕着支持会计记账功能的系统平台，但精细化核算和管控、成本利润分析等的信息化支持能力比较弱。

“该集团”对成本绩效管理有相对明确的要求，但是精细化核算和管控、成本利润分析等缺乏一体化信息化平台支持；信息系统主要覆盖在往来管理和财务核算层面，对于精细化的成本和费用计划、控制等精细化企业财务职能支持度很弱。

现行成本费用的管理主要依靠在月末手工完成，工作量大且准确度较难保证；目前系统中还没有建立起标准成本体系，缺乏精细化成本、差异分析和控制的基础。

综上可见，现有的信息化系统状况和业务管理方式已经成为集团业务扩展的瓶颈和掣肘。为了实现业务发展目标，“该集团”决定从IT变革方式开始，建立集团统一的核心业务信息化体系，整合孤岛型林立的信息系统，提升决策效率，控制系统性的风险。

三、集团核心业务信息化系统实施取得的成效

ERP系统作为“该集团”确定的核心业务信息化系统平台，在业务的设计和实施部署上，需要满足整个集团在采购、库存、生产计划、生产执行、销售与分销、质量、设备管理、项目、财务会计、管理会计等企业核心业务的需求。

ERP系统源自企业资源计划系统的进化，强调以计划为龙头推动企业业务的全面展开的，以支持集团业务实现业务效益最大化。ERP系统的设计中，还广泛地提供以“计划”作为管理和内控的工具或抓手，在ERP的所有模块中，都包含计划、实际、差异的模式，为企业各业务部门提供跟踪业务执行绩效的数字依据。

ERP系统中，除了计划是推动企业业务的龙头，财务会计模块与管理会计模块也是系统中的业务重心所在。财务会计模块与管理会计模块需要兼顾与业务的一体化集成衔接，更要求财务对业务结果的经济评价准确和实时。

在“该集团”的ERP系统中，财务会计、管理会计、采购、生产计划、销售与分销管理、质量管理、设备管理、项目管理等业务运营之间紧密关联，融合为一个有机的整体。

通过ERP一体化集成系统平台在“该集团”的全覆盖，实现了企业业务从采购到付款、从订单到收款、从计划到交付、从核算到分析的全面整合，业务运营与管理会计的计划、实际结果实时集成，实现了充分的业务数据共享、准确、实时。

四、成本管理控制系统实现

在本案例描述中将侧重介绍“该集团”依托ERP系统，在管理会计模块的系统设计和实施落地的情况。

成本管理控制，或称管理会计，主要包含：费用管理控制、生产成本管理控制、获利能力分析、利润中心管理。

（一）成本控制架构

ERP系统平台是支撑整个集团的业务运营、管理控制和会计核算的闭环系统。在系统实施落地方面，不仅需要在ERP系统中建立与实体企业组织相对应的系统组织架构，甚至，还需要建立那些在实体企业组织之外的虚拟的或临时的组织架构，以全面支撑实际业务运营和管理的需求。

1. 经营范围

“该集团”在ERP系统中，设置了一个经营范围，表示未来在ERP系统中，无论建立多少个控制范围，都归纳在同一个经营范围组织范围内。

获利能力分析，就是在经营范围组织架构框架下取得的。也就是说，在同一个经营范

围内，“该集团”可以整体分析经营范围下的所有销售业务的经济业绩情况。

2. 控制范围

“该集团”在ERP系统中，设置了一个控制范围，表示未来在ERP系统中，在同一个控制范围之下，无论拥有多少个公司代码，都需要执行同一套运营会计科目和与此相关的同一套成本要素。

控制范围是ERP系统中的成本管理控制，或称管理会计的系统顶层组织架构。“该集团”的所有成本管理控制业务的管理、分析和报告，都包括在该控制范围内。

3. 公司代码

“该集团”为所属的近50家企业，统一规划了公司的编码。通过三期ERP项目的实施部署，这些公司编码均以公司代码的形式创建到ERP系统中。

在“该集团”设计的公司代码下，各法人实体公司的所有的经营业务活动、成本管理控制、会计核算等，均得到完全记录。

（二）费用控制管理

“该集团”在ERP系统中，对于费用成本业务的核心设计如下：

1. 对企业各部门均设置为成本中心

（1）成本中心。

成本中心编码规则涉及集团的整体规划，避免各企业编码重名。“该集团”确定整个集团的成本中心编码工作由集团财务中心接管。

“该集团”把成本中心划分为四类：

第一类：直接生产部门（装置），这类成本中心按每个装置来核算费用，相关费用最终由相应流程订单吸收，流程订单中归集的成本费用，通过完成完工和订单结算，将成本结算到产成品。

第二类：生产间接部门（制造部门和其他辅助部门），这类成本中心收集的辅助生产费用或共用生产费用，相关费用需要按分摊规则分摊到直接生产部门，最终分摊到流程订单上。

第三类：管理部门，这类成本中心收集的费用属于期间费用，最终通过获利能力分析报告，分摊到产品。

第四类：销售部门，这类成本中心收集的费用属于期间费用，最终通过获利能力分析报告，分摊到产品。

“该集团”成本中心编码规则。确定编码长度10位，编码规则为：公司代码4位+部门分类2位+部门序列号4位。

（2）作业类型。

可将“源”成本中心的费用，通过作业类型的方式分摊到“目标”成本中心。在“该集团”的业务设计中，作业类型主要用于将生产车间的制造费用，通过在工作中心中设置的各作业类型，分摊到流程订单，实现按照消耗量准确分摊制造费用。

作业类型的费率计算：按生产工艺设计的加工工时和人工消耗，计算出计划费率；通过生产现场的实际费用消耗，计算出实际费率。

“该集团”作业类型编码。确定作业类型编码的长度6位，编码规则由集团统一给出。

（3）统计关键指标。

统计关键指标是成本（或费用）分摊的方法之一。“该集团”通过统计关键指标，对诸如公用发生的费用进行分摊，统计关键指标包括：部门的人员、部门所占办公室的面积等作为基础分摊费用。

编码规则如下：

统计关键指标是成本（或费用）分摊的方法之一，一些公用发生的费用可以通过不同的指标，如部门的人头、面积等作基础来分摊费用。

由于各公司的统计关键指标用途不同，统计关键指标主数据的编码规则，由下属各企业自行确定。

（4）内部订单。

“该集团”通过内部订单，用于收集非组织结构的费用支出，或用于某具特定活动（如事件、短期活动、促销等）相关的费用成本归集。当成本中心与成本要素组合不能满足控制要求时，“该集团”也使用内部订单作为工具，进行更详尽地收集专项费用成本。

“该集团”规定，专项活动预算需要预先获得批准，财务部负责对内部订单设置预算限制。在专项活动执行过程中，费用记账受控于预算，业务单位也可以申请追加预算。

“该集团”对内部订单主数据的编码规则，在内部订单类型下由系统自动给出流水编码。

2. 成本中心费用业务

（1）成本中心费用计划业务。

“该集团”要求：各企业需要编制成本中心计划。规定下属企业在系统中预定义多个版本的费用计划，但是，最终以 0 版本作为正式版本。各单位正式版本的成本中心费用计划，将被采集到集团公司。在成本中心计划的基础上，通过作业类型计划消耗数量，计算获得作业类型的计划价格。作业类型的计划价格，将用作产品标准价格的计算。成本中心计划需要分摊到受益对象，以使接受方能够计算出正确的计划成本。在大多数情况下，接收方为成本中心。

（2）成本中心费用实际业务。

“该集团”要求，费用记账到成本中心，主要可以通过三种方式：会计记账到成本中心、业务活动自动过账到成本中心、从其他成本对象分摊到成本中心。

（3）月末结账业务。

“该集团”要求：月末，内部订单费用，需要全部分摊到接受对象，其中，主要接收方是成本中心。月末，各发送方成本中心的费用，需要发送到接收方。其中，期间费用的接收方主要是成本中心，制造费用的接收方主要是生产部门的成本中心，通过工作中心或资源的作业类型等手段，将制造费用分摊到生产成本核算对象。月末，确保生产部门成本中心的费用余额为零，表示制造费用全部结转到了生产成本。

（三）生产成本管理控制

“该集团”非常重视生产成本的管理，通过 ERP 系统实施，实现了生产成本管理的重大变革。生产成本核算下沉到了生产现场，生产管理的精度，决定了成本核算的准确度。伴随着生产业务的完成，同步完成产品成本的核算。生产成本控制涉及三个方面：生产成本计划、生产成本对象控制、实际成本核算和差异分析。

1. 生产成本计划

“该集团”生产成本计划是为了计算出产品的标准成本。产品的标准成本计算：

（1）需要根据产品的BOM结构和工艺路线的设计，以产品BOM中的物料构成，分别乘以原材料的标准成本，取得产品的标准物料成本；以产品的工艺路线设计的费用归集点和费用归集方式，通过设计的作业类型的消耗数量，乘以作业类型的计划价格计算取得。按BOM结构计算取得的物料成本，和按工艺路线计算取得的费用的这种方式，称为数量结构。产品标准成本就是由数量结构计算取得的。

（2）产品标准成本计算以后，将用于在下达产品生产订单时，立即在能在生产订单中显示需要投入哪些原料、标准的消耗量和标准单价；同时，也能够在生产订单中显示计划消耗什么作业、标准的消耗量和计划单价。也就是说，在生产订单下达时，就已经知道了这个生产订单的标准成本和成本构成。

（3）标准成本是考核和控制实际生产成本的参照系。

2. 生产成本对象控制

在“该集团”的生产成本控制，是指对生产订单的控制。随着按生产订单的要求投入原材料、确认了工时和公用工程投入，生产订单中会实时反映出生产订单中的原材料消耗、人工消耗、费用消耗、水电气风消耗的实际数量，同时，可以看到计划与实际之间的差异，供生产管理部门和成本核算部门进行差异分析。参考表9-4是制药产业板块下属制药企业的费用和水电气风的分摊方式。

3. 实际成本计算和差异分析

按照“该集团”的设计要求，内部核算体系中，产品数量结构中的原材料采用标准成本计价，确保在企业内部核算体系中尽可能地多关注量差，少关注价差，把生产本职工作做好。

当原材料的采购价格与企业内部的标准成本出现差异，借助ERP系统的物料分类账工具，先记录每一项业务所产生的差异，并自动跟踪这些形成差异的原材料的消耗去向。月末结账，成本管理部门运行物料账结算功能，物料账系统循着差异的去向，将差异自动跟踪分摊到最终产品上。通过对物料的系统自动计算和分摊差异，实现了标准成本+/-差异后，还原到了实际成本。

（四）获利能力分析

“该集团”在设计中要求：

（1）以产品为主要维度：成本/盈利性分析对象体系须产品为主维度。

（2）兼顾区域/客户/渠道：分析同时要满足公司对于不同区域、客户、渠道进行分析和管理的需求。

（3）在以产品维度为主要维度设计成本对象体系，在产品维度的成本对象的基础上，一并考虑区域、客户、渠道等其他成本对象的维度。

（4）通过成本分摊路径，将成本分摊到以产品维度为主维度的成本对象上，以产品为纽带，将产品对应的收益和资源耗费匹配起来。

表 9-4 作业类型分摊费用计算

成本中心	作业类型编码	作业类型描述	单位	计量单位描述	来自成本中心	成本要素		次级成本要素描述	计量单位	计划		
						初级	次级			总金额	单价	数量
1005011001	PRD - H1	生产时间	H		1005011001	5812000002	CCB4300001	变动成本 1001	元/H	100 000.00	100.000	1 000
	LABOR	直接人工	H		1005011001		CCB4300004	直接人工	H			
	CWTR12	冷却水 -00	CAL	元/万大卡	1005011001	5812000101	CCB4300101	冷却水 -00	CAL	10 000.00	10.000	1 000
	STEAM	蒸汽	KG	元/kg	1005011001	5812000103	CCB4300103	蒸汽	元/kg	1 000.00	1.000	1 000
	PROAIR	过程空气	m^3	元/m^3	1005011001	5812000104	CCB4300104	过程空气	元/m^3	100 000.00	1.000	100 000
	ELEPOW	电	KwH	KwH	1005011001	5812000018	CCB4300018	电	KwH	1 000.00	1.000	1 000
	INSAIR	仪表空气	m^3	元/m^3	1005011001	5812000105	CCB4300105	仪表空气	元/m^3	1 000.00	1.000	1 000
	DWT300	脱盐水 - AB21	m^3	元/m^3	1005011001	5812000109	CCB4300109	脱盐水 - AB21	元/m^3	1 000.00	1.000	1 000
	NITROG	氮气	L	元/升	1005011001	5812000110	CCB4300110	氮气	元/升	1 000.00	1.000	1 000
	WAWATR	废水	m^3	元/m^3	1005011001	5812000011	CCB4300011	废水	元/m^3	1 000.00	10.000	100
10050130235	PRD - H2	生产时间	H		10050130235	5812000002	CCB4300002	变动成本 30235	元/H	100 000.00	100.000	1 000
	LABOR	直接人工	H		10050130235		CCB4300004	直接人工	H			
	CWTR05	冷却水 -00	CAL	元/万大卡	10050130235	5812000106	CCB4300106	冷却水 -00	CAL	1 000.00	1.000	1 000
	STEAM	蒸汽	KG	元/kg	10050130235	5812000103	CCB4300103	蒸汽	元/kg	100 000.00	1.000	100 000
	PROAIR	过程空气	m^3	元/m^3	10050130235	5812000104	CCB4300104	过程空气	元/m^3	100.00	1.000	100
	ELEPOW	电	KwH	KwH	10050130235	5812000018	CCB4300018	电	KwH	10 000.00	1.000	10 000
	BRINES	盐水	CAL	元/万大卡	10050130235	5812000107	CCB4300107	盐水	CAL	10 000.00	10.000	1 000

续表

成本中心	作业类型编码	作业类型描述	单位	计量单位描述	来自成本中心	成本要素		次级成本要素描述	计量单位	计划		
						初级	次级			总金额	单价	数量
10050130235	INSAIR	仪表空气	m^3	元/m^3	10050130235	5812000105	CCB4300105	仪表空气	元/m^3	1 000.00	1.000	1 000
	DWT001	脱盐水 - AA33	m^3	元/m^3	10050130235	5812000108	CCB4300108	脱盐水 - AA33	元/m^3	10 000.00	10.000	1 000
	NITROG	氮气	L	元/升	10050130235	5812000110	CCB4300110	氮气	元/升	1 000.00	1.000	1 000
	MYCELN	菌丝	KG	元/kg	10050130235	5812000111	CCB4300111	菌丝	元/kg	500 000.00	5.000	100 000
	SOLVNT	溶剂	KG	元/kg	10050130235	5812000112	CCB4300112	溶剂	元/kg	10 000.00	1.000	10 000
	SOLID	固体	KG	元/kg	10050130235	5812000113	CCB4300113	固体	元/kg	100.00	1.000	100
	WAWATR	废水	m^3	元/m^3	10050130235	5812000011	CCB4300011	废水	元/m^3	1 000.00	10.000	100
1001271334	MAINTA	维修费用	H		1001271334	所有成本要素	CCB4300114	维修费用	301	20 000.00	20.000	1 000
									302	20 000.00	20.000	1 000
1001072218	QUALIT	质量控制费用	H		1001072218	所有成本要素	CCB4300115	质量控制费用	301	15 000.00	15.000	1 000
									302	15 000.00	15.000	1 000

（五）利润中心管理

“该集团”设计要求，利润中心跨公司代码（法人）来整合不同战略业务板块财务报表，不仅可以对法人实体编制资产负债表，还能够通过利润中心维度，对产业板块线条出具资产负债表和利润表。未来，集团将可以对产业板块的利润中心进行管理报表合并

在“该集团”系统中，实现了按利润中心出局资产负债表和利润表，为业务管理复杂的企业提供了报告手段，为未来的资本运作提供了评估途径。

【本章总结】

成本管理是指企业在营运过程中实施成本预测、成本决策、成本计划、成本控制、成本核算、成本分析和成本考核等一系列管理活动的总称。

收入、成本、费用，根据各自的管理特点与不同行业企业的生产经营特点，有着不同的归集和管理分析模式。管理会计提供多种工具实现成本归集和流转，借助于企业信息系统的业务与财务一体化特性和特定的成本工具使得成本对象和成本流变得清晰透明，回答了企业在经营过程中发生了什么、责任人是谁、利润情况、预测产生的经济效益等问题，从而使管理者可以更加客观和科学地控制成本、考评绩效、分析市场、快速决策。

成本管理信息系统包括的主要功能有：对成本要素、成本中心、成本对象等参数的设置，以及对满足企业要求的成本核算方法设置；从财务会计模块、后勤业务模块、人力资源模块等自动无缝集成所需数据，进行精细化成本核算，生成分产品、分批次、分区域等的多维度的成本信息；结合管理会计信息化系统应用，在管理会计系统中启用不同的成本对象完成各自的成本处理和分析。

在本章最后的案例中，案例公司几乎全面采用了 ERP 系统的成本管理模式，具有很强的财务与业务一体化的能力，支持了“该集团”迅速掌握与国际上优秀的对标企业相同的系统平台，使其具有更持续的竞争能力。

【本章思考题】

1. 为什么说，企业资源计划系统是企业进行成本控制的理想平台？
2. 依托 ERP 系统实现成本管控，为什么需要提升业务部门的管理水平？

第十章　营运管理信息系统及其应用

【本章内容简介】

本章基于企业营运管理的业务活动，首先介绍了营运管理系统的基本知识。然后介绍了有关业务活动在营运管理信息系统后台的数据关系和逻辑处理思路。在此基础上，再系统地介绍营运管理信息系统的基本功能及具体工具的信息系统实现。本章还针对一般营运管理系统的架构和内容进行了系统的介绍和说明。

【本章学习目标】

1. 了解营运管理系统有关活动的业务逻辑关系及其在运营管理信息系统中的实现机制。

2. 掌握营运管理信息系统的有关原理和架构，以及在信息系统中实现相关营运管理活动的有关思想和方法。

3. 知晓如何通过营运管理信息系统来实施企业的营运管理活动。

4. 明确企业当前实施营运管理信息系统的目标和策略。

【本章要点提示】

1. 营运管理系统的概念和主要内容。
2. 营运管理系统与处理营运活动的业务系统之间的关系。
3. 营运计划的制订及与业务系统的数据关系。
4. 营运管理体系的数据模型。
5. 营运管理系统与业务系统的集成机制。
6. 营运管理系统的数据分析与监控。
7. 营运管理有关的分析工具。

【本章引导案例】

T公司支撑企业运营管理的管理会计信息系统建设

T公司成立于2002年，是一家煤化工深加工的资源综合利用企业，从事煤炭开采、洗选、焦炭的加工与销售；煤泥、中煤、煤矸石、煤气等发电；焦炭附属化工产品的生产与销售；镁合金生产与销售等。

T公司为了加强营运管理、提高企业的经营效率，提出了对于营运计划与营运活动的数字化管理的需求，需要对营运活动进行全面的协调和评价。因此需要对业务的数据进行采集、记录、加工、分析和监控等处理。另外企业为了提升内部组织和人员的积极性，建立了绩效管理体系，实行企业内部市场化的机制，对企业集团内部的产品转移和服务进行内部转移定价，并按照内部转移定价，对相关的产品和服务进行内部结算，实现责任中心的绩效管理。企业也需要一套支持绩效管理的责任核算体系。

企业为了实现以上要求，提出了建设支撑企业运营管理的管理会计系统的目标：

（1）加强企业的经营计划的制订和管理的水平，充分发挥企业资源的利用效率，提升企业的竞争力。

（2）实现对营运活动的实时数据的更细颗粒度管理，对经营过程进行监督和管控。

（3）对于内部组织进行细化管理，实现对内部组织的绩效管理，提高企业的效益。

（4）实现对于企业的经营进行分析和预测，对企业的经营管理和经营决策提供支持。

T 公司通过 ERP 系统实现了其产供销的业务管理的信息化处理。为了加强其管理会计工作，还在管理会计信息系统中实施了全面计划预算、经营核算、经营分析、绩效管理等管理会计的模块，建立了支撑企业营运管理的管理会计信息化体系。

T 公司建设管理会计信息化系统主要实现了如下的管理会计业务功能：

（1）建立了企业经营管理的指标体系，基于指标体系建立起企业营运管理的数据体系。

（2）制定了企业的营运计划管理体系，实施对企业各业务的计划制订及管理。

（3）实现了业务系统到营运管理系统的业务数据的集成，按照营运管理数据体系，组织营运管理的业务数据，并可以基于数据计算出相应的指标数值。

（4）基于采集指标数据，实现了对经营的过程和结果的监控；如果发现监控指标出现偏差，需要进行警示并提供相关的分析数据。

（5）提供管理会计的有关分析工具对企业的经营预测、短期营运计划进行测算，以及与行业的标杆企业进行对标分析等。

（6）建立了支持内部交易处理的责任中心核算体系，提供内部责任中心的绩效考核的有关指标数据，并支持对经营过程进行深入的分析。

T 公司实施了上述营运管理信息系统的建设后，营运管理工作得到强化，企业的经营效率有所提高。

（案例来源：用友网络管理会计解决方案案例。）

第一节　营运管理业务介绍

一、营运管理的主要业务活动

营运管理系统可以分成四部分内容（见图 10 – 1）：战略和营运策略的制定、营运指标的制定和下达、营运活动的过程管控、营运成果分析与评价。

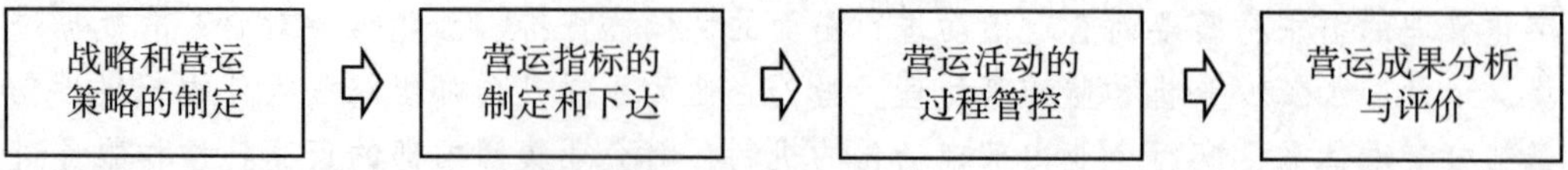

图 10－1 营运管理的内容划分

（一）战略和营运策略的制定

战略和营运策略的制定，是企业营运管理的起点，因此首先需要制定企业的战略，以及按照企业的战略制定营运策略。战略的制定一般要分析外界环境和内部能力，结合企业的优势和劣势来进行制定。此处需要有宏观经济环境的数据、行业平均水平的数据、竞争对手的数据作为判断的依据。另外就是企业经营能力的有关的数据。营运策略的制定是确定企业按照什么样的营运策略来进行企业的营运活动。

（二）营运指标的制定和下达

根据营运管理的要求分类定义营运指标。营运指标可以分为财务指标、非财务指标。可以基于平衡计分卡（BSC）来定义有关的指标。

根据企业的基础成本数据、定额标准数据、历史销售数据等对企业营运目标的实现进行落实，通过对销售收入、成本利润、资金现金流等的预测，来确定相关的产量、价格、成本、现金收支等数据，编制营运计划，通过营运计划将指标分解和下达到下面的单位和部门。营运指标的确定，一般使用本量利分析、敏感性分析、边际分析、对标分析等工具基于历史数据和现实数据进行预测，选择有利于企业营运目标达成的方案来指定相应的营运计划。

营运计划的制订，首先进行销售预测，根据市场和历史销售数据进行销售预测，根据销售预测数据和企业的历史成本数据（变动成本和固定成本）来进行成本预测和利润的预测。结合销售预测和成本利润预测的结果，选择优化的方案来确定企业的营运计划，包括销售计划、生产计划、采购计划、资金计划等。

按照业务指标的相关关系合理地制定企业的营运计划的有关指标的数值。保证指标的系统性、平衡性、灵活性。

企业营运计划包括：研发、销售、生产、采购、后勤服务等各类业务制订营运计划。企业营运计划的分解，可以分解到季度、月份，形成月度营运计划。分解到各部门，形成各部门的业务计划。

（三）营运活动的过程管控

营运数据的采集与记录，从业务系统采集企业各类业务活动的数据，计算出营运指标的数据。营运管理需要对企业营运活动进行监控，以及对于企业内部各组织的营运成果进行绩效考核，因此需要建立监控的相关指标体系及绩效管理的指标体系。

对于营运指标的监控，需要对有关营运指标的状态和变化进行监控，如日销量、日收入、日产量、日消耗、日成本的水平、日质量、日有效工时等指标进行监控，对于指标的运行状态提供报告，对于差异超出正常范围要进行警告等。另外有一些指标是属于阶段性的指标，需要反映积累数值的情况，如月收入、月成本、月利润、设备利用率等指标，在对营运执行的分析也需要进行。

对于支持企业内部绩效管理，需要结合内部管理和考核的要求，建立内部责任核算体系，把责任中心作为核算的主体，按照相关的规则核算相关业务的数据，以便在营运过程中同步地记录各组织的经营成果，动态地对于经营过程进行反映，发现问题及时分析和纠正。

（四）营运成果分析与评价

营运成果分析的有关内容，通过建立相应的指标体系来展现相应的能力，包括发展能力、盈利能力、偿债能力等财务指标，以及生产能力、管理能力等非财务指标。有关指标的数据来自企业的管理会计核算体系，针对不同的组织可以给出相关的指标值，进行分析和评价。

二、营运管理系统应用框架与PDCA管控循环

营运管理活动总体上划分为计划、实施、检查、处理四个阶段，将企业的营运管理的活动关联起来构成管理闭环。把营运管理的过程分成预测、营运计划、营运管控、业绩管理、分析评价等有关的活动，与企业的营运管理的各项业务结合，构建成一个完整的营运管理体系，其中从数据和数据应用的角度，可以用图10－2表示。

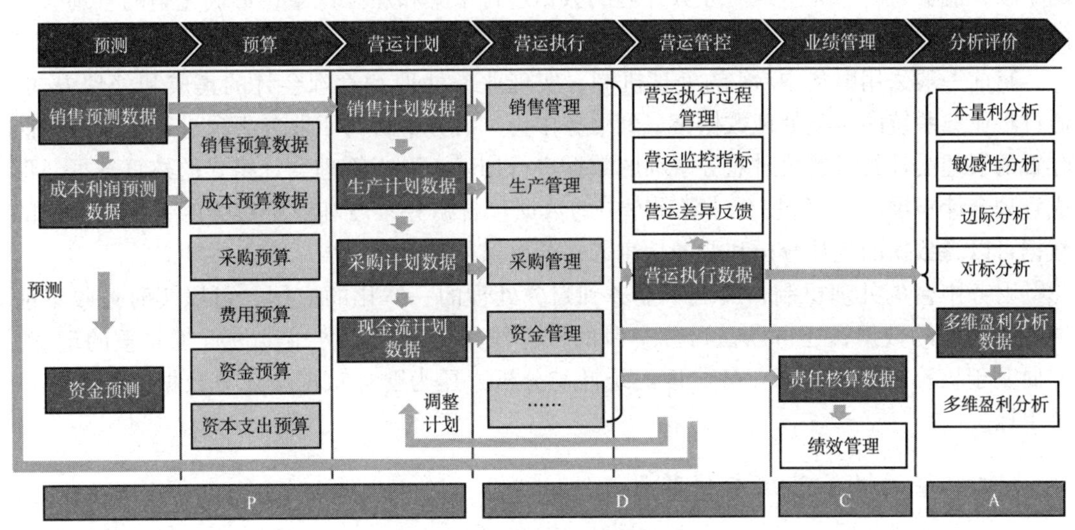

图10－2　营运管理系统应用框架

有关营运活动的处理逻辑如下：

（1）根据历史和现实的营运执行数据进行销售预测，依据销售数据编制销售计划。在根据销售计划制订生产计划，根据生产计划制订采购计划，根据销售和支出的需求制订现金流计划。

（2）营运计划指导各组织的营运活动，并采集营运执行业务活动的有关指标数据，对营运执行过程进行管理，以及对于营运指标进行监控，并针对差异进行反馈。

（3）建立针对责任中心的核算数据体系，对责任中心的经营投入和成果进行核算，并支持针对责任中心的绩效考核与评价。

（4）针对营运指标的执行数据，进行各类的营运分析。另外企业对于多维度盈利分析的要求，可以建立多维度盈利分析的数据，并进行各种产品、客户等各种维度的分析。

三、营运管理会计数据体系

营运管理需要通过营运指标对于营运活动进行监控和分析报告，有关营运指标的数值需要从前端业务系统所提供的数据获得，或者按照指标的业务逻辑计算出相关的结果。尤其对于财务类的指标，如收入、成本、费用、利润等，不能仅仅简单地看几个数字，而是需要建立起一套基于营运指标的核算体系，并基于数据体系的数据进行汇总和计算处理。对于企业内部按照内部组织进行监控和绩效考核的有关指标，需要有一套以责任中心为主体的核算体系来对相关的数据进行记录，满足内部营运管理和各级组织绩效管理的要求。

（一）业财融合的核算体系

管理会计的核算体系，需要将业务处理和财务核算融合在一起，对于每一个业务处理的事项，能够及时、完整地对业务处理的数据进行采集和加工记录，形成完整的管理会计的数据体系。

目前一般采用财务中台[①]的处理机制，实现业务处理到管理会计的集成和处理方式，通过将业务系统的事项处理数据集成到财务中台。财务中台对于业务事项进行记录并按照配置的管理会计处理逻辑对业务事项的数据进行加工，形成管理会计格式的核算数据，形成管理会计事项库[②]。管理会计事项库中的数据包含财务维度和业务维度的数据，形成的数据可以为数据的统计分析和业务信息的追溯提供基础。

财务中台的处理机制，实现了业务到财务处理的一体化的应用，可以实时地收集前端业务处理的数据，还可以在财务中台的核算体系中对于业务维度进行了完整的记载，方便基于核算数据的基于业务维度的统计与分析，还为财务数据向业务数据的追溯提供了手段。

（二）营运业务管理与核算内容

企业的营运业务不仅需要财务会计的数据，并且营运管理的力度比财务会计数据更细，时效性也更高，因此需要为营运管理建立一套独立核算的体系，来承载有关的核算数据。

财务中台可以支持多核算目的的核算体系建设，不仅支持业务事项转换为财务会计的核算数据，也支持按照其他不同的核算目的来进行核算，如按照企业内部责任中心建立一

① 财务中台：提供业务数据进行财务实时处理的平台，与前端各业务系统集成可以实时地对业务处理的有关事项触发财务的相关处理。

② 管理会计事项库：财务中台上对前端业务进行处理，并按照管理会计的要求形成管理会计的数据集记录该业务事项所对应的管理会计中的记录数据，这个数据集称作管理会计事项库。

套责任核算体系。

对于前台业务系统的业务活动的数据，经过数据集成的工具进入到财务中台，形成相关的业务事项。对于不同的业务事项在会计平台上定义了对应的会计引擎①进行处理。不同来源的业务处理数据如果属于同一类的数据可以对应一个业务事项。

（三）营运价值链管理体系的构建

营运管理是针对内部组织部门开展的业务活动进行管理。企业整体的业务活动是协同为企业创造价值的，不同的组织部门承担这其中的一部分价值创造或者辅助性的服务的工作。有效的营运管理是对每个组织的经营成果可以进行量化考核的，而跨越多个组织部门的业务链条通过建立内部价值链的方式，来对每个组织创造的价值进行衡量。建立内部价值链还可以把各个组织对企业价值创造的贡献大小进行评价，可以有效地激励各个组织的经营管理，提升企业的营运管理效益。

价值链的建立是以现有业务传递的过程为基础进行构建，把企业的供产销环节划小并连接起来，形成企业的主价值链。再对其他辅助服务性的组织，按照其提供服务的关系建立价值链。从而将企业的各营运组织部门建立起一套完整的内部价值链体系。

对组织部门间转移的产品，按照内部结算的要求，需要由内部转移定价，以便在上下游组织部门之间能够体现价值的传递。有关内部结算处理可以在责任会计核算时，按照内部价值贡献的角度反映出责任中心的经营成果。

（四）营运管理核算体系的业务逻辑

营运管理要对企业的营运状况进行监控和分析，因此需要能够从实时和阶段性两个时间角度来进行营运指标的计算和展示。营运指标的数据一般是根据逐笔核算的数据进行汇总计算形成的综合数据，通过指标的分析，可以追溯到明细的数据，进一步进行指标数据的分析，这样更有利于发现问题，便于采取相应的措施去解决问题。

另外基于明细核算的数据，也支持定义新的营运指标，对企业的营运管理随着管理重点的变化提供有效支持。

（五）数字化营运与智能核算的支撑技术

由于近年来物联网、数据中台、大数据、云计算和人工智能等技术的不断发展和普及，企业数字化应用的范围和能力得到巨大提高。

物联网技术使得很多业务数据从原来的手工采集录入变成了数据自动实时的采集，使得营运管理可以获得更多不同来源的数据，并且更细致、全面。数据中台技术可以实现采集的业务数据及时集成到一起，财务中台则为业务数据到财务数据和管理会计数据的转换提供了强大的支持，可以实时、精细、标准地处理和核算业务处理的数据，而且可以为企业不同目的的管理需求建立不同的数据体系，这样就为企业能够全面而完整地分析营运数据和进行问题追溯提供了数据层面上的线索。大数据的技术可以支持对海量数据的存储、处理、分析，对企业数据的应用提供了强大的支持。云计算技术提高了系统架构的弹性和

---

①　会计引擎：在财务中台上，实现业务数据到财务数据转换的处理功能，将输入的业务事项的数据按照会计处理集核算的规则进行加工，形成财务会计和管理会计事项库的数据内容。

更强的计算能力。人工智能技术则在企业经营数据上进行挖掘，对企业的业务发展进行洞察，为企业的营运管理过程中的决策提供了重要的支持。

四、营运管理分析工具的应用

在业务营运管理的有关活动中，有很多重要的内容需要管理者基于数据进行分析，并进行选择和决策。管理会计的有关分析工具，通过量化分析的方法，对企业的经营数据进行分析，可以辅助管理者进行销售预测、成本测算、经营策略的选择等。因此企业在其关键的业务环节上，可以使用有关的管理会计分析工具来辅助管理者进行决策和管理，实现企业的营运管理目标。

（一）销售的产品和客户的选择

企业应用多维度盈利能力分析的工具，对于企业的各个产品和客户的盈利能力进行对比分析，掌握各产品和客户创造的利润水平，对于企业未来产品的生产和销售的决策提供数据支持。

（二）销售的定价决策分析

企业应用合适的产品定价方法，如变动成本定价法、边际成本定价法、目标利润定价法等，为销售的产品制定恰当的售价。

（三）生产的盈亏平衡分析

通过计算企业在利润为零时处于盈亏平衡的业务量，分析产品对市场需求变化的适应能力，以优化产品生产。

（四）生产的产品组合的优化

企业可以合理安排有限产能来选择生产利润最高的产品组合，可以使用边际分析法来为生产计划的安排提供数据依据。

（五）对责任中心的贡献评价

企业可以应用内部转移定价，来对企业内部各责任中心所提供的产品或者服务的价值进行核算，从而对各责任中心的贡献进行评价。一般采用责任会计核算来支持对各营运责任中心的绩效考核。

第二节　系统应用架构与处理逻辑

企业的营运管理从计划制订到计划执行，再到监督和评价，涉及大量业务活动和业务数据。这些数据的处理和使用，都需要应用营运管理信息系统来支撑。

营运管理系统通过与企业各业务系统的集成应用，来实现对企业运营活动的管控，通过营运管理指标来实现对前端业务的记录和监控，以及进行经营分析和支持绩效考核等。

营运管理系统的主要功能包括运营管理数据体系的定义、营运计划的制订、执行数据的采集、加工处理以及数据的分析报告。

营运管理系统与业务系统的集成应用的有关机制如图 10－3 所示。

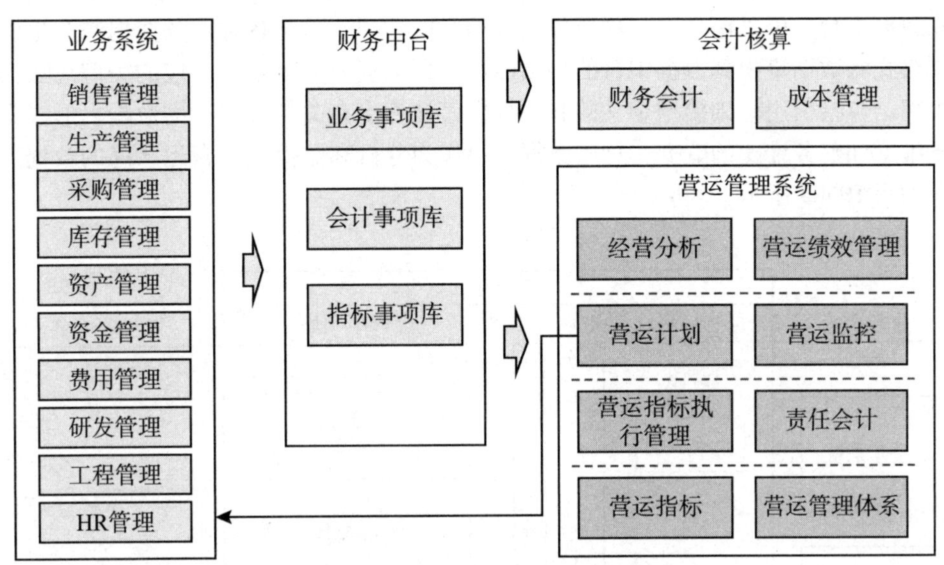

图 10－3　营运管理系统与业务系统的集成应用

营运管理系统分几个层级，分别是营运管理指标体系的定义、业务到管理会计的数据集成，营运计划的制订与监控、管理会计数据的应用及报告。

一、业务到财务的数据集成

营运管理系统可以实现对于企业营运活动的计划的制订和下达，以及针对营运计划的执行情况进行监控和分析，并提供针对营运成果进行分析和评价的报告。营运管理系统需要与企业运行的各个业务系统进行集成，从各系统中获得业务处理的各项数据，并依据管理的要求进行加工转换，形成按照营运管理角度提供的数据和报告。因此实现营运管理系统与各业务系统的数据集成是营运管理信息化的基础工作。

实现不同信息系统的集成，一般采用数据接口的方式来实现，当信息系统众多、传输数据类型复杂、数据实时处理要求高的情况下，实现数据的集成方式就需要考虑可配置的方式。目前比较流行的处理方式是通过数据中台进行处理，将需要集成的有关数据在数据中台中定义出对应的数据对象，然后数据传入数据中台时进行数据的转换和处理后，记录到对应的数据对象上。这种机制中业务数据对象定义为标准业务事项①，通过在数据中台上建立起业务事项库，来将外部系统的数据都规范化地记录到业务事项库中。

① 标准业务事项：财务中台中，对于接收各来源业务系统的数据进行分类，定义出各类业务的标准业务事项，对应业务系统的业务处理，财务中台上的会计引擎针对接收到的标准业务事项的数据进行处理。

营运管理系统是企业营运业务活动的管控中心，通过数据中台的处理机制来实现业务系统与营运管理系统的数据的集成。企业业务端应用的各种业务系统处理企业各类业务活动，如销售系统、采购系统、生产系统、资产系统等，相关的业务数据通过数据中台可以实时地集成到营运管理系统。营运管理系统就可以基于有关数据进行监控、分析。

在数据中台上可以定义出各项业务处理的对应事项，后续各种业务数据都会按照标准的事项格式将数据集中到数据中台的事项库中。再根据业务事项的对应的类型对数据进行加工处理，包括引用基础模型定义的有关数据，计算出有关指标维度的数据，形成具有完整业务维度和财务维度的数据，这些数据可以作为分析和监控企业营运状况的数据。该处理过程如图 10 – 4 所示。

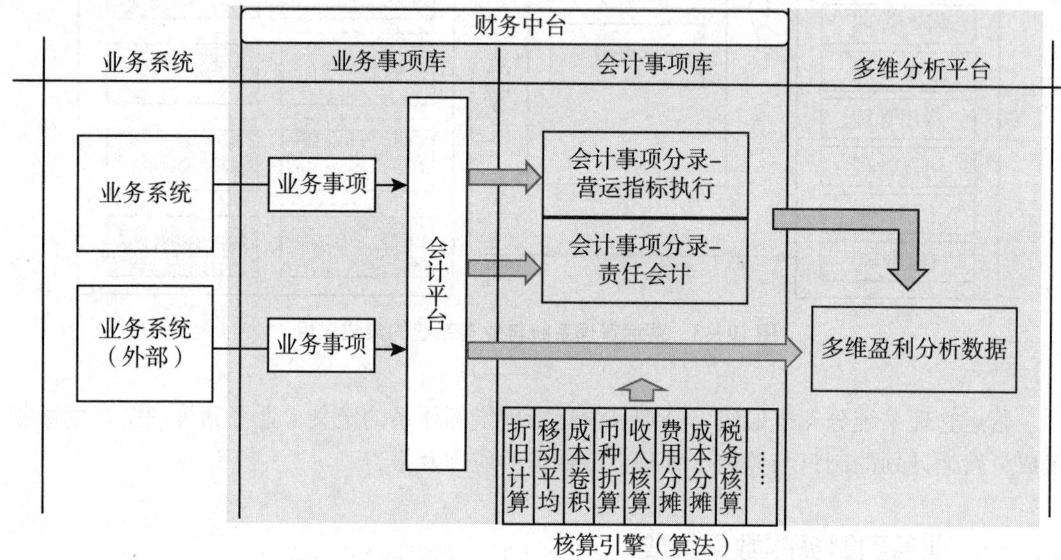

图 10 – 4　基于财务中台的营运管理系统的集成机制

（1）在系统中需要定义各类业务标准事项，以及业务标准事项所引用的有关处理规则。

（2）建立外部系统的数据与业务标准事项的对应关系。

（3）执行数据采集，业务系统的数据，集成到数据中台，转换成本业务标准事项数据。

（4）对业务标准事项进行加工处理，调用定义的引用规则，对数据进行处理，形成业务维度和财务维度的有关数据。

二、营运管理的数据体系构建及采集

（一）营运管理的数据体系

营运管理系统的数据包括：运营管理基础数据、营运计划数据、营运计划执行数据、市场和行业对标数据等（见图 10 – 5）。

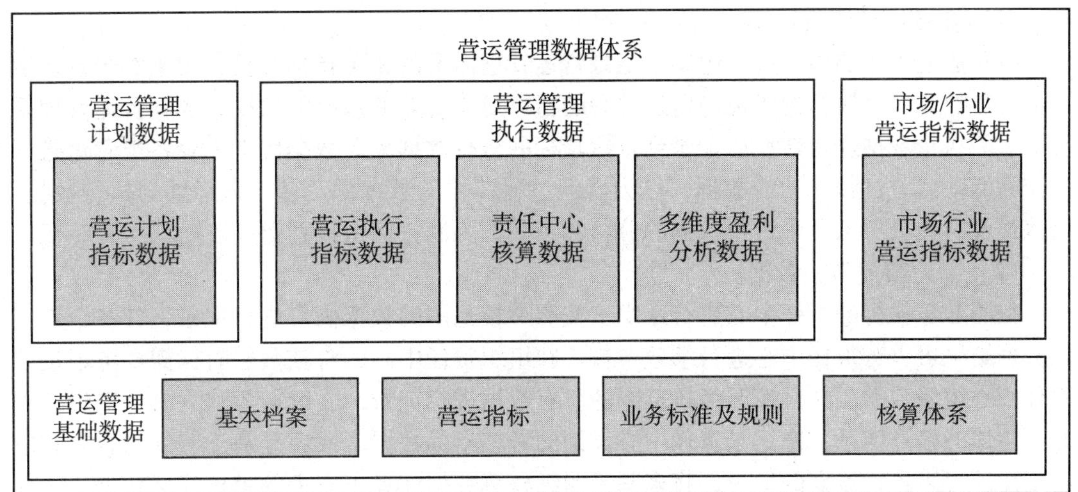

图10－5 营运管理系统的数据体系

1. 营运管理基础数据

营运管理基础数据的定义用于描述建立营运管理模型所需要的有关基础数据和参数等内容，包括：

（1）基础档案（如组织、产品、客户、科目等）。

（2）营运指标（财务指标和非财务类指标，如产量、销量、收入、成本、利润等）。

（3）业务标准及规则（如标准成本、销售价格、内部转移价、消耗定额、费用控制标准等）。

（4）建立的核算体系有关数据（如核算规则、分摊规则、结算规则）等。

2. 营运计划数据

营运计划包括生产计划、采购计划、销售计划、研发计划、资金计划等，营运计划参考企业外部和内部的有关数据进行制订，在制订营运计划的时候需要使用管理会计的有关工具进行相关计划数据的预测。

企业级营运计划的指标包括：销售收入、销售数量、销售价格、固定成本、变动成本、目标利润、生产数量、采购数量、质量达标率等数据。

确定营运指标时，企业一般会使用有关管理会计的分析工具进行相关分析，如使用本量利分析来确定盈亏平衡点，依据目标利润等要求，来确定相应的销量等。使用边际分析来确定产品组合。使用要素分析法来确定企业采取什么策略来实现营运目标。使用多维度盈利能力分析来确定产品组合和销售渠道和客户的侧重点等。依据相关的分析和预测结果制定营运计划的有关指标。根据企业的年度营运计划分解到季度、月度，形成各季度、月度的营运计划。将企业级的营运计划进行分解，下达到各业务组织或部门，各部门依据相关的指标制订本部门的有关业务计划。

3. 营运计划执行数据

营运计划执行数据包括：业务活动执行数据、营运绩效考核数据、多维度盈利能力分析数据。

（1）业务活动执行数据。

按照业务主题的指标进行组织，记录营运管理需要的相关指标数据，用于对于营运活动进行监控。营运执行的指标与营运计划的指标对应。业务系统的数据集成到营运管理系统，有关执行数据进行转换后记录到营运指标的执行数据集。数据集中记录各类营运指标的交易活动或者过程活动的数据，作为营运过程监控的数据源。基于营运计划执行数据，可以通过有关分析工具来进行数据的分析和预测，为制订营运计划提供依据。

（2）营运绩效考核数据。

按照业务执行的责任中心进行组织，按照考核范围的数据内容进行记录，其各个期间的数据结果可以对责任中心进行绩效考核。在组织责任中心的考核数据时，需要考虑按照责任中心组织数据，并且按照考核范围的所有数据进行记录，一般需要建立一个以责任中心为主体的核算体系，来记录责任中心详细的考核指标数据，或者是基于明细的收入和成本费用项目来进行数据的记录，将来基于明细核算数据计算出有关的考核指标数据。责任中心的核算体系数据也来自业务系统，当责任中心对应组织的有关业务处理的数据进入营运管理系统中，会通过财务中台的会计处理引擎转换成责任中心的核算数据。当企业引入内部市场化机制，制定内部转移定价，责任中心之间按照内部转移定价进行结算时，责任中心的核算体系就可以按照内部转移价来对责任中心之间的产品或者服务的收入进行核算。另外还可以将内部责任中心对资金占用进行计息，有关的费用也记录到责任中心的费用中。

（3）多维度盈利能力分析数据。

多维度盈利能力分析数据是以最细粒度的数据建立起来的一套包含企业经营分析所需的各种维度的数据，在该类数据中将企业的生产经营等各项活动的有关收入和成本费用，按照最细致的粒度进行记录，以满足企业按照产品、客户、地区、渠道等各种维度的利润和收入成本的分析，为企业的经营决策提供支持。

多维度盈利分析的数据，来自企业业务中与销售、成本、费用有关的处理，通过业务系统传送到营运管理系统，在营运管理系统中构建起一套独立的数据集。在多维度盈利分析的数据集中，可以进行进一步处理，把一些在原始数据维度上没有的数据，通过分摊等方式对相关的维度进行补充，从而构造出基于分析维度所需要的数据，进行相应维度的盈利能力分析。盈利能力分析数据的维度一般是面向市场的角度，所以与责任中心的核算数据的角度可能会有不同，因此一般要为多维度盈利分析构建独立的数据集。

4. 市场/行业对标数据

市场/行业的营运指标数据，主要用在与本企业的相关营运指标的对比分析中。一般选取同行业的龙头企业或者与本企业规模相当的企业作为对比的对象。从外部市场上或者公开公布的财报等资料中获取相关的指标数据，存放到对标数据集中。对标数据按照企业、期间、指标、指标值等数据内容进行数据的存储。

（二）营运管理数据对象与处理关系

营运管理相关数据对象与处理，首先需要把企业有关产品的售价、变动成本、固定成本等各项标准数据设置到有关业务标准数据中，将有关的内部转移定价的结算规则和定价表等设置到有关规则数据中。相关的关系如图 10 - 6 所示。

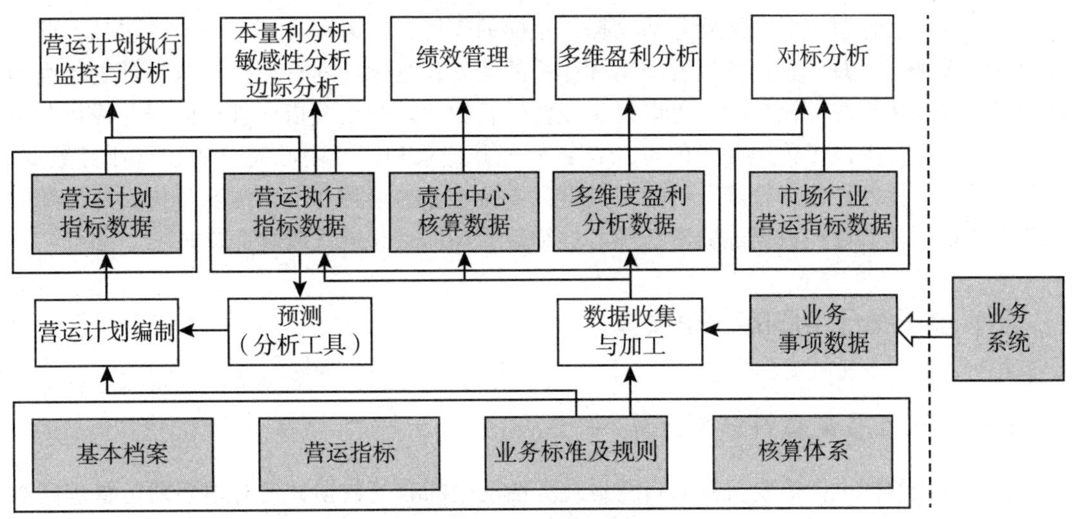

图 10－6　营运管理数据对象与功能处理的关系

根据运营执行的历史数据和现实数据进行预测，确定优化方案的数据作为编制营运计划的依据，结合业务标准中的有关产品的价格、变动成本、固定成本的有关数据，编制销售计划、成本计划、利润计划等，再结合企业的销售计划、成本计划、资本支出的计划来编制现金流计划等。

通过财务中台从业务系统采集数据并进行转换加工，形成营运体系的执行数据，包括营运指标执行数据、责任中心核算数据、多维度盈利能力分析数据等。基于营运指标执行数据进行分析和监控，基于责任中心核算数据进行责任中心的绩效考核，基于多维盈利分析数据进行多维盈利分析。另外可以对外采集行业的营运指标数据，与本企业的指标进行对比分析。

三、营运管理与核算信息系统

基于第二部分的营运管理数据体系的构建，营运管理系统包括营运管理与核算。营运管理系统可以划分成如下的几个部分：营运指标管理、营运计划管理、营运执行分析、责任中心核算、营运监控、经营分析、营运绩效等模块，如图 10－7 所示。

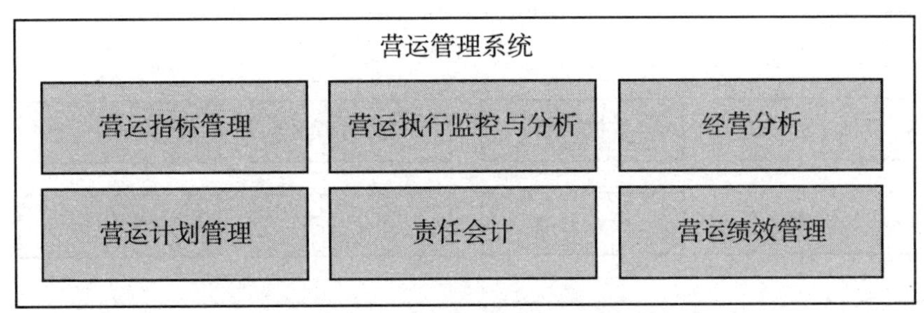

图 10－7　营运管理系统框架

营运管理信息系统对营运管理活动提供全面的支持，营运管理信息系统中包括：营运指标的定义来支持对于企业营运管理指标体系的建立；营运计划管理支持营运计划的编制及调整；营运执行的监控与分析可以对企业营运管理活动的相关指标进行监督并提供分析报告；责任会计提供了营运业务的责任核算处理并记录和责任中心完整的经营业务数据；经营分析中包括各种营运管理分析的工具可以支持企业的预测和经营情况分析；营运绩效管理则依据责任会计的数据建立责任中心的绩效管理体系并进行绩效考核。

四、基于责任中心的管理核算

（一）从运营数据到财务核算

企业营运数据不但需要直接来自营运业务活动中的有关数据，还有很多营运管理的数据是财务类的指标，需要按照财务的方式进行记录和计算，才能够得到有关指标的数值。因此需要对营运的业务活动所产生的数据按照财务处理的方式来进行数据的组织和加工，并且考虑建立基于内部管理和营运绩效考核要求的数据体系。

基于财务中台构建的财务数字化系统，可以根据企业对核算数据的需求构建支持多目的、多准则、多币种的会计核算系统。通过构建起满足企业对外会计核算和对内责任核算的体系，来分别支持企业的对外报告目的和内部责任中心绩效管理的目的。

（二）责任中心核算的作用

营运管理系统中有一项内容是责任中心核算的责任会计，这部分的内容在企业进行内部组织的细化管理和进行绩效考核时有着重要的作用。由于财务会计的会计主体是按照独立法人来进行核算的。内部组织和部门经营的数据只能部分来自财务会计核算的明细科目数据。而在企业的内部绩效考核体系中，往往会把每个内部组织和部门当成独立的责任中心。在责任中心之间进行内部产品转移和服务提供的时候要按照内部转移定价来进行结算。内部公共费用则需要在相关范围的组织间进行分摊，以及企业内部的资金或资产占用进行计息的费用等，造成责任中心角度的数据在财务会计中是缺失的，因此需要建立责任中心的核算体系，来对责任中心的绩效考核的数据进行核算。责任会计系统框架如图 10－8 所示。

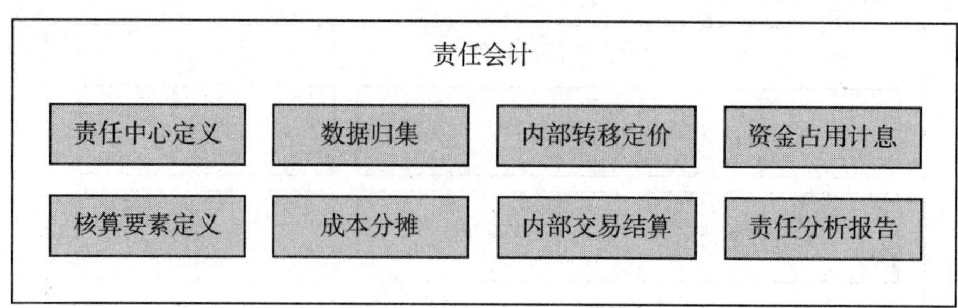

图 10－8　责任会计系统框架

（三）责任会计核算体系

责任会计核算体系记录了企业内部组织绩效管理口径的有关核算数据，构建起责任会计核算的体系，以责任中心为主体按照核算的要素口径进行核算，对责任中心需要考核相关的数据进行核算处理和分析报告。

（四）责任会计核算数据归集

核算数据的获得包括来自业务处理有关的数据和来自责任会计核算规则有关的数据（见图10－9）。

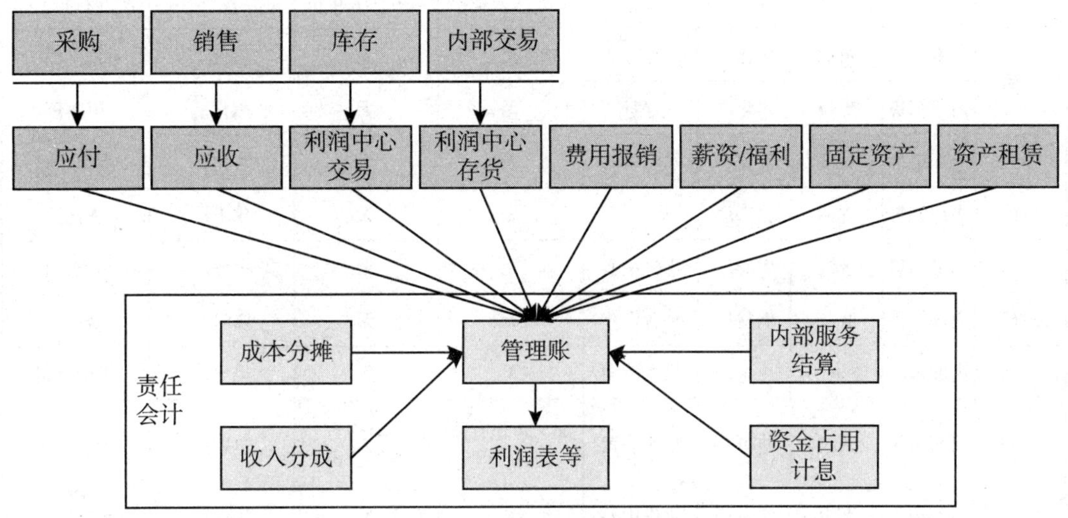

图10－9　责任会计数据集成关系

（1）来自业务处理的数据。从前端的业务数据转换成核算的数据，其中部分数据与财务会计的核算口径不同需要重新分类核算。有关数据的转换按照财务中台配置的有关规则进行处理，最终形成责任会计核算所需要的数据。

（2）来自责任会计要求的数据。收入分成、成本费用分摊、内部资金占用计息、责任中心内部交易结算等。

（五）责任会计处理

责任会计系统提供分摊、内部资金计息、内部结算、内部转移定价等功能。

责任会计系统提供分摊处理的功能来对收入和成本费用进行分成或者分摊，一般提供分摊规则定义、成本动因定义、分摊规则执行等功能。分成和分摊的有关数据来自核算数据，分成和分摊执行的结果也记录到核算数据中。

责任会计系统还提供资金占用计息的功能。可以定义企业内部计息的利率，定义资金占用计算的规则，按期执行资金占用计息，计算出的利息可以作为各组织的费用记录到核算数据中。

责任会计系统还提供内部交易结算的功能来处理责任中心间内部的产品转移或者提供

服务，同时需要按照内部市场化的原则进行内部结算的处理。支持定义产品在内部责任中心之间的内部转移价格以及内部服务的定价，建立内部结算的结算依据（见表10－1），并对业务中涉及两个责任中心之间的内部产品转移能够自动生成责任中心的内部结算单，或者对于内部服务的有关记录形成内部服务的结算单。内部结算单进行处理后，形成结算单双方组织的核算数据，如一方的收入和另一方的成本，核算数据记录到责任会计的核算数据中。

表10－1　企业内部转移定价

计量方式	交易类型	产品	供方	需方	法人账		管理账	
					供方法人单位	需方法人单位	供方利润中心	需方利润中心
过磅	内部销售	焦油	焦化厂	化工厂	无	无	焦化厂	化工厂
	内部销售	焦粒	焦化厂	甲醇厂	无	无	焦化厂	甲醇厂
抄表	内部销售	煤气	焦化厂	水汽中心	无	无	焦化厂	水汽中心
过磅	内部销售	洗油	化工厂	化工厂	无	无	化工厂	焦化厂
过磅	内部销售	蒸汽	甲醇厂	水汽中心	无	无	甲醇厂	水汽中心
过磅	内部销售	磨灰	墙材厂	各厂	无	无	墙材厂	各厂
抄表	内部销售	电	热电厂	供电公司	无	无	热电厂	供电公司
	内部销售	蒸汽	热电厂	供热公司	××焦化有限责任公司	××热力有限公司	热电厂	供热公司
	内部销售	蒸汽	热电厂	水汽中心	无	无	热电厂	水汽中心
抄表	内部销售	水	水汽中心	各使用单位	××焦化有限责任公司	各法人单位	水汽中心	各使用单位
	内部销售	蒸汽	水汽中心	各使用单位	无	无	水汽中心	各使用单位
	内部销售	煤气	水汽中心	各使用单位	无	无	水汽中心	各使用单位
过磅	内部销售	精煤	选煤厂	焦化厂	无	无	选煤厂	焦化厂
过磅	内部加工	加工费	焦化厂	选煤厂	无	无	焦化厂	选煤厂

（六）责任会计的分析与报告

责任会计可以支持部分营运指标的计算以及针对责任中心业务的分析。通过责任会计系统，可以为责任中心有关指标的计算提供数据来源。有关指标通过定义责任会计中相关要素当期的发生额或者余额来计算相关的指标值。这些指标值不但可以作为营运监控的指标，还可以作为绩效考核的指标。另外基于责任会计的数据可以进行明细数据分析，对于问题的分析和追溯提供支持。

第三节　系统功能与管理工具方法的实现

营运管理一般是企业整体信息化系统中的一个部分，并且以不同的功能分布形式存在，以下是T公司管理会计信息化系统的总体架构图（见图10－10）。

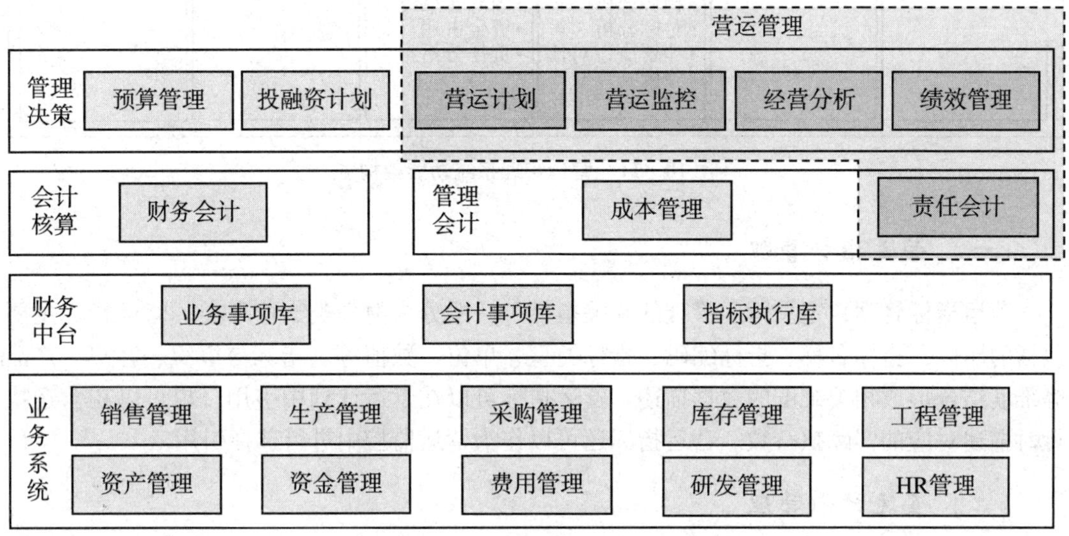

图10－10　T公司信息化总体架构

图10－10中包括了业务系统、财务中台、财务会计、管理会计和管理决策几个部分，营运管理涉及图中虚线框定的若干模块，有如下几项处理：

营运计划管理：基于预测分析数据制订销售计划，进而相应的生产计划、采购计划、现金流计划等。

营运过程管控：根据采集和计算的营运指标数据进行监督和控制。

责任会计中心核算：将采集的业务系统的数据，按照内部管理的要求进行核算。

经营分析：经营分析包括本量利分析、敏感性分析、边际分析、多维度盈利能力分析等各种功能。

绩效管理：基于责任会计核算的有关数据，对责任中心进行绩效考核。

另外营运管理部分还涉及财务中台，营运数据通过财务中台进行采集和加工处理。本节将对系统中与营运管理相关的有关模块进行介绍。

一、营运管理信息系统的实现

营运管理系统分成了营运指标管理、营运计划管理、营运执行监控与分析、责任会计、经营分析和营运绩效管理六个部分（见图10－11），以下对于各部分实现的有关功能进行介绍。

营运管理系统

营运指标管理	营运计划管理	营运执行监控与分析	责任会计	经营分析	营运绩效管理
•指标类型定义 •指标定义	•营运计划编制 •营运计划分解 •营运计划下达 •营运计划调整	•执行数据采集 •监控指标设置 •分析指标设置 •对标指标设置 •对标数据采集 •一般分析 •趋势分析 •对标分析 •计划执行对比分析	•责任中心定义 •核算要素定义 •核算数据归集 •收入分成 •成本费用分摊 •内部转移定价 •内部转移结算 •资金占用计息 •责任分析报告	•本量利分析 •影响因素分析 •边际分析 •多维度盈利能力分析 •……	•绩效指标定义 •绩效考核体系 •绩效指标计算 •绩效管理报告

图 10－11　营运管理系统功能架构

（一）营运指标管理

营运指标管理，定义营运管理的有关指标，一般分为财务类、业务类。营运指标主要包括的属性：指标名称、指标编码、指标类型、单位、数值等。指标与组织、客户、产品等维度结合形成相关维度的数据描述。营运指标可以在营运计划中引用，也可以在营运执行时描述对应的实际执行数。营运指标还可以作为营运监控中进行选择引用。

（二）营运计划管理

营运计划管理可以进行营运计划的编制、营运计划分解、营运计划下达、营运计划调整等处理。

营运计划编制：包括生产计划、采购计划、销售计划、研发计划、资金计划等内容，有关计划编制引用营运指标，按照组织、期间、营运指标以及其他的维度来编制计划，如产品、客户等维度。有关指标的数值可以参考本量利分析的结果。

营运计划分解：营运计划可以分成年度营运计划和季度营运计划、月度营运计划，可以将企业的年度营运计划分解到季度营运计划，以及进一步分解到月度营运计划。营运计划可以按照组织将有关营运指标分解到下面各组织，形成相关的各类业务计划。

营运计划下达：营运计划编制好后做正式发布，以正式的计划文件版本下达各单位，在系统中形成正式的版本标识，以后作为各组织执行计划和考核的依据。

营运计划调整：企业在年度执行营运计划的过程中，因为特殊的需要对营运计划进行调整。对营运计划相关的指标的值进行调整，并形成新的营运计划版本，作为后续期间执行的依据。

输入数据：目标利润、标准成本、标准费用定额、销售价格、历史销量、生产产能等，以及使用分析工具进行测算的数据。

输出数据：营运计划，生产计划、采购计划、销售计划、研发计划等。

（三）营运执行分析

营运执行分析包括：营运执行数据采集、营运执行数据查询、营运执行分析、营运计划对比分析。

营运执行数据采集：营运执行分析从各业务系统采集业务数据，并形成营运指标的数据。基于营运指标的当前数据和历史数据对企业当前状况和阶段经营状况进行分析。运营执行数据来自财务中台采集到的各业务系统集成的数据。部分营运指标的数据也可以基于责任中心核算的结果进行加工处理获得。

监控指标设置：设置系统需要监控的指标，对指标取值范围和预警值进行设置，以及预警级别和预警信息发送对象进行设置。监控指标从现有营运指标中选取，针对相应的组织、周期等维度进行设置。监控指标设置后，当相关指标的值超过了预警值的界限，系统将报警，将有关报警信息送达相关的预警信息发送对象。

分析指标设置：对后面分析的指标按照相关的分析报表选择相应的营运指标，设置对应的组织和期间等。后续的一些分析也将基于定义的指标进行分析。

对标指标设置：对要进行行业对标的有关指标进行定义，确定采集市场上行业指标的内容。

对标数据采集：按照定义的行业对标指标进行相应的数据的采集，主要是有关数据的录入、文件导入、数据下载存储等。

一般分析：可以根据企业的需求定义相关主题的分析报表，引入相关的营运指标，对指标的执行情况进行分析，提供相关指标的数据报告。

趋势分析：对于内部组织的部分指标，根据其多期的数据变化趋势，提供未来期间的预测数据。如对产品销量的预测。

对标分析：对本企业有关营运指标与系统中行业指标的数据进行对比分析，对差异进行分析。

营运计划执行对比分析：对比指标的计划数据和实际执行数据，对出现偏差较大的指标，可以做出重点的提示，为管理者进行进一步的分析提供参考。

输入数据：计划数据、指标执行数据、责任中心核算数据。

输出数据：营运指标的执行数据、与计划数的差异数据等，按照定义的主题提供相关的指标报表。

（四）责任中心核算

责任中心核算为各组织的营运绩效考核提供数据，一般称作责任会计。建立责任中心的内部核算体系，支持按照明细的收入、成本、费用等要素进行核算，以及对收入的分成、成本和费用的分摊等，对内部交易进行结算、对内部组织的资金占用计息等。本部分介绍相关的处理功能，下一部分专门介绍责任中心核算体系构建的逻辑。

责任中心定义：对企业各组织和部门按照责任中心的方式进行分类定义，定义出相应的责任中心。责任中心可以简单分成利润中心和成本中心。

核算要素定义：定义责任会计核算的有关要素，一般是将收入和成本费用按照明细的分类进行定义。核算要素是进行责任中心核算的细分口径。

核算数据归集：将从业务系统集成到营运管理系统的有关数据，按照内部核算的口径进行分类和核算，形成各责任中心的核算数据。

收入分成：对形成的收入需要按照内部相关的贡献进行收入分成处理，按照贡献的大小或者规则，拆分到相关的责任中心。分成可以按照比例或者动因。

成本费用分摊：对公共的成本或者费用按照收益匹配的原则进行分摊处理，将相关的公共成本费用分摊到相关的利润中心或者成本对象上。成本费用可以按照比例或者成本动因进行分摊。

内部转移定价：对企业内部责任中心之间所提供的产品或者服务，按照一定的原则进行定价，将有关定价规则或者定价表设置到系统中。

内部交易结算：对责任中心之间的内部交易进行结算处理，应根据结算的对应产品或服务，从内部转移定价表中查找对应的定价规则或者价格，乘以对应的产品和服务数量得出结算金额，结算相应的金额，形成提供产品和服务一方的收入。同时本方按照相应的成本进行成本结转，对方责任中心则按照内部转移价格核算其成本。

资金占用计息：针对责任中心对企业资金的占用情况，按照企业对资金占用制定的有关规则，包括利率和资金占用基数的规则，计算各责任中心的资金占用费。一般按月计算，并将相关的资金占用费记录到责任中心下的当月费用中。

责任分析报告：提供针对责任中心的分析报告，可以反映某个责任中心的经营成果和绩效考核的指标数据，还可以对多个责任中心进行对比分析排序处理等。责任中心的相关责任报表有责任中心的利润表、收入表、费用表、利润排名表等。

（五）经营分析

经营分析模块提供了常用的管理会计分析工具，包括：本量利分析、敏感性分析、边际分析、对标分析、多维度盈利分析等。

本量利分析：基于成本性态的思想和本量利分析的方法，基于企业的基础营运指标的数据，给出企业的盈亏平衡点、给定利润水平下的销售量等数据。分析工具依据给定的销售价格、产品变动成本、固定成本、目标利润等数据，输出在给定利润水平下的销售量等。

敏感性分析：基于成本性态的思想和本量利分析的原理，对于销量、售价、变动成本、固定成本等某一个因素或者多个因素变化时的利润的变化幅度，确定企业应该采取哪种策略，对企业制定营运策略提供支持。敏感性分析依据给定基准的销售数量、销售价格、产品变动成本、固定成本、目标利润等数据，调整一个因素或者多个因素的变化幅度，来给出不同变化的利润变化率。不同的调整结果可以形成不同的方案。

边际分析：基于成本性态的思想和本量利分析的原理，对于企业生产的产品的单位售价和单位变动成本的边际贡献进行分析，在多产品组织的企业中选取总边际贡献最大的产品组合方案，为企业的营运决策提供参考。边际分析工具依据给定多个产品的销售价格、产品变动成本和固定成本等数据，来输出利润最大化的产品组合。

对标分析：针对获取到的同行业企业的有关营运指标的数据，与本企业的对应指标数据进行对比分析，显示相应的差异。对标分析可以便于企业与外部企业进行对比，发现企业的劣势，提出改进的方向和措施，为企业制定营运战略提供依据。

多维度盈利能力分析：根据企业业务系统所发生的业务活动的数据，形成多维度盈利能力分析的数据集[①]。基于该数据集可以选择需要分析的数据对象，并基于数据记录的维度对分析的数据进行动态切片、穿透和钻取，方便对分析数据进行查看和分析。多维度盈利能力分析工具依据给定的有关分析查询条件，对查询出的结果进行各种维度的分析，输出各种分析维度对应的结果。

（六）营运绩效管理

营运绩效管理是企业进行绩效管理的一个重要的方面。对营运指标类的结果进行考核，一般需要制定相应的指标、建立运营绩效的指标体系，计算营运指标体系的绩效考核结果，并提供相关绩效考核报告。

营运绩效指标定义：定义营运绩效使用的指标，从现有营运指标中选取，在后续绩效体系中引用。

营运绩效体系定义：定义营运绩效考核的体系，按组织定义引用的指标，以及各指标的权重，取值范围、计算周期等。

营运绩效指标计算：定期计算营运绩效体系的各组织各指标的数值，并可以将计算的结果保存。

营运绩效报告：提供各组织各期间的营运绩效管理报告，如表10－2所示。

表10－2　　企业绩效考核

组织：

指标	指标说明	权重	目标值	结果值	差异	差异率	实际完成率	考核完成率
安全	安全生产	10%	100	100	0	0%	100%	100%
质量	合格率	10%	95%	94%	－1%	－1.01%	98%	98%
产量	原煤产量	30%	1 000	1 020	20	1.97%	102%	102%
进尺	原煤进尺	10%	80	100	20	20%	120%	130%
成本	生产成本	40%	200	196	4	－2%	102	102
合计		100%						104%

在营运管理系统中，使用了有关管理会计工具方法来辅助建立内部核算的数据体系和分析数据的体系，并为制订营运计划提供预测支持，对营运过程进行分析与控制。下面对有关工具方法的系统实现进行介绍。

二、本量利分析的信息系统实现

本量利分析是经典的管理会计工具，基于企业产品的价格、成本性态、目标利润等进行产量测算，计算盈亏平衡点、既定目标利润前提下的销售量，为企业制订营运计划提供依据。

① 有关多维度盈利分析的数据模型的定义方法见本章第四节。

（一）本量利分析的数据

本量利分析的基础是企业既有的标准和产品价格，以及历史的销售数据等。此处的数据主要是企业的成本数据，成本数据按照成本性态分为变动成本和固定成本，企业需要收集和整理基于企业标准水平的变动成本和固定成本。变动成本是企业中随着产品数量的变化而变化的成本，固定成本是不随着产品数量变化的成本。

本量利分析的数据来自系统中设置存储的有关基础数据（业务标准类的数据），有关数据以指标和细分项目的方式保存。数据包括：产品销售数据、变动成本和固定成本。

产品销售数据：每个期间各产品的销售数量、销售价格和销售额，销售价格为每个产品在每个期间的平均价格、参考价格等。

变动成本数据：每个产品的成本项目的单位变动成本数据，该产品所有变动成本项目的合计数是该产品的单位变动成本。可以保存历史各期的各成本项目的数据。

固定成本数据：企业固定成本的各成本项目的数据，所有固定成本项目的合计是该企业的固定成本。可以保存历史各期的各成本项目的数据。

（二）本量利分析的执行

在本量利分析的功能中，录入选择组织、产品、时间、目标利润等数据，系统根据有关条件数据从系统存储的财务指标数据中提取相关的数据，根据本量利分析的模型计算出盈亏平衡点的销量和销售额、指定目标利润下的销量和销售额等，并在界面显示有关数据，或者按照图示的方式显示相关的图形。

显示界面示例如图 10 - 12 所示，显示的是在选择的组织和产品在指定的期间中，基于企业相关基础数据标准的前提下，其目标利润为 0 时盈亏平衡点的销售数量和销售额。

本量利分析

组织 组织1　　产品 产品1

期间 起始年月 ～ 终止年月

利润 0

项目	产品1
单价	1 000
变动成本合计	450 000
单位变动成本	600
固定成本合计	300 000
净利润	0
盈亏平衡点销售额	750 000
盈亏平衡点销售量	750

图 10 - 12　本量利分析功能

相应的示意图显示如图 10 - 13 所示。

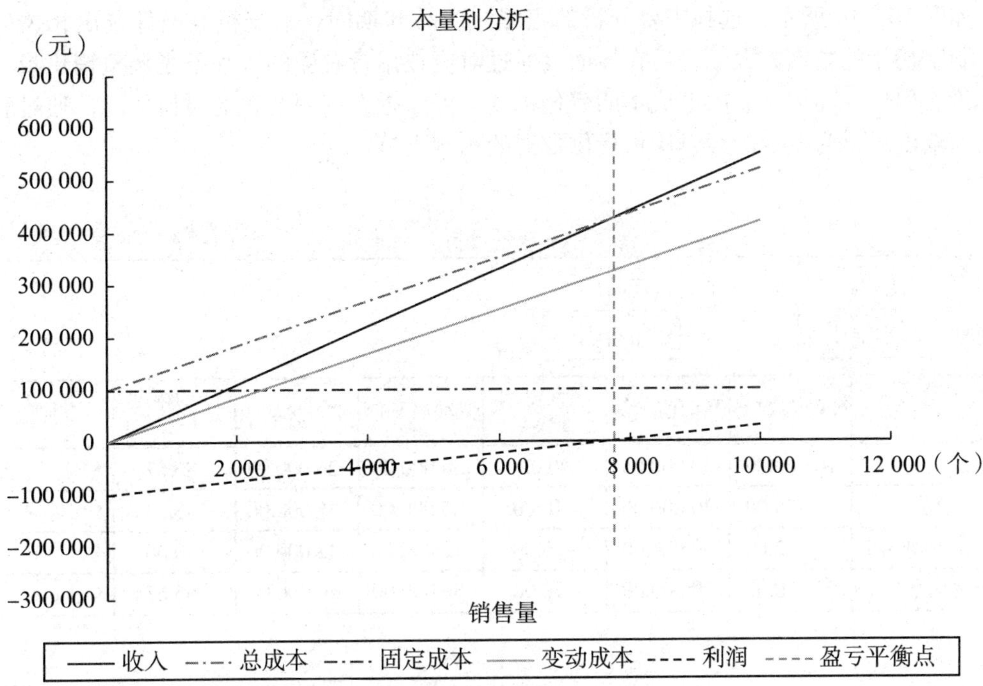

图 10－13　本量利分析功能图示法

三、敏感性分析的信息系统实现

敏感性分析是基于本量利分析模型进行变型使用的一个分析工具，可以用于识别、控制和防范短期营运决策、长期投资决策的相关风险。通过对于企业的销售价格、固定成本（明细项）、变动成本（明细项）的增减调整，来分析各种调整方案对于企业利润的影响，在多种方案中选择最优的方案。可以进行单因素调整和多因素调整。

本部分介绍短期营运决策分析的有关应用内容，有关长期投资决策分析的内容在本书不展开讲解。

（一）敏感性分析的数据

敏感性分析的数据有用于短期营运分析的有关数据和长期投资决策分析的有关数据。

短期营运分析的有关数据与本量利分析的有关基础数据基本相同，包括产品销售数据、变动成本和固定成本。相关数据设置在系统中作为基础数据为分析计算时使用。详见本量利分析的数据部分。

（二）敏感性分析的执行

在敏感性分析的功能中，提供基准利润水平下的敏感性分析，通过调整销量、销售单价、单位变动成本、固定成本的增加或者减少，对相应的利润进行预测。可以基于不同数据的变化，计算出相应的结果，并显示对应方案的利润变化幅度。

如图 10－14 所示，选择需要分析的组织、产品和期间，系统根据条件选出相关的数据，制定初始的数据方案。之后在界面上通过对应数据行右侧的滚动条来调整销售量、产品单价、单位变动成本、固定成本的变化幅度，可以查看利润变化的对比情况。通过利润的变动幅度可以为企业的经营决策提供数据的预测支持。

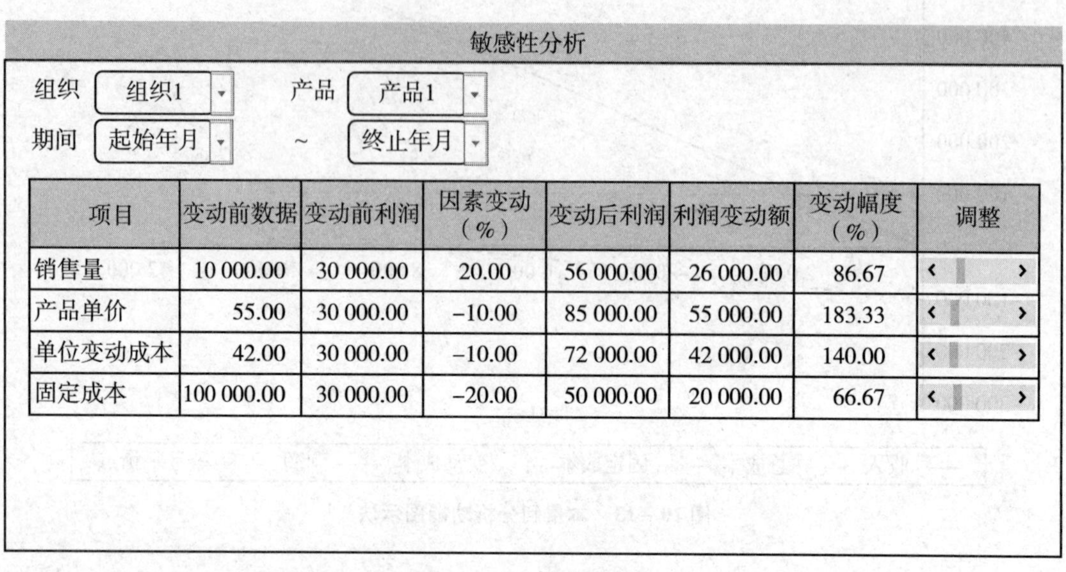

敏感性分析

组织 组织1　　产品 产品1

期间 起始年月 ~ 终止年月

项目	变动前数据	变动前利润	因素变动（%）	变动后利润	利润变动额	变动幅度（%）	调整
销售量	10 000.00	30 000.00	20.00	56 000.00	26 000.00	86.67	‹ ›
产品单价	55.00	30 000.00	–10.00	85 000.00	55 000.00	183.33	‹ ›
单位变动成本	42.00	30 000.00	–10.00	72 000.00	42 000.00	140.00	‹ ›
固定成本	100 000.00	30 000.00	–20.00	50 000.00	20 000.00	66.67	‹ ›

图 10－14　敏感性分析

四、边际分析的信息系统实现

边际分析工具是基于成本性态思想的一种分析工具。边际分析是通过对企业的各项成本的分析，来评估某项成本变动对企业的边际贡献的影响。边际分析一般需要对某个产品变动成本的构成进行分析，如使用材料的选择所引起材料成本的变化，对产品采用自制还是外协所产生的成本的不同，分析采取一定的成本措施后对产品的边际贡献的变化的影响。通过获得有关措施的成本数据及其计算的边际贡献率，来制定相应的采购或者生产的策略。

（一）边际分析的数据

边际分析所使用的数据，包括销售数据和变动成本、固定成本数据。相关数据设置在系统中作为基础数据为分析计算时使用。详见本量利分析的数据部分。

（二）边际分析的执行

在边际分析的功能中。在边际分析工具中，对于销售单价或者各项成本的改进数据进行预计数据的调整，然后对比相关成本改进后的对边际贡献的影响。显示界面如图 10－15 所示。

边际贡献分析

组织 [组织1 ▾]　　产品 [产品1 ▾]

期间 [起始年月 ▾]　～　[终止年月 ▾]

序号	项目	变动前	改进预计	改进后	对比：改进后与改进前	对比：改进后与改进预计
1	销售单价	1 000				
2	单位产品成本	900				
3	单位变动成本	600				
4	直接材料	350				
5	外购件	50				
6	人工费	50				
7	工装工具	20				
8	能源费	80				
9	辅助材料	20				
10	变动制造费用	30				
11	固定成本	300				
12	折旧费	200				
13	社保费	20				
14	交通费	20				
15	固定制造费用	50				
16	单位边际贡献	100				

图10－15　边际分析

五、内部转移定价的信息系统实现

内部转移定价为企业内部按照责任中心的方式进行管理提供了数据基础。责任中心独立核算，并且对于责任中心之间转移的产品采取内部转移定价的机制进行结算处理，这个工具融入责任会计的应用中。

（一）内部转移定价的数据

内部转移定价涉及的数据有产品/服务、内部转移定价方案、内部转移定价表等数据。定价方案中确定每个内部转移的产品/服务的定价的原则，如成本价、市场价、协商价等策略以及调整幅度等。在定价表中则描述了相应的参考市场价格等。另外，内部转移定价表的数据需要定期调整。

（二）内部转移定价的执行

对接收到的内部结算单进行处理，对内部结算单做结算处理，生成双方责任中心的核算数据，转出方核算收入，转入方核算成本。也可以手工填写内部结算单，根据填写的有关产品或服务自动查找对应的内部转移价格，计算出结算金额。

六、多维度盈利能力分析的信息系统实现

多维度盈利能力分析是一个用于深入经营分析的重要的分析工具，主要是针对企业的获得的利润从产品、客户、渠道、地域等各种维度进行详细分析，以发现能够给企业带来

更大价值的产品和客户等，使得企业可以把有限的资源投入到相应的维度对象上，是支持企业进行战略决策的一个重要的工具。

（一）多维度盈利分析的数据

在进行多维盈利分析之前需要建立多维度分析的数据模型，将企业用于分析的各种业务维度和用于分析使用的各种收入成本费用定义到数据模型上，建立多维度盈利分析数据集。

进行数据的采集与存储，在日常营运过程中把企业经营的各项数据按照销售主线进行收集，按照最细的业务维度记录销售收入、销售成本、运输成本、生产成本等数据，按照收入、成本、费用来细分各维度的经营数据，把企业的销售数据、成本数据、费用数据进行归集，按照最细的维度进行核算。

对于成本数据，可能会按照不同的成本核算口径计算出不同的成本数据，并且需要对构成成本的数据进行分项。

对于费用数据需要把企业的营销费用、管理费用、研发费用、财务费用等各类费用全部进行归集，按照相关维度进行记录。对于业务数据无法细分维度的费用按照分析的维度对各类费用进行分摊，并记录到相关的维度对象上。

（二）多维度盈利分析的执行

多维度盈利能力分析在交互处理上提供了针对查询出的数据，再按照相关的维度进行切片、钻取等处理，方便分析的连续性。一般通过显示分析报表结果的方式来进行多维盈利分析。

多维盈利分析一般是通过提供独立的工具来实现的，多维盈利分析工具包括数据模型的定义、数据来源定义、数据采集、多维费用分摊、多维分析等功能。

1. 数据模型定义

数据模型定义主要界定企业进行多维盈利分析的数据结构，以及来源数据的对应存储关系。数据结构定义应包括源头业务的主要业务信息，以及相关的各项业务维度，便于将来数据的存储。

业务的属性维度信息包括数据类型、售订单号、销售的产品、客户、渠道、地域、公司、销售组织、生产组织、部门、销售员等，数据维度包括销售数量、单价、金额、折扣、出库数量、出库成本、开票数量、开票金额、运输费、佣金、销售费、管理费、研发费、财务费等各类的费用。其中数据类型表示进入多维盈利分析的各类的数据，如销售订单、销售出库、销售发票、运费结算单、佣金结算单、销售出库单、销售发票、各类费用单等。

2. 数据来源定义

多维度盈利分析的数据来源有多种类型，主要包括销售订单、销售发票、销售出库、销售佣金、销售运费、生产成本结算、标准成本、销售费用、管理费用、财务费用、研发费用等。

根据每类业务设置相关业务数据来源数据项与多维度能力分析数据集的数据项的对应关系。需要按照数据类型定义对应的数据来源及来源单据与多维盈利数据模型的对应关系。

3. 数据采集

一般来说当前端业务数据处理确认后，其后续处理就将相关的数据传送到多维盈利分析，并按照数据来源的对应数据的关系，存储到多维盈利分析的数据库中。对于管理费用、财务费用、研发费用等与产品销售没有直接关系的费用，一般在进入多维盈利分析数据库之前可以按照有关的规则进行分摊。如按照各个产品的销量或者销售额进行分摊，然后写入数据库时就具有了产品维度的属性信息。

4. 多维费用分摊

归集到多维分析数据库中的费用数据在需要按照其他的维度进行分析的时候，需要将没有分到这些维度的数据进行分摊，通过指定分摊的对象维度，以及分摊的依据列（一般是多维分析数据库中的其他数据列的统计数据），来分摊相关的费用。

5. 多维分析

多维分析首先选中需要分析的范围和维度，查询出满足条件的数据集，一般按照定义数据模型的有关属性维度和数据维度，查询出满足条件的数据集合。然后通过对查询出的数据集进行选择分析维度的逐层的追踪分析（数据钻取）获得更细粒度的数据的结果，显示相关维度的收入、成本、费用、利润等数据。通过换取分析的维度和追踪分析数据的方式，按照各种维度进行数据的分析，给出分析者需要的数据结果。

第四节　营运管理信息系统应用场景和案例

案例：X 公司多维度盈利能力分析体系设计*

一、案例背景

X 公司成立于 1991 年，是一家多元化的全球型工业集团，主营家用空调、中央空调、智能装备、生活电器等产品，远销 160 多个国家和地区。公司现有 9 万多名员工，在国内外建有 14 个生产基地，同时建有 5 个再生资源基地，覆盖从上游生产到下游回收全产业链，实现了绿色、循环、可持续发展。

作为我国电器行业的领先品牌，X 公司组织结构完善，能够承受公司开发与运营多元化产品的压力。随着客户需求日渐多元化，同产业产品层出不穷，行业竞争压力与日递增，X 公司面临来自国内外多个公司的竞争压力。同时，企业注重效率办公，管理信息系统功能强大，信息技术人员能够支持企业进行信息系统改革。对 X 公司这样一个内部结构复杂、外部竞争较大、信息系统完善的大型公司来说，实施多维度盈利能力分析有利于识别其盈亏驱动因素，不断改进企业的运行机制和产销体制。

二、X 公司多维度盈利能力分析体系的设计

为了对 X 公司进行多维度盈利能力分析，按如下步骤展开设计：

1. 确定分析维度

根据企业的管理要求，结合组织架构、管理能力、绩效管理、销售管理、渠道管理、产品管理、生产管理、研发管理等部门的管理需求，建立综合全面的分析维度。将 X 公司的组织架构情况抽象为图 10 - 16，其组织结构形式为事业部式，事业部下分设业务部门，

* 案例来源：温素彬，杨露：《多维度盈利能力分析：解读与应用案例》，载于《会计之友》2020 年第 14 期。

业务部门下分设生产中心、研发中心和销售中心，销售中心下设各班组，班组由岗位人员组成。由此，得到了细化到岗位个人的企业组织结构。

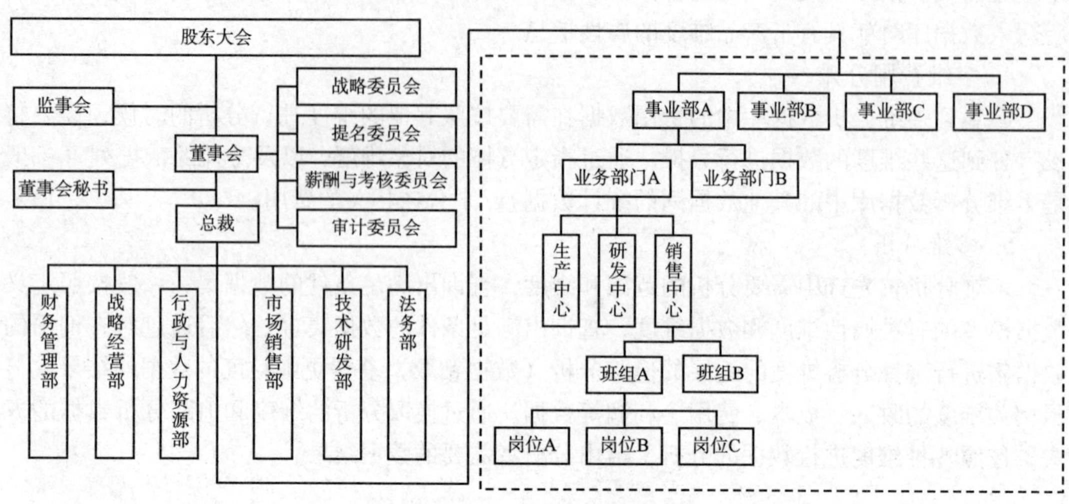

图10－16　公司组织架构

X公司作为工业企业，产品结构复杂、销售范围广泛，根据企业管理需求，结合应用管理会计指引要求，按照区域、产品、部门、渠道和客户建立分析维度，如图10－17所示。区域、产品、部门为较常见的分类形式，在对客户进行分类管理时，可以使用ABC客户分类法，将客户群分为关键客户（A类）、重要客户（B类）和普通客户（C类），对不同类别的客户，采取不同的管理方法，建立科学动态的管理机制。在对销售渠道进行管理时，将其分为线上电商和实体店铺两类，再按照"分级管理、责任到位、量化管理"的原则进行归集和分配。

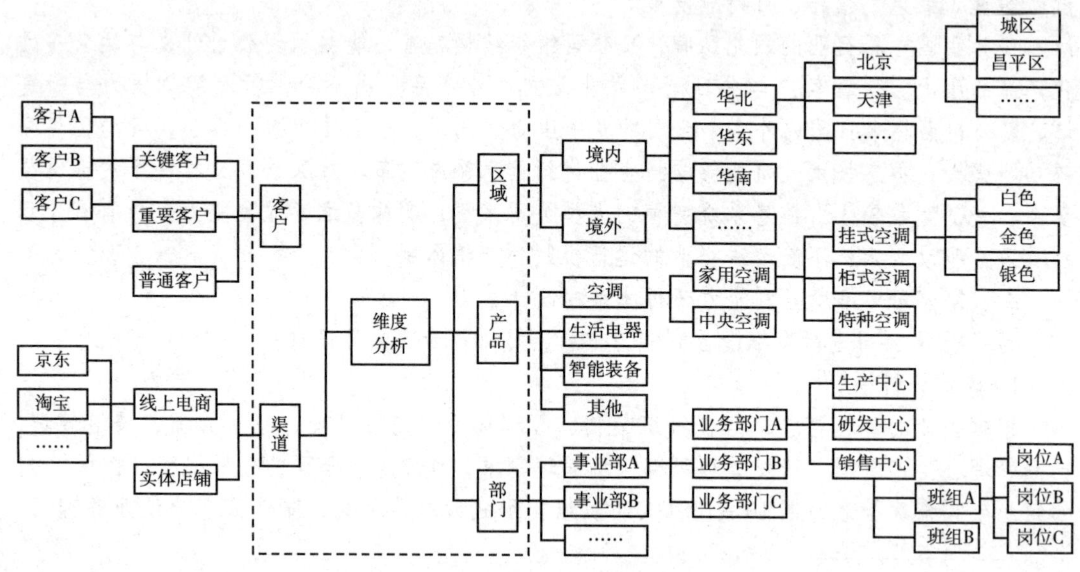

图10－17　X公司维度分析

2. 建立分析模型

将不同维度的市场占比等纳入分析模型，企业盈利能力采用营业收入、营业利润、净利润、经济增加值等指标来度量，具体分析模型如图 10－18 所示。

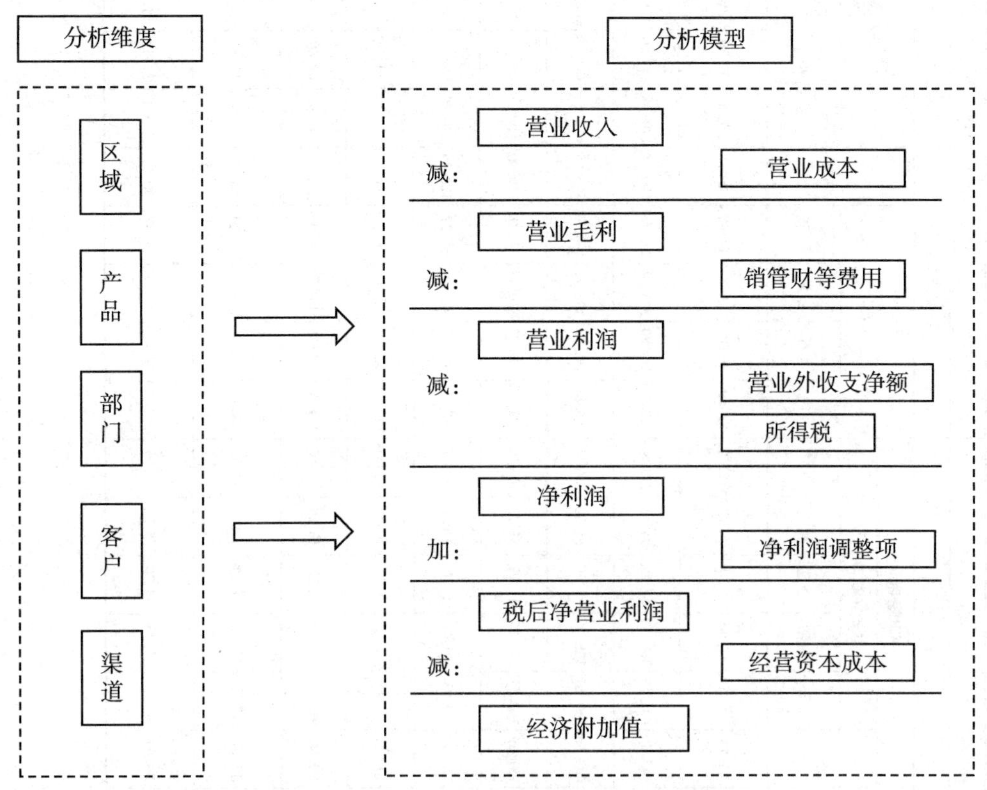

图 10－18　X 公司多维度盈利能力分析模型

3. 制定数据标准

由于各个维度的数据基础有所不同，在收集数据前应确定统一的数量级数据单位，便于数据分析报告中对不同维度进行对比。根据 X 公司实际的产销情况，在企业整体层面进行分析时，将“亿元”作为统计单位。若需要进一步细化到各个具体维度进行分析，再根据各个维度的数量级确定统计单位。

4. 收集数据

按照设计的数据模型收集整理数据，由于数据需求量较大，需要企业具备较为完善的业务信息管理系统且与财务信息系统形成对接，以方便快捷地完成数据收集工作。

5. 加工数据

对收集来的数据按照盈利能力分析模型进行加工。

6. 制定数据分析报告支持企业决策

为达到直观具体的效果，本案例按照如上步骤选取每一维度的一个管理最小颗粒度进行对比分析，以做比较和参考，具体数据情况如表 10－3 所示。结合企业当前管理需要，收集数据至设定的管理最小颗粒度，例如在区域这一维度中，将管理最小颗粒度设定为城市的区，将各个区进行对比即可发现各个区的盈亏情况，对其进行分析即可进一步改善企业管理情况，计算出盈利能力指标后，编写分析报告。

表 10－3　　X 公司多维度盈利能力分析（部分）

项目	内部环境																	外部环境									
	区域					部门					产品							渠道					客户				
	境内	华北区				事业部 A					总计	家用空调						总计	电商			实体店铺	总计	关键客户			主要客户
												小计	挂式空调				柜式空调										
		总计	北京	北京城区	天津	总计	业务部门 A	销售中心	班组 A	岗位 A			小计	白色	金色	银色			小计	京东	淘宝			小计	客户 A	客户 B	
市场占比（%）	86.95	43.20	27.80	13.80	8.90	24.70	15.60	3.60	1.10	0.07	91.26	43.70	25.30	17.60	2.10	5.60	18.40	81.50	46.30	17.80	14.40	35.20	59.30	37.70	8.90	5.70	21.60
营业收入	1 483.22	736.92	474.22	235.40	151.82	421.34	266.11	61.41	18.76	1.19	1 556.82	745.45	431.58	300.23	35.82	95.53	313.87	1 390.25	789.80	303.64	245.64	600.45	1 011.56	643.10	151.82	97.23	368.46
营业成本	931.04	400.58	265.98	123.41	98.30	287.37	184.80	41.90	11.90	0.77	988.90	487.56	267.87	188.46	23.90	61.80	206.88	866.88	486.33	192.77	168.33	380.55	692.53	433.98	104.23	69.33	258.55
营业毛利	552.18	336.34	208.24	111.99	53.52	133.97	81.31	19.51	6.86	0.42	567.92	257.89	163.71	111.77	11.92	33.73	106.99	523.37	303.47	110.87	77.31	219.90	319.03	209.12	47.59	27.90	109.91
营业利润	298.96	210.53	124.79	74.01	27.60	95.66	35.88	9.03	4.66	0.30	302.15	118.90	90.03	60.51	8.40	27.80	53.41	288.99	168.63	62.11	35.37	120.36	180.20	99.33	26.17	11.10	80.87
净利润	254.51	178.74	106.01	62.80	23.52	76.32	30.68	7.71	2.43	0.16	257.31	101.46	76.62	51.52	3.99	14.40	45.54	241.99	143.49	52.87	30.22	98.50	150.15	84.79	22.31	9.52	65.36
经济增加值	216.90	160.06	93.98	56.83	19.67	64.54	23.94	6.15	0.95	－0.02	217.84	82.56	65.67	43.90	2.22	18.35	37.59	220.76	123.46	45.17	24.00	97.30	116.91	68.49	18.46	7.05	48.42
营业净利率（%）	17.16	24.26	22.35	26.68	15.49	18.11	11.53	12.56	12.95	13.40	16.53	13.61	17.75	17.16	11.14	15.07	14.51	17.41	18.17	17.41	12.30	16.40	14.84	13.19	14.70	9.79	17.74
营业毛利率（%）	37.23	45.64	43.91	47.58	35.25	31.80	30.55	31.77	36.58	35.52	36.48	34.60	37.93	37.23	33.28	35.31	34.09	37.65	38.42	36.51	31.47	36.62	31.54	32.52	31.35	28.70	29.83

三、X 公司多维度盈利能力分析报告

将不同维度的盈利能力进行分析形成分析报告，多维度盈利能力分析报告主要包括以下几个部分：（1）公司外部环境变化、本期经营及整体盈亏情况；（2）各个维度的盈利目标、完成情况及对比分析；（3）各个维度的盈亏动因分析；（4）各个维度未来发展趋势分析；（5）未来发展的建议等。

本案例选取部门这一维度作为分析报告的参考。X 公司的组织结构为事业部制，将管理的最小颗粒度设置为具体岗位人员，为了分析班组 A 各岗位人员的盈亏情况，选取部门维度的 A 事业部中的 A 班组为例生成部门维度的分析报告。

对班组 A 各岗位人员本年的盈亏情况进行分析。表 10－4 为班组 A 岗位人员维度的盈利能力情况表，图 10－19 为班组 A 各岗位人员的盈利能力气泡图分析。图 10－19 中横轴代表营业收入，纵轴代表净利润，气泡的大小代表各岗位人员的市场占比情况。图 10－20 为班组 A 各岗位人员的盈利能力雷达图分析，雷达图以各人员的市场占比、营业收入、营业成本、营业毛利、营业利润、净利润和经济增加值七个衡量盈利能力的指标为基础，将班组 A 整体盈利能力情况作为标准进行对比。

表 10－4　　班组 A 岗位人员多维度盈利能力分析

项目	班组 A		岗位 A		岗位 B		岗位 C		岗位 D		岗位 E	
	本年	上年	本年	上年	本年	上年	本年	上年	本年	上年	本年	上年
市场占比（%）	1.10	0.98	0.07	0.06	0.25	0.17	0.14	0.13	0.35	0.35	0.29	0.27
营业收入	18.76	16.66	1.19	1.02	4.26	2.90	2.39	2.22	5.97	5.91	4.95	4.61
营业成本	11.90	10.60	0.77	0.64	2.72	1.83	1.56	1.48	3.74	3.73	3.11	2.92
营业毛利	6.86	6.06	0.42	0.38	1.54	1.07	0.83	0.74	2.23	2.18	1.84	1.69
营业利润	4.66	3.77	0.30	0.28	0.92	0.87	0.69	0.52	1.54	1.25	1.21	0.85
净利润	2.43	2.14	0.16	0.14	0.55	0.46	0.30	0.27	0.89	0.85	0.53	0.42
经济增加值	0.95	0.88	-0.02	0.03	0.27	0.21	0.09	0.08	0.39	0.38	0.22	0.18
营业净利率（%）	12.95	13.04	13.40	13.68	12.90	15.86	12.56	12.18	14.91	14.38	10.71	9.12
营业毛利率（%）	36.58	36.22	35.52	37.47	36.22	36.89	34.68	33.26	37.36	36.89	37.13	36.60

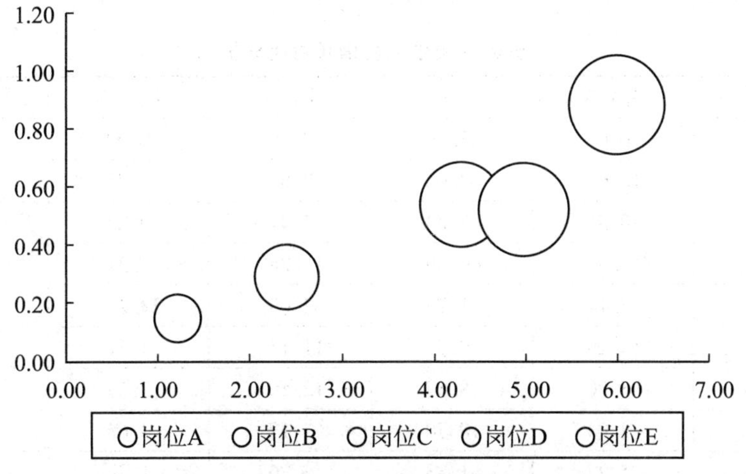

图 10－19　班组 A 岗位人员盈利能力

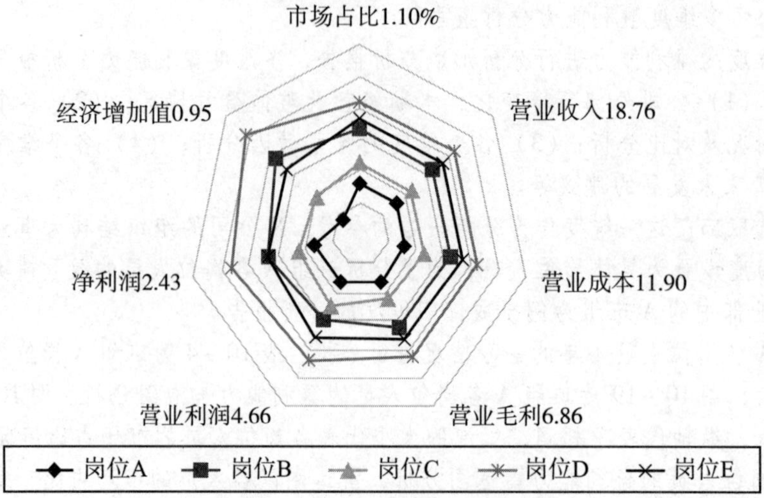

图 10－20　班组 A 岗位人员盈利能力

由图表可见，岗位 D 的市场占比最高，其盈利能力也最强，在图 10－19 中，岗位 D 的气泡体积最大，在第一象限中处于最高的位置，在图 10－20 中，岗位 D 各个指标均优于其他岗位；岗位 A 的市场占比最低，盈利能力也最差，且其经济增加值为负，说明其并未创造价值；岗位 B 和岗位 E 的盈利能力相当，岗位 E 的营业毛利率高于岗位 B，但岗位 B 的营业净利率高于岗位 E，说明岗位 B 的产品成本高于岗位 E，而期间费用等营业费用低于岗位 E。

对各岗位本年相对于上年的完成情况进行对比分析。表 10－5 数据为当年相对于上年的相对值，表现出当年相对上年的增长情况。以营业毛利率增长率、营业净利率增长率、市场占比增长率和净利润增长率作为衡量指标，五个岗位盈利能力增长情况如图 10－21 所示。与前面比较分析，图 10－21（1）中，岗位 A 和岗位 B 处于第三象限，即这两者本年盈利能力有所下降；岗位 D 的盈利能力较为稳定，相比上年仅有略微上升；岗位 C、岗位 E 的盈利能力均上升。图 10－21（2）中，五个岗位的增长率均为正。其中，岗位 B 的市场增长率最高，岗位 E 的净利润增长率最高。结合前面分析，岗位 B 和岗位 F 本年的盈利情况相当，岗位 B 虽市场增长率较高，但本年相比上年盈利能力有所下降，岗位 E 则有所上升。

表 10－5　　班组 A 岗位人员增长对比分析　　单位：%

项目	岗位 A	岗位 B	岗位 C	岗位 D	岗位 E
市场占比	16.67	47.06	7.69	0.00	7.41
营业收入	16.67	47.06	7.69	1.02	7.41
营业成本	20.31	48.63	5.41	0.27	6.51
营业毛利	10.58	44.36	12.28	2.31	8.97
营业利润	7.14	5.75	32.69	23.20	42.35
净利润	14.29	19.57	11.11	4.71	26.19
经济增加值	－165.90	28.57	12.50	2.63	22.22
营业净利率	－2.04	－18.70	3.17	3.65	17.49
营业毛利率	－5.22	－1.83	4.26	1.28	1.45

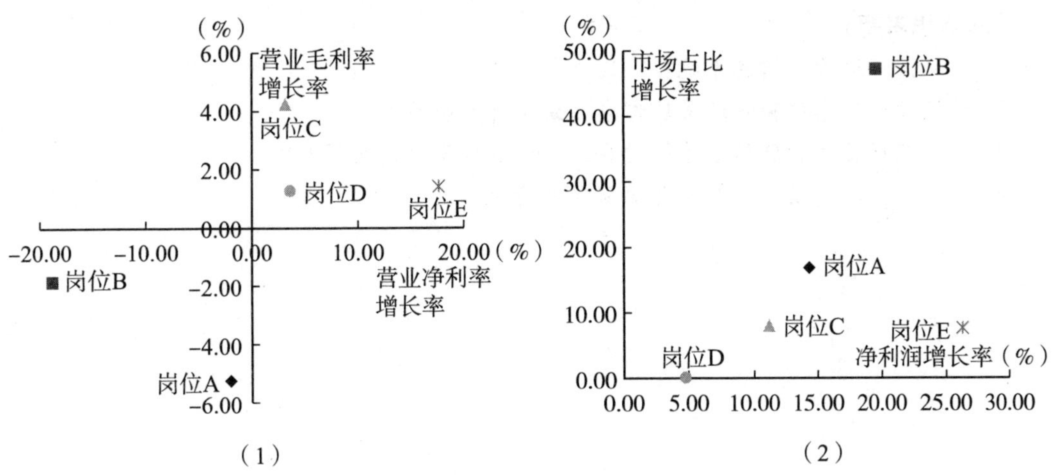

图 10 - 21 班组 A 岗位成员盈利能力增长情况对比

结合以上分析，岗位 A 的盈利能力最差，且呈下降趋势；岗位 D 的盈利能力最强，较为稳定；岗位 B 和岗位 E 的盈利能力相当，但岗位 B 的盈利能力本年有所下降，岗位 E 的盈利能力本年则进一步上升。对人员的盈利能力进行分析，可以支持企业进行精细化管理，为企业进行绩效考核和资源分配提供有效信息，促进企业制定最有效的激励政策。

【本章总结】

营运管理系统可以分成如下四部分内容：战略和营运策略的制定、营运指标的制定和下达、营运活动的过程管控、营运成果分析与评价。管理会计的核算体系，需要将业务处理和财务核算融合在一起，对于每一个业务处理的事项，能够及时、完整地对业务处理的数据进行采集和加工记录，形成完整的管理会计的数据体系。

企业的营运管理从计划制订到计划执行，再到监督和评价，涉及大量业务活动和大量的业务数据。这些数据的处理和使用，都需要应用营运管理信息系统来支撑。营运管理系统可以实现对企业营运活动计划的制订和下达，以及针对营运计划执行情况进行的监控和分析，并提供营运成果进行的分析和评价的报告。营运管理系统需要与企业运行的各个业务系统进行集成，从各系统中获得业务处理的各项数据，并依据管理的要求进行加工转换，形成符合营运管理的数据和报告。营运管理系统的数据包括：运营管理基础数据、营运计划数据、营运计划执行数据、市场和行业对标数据等。在营运管理相关数据对象及其处理方面，首先需要把企业的有关产品的售价、变动成本、固定成本等各项标准数据设置到有关业务标准数据中，将有关的内部转移定价的结算规则和定价表等设置到有关规则数据中。营运管理系统可以划分成如下模块：营运指标管理、营运计划管理、营运执行分析、责任中心核算、营运监控、经营分析、营运绩效等。

营运管理系统分成了营运指标管理、营运计划管理、营运执行监控与分析、责任会计、经营分析和营运绩效管理六个部分。营运管理系统经营分析模块可以实现本量利分析、敏感性分析、边际分析、对标分析、多维度盈利分析等常用的管理会计分析工具的应用。

【本章思考题】

1. 什么是营运管理信息系统?
2. 营运管理信息化和营运管理信息系统是什么关系?
3. 如何应用营运管理信息系统对企业营运管理活动进行提升?
4. 营运管理与新技术的结合会带来哪些价值?

第十一章　投融资管理信息系统及其应用

【本章内容简介】

本章第一节介绍投融资管理的内涵、管理原则，投融资管理信息系统的使用者和信息系统定位及流程；第二节详细阐述了投资管理信息系统的主要功能和基本架构，介绍了常见的投资管理信息系统；第三节详细阐述了融资管理信息系统的主要功能、典型流程和基本架构，介绍了常见的融资管理信息系统。第四节以贴现现金流法为示例，介绍了常见投融资管理工具方法在信息系统的实现。

【本章学习目标】

1. 熟悉投融资管理的内涵和管理原则。
2. 理解投融资管理信息系统的使用者及系统定位。
3. 了解投资管理信息系统的主要功能、构建思路和基本架构。
4. 了解融资管理信息系统的主要功能、典型流程和基本架构。
5. 了解常见的投融资管理信息系统。
6. 了解主要投融资管理工具方法在信息系统中的实现步骤。

【本章要点提示】

1. 投资管理信息系统应该主要包括：投资储备管理、投资计划管理、投资执行管理，这三部分的应用从做什么到怎么做形成一个管理闭环。

2. 融资管理信息系统应该主要包括：融资计划管理、融资执行管理以及融资决策分析管理，这三部分的应用从做什么、怎么做到、如何形成一个管理闭环进行分析。

【本章引导案例】

电力集团投资项目信息化建设

一、案例背景介绍

某省国有独资特大型电网企业，负责建设运营中西部电网，截至2019年底，公司资产总额1 001.9亿元，所属单位38家（含分公司22家，子公司16家），职工总人数近4万人，2012年，考虑到集团下属二、三级单位年度投资项目的复杂性，在集团层面统一搭建了面向集团基建投资项目的SAP PPM投资管理平台，其主要目的是：

（1）以建立全口径项目储备库为目标，梳理和明确项目申报流程，实现储备项目的申报、审批、分级评价及出库管理（列入投资计划）；

（2）以搭建整体的投资计划管理平台和架构为目标，梳理和明确计划编制和下达管理流程；

（3）在系统中实现年度投资和成本项目计划的编制、上报、下达和滚动调整管理。

二、项目实施成效

项目储备库和投资计划管理系统在实施的过程中借鉴了行业内其他省网公司的投资计划管理的实施经验，并充分考虑到企业自身管理特色，实施取得了显著成效。

（1）统一了公司的项目分类和项目编码体系，制定了储备项目和投资计划主数据的数据标准，将项目基本信息纳入管理信息系统，规范项目管理，统一管理口径；

（2）通过项目储备管理信息化建设，充分发挥储备的规范作用，逐步控制项目申报方式，优化项目申报流程，从而提高投资（资金）计划的科学性、准确性、及时性和全面性；

（3）加强项目的全过程管理，建立科学合理的项目储备和分级评价管理机制，为项目的优选奠定了基础；加强统计分析预测能力，促进规划、储备、投资、统计的高效运转；

（4）搭建整体的投资计划管理平台，明确计划编制工作的组织架构、部门职能以及跨部门流程，满足公司本部的垂直管理和内部各部门间的横向集成需要，并通过系统功能在操作层面进行固化；

（5）在核心业务流程的运行过程中强化其可控制性和可管理性，改变了以往通过 excel 编制和下达计划中出现的数据无法集中共享，计划版本管理容易混乱，数据汇总分析困难等弊端，实现了投资计划的精益化管理；

（6）系统实现投资计划各阶段信息的集成以及同项目管理等相关业务模块的集成，便于投资计划的统计和分析，实现对投资进度和相关信息的有效监督和管理。

三、应用经验总结

相比较行业内众多采用自主开发的投资管理系统的兄弟单位，该企业投资计划管理系统和 ERP 系统均采用 SAP 的成熟套装软件，从产品架构和功能设计方面，具备一些独有的特色和优势：

（1）业务集成性更紧密：充分利用了 ERP 成熟套装软件的紧耦合性强的特点，无论是数据标准还是业务流程方面的统一工作都比较容易实现，实施过程中加强了投资计划和项目执行情况、项目核算和决算管理的集成设计，为企业实现项目全生命周期管理打下了非常坚实的管理基础；

（2）系统扩展性更强大：系统在数据分析处理方面具有强大的功能扩展性，支持从 ERP 系统、BW 系统以及第三方系统的数据抽取和展现，为投资计划管理部门和公司决策层从 ERP 和财务管控等系统抽取投资项目的执行数据提供有力的技术支撑，未来基于系统可以实现信息量庞大、展现方式灵活多样的投资计划决策分析报表，并可以基于系统实现投资的预测分析；

（3）统一的平台设计保证数据更加及时和安全：如果投资管理系统与 ERP 平台不能同一平台，不同的产品和平台很难保证总部层面获取数据做到及时可靠，也难以保证数据的安全性。该企业项目储备库实施之初就已确定在整个公司采用统一的平台架构设计，数据无论从及时性还是安全性方面均得到业务部门的认可；

（4）具有公司管理特色的业务方案的制定：从流程设计方面充分的考虑到公司自身管

理特点，制订了一些有特色的管理方案，比如与前期项目的集成管理、项目总投资额动态管理、打包项目的拆分管理、紧急项目的特殊处理流程等。

（案例来源：SAP 内部案例。）

第一节　投融资管理信息系统概述

一、投融资管理的内涵

根据财政部《管理会计应用指引第 500 号——投融资管理》的定义，投融资管理包括投资管理和融资管理。在当今企业环境越来越复杂多变，竞争越来越激烈的时代，企业的财务管理者应该关注企业资本资源的合理配置与有效使用。通过精心的财务防控和精细的投融资管理，坚持较低的资产负债率，坚持谨慎的投资策略，保证高度的资金安全，实现低风险运营。

（一）投资管理

1. 定义和分类

投资管理是指企业根据自身战略发展规划，以企业价值最大化为目标，对将资金投入营运进行的管理活动。

投资管理可以按不同的特点和要求进行投资分类的管理，例如按投资活动与企业本身生产经营活动的关系，可以划分为直接投资和间接投资；按照投资对象的存在形态和形式，可以分为项目投资和证券投资；按投资活动对企业未来生产经营前景的影响，可以分为发展性投资和维持性投资；按照资金投出方向，可以划分为对内投资和对外投资等。在搭建企业会计管理信息系统时，需要考虑未来所搭建的管理信息系统，能够满足企业投资管理多方面的管控需求，所以，通常会将投资管理分为对内投资项目管理、对外投资项目管理，以及理财性投资管理。

投资管理是企业一项非常重要和复杂的管理活动。重要性在于，投资管理能帮助企业提高项目投资决策能力，并且是扩大产出的必不可少的途径，同时投资管理也将耗费企业大量的资金，其成功与否将对企业的发展产生深远的影响。

投资管理的复杂性在于，投资管理是一项跨职能部门的业务活动，投资管理包括了许多部门的业务流程，企业许多不同角色的人员都将参与到整个投资管理的过程中，确保所有参与者的需求能够及时得到满足，其项目职责所需的关键信息以及确保不同职能部门的业务流程都能贯通是非常复杂的任务。

2. 投资管理系统

传统企业的投资管理，都存在大量手工作业和信息孤岛。这使得项目的投资管理人员不能得到一致的和及时的信息。给项目的投资和监控管理带来很大的负面影响，这包括：难于做出正确的投资决策，项目的进度经常被延误，项目的预算失去控制，人员工作效率低下，项目的变更和风险得不到控制等。

投资管理系统的应用可以解决传统投资管理中存在的手工作业和信息孤岛问题，在企业投资决策与投资执行单位之间从投资规划立项到投资执行监控建立完整的投资闭环，实现企业在项目投资规划、执行上的透明化管理。

如图 11 －1 所示为某集团投资管理系统示例，该集团的投资管理系统主要关注投资规划、投资计划、投资监控、投资评估、投资报表编制、文档和流程管理等功能模块。其中投资规划模块负责投资项目的上报和投资预算的下达；投资计划负责项目执行上报和投资计划下达；投资监控负责财务成本数据和360 度投资透视；投资评估则负责项目项目绩效管理和资产信息；投资报表提供报表的自定义功能；文档和流程管理负责投资活动全过程的文档管理和在线流程审批。

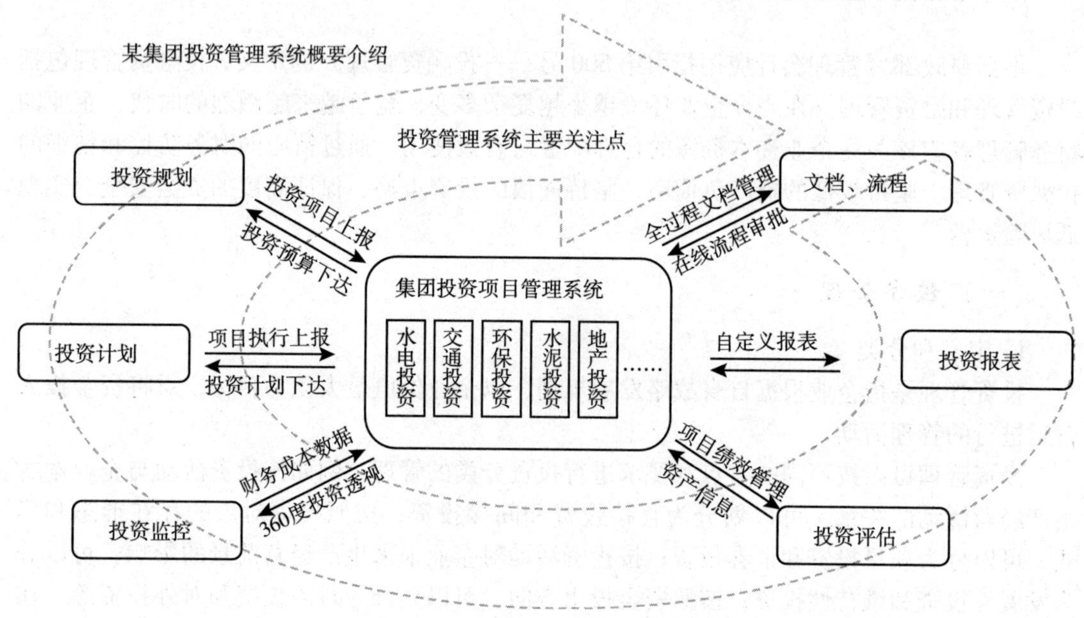

图 11 －1　投资管理系统功能模块示例

（二）融资管理

1. 定义和分类

融资管理，是指企业为实现既定的战略目标，在风险匹配的原则下，对通过一定的融资方式和渠道筹集资金进行的管理活动。企业融资的规模、期限、结构等应与经营活动、投资活动等的需要相匹配。

企业融资，是企业为了满足经营活动、投资活动、资本结构管理和其他需要，运用一定的融资方式，通过一定的融资渠道，筹措和获取资金的财务行为。融资活动按照不同的分类标准也可以分为不同的融资类别。按企业所取得的资金的权益特性不同，企业融资可以分为股权融资、债务融资及衍生工具融资；按照是否借助于金融机构为媒介来获取社会资金，分为直接融资和间接融资；按照资金的来源范围不同，分为内部融资和外部融资；按照所筹集资金的使用期限不同，分为长期融资和短期融资等。

2. 融资管理系统

无论何种形式的融资类别，都必须遵循融资管理的基本要求：即严格遵守国家法律法规的基础上，分析影响融资的各种因素，权衡资金的性质、数量、成本和风险、选择合理的融资方式，提高融资使用效果。而上述管理内容，在企业搭建的融资管理信息化系统中都需要通过数据的形式沉淀下来，以满足不同的内部管控需求。

一般来说，企业的常用的融资方式有两种：股权融资和债务融资。表 11 －1 所示为搭建融资管理信息化系统时不同的融资方式下应该关注的点，“同时关注过程和结果”的融资方式将是融资信息化系统搭建时所考虑的主要内容。

表 11 －1　　常见融资分类

融资方式	详细分类	信息化系统关注点	纳入的信息化系统
股权融资	吸收直接投资	结果的账务反映	财务会计信息化系统
	留存收益	结果的账务反映	财务会计信息化系统
	发行股票	同时关注过程和结果	融资管理信息化系统，同时与财务会计信息化集成
混合融资	可转换债券	同时关注过程和结果	融资管理信息化系统，同时与财务会计信息化集成
债务融资	发行债券	同时关注过程和结果	融资管理信息化系统，同时与财务会计信息化集成
	向金融机构借款	同时关注过程和结果	融资管理信息化系统，同时与财务会计信息化集成
	融资租赁	同时关注过程和结果	融资管理信息化系统，同时与财务会计信息化集成
	商业信用	同时关注过程和结果	融资管理信息化系统，同时与财务会计信息化集成

二、投融资管理循环

（一）投融资管理原则

企业进行投融资管理，一般应遵循以下原则：

1. 价值创造原则

投融资管理应以持续创造企业价值为核心。

企业在生产运营过程中，降本增效的精细化成本管理是财务的核心管控内容之一，而投融资过程中的降低投资成本、融资成本，体现了“价值创造”原则。

2. 战略导向原则

投融资管理应符合企业发展战略与规划，与企业战略布局和结构调整方向相一致。

企业根据战略需要，进行投资计划安排。企业投资计划也作为预算管理的一部分，纳入全面预算管理之中，如图 11 －2 所示。

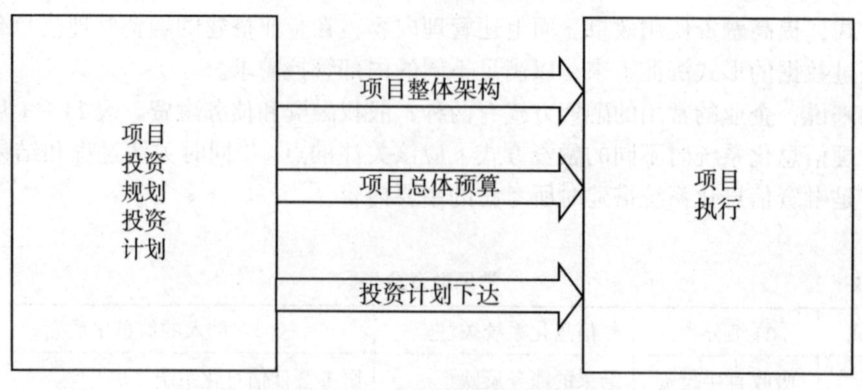

图 11－2　投资与执行的关系

企业根据战略需要、业务计划和经营状况，预测现金流量，统筹各项收支，编制年度融资计划，并据此分解至季度和月度融资计划。必要时根据特定项目的需要，编制专项融资计划。年度融资计划的内容一般包括编制依据、融资规模、融资方式、资本成本等；季度和月度融资计划的内容一般包括年度经营计划、企业经营情况和项目进展水平、资金周转水平、融资方式、资本成本等。企业融资计划可作为预算管理的一部分，纳入企业全面预算管理，体现"战略导向"原则。

3. 风险匹配原则

投融资管理应确保投融资对象的风险状况与企业的风险综合承受能力相匹配。

另外，在此过程中，基于企业自身的行业、业务经营中识别出的关键风险监控指标，也包括融资和投资管理过程中的风险，应确保投融资对象的风险状况与企业的风险综合承受能力相匹配。

（二）与全面预算、成本、风险管理等循环之间的关系

在企业的实务工作中，投融资管理循环与全面预算管理循环、成本管理循环、全面风险管理循环，实际上往往是你中有我，我中有你的。

那在实务中，投融资管理系统与全面预算系统、成本管理系统、风险管理系统是不是构建一个系统就可以了呢？答案肯定不是的。每一个系统有它自身的功能与定位，由于其功能实现的逻辑、业务流程与重心，造成上述四个系统很难基于一套业务逻辑进行设计与开发，但由于它们之间数据的相互采用关系，在搭建这些信息化系统时，一定要考虑如何做好这些系统间的集成，保证数据间交互顺畅。

三、投融资管理信息系统使用者和系统定位

（一）投融资管理信息系统使用者

投融资管理信息系统定位由投融资管理信息系统的使用者需求决定，而谈到投融资管理信息系统的使用者，首先就要确定企业投融资管理的推动者与企业的组织机构、职能设置。

企业投融资管理组织机构的设置是公司进行有效投融资管理的制度体现与保障，也是公司实现有效投融资管理的基础。企业的投融资管理过程涉及组织结构中不同层面的部门和人员，每个层次的部门或人员都有相应的职责。为投融资管理流程设置专人，明确相关

的岗位的具体责任，是企业进行投融资管理的前提与必要条件。

与投融资管理相关的组织机构设置，需要考虑公司的业务规模、融资方式等多种因素，并没有统一的模式。对于投融资管理，不同公司的组织结构设计也是千差万别。

（二）投融资管理信息系统定位

投融资管理信息系统要求包括对投融资战略的分解与导向能力、科学决策支持能力、授权控制能力、项目实施风险监控能力、投资效益综合评价能力等。

1. 投融资战略分解与导向能力

在投融资管理信息系统中，投融资战略分解与导向能力通过建立投资目录树，将多产业、多板块、多业态的投资对象按投资战略进行自上而下的分解，实现分维度、分类型的进行项目储备和项目评价，并给予决策支持。

2. 科学决策支持能力

投融资管理信息系统提供定性和定量的方法，全面、综合地支持决策。

3. 授权控制能力

投融资管理信息系统应该能够根据投融资管理组织机构设置的岗位权责进行投融资相关活动权限的分配，进行授权控制。

4. 项目实施风险监控能力

投融资管理信息系统允许监控投融资项目执行的进度偏差和预算偏差，管控项目执行风险。

5. 投融资效益评价能力

投融资管理信息系统允许跟踪投融资项目绩效，总结投融资经验，持续提高投资管理水平。

（三）投融资管理信息系统流程

投资管理信息系统应该主要包括：投资储备管理、投资计划管理、投资执行管理，这三部分的应用从做什么到怎么做形成了一个管理闭环，如图 11－3 所示的是投资管理具体业务流程示例。

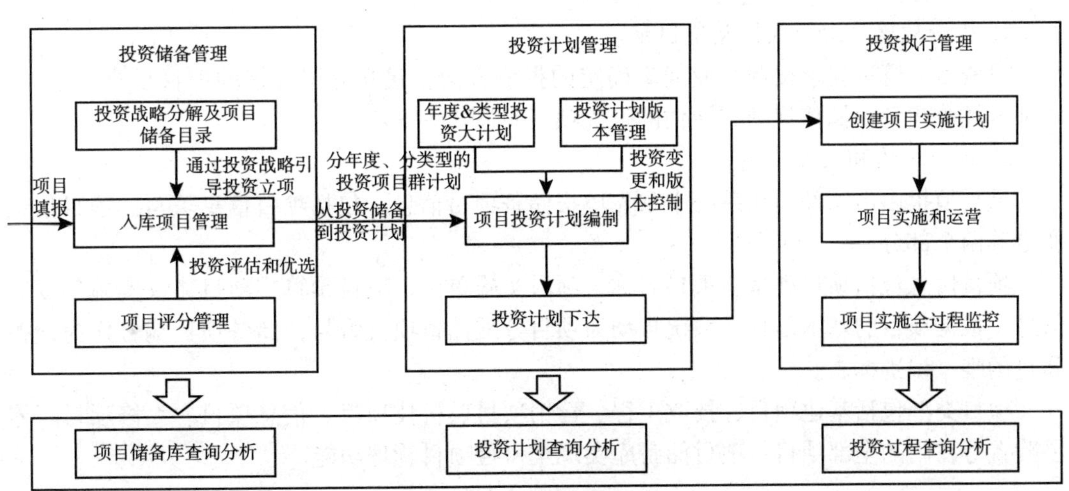

图 11－3　投资管理流程示例

融资管理信息系统应该主要包括：融资计划管理、融资执行管理以及融资决策分析管理，这三部分应从做什么、怎么做到和做得如何三方面形成了一个管理闭环。

第二节　投资管理信息系统

一、投资管理信息系统的主要功能

（一）投资储备库管理

投资储备库管理支持从高阶战略到项目储备的多层级分解（见图 11－4），这包括规划企业的投资愿景和使命、定义公司的战略发展目标、制定战略性的倡议和编制高阶的预算计划到项目计划的分解，同时支持基于公司战略，对上报的项目进行阶段性评估，以遴选出最优投资价值的项目。

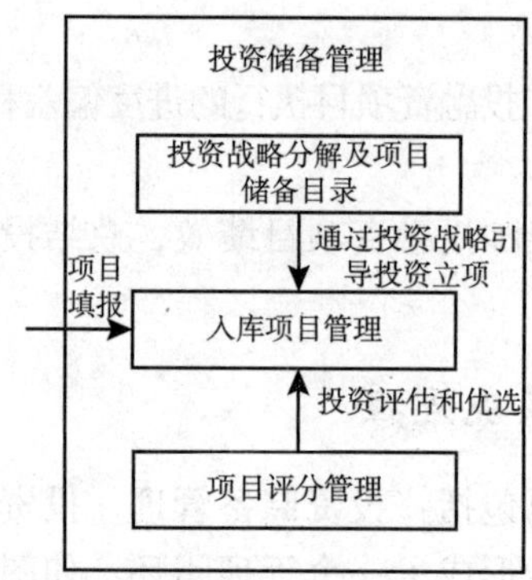

图 11－4　投资储备流程

1. 投资战略分解及项目储备目录

投资目录管理要求按照企业战略确定的投资方向，建立分层分级的项目投资目录树，用来分类收集和存储待规划和评估的投资项（见图 11－5）。

2. 项目填报和入库管理

项目填报由申请部门在系统中预先填报储备项目信息。包括项目信息填写、项目信息变更等两个部分。

项目信息包括项目类型、项目名称、项目实施单位、项目预算、项目建议实施年度等信息。根据项目的基本信息，系统自动为项目分配储备项目编号，储备项目编号作为储备项目的唯一识别标志。

项目类型包括基建项目、技改工程、营销项目、科技项目、信息项目、大修项目、零星购置等在内的全部项目。项目储备库实现全口径项目管理功能。

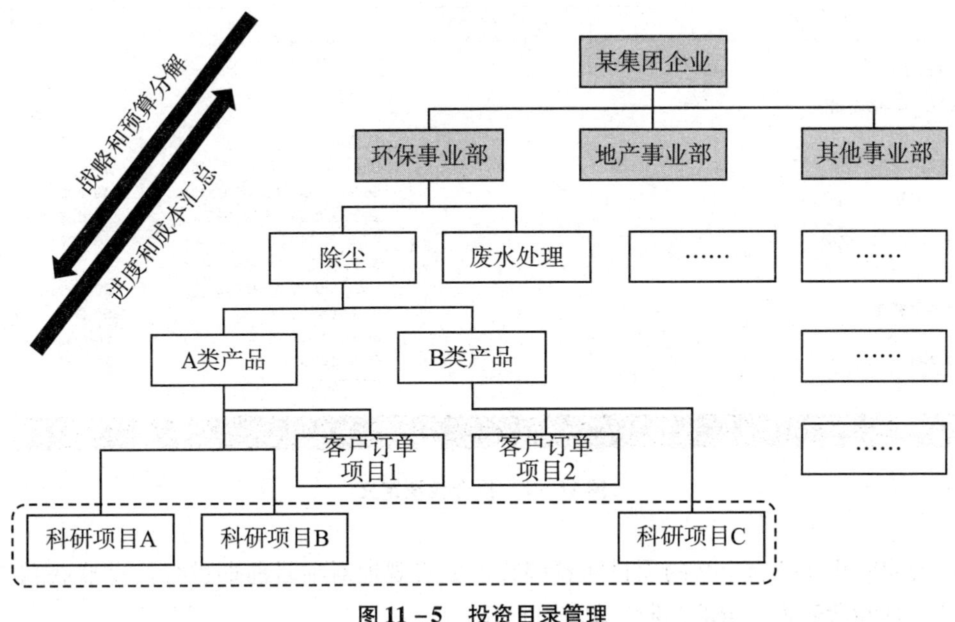

图11－5　投资目录管理

对基层申请部门填写项目的必要信息确认无误后，上报项目专业归口管理部门，由管理部门审核通过后，正式进入项目储备库，成为储备项目。

3. 项目评分管理

项目评分管理是通过项目重要性、紧迫程度对项目进行评分，为制订计划和确定项目实施的先后顺序提供参考和依据，提高投资计划制订的科学性、准确性和及时性。

为了准确获取各项目的优先级或重要性，投资管理系统可以对项目从技术、商务等方面进行全方位的风险评估，并建立一套准确的计分模型，将项目投资的风险进行显性化和数字化。

系统自定义了多个维度的计分模型（见图11－6），各部门可以按照其关注的领域，对选定的项目组进行评分和优选（见图11－7）。

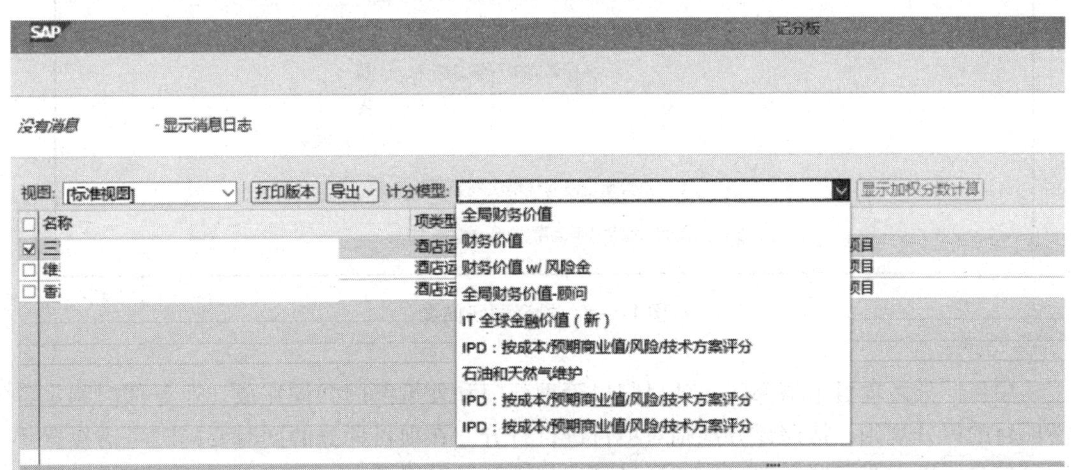

图11－6　投资优先级评估

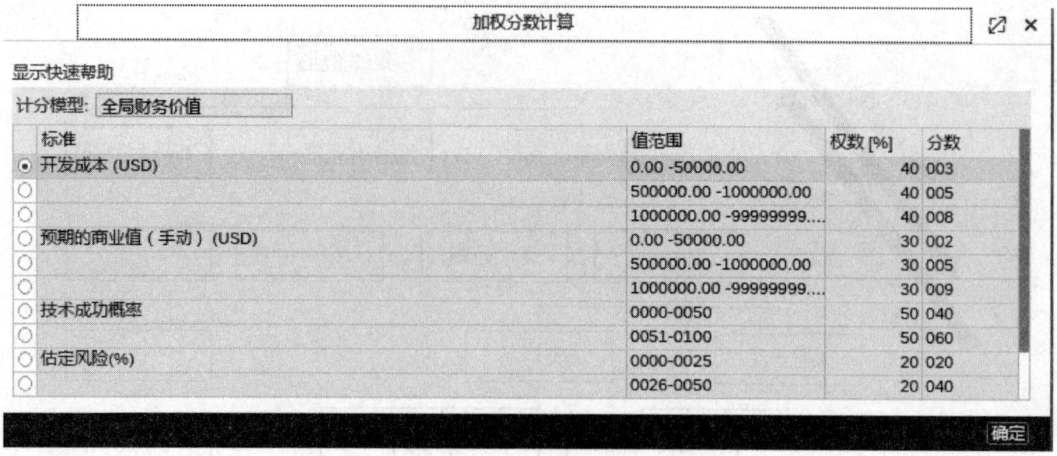

加权分数计算

显示快速帮助

计分模型: 全局财务价值

标准	值范围	权数 [%]	分数
⊙ 开发成本 (USD)	0.00 -50000.00	40	003
○	500000.00 -1000000.00	40	005
○	1000000.00 -99999999....	40	008
○ 预期的商业值 (手动) (USD)	0.00 -50000.00	30	002
○	500000.00 -1000000.00	30	005
○	1000000.00 -99999999....	30	009
○ 技术成功概率	0000-0050	50	040
○	0051-0100	50	060
○ 估定风险(%)	0000-0025	20	020
○	0026-0050	20	040

确定

图 11 –7　投资权重定义

系统同时也支持自定义的项目问卷调查，更宏观地对项目前期进行信息捕获和了解，从定性的判断转换为定量的判断（见图 11 –8）。

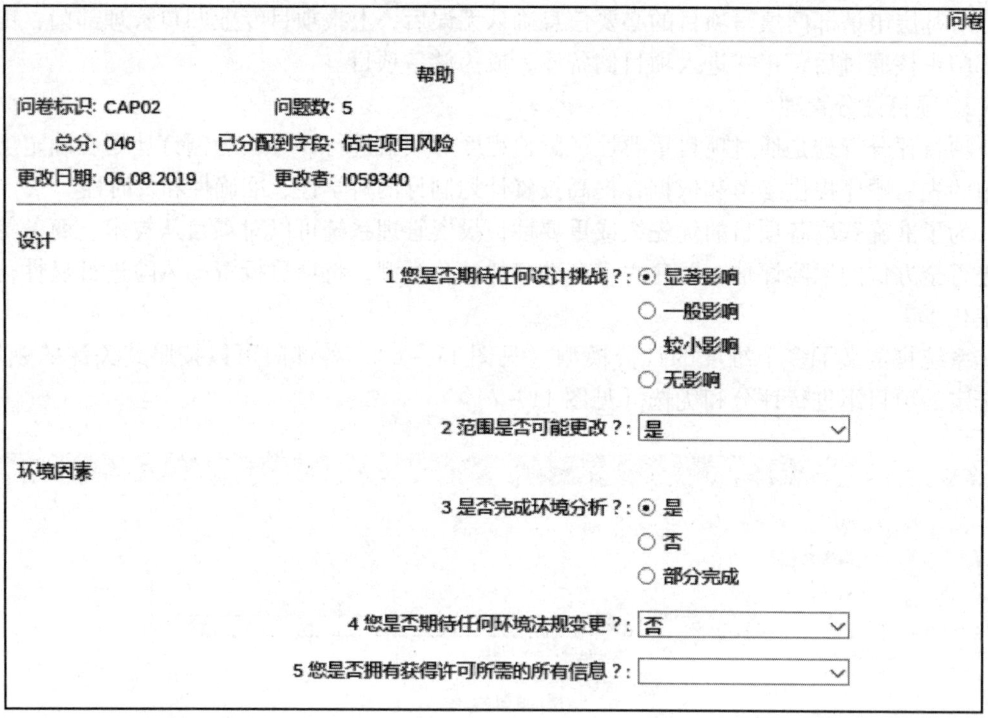

问卷

帮助

问卷标识: CAP02　问题数: 5

总分: 046　已分配到字段: 估定项目风险

更改日期: 06.08.2019　更改者: I059340

设计

1 您是否期待任何设计挑战？: ⊙ 显著影响 ○ 一般影响 ○ 较小影响 ○ 无影响

2 范围是否可能更改？: 是

环境因素

3 是否完成环境分析？: ⊙ 是 ○ 否 ○ 部分完成

4 您是否期待任何环境法规变更？: 否

5 您是否拥有获得许可所需的所有信息？:

图 11 –8　投资调研问卷

项目评分由项目申请部门、项目归口管理部门和发策部门共同完成。业务部门制定各类项目的评分规则，按照评分规则对项目进行打分。在项目评分的同时要同时考虑投资年度等信息，确保当年紧急项目能够通过筛选规则，及时实施。

参考某企业经验，建议储备项目评分表如表 11 –2 所示。

表 11-2　　投资项目评分

评分	5 分	4 分	3 分	2 分	1 分
描述	重要度和紧急度最高的项目	重要度和紧急度较高的项目	重要度和紧急度中等的项目	重要度和紧急度较低的项目	重要度和紧急度最低的项目

4. 项目评审并出库

投资项目，以科技项目为例，通常是以项目金额大小来启动不同的项目评审流程，例如，针对预算大于200万元（含）以上的项目，需要由科委组织可行性研究评审会审查，因此预算大于200万元（含）以上的项目，科技委组织线下会议，可以在线上详细记录会议时间、地点、参与专家、评审过程、结论等内容，准予立项的项目自动进入项目管理流程，不予立项的项目退回，投资管理系统可以记录项目评审的信息。如图11-9和图11-10所示为SAP系统环境下的项目评审并出库功能模块应用示例。

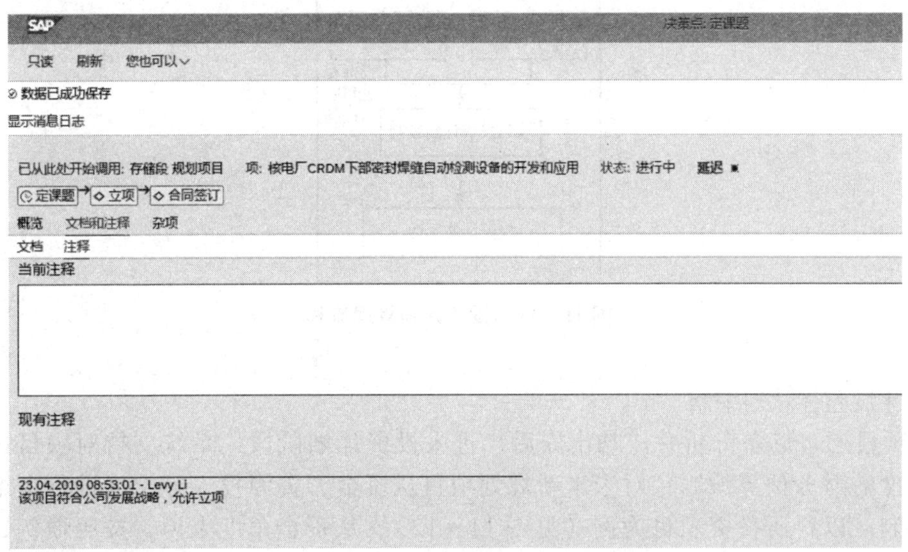

图 11-9　投资评审记录

SAP　项目组合项

项目组合 Motorbike

切换项目组合　切换层次结构/存储段　项目组合明细　搜索

所有项　激活的项　激活的建议　激活的呈报　未激活的项

待审批项目

帮助

视图: General Overview　打印版本　导出　创建　批量更新　删除　移动至　高级过滤器　清除过滤器　报表

名称	标识	类型	状态	计划开始日期	计划完成日期	预算状态	计划状态	人员配备状态	决策点
#425010879	312017	#425094503 A	准备中	01.01.2017	30.11.2017				#42509
#425010909	322017	#425094503 A	已同意	01.03.2018	31.10.2019				#42509
#425010910	332017	#425094503 A	进行中	01.02.2018	31.10.2019				#42509
#425010878	342017	#425094503 A	进行中	01.05.2017	30.06.2018				#42509
#425010880	352017	#425094503 A	准备中	01.03.2017	31.10.2018				#42509
#425010888	362017	#425094503 A	准备中	01.04.2017	30.11.2018				#42509
#682196652	372017	#425094503 A	进行中	01.11.2018	27.12.2019				#42509
#682196653	382017	#425094503 A	准备中	01.02.2020	28.01.2022				#42509
#682196654	392017	#425094503 A	已同意	01.03.2019	28.01.2023				#42509
2552018	2552018	#425094503 A	进行中	16.07.2018	29.03.2019				#42509

上次刷新: 03.12.2019 03:43:37 CET 刷新

图 11-10　投资项目清单

针对预算在100万~200万元之间的项目，科委组织的可行性研究报告专家审查，该工作环节线上完成，系统管理员可设定具体的专家名单，预算在此区间的项目自动进入评审专家的平台，系统自动发邮件提醒相应专家在规定期限内进行审查，并在线出具和填写专家意见和建议。科技委综合全部专家意见和建议，准予立项的项目自动进入项目管理流程，不予立项的项目退回。

（二）投资计划管理

企业按照公司年度或中长期的投资计划，针对已经通过储备评审的项目分批次、分类型下达投资计划，并在投资计划下达前，对计划的编制进行版本管理，方便对投资计划编制的过程进行跟踪（见图11-11）。

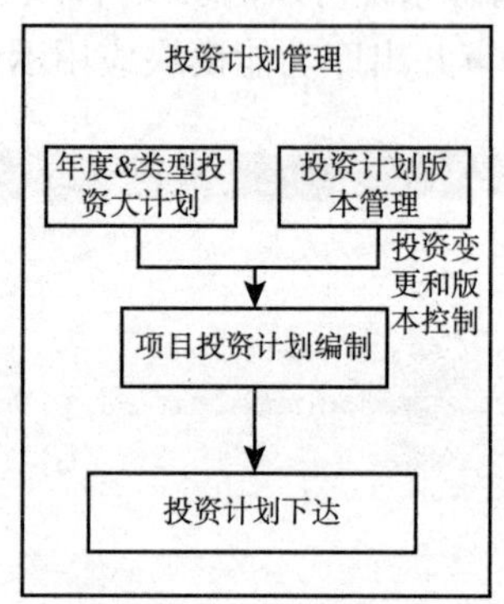

图11-11 投资计划管理流程

1. 年度整体计划编制

当项目通过储备分析并成功出库后，进入投资计划阶段，系统支持对项目进行自定义维度的财务预算编制，对未来新规划项目从资金、资源投入等维度进行多维度的计划编制。以科研投资项目为例（见图11-12），从资金角度来说，按照惯例，未来新的科研规划项目需要满足企业上年营收3%的年度投资指标，当年未结束的科研项目经费，也会滚动到下年投资预算中，周期性地对未来的科研项目进行投资预估和立项管理。

2. 投资计划版本管理

根据投资计划的时间或有效性，用户可以对当前项目计划进行基线的定义，建立起相应的版本后，可以根据不同的版本对系统进行实际投资与计划投资情况的对比，以方便对投资过程的变化过程进行按版本追踪。

3. 整体计划编制

项目投资计划编制过程中，企业根据财务部门对项目的财务指标要求，结合前期的项目填报需求，开始进行项目资金、资源的初步计划编制，例如项目净现值、项目计划成本、项目预测的成本总计等（见图11-13）。

另外，项目整体的时间计划也要按需定义出来，需要确定大的里程碑节点，交付时间，交付质量要求等，项目负责人可以根据立项的周期和进度在系统中设置相应的计划管理节点和决策节点，在投资计划管理中，可以将时间计划分为预测时间（浅蓝色）、计划时间（红色）和实际时间（黄色）（见图 11－14）。

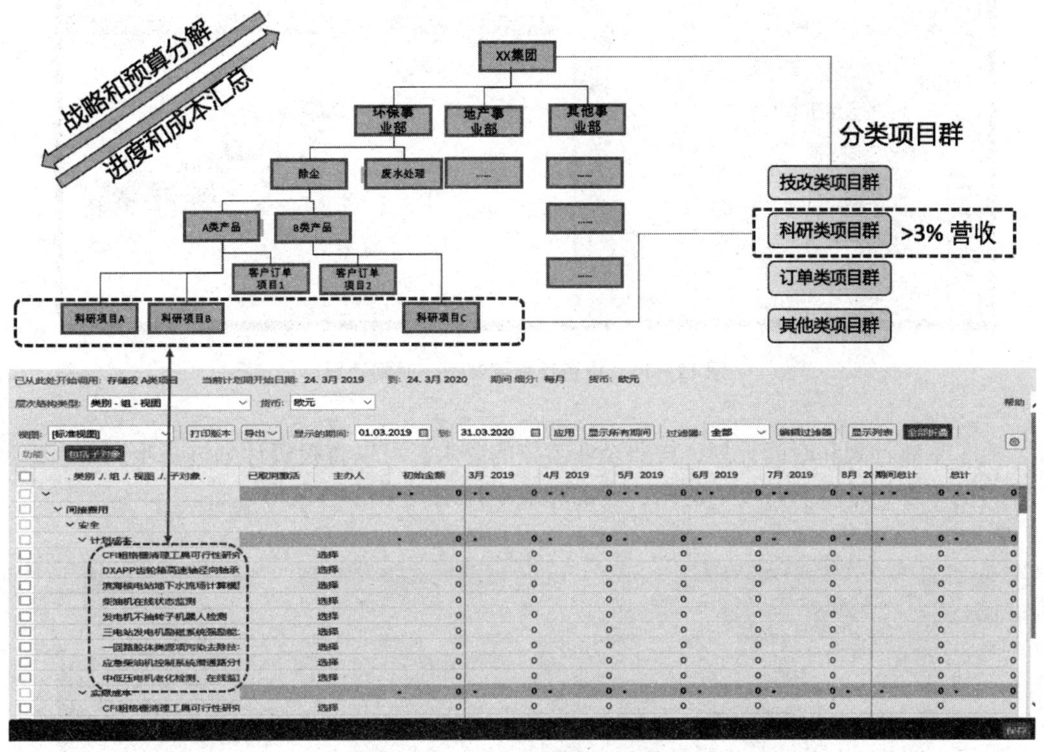

图 11－12　投资计划编制

财务计划

设置

预算:	按照预算	货币:	欧元
财务期间细分:	每月	财务计划开始/完成日期:	24.03.2019 / 24.03.2020

财务 KPI

净现值（手动）:	0,00	预期的商业值（手动）:	0,00
按百分比计的投资回报（手动）:	0,00	按百分比计的内部回报率（手动）:	0,00
净现值:	0,00	预期商业值:	0,00
按百分比计的投资回报:	0,00	按百分比计的内部回报率:	0,00
偿还期（月）:	0		

财务汇总

总预算:	0,00	年度预算:	0,00
计划成本总计:	0,00	本年迄今计划成本:	0,00
实际成本总计:	0,00	实际的本年迄今成本:	0,00
总计计划收入:	0,00	本年迄今计划收入:	0,00
总计实际收入:	0,00	本年迄今实际收入:	0,00
预测的总预算:	0,00	预测的年度预算:	2000000
预测的成本总计:	0,00	预测的本年迄今成本:	0,00
启动成本:	300000	开发成本:	1000000

图 11－13　投资计划编制——投资预算

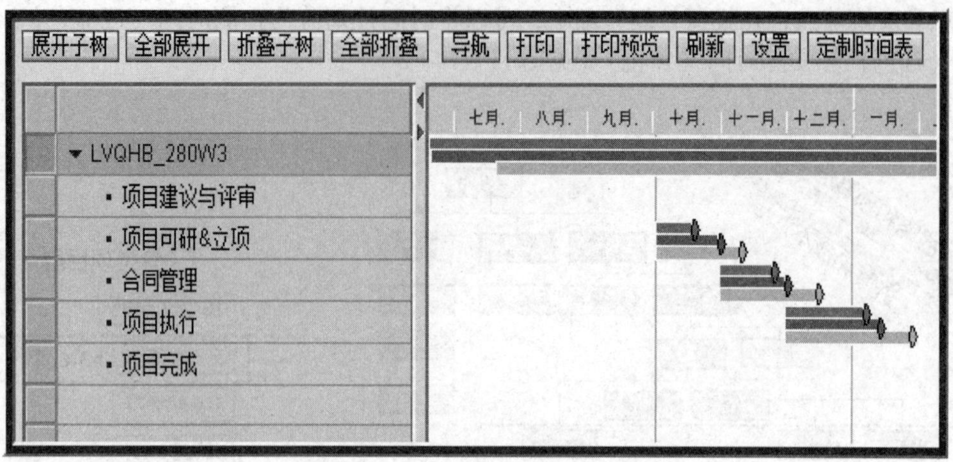

图 11－14　投资计划编制——时间计划

有了整体计划和时间计划，按照企业考核的要求，可以将投资计划进一步调整，编制出项目的年度、季度、月度的时间、资源和成本计划（见图 11－15）。

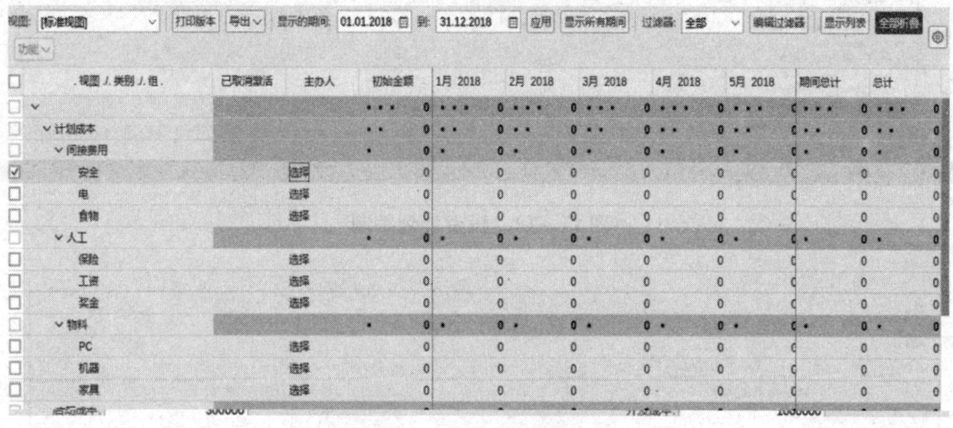

图 11－15　投资预算分解

4. 投资计划下达

一旦投资计划审批通过，系统可在后台同步生成与投资计划保持对应的项目实施主计划，在该计划中，系统可根据事先约定的项目负责人、任务执行人进行任务分发。

如图 11－16 所示，在完成投资计划编制后，可以根据计划确定的时间、资金预算、资源预算，激活其对应的项目实施大计划的模板，调用对应的项目实施大计划模板（见图 11－17），自动生成对应的项目实施大计划，并且按照前期定义的角色和资源，进行相应的权限设定，为项目阶段和任务选择角色及其责任，系统自动将分配到角色中的人设为责任人，还可以为角色定义资格要求。根据需要可调整项目的关键业务数据，设置项目优先级，设置项目开始和结束日期并为项目选择日历。

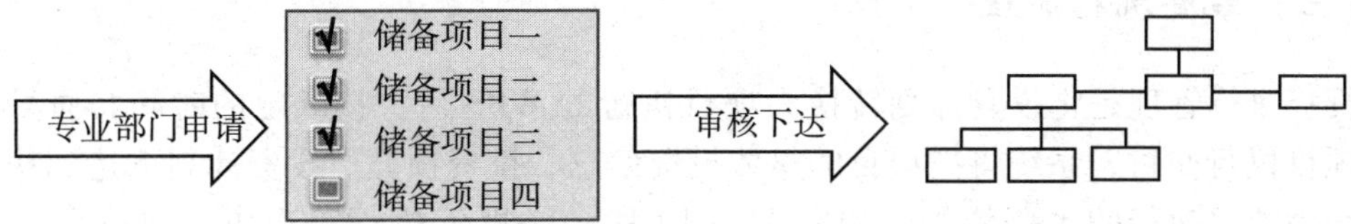

图 11－16　投资计划下达

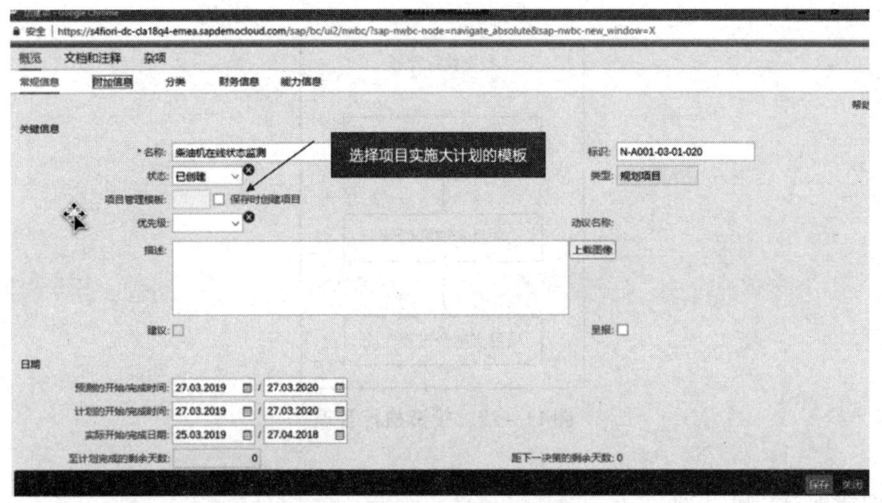

图 11－17　投资项目模板

根据项目模板和之前的项目预算、里程碑等信息，投资系统将自动产生项目的 WBS 结构，并将投资阶段确定的阶段性项目预算、资源预算传递到 PS 的 WBS 中（见图 11－18）。

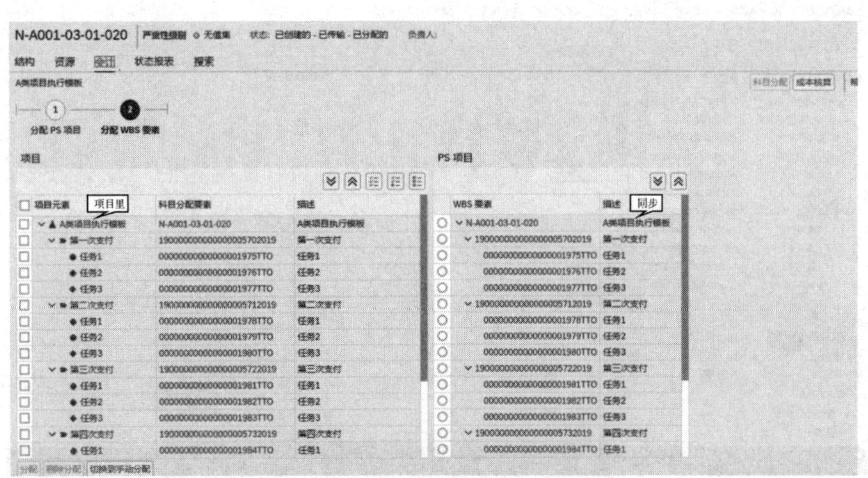

图 11－18　投资执行里程碑确定

（三）投资执行管理

投资执行管理是将投资计划转换为项目执行的 WBS 后，按既定的时间和质量标准进行项目执行交付，系统将把项目的整体投资信息、投资预算、投资计划下达到执行单位，作为项目执行的主要依据。如图 11－19 所示，投资执行管理中主要分以下三个部分：

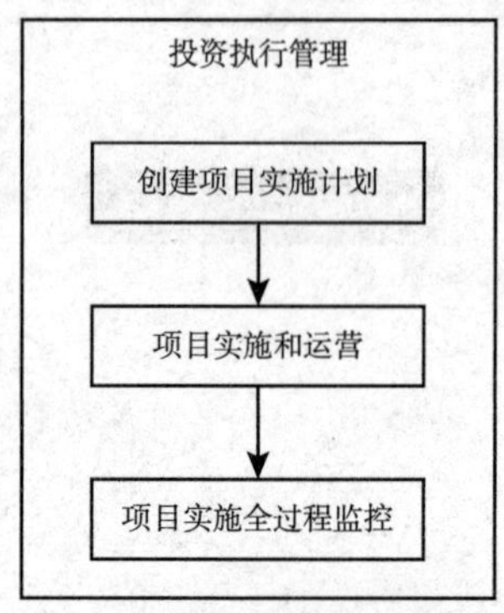

图 11－19　投资执行管理

1. 创建项目实施计划

编制完项目投资计划后，系统会自动根据项目投资类型在项目构造器中创建项目的 WBS，通过 WBS 驱动项目的财务和业务流程，未来投资管理系统可以实时获取项目的运营信息（见图 11－20）。

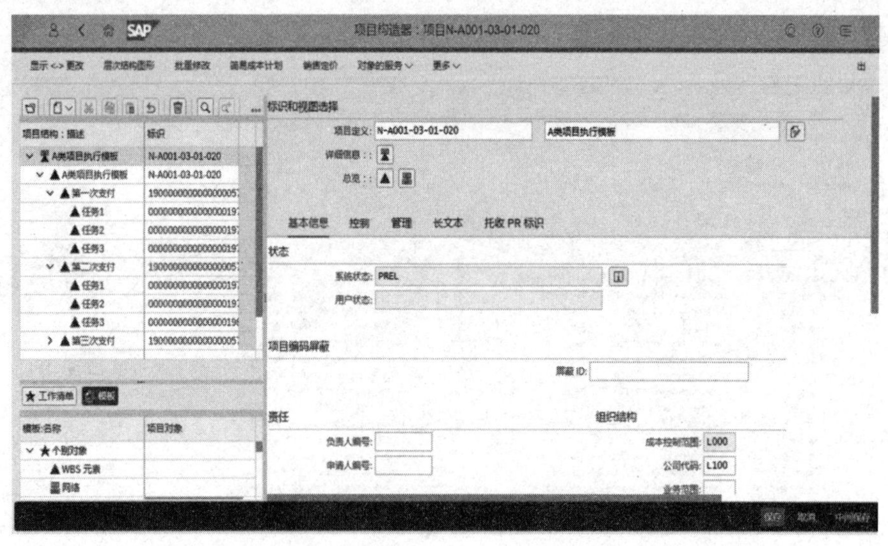

图 11－20　投资执行计划——创建项目实施计划

2. 项目实施和运营

项目实施过程管理包括项目执行的整个生命周期的管理模式、管理流程和过程监控。过程的有效执行和把控，才能赢得良好的结果。项目过程管理强调通过项目管理流程的规范，从流程的角度打破部门间的壁垒，从而提高项目生命周期的运作效率；通过项目实施过程的监控，提高项目管理的执行力度和有效性。

项目实施和运营主要包含：

（1）项目进度管理。

对于项目的进度管理，既要符合企业的管理要求，按照标准的里程碑计划进行管理，又要兼顾各层参与人员的实际使用需求，系统将按两种模式进行进度里程碑设计：基础性和可选性。

基础性指由项目经理根据各执行单位的汇报信息做确认并在系统中记录各节点工作的实际结束时间。系统可以通过开发设计，最终可以生成一张包括所有节点计划与实际的开始/结束时间。

可选性指由于各单位项目管理作业存在较大差异，系统提供了一个相对完整的项目实施进度节点蓝本作为参考，每个单位根据自己的管理要求和实际工程特点再做调整，适当增减作业控制节点。

如图 11 －21 所示，可根据项目参数文件确定项目的控制类型。

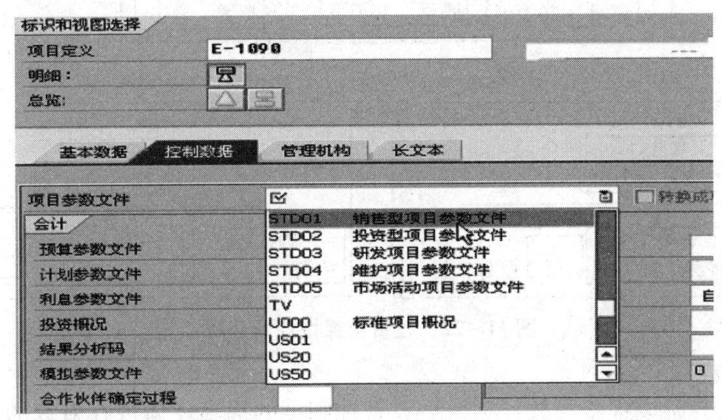

图 11 －21　投资实施项目类型

（2）项目合同管理。

在合同管理方面，系统支持项目合同的系统化管理，包括合同的申请、审批、确认、支付等环节。并可以通过系统的报表功能方便查询合同申请、合同信息、合同付款情况。

项目合同的管理模式取决于不同的合同类型，因此合同类型决定了相应合同管理的细度，其类型划分直接影响到项目的概算控制、项目核算以及项目结算转资。方案中将以概算分类来规范合同管理，且项目费用科目与财务核算科目相一致。每个合同类型都对应各自的概算分类、财务科目，并能够自动成本记账，使得项目实际费用与概预算中的类型相匹配，便于进行财务费用核算。

对于合同类型优化设计的实现途径，通过规范线外合同签订，要求合同金额构成按概算内容进行分列的原则；在创建项目服务合同时，要求严格按照合同总金额分列的概算类别选择合同类型，使合同费用以概算分类为标准自动进入正确的财务科目。

（3）项目概预算管理。

项目一般存在匡算、估算、概算等不同细度和不同版本的成本计划，其中概算是几种当中最准确的成本预估计划，在实施过程也作为项目实际成本发生的控制上限与依据。在方案中，利用系统中的预算管理功能，来满足项目概算对项目实际成本发生的管控的业务需求，系统中实现了多层分类、按需设定的精细化概算管理。

概算的导入：按照概算结构对应到 WBS 编号，指定相关项目定义或者及导入文件路径，程序根据概算的 WBS 编号，查找相应的 WBS 元素将总体预算导入系统，操作完成后产生日志文件，标注每个 WBS 元素概预算导入处理的结果。

跨年度项目概算的分年度管理：在跨年度项目的概算管理方面，系统运用拆分年度概算值，分年度管理概算的管控模式，使得项目某一年度的实际成本发生额度控制在年度限定范围内，如图 11－22 所示。

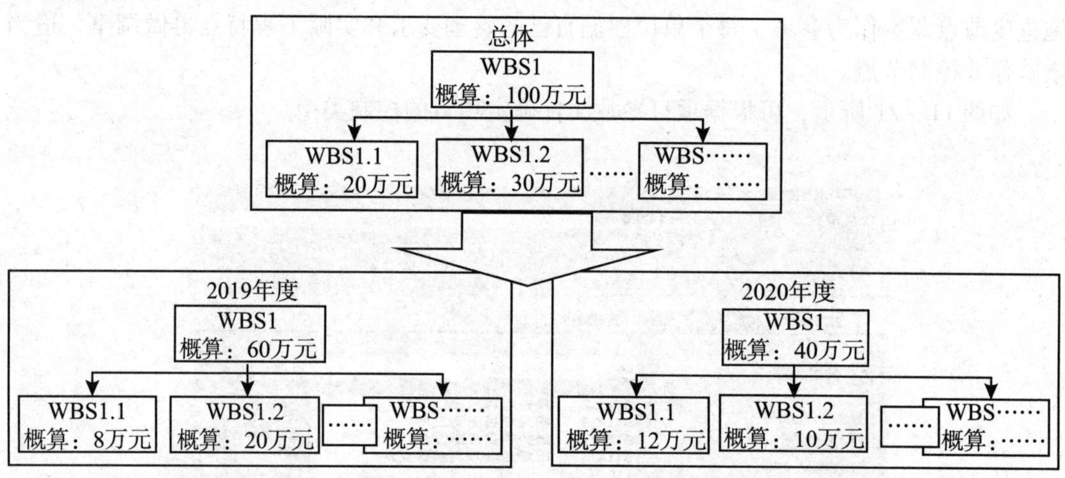

图 11－22　投资预算按计划分解

项目概算的分阶段逐步释放：项目概算管理细度的提高还体现在概算的分阶段逐步释放上，系统通过对概算的逐步释放，实现了集团对基层或上级对下级在资金使用上的阶段性控制；此外，对于项目的“预备费”的管理也可以通过这一功能得以细化和提高（见图 11－23）。

项目概预算管理具体功能描述如下：

首先，项目经理或项目上级主管部门，可以按照总体或单项概算的百分比下达，即下达多少可以使用多少，这样按照季度或月份分期分批的下达概算，可以精细地控制项目实际成本发生的额度。

其次，对于项目的预备费，可以在项目初始阶段不做下达，待项目实际情况的确需要动用项目预备费时，才由主管部门对其进行下达操作，这样可以严格控制预备费的使用，一定程度上为项目节约不必要的成本。

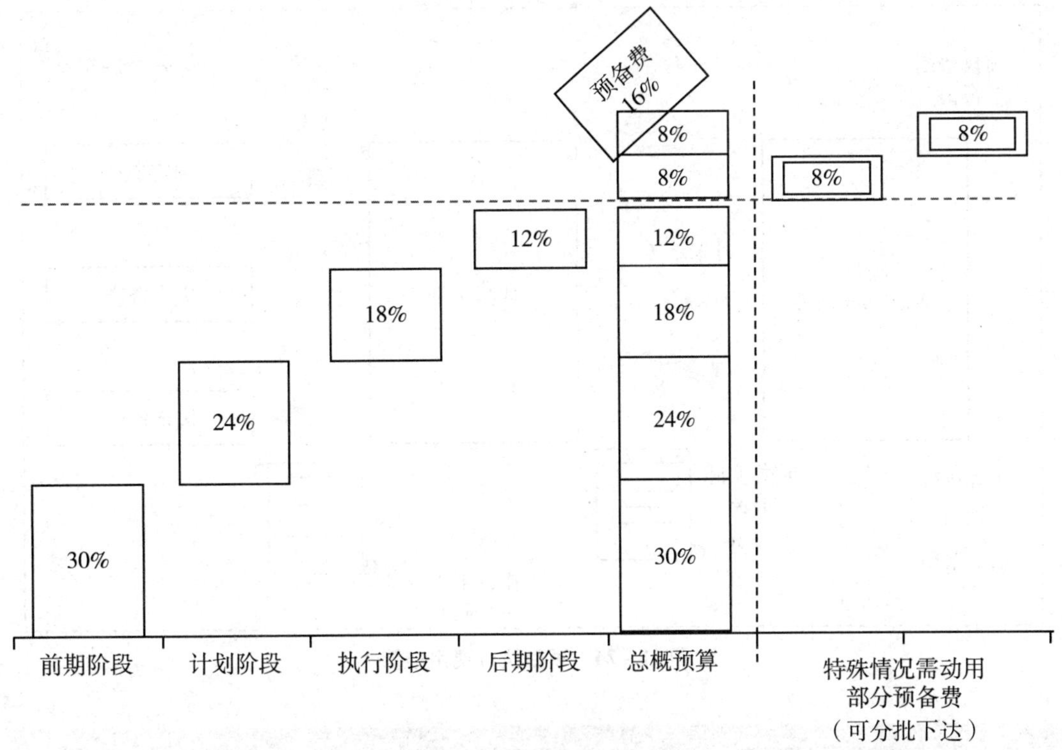

图 11－23　投资执行预算

最后，概算的自动过程控制，考虑到项目概算控制的复杂性和难度，运用投资管理系统中的自动容差控制功能，可以实现系统根据审批通过的概算值对项目实际成本的发生进行自动控制的功能。

此外，通过设置提醒功能，在概算使用超出一定百分比时，实现了自动提醒项目管理者的功能，具体功能如下：

概算使用超出 90%，系统自动显示警告信息“预算即将耗竭”。

概算使用超出 100%，系统自动显示错误信息“预算超出额定范围”，同时禁止所有的后续导致成本发生的操作。

系统从概算中自动扣减已经发生的实际成本，形成新的实际成本发生限制依据。

合同被输入系统时，自动校验概算与合同金额，防止合同总体金额超概。

（4）项目成本管理。

在项目成本管理方面，系统侧重于项目成本核算的实时性和成本查询的便利性。项目核算上确保各项成本入账的及时性，准确反映项目的进展情况，并实现对项目成本的监控。项目成本查询方面可通过系统提供的多种成本报表方便地进行查询，并通过系统提供的预算控制功能，自动检查项目成本是否在预定的范围内（见图 11－24）。

项目核算应确保工程各项成本入账的及时性，准确反映工程的进展情况，并实现对项目成本的监控。例如，项目上发生一笔物资采购后，系统可以按采购订单，自动进行项目成本计算（见图 11－25）。

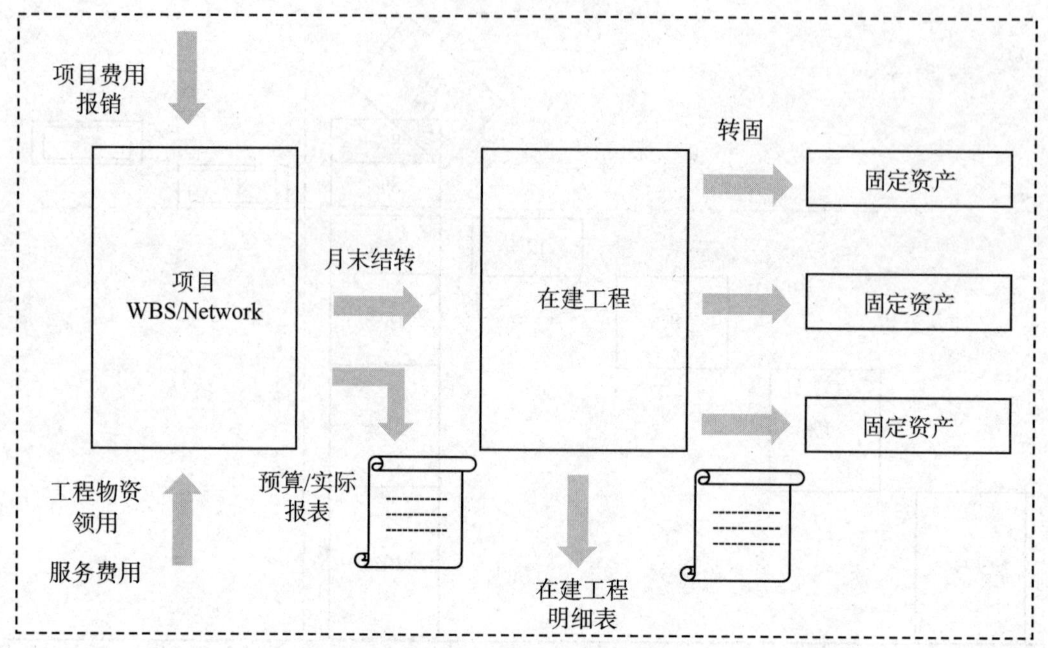

图 11－24　项目执行费用结算

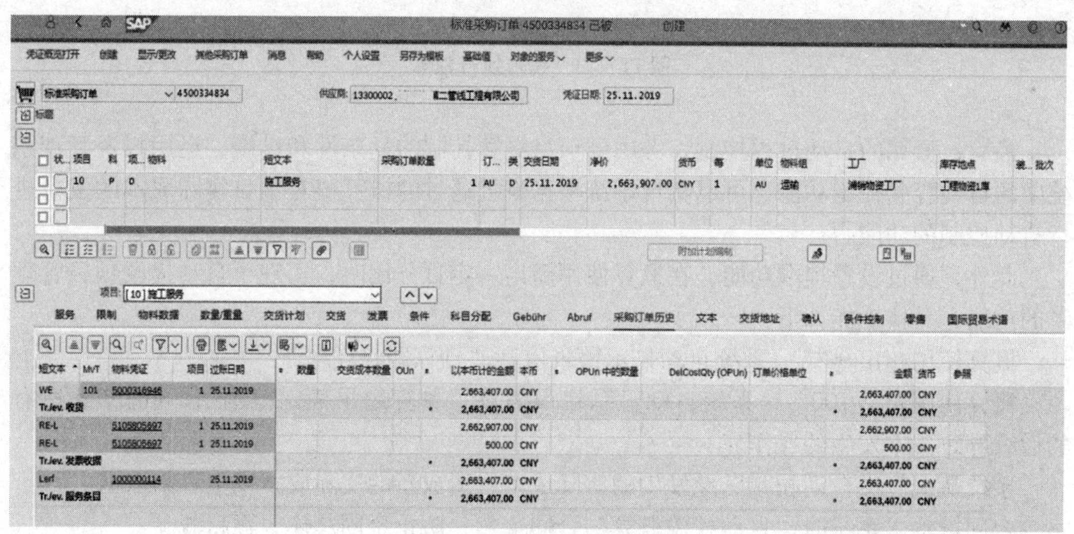

图 11－25　项目采购成本计算

（5）项目变更管理。

加强项目的变更管理，对逐步实现程序化、制度化、规范化和标准化，确保工程质量和工期，控制工程造价，节约工程投资，都具有十分重要的意义。电力项目的复杂性决定了在实施过程中，不可避免地会出现影响原定项目进度计划、成本计划、实施合同变更的情况，因此对变更的管理应该集中在申请变更、评估变更、实施变更和总结变更几个方面。方案中也着重在这几个方面对 ERP 系统中的项目变更管理进行了设计，最终体现全过程的变更管理。

变更的申请：系统设计了变更的申请功能，有权限的项目管理者可以直接在系统中创建项目的变更申请，申请与项目对应，同时需将相关的文档以附件形式附在申请内容中，并需要说明变更申请的原因。

变更的审批：具有变更审批权限的项目管理者，根据变更申请号查询变更申请的详细信息，根据变更申请中提供的文档信息对变更的必要性、影响程度进行评估，如果评估认为变更必要，则通过审批并批复变更。如果评估认为变更不必要，则可以在系统中将评估申请拒绝，同时需要输入拒绝理由及评语。

变更的执行：项目执行者在接到批准的变更申请后，在系统中对相应的概算和时间计划进行调整，后续操作受调整后的实际值进行控制。系统将自动记录所有的具体变更情况。

变更的总结：所有变更将以项目为单位统一记录，项目管理者随时可根据记录对项目的整体变更情况进行总结分析，为后续项目避免变更提供数据的依据。

3. 项目实施全过程监控

投资管理系统将提供全面而丰富的项目报表，可以全面监控项目的各项关键指标。比如，可以查看项目结构下的各项成本数据，包括计划成本、实际成本，未完工项目任务的预测成本等，展示的方式包括表格和图形方式。还可以在多项目监控器上总览所有项目的关键绩效指标，对投资项目的执行偏差值进行图形化的展示和分析，这种对项目进行定期或实时的监控，有利于管理层尽早发现问题，并且采取措施解决问题，同时对监控到的信息加以利用，还可以不断完善项目的模板标准，将经验教训不断固化进系统（见图 11－26）。

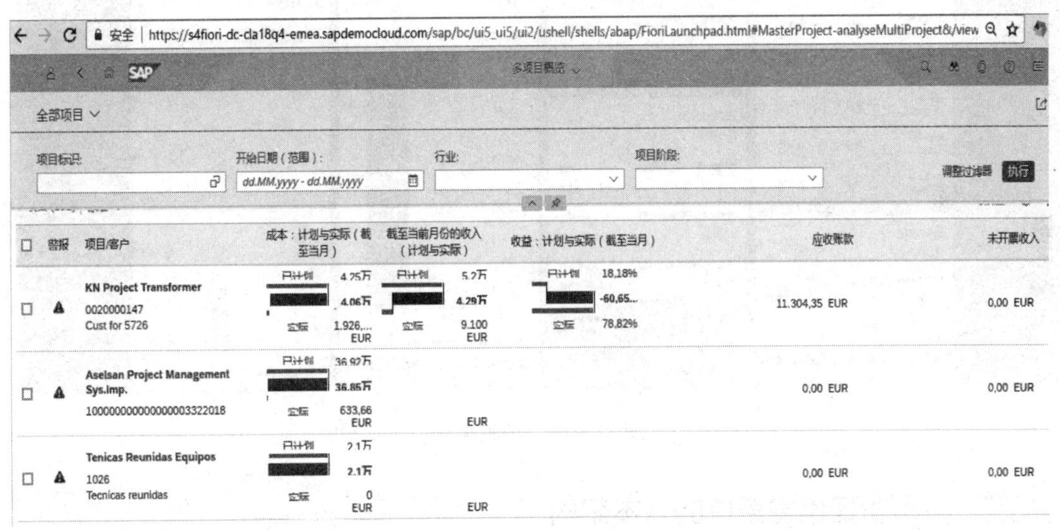

图 11－26　多项目监控

投资项目管理平台可以实现以下的监控功能：

（1）项目执行状态报告：在项目的执行过程中，可以以 pdf 的形式，以规定的结构，输出项目状态的报告，便于管理者了解项目进展情况。报告可以包括：任务的完成情况、审核要素的检查结果、资源的安排情况等。

（2）投资执行预警机制：可以对阶段、任务或检查清单进行预警设置，在符合一定条件时进行自动预警，方便项目相关人员识别问题和风险。项目成员还可以手动设置预警，通知其他成员。

（3）项目快照：在项目进行到一定里程碑或关键节点时，可以对项目进行快照，保留当时项目执行的状态；可以将两个快照进行比较，也可以将快照和项目当前的执行情况进行比对，以便进行更精确的分析研究。

（4）多项目监控查看：在项目管理平台可以以图表的形式同时查看多个项目的执行情况，比如进度等。

（5）多任务监控查看：在项目管理平台可以以图表的形式同时查看多个任务的执行情况，比如进度等。

（6）项目面板查看：如果不需要查看项目细节，可以通过项目面板查看多个项目的一些关键信息，比如延迟量，负责人等；对于自己感兴趣的任务，也可以通过任务面板查看多个任务的关键信息（见图 11－27）。

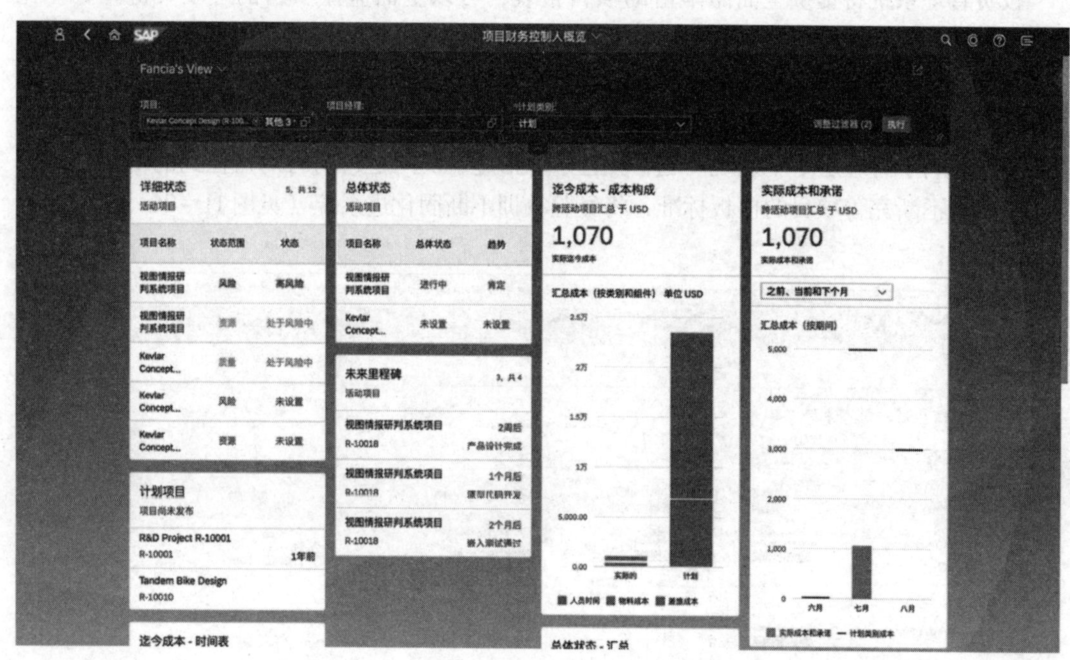

图 11－27　项目面板

二、投资管理信息系统的基本架构

（一）系统架构思路

投资管理信息系统应针对上述投资管理的业务需求构建，系统架构思路如下：

（1）投资管理系统应该是企业发展战略的规划管理系统，应该具备可灵活适应多业态、多组织管理要求变化的需求，应该是成熟的商务套件。

（2）投资管理系统应该是与业务运营、财务管理系统一体化的管理平台，实现和投资预算以及项目运营成本数据无缝对接。

(3) 投资管理系统应该是符合集团公司中长期发展要求的可灵活地按需选择实施落地的信息化平台，确保可整体规划、分阶段实施落地，逐步见效。

(4) 投资管理系统应该是易用的、可互联网移动应用的信息平台，方便进行实时的投资决策和数据分析，真正为业务决策提供数据支撑。

（二）系统功能和基本架构

如图 11－28 所示为投资管理信息系统的基本架构。

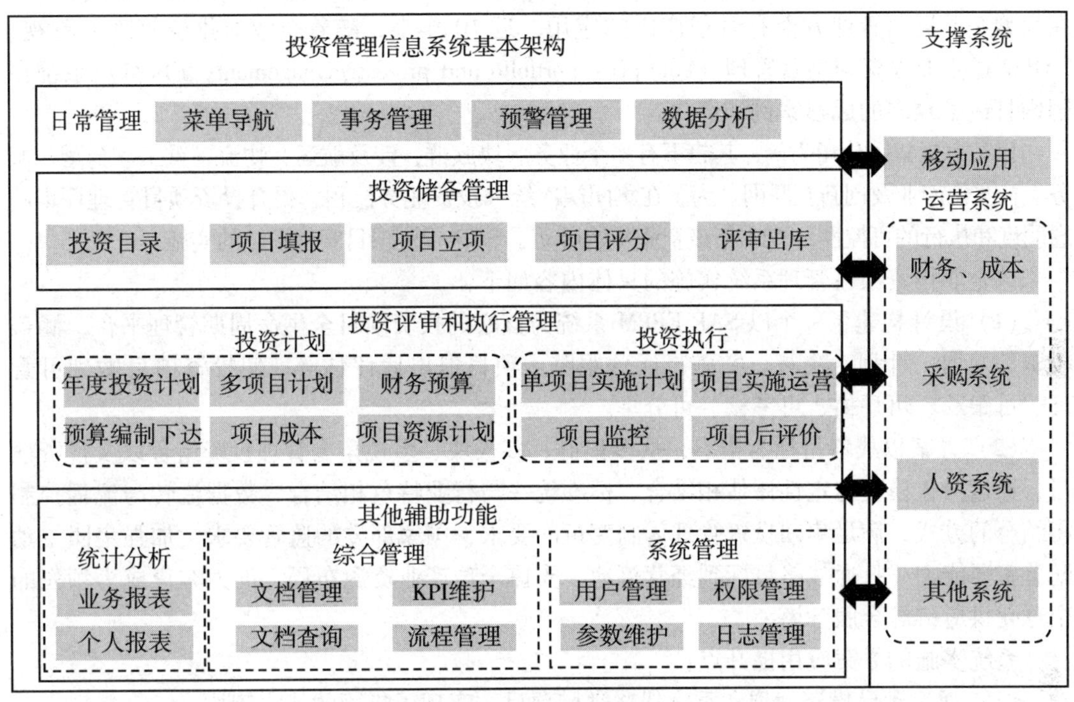

图 11－28　投资管理基本架构

基于该架构搭建的投资管理信息系统应该具备以下功能：

(1) 日常管理：投资管理系统可提供日常的事务性管理功能，例如投资偏差预警、各种自定义（按年度、按项目类型等）的数据分析、投资代办事项等。

(2) 投资储备管理：结合公司投资战略，建立项目投资目录，并结合业务需要，进行项目提报、立项和优先级分析及确认。

(3) 投资计划：针对投资储备库中正式确定和出库的项目进行详细的实施计划编制，并下达具体的项目预算和任务。

(4) 投资执行：获取项目执行任务后，启动项目运营流程，并从运营系统中获取项目的实际投入成本，对项目进行全方位的执行监控。

(5) 其他辅助功能：投资管理系统要充分考虑系统使用的方便性和安全性，需要能够提供方便的业务报表、数据查询和流程审批功能，当然，其还可以进行严格的权限控制，避免泄露投资信息。

除此之外，投资管理系统作为投资储备和评审的决策系统，还需要有对应的投资执行的业务系统来支撑，以便形成投资决策到执行的管理闭环。

三、常见投资管理信息系统

市场上有成熟的投资管理系统和非营运投资管理系统两种类型的投资管理系统。

（一）成熟的投资管理系统

如将投资决策和投资运营整合为一体的SAP系统属于比较成熟的投资管理系统，SAP在大型企业运营管理方面有着很广泛的应用，近10年来，随着企业对投资管理的重视，SAP通过企业投资与项目管理（enterprise portfolio and project management，EPPM）系统在国内打造了众多的成熟案例和客户。

以某海运集团公司为例，其旗下有多个业务版块族群，涉及航运、物流、重工、金融、服务、社会化产业及创新互联网。为了在集团层次统一投资业务流程，提升投资项目管理评审的透明度和执行的可控性，2017年该企业开始启动了SAP投资项目管理系统的实施。

该企业投资项目管理系统实施的具体内容如下：

（1）设计构建了一个以SAP EPPM系统为核心的投资项目全生命周期管理平台，涵盖投资的规划、计划、决策、实施、运营跟踪、项目退出后评估等，使投资项目做到可管理、可跟踪、可评估、可考核、可分享。

（2）方案以战略目标为指引，从多集群、多板块、多视角去管理投资组合以及投资项目，通过量化模型与定性评估相结合、标准统一与行业特色相结合、数据流转与流程控制相结合的方式，满足集团投资管理体制变革的要求，国家部委的监管要求，加强集团主动配置资源能力，打通战略目标到经营落地，支撑全球产业资源布局，助力客户成为领先的全球化供应链综合服务商。

系统实施的方案应用提升点：

（1）通过预设投资规划和重大战略举措项目，实现了集团的战略管控。

（2）通过规范系统设置，实现投资项目信息、计划和决策管理的规范化和标准化。

（3）通过与集团及国资委等信息系统实现集成，实现了数据的及时、准确和共享。

（4）项目一阶段上线，覆盖所有二级单位43家，投资主体2 000多家，系统用户数1 000多家，投资/处置项目数万个。

（二）非运营类的投资管理系统

因为有一些企业或投资管理部门并不关心投资项目的实际执行情况，主要是对投资项目进行需求搜集和评审，这类系统主要是以OA类软件为基础进行开发衍生出来的，但其主要是作为投资评审、和投资结果记录系统，这类系统就是非运营类的投资管理系统，通常会被定义为部门级的投资管理系统。

此类投资管理系统，比较适合投资决策与投资执行部门之间是松耦合的管理关系，优势是部署简单，但从实际案例来看，这类系统的应用重点在于实现投资管理的线上评审，但无法实现从投资储备到投资计划和项目实施的闭环控制。

第三节　融资管理信息系统

一、融资管理信息系统的主要功能

不同公司的融资管理流程会有所不同，通常的融资管理信息系统可以根据不同的融资管理流程实现不同的配置。

（一）企业融资管理组织机构与职责

企业融资管理组织机构的设置是公司进行有效融资管理的制度体现与保障，也是公司实现有效融资管理的基础。企业的融资管理过程涉及组织结构中不同层面的部门和人员，每个层次的部门或人员都有相应的职责。为融资管理流程设置专人专岗，明确相关岗位的具体责任，是企业进行融资管理的前提与必要条件。

企业应设置满足融资管理所需的，由业务、财务、法律及审计等相关人员组成的融资委员会或类似决策机构，对重大融资事项和融资管理制度等进行审批，并设置专门归口管理部门牵头负责融资管理工作。对于融资管理，不同公司的组织结构设计也是千差万别。此处只列举其中一种常见的、简化后的组织架构设计，旨在说明公司融资管理的职责分工及相应的业务流程。

图 11－29 所示为融资管理组织架构示例中，总部管理层通过承担全集团融资管理目标（如融资计划、融资成本、资产负债率等）向董事会负责，负责监控分子公司、各条线/部门目标的完成；总部各职能部门和业务条线负责人为总部融资管理委员会主要成员，承担本机构或部门融资目标，并监控下属机构或部门融资指标的完成；总部融资管理部门为融资管理委员会下设机构，负责融资管理日常事务。根据企业管理层级的不同，也可以不设置各职能部门下属单位和各业务条线下属单位。

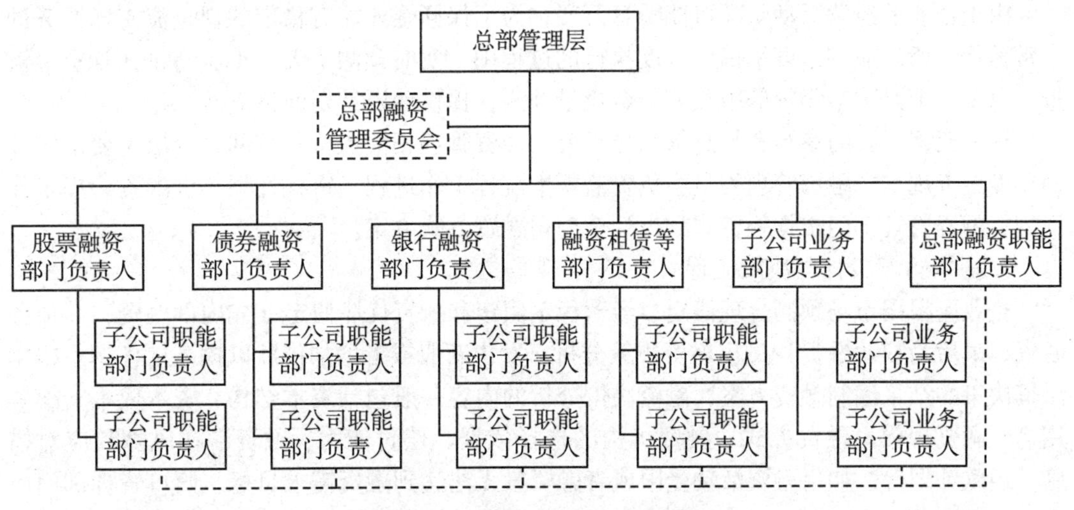

图 11－29　融资管理组织架构示例

（二）融资管理典型流程

企业应使用适当的工具方法进行融资管理，一般按照融资计划制订、融资决策分析、融资方案的实施与调整、融资管理分析等程序进行。

融资管理流程是企业整体业务流程的一部分，融资管理流程还会与企业的预算管理流程、报表合并流程、项目管理流程、采购销售等业务流程、财务会计核算流程等其他流程有接口。

1. 融资管理流程总览

融资管理流程是与企业的经营活动紧密结合的。一般而言，我们所界定的管理流程是在一个完整的经营、评价周期中，融资管理体系从计划、决策，到执行、报告等各环节的具体操作，将作为全公司融资管理的标准流程。

2. 融资计划制订流程

从企业发展角度，没有投资及经营增长就没有融资需求。企业的融资战略要求实施融资规划，以使其与企业的投资战略、财务风险控制及可持续增长目标等相匹配。融资规划有长、短期之分。

长期融资规划是在战略引导下，结合未来盈利及价值增值目标、投资需求拉动、财务资源及财务风险等多因素考量下，对未来（3～5 年）的融资需求量、融资实际、融资方式等进行的预判与筹划。

短期融资规划是为满足未来年度（1～2 年）经营与投资增长而对企业外部融资需要量进行规划。企业对短期融资安排应实行年度统筹、季度平衡、月度执行的管理方式。根据战略需要、业务计划和经营状况，预测现金流量，统筹各项收支，编制年度融资计划，并据此分解至季度和月度融资计划。必要时根据特定项目的需要，编制专项融资计划。年度融资计划的内容一般包括编制依据、融资规模、融资方式、资本成本等；季度和月度融资计划的内容一般包括年度经营计划、企业经营情况和项目进展水平、资金周转水平、融资方式、资本成本等。企业融资计划通常作为预算管理的一部分，纳入企业全面预算管理。

由于企业的经营活动状况可能瞬息万变，为了保证企业能有稳定的现金流支撑业务的正常运行，所以应在季度平衡、月度执行的过程中，实时预测 7 天、30 天等的短期资金流量，以及 3 个月、半年等的中长期资金流量预测，提供融资计划调整依据。

这一流程主要的参与者是总部和分子公司融资管理相关人员。总部管理层主要确定计划年度融资规划；融资管理委员会负责监督本流程工作进程，审核计划年度融资管理工作计划；融资管理部门根据融资规划设计全公司融资方式方案。

3. 融资方案设计与决策流程

企业应根据市场预测合理假定、经营稳定假定和融资优序假定（先内部融资，后债务融资，最后为权益融资）做出融资决策分析：发售新股或者增加借款以提高杠杆率。根据融资决策的结果编制融资方案，融资决策分析的内容一般包括资本结构、资本成本、融资用途、融资规模、融资方式、融资机构的选择依据、偿付能力、融资潜在风险和应对措施、还款计划等。如果融资活动受限或者融资量无法达到融资需求目标，归口管理部门应及时对融资方案进行调整，数额较大时应按照融资管理程序重新报请融资委员会或类似决策机构审批。

这一流程主要的参与者是总部和子公司融资管理相关人员。总部管理层主要根据年度融资规划总额，提交股权融资、债券融资或者银行贷款等全公司融资方案，子公司融资管理人员负责本公司融资方案设计；融资管理委员会负责融资决策、审批融资方案，并监督本流程工作进程。

4. 融资方案日常执行与跟踪流程

融资方案经审批通过后，进入实施阶段，一般由归口管理部门具体负责落实。企业融资完成后，应对融资进行统一管理，必要时应建立融资管理台账。企业应定期进行融资管理分析，内容一般包括还款计划、还款期限、资本成本、偿付能力、融资潜在风险和应对措施等。还款计划应纳入预算管理，以确保按期偿还融资。

融资方案日常执行与跟踪流程在不同部门的管理人员中展开，是各级管理人员日常工作的组成部分。根据股权融资、债务融资、融资租赁融资等融资方案的不同，有各自的融资方案执行流程。下面我们简述这几种常用的融资方案的日常执行管理流程。

（1）股份有限公司首次发行股票的流程如图 11－30 所示。

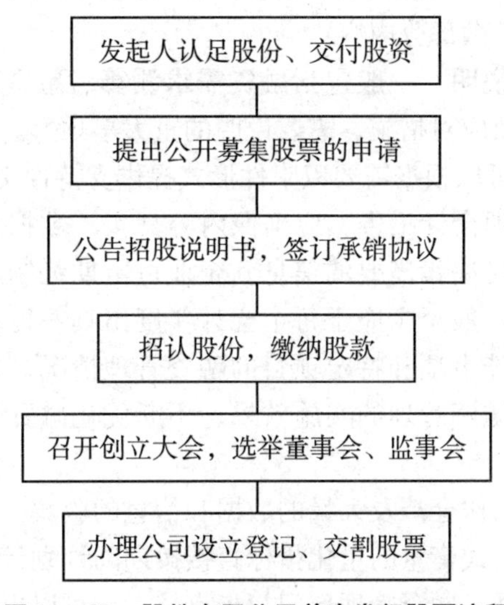

图 11－30　股份有限公司首次发行股票流程

（2）公司债券的一般发行流程，与股票发行流程类似，包括：

做出发债决议；

提出发债申请；

公告募集办法；

委托证券经营机构发售；

交付债券，收集债券款；

债券偿还。

（3）银行贷款的一般执行与跟踪流程包括：

提出申请，银行审批；

签订合同，取得贷款；

利息支付以及利率变动后的后续调整管理；

贷款本金偿还。

（4）融资租赁的基本流程：

选择租赁公司，提出委托申请；

签订购货协议；

签订租赁合同；

交货验收；

定期交付租金；

合同期满处理设备。

在此过程中，各融资归口管理部门和融资管理委员会主要负责融资进程沟通。（1）总部融资管理部门负责跟踪、报告融资管理执行情况，进行问题记录与报告；（2）各融资归口管理人员，有效、稳步地推进融资方案执行，及时回馈执行中出现的问题，组织好内部、外部沟通。

5. 定期、年度评价流程

融资报告应根据融资管理的执行结果编制，反映企业融资管理的情况和执行结果。

融资报告主要包括以下两部分内容：

（1）融资管理的情况说明，一般包括融资需求测算、融资渠道、融资方式、融资成本、融资程序、融资风险及应对措施、需要说明的重大事项等。

（2）融资管理建议，可以根据需要以附件形式提供支持性文档。

融资报告是重要的管理会计报告，应确保内容真实、数据可靠、分析客观、结论清楚，为报告使用者提供满足决策需要的信息。企业可定期编制融资报告，反映一定期间内融资管理的总体情况，一般至少应于每个会计年度出具一份；也可根据需要编制不定期报告，主要用于反映特殊事项和特定项目的融资管理情况。企业应及时进行融资管理回顾和分析，检查和评估融资管理的实施效果，不断优化融资管理流程，改进融资管理工作。

周期性融资管理评价工作会涉及大量的数据和信息的收集。其中，通过各类报表可以直接获取的资料或者通过公式衡量的量化指标直接按期间计划计算，期间计划可体现在行动方案中。对于采集的数据，融资管理部门初步审核后，可以提交相关部门针对数据的真实性进行审核。对于需要人工收集、处理的数据，数据来源部门的融资管理员应在规定的期限内提交融资管理部门。

在融资管理评价流程中，管理层和融资管理委员会开会审议变更需要，确定定期评价结果；总部融资管理部门汇总业务发展情况资料，发起定期评价，监督各部门保质保量完成评价，报告评价结果，提出优化建议；各融资归口执行部门加强沟通，归口融资管理员负责及时向总部融资管理部门交付需本部门、机构采集的数据，发起、协调本部门的评价工作，为本部门、机构负责人提供评价、报告的支持，向融资管理部门填写、提交评价结果报告。

（三）融资管理信息系统功能实现示例

随着公司业务的逐步拓展，业务量的逐步加大，自有的资金量已不能满足企业发展的需要。在现代企业管理制度的基础上，融资管理部门需要严控资金风险，实现最优资金结构，最低融资成本，提升财务资金管理水平。但大多数企业面临的现状是，尚无法有效整合各类融资流程，融资的过程仍停留在文档流转管理层次，规范性不够，效率低下。融资过程还无法与企业内部的业务或财务系统打通，只能通过层层上报的数据作为融资决策的依据。融资项目管理过程效率低下，对金融机构或金融产品信息都缺乏统一的数字化监管，分析和评价手段落后，有大量的手工作业。为此，迫切需要企业能够在头寸管理的基础上，做好资金预算，分析资金结构和动态，做好流动性风险管理及风险提示等方面，搭建一套资金融资管理系统来协助进行管理。

融资活动是企业资金流转的起点，融资管理要求解决企业为什么融资、需要筹集多少资金、从什么渠道以什么方式筹集，以及如何协调财务风险等问题。另外，针对企业集团，相对单体企业，又存在着集团内部融资及优化配置管理。

以 SAP 系统为例，融资管理信息系统应包括的基本功能示例如下：

1. 资金流动性预测

资金流动性和预测管理，是企业融资需求的基础，能够为企业的资金管理者提供一个日常的资金管理与监控平台。通过资金流动性和预测管理所提供的现金头寸与流动性预测，能够监视与控制每一个公司或集团每天流入与流出的资金，以及未来每一天将要流入和流出的资金预测，使用资金预测的功能加强企业对未来中短期现金流量的预测，及时预警，保证公司的安全和信誉。如图 11－31 所示，对当期流动性趋势进行分析。

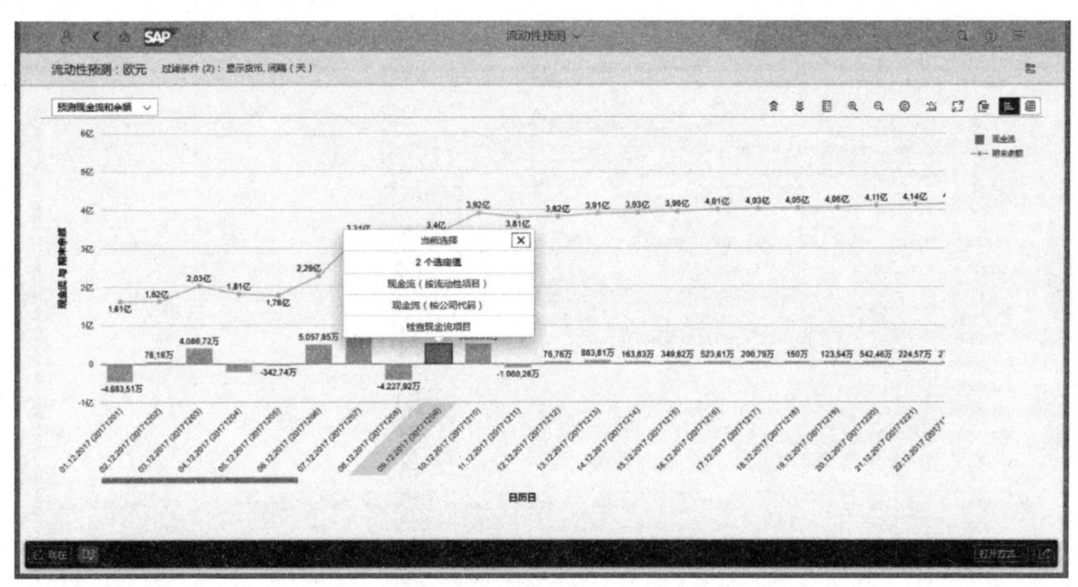

图 11－31 资金流动性趋势分析

进一步可以分析每天现金流入流出的具体情况（见图 11－32）。

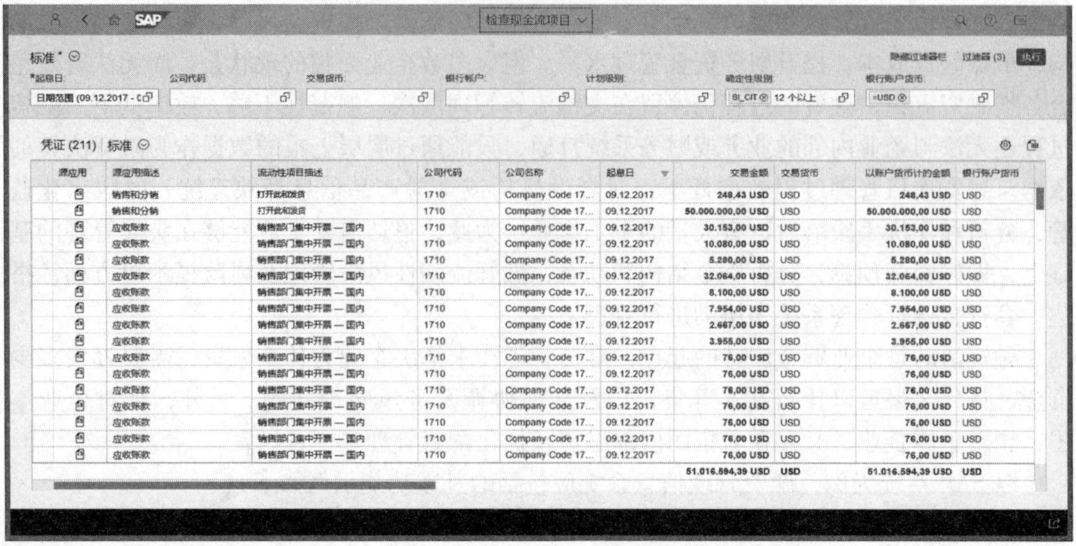
检查现金流项目
标准 *
隐藏过滤器栏 过滤器 (3) 执行
*起息日: 日期范围 (09.12.2017 - 0
公司代码:
交易货币:
银行帐户:
计划级别:
确定性级别: SI_CIT 12 个以上
银行账户货币: =USD
凭证 (211) 标准
源应用 源应用描述 流动性项目描述 公司代码 公司名称 起息日 交易金额 交易货币 以账户货币计的金额 银行账户货币
销售和分销 打开此和放货 1710 Company Code 17... 09.12.2017 248,43 USD USD 248,43 USD USD
销售和分销 打开此和放货 1710 Company Code 17... 09.12.2017 50.000.000,00 USD USD 50.000.000,00 USD USD
应收账款 销售部门集中开票 — 国内 1710 Company Code 17... 09.12.2017 30.153,00 USD USD 30.153,00 USD USD
应收账款 销售部门集中开票 — 国内 1710 Company Code 17... 09.12.2017 10.080,00 USD USD 10.080,00 USD USD
应收账款 销售部门集中开票 — 国内 1710 Company Code 17... 09.12.2017 5.280,00 USD USD 5.280,00 USD USD
应收账款 销售部门集中开票 — 国内 1710 Company Code 17... 09.12.2017 32.064,00 USD USD 32.064,00 USD USD
应收账款 销售部门集中开票 — 国内 1710 Company Code 17... 09.12.2017 8.100,00 USD USD 8.100,00 USD USD
应收账款 销售部门集中开票 — 国内 1710 Company Code 17... 09.12.2017 7.954,00 USD USD 7.954,00 USD USD
应收账款 销售部门集中开票 — 国内 1710 Company Code 17... 09.12.2017 2.667,00 USD USD 2.667,00 USD USD
应收账款 销售部门集中开票 — 国内 1710 Company Code 17... 09.12.2017 3.955,00 USD USD 3.955,00 USD USD
应收账款 销售部门集中开票 — 国内 1710 Company Code 17... 09.12.2017 76,00 USD USD 76,00 USD USD
应收账款 销售部门集中开票 — 国内 1710 Company Code 17... 09.12.2017 76,00 USD USD 76,00 USD USD
应收账款 销售部门集中开票 — 国内 1710 Company Code 17... 09.12.2017 76,00 USD USD 76,00 USD USD
应收账款 销售部门集中开票 — 国内 1710 Company Code 17... 09.12.2017 76,00 USD USD 76,00 USD USD
应收账款 销售部门集中开票 — 国内 1710 Company Code 17... 09.12.2017 76,00 USD USD 76,00 USD USD
应收账款 销售部门集中开票 — 国内 1710 Company Code 17... 09.12.2017 76,00 USD USD 76,00 USD USD
应收账款 销售部门集中开票 — 国内 1710 Company Code 17... 09.12.2017 76,00 USD USD 76,00 USD USD
51.016.594,39 USD USD 51.016.594,39 USD USD

图 11－32　日现金流入流出分析

针对具体行项目还可以进一步查看该笔现金流入流出的具体详情，系统支持一直追溯到最原始的业务单据信息，如图 11－33 所示，从而通过实时的预测分析和挖掘，帮助资金管理人员更好地做出相应决策。

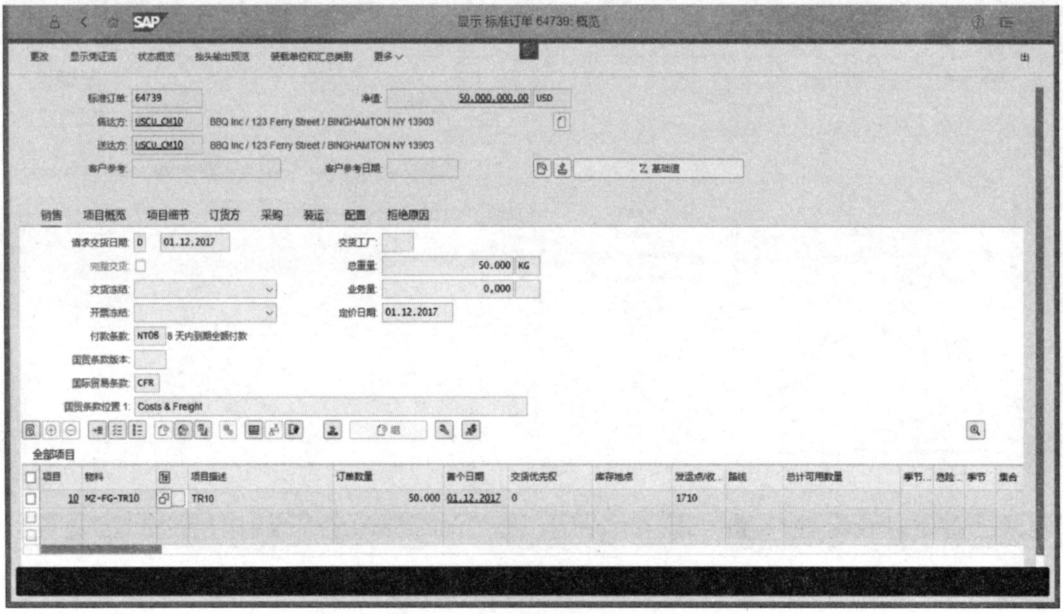
显示 标准订单 64739: 概览
更改 显示凭证流 状态概览 抬头输出预览 装载单位和汇总类别 更多
标准订单: 64739
净值: 50.000.000,00 USD
售达方: USCU_CM10 BBQ Inc / 123 Ferry Street / BINGHAMTON NY 13903
送达方: USCU_CM10 BBQ Inc / 123 Ferry Street / BINGHAMTON NY 13903
客户参考:
客户参考日期:
基础值
销售 项目概览 项目细节 订货方 采购 装运 配置 拒绝原因
请求交货日期: D 01.12.2017
交货工厂:
完整交货:
总重量: 50.000 KG
交货冻结:
业务量: 0,000
开票冻结:
定价日期: 01.12.2017
付款条款: NT08 8 天内到期全额付款
国贸条款版本:
国际贸易条款: CFR
国贸条款位置 1: Costs & Freight
全部项目
项目 物料 项目描述 订单数量 首个日期 交货优先权 库存地点 发运点/收... 路线 总计可用数量
10 MZ-FG-TR10 TR10 50.000 01.12.2017 0 1710

图 11－33　资金流动性前端业务追溯

为保证资金流动性预测信息的及时准确，要求与相关业务实时集成，任何有可能会影响到企业未来资金状况变化的业务都要传递相应的数据到资金预测模块中，例如采购人员的采购合同一旦输入系统，资金人员立刻就可以获得根据付款条款产生的资金支出信息，使资金人员可以获得企业实时准确的流动性状况，提前进行收支预测和资金平衡。其他业务部门如销售部、投资部、信贷部的业务及计划也都会传递相关数据至资金预测模块。同时资金管理者要有能力对关键数字提前作出预测，并制订相应措施，能够控制财务资源的分配，认识到足够长的时间内流动资金的不足或盈余，并确定计划期间内预期的外汇形势并制订相应投融资计划，使企业得以掌握预期现金流的主动权，而不只是被动地作出反应。

2. 融资业务管理

（1）融资计划管理：根据战略需要、业务计划和经营状况，预测现金流量，统筹各项收支，编制年度融资计划，并据此分解至季度和月度融资计划。必要时根据特定项目的需要，编制专项融资计划。

（2）融资业务管理：广义的融资业务，包括对银行存款、短期理财等的投资管理和包括股票、债券、银行贷款、票据、担保、信用证、外汇、利率掉期、期货等金融交易（见图 11 – 34）业务的处理，以及由此带来的信贷风险分析、市场风险分析及投资组合分析等金融理财风险管理。

货币市场	外汇	衍生品	债务管理	证券融资	贸易融资	商品
定期存款	即期	Cap	债券	股票	信用证	期货
结构性存款	远期	Floor	银行贷款	权证	保函	远期
短期理财	互换	FRA	银行票据	证书	供应链金融	期权
	期权	互换	商业票据	回购	融资租赁	互换
	期货	期权	授信			OTC期权
		期货				

图 11 – 34　广义的融资业务管理

狭义的融资管理，指包括向银行授信的银行贷款，向市场发债及发票据，提供内部贷款及票据融资等融资方式，以及通过贸易过程中的信用证、保函、应收账款保理等供应链金融、融资租赁等方式为企业筹集资金。

（3）商业银行贷款：按机构对贷款有无担保要求，分为信用贷款和担保贷款。信用贷款是以借款人的信誉或保证人的信用为依据而获得的贷款，无须以财产做抵押，信用额度的管理是信用贷款所要关注的特定内容；担保贷款是指由借款人或第三方依法提供担保而获得的贷款，包括保证贷款、抵押贷款和质押贷款三种基本类型。系统提供对商业银行贷款管理从银行授信、到贷款合同申请、签订、放款、利息支付、本金偿还过程中的全生命周期管理和相关的现金流预测、贷款信息报告和分析管理。

（4）股票融资：是指资金不通过金融中介机构，借助股票这一载体直接从资金盈余部门流向资金短缺部门，资金供给者作为所有者（股东）享有对企业控制权的融资方式，它的目的是满足广大投资者增加融资渠道，它的优点是筹资风险小，不用支付固定的利息，不存在不能还本付息的风险。可以提高企业知名度，为企业带来良好的声誉。缺点是资金成本较高，容易分散控制权。信息系统能够支持股票发行过程的管理，以及股票到账后的财务记账处理。

（5）债券融资：类似股票融资的直接融资方式，是企业在资本市场上直接向投资者发行公司债券。与股票融资相比，债券融资具有更多的财务优势：债券融资的税盾作用。债券的税盾作用来自债务利息和股利的支出顺序不同，世界各国税法基本上都准予利息支出在税前列支，而股息则在税后支付。因此，企业举债可以合理地避税，从而使企业的每股税后利润增加。债券融资的财务杠杆作用。如果纳税付息前利润率高于利率，负债经营就可以增加税后利润，从而形成财富从债权人到股东之间的转移，使股东收益增加。债券融资的资本结构优化作用，与股票融资相比，能够降低企业整体的融资成本。信息系统不仅要求能够支持债券发行过程的管理，还需要对债券发行后全生命周期的利息计提、支付和本金偿还、现金流预测管理（见图 11－35）。

债券管理（含发债费用和溢价发行）

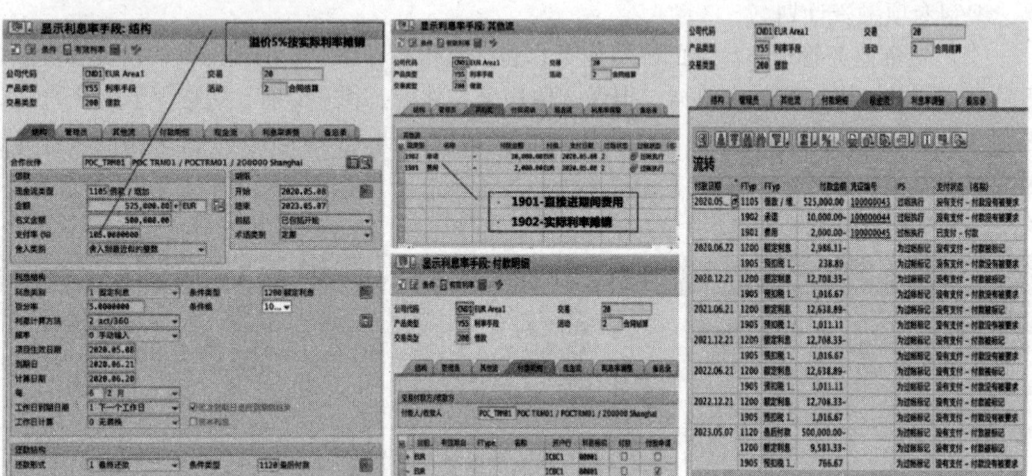

图 11－35　债券管理

（6）内部融资：集团性企业通过内部结算中心，或者财务公司内部银行，对于集团内部成员单位之间融通资金的方式。内部结算中心（或内部银行），集中管理下属机构任何币种的账户。系统提供的内部银行功能支持各成员单位在内部银行的开户、内部转账、支取和销户等业务（见图 11－36）。内部银行可以为同一成员单位管理多个账户，进行自动计息、支取限额管理，在利息管理方面既支持对不同账户进行不同利率管理，同时还可对不同金额段、不同时间段进行分段计息管理。系统也支持根据相应的金额限额设置在不同账户之间进行自动资金划转等。对于下属机构来说，内部银行功能自动处理部门间的交易（头寸划拨）、集团公司对外部合作伙伴的交易（资金拆借）等，此金额集中反映在资金中心。内部银行功能还可用来计算并借记利息及其他费用、授权经常性账户透支、控制限额、生成附属公司的报表。在系统中可以管理业务的各项环节，包括从交易处理、结算到账务核算的管理，在业务处理过程中可根据企业实际需要设置相关审批流程。

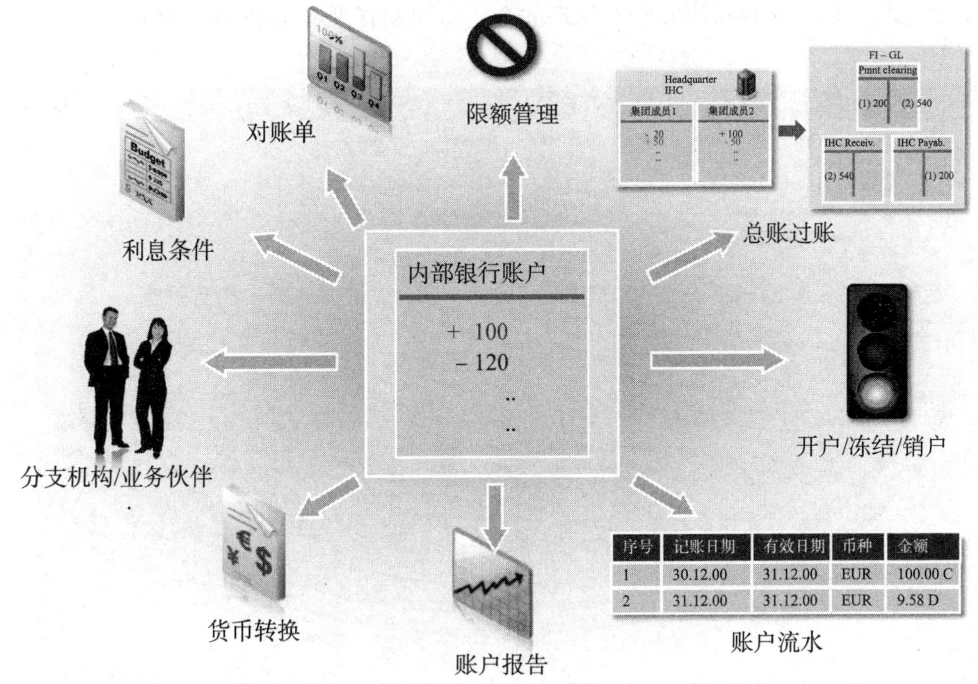

图 11－36　内部银行（内部结算中心）账户管理

（7）票据池管理：建在企业（或企业集团）内部，如企业（或企业集团）的职能部门——资金部，或企业集团下属的非银行金融机构——财务公司；既包括票据实物的集中保管，也包括票据行为（如开票、贴现、背书、质押、票据追索、到期支付与托收）的全生命周期集中管理；包括商业承兑汇票和银行承兑汇票。通过改善票据池管理，盘活整个企业或集团内的票据资源，统筹安排，优化配置，降低整体融资成本。

（8）信用证融资：信用证融资是国际贸易中由银行向进口商融资的基本方式。商业银行应进口商的要求，向出口方开出信用证，准许出口商对开证行或其分支行、代理行开立一定金额的汇票，在交接的单据完全符合信用证有关条款的条件下，银行保证付款。在使用信用证融资方式时，开证行在进口商没有实际收货付款的情况下向出口商先行凭单付款，履行第一付款责任。对出口方受益人来说，这种付款又是最终性的，开证行履行付款后不能事后因进口商拒绝向银行付款赎单而向出口商追索已付款项。这样，在信用证支付条件下，银行信用取代了商业信用，使出口商面临的信用风险大为降低，同时由于信用证提供付款保证，出口商一般可以在当地银行将票据议付或贴现，取得资金融通，促进了进出口贸易的发展。系统支持独立的信用证主数据管理，覆盖信用证全生命周期的交单、承兑与付款等状态管理与审批管理，与前端业务紧密集成，可预设并可自动派生交单所需的票据清单。支持保证金和授信单独或结合使用。并将相关过账信息传递到财务会计中（见图 11－37）。

（9）应收账款保理：是企业将赊销形成的未到期应收账款在满足一定条件的情况下，转让给商业银行，以获得银行的流动资金支持，加快资金周转。其实质上是一种利用未到期应收账款这种流动资产作为抵押从而获得银行短期借款的一种融资方式。系统支持对已做保理的应收账款，对有追索权的保理进行单独的管理，并将该应收账款与所取得的短期银行借款关联，从而实现对应收账款保理的全生命周期管理（见图 11－38）。

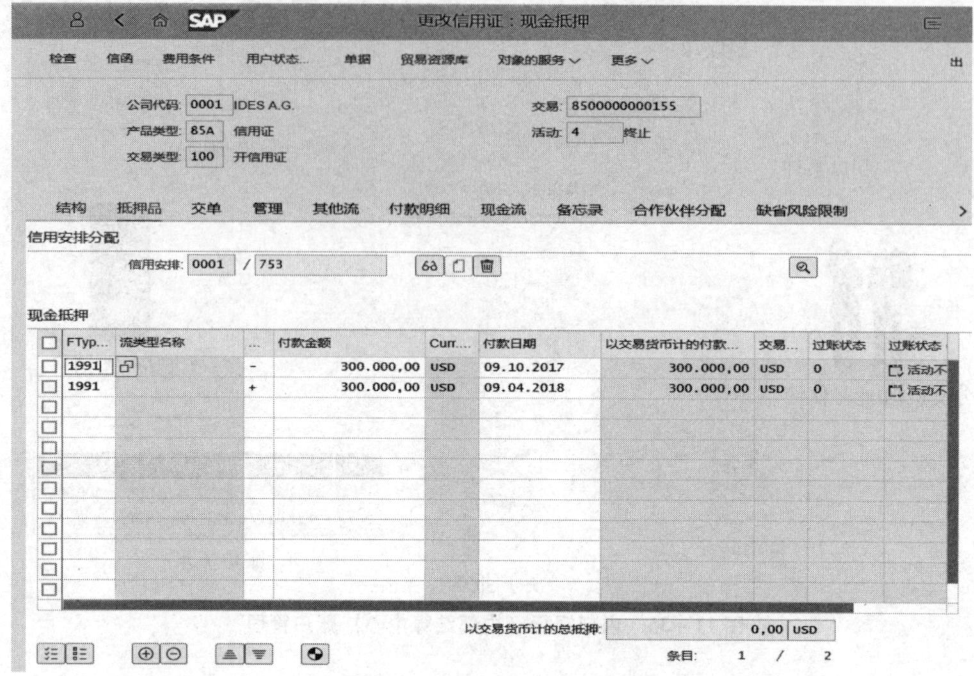

图 11－37　贸易融资——信用证管理

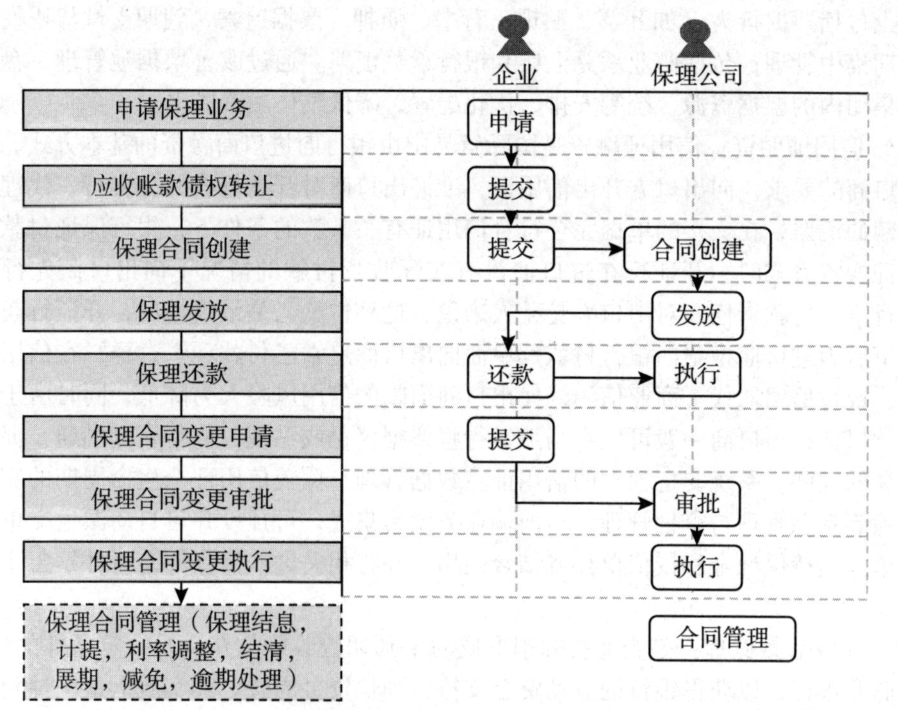

图 11－38　应收账款保理管理

（10）融资租赁：是指实质上转移了与租赁资产所有权有关的几乎全部风险和报酬的租赁。在租赁开始日，承租人通常应当将租赁开始日租赁资产原账面价值和最低租赁付款额的现值两者中较低者作为租入资产的入账价值，将最低租赁付款额作为长期应付款的入账价值，并将两者之间的差额记录为未确认融资费用。在融资租赁下，承租人向出租人支付的租金中，包含了本金和利息两部分。承租人支付租金时，一方面应减少长期应付款，另一方面应同时将未确认的融资租赁费用按一定的方法确认为当期融资费用。系统还能够支持绿色信贷、能效信贷等创新性融资业务的拓展应用。

3. 融资成本管理

包括对每个融资项目下的利息到期支付提醒、财务成本计算、各维度融资成本计算等功能。每月的利息、保函手续费等数据，可用于与财务核对。

4. 合同文件管理

每个融资项目，包括申请、审批、合同订立、放款、还款等各节点的过程和合同数字化信息管理，以及文本扫描件电子归档功能。

5. 融资决策支持

建立统一的融资决策综合分析模块，满足了各级融资管理人员直观、全面地掌握融资及资金运行状态的需要，实现数据的自动采集和加工，减少数据的手工处理和录入，提高统计和分析结果的准确性，提供多层次、多维度的各类融资存量分析、预警、监管等统计和分析报表管理，实现筹融资方案的优化设计和债务结构持续改进。包括：

（1）资金统计分析：资金分布、资金缺口、资金安全线等。

（2）资金流动性预测和分析：根据 ERP 系统业务执行状态，实时生成资金预测情况统计分析，根据实际业务需求进行手工资金预测调整。资金管理系统能在头寸管理的基础上，做好资金预算，分析资金结构和动态，做好流动性风险管理及风险提示。

（3）存量融资项目管理：包括还本付息，到期归还提示和对应的资金安排建议。

（4）融资情况报表；按需统计，得到管理所需的数据和图表，按币种分类，按主体分类，按筹资渠道分类，按期限分类，按增信方式分类，按利率固定和浮动分类等。

（5）融资成本的统计、分析。

（6）风险管理分析：信用风险、信贷额度、交易限额管理、风险分析。

6. 系统集成

企业的融资管理信息系统能够与企业现有的任何内部业务运营系统，例如 ERP 系统、企业决策支持系统等集成，也能够提供标准的开放接口与外部系统（例如银行系统接口）集成，同时能够使用这些开放接口增加或调整现有交易中的功能。各种接口都进行稳定的维护，以保证系统未来进行的相关功能扩充能顺利使用。

二、融资管理信息系统的基本架构

（一）系统架构思路

融资管理信息系统应针对上述融资管理的业务功能需求，系统架构思路如下：

(1) 融资管理系统应该是企业或集团企业资金及投融资管理系统的核心功能之一，应该具备可灵活适应多业态、多组织管理要求变化的需求，可满足各级、各类公司使用，应该是成熟的商务套件。

(2) 融资管理系统能涵盖当前市场上的主流融资业务类型，能对每种融资方式下的融资业务进行全生命周期的业务管理和分析；主要的业务功能都能通过配置方式实现；系统可扩展，能够支持融资创新业务的管理。

(3) 融资管理系统应该是与业务运营、财务管理系统一体化的管理平台，并能提供标准化接口实现与外部系统的集成。

(4) 融资管理系统应该是复合集团公司中长期发展要求的可灵活地按需选择实施落地的信息化平台，确保可整体规划、分阶段实施落地，逐步见效。

(5) 融资管理系统应该是易用的、可互联网移动应用的信息平台，方便进行实时的融资决策和数据分析，真正为业务决策提供数据支撑。

（二）系统功能和基本架构

企业根据融资业务管理需求结合业务场景，需要针对企业融资业务的管控规则及流程而搭建的一套适合于企业融资的管理信息系统。图 11－39 展示了融资管理系统功能和基本架构示例，从图中可以看到融资业务管理信息系统处于企业信息系统整体架构中的执行层，可以分为业务运营层、执行层和决策层三个层次。

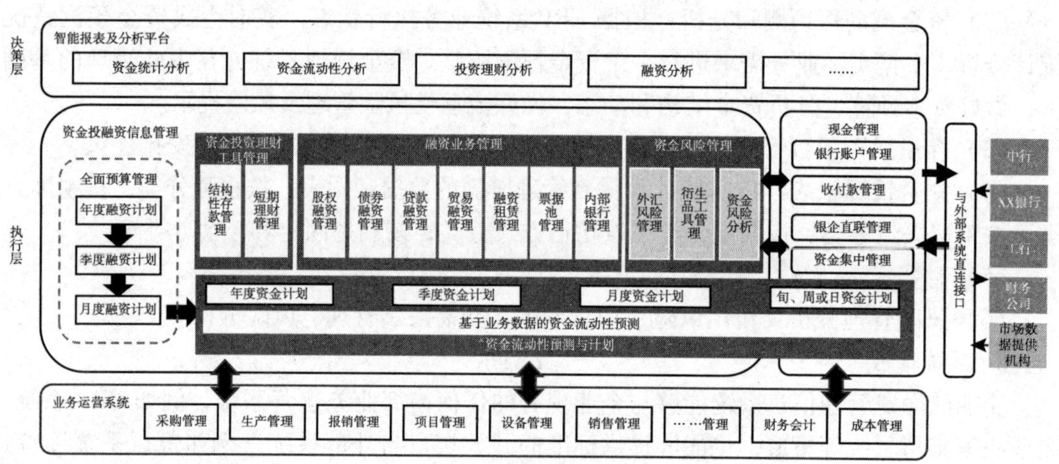

图 11－39　融资管理信息系统基本架构

基于该架构搭建的融资管理信息系统应该具备以下功能：

1. 融资业务执行管理

融资业务执行管理功能包括：

(1) 融资计划管理。企业根据战略需要、业务计划和经营状况，预测现金流量，统筹各项收支，编制年度融资计划，并据此分解至季度和月度融资计划。企业融资计划通常作为预算管理的一部分，纳入企业全面预算管理。

（2）资金流动性预测管理。资金流动性预测管理是企业融资需求的基础。通过资金流动性和预测管理所提供的现金头寸与流动性预测，能够监视与控制每一个集团或企业未来每一天将要流入和流出的资金预测，加强企业对未来中短期现金流量的预测，及时预警，保证公司的安全和信誉。

（3）融资业务管理。融资业务管理模块支持企业各种融资渠道或方式的融资业务，包括向银行授信的银行贷款，向市场发债及股票，提供内部贷款及票据融资等融资方式，以及通过贸易过程中的信用证、保函、应收账款保理等供应链金融、融资租赁等融资方式下，全生命周期的融资过程、融资合同、融资本金和利息，以及相关现金流的融资信息管理。

（4）资金投资理财工具管理。系统提供了适用于货币市场、外汇、证券交易等金融工具的各种标准化功能，极大地方便了交易的处理。这些功能包括交易管理、结算、付款处理、估值和会计核算。尽可能实现流程的自动化和合理化，减少重复工作，减少用户处理步骤。提供灵活的报告和评估工具，用于分析金融交易、外汇等资产组合。

（5）资金风险管理。通过金融对象来对其进行灵活的市场风险分析、信用风险分析和投资组合分析。对各种指标，可根据分析结构追溯分析。支持多种风险分析方法：Var值法、净现值法等。

2. 融资决策支持与分析管理

融资决策支持与分析管理通过对融资业务的全面分析与评价，作出科学的融资决策，降低企业融资成本，掌控资金风险。

融资决策支持与分析管理模块实现流程、信息、管理资源的全面优化、集成与整合，建立资金融资管理与业务管理融合发展、协同管控和约束机制，增强总部对融资的综合掌控力，实施以全过程、全要素和逐笔、动态、实时为特征的融资业务精细化管理。在提升融资管理效率、提供经营决策分析、防控金融风险等方面向企业提供强大的业务功能支持。并结合最新IT技术的使用，实行融资业务的信息化和智能化管理。

三、常见融资管理信息系统

市场上有集成化的融资管理系统和独立的融资管理系统两种类型的融资管理系统。

（一）集成化的融资管理系统

该类型的融资管理系统能够将前端的购销等业务管理，与企业的现金管理和融资管理整合为一体。以SAP集团资金与投融资管理系统为例，SAP在大型企业运营管理方面有着很广泛的应用，多年来，SAP集团资金及投融资管理系统在国内外打造了众多的成熟案例和客户，是一个资金与财务、业务紧密结合在一起的、标准化的、可扩展的系统。

（1）SAP提供了完整的端到端的集团资金管理以及投融资管理解决方案，可以系统地实现资金管理与结算系统内部各模块以及与ERP业务系统之间各模块的无缝集成。所有涉及会计核算的金融业务都会自动产生相应的会计凭证，财务会计中的应收应付也会自动传递到资金管理和结算系统中，作为结算以及资金预测的依据；现金管理的头寸及预测信息则源于业务系统、资金管理、财务会计等模块。

（2）对于投融资等金融交易，SAP 可以实现定期存款、理财、票据、担保、信用证、债券、基金、有价证券、外汇、利率掉期、期货等金融交易的处理。

（3）提供了贷款管理模块，可以实现对贷入贷出等各种类型贷款的全生命周期管理。

（4）提供内部银行管理模块，可以实现集团内部融资并进行内部的资金应用成本管理。

（5）系统还提供了敞口管理和套期保值业务的管理，帮助企业规避来自外汇、利率和期货中的市场风险。

（6）基于投融资等金融交易，可以进一步实现信贷风险分析、市场风险分析及投资组合分析等资金的风险管理。

使用 SAP 融资管理系统带来的业务收益或者企业融资管理的提升点：

（1）实现了资金和融资主数据的统一管理：包括内外部银行账户、金融机构等业务合作伙伴、融资合同等。

（2）通过集团内外部多种融资渠道和方式的使用，有效降低了企业融资成本。

（3）实现了融资业务数据集中，改善了数据质量，为企业充分发挥数据资产价值作出科学的融资决策，为提高企业的财务风险防范奠定了良好的基础。

（二）独立的融资管理系统

独立的融资管理系统根据企业内部的融资管理需求，结合融资业务场景而专门搭建的融资管理系统。其优点是进行融资业务的专项管理，满足企业与融资相关的管理需求；但不足是需要与企业内部的多种异构业务系统集成。

第四节　常见投融资管理工具的信息系统实现

投融资管理领域应用的管理会计工具方法，一般包括贴现现金流法、项目管理、情景分析、约束资源优化等。企业可以通过这些管理会计工具的使用，降低投融资风险，健全投融资决策机制，优化融资结构，提高投资效益。

下面以 SAP 投融资系统环境和融资租赁业务为例，具体讲述贴现现金流法在投融资管理信息系统的实现。

一、贴现现金流法

根据《管理会计应用指引第 501 号——贴现现金流法》，贴现现金流法，是以明确的假设为基础，选择恰当的贴现率对预期的各期现金流入、流出进行贴现，通过贴现值的计算和比较，为财务合理性提供判断依据的价值评估方法。贴现现金流法一般适用于企业日常经营过程中，与投融资管理相关的资产价值评估、企业价值评估和项目投资决策等。

二、系统实现

下面将以 SAP 的投融资管理系统环境和企业“融资租赁”业务管理为例，说明贴现现金流法对企业资产价值评估在信息系统中的实现方式。

如大家所知，作为与银行、证券、保险、信托并列的五大金融业务形式之一，融资租赁已成为西方发达国家在债权融资的资金市场上，仅次于银行贷款的第二大融资方式，占全球设备投资的 30% 左右。目前融资租赁在我国起步虽晚，但发展迅速。融资租赁具有独立于银行授信、不占用授信额度、补充银行信贷授信额度的不足（单独授信）的独特优势；同时还可缓解集中还款压力，平滑现金流；减少资金闲置成本，提高资金使用效率。

在《国际租赁会计准则》和我国《企业会计准则第 21 号——租赁》中，都对原先的租赁处理做了类似调整。这给国内企业带来不少的挑战，尤其是像零售、银行、保险、电信等有大量门店租赁或一些有大量资产租赁的企业来说，要将现有经营租赁的处理方式切换成融资租赁（建立对应的使用权资产和租赁负债明细数据），且通常还涉及跨部门的协作，比如负责租赁合同管理的行政部门或办公室要和财务部门协作梳理对应的合同台账，并根据对应的合同进行租赁费的折现、再资本化等，无疑给企业进行租赁业务的管理带来新的难题。

融资租赁需要进行融资租赁资产的实时估值，也就是用贴现现金流法对融资租赁资产价值进行评估，在 SAP 的融资管理信息系统模块中提供了相应的模块功能帮助实现。

（一）融资租赁源头——租赁合同管理

首先，做好融资租赁业务源头——租赁合同的管理。

在 SAP 系统提供的“管理合同”应用中，企业可以实现所有租赁业务的管理，包括不动产（办公室）、设备、土地、服务等类型的租赁合同，如图 11－40 所示，可以实现租

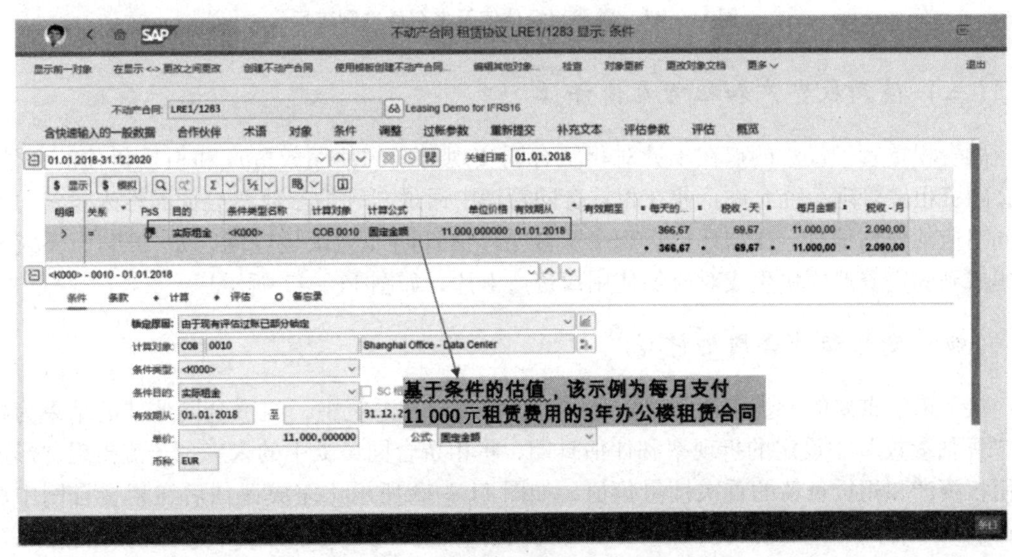

图 11－40　融资租赁合同管理

赁合同完整信息的管理（合同租赁日期，合作伙伴、租赁对象等），图中所示为基于条件的估值，每月支付 11 000 元租赁费用的 3 年办公楼租赁合同等信息都可以完整记录和处理。

（二）合同条款条件类型灵活配置

对于企业的租赁合同管理最关键的信息是对合同条款的支持，比如租赁条款中规定的定期租赁费、安装费、运输费等，系统通过灵活的条件类型实现，对于国内企业来说，通常还存在租赁费用的阶梯条款，或含税及不含税等个性化要求，在 SAP 融资管理系统的租赁合同管理模块都能通过条件类型配置来灵活实现。

在 SAP 融资管理系统的租赁合同管理模块，企业可以选择适用的会计原则，按照核算需要设定不同会计准则下平行的会计核算，并确定开始股价过账的时间和可能的结束时间，确定约定或是适用的利率（见图 11 -41）。

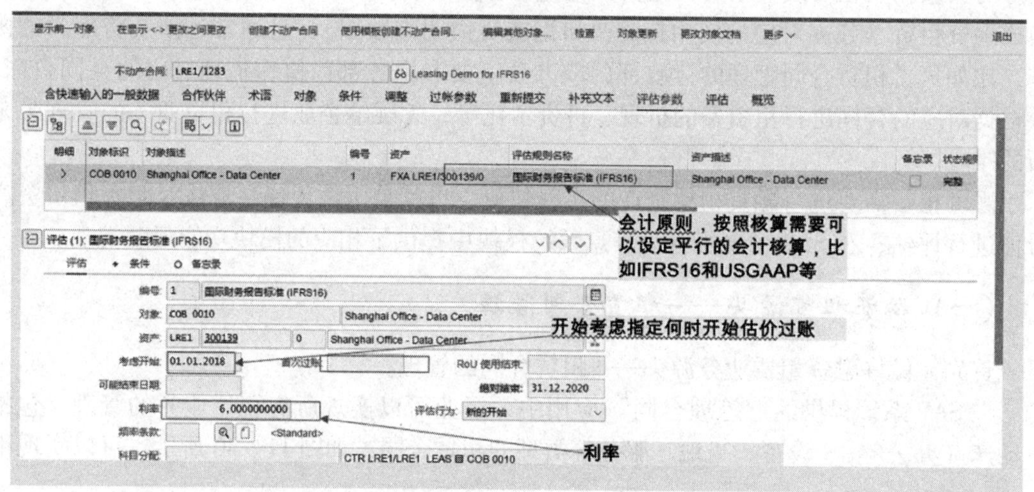

图 11 -41　融资租赁估值及多会计准则应用

（三）使用权资产和租赁负债评估

融资租赁管理最难的点在于针对租赁合同实现对应的使用权资产和租赁负债的评估。SAP 融资租赁管理系统允许企业在租赁合同管理中通过“评估参数”合同属性来设定每个合同对应的评估信息，比如评估折现率及合同评估日期（默认是合同起始日期），系统实时集成到固定资产模块生成对应的使用权资产卡片，如图 11 -42 所示。

（四）融资租赁合同的评估

接下来最重要的一步就是对租赁合同进行评估。在系统中，租赁合同评估的结果为根据“评估参数”中设定的折现率和评估日期，将租赁合同条款中的未来现金流折现，形成使用权资产和租赁负债的首次计量价值，如图 11 -43 所示，完成评估后在租赁合同中可以查询每个合同对应的使用权资产及租赁负债的购置价值及每个月折旧和摊销的利息。

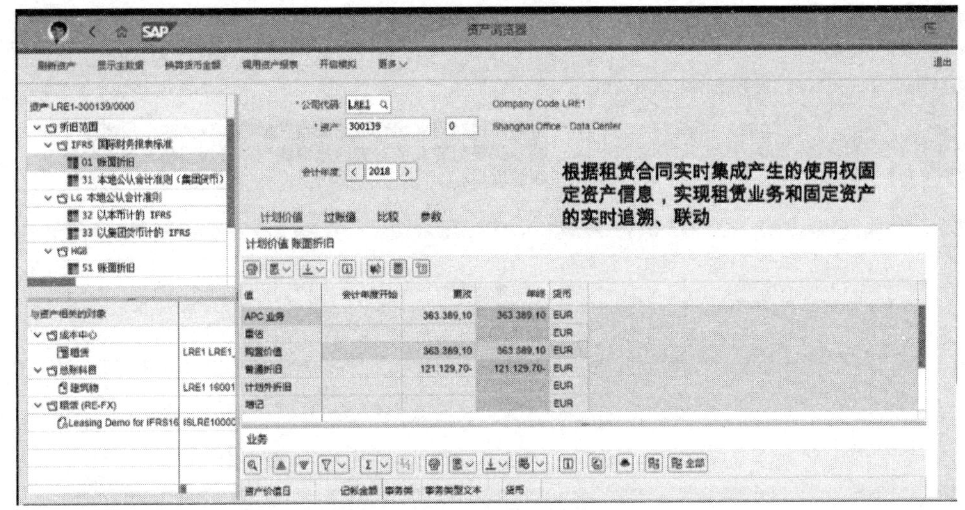

图 11－42　融资租赁资产管理

评估结果

*评估规则：国际财务报告标准 (IFRS16) (IFRS16)
现值：330.353,74 / EUR
合同价值：360.000,00 / EUR
资产　折旧　$ 清算　利息

评估科目分配	到期日	年	Σ	利息	货币	百分率	N	状态	计算自	计算到	天	FTyp	流类型名
CTR LRE1/LRE1_LEAS	31.01.2018	2018		1.601,77	EUR	6,0000000000	+		01.01.2018	31.01.2018	30	I300	利息 - 利息费用
	28.02.2018			1.559,78	EUR	6,0000000000	+		01.02.2018	28.02.2018	30	I300	利息 - 利息费用
	31.03.2018			1.517,58	EUR	6,0000000000	+		01.03.2018	31.03.2018	30	I300	利息 - 利息费用
	30.04.2018			1.475,16	EUR	6,0000000000	+		01.04.2018	30.04.2018	30	I300	利息 - 利息费用
	31.05.2018			1.432,54	EUR	6,0000000000	+		01.05.2018	31.05.2018	30	I300	利息 - 利息费用
	30.06.2018			1.389,70	EUR	6,0000000000	+		01.06.2018	30.06.2018	30	I300	利息 - 利息费用
	31.07.2018			1.346,65	EUR	6,0000000000	+		01.07.2018	31.07.2018	30	I300	利息 - 利息费用
	31.08.2018			1.303,38	EUR	6,0000000000	+		01.08.2018	31.08.2018	30	I300	利息 - 利息费用
	30.09.2018			1.259,90	EUR	6,0000000000	+		01.09.2018	30.09.2018	30	I300	利息 - 利息费用
	31.10.2018			1.216,20	EUR	6,0000000000	+		01.10.2018	31.10.2018	30	I300	利息 - 利息费用
	30.11.2018			1.172,28	EUR	6,0000000000	+		01.11.2018	30.11.2018	30	I300	利息 - 利息费用
	31.12.2018			1.128,14	EUR	6,0000000000	+		01.12.2018	31.12.2018	30	I300	利息 - 利息费用
		2018	•	16.403,08	EUR								
	31.01.2019	2019		1.083,78	EUR	6,0000000000	+		01.01.2019	31.01.2019	30	I300	利息 - 利息费用
	28.02.2019			1.039,20	EUR	6,0000000000	+		01.02.2019	28.02.2019	30	I300	利息 - 利息费用
	31.03.2019			994,40	EUR	6,0000000000	+		01.03.2019	31.03.2019	30	I300	利息 - 利息费用
	30.04.2019			949,37	EUR	6,0000000000	+		01.04.2019	30.04.2019	30	I300	利息 - 利息费用

图 11－43　融资租赁资产全生命周期利息和净值管理

（五）融资租赁的多会计准则平行记账管理

最后，在每个结账日，系统可以根据融资租赁合同评估的结果进行使用权资产折旧或租赁负债利息摊销的记账，实时集成总账模块产生对应的核算凭证，如图 11－44 所示，如果企业同时需要出具多会计准则报表，可以启用平行分类账功能来满足多会计准则平行记账需求。企业在系统中进行租赁合同评估时可以实现评估过账的模拟，在过账时，按照评估期间生成租赁合同对应的每期利息费用、租赁费支付核算凭证，实现融资租赁的多会计准则平行记账管理。

企业应用贴现现金流法进行资产价值评估，要基于行业市场需求情况、经营风险、技术风险和管理难度等，分析与之有关的预期现金流，以及与收益有关的成本费用、配套资产等；并合理区分标的资产与其他配套资产或者作为企业资产的组成部分，所获得的收益和所受的影响；同时，要准确评估标的资产使用权和收益权的完整性，并评估其对资产预测现金流所产生的影响。

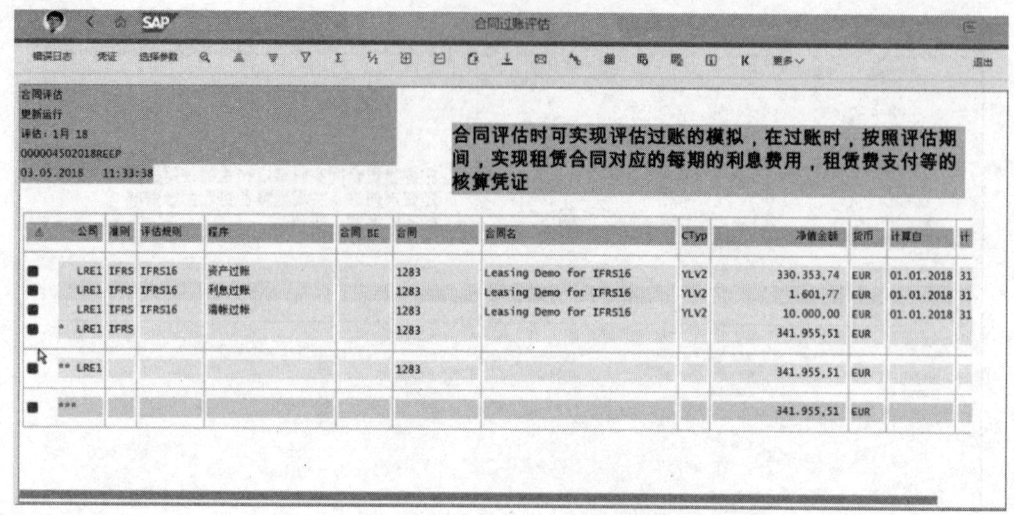

图 11-44 融资租赁多会计准则平行记账管理

第五节 投融资管理信息系统典型应用案例和应用场景

为了更好地了解投融资管理信息系统的功能，本节将系统功能与实际的业务实践场景结合起来进行介绍。结合实际投融资管理的需求，以及投融资管理中的重点与难点，进一步全面理解投融资管理系统的功能及其设计思路，思考投融资管理系统是如何满足实际投融资管理的实际需要的。

一、应用示例场景：商业银行贷款融资管理

企业无论采用哪种融资方式，目的都是实现资本在市场上的合理流动和优化配置。当前我国企业融资主要以商业银行贷款为主，而商业银行贷款按机构对贷款有无担保要求，分为信用贷款和担保贷款。

信用贷款是以借款人的信誉或保证人的信用为依据而获得的贷款，无须以财产做抵押，信用额度的管理是信用贷款所要关注的特定内容；担保贷款是指由借款人或第三方依法提供担保而获得的贷款，包括保证贷款、抵押贷款和质押贷款三种基本类型，抵押物或质押物的管理是担保贷款所要关注的特定内容。

（一）商业银行贷款融资经理的日常工作任务

商业银行贷款融资经理的日常工作的主要任务是企业的融资计划和融资决策，销售经理负责落实商业银行贷款融资方案的执行。

（二）商业银行贷款融资管理的全生命周期流程

商业银行贷款融资管理的全生命周期流程通常如图 11-45 所示。

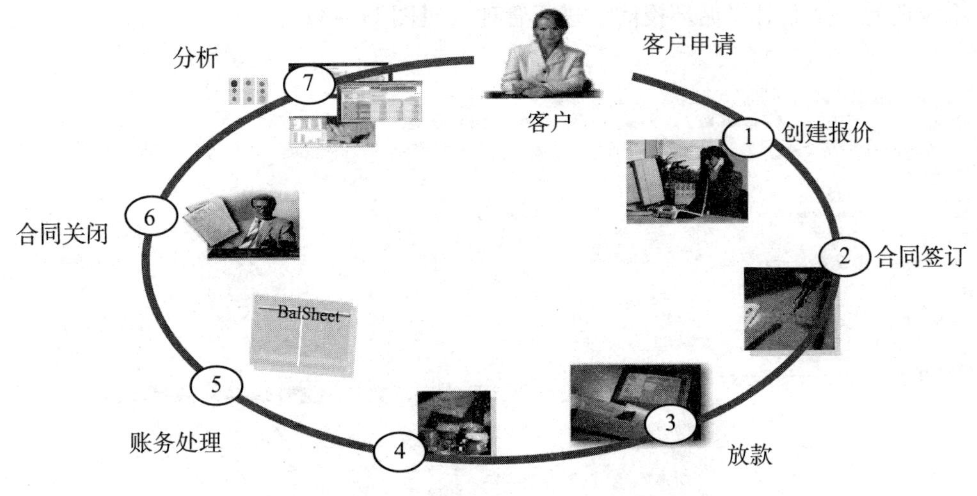

图 11-45 商业银行贷款的全生命周期管理

二、系统实现：以 SAP 融资管理系统为例

企业进行银行贷款融资的程序包括授信管理、提出贷款申请、获取银行审批、签订合同、取得借款、放款管理、现金流和利息支付管理、还款管理、记账管理、贷款业务报表与分析等。

（一）授信管理

授信管理模块可以帮助企业随时掌握自身在不同银行等金融机构的授信情况，以便提出后续的贷款申请。

在系统中，授信管理通过授信审批额度来进行合同、放款和还款等正常业务以及逾期等特殊业务的控制（见图 11-46）。

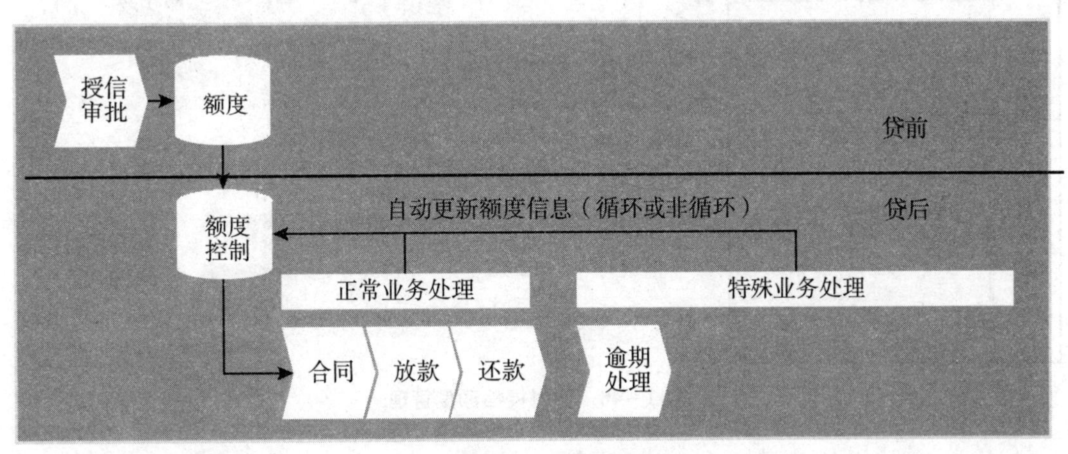

图 11-46 授信管理

系统还允许企业对“循环授信”进行管理（见图 11-47）。

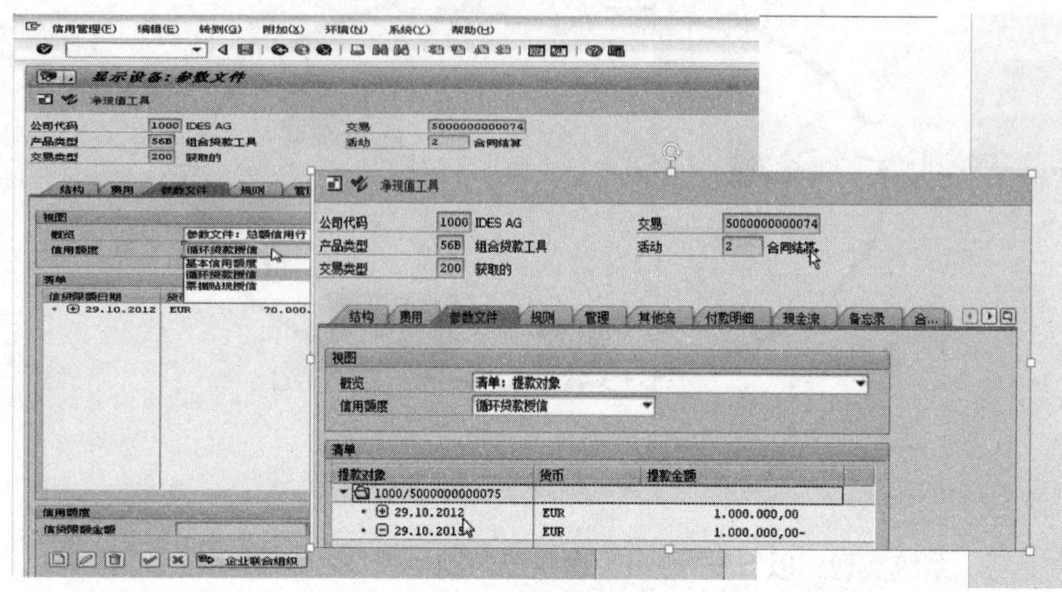

图 11-47　循环授信管理

系统允许企业采用实时授信额度管理模块（见图 11-48）对授信额度进行控制，具体功能如下。

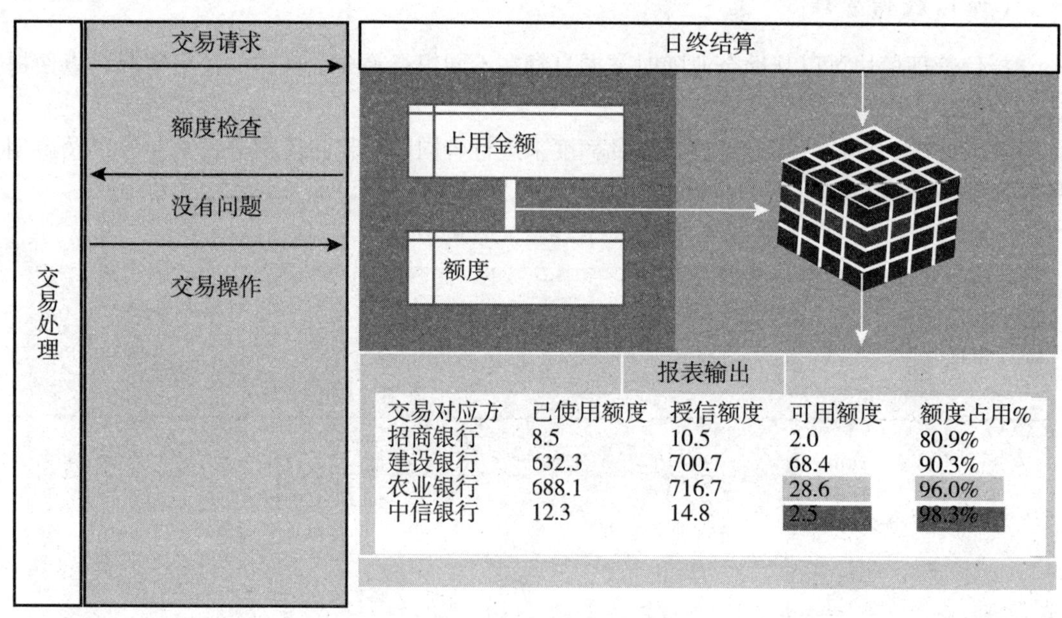

图 11-48　实时授信额度管理

（1）在一个大集团客户的额度下，可进行集团和分子公司层级的多笔贷款发放。

（2）能够分集团、分公司、分币种、分产品品种等进行控制，确保发放金额不会超过授信额度。通过对银行及客户授信额度的管理，可实现多维度组合的授信额度管理和控制。

（3）实现在线检查、更新和控制。

（二）提出贷款申请，获取银行审批

企业根据筹资需求向银行提出书面申请，按银行要求的条件和内容填报借款申请书。系统能够提供一个完整的贷款发起的处理流程，它包括与潜在客户管理、贷款申请、贷款决定、贷款合同草案和贷款合同签订五个不同的阶段，它使得从与客户的初次接触到签订贷款合同的整个过程中的数据都能被保存下来，客户无须提供二次的信息输入。

通过贷款申请功能，可以为一个潜在的合同输入所有相关信息，包括金融条款、贷款相关人、抵押协议等，同时还能对客户的特殊需求和条款进行检查并将这些内容保存到贷款申请中。当一个贷款申请需要转成贷款合同时，贷款申请中的信息就会被复制到贷款合同中。

整个贷款发起过程都可以与系统工作流集成在一起，从而在业务处理时可以获得很大的灵活性和便利性。审批流程可以根据业务需要进行定制，使得所有相关决策人在需要时都可以被包括到这个流程中来。

对于抵押贷款，能结合抵押品价值、抵押品标的评估和客户信用评级将成为贷款决策的基础（见图 11－49）。

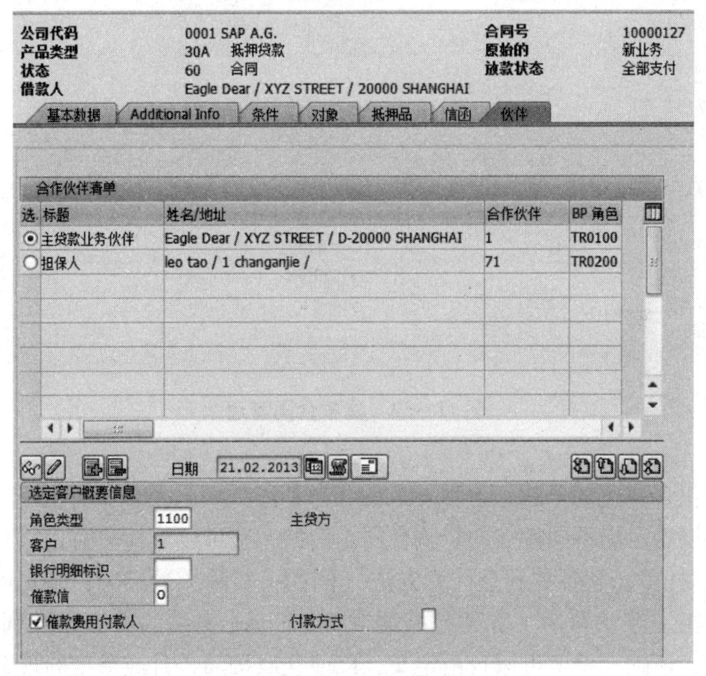

图 11－49　贷款管理中的抵押管理

（三）签订合同，取得借款

借款申请获批后，银行与企业进一步协商贷款的具体条件，签订正式的贷款合同，规定贷款的数额、利率、期限和一些约束性条款。借款合同签订后，企业在核定的贷款指标内，根据用款计划和实际需要，一次或分次将贷款转入公司的存款结算户，以便使用。

为了方便日常对贷款合同的处理，系统提供了一个业务操作工作台的功能，通过该功能可以对合同的相关操作进行输入、激活、执行等处理。还包括由于合约期满、展期，豁免，贷款延期，由于企业原因的计划外还款或提前还款。例如，计划外的还款可能由计划外还款，以及提前还款违约金或手续费等这样的成本和费用构成。

贷款合同中提供与贷款相关的全面的贷款数据信息：贷款种类、金融条款、抵押品的抵押协议、相关现金流的信息等。系统支持手工逐笔录入、批量或系统集成方式导入融资业务相关要素，贷款合同如图 11－50 所示。

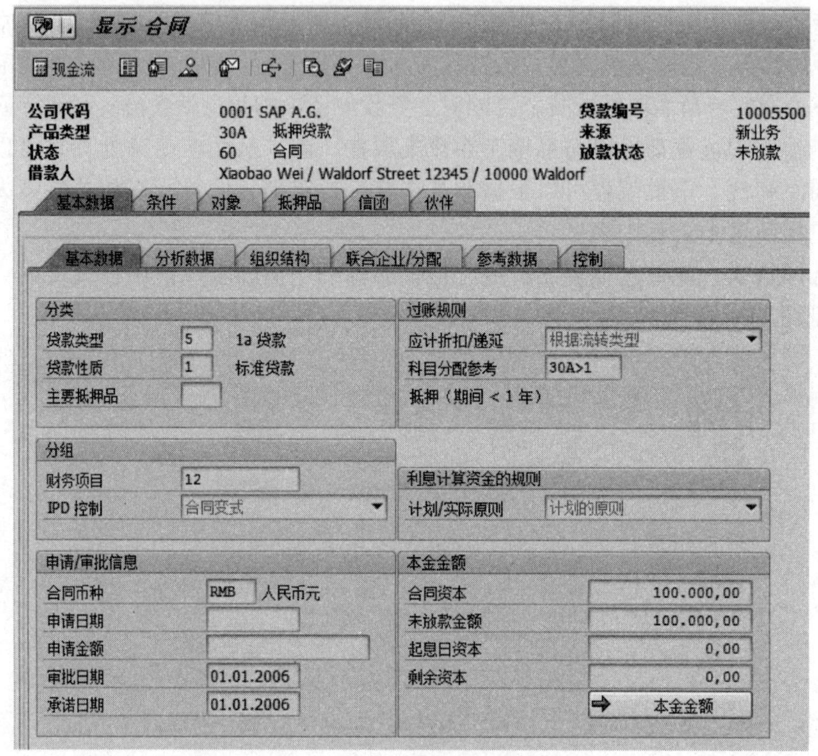

图 11－50　贷款合同管理

系统能够提供多样化的条款，包括复杂的利率和还款期限条款，并且有强有力的数学模型支持，从而可以制定出不同特点的贷款合同。例如，它可以支持多种余额计算方式（线性的、复合的和绝对值），和各种利息计算方法（例如：实际天数/360，360/360 等）。除了固定利率，还可以指定浮动利率（如通过路透或 Bloomberg 提供的数据）及利率上浮和下浮，计息频率和利息，还款，费率可以自由定义，以便获取按周、月或季度的现金流。

（四）放款管理

系统通过放款和还款管理，使每日大量的资金流入和流出都可以尽量不受人工干预。

系统提供了多种类型和结构的放款的选择，包括：

（1）总额和净额。

（2）全部或部分发放（例如，与房地产项目建设过程一致的支付方式）。

（3）自动计算贴现和承诺利息，或者到期利息和到期本金支付。

（4）对费用和成本等其他零星成本的扣除。

（5）借款人逾期项目的扣减。

（6）通过不同支付方式进行付款。

（五）现金流、利息支付管理

一旦第一次放款完成，就会启动正常的利息支付还款程序。贷款利息按其合同中规定利息支付的实际发生日期与到款日、到期日之间的关系，分为贷款本金到款时扣除利息、利息按季度支付和利息到期与本金一同支付（见图 11－51）。

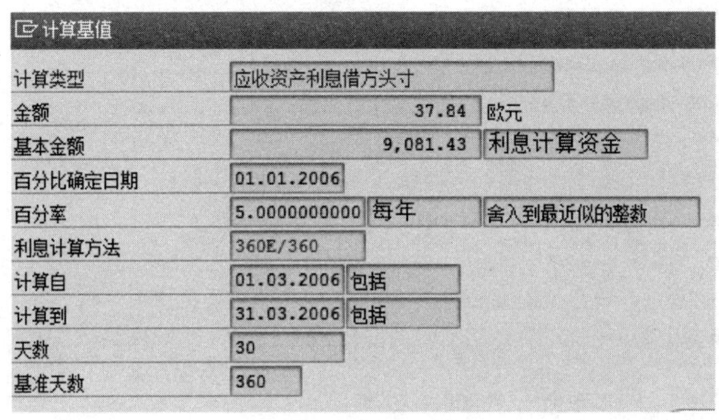

计算基值

计算类型	应收资产利息借方头寸
金额	37.84 欧元
基本金额	9,081.43 利息计算资金
百分比确定日期	01.01.2006
百分率	5.0000000000 每年 舍入到最近似的整数
利息计算方法	360E/360
计算自	01.03.2006 包括
计算到	31.03.2006 包括
天数	30
基准天数	360

图 11－51　贷款利息管理

系统会采用已经计算好的计划现金流，将未清项（利息、还款、费用等）过账到相应的日期。现金流由选择的贷款条件决定。系统在利率、本金发生更新时现金流即时更新；能够同时反映过去和未来的现金流。当贷款发生逾期时，灵活使用罚息计算规则。在每个贷款合同中的现金流信息如图 11－52 所示。根据预计的现金流，系统自动进行利息的预提。

到期日	计算日期	流类	名称	P	Σ	头寸货币额	PC	基本金额	百分率	利息计	计算自	月末	计算到	月末	天数
01.01.2006	01.01.2006	0001	资产_贷款支出	I		10,000.00	EUR								
	01.01.2006				▪	**10,000.00**	**EUR**								
31.01.2006	31.01.2006	0110	应收资产利息借方头寸	I		41.67	EUR	10,000.00	5.0000000	1	01.01.2006		31.01.2006	X	30
31.01.2006		0125	应收资产年金还款借方头寸	I		458.33	EUR			1	01.01.2006		31.01.2006	X	30
31.01.2006		3210	资产－利息 IP	I		41.67	EUR	10,000.00	5.0000000	1	01.01.2006		31.01.2006	X	30
31.01.2006		3225	资产－年金偿还 IP	I		458.33	EUR			1	01.01.2006		31.01.2006	X	30
	31.01.2006				▪	**1,000.00**	**EUR**								
28.02.2006	28.02.2006	0110	应收资产利息借方头寸	I		39.76	EUR	9,541.67	5.0000000	1	01.02.2006		28.02.2006	X	30
28.02.2006		0125	应收资产年金还款借方头寸	I		460.24	EUR			1	01.02.2006		28.02.2006	X	30
	28.02.2006				▪	**500.00**	**EUR**								
31.03.2006	31.03.2006	0110	应收资产利息借方头寸	I		37.84	EUR	9,081.43	5.0000000	1	01.03.2006		31.03.2006	X	30
31.03.2006		0125	应收资产年金还款借方头寸	I		462.16	EUR			1	01.03.2006		31.03.2006	X	30
	31.03.2006				▪	**500.00**	**EUR**								
30.04.2006	30.04.2006	0110	应收资产利息借方头寸	I		35.91	EUR	8,619.27	5.0000000	1	01.04.2006		30.04.2006	X	30
30.04.2006		0125	应收资产年金还款借方头寸	I		464.09	EUR			1	01.04.2006		30.04.2006	X	30
	30.04.2006				▪	**500.00**	**EUR**								
31.05.2006	31.05.2006	0110	应收资产利息借方头寸	P		33.98	EUR	8,155.18	5.0000000	1	01.05.2006		31.05.2006	X	30
31.05.2006		0125	应收资产年金还款借方头寸	P		466.02	EUR			1	01.05.2006		31.05.2006	X	30
	31.05.2006				▪	**500.00**	**EUR**								
30.06.2006	30.06.2006	0110	应收资产利息借方头寸	P		32.04	EUR	7,689.16	5.0000000	1	01.06.2006		30.06.2006	X	30
30.06.2006		0125	应收资产年金还款借方头寸	P		467.96	EUR			1	01.06.2006		30.06.2006	X	30
	30.06.2006				▪	**500.00**	**EUR**								

图 11－52　贷款合同的现金流管理

（六）还款管理

贷款偿还按其实际发生与规定的到期日之间的关系，分为提前偿还、到期偿还、展期。在还款方面，系统支持多种偿付形式：年金贷款、分期付款贷款、到期贷款以及上述形式的组合还款方式。和其他条件一样，还款方式也很灵活。所以系统能够自行定义还款日期，本金增加或本金减少，也可选择在到期日进行结算。支持分别对利息本金的还款周期、金额、时间进行调整（见图 11－53）。

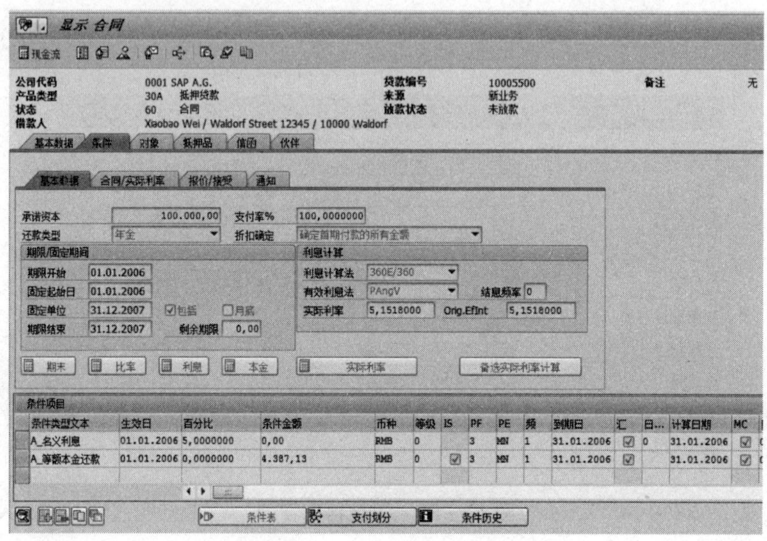

图 11－53　贷款还款管理

（七）记账管理

根据预计的现金流，系统自动进行利息的预提。在计提的利息真正过账到总分类账户前，先进行系统模拟过账，以保证所有交易按照正确的过账规则进行，确认后自动记账到财务会计模块。对于收到贷款和还款，在贷款管理中确认收款和还款后，只要系统已经做好相关的配置，相关的会计记账也自动完成。这些过账动作通常在夜间进行自动批量处理，如果需要，也能够在日间进行。

在结算操作中还支持外币贷款的估值，这些贷款的合同货币与本地的本币（资产负债表/公司代码货币）不同，根据估值法则和汇率信息可以对公司的资产负债表进行重新估值。

（八）贷款业务报表与分析

信息系统可以提供报表，根据业务需要对贷款交易和数据进行分析和评估。具体包括贷款业务统计、贷款概要、计划放款明细、资金流入/流出列表、信用额度、余额表、其他各层级所需贷款相关报表等。

1. 贷款业务统计

主信息概要包含了按公司的一笔或多笔贷款的最重要的合约信息。包括银行信息和基本信息、条件、对象、抵押品和催收信息（见图 11 - 54）。

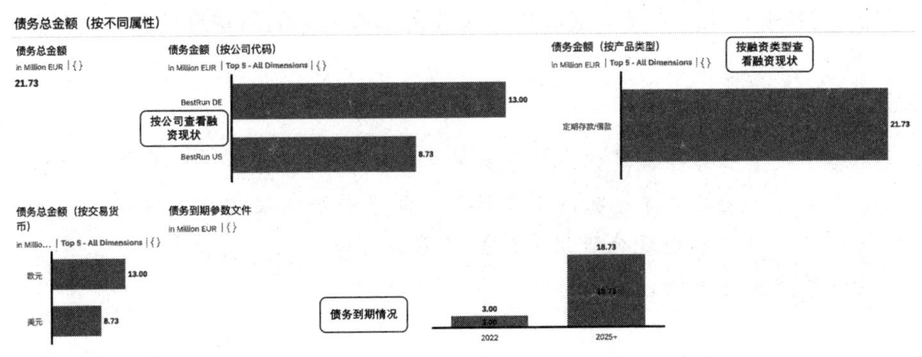

图 11 - 54　贷款业务统计分析

2. 贷款概要

提供了贷款合同的主要信息，除一般的合同信息外，还包括资金额、催收和偿付信息，还可以选择显示每份合约中的未清项。

3. 计划放款明细

提供关于某个合同或所有合同的放款承诺，或者对某个或多个贷款的放款计划。对于每一种货币，系统均可以显示承诺的本金、截至目前的贷款发放总额以及剩余放款金额。

4. 资金流入/流出列表

显示给定期间内与贷款相关的资金的流入、流出和过账。

5. 信用额度

提供相关的授信使用信息，可以显示总的授信或者或多个公司分别的授信情况（见图 11 - 55）。

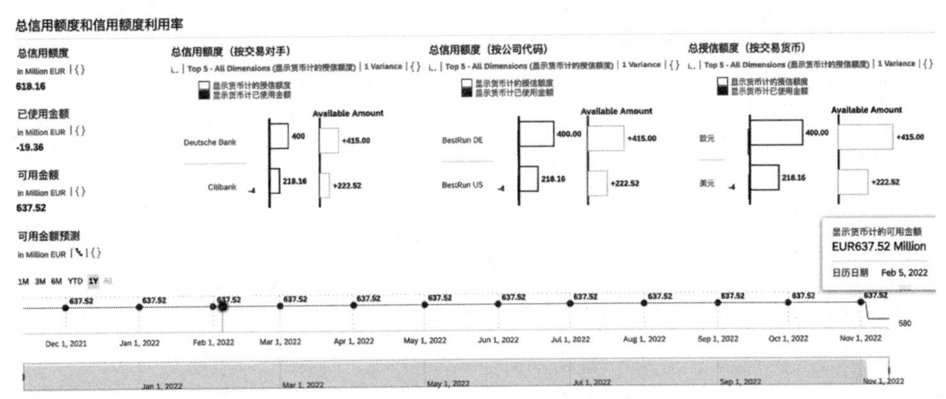

图 11 - 55　集团总体信用分析

6. 余额表

显示给定日期的头寸或货币情况。系统将显示不同的余额项目，诸如每种评估标准（例如按产品类型和合同数量）下的合同资金、有效本金、总偿还额和总的利息支付。

7. 其他各层级所需贷款相关报表

还可以通过与企业决策支持系统的集成接口，将贷款管理的相关数据提供给企业决策支持系统，利用其现有功能直接生成并展示企业各层级所需的与贷款信息相关的报表。

【本章总结】

本章介绍了投融资管理及其信息系统的基本概念；投融资管理信息系统的功能划分以及与其他子系统之间的关系；投融资管理系统的系统基本架构与建设方法；投融资管理中典型管理工具（以贴现现金流法为例）的系统实现方式；投融资管理信息系统的典型应用场景和系统实现示例。

【本章思考题】

1. 投融资管理的内涵是什么？
2. 投融资管理应遵循哪些管理原则？
3. 投融资管理系统有哪些使用者？
4. 如何定位投融资管理系统？
5. 投资管理系统应具备哪些主要功能？
6. 如何理解投资管理系统的架构思路和基本架构？
7. 融资管理系统应具备哪些主要功能？
8. 如何理解融资管理系统的架构思路和基本架构？

第十二章　绩效管理信息系统及其应用

【本章内容简介】

本章围绕企业绩效管理信息系统及其应用，首先介绍了绩效管理系统工具建设的必要性和建设中应该遵循的原则。然后介绍绩效管理系统的应用架构和逻辑结构。本章还介绍了绩效管理系统在企业中应用的主要功能，并结合平衡计分卡、经济增加值、关键绩效指标等绩效管理工具方法，介绍了它们在绩效系统中的实现。

【本章学习目标】

1. 了解绩效管理闭环体系和绩效管理系统建设的必要性和原则。
2. 掌握绩效管理系统的基本概念、系统应用架构、系统逻辑结构。
3. 掌握绩效管理系统功能和平衡计分卡法、经济增加值法、关键绩效指标法三种管理会计工具方法在绩效管理中的应用思路。
4. 掌握绩效管理系统在企业实践的全过程，知晓绩效管理系统功能的使用。

【本章要点提示】

1. 绩效管理系统的定义。
2. 基于云平台、中台①、数字化技术的绩效管理系统应用架构。
3. 绩效管理系统的基本功能。
4. 管理会计方法与绩效系统建设结合的思想。
5. 绩效管理系统对绩效管理各要素和流程的实现方式。
6. 绩效管理系统部署的流程和步骤。

【本章引导案例】

乙集团基于责任中心的业绩管理体系建设

（一）背景描述

1. 乙集团基本情况

乙集团通过将传统丝绸与文化创意、高科技相结合，在传统丝绸面料、丝绸服饰的基础上，拓展开发出了丝绸文化产品、高端丝绸装饰品及丝绸艺术品三大创新领域，确立了“一主两翼”发展战略，以丝绸纺织、文化创意为主业，辅以金融管理和资产经营两个方

① 中台是指搭建一个灵活快速应对变化的架构，快速实现前端提的需求，避免重复建设，以达到提高工作效率目的。

面的产业，形成了实体经营与资本运作互动发展的稳定格局。为实现管理转型目标，乙集团旗下甲股份公司（以下简称“公司”）为试点探索构建以责任中心设置的持续优化、任核算体系的日益深化、注重劳动生产率的责任预算、提升基层自主权的决策授权、强目标刚性的预算控制及分享利润创造、按绩取酬的考核机制等为特征的业绩管理体系。

2. 管理中存在的主要问题

一是传统层级制管理对基层授权不清晰，公司规模扩大致使决策效率降低。随着公司规模的扩大，公司组织机构也不断扩张，组织内管理层级越来越多，导致信息传达速度下降，信息反馈效率滞后，直接影响了管理层的决策效率。管理制度、层级流程僵化，面对瞬息万变的市场，基层管理人员不能自主作出有效决策。这要求公司治理要突破原有管理思想的束缚，树立分权管理思想，建立与之相适应的组织结构和授权决策体系。

二是传统发展模式受阻。公司销售模式以企业个性化定制团购为主。在中国经济进入常态的背景下，传统的发展模式遭到了严峻的挑战。2013 年以来丝绸礼品业绩增长放慢，甚至收入和利润双双下降。这要求公司向管理要效率，通过科学的绩效管理体系，减少成本费用中心，增加价值创造的自豪与使命感；日益深化责任核算，让基层员工直观地看到自己的工作成果及其与预算目标的差距；以劳动生产率提升为目标，完善责任指标体系，克服预算松弛，增强预算控制刚性。

三是关键核心人才稀缺，企业快速发展的同时需要一支强大的团队和核心管理人才。然而很多情况下人才培养速度跟不上企业的发展需要。企业缺少具备管理较大团队、知识和能力全面的关键人才。此外。随着员工创业意识的提高，越是关键核心人才，越想分享企业发展红利，然而传统的管理模式，往往无法留住创业型核心人才。

3. 选择建设基于责任中心的业绩管理体系的主要原因

由于公司传统的管理、考核方式强调流程化、标准化，缺乏灵活性，无法激发创新活力，这就要求公司进一步划小责任中心，选拔能胜任其管理要求的基层负责人，借以培养具备管理较大团队、知识和能力全面的关键人才。同时，改进考核分配体系，让经营团队分享利润创造。

（二）建设目标

1. 成立强有力的工作领导小组

公司组建了以董事局主席为试点领导小组组长、副总裁为试点领导小组副组长管理会计项目组，抽调 18 位相关部门的人员进入项目组，为顺利开展工作提供组织支持。

2. 确定工作目标和重点解决的管理会计问题

一是持续优化责任中心设置（减少管理层级建立高度扁平化的组织、进一步划小核算单位、增加利润中心减少成本费用中心）；二是进一步深化责任核算体系；三是构建以劳动生产率提升为核心的责任预算指标体系；四是提升基层自主权的决策授权；五是强化目标刚性的预算控制；六是分享利润创造、按绩取酬的考核机制。

（三）建设过程

1. 管理会计专门组织机构及运作方式

公司与管理会计相关的专门组织与运作主要由财务中心承担，财务中心下设财务、信息、审计、销售财务四个部门。另外，各分子公司设有会计和出纳岗位，行政上隶属于相应的分子公司，业务上接受财务中心的指导。

2. 参与部门和人员

绩效管理是全员参与的核心工作，从公司高管到基层员工的各级管理者和员工，在绩效管理的实施中都应有明确的分工与责任，直线经理为其所隶属部门的第一责任人。公司相关职能部门在绩效管理中有明确的分工：战略规划主要由管理中心（企管部）分管，经营管理目标与计划、绩效监控由管理中心（企管部）和财务中心共同管理，绩效考核中的具体个人考核由管理中心（人力资源部）分管，而对企业内部组织绩效考核则由管理中心（企管部）分管，考核结果的应用由管理中心（人力资源部）分管。

3. 具体建设内容

（1）责任中心设置的持续优化。

公司2012～2015年间，通过对组织架构的不断改变和完善，使责任中心在持续改进中不断得到优化，进而为公司创造价值发挥了重要的作用。公司积极增加利润中心，减少成本中心。根据不同的职能和职责划分了不同的责任中心，将销售部门和产品开发营运部门划分为利润中心；将设计中心由成本中心转为半利润中心，并逐步过渡到完全利润中心；将各职能部由成本中心转为半利润中心。一定程度可逐步实现“消灭成本单元、增加利润单元”的目标，从而达到提升公司价值创造能力的目的。

（2）责任核算体系的日益深化。

为责任中心开设账套理清核算主体。根据2015年的组织架构以及管理需求，财势中心建立了以下责任账套，总部的五大中心的经济业务核算在公司账套中。

通过辅助核算量化每个责任主体创造的价值。根据公司经营管理的特点以及组织机构设置，将经营团队划小为24个责任中心。

通过内部核算计量责任主体的利润。这为责任主体的预算分析、考核评价、责任控制提供了核算基础。

销售财务岗位的设置为各类责任报告提供了数据支持。汇总统计并制作公司各类销售财务报表。销售财务岗位提供的责任报告包括业务员销售排名、前二十大客户排名、各销售单元销售情况表、产品销售情况表、各销售单元业务员人均销售表等。

（3）注重劳动生产率的责任预算。

责任预算是以财务指标或非财务指标或两者兼有的方式将短期目标进行量化的表现形式，以便确定企业在预算期内为实现目标所需要的资源和应该进行的活动。全面预算是企业对预算期内的经营决策目标的全面综合的财务表述，一般包括经营预算和财务预算两大组成部分。编制预算有助于管理层重视企业问题与优势，合理配置资源；有助于个人、部门、企业之间建立以预算为经营准绳的沟通协调机制；可作为企业业绩评价的基础。公司的经营者目标责任体系由三大类指标构成：财务指标、任务指标和辅助指标，三者占比分别70%、15%和15%。

（4）提升基层自主权的决策授权。

赋予各责任中心产品与服务的选择权。通过赋予各责任中心产品与服务的选择权，使公司内部形成了一个市场，销售部门可以选择设计部人员，也可以选择产品，有利于内部良性竞争。

全面梳理并修订了决策授权相关制度。公司按照《公司法》等现行法律、法规的相关规定，结合公司的具体经营管理情况，制定了各项管理办法和制度。从而明确管理责任，规范对子公司的管理行为。近年来，公司加大了创意产品和高端健康产品的开发与销售。随着组织规模的不断扩大，公司通过逐渐改进组织构架、推进优化责任中心达到扁平化管理目的进而提升公司价值创造的能力。为此，在集团现有规章制度框架下，公司逐步实现了分权管理的模式。

（5）强化目标刚性的预算控制。

控制和预算有密切联系，预算是控制的重要依据，控制制定执行预算的手段。通过预算控制，能够合理保证企业经营活动资料的真实和完整；保证企业各类资产的安全完整，保证财务报告的质量，落实公司的战略方针，促进企业目标和战略的实现。控制过程中，强调预算目标的刚性，除因外界形势、企业内部因素和遭遇突发事件等发生变化而需要修改 KPI，公司原则上避免修正或更改 KPI。公司在预算控制方面主要采取了如下做法：一是职能部门根据管理制度定期检查考核各责任主体的执行预算过程；二是月度进行管理会计报表反馈；三是季度召开预算执行分析会，各预算单位汇报预算执行情况，差异原因分析，下一步完成预算的措施。四是严格执行预算管理相关制度，规范责任主体经营活动。

（6）分享利润创造、按绩取酬的考核机制。

绩效考核体系完整，主辅指标结合，不同业务分层对待。公司依据《公司经营者考核管理办法》和《经营者年度目标责任书》，考核分季度考核与年度者核，季度考核时同为次季度第一个月的前 20 天，年度考核在次年 1 月底前完成，考核结果以百分比形式体现。考核以各公司核心工作为主，以财务预算为基本依据，实行定量与定性相结合，以定量为主。包括：财务指标，任务指标，辅助指标三部分。考核结果直接与经营者年度薪酬挂钩。经营者月度工资及年度工资必须经集团考核后，方可依据集团考核工资通知发放工资，经营者年薪的 60% 在月度正常发放，40% 作为考核基数。

（案例来源：财政部会计司编写组：《管理会计案例示范集》，载于《绩效管理》2019 年第 4 期。）

案例思考题：

1. 以责任会计为基础的企业业绩管理体系如何建设？
2. 针对传统层级制管理对基层授权不清晰的问题，如何提升基层自主权的决策授权？
3. 基于乙集团业绩管理体系建设的情况，谈谈该单位绩效管理信息系统应如何建立？

第一节　绩效管理及绩效管理系统工具

绩效，是指成绩与成效的综合，是一定时期内的工作行为、方式、结果及其产生的客观影响。衡量组织或个人绩效时采用的是绩效指标，绩效指标的目标值就是绩效目标。在绩效管理实物中组织或个人绩效往往由一系列多个维度的绩效指标构成，这些绩效指标的达成情况就反映了所属组织或个人的绩效情况。

绩效管理，是指企业与所属单位（部门）、员工之间就绩效目标及如何实现绩效目标达成共识，并帮助和激励员工取得优异绩效，从而实现企业目标的管理过程。绩效管理的核心是绩效评价和激励管理。

绩效管理在大部分企业的内部，基本分为三个层次：公司层级的绩效体系、部门层级绩效体系以及个人绩效体系。各层级的基本考核内容和考核对象如图 12－1 所示。

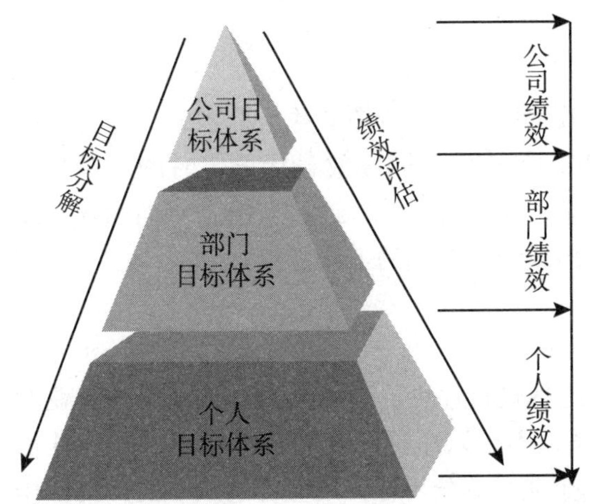

	考核内容	被考核者	考核者
公司绩效	公司整体绩效	高级管理层	董事会
部门绩效	各部门绩效	部门负责人	高级管理层
个人绩效（员工绩效）	具体员工绩效	各个岗位员工	部门负责人

图 12－1　企业绩效管理层级

一、绩效管理理论体系

绩效管理的目标是基于企业愿景和发展战略制定，绩效管理一般通过“绩效计划设定”“绩效执行监控”“绩效评价考核”和“绩效结果应用”四个主要环节形成闭环的绩效管理体系。绩效管理体系运行保障绩效目标持续提升（见图 12－2）。

绩效结果应用

➢ 薪酬福利
➢ 职务调整
➢ 绩效改进计划
➢ 培训发展

绩效计划设定

➢ 设定公司、部门、个人关键绩效指标
➢ 反复沟通，建立共识

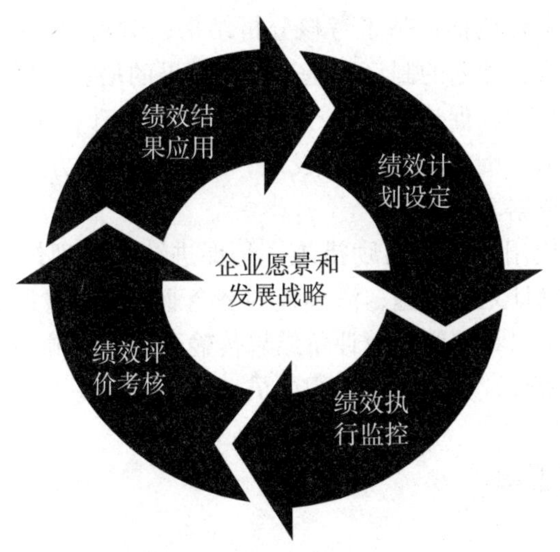

绩效评价考核

➢ 个人绩效考核
➢ 组织绩效考核
➢ 沟通、共识

绩效执行监控

➢ 观察与记录
➢ 中期评估与调整
➢ 指导与反馈

图 12－2　企业绩效管理闭环

（一）绩效计划设定

绩效计划是企业开展绩效评价工作的行动方案，包括构建指标体系、分配指标权重、确定绩效目标值、选择计分方法和评价周期、拟定绩效责任书等一系列管理活动。制订绩效计划可从企业级开始，层层分解到所属单位（部门），最终落实到具体岗位和员工。也可以自下往上层层上报，上下结合经过沟通确定绩效计划。

（二）绩效执行监控

绩效执行监控是保证绩效目标一致性的有效手段。在进行绩效执行监控时，监控的绩效指标应当来自整体目标按照监控周期的分解；监控应当同绩效目标设定时的举措相结合，根据目标明确举措，形成工作计划，与日常工作融为一体；通过监控，双向沟通，发现问题，明确改进举措，设为后继工作目标，形成动态调整的工作机制。

（三）绩效评价考核

企业经营业绩评价，比较常见的是以财务指标进行评价。为更真实有效地反映企业的经营成果和价值，很多企业采用 EVA 考核体系，不再以净资产收益率（ROE）作为评价参考。在财务报表、EVA 评价体系的基础上，企业绩效分析评价还应当纳入非财务指标作为考核评价的依据。财务指标分析偏重企业内部因素对经营业绩的评价，而忽视了外部因素带来的影响。非财务指标分析更注重企业未来的发展能力，反映关系企业长远发展的关键因素，因而与企业的战略规划密切相关。因此，在企业绩效评价中增加非财务指标就显得极为重要。在财务指标分析体系中，可以加入市场占有率、产品品质、创新能力、企业战略目标等非财务分析指标。这样可以使企业绩效评价体系更趋完善，在企业发展决策过程中发挥支撑和保障作用。

（四）绩效结果应用

企业绩效结果的应用主要包括：基于考核分析结果，对组织、团队以及个人的薪酬、职务进行激励调整；后续改进计划的制订；基于评价结果的培训发展，能力提升。绩效结果应用应当以绩效改进为目的，促进组织与个人绩效共同提升；在员工与企业关系层面，将员工与企业紧密联系起来，促进二者共同发展；在结果应用方面，统筹兼顾，综合运用，为人事决策提供科学依据。

强化绩效考核结果的应用并加强奖励措施，是促进绩效管理体系顺利进行的有效手段。绩效评价结果影响激励计划的实施，激励计划是企业为激励被评价对象而采取的行动方案。企业绩效管理系统可以将组织绩效评价结果传输到人力资源系统中，在人力资源系统中形成各单位各部门奖金包，奖金包是组织内员工奖金总额。

二、绩效管理系统工具

（一）绩效管理系统工具的必要性

企业绩效管理闭环中，从绩效计划的设定、执行监控、评价考核以及结果应用，都离不开信息化工具的支撑。如果没有信息化工具，采用手工方式进行绩效管理，容易产生以下弊端：

（1）绩效管理工作中在指标填报、汇总过程中，存在大量沟通工作。由于缺乏信息平台，造成工作流程不透明，沟通成本高，工作任务等待时间长甚至停滞的情况时有发生，依赖大量的线下沟通促进工作流转，工作效率不高。

（2）部分量化指标无法实现自动取数，依赖人工收集，造成数据来源不统一、取数口径不同，导致考核结果缺乏合理性，缺失认同度，最终影响绩效管理水平。在绩效编制、分析过程中，依靠手工劳动，浪费人力资源，并且容易出现数据差错。

（3）过程监控较为薄弱，分析的灵活性和实时性不足。数据和信息的处理速度不快，业务以及组织的复杂性，给绩效的监控带来挑战。

使用绩效管理系统，可以简化绩效基本操作，提高效率，增强考评的客观性和时效性，提高透明度，其优势主要有：

（1）管理效率提升。以信息化的手段和技术，搭建好框架，按年度下达指标任务，设置考评周期、指标规则、考评流程和责任单位等要素，区分定性、定量的绩效指标，由系统实时按照要求记录日常工作完成情况，提高自动化、无纸化水平，保证了信息时效，减少人为介入，提升管理效率。

（2）保证了绩效评价结果的客观性。提高组织收集、传递、处理、利用、保存和查询考评信息的能力，并为管理决策提供及时、充分、可靠的依据。系统自动记录的信息，减少了人为因素干扰，提高了绩效考评的客观度和公正性。

（3）优化绩效管理闭环。信息化管理平台能提供多层面的查询以及多维度的统计分析功能，如绩效成绩统计、主要问题分布统计、历史考评数据查询等。通过分析考评各阶段的数据，监控动态过程的细节，综合运用结果，提供相关依据，持续完善和改进绩效管理工作。

因此，企业绩效管理系统的使用，有助于绩效管理体系在企业的有效落地及经验成果的固化应用。

（二）绩效系统工具建设遵循原则

1. 规范性

系统建设应统一规范，满足业务需求、提升业务绩效，提高业务自动化、改进工作效率，保证数据质量的提升，保障决策的准确性，保证更安全、更可靠的业务信息，形成面向业务的 IT 组织和管控体系。

2. 前瞻性

系统建设符合总体目标战略，还可以借鉴行业最佳实践，在 IT 架构的各组成部分尽可能使用业界公开标准。

3. 易用性

系统业务开发快速简便，系统易学习、易操作、易维护；供应商和平台数量最小化；IT 架构层次简单、高效实用。

4. 灵活性

系统能适应不同的业务环境，系统应用业务可配置、可扩展、可管理，IT 架构层次化、组件化，灵活地配置数据参数化，系统数据模块化、模型可扩充。

5. 集成性

IT 资源集成整合（信息/模块/功能资源），IT 技术集成整合（界面/信息/流程/应用集成）。

6. 安全性

系统运行数据安全，接口集成安全。

第二节　绩效管理系统应用架构与逻辑结构

一、绩效管理系统应用架构

绩效管理信息系统主要实现业绩评价和激励管理过程中各要素的管理功能，一般包括业绩计划和激励计划的制订、业绩计划和激励计划的执行控制、业绩评价与激励实施管理等，为企业的绩效管理提供支持。

绩效管理系统的发展经历了一个历史演进的过程，在这一过程中绩效管理从最初侧重于结果管理逐步过渡到侧重于行为过程的管理，并最终将两者有机地结合起来与公司的长期发展战略融为一体。绩效管理信息系统应用架构如图 12－3 所示。

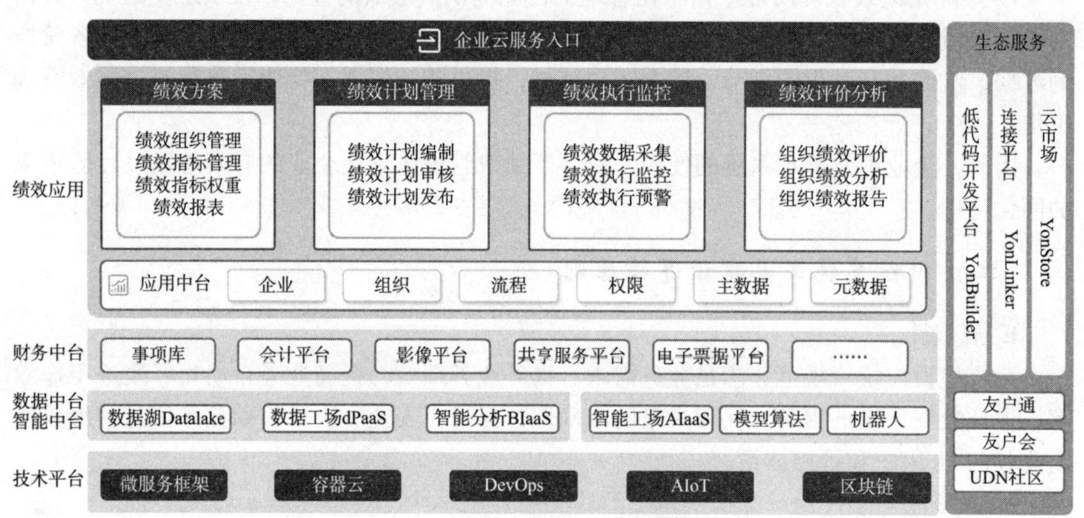

图 12－3　绩效管理系统应用架构

绩效管理信息系统采用开放的平台与架构，以技术平台为底座，以数据中台、智能中台、财务中台为核心，基于统一的平台和公共服务，整体提高领域、行业产品开发效率和质量，同时打造商业创新生态的强大底座，成为未来整体业务的统一平台，支撑企业服务产业生态伙伴共享共创，从而实现数智商业应用基础设施平台和企业服务产业共创平台。

1. 技术平台

面向平台生态提供开发、集成等 PaaS 服务。技术中台集容器云、DevOps、服务治理、链路追踪（Hubble）、分布式事务一致性、测试与运维工具为一体的综合技术支撑与管理平台。

2. 数据中台

以数据移动、数据仓库、大数据和人工智能等数据加工处理技术为基础，主要提供主数据管理、数据移动、画像标签、关系图谱和智能分析服务等产业标准服务。

3. 智能中台

基于企业大数据、领域模型、算法，由智能工场开发平台构建，赋能商业创新。其中，数字工作助手，帮助提升用户体验；RPA 机器人自动化业务流程，赋能业务，智能中台帮助管理者智慧商业决策，实现经营的快速反应、管理的举重若轻，助力企业智慧商业创新。

4. 财务中台

基于事项库和会计平台构建起基于业务事项的实时会计服务，服务管理精细化，助力财务向全面数据服务转型。基于影像平台、共享服务平台、电子票据平台构建起基于人工智能技术的智能财务服务，全面提升财务运营效率。

5. 绩效应用

为实现业绩评价和激励管理过程中各要素的管理功能，绩效管理信息系统提供绩效主题的绩效管理方案应用、绩效计划管理应用、绩效执行监控应用、绩效评价分析应用。绩效管理闭环中的绩效计划设定在绩效管理系统中被绩效管理方案和绩效计划管理两个应用支撑。下文中绩效管理系统均指对组织做绩效管理的系统①，绩效管理闭环中的绩效结果应用环节一般在对员工做绩效管理的系统中。应用中台的企业、组织、流程、权限、主数据、元数据等供平台中所有应用共同使用。

（一）绩效管理方案

绩效方案是绩效管理信息系统为实现业绩评价和激励管理的核心，绩效方案可以基于绩效组织制定②，有多少种类型的组织就有多少种绩效方案。所以绩效方案包括成本考核目的绩效方案、费用考核目的绩效方案、收入考核目的绩效方案、投资考核目的绩效方案。绩效方案中包含绩效管理对象绩效组织，绩效管理内容绩效指标（含绩效指标计算规则），绩效评价规则绩效指标权重，绩效方案的载体绩效报表。

绩效组织是企业绩效管理的责任主体，在绩效管理系统中作为绩效评价和激励的对象，绩效计划填报的责任人。

绩效指标是通过平衡计分卡 BSC、经济增加值 EVA、关键绩效指标 KPI 等方法制定出的企业绩效指标体系，其在绩效管理系统中以绩效指标库的形式存储，供绩效方案调用。

绩效指标权重是绩效指标占某绩效组织的考核评分权重，企业绩效指标体系的一部分，主要应用于组织绩效评分计算。

绩效管理报表将绩效组织、绩效指标、绩效指标权重、绩效指标评分计算规则配置在绩效报表上，如图 12 -4 所示。

---

① 我国实务界一般把绩效管理系统理解为管理组织和员工绩效的系统。

② 根据组织类型划分，组织可以分为成本中心、费用中心、利润中心、投资中心。成本中心对组织发生的成本和费用负责；费用中心仅对组织发生的费用负责；利润中心不仅对成本和费用负责，还要对收入负责；投资中心对投资项目、投资额度、投资收益负责。

图 12-4　绩效管理报表

（二）绩效计划管理

绩效计划是绩效方案在企业绩效责任组织和未来年度期间的实例化。绩效计划管理模块实现绩效计划编制的流程管理。绩效责任单位在绩效管理系统中填报下一年度的绩效计划，经绩效管理办公室审核通过后发布生效。绩效计划中有企业各层级所有组织的绩效指标目标数，可用于后续绩效管理使用（见图 12-5）。

（三）绩效执行监控

企业绩效计划在绩效管理系统中发布生效，绩效计划执行过程中的绩效管理包括绩效实际数据采集，组织绩效执行监控，组织绩效执行预警。

绩效管理系统中的绩效报表和数据采集工具帮助企业采集所需要的组织绩效指标实际发生数据，对于无法直接获取的绩效指标数据的处理方式是从企业数据中台或业务系统获取业务明细数据，在绩效管理系统中按照绩效指标加工规则计算得到。

绩效执行监控的具体应用是绩效管理系统定时生成各组织绩效指标目标值和实际值的对比差异，关注各组织绩效指标对比时间进度的执行进度和绩效指标执行水平。

绩效执行预警是给各绩效责任主体的绩效指标设置预警线，对于实际发生数达到预警百分比后通过图形或者可视化的效果进行展示。例如指标数值的颜色变化，未达预警线时绩效指标发生数显示为绿色，到达预警线未超绩效目标时发生数显示为黄色，超出预警线发生数显示为红色。

（四）绩效评价分析

绩效评价分析是绩效管理最重要的环节，包括组织绩效评价、组织绩效分析、组织绩效报告三部分。

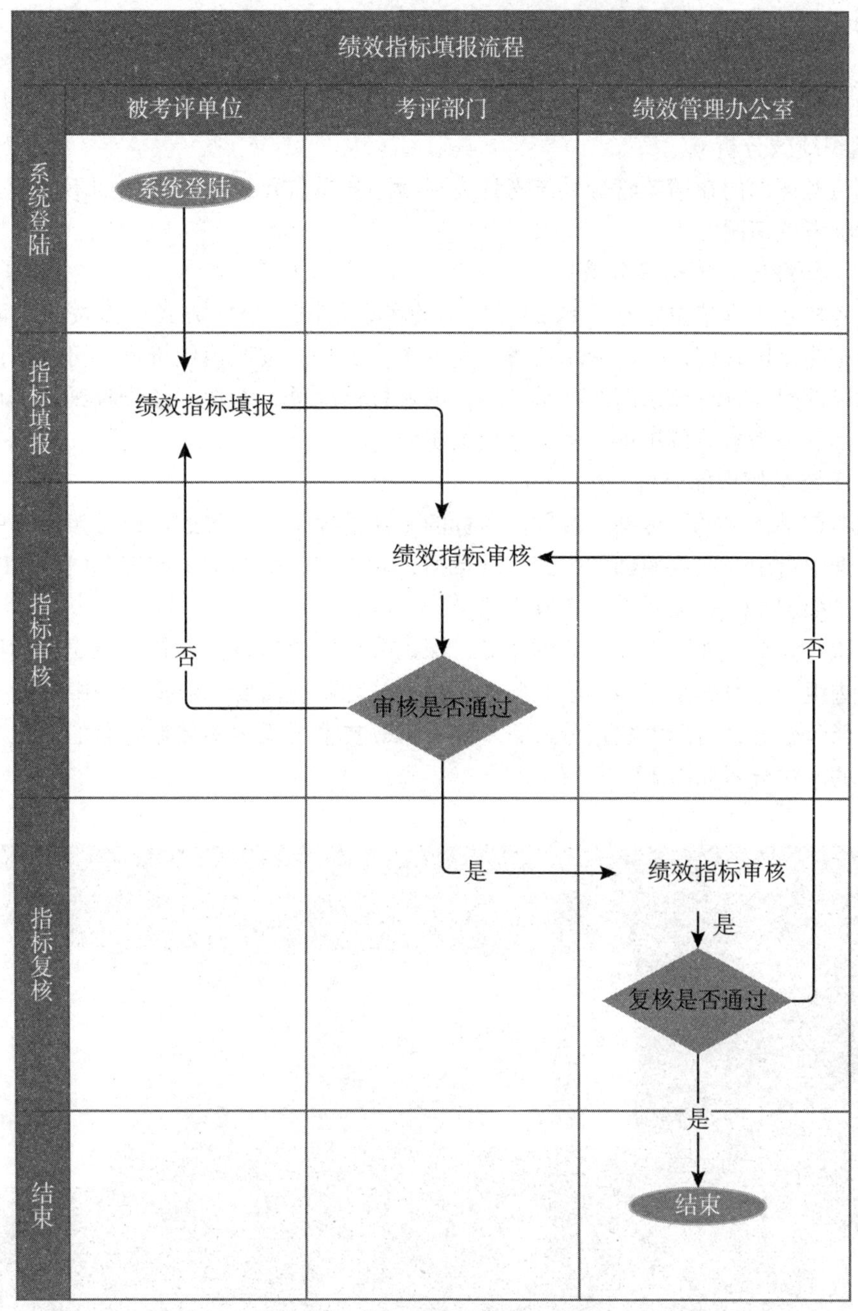

图 12－5　绩效计划编制审核流程

1. 组织绩效评价

企业绩效管理过程中定期评价组织绩效情况，组织绩效评价的逻辑首先对组织内绩效指标执行情况做评价，企业绩效管理系统中的绩效指标目标值和绩效指标执行值都是通过数据采集获取。评价的规则就是绩效方案中的“绩效指标的评价计分方法”，按照计分方法计算出组织中各绩效指标的得分。然后再根据各绩效指标在组织中的权重，最终计算出组织绩效得分。组织绩效评价分值是企业绩效管理系统中产生的唯一的数据。

此数据用于绩效分析和激励计划的输入数据。对于某些定性评价的绩效指标，人工按绩效管理办法或绩效指标管理办法做打分操作，定性评价转化为定量评分，再最终转化为组织绩效得分。

2. 组织绩效分析

各单位考评部门在绩效管理系统考评完成后，各单位登录系统可按照不同指标层级查询绩效指标考评情况。

（1）上级绩效管理指标分析。

上级考核是指本单位承接上级部门指标的考评情况。分析方式可以按照不同维度进行。例如按照年度查询，可以展示所查年度的考核数据；按照组织维度，可以按照考核部门选择上级部门，查看该部门对下级各单位的考核情况进行对比；按指标维度，可以按考核指标查询各被考核单位单项指标的考核情况。

（2）下级考核指标分析。

下级考核是指本单位考核下级部门指标的考评情况。分析方式可以按照多维的方式进行，从数据中台中获取更明细的生产经营数据，对销售、采购、生产等部门的 KPI 指标做专题分析，如图 12－6 和图 12－7 所示。

绩效执行分析往往还需要延伸到业务，深入分析绩效执行情况背后深层次的原因，以便找到改进组织绩效的策略和方法。此时，绩效管理系统需要从数据中台中获取更明细的企业生产经营数据，借助大数据分析、多维分析等技术手段洞察数据背后的信息。对企业生产成本的洞察分析如图 12－8 所示。

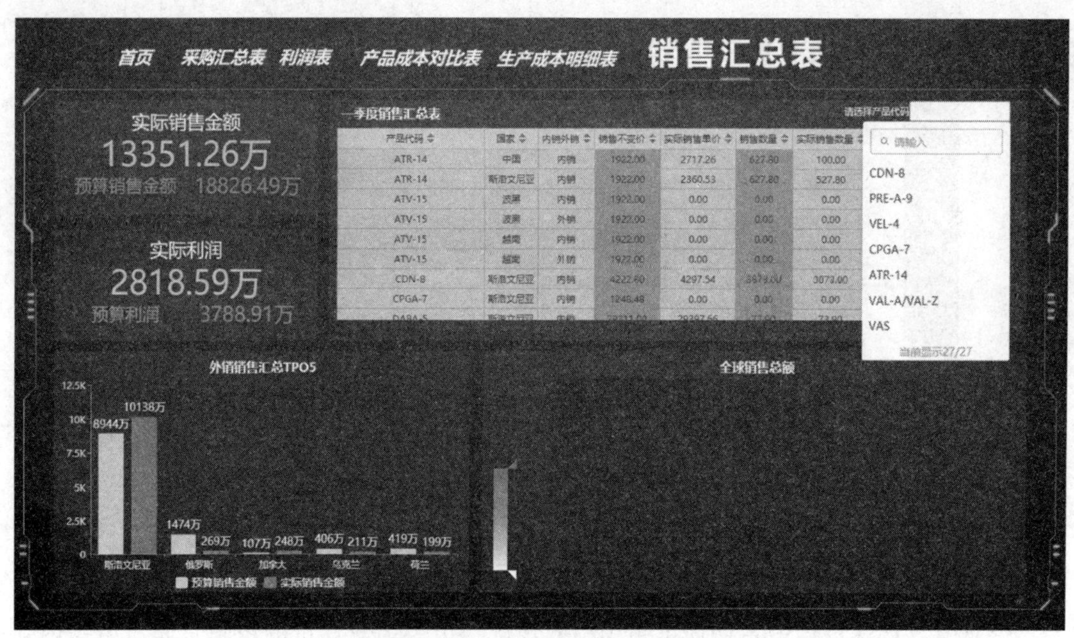

图 12－6　销售部门 KPI 指标分析

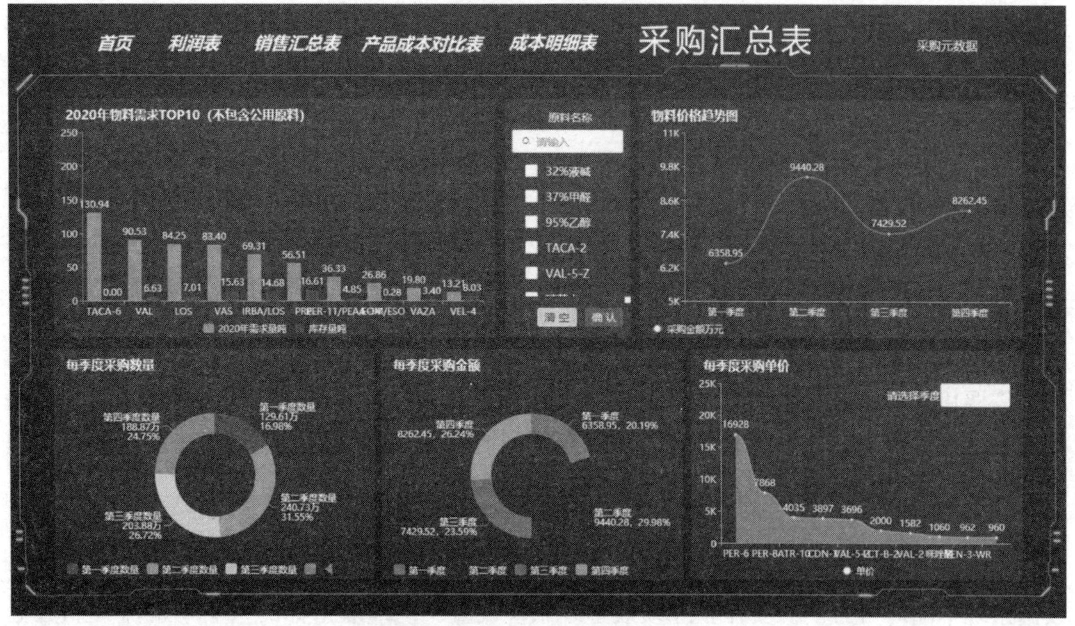

图 12－7　采购部门 KPI 指标分析

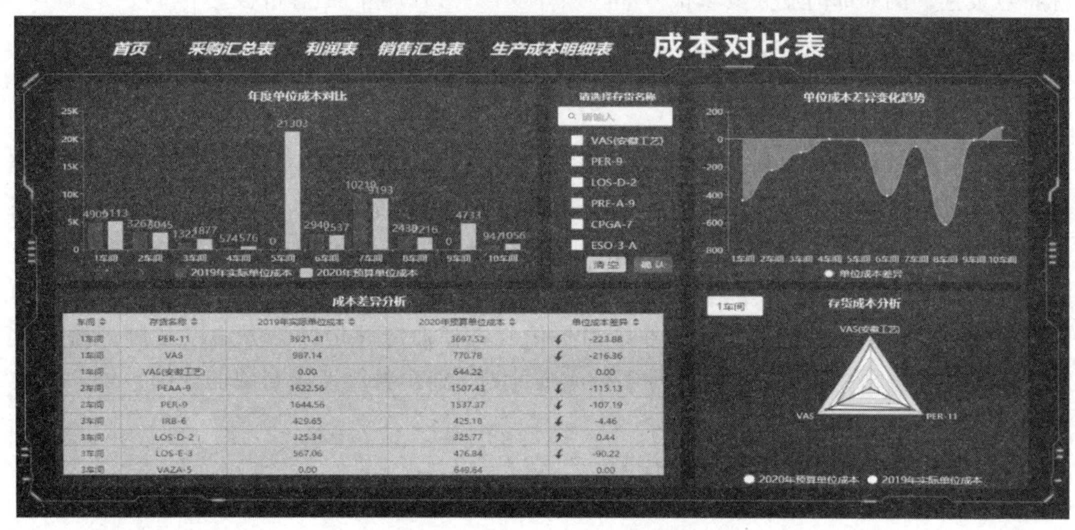

图 12－8　生产成本洞察分析

3. 组织绩效报告

绩效管理工作机构定期或根据需要编制绩效执行报告和绩效评价报告，对组织绩效管理结果进行反馈。将绩效执行分析结果和业务改进措施形成文字版的绩效执行报告反馈给企业领导和各绩效组织。将组织绩效评价的结果和组织改进措施形成文字版的绩效评价报告反馈给企业领导和各绩效组织。绩效评价结果传输到人力薪酬系统，根据绩效激励机制计算出组织和个人的绩效薪酬。

绩效管理报告是企业管理会计报告的重要组成部分，通过企业绩效管理系统自动生成绩效执行报告的数据部分，确保数据真实、数据可靠、分析全面，为报告使用者提供需要的全部信息。企业绩效管理系统还可以自动出具格式较为固定的绩效评价报告，改进措施和建议需要业务人员自行在绩效评价报告中添加。

二、绩效管理系统逻辑结构

（一）绩效管理系统的数据采集

企业绩效管理系统中的数据采集分为系统自动采集和人工填报采集两种。

1. 系统自动采集

需要用户在系统中维护数据来源包括来源系统名称和网络地址、数据抽取时间、数据抽取频度等。如果绩效系统和来源系统没有使用同源主数据情况下[①]需要在企业绩效管理系统中做采集的绩效指标和来源系统中的指标对照关系。

2. 人工填报采集

实施企业绩效管理系统后，人工填报采集的整个过程也需要在线上完成。采集进度在数据系统中随时可查。需要在企业绩效管理系统设置不同绩效指标的采集审批流程和数据采集报表，通过流程引导业务人员收集填报，审核人员审核等。数据采集流程根据绩效指标特点设置，例如部门业务员填报→部门领导复核→归口部门汇总审核。

（二）绩效管理系统的数据加工

1. 业绩计划和激励计划制订

业绩计划和激励计划制订主要完成绩效管理目标和标准的设定、绩效管理目标的分解和下达、业绩计划和激励计划的编制过程，以及计划的审批流程。业绩计划和激励计划制订的输入信息一般包括企业及各级责任中心的战略关键绩效指标和年度经营关键绩效指标，以及企业绩效评价考核标准、绩效激励形式、条件等基础数据。处理过程一般包括构建指标体系、分配指标权重、确定业绩目标值、选择业绩评价计分方法以及制订薪酬激励、能力开发激励、职业发展激励等多种激励计划，输出各级考核对象的业绩计划、绩效激励计划等。

2. 业绩计划和激励计划的执行控制

业绩计划和激励计划的执行控制主要实现与预算系统与各业务系统的及时数据交换，实现对业绩计划与激励计划执行情况的实时控制等。业绩计划和激励计划的执行控制的输入信息一般包括绩效实际数据以及业绩计划和激励计划等。企业应建立指标监控模型，根据指标计算办法计算指标实际值，比对实际值与目标值的偏差，输出业绩计划和激励计划执行差异报告等。

3. 业绩评价和激励实施管理

业绩评价和激励实施管理主要实现对计划的执行情况进行评价，形成综合评价结果，向被评价对象反馈改进建议及措施等。业绩评价和激励实施管理的输入信息一般包括被评价对象的业绩指标实际值和目标值、指标计分方法和权重等。企业应选定评分计算方法计

---

① 不同源的主数据，可能会导致数据标准不一致。

算评价分值，形成被评价对象的综合评价结果，输出业绩评价结果报告和改进建议等。

（三）绩效管理系统与其他系统关系

1. 企业绩效管理系统与预算系统的关系

全面预算管理是对战略目标的程序化和可度量化。预算管理将战略目标纵向上分解到二级单位，还可以根据责任中心属性（投资中心、利润中心、成本中心、费用中心）设定与其属性契合的关键指标。横向上将战略分解到企业各业务环节，生产预算、采购预算、销售预算、投资预算、筹资预算管理等可操作、可控制、可考核的预算管理模块。

企业绩效管理系统需要结合企业发展战略，绩效系统与预算系统协同可以通过预算系统将企业的战略目标分解到部门和二级单位，将部门和二级单位的关键指标作为绩效指标，使各部门和二级单位的目标与企业的总体发展目标保持一致。将企业战略、预算、绩效融合建立一套闭环管理体系，强化各部门的配合和协同效应，保证战略目标的落地执行，有效支持企业战略目标实现。

绩效系统中管理部门的费用指标，生产部门的生产相关指标，销售部门的销售指标和销售费用指标，采购部门的采购指标以及企业重点关注的投资指标、成本指标等都可以从预算系统中获取绩效指标的目标值。

2. 企业绩效管理系统与营运管理的关系

绩效管理指标不能片面地强调财务指标，也应重视企业运营。绩效管理使用平衡计分卡方法时，营运类绩效指标就是重要的一部分。营运管理中有大量的业务信息，内部流程在营运管理中打通。营运系统可以作为绩效评价和绩效分析时主要基础数据来源。

企业各单位和部门业务运营过程中的数据都在业务系统中，营运系统将业务数据采集到营运系统，再以价值链管理角度加工成各单位和部门的营运指标数据。企业在做绩效管理时将关键的营运指标设成绩效管理指标，企业绩效管理系统中的这部分绩效指标实际值可以从企业营运系统中获取，用于绩效评价使用。

营运系统中使用本量利分析、敏感性分析、边际分析、多维度盈利分析等管理会计方法。做绩效分析时既可以看到部门绩效结果数据又可以调用上述分析工具追踪运营结果产生的原因，还可以为改进运营、提升单位和部门绩效提供参考。

3. 企业绩效管理系统与 ERP 系统的关系

ERP 是一个庞大的系统，不仅包括财务管理模块，还包括生产控制模块、物流管理模块和人力资源管理模块等。在 ERP 广泛和深度应用的系统环境下，企业绩效进行评价不仅要评价企业的财务指标，更重要的是评价非财务指标。企业绩效评价可以采用基于平衡计分卡再细分的指标。

如表 12 -1 所示，从对应关系可以看出平衡计分卡四个维度的指标与 ERP 各模块执行效果建立关联关系，ERP 系统可以为绩效分析和考评提供大量数据，数据的科学性和准确性得以保障，又减轻了数据采集工作量。ERP 系统为企业绩效管理提供了大部分数据，如果在客户维度补充 CRM 系统中的数据，在学习与成长维度补充 HR 系统中的数据，那么企业整个绩效管理体系将更加完善。

表 12－1　　绩效管理指标与 ERP 数据来源

绩效指标	ERP 模块
财务类指标	财务模块
客户类指标	质量管理和销售管理模块
内部运营类指标	采购、生产、存货、销售、质量等模块
学习与成长类指标	人力模块

第三节　绩效系统功能与工具方法实现

一、绩效管理系统功能

企业绩效管理系统作为信息系统具备绩效管理过程中各要素的管理功能，设置的各项功能见表 12－2。

表 12－2　　绩效管理系统模块功能示例

模块名称	子模块	功能描述
系统维护	组织建模	根据管理需求，建立绩效管理口径的组织模型
	指标管理	绩效指标增加、删除、修改管理
	流程管理	设置绩效指标制订流程和绩效评价流程
	数据来源管理	绩效指标来源设置，配置来源系统接口信息（数据来源系统、数据抽取时间、数据抽取频度等），来源系统主数据及主数据对照关系
	绩效报表设置	根据绩效计划制定流程和相关部门绩效管理需求设置绩效编制报表、绩效监控报表、绩效分析报表、绩效评价报表
	用户管理	设置人员权限、职务和分管部门，赋予用户管理指标、表单等权限
	移动办公	移动终端的管理，包括移动端录入、审批、报表使用等功能可以推送通知
绩效计划管理	绩效计划编制	启动年度绩效计划编制任务，完成绩效指标目标值采集
	绩效计划审核	绩效考评单位审核被考核单位填报的绩效指标目标值
	绩效计划发布	线下的绩效合约在线上以绩效计划发布形式建立公司和二级单位的绩效合约
绩效执行监控	绩效数据采集	按考核周期，定期填报/抽取实际绩效指标数据。对于非系统采集数据，考核单位和相关负责人审核绩效指标实际值
	绩效执行监控	对于各绩效组织的绩效指标执行情况进行跟踪监控
	绩效执行预警	根据设定阈值，通过系统设置高亮显示绩效执行异常情况

续表

模块名称	子模块	功能描述
绩效评价分析	组织绩效评价	系统根据设定的组织绩效评价规则对组织绩效情况做评价打分
	组织绩效分析	系统根据组织绩效情况做分析，分析绩效情况背后深层原因，出具绩效分析报告

详细的绩效管理系统功能及其应用将在第四节企业绩效管理系统案例中的企业绩效管理系统实践部分详细说明。

二、绩效管理工具方法实现

绩效管理领域应用的管理会计工具方法，一般包括关键绩效指标法、经济增加值法、平衡计分卡、股权激励等。企业可根据自身战略目标、业务特点和管理需要，结合不同工具方法的特征及适用范围，选择一种适合的绩效管理工具方法单独使用，也可组合使用。

（一）平衡计分卡 BSC 法

平衡计分卡（balanced score card，BSC）通过财务、客户、内部运营、学习与成长四个方面的因果驱动关系，展现企业的战略决策和战略规划，并对企业的经营绩效进行综合的评价。平衡计分卡 BSC 法在绩效管理信息系统的实现：

1. 绩效管理指标数据

某个企业的绩效管理指标体系示例如图 12 –9 所示。

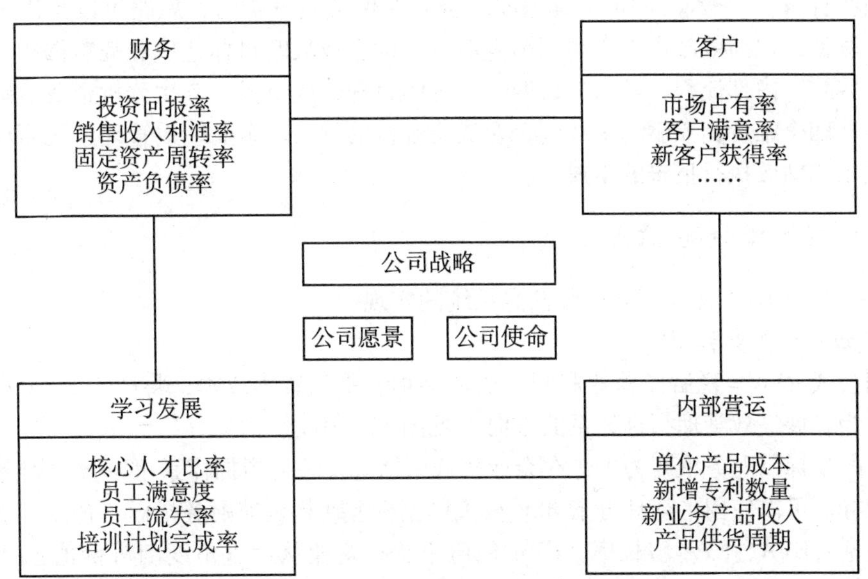

图 12 –9　平衡计分卡 BSC 指标体系

在绩效管理系统的指标管理模块中按以上四类将指标维护进入系统，为企业后续绩效管理使用。

2. 绩效指标数据采集

财务维度绩效指标的目标值一般来自预算系统，采取数据集成方式获取，也可在绩效管理系统绩效计划编制模块由责任部门完成目标值录入，相关部门完成绩效指标目标值审核获取。财务维度的实际值一般来源于财务系统或预算系统。

客户维度绩效指标的目标值和实际值一般来自 CRM 系统，采取数据集成方式获取，或者目标值在绩效管理系统绩效计划编制模块由责任部门完成目标值录入，相关部门完成绩效指标目标值审核获取，实际值通过第三方评测机构获取，例如机场行业的顾客满意率。

内部运营维度绩效指标的目标值和实际值一般来自营运系统，采取数据集成方式获取，或者目标值在绩效管理系统绩效计划编制模块由责任部门完成目标值录入，相关部门完成绩效指标目标值审核获取，实际值通过企业相关规章制度或其他管理办法获得，例如核心人才比率、专利新增个数等。

学习与发展维度绩效指标目标值和实际值一般来自 HR 系统，采取数据集成方式获取，或者目标值在绩效管理系统绩效计划编制模块由责任部门完成目标值录入，相关部门完成绩效指标目标值审核获取，实际值通过企业发布的调研问卷反馈。

3. 绩效指标数据加工

复合绩效指标加工，复合绩效指标都有自己的计算规则，例如：投资回报率（ROI）=（税前年利润/投资总额）×100%；产品单位成本 = 产品总成本/产品生产数量等。可以根据绩效管理系统内置的规则或者绩效管理报表中的公式计算加工。

绩效指标评价，先根据各单位绩效管理报表中绩效完成情况计算出每个绩效指标的得分，再根据四类指标各占权重比计算出各单位最终绩效得分。一般绩效系统都是通过绩效报表或规则公式完成。

绩效指标分析一般通过 BI 工具完成。企业在做绩效分析时，思路可以是以绩效分析和考评来驱动组织绩效改进，以组织绩效改进驱动企业战略目标达成和战略修正。首先分析财务、客户、内部流程、学习成长四个维度的目标达成情况，其次分析企业战略执行情况，最后从四个维度相互驱动中找到企业战略改良的方法。企业绩效管理系统帮助实现分析结果展示和绩效执行报告的生成。

（二）经济增加值 EVA 法

经济增加值 EVA 法在绩效管理信息系统的实现：

1. 绩效管理指标数据

根据公式 EVA = 税后净营业利润 − 资本 × 加权平均资本成本，将影响 EVA 指标的三个因素作为延展绩效管理指标体系的方向（见图 12 − 10）。

图中的指标以财务维度为主，在企业实践中绩效管理的指标体系可以包含财务指标和非财务指标。可以使用平衡计分卡 BSC 或关键指标 KPI 构建非财务指标。企业经济效益导向指标包括：EVA、EVA 增长率、EVA 创值率等；企业从运营角度剖析价值创造变动因素，设计关键价值驱动指标从不同角度，不同侧面反馈企业经营管理情况。绩效指标体系中 EVA 指标的权重一般高于其他绩效指标或将 EVA 的增长作为否决指标。

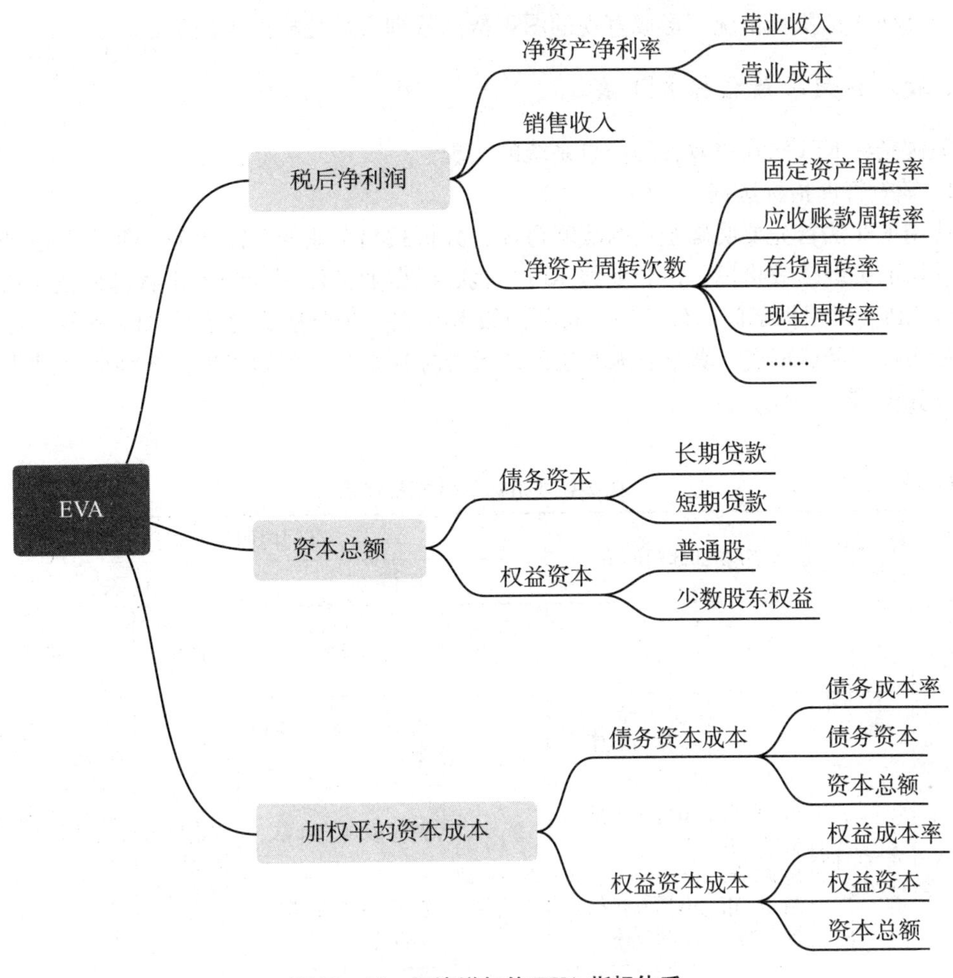

图 12－10　经济增加值 EVA 指标体系

2. 绩效指标数据采集

EVA 绩效指标目标值来自企业的全面预算管理系统，采取数据集成方式获取。基于 EVA 的业务预算编制，重点关注业务发展方向的优化调整，将 EVA 分解为企业总收入和总成本，并根据部门预算对企业日常生产经营工作进行安排，提出预算期间的资源需求，确定各责任中心的 EVA，提高资本的使用效率。通过业务部门之间的协调，关注业务优化调整，达到资源优化配置的目的。

绩效指标评价，根据各单位 EVA 指标完成情况和预置的计分规则计算出该单位的绩效评价得分。绩效指标分析一般通过 BI（商业智能）工具完成。企业在做绩效执行分析时，考虑影响企业 EVA 绩效目标完成的关键因素。例如影响净利润实现的因素：市场销售情况变化、产品升级和技术革新影响收入完成的情况，制造采购成本的上升、人工成本的增长、核心人员流失等因素影响成本降低情况，科技研发项目的进度、专利成功申请情况，以及自主化产品市场转化等情况。还有影响资本成本效率的因素：应收账款回收情况、存货周转情况、投资项目的前期可行性研究和决策情况、投资项目投产和收益情况等。直接影响企业各单位 EVA 业绩管理目标的完成情况。企业绩效管理系统中需要采集这部分绩效指标执行情况，形成直观的图表帮助管理人员分析差距和不足。

（三）关键绩效指标KPI法

关键指标KPI法在绩效管理信息系统的实现：

1. 绩效管理指标数据

使用KPI法首先要明确企业的战略目标，分析找出企业的关键业务。再找出这些关键业务领域的关键绩效指标，即企业级KPI。然后根据业务流程，分解出各部门的KPI，即部门级KPI。再根据部门岗位结构，将部门级KPI进一步分解为更细的KPI及各岗位的业绩衡量指标。最后形成一套企业KPI法的绩效指标体系。按关键业务分解绩效管理指标流程示意如表12-3所示。

表12-3　　关键绩效指标KPI指标体系

流程：新产品开发流程		市场部部门职责		部门内职位职责			
				职位一		职位二	
流程步骤	指标	产出	指标	产出	指标	产出	指标
发现客户问题，确认客户需求	发现商业机会	市场分析与客户调研，制定市场策略	市场占有率	市场与客户研究成果	市场占有率增长率	制定出市场策略，指导市场运作	市场占有率增长率
			销售预测准确率		销售预测准确率		销售预测准确率
			市场开拓投入率减低率		客户接受成功率提高率		销售毛利率增长率
			公司市场领先周期		领先对手提前期		销售收入月度增长幅度

2. 绩效指标数据采集

绩效指标的目标值一般在绩效管理系统绩效计划编制模块由责任部门完成目标值录入，相关部门完成绩效指标目标值审核确认。绩效指标的实际值一般来自各业务系统，采取数据集成方式获取。实际值也可以从业务管理流程制度中获取，采集到企业绩效管理系统中，例如：降本增效指标、设备管理绩效综合评价指数、产品质量目标、主要污染物达标排放、物流管理指标等。

3. 绩效指标数据加工

复合绩效指标加工。复合绩效指标都有自己的计算规则，例如：生产成本控制达标率=实际生产成本÷标准成本，生产效率达标率=当月生产总件数÷月出勤天数。可以通过绩效管理系统内置的规则或者绩效管理报表中的公式去计算加工。

绩效指标评价。根据各单位绩效管理报表中绩效完成情况计算出每个绩效指标的得分，再根据各指标占权重比计算出该单位最终绩效得分。绩效系统一般通过绩效报表表内公式计算或系统的规则公式实现绩效指标评价计算过程。

绩效指标分析一般通过 BI 工具完成。企业在做绩效执行分析时，关键绩效指标 KPI 法下的绩效分析对象是企业生产经营活动，除了对生产经营活动量化的绩效分析外，更重要的是非量化指标的绩效分析。绩效分析的思路是通过绩效指标分析现象深度，洞悉企业生产经营活动内在的问题和改进点，针对性地提出改进措施。通过改进措施执行提升关键业务的绩效指标值，关键业务绩效提升帮助企业战略目标达成。此项分析对于企业绩效管理系统的要求更高，需要大数据分析帮助绩效管理人员完成商业活动洞察，对绩效执行分析报告的使用和跟踪也有要求。

第四节　企业绩效管理系统的应用场景和案例

一、HT 集团的背景和绩效管理需求*

（一）HT 集团管理现状

HT 集团的财务工作具有一定的信息化基础。集团现有的财务管理系统于 2006 年建设完成，集团及下属分子公司使用至今。该系统主要包含两大功能：核算功能与管理扩展功能。由于系统部署时间较长，各模块功能较为基础、简单；尤其是其管理扩展功能较为单一，导致业务发展所需要的应收账款管理、内部交易往来核对、合并报表生成、资金管理、预算管理、网络报销、税收管控等功能均无法实现，制约了集团财务工作的开展。

（二）HT 集团管理需求

为了实现集团整体的经营目标，如何及时、准确、完整地掌握经营管理信息，建立“规划—计划—预算—绩效”的执行链条，实现战略落地、防范经营风险、提高运营效益是 HT 集团的迫切管理需求。另外，还需要针对集团战略制订经营计划，并通过全面预算管理实现计划的分解、执行、控制等过程跟踪；通过绩效考核体系构建，将预算导入绩效的 KPI 中，作为考核评价的基准，增强集团管控能力。

（三）HT 集团绩效项目目标

HT 集团原有绩效考核只做了集团对分子公司的财务指标考核，重结果轻动因，忽视了影响效益产出的经营过程指标。绩效考核也没有延伸到分子公司的各部门，简单将绩效考核视同绩效管理，由绩效管理的反馈沟通工作缺失。

HT 集团的绩效管理计划分两期实现，一期实现组织绩效管理，二期实现个人绩效管理（见图 12－11）。一期的试点单位选择水泥板块，待水泥板块绩效管理上线后再实施其余板块的绩效管理。具体实施步骤为：

（1）建立集团各层级绩效管理指标体系。

---

* 资料来源：用友网络解决方案。

（2）以水泥板块为试点，建立绩效评价标准。

（3）基于现有信息化和未来信息化建设，获取绩效管理的标杆数据和执行数据。

（4）出具绩效管理报告。

公司战略
战略目标
目标1
目标2
目标3
公司绩效
关键指标1
关键指标2
关键指标3
部门绩效
关键指标1
关键指标2
关键指标3
个人绩效
关键指标1
关键指标2
关键指标3
生成数据
考核基础
生成数据
考核基础
预算
公司预算
部门预算

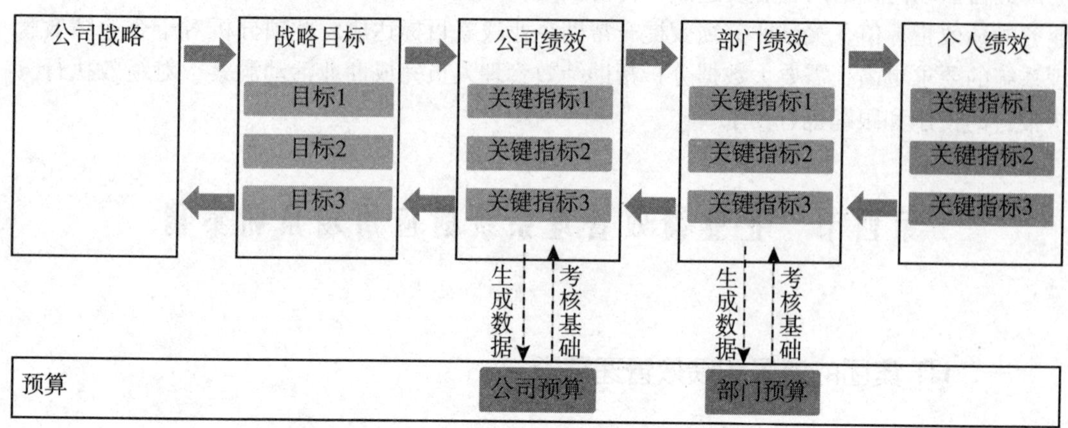

图 12－11　案例绩效管理架构

二、HT 集团绩效管理项目

（一）绩效方案设定

1. 构建绩效管理指标体系

通过关键指标法构建 HT 集团的分层级的绩效管理指标体系如图 12－12 所示。

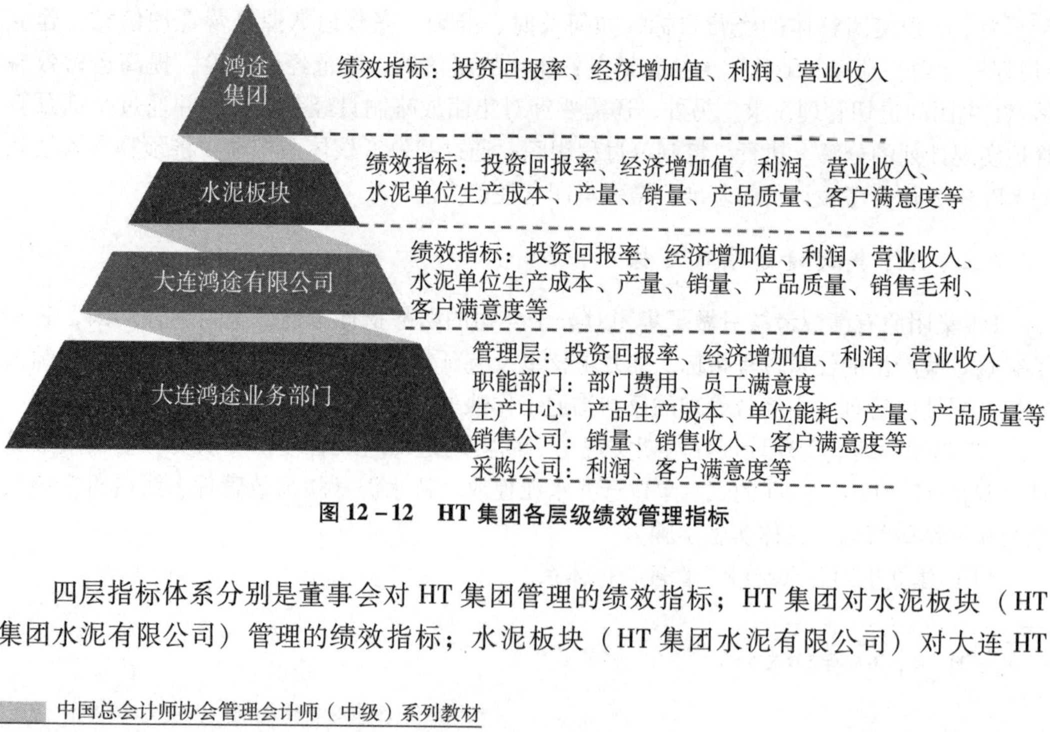

鸿途集团
绩效指标：投资回报率、经济增加值、利润、营业收入
水泥板块
绩效指标：投资回报率、经济增加值、利润、营业收入、水泥单位生产成本、产量、销量、产品质量、客户满意度等
大连鸿途有限公司
绩效指标：投资回报率、经济增加值、利润、营业收入、水泥单位生产成本、产量、销量、产品质量、销售毛利、客户满意度等
大连鸿途业务部门
管理层：投资回报率、经济增加值、利润、营业收入
职能部门：部门费用、员工满意度
生产中心：产品生产成本、单位能耗、产量、产品质量等
销售公司：销量、销售收入、客户满意度等
采购公司：利润、客户满意度等

图 12－12　HT 集团各层级绩效管理指标

四层指标体系分别是董事会对 HT 集团管理的绩效指标；HT 集团对水泥板块（HT 集团水泥有限公司）管理的绩效指标；水泥板块（HT 集团水泥有限公司）对大连 HT

水泥有限公司管理的绩效指标；大连 HT 水泥有限公司对管理层和下级利润中心管理的绩效指标。

2. 分配指标权重

以大连 HT 水泥有限公司为主体分配绩效管理指标权重，分配权重的方法可以采用德尔菲法（也称专家调查法），权重分配结果如表 12 -4 所示。

表 12 -4　　大连 HT 水泥有限公司绩效管理指标表

被考核部门	指标名称	指标定义	指标权重
公司高管	投资回报率	投资回报率（ROI）=（税前年利润/投资总额）×100	0.2
	经济增加值	经济增加值（EVA）是指企业税后净营业利润减去资本成本后的余额，月度通报，年底考核	0.3
	利润	利润是指企业在一定会计期间的经营成果。财务报表列示的“利润总额”科目，月度通报，年底考核	0.25
	营业收入	收入是指企业在日常活动中所形成的、会导致所有者权益增加的、非所有者投入资本的经济利益的总流入。财务报表列示的“营业收入”科目，月度通报，年底考核	0.25
管理部门	部门费用	本部门发生的管理费用合计	0.6
	员工满意度	被服务部门的打分统计	0.4
采购公司	利润	采购公司利润	0.5
	客户满意度	生产单位对采购公司服务满意度打分	0.5
生产中心（利润中心）	水泥单位生产成本	水泥生产总成本/水泥产量	0.3
	单位能耗	水泥生产消耗能耗数量/水泥产量	0.2
	产量	水泥生产数量	0.05
	产品质量	根据国家水泥质量标准，对生产出的水泥检测，统计合格率	0.15
	利润	生产线利润	0.3
销售公司	销量	水泥销售数量	0.5
	客户满意度	客户对产品效果和服务的满意程度打分	0.5

本案例以采购公司和生产中心绩效指标权重设置为例介绍权重设置的出发点。采购公司的定位是为生产中心做好大规模采购服务，为利润中心，所以利润和服务质量的权重一样。水泥行业早已处于产业周期的成熟期，受政策影响近年来房地产行业发展下行，水泥行业竞争更加激烈，企业管理重点从原有的重视产量向保证质量的基础上降低成本、降低能耗转变。

3. 绩效评价计分规则

系统实现绩效评分必须明确评分规则，大连 HT 水泥有限公司将原料线和产品线作为利润中心管理，评分规则设定如表 12 -5 所示。

表 12－5　　大连 HT 水泥有限公司绩效管理指标定义及评分规则

被考核部门	指标名称	指标定义	评分标准
公司高管	投资回报率	投资回报率（ROI）=（税前年利润/投资总额）×100%	完成指标得 100 分，完成结果每上升或下降 1%，增加或扣除 1 分
	经济增加值	经济增加值（EVA）是指企业税后净营业利润减去资本成本后的余额，月度通报，年底考核	完成指标得 100 分，完成结果每上升或下降 1%，增加或扣除 1 分
	利润	利润是指企业在一定会计期间的经营成果。财务报表列示的“利润总额”科目，月度通报。年底考核	完成指标得 100 分，完成结果每上升或下降 1%，增加或扣除 1 分
	营业收入	收入是指企业在日常活动中所形成的、会导致所有者权益增加的、非所有者投入资本的经济利益的总流入。财务报表列示的“营业收入”科目，月度通报，年底考核	完成指标得 100 分，完成结果每上升或下降 1%，增加或扣除 1 分
管理部门	部门费用	本部门发生的管理费用合计	完成指标得 100 分，完成结果每上升或下降 1%，增加或扣除 1 分
	员工满意度	被服务部门的打分统计	完成指标得 100 分，完成结果每上升或下降 1%，增加或扣除 1 分
采购公司	利润	采购公司利润	完成指标得 100 分，完成结果每上升或下降 1%，增加或扣除 1 分
	客户满意度	生产单位对采购公司服务满意度打分	完成指标得 100 分，完成结果每上升或下降 1%，增加或扣除 1 分
生产中心（利润中心）	水泥单位生产成本	水泥生产总成本/水泥产量	完成指标得 100 分，完成结果每上升或下降 1%，增加或扣除 1 分
	单位能耗	水泥生产消耗能耗数量/水泥产量	完成指标得 100 分，完成结果每上升或下降 1%，增加或扣除 1 分
	产量	水泥生产数量	完成指标得 100 分，完成结果每上升或下降 1%，增加或扣除 1 分
	产品质量	根据国家水泥质量标准，对生产出的水泥检测，统计合格率	完成指标得 100 分，完成结果每上升或下降 1%，增加或扣除 1 分
	利润	生产线利润	完成指标得 100 分，完成结果每上升或下降 1%，增加或扣除 1 分
销售公司	销量	水泥销售数量	完成指标得 100 分，完成结果每上升或下降 1%，增加或扣除 1 分
	客户满意度	客户对产品效果和服务的满意程度打分	完成指标得 100 分，完成结果每上升或下降 1%，增加或扣除 1 分

（二）绩效计划管理

大连 HT 水泥有限公司结合业务计划与预算，按照上下结合、分级编制、逐级分解的程序，在沟通反馈的基础上，制定绩效目标，并编制各层级的绩效计划。部分绩效管理指标的目标值直接从预算系统导入。原料线和产品线作为利润中心管理，把利润指标作为原料线和产品线考核的绩效指标之一。

绩效管理办公室由大连 HT 水泥有限公司高层领导组成，绩效指标填报审批数据设计如表 12－6 所示。

表 12－6　　大连 HT 水泥有限公司绩效管理指标填报审批表

序号	指标名称	指标填报部门	指标初审部门	指标复审部门
1	投资回报率	财务部	办公室	绩效管理办公室
2	经济增加值	财务部	办公室	绩效管理办公室
3	利润	财务部	办公室	绩效管理办公室
4	营业收入	财务部	办公室	绩效管理办公室
5	采购公司利润	采购公司	财务部	绩效管理办公室
6	客户满意度	采购公司	办公室	绩效管理办公室
9	生料单位生产成本	原料线	生产部	绩效管理办公室
10	单位能耗	原料线	生产部	绩效管理办公室
11	生料产量	原料线	计划部	绩效管理办公室
12	原料质量	原料线	计划部	绩效管理办公室
13	原料利润	原料线	生产部	绩效管理办公室
14	P. C 32. 5 水泥单位生产成本	产品线	生产部	绩效管理办公室
15	单位能耗	产品线	生产部	绩效管理办公室
16	产品产量	产品线	计划部	绩效管理办公室
17	产品质量	产品线	计划部	绩效管理办公室
18	产品利润	产品线	生产部	绩效管理办公室
19	销量	销售部	计划部	绩效管理办公室
20	客户满意度	销售部	企管部	绩效管理办公室

相应的绩效计划编制流程如图 12－13 所示。

（三）绩效执行监控

大连 HT 水泥有限公司的绩效指标实际值按月度通报各部门，用于各部门生产经营分析，年度数据则用于绩效评价考核（见表 12－7）。

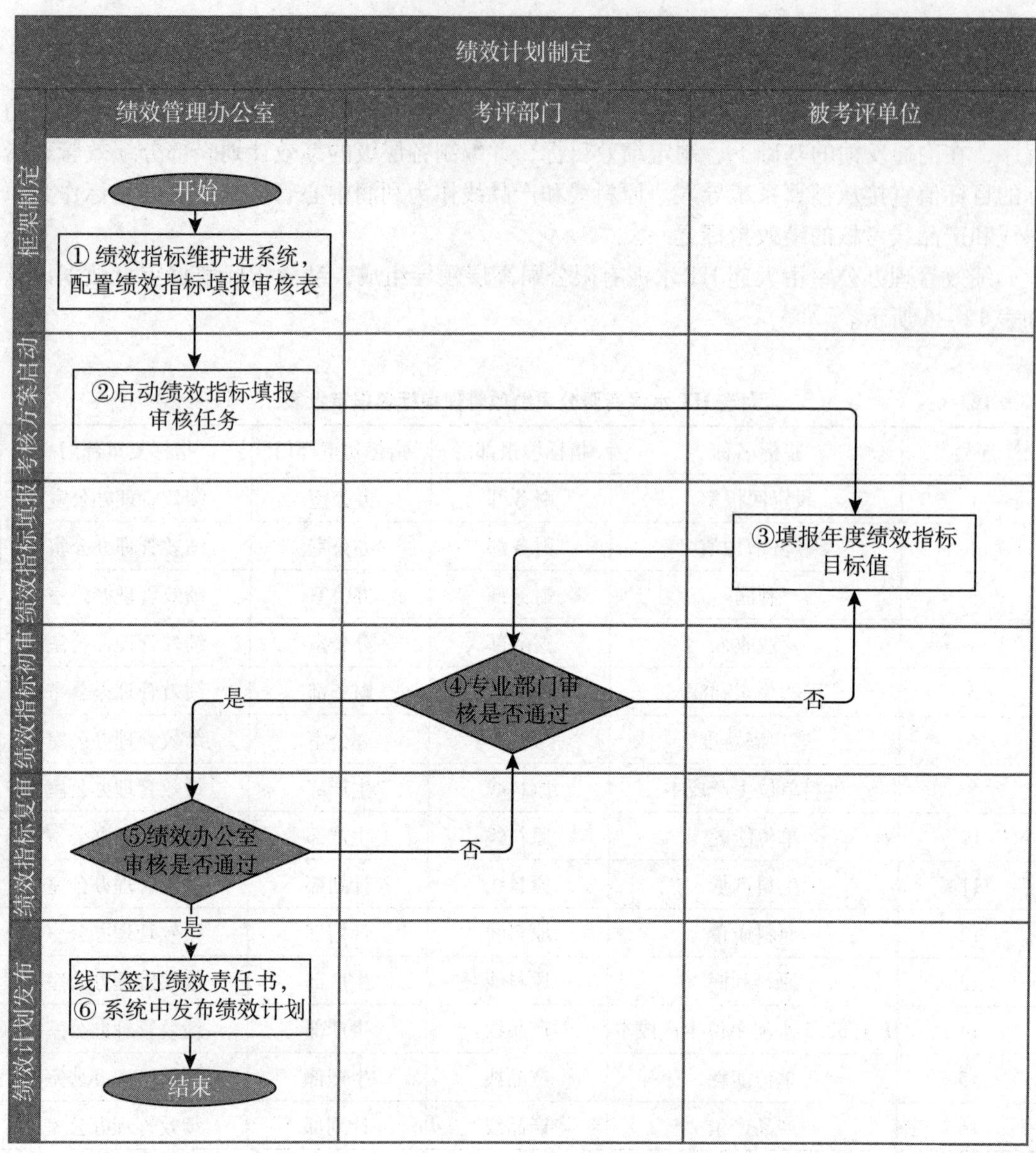

图 12－13　大连 HT 水泥有限公司绩效计划编制流程

表 12－7　大连 HT 水泥有限公司绩效管理指标数据来源

序号	指标名称	年度目标值	月度实际值	年度实际值
1	投资回报率	预算报表	手填	决算审计报告，人工填写
2	经济增加值	预算报表	手填	决算审计报告，人工填写
3	利润	预算报表	经营会计报表	决算审计报告，人工填写
4	营业收入	预算报表	经营会计报表	决算审计报告，人工填写
5	采购公司利润	预算报表	经营会计报表	经营会计报表

续表

序号	指标名称	年度目标值	月度实际值	年度实际值
6	员工满意度	手填	手填	企管部调查后填写
7	生料单位生产成本	预算报表	成本系统	经营会计报表
8	单位能耗	预算报表	经营会计报表	经营会计报表
9	生料产量	预算报表	经营会计报表	经营会计报表
10	原料质量	手填	手填	化验部门
11	原料利润	预算报表	经营会计报表	经营会计报表
12	P. C 32. 5 水泥单位生产成本	预算报表	成本系统	经营会计报表
13	单位能耗	预算报表	经营会计报表	经营会计报表
14	产品产量	预算报表	经营会计报表	经营会计报表
15	产品质量	手填	手填	化验部门
16	产品利润	预算报表	经营会计报表	经营会计报表
17	销量	预算报表	经营会计报表	经营会计报表
18	客户满意度	—	—	企管部调查后填写

（四）绩效评价分析

根据计分规则，进行相应的系统配置，再由系统自动计算出各单位绩效评价分值。以各单位绩效评价得分作为绩效评价的基础。绩效报告编制基于绩效目标执行结果，可以反映生产经营过程中的各类问题（见表 12－8）。

表 12－8　　大连 HT 水泥有限公司绩效管理指标评价结果

被考核部门	序号	指标名称	权重	单位	年度目标值	年度实际值	绩效得分	评分标准
公司高管	1	投资回报率	0. 2	%	10%	10. 01%	100. 10	完成指标得 100 分，完成结果每上升或下降 1%，增加或扣除 1 分
	2	经济增加值	0. 3	万元	1 500	1 480	98. 67	完成指标得 100 分，完成结果每上升或下降 1%，增加或扣除 1 分
	3	利润	0. 25	万元	36 000	37 461	104. 06	完成指标得 100 分，完成结果每上升或下降 1%，增加或扣除 1 分
	4	营业收入	0. 25	万元	500 000	507 336	101. 47	完成指标得 100 分，完成结果每上升或下降 1%，增加或扣除 1 分
	5	综合绩效得分					101. 00	

续表

被考核部门	序号	指标名称	权重	单位	年度目标值	年度实际值	绩效得分	评分标准
采购公司	6	利润	0.5	万元	500	490	102.00	完成指标得100分，完成结果每上升或下降1%，增加或扣除1分
	7	客户满意度	0.5	百分制	100	98	98.00	完成指标得100分，完成结果每上升或下降1%，增加或扣除1分
	8	综合绩效得分					100.00	
原料线	9	生料单位生产成本	0.3	元/吨	1 000	1 200	80.00	完成指标得100分，完成结果每上升或下降1%，增加或扣除1分
	10	单位能耗	0.2	度/吨	100	95	105.00	完成指标得100分，完成结果每上升或下降1%，增加或扣除1分
	11	生料产量	0.05	吨	950	1 000	105.26	完成指标得100分，完成结果每上升或下降1%，增加或扣除1分
	12	原料质量	0.15	%	90%	88%	97.78	完成指标得100分，完成结果每上升或下降1%，增加或扣除1分
		原料利润	0.3	万元	6 000	6 000	100.00	完成指标得100分，完成结果每上升或下降1%，增加或扣除1分
	13	综合绩效得分					94.93	
产品线	9	P.C 32.5水泥单位生产成本	0.3	元/吨	3 000	3 100	96.67	完成指标得100分，完成结果每上升或下降1%，增加或扣除1分
	10	单位能耗	0.2	度/吨	100	95	105.00	完成指标得100分，完成结果每上升或下降1%，增加或扣除1分
	11	产品产量	0.05	吨	950	1 000	105.26	完成指标得100分，完成结果每上升或下降1%，增加或扣除1分
	12	产品质量	0.15	%	90%	88%	97.78	完成指标得100分，完成结果每上升或下降1%，增加或扣除1分
		产品利润	0.3	万元	30 000	31 461	104.87	完成指标得100分，完成结果每上升或下降1%，增加或扣除1分
	13	综合绩效得分					101.39	
销售公司	14	销量	0.5	万吨	900	910	101.11	完成指标得100分，完成结果每上升或下降1%，增加或扣除1分
	17	客户满意度	0.5	百分制	98	99	101.02	完成指标得100分，完成结果每上升或下降1%，增加或扣除1分
	18	综合绩效得分					101.07	

通过业绩差距分析，我们可以看出绩效得分最低的利润中心是原料线。绩效执行数据示例如表 12－9 所示。

表 12－9　　大连 HT 水泥有限公司绩效管理指标分析结果

被考核部门	序号	指标名称	权重	单位	年度目标值	年度实际值	绩效差异	绩效得分
公司高管	1	投资回报率	0.2	%	10%	10.01%	0.01%	100.10
	2	经济增加值	0.3	万元	1 500	1 480	－20.00	98.67
	3	利润	0.25	万元	36 000	37 461	1 461.00	104.06
	4	营业收入	0.25	万元	500 000	507 336	7 336.00	101.47
	5	综合绩效得分						101.00
采购公司	6	利润	0.5	万元	500	490	－10	102.00
	7	客户满意度	0.5	百分制	100	98	－2.00	98.00
	8	综合绩效得分						100.00
原料线	9	生料单位生产成本	0.3	元/吨	1 000	1 200	200	80.00
	10	单位能耗	0.2	度/吨	100	95	－5.00	105.00
	11	生料产量	0.05	吨	950	1 000	50.00	105.26
	12	原料质量	0.15	%	90%	88%	－2.00%	97.78
		原料利润	0.3	万元	6 000	6 000	0.00	100.00
	13	综合绩效得分						94.93
产品线	9	P. C 32.5 水泥单位	0.3	元/吨	3 000	3 100	100	96.67
	10	单位能耗	0.2	度/吨	100	95	－5.00	105.00
	11	产品产量	0.05	吨	950	1 000	50.00	105.26
	12	产品质量	0.15	%	90%	88%	－0.02	97.78
		产品利润	0.3	万元	30 000	31 461	1 461.00	104.87
	13	综合绩效得分						101.39
销售公司	14	销量	0.5	万吨	900	910	10	101.11
	17	客户满意度	0.5	百分制	98	99	1.00	101.02
	18	综合绩效得分						101.07

通过对上述数据的分析，可以发现原料线未完成绩效指标的两个影响因素是生料单位生产成本和生料产品质量。然后基于生产 BOM 单（物料清单）可以继续分析生料单位生产成本上升的原因。

对比预算系统中的原料线生产成本构成和成本模块中原料线生产成本构成（见图 12－14），发现原材料石灰石的消耗量和消耗价格上升，造成了原料线产品生料的生产成本上升。生产部门和采购公司追溯成本上升原因有：（1）原料石灰石市场今年供不应求，石灰石价格上升；（2）公司本期采购的石灰石渠道变化，石灰石材质有变化；（3）新的石灰石原料对生料生产的原材料配比有影响，原料线目前一边尝试原料配比一边生产，所以本期产品质量降低，石灰石单耗量上升。

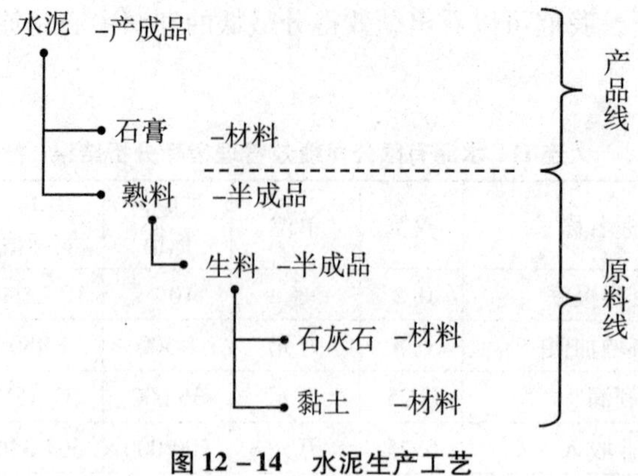

图 12－14　水泥生产工艺

综上提出的绩效分析建议有：

（1）采购公司分析石灰石价格走势，适当囤货。

（2）生产部门加快对新品石灰石的研究，尽快找到生料生产的原料最佳配比。

（3）销售公司分析水泥市场环境，预测提升水泥价格对公司市场份额和利润的影响，提出未来水泥产品价格方案。

三、绩效管理系统实施情况

任务 1：绩效指标维护。

业务场景 1：将上文中针对大连 HT 水泥有限公司的绩效指标维护进信息系统，作为绩效计划编制的核心内容。

系统实现 1：在［企业绩效管理平台］—［企业绩效管理基础数据］中维护绩效管理指标。绩效指标按照案例上文中设计的内容配置。绩效指标维护界面同预算管理的指标维护（见图 12－15）。

首页 > 动态建模平台 > 企业绩效管理平台 > 企业绩效管理基础数据 > 绩效指标-全局　2020-02-24

绩效指标-全局　显示停用　新增　导入　导出

编码　名称 ZH　上级成员　借贷属性　查询　清空

编码	名称	上级成员	借贷属性	启用状态	创建组织	预置	操作
1001	产品产量				全局	否	修改 删除
1002	大连鸿途水泥绩效指标				全局	否	修改 删除
100201	投资回报率	大连鸿途水泥绩效指标			全局	否	修改 删除
100202	经济增加值	大连鸿途水泥绩效指标			全局	否	修改 删除
100203	利润	大连鸿途水泥绩效指标			全局	否	修改 删除
100204	营业收入	大连鸿途水泥绩效指标			全局	否	修改 删除
100205	部门费用	大连鸿途水泥绩效指标			全局	否	修改 删除
100206	员工满意度	大连鸿途水泥绩效指标			全局	否	修改 删除
100207	水泥单位生产成本	大连鸿途水泥绩效指标			全局	否	修改 删除
100208	单位能耗	大连鸿途水泥绩效指标			全局	否	修改 删除
100209	产量	大连鸿途水泥绩效指标			全局	否	修改 删除
100210	产品质量	大连鸿途水泥绩效指标			全局	否	修改 删除
100211	销量	大连鸿途水泥绩效指标			全局	否	修改 删除

图 12－15　大连 HT 水泥有限公司绩效管理指标维护

任务2：绩效计划表单。

业务场景2：创建绩效计划任务需要的表单，企业各部门通过表单填报、审核确定绩效指标目标值。

系统实现2：在绩效管理的excel组件中基于绩效管理模型配置绩效计划表单（见图12－16）。

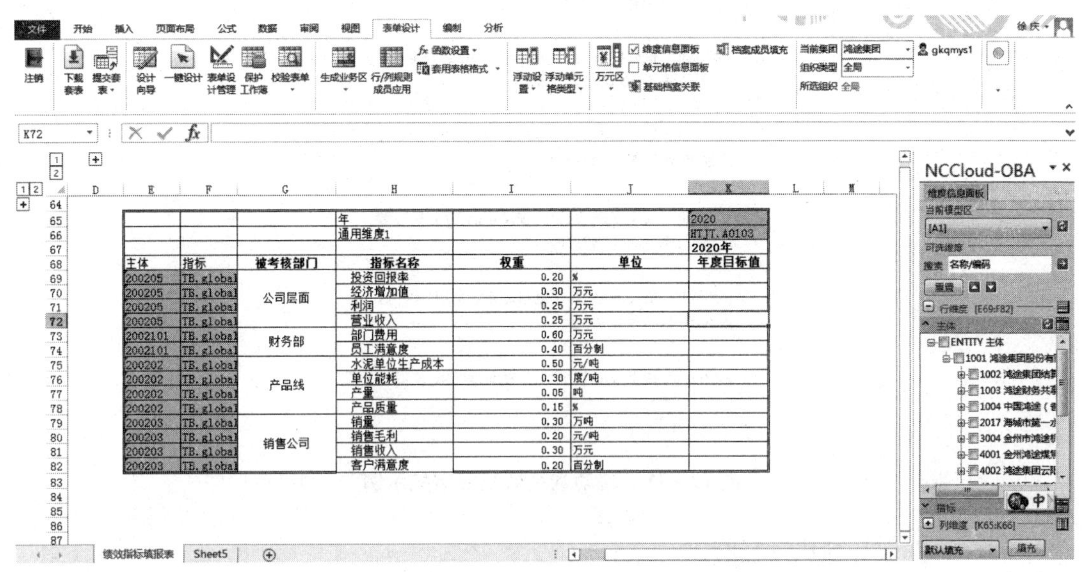

图12－16　大连HT水泥有限公司绩效计划填报表单创建

任务3：绩效指标填报。

业务场景3：绩效管理的各责任部门在系统中填报部门负责绩效指标的目标值。

系统实现3：在绩效管理系统［企业绩效管理］—［预算编制］中选择绩效计划任务，找到需绩效指标填报的表单，填报绩效指标目标值（见图12－17）。

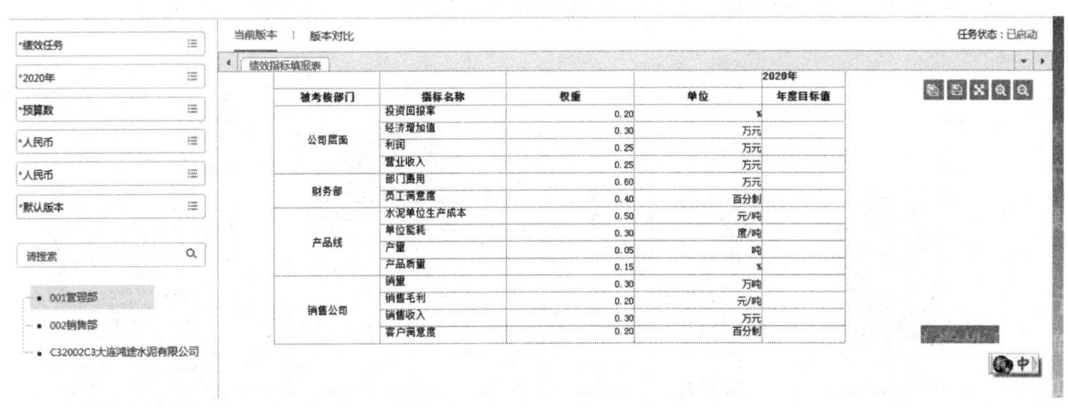

图12－17　大连HT水泥有限公司绩效指标填报

移动端绩效指标审核如图12－18所示。

图 12-18　移动端绩效指标审核示例

任务 4：绩效计划执行与监控。

业务场景 4：绩效管理部门可以在系统中监控绩效计划的执行情况，绩效指标的实际数据来源可以从其他系统和手工填报结合方式实现。

系统实现 4：在绩效管理的 excel 组件中基于绩效管理模型配置绩效计划执行，在绩效管理系统［企业绩效管理］—［业务规则］中配置可以从业务系统获取的实际数据的取数规则（见图 12-19）。

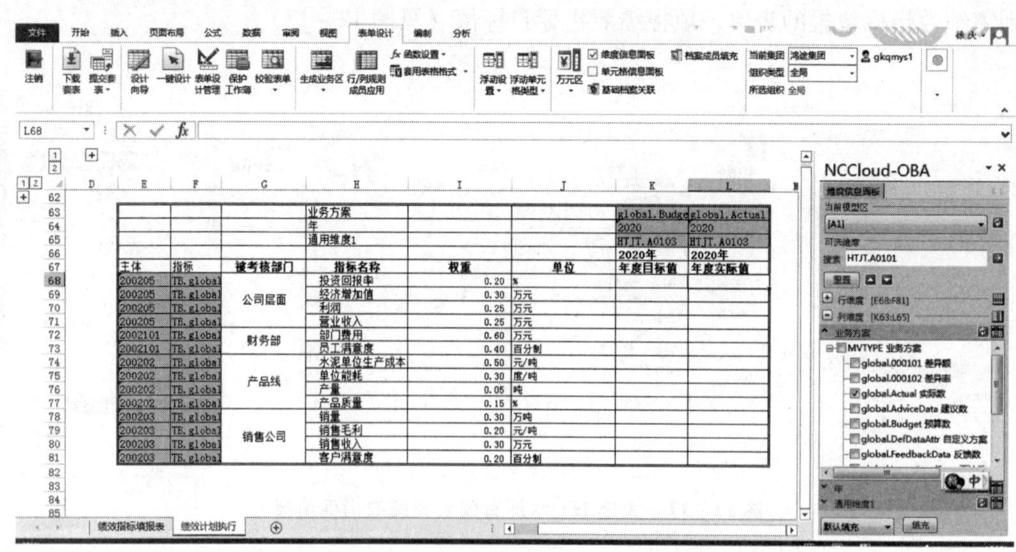

图 12-19　大连 HT 水泥有限公司绩效执行表单创建

需要手工填报的实际数据例如员工满意度、客户满意度等绩效指标实际值可以在系统中填报（见图12－20）。

浮动区编制　计算审核　汇总　上报　更多

当前版本 | 版本对比　　任务状态：已启动

绩效指标填报表　绩效计划执行　绩效评价打分

被考核部门	指标名称	权重	单位	2020年年度目标值	2020年年度实际值
公司层面	投资回报率	0.20	%		
	经济增加值	0.30	万元		
	利润	0.25	万元		
	营业收入	0.25	万元		
财务部	部门费用	0.60	万元		
	员工满意度	0.40	百分制		
产品线	水泥单位生产成本	0.50	元/吨		
	单位能耗	0.30	度/吨		
	产量	0.05	吨		
	产品质量	0.15	%		
销售公司	销量	0.30	万吨		
	销售毛利	0.20	元/吨		
	销售收入	0.30	万元		
	客户满意度	0.20	百分制		

图12－20　大连HT水泥有限公司绩效执行数据填报

移动端绩效指标执行情况监控查询如图12－21所示。

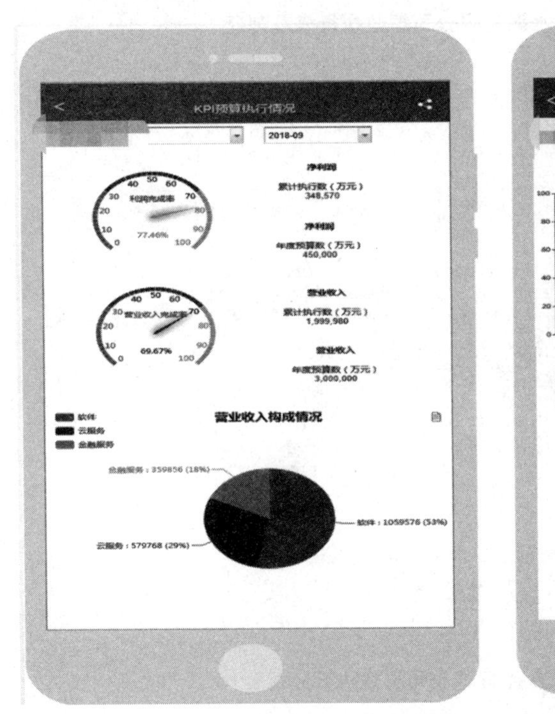

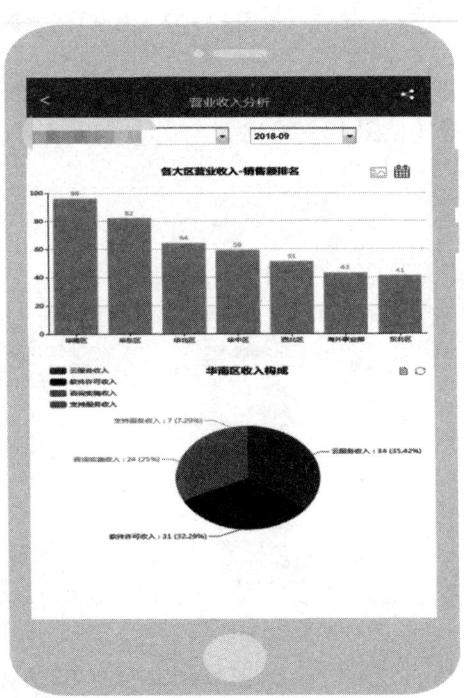

图12－21　移动端绩效指标执行情况监控查询示例

任务5：绩效分析。

业务场景5：绩效管理部门可以在系统中监控绩效计划的执行情况，以绩效指标执行情况做分析的基础数据向下追溯找到问题根源。绩效指标的实际数据来源可以从其他系统和手工填报结合方式实现。

系统实现5：在绩效管理的excel组件中基于绩效管理模型配置绩效计划执行分析表，在绩效管理系统［企业绩效管理］—［业务规则］中配置可以从业务系统获取的实际数据的取数规则（见图12－22）。

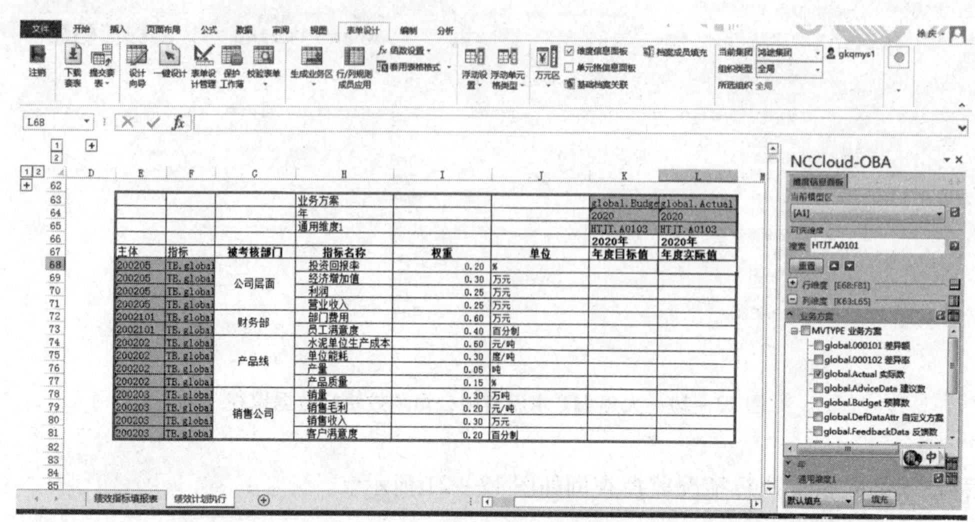

主体	指标	被考核部门	指标名称	权重	单位	2020年 年度目标值	2020年 年度实际值
200205	TB.global	公司层面	投资回报率	0.20	%		
200205	TB.global		经济增加值	0.30	万元		
200205	TB.global		利润	0.25	万元		
200205	TB.global		营业收入	0.25	万元		
2002101	TB.global	财务部	部门费用	0.60	万元		
2002101	TB.global		员工满意度	0.40	百分制		
200202	TB.global	产品线	水泥单位生产成本	0.50	元/吨		
200202	TB.global		单位能耗	0.30	度/吨		
200202	TB.global		产量	0.05	吨		
200202	TB.global		产品质量	0.15	%		
200203	TB.global	销售公司	销量	0.30	万吨		
200203	TB.global		销售毛利	0.20	元/吨		
200203	TB.global		销售收入	0.30	万元		
200203	TB.global		客户满意度	0.20	百分制		

图12－22　大连HT水泥有限公司绩效执行表单创建

需要手工填报的实际数据例如员工满意度、客户满意度等绩效指标实际值可以在系统中填报（见图12－23）。

浮动区编制　计算审核　汇总　上报　更多

当前版本　｜　版本对比　　　任务状态：已启动

绩效指标填报表　绩效计划执行　绩效评价打分

被考核部门	指标名称	权重	单位	2020年 年度目标值	2020年 年度实际值
公司层面	投资回报率	0.20	%		
	经济增加值	0.30	万元		
	利润	0.25	万元		
	营业收入	0.25	万元		
财务部	部门费用	0.60	万元		
	员工满意度	0.40	百分制		
产品线	水泥单位生产成本	0.50	元/吨		
	单位能耗	0.30	度/吨		
	产量	0.05	吨		
	产品质量	0.15	%		
销售公司	销量	0.30	万吨		
	销售毛利	0.20	元/吨		
	销售收入	0.30	万元		
	客户满意度	0.20	百分制		

图12－23　大连HT水泥有限公司绩效执行分析表

移动端绩效指标执行情况监控查询如图12－24所示。

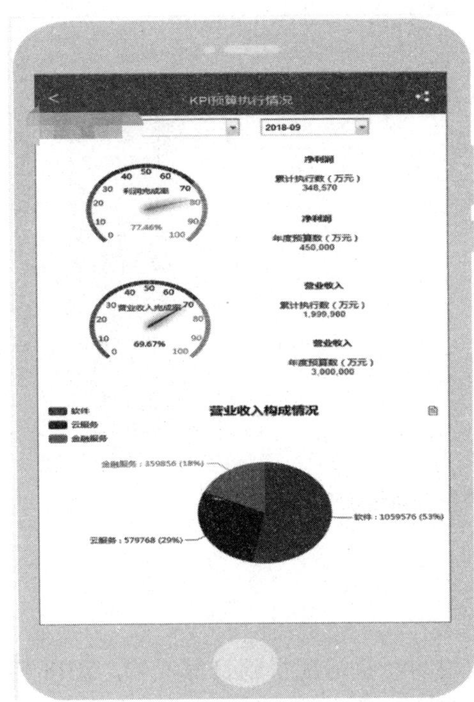
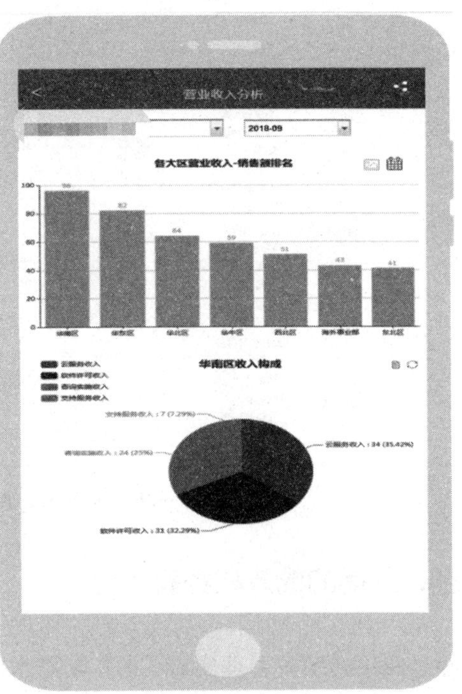

图 12－24　移动端绩效指标执行情况监控查询示例

任务 6：绩效评价。

业务场景 6：绩效管理系统根据绩效指标执行情况，基于评价规则自动计算出各绩效管理指标的评价分值，基于绩效指标所占权重自动计算出绩效管理部门的评价分值。

系统实现 6：在绩效管理的 excel 组件中基于绩效管理模型配置绩效评价表单，将绩效评价规则抽象成公式配置在绩效评价表单中（见图 12－25 和图 12－26）。

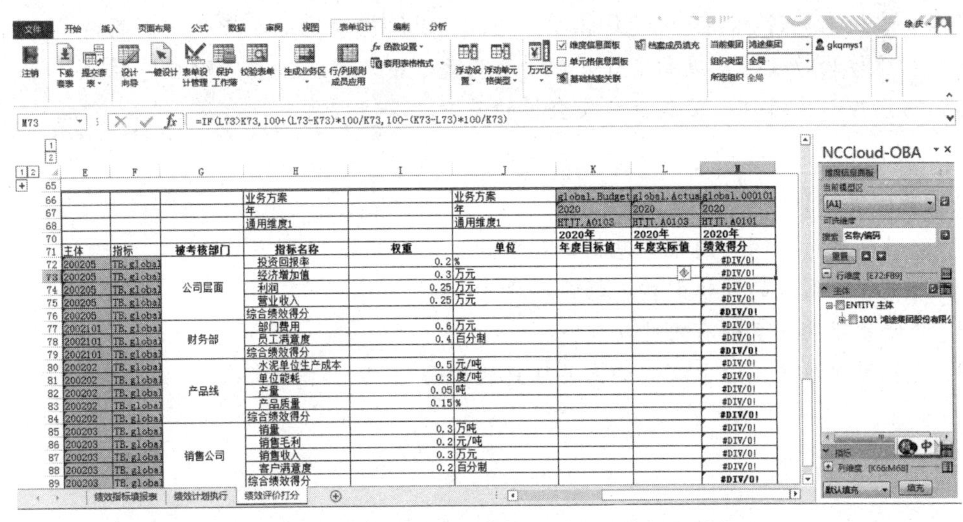

图 12－25　大连 HT 水泥有限公司绩效评价表单创建

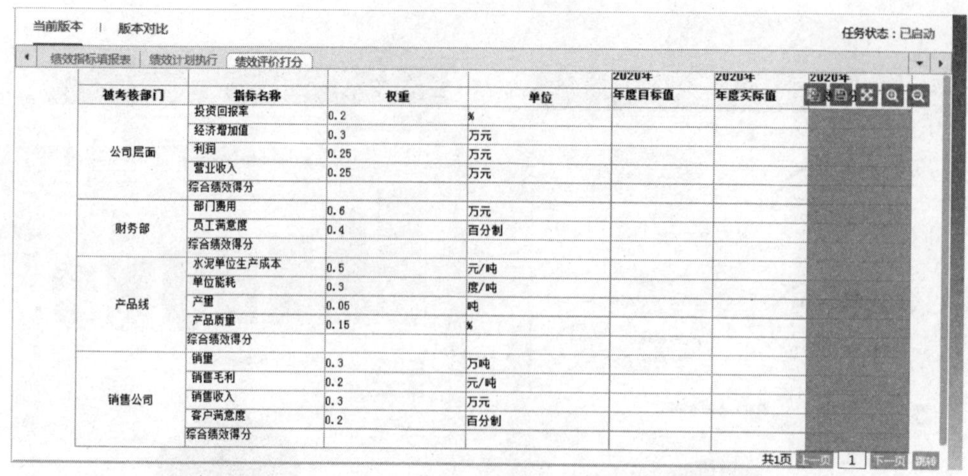
当前版本 | 版本对比　　任务状态：已启动

绩效指标填报表 | 绩效计划执行 | 绩效评价打分

被考核部门	指标名称	权重	单位	2020年 年度目标值	2020年 年度实际值	2020年 [illegible]
公司层面	投资回报率	0.2	%			
	经济增加值	0.3	万元			
	利润	0.25	万元			
	营业收入	0.25	万元			
	综合绩效得分					
财务部	部门费用	0.6	万元			
	员工满意度	0.4	百分制			
	综合绩效得分					
产品线	水泥单位生产成本	0.5	元/吨			
	单位能耗	0.3	度/吨			
	产量	0.05	吨			
	产品质量	0.15	%			
	综合绩效得分					
销售公司	销量	0.3	万吨			
	销售毛利	0.2	元/吨			
	销售收入	0.3	万元			
	客户满意度	0.2	百分制			
	综合绩效得分					

共1页 上一页 1 下一页 跳转

图 12－26　大连 HT 水泥有限公司绩效评价表单

四、取得的成效和经验

经过两年的绩效管理实践，HT 集团水泥板块的经营情况得到良好改善。2018 年 HT 公司业务收入同比增长 18%，结余同比增长 40.26%；营业收入和利润等指标环比历史也有不同程度的增长，绝大多数部门完成了公司下达的目标管理任务。近两年的实施成果表明，HT 公司的绩效方案达到了预期效果。

【本章总结】

绩效管理信息系统主要实现业绩评价和激励管理过程中各要素的管理功能，一般包括业绩计划和激励计划的制订、业绩计划和激励计划的执行控制、业绩评价与激励实施管理等，为企业的绩效管理提供支持。企业绩效管理系统中的数据采集分为系统自动采集和人工填报采集两种。使用绩效管理系统，可以简化绩效基本操作，提高效率，增强考评的客观性和时效性，提高绩效管理的透明度。绩效系统工具建设应遵循规范性、前瞻性、易用性、灵活性、集成性、安全性的原则。

【本章思考题】

1. 绩效管理系统的应用架构包括哪些要素？
2. 绩效管理系统的逻辑架构包括哪些要素？
3. 绩效管理系统主要有哪些功能？
4. 绩效管理系统建设中有哪些需要注意的方面？

第十三章　风险管理信息系统及其应用

【本章内容简介】

本章概括介绍风险管理和内部控制的基本概念及核心流程，阐述风险管理及内部控制信息系统的定位、价值、基本功能构成及架构设计。讲解系统落地的策略和方法，典型的应用场景及收益。

【本章学习目标】

1. 知晓风险管理以及风险管理信息系统的基本概念、功能及流程。
2. 了解风险管理系统的定位，与相关系统的关系。
3. 了解风险管理系统和内部控制系统的架构设计与建设方法。
4. 熟悉风险管理信息系统的典型应用场景。

【本章要点提示】

1. 风险管理及风险管理信息系统的基本概念。
2. 风险管理信息系统的主要功能及流程。
3. 企业风险管理与企业内部控制的联系。
4. 风险管理信息系统设计考量与建设思路。
5. 风险管理信息系统在企业系统架构中的位置。

【本章引导案例】

小米公司于2010年创立，历经10年高速发展，收入突破两千亿人民币，业务遍及全球90多个国家和地区，是一家以手机智能硬件和IOT平台为核心的互联网公司。

作为中国品牌全球化的代表企业，小米公司以“始终做感动人心，价格厚道的好产品，让全球每个人都能享受科技带来的美好生活”为使命，不断丰富产品品类，扩大全球业务网络，让更多人享受小米产品带来的科技便利。以“和用户交朋友，做用户心中最酷的公司”为愿景，锐意进取，围绕以用户为中心这一理念，不断创新商业模式，突破技术限制，在中国乃至全球积累了大量忠实的拥趸“米粉”，品牌的认知度和忠诚度取得了长足进步。小米于2018年7月9日在香港成功上市，并于2019年跻身于财富500强第468位，成为史上最年轻的世界500强企业。

在全球业务发展非常迅猛的同时，小米迫切需要提升效率，增强韧性，保持竞争力，这对风险管理工作带来了巨大挑战。从外部环境看，当今的国际政治经济形势复杂多变，合规监管日趋严格。从小米自身的发展来看，企业规模迅速壮大、海外生产基地布局、全球业务覆盖国家和地区越来越广、制造零售金融等多业务板块运营增加了企业管理复杂度。内外部因素叠加，风险形势升级，发展过程中也出现过员工违规舞弊、数据保护以及政府监管等方面的风险事件，为企业可持续发展敲响了警钟。面临国内外新的竞争格局，小米亟须加强风险管理，“从游击队转变为正规军”。

为了应对日益复杂的风控形势，为公司健康持续发展建立有效的防护机制，小米集团在2018年成立了内控内审监察部。作为公司风险管理业务的牵头部门，在其他部门的支持和配合下，通过数字化解决方案切实提高公司风险防控能力，包括信息可报告、风险可视化、体系可管理、任务可执行，为公司决策层提供有效的决策依据。目前小米已将数字化解决方案全面覆盖访问控制合规管理、业务流程合规管理、风险管理、审计管理、全球贸易合规管理以及信息安全等领域，初步建立起全面数字化风险管理体系。未来公司将继续利用创新技术手段，加强系统化、数字化建设，满足内外部合规要求的同时，有效应对外部环境的变化，增强公司的防风险能力，助力公司保持长期稳健发展。

（案例来源：根据小米官网和其他公开资料整理所得。）

案例思考题：

1. 在高速发展全球业务的过程中，小米面临哪些风险？
2. 信息化系统应该具备哪些特性以应对这些风险挑战，为基业长青保驾护航？

第一节　业务介绍

一、风险管理基本概念和核心流程

（一）什么是企业风险

风险无时不在，无处不在。风险伴随着人的生老病死，同样也伴随着企业的创立，发展和衰亡。在当今复杂的商业环境中，每个企业都面临众多的风险因素，不仅是自然灾害、财产损害、业务中断、盗窃及产品责任等传统风险，还包括市场风险、运营风险、人力资源风险、恐怖主义和影响企业创新的规则等不断涌现的风险因素。最初，企业关注的是独立的、个别的风险，但是随着企业的发展，经济全球化的加速，企业面临的竞争越来越激烈，盈利难度越来越大。企业要生存下来，就必须要正视全面的管理企业风险。

如何理解企业风险？目前理论界并没有形成统一的标准定义，伴随着企业形态的演变，业界对企业风险的理解也不断有新的观点涌现。早期，理论界普遍强调风险的“负面性”，即风险是企业遭受损失的可能性，没有积极的方面。近年来，随着人们对风险认识的深化，国际和国内的权威机构对企业风险的定义逐步趋同，从主要强调风险的“负面性”，转为更加兼顾企业风险的“正面”和“负面”双重影响。

2006年6月，国务院国有资产监督管理委员会（以下简称“国务院国资委”）下发的《关于印发〈中央企业全面风险管理指引〉》的通知中，将企业风险定义为“未来的不确定性对企业实现其经营目标的影响”，在对企业风险进行分类时提及“可以能否为企业带来盈利等机会为标志，将风险分为纯粹风险（只有带来损失一种可能性）和机会风险（带来损失和盈利的可能性并存）”。2018 年财政部发布的《管理会计应用指引第 700 号——风险管理》中定义“企业风险，是指对企业的战略与经营目标实现产生影响的不确定性”。国际上风险管理和内部控制权威组织美国反虚假财务报告委员会下属的发起人委员会（The Committee of Sponsoring Organizations of the Treadway Commission，COSO）在 2017 年发布的更新版《企业风险管理框架》中也将风险定义为“事项发生并影响战略和商业目标实现的可能性”。

（二）如何理解企业风险管理

法国管理学家亨利·法约尔（Henri Fayol）于 1916 年提出的安全管理思想与方法率先把早期朴素的风险管理思想引入企业经营。现代风险管理始于 20 世纪 80 年代。随着金融市场的发展，特别是金融衍生产品的使用，银行风险的增大引起了国际上的高度关注，国际清算银行于 1988 年发表了第一版巴塞尔协议，标志着风险管理进入了新阶段（见图 13－1）。自 20 世纪 80 年代以来，美国、英国、法国、日本、澳大利亚等国家先后建立起全国性和地区性的风险管理协会，这些组织积极推动各国的风险管理理论研究和实践，先后出台了风险管理标准。现如今，越来越多的中国企业更加重视企业风险管理这一重要议题，尝试从组织、制度、流程、人员以及信息技术等方面作出努力，强基固本，防控风险，实现高质量可持续发展。

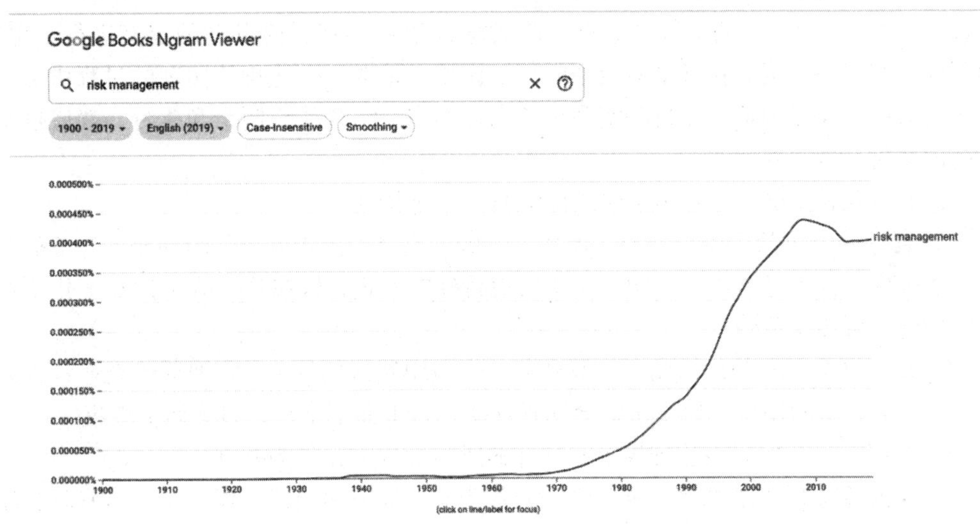

图 13－1　Ngram 工具统计的“风险管理”一词在全球书籍中出现的频率变化趋势

一家企业要管理不确定性，需要企业风险管理工作解决哪些实际问题呢？我们不妨从一家企业不同的岗位和职能出发来思考这一问题：

企业管理层：我们的企业风险的总体情况和趋势是什么？目前的首要风险是哪些？对战略决策的参考依据和总体目标实现的影响是什么？

业务部门领导：目前部门内涉及哪些风险及风险损失事件，风险应对是否落实到位？

对业绩目标的达成影响是什么？

一线业务人员：在开展业务过程中能否提示风险？例如我的客户信用水平是否影响收款？目前的运输资源是否充足以应对疫情期间不确定性的影响？风险管控部门能够为我提供哪些专业支持？

风险管理相关职能部门：我们是否掌握了目前企业动态全面的风险信息？业务部门对风险的理解、态度、偏好和应对措施是否恰当？风险管控理念是否能够自上而下贯彻？风险一手信息能否自下而上汇总聚合？

为了解决这些问题，企业需要考虑如何系统化地构建风险管控体系，标准化风险管理闭环业务，加强全员风险文化建设，拉通横向部门的协作，实现纵向信息的贯通，充分调动资源，借助信息化手段，实现“全员”“全面”的风险管理。

为了更好准确地理解企业风险工作，我们来看看权威的机构对企业风险管理是如何定义的：

（1）财政部《管理会计应用指引第700号——风险管理》中定义风险管理是指企业为实现风险管理目标，对企业风险进行有效识别、评估、预警和应对等管理活动的过程。

（2）国务院国资委在《中央企业全面风险管理指引》中将企业风险管理定义为：指企业围绕总体经营目标，通过在企业管理的各个环节和经营过程中执行风险管理的基本流程，培育良好的风险管理文化，建立健全全面风险管理体系，包括风险管理策略、风险理财措施、风险管理的组织职能体系、风险管理信息系统和内部控制系统，从而为实现风险管理的总体目标提供合理保证的过程和方法。

（3）COSO（2017）的新版《企业风险管理框架》中将风险管理的定义进行了更新，突出了风险在战略制定和在日常运营中的积极作用，是融入企业价值实现的过程中的。新版的定义为：企业在创造、保持和实现价值的过程中，结合战略制定和执行，赖以进行管理风险的文化、能力和实践。

总结上述几种定义，企业风险管理应该具备以下特性：

（1）它是一个包括了风险识别、评估、预警、应对和报告等风险闭环业务环节的一种管理活动过程，其本身并不是目的，而是实现目标的方式，旨在将不确定性和变化所产生的影响控制在可接受范围内。

（2）是一种全员参与的活动，涉及企业各个组织层次的员工，需要明确企业各级人员在风险管理业务中的职责，始于董事会和管理层，自上而下推动，自下而上聚集。

（3）有赖于完善的风险管理体系和良好的风险管理文化作为基础。

（4）风险管理程序要贯穿于企业管理的各个业务环节和经营过程，深入细节而非浮于表面，应付了事。

风险管理要围绕企业的总体经营目标来展开，最终目的是为企业战略和经营目标的制定提供支持，为企业战略和经营目标的实现提供保障。

目前，总体上讲，中国企业风险管理业务尚处在不断摸索和发展的过程中，风险管理业务的成熟度参差不齐，有的企业已经构建相对完善的风险体系，形成常态化的风控机制和管控抓手，有的企业仍然停留在“报告式”“运动式”风险管理模式，工作流于形式，实际价值不大。现阶段存在的典型问题有以下几个方面：

（1）风险管理体系不健全：表现为组织职能设立不完善；制度建设未覆盖基层单位，

海外分子机构等；风控业务开展不标准、不规范等。

（2）业务协同不够：风控相关部门存在各自为政，各说各话的情况，没有充分发挥协同效应。

（3）力度不够：工作流于形式，对重大风险的评估监测不深入，监督检查覆盖面不够，广度和深度有待加强，风控业务价值有待提升；存在着管理层对风险管理工作日益重视和风控职能部门人员资源有限的突出矛盾。

（4）信息化基础薄弱：时至今日，依然有大量企业风控业务信息化处于原始状态，仅具备基本的办公软件支持，或使用简单的信息录入和填报系统，落后于企业其他业务的信息化水平。急需通过数字化手段，构建风控系统，提升风险管理业务的自动化和智能化水平。

企业风险管理应该遵循怎样的基本原则和基本程序来构建风控体系呢？同时，信息系统应该具备哪些功能帮助解决这些突出问题？让我们带着这些问题的思考，进入后续章节的学习。

（三）企业风险管理的核心流程

企业通过识别风险、对风险进行评估、应对风险、持续性地监控和报告风险的变化等闭环业务过程，帮助企业有效地预测和应对不同级别、不同影响的风险。本章节概要介绍风险管理闭环业务的核心流程，后续章节将介绍信息系统如何支持风险管理核心流程的工作开展。

（1）风险计划：是企业全面风险管理的基础环节，通过风险计划，企业能够管理其风险管理工作的风险环境。风险环境是其他所有风险管理要素的基础，包括组织体系、人员体系、责任归属，各业务部门的风险偏好、风险容忍度（风险阈值），企业风险文化建设等方面。

（2）目标设定：企业风险管理确保战略和业务目标以适当的程序设定，并且目标与企业及其部门风险偏好相符合。风险管理的目标则是在确定企业风险偏好的基础上，将企业的总体风险和主要风险控制在企业风险容忍度范围之内。

（3）风险识别：识别对实体产生影响的潜在风险，包括风险的驱动因素，潜在影响，相关的组织部门与具体经营活动或流程，相关联的战略和业务目标以及风险之间的相互关系。

（4）风险评估：对识别出来的风险进行评估，是后续决策采用什么样的风险响应策略和手段的前提。可以根据风险性质采用多种评估方式，包括定性的、定量的；单人的、多人的方式进行。在对风险评估时关注风险发生的可能性和影响两个方面进行评价。通过风险评估，企业可以对其所面临的风险点进行重要性排序，从而整理出本企业所面临风险的风险热图和首要风险，借此确定其风险应对资源投放的优先级。

（5）风险应对：可以选择不同的方式对风险进行应对，包括减轻、防范、转移、接受和控制等，可以选择一个或多个方式组合使用，并持续跟进风险应对的进展与效果。

（6）风险预警与监控：构建自动化风险监控和风险预警体系，加强对重大重要风险的量化监控，并及时触发相关的风险应对和再评估活动。

（7）风险事故事件管理：风险事故事件管理是企业风险管理工作的必要内容，需要对事件的发生进行及时有效的记录帮助企业积累经验，分析原因并避免同类风险的发生。

（8）风险信息、沟通与报告：持续进行内外部必要的风险信息沟通活动，明确履行责任，并进行及时的信息共享；通过报表报告加强风险洞察与决策支持。

（9）风险全程监管与评价：考核整体风险管理的开展情况，进行必要的调整与改进，持续优化风险闭环业务，以适应内外部环境的变化。

风险闭环业务流程如图 13－2 所示。

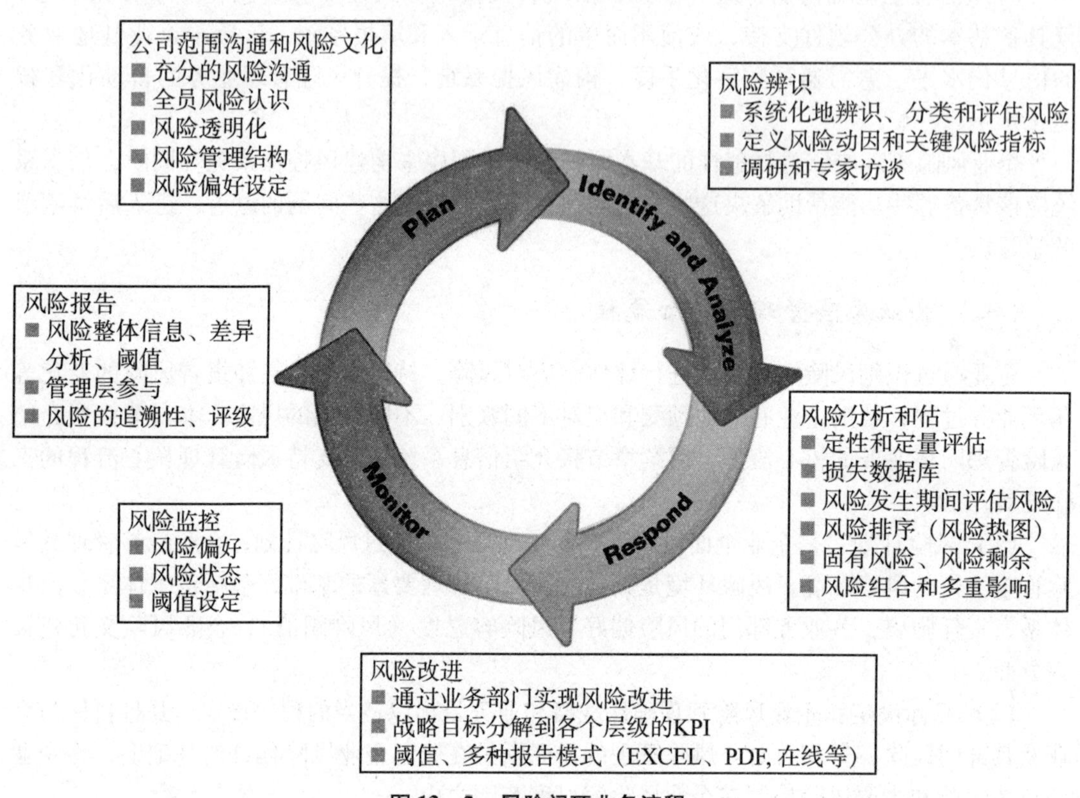

图 13－2　风险闭环业务流程

二、内部控制核心流程

按照我国《企业内部控制基本规范》的界定，企业内部控制是由企业董事会、监事会、经理层和全体员工实施的、旨在实现控制目标的过程。其目标合理保证企业经营管理合法合规、资产安全、财务报告及相关信息真实完整，提高经营效率和效果，促进企业实现发展战略。

企业内部控制业务端到端业务包括内部控制环境建立、内部控制评估和测试、内部控制缺陷与整改、内控缺陷汇总与报告签核等环节。

（1）内部控制环境建立：建立完整的内部控制环境是一个企业进行内控自我评估工作的基础。包括企业组织架构体系及内控相关人员岗位设立，内部控制矩阵以及合规框架体系等。内部控制手册是企业开展内部控制工作必要的基础内容，也是指导企业内部控制开展非常重要的内部指引性文件。内部控制手册的主题内容是企业内部控制矩阵，包括企业内部控制所涉及的所有业务流程、子流程、风险点、控制点、相关的法律法规及政策、控制点评估及测试步骤及方法、相关的业务部门以及控制负责人等信息。这些相关的信息和内容可以按照一定的格式和管理关系导入内部控制信息系统，从而形成一份电子版的内部控制数据库，以支持后续的内部控制评估与测试工作。

（2）内部控制评估与测试：企业内部控制工作开展的主要内容。在执行内控测试之前，首先要确定内控测试与评估的执行范围，以保证测试评估的内容是本年度最重要、企业管理层最为关心的内容。通过在内部控制中引入风险评估的机制，即采取以风险为导向开展内部控制工作。这种机制的主要目的是将企业内部控制的工作重心转移到风险较大的领域，而其方法则是在内部控制评估测试之前对企业业务流程中所面临的风险点进行梳理和评估，根据风险评估等级确定内部控制测试的范围以及力度。内部控制评估与测试的方法很多，其中重要的两种测试是内部控制设计评估和内部控制执行有效性测试。设计评估主要检查内部控制体系在企业内部建立的情况，也就是回答是否有内部控制机制的问题。这包括内部控制机制是否健全，能够覆盖流程中的风险；也包括内部控制设计是否科学，能够适应风险的动态变化并避免或缓释风险的发生。

（3）内部控制缺陷与整改：内部控制测试过程中所发现的问题被称为内控缺陷。对于内控缺陷的管理是所有企业在内部控制评估项目过程中非常重视的内容，也是在内部控制报告发布的内容中最为关键的部分。内部控制缺陷处理涉及内控缺陷的报告，后续整改计划的制订、执行和进度跟进以及整改完成后的重新测试等环节。

（4）内控缺陷汇总与报告签核：内部控制缺陷的汇总历来是内控评估过程中非常重要的一个环节。各业务部门对在其内控评估过程中所发现的内控问题及最新进展进行逐个确认，并汇总每个控制点所发现的所有内控缺陷，进行综合结果评定。内控缺陷汇总的工作自底向上逐级进行，从而使得最终在公司层面能够确定内部控制有效性的总体结果。内控自评报告是企业进行内控自评工作的结果披露形式。根据中国《企业内部控制基本规范》及其配套指引，上市企业需要在披露其年报的同时，披露内控自评报告及其鉴证报告，同时企业最高管理层应当签署所披露的内控自评报告，并对其承担相应责任。内控自评签核的流程也是一套自底向上进行的工作流程，即相应业务部门在进行签署各自内控自评报告后，即可由其上级部门进行汇总签核，最终提交至公司最高管理层进行签核。经签核的内控报告不再允许变更内容，确保内外部信息的一致性。

三、内部控制与风险管理的联系

内部控制和风险管理之间的联系是十分紧密的。企业内部控制的实质是风险控制。内部控制是风险应对的手段，但不是唯一的手段。内部控制所应对的风险主要是公司业务流程执行过程中所可能出现的违规情况，主要应对的是企业的运营风险。相对地，企业所面临的外部风险通常情况下无法通过内部控制的方式来应对，而需要由风险管理部门和业务部门一道制订风险应对策略和计划，采用其他类型的风险应对措施。内部控制系统是全面风险管理的重要组成部分，健全内部控制是实现有效风险管理的重要策略。

在 COSO（2017）新版本的《企业风险管理框架》中，COSO 组织对企业风险管理框架进行了调整，对内部控制和风险管理的关系做了阐述：“内部控制主要聚焦在主体的运营和对于相关法律法规的遵从性上。”“企业风险管理的相关概念并没有包含在内部控制中(例如，风险偏好、风险承受度、战略和目标设定等概念，这些都是内部控制体系实施的前提条件)。”为了避免重复，一些在内部控制中比较常见的概念部分，风险管理新框架并未重复叙述（例如，与财务报告目标相关的舞弊风险、与合规目标相关的控制活动、与运营目标相关的持续及独立评估)。在 COSO 公布的《常见问题》解释上，COSO 表明两个体系并不是相互代替或取代，而是侧重点各不相同，是相互补充的作用，但同时也强调了内部控制作为一种经历时间考验的企业控制体系，是企业风险管理工作的一个基础和组成部分。

第二节　系统应用架构与处理逻辑

一、系统的设计思路

（一）设计原则

面对复杂多变的全球政治经济环境，企业管理层在数字化转型的浪潮中更加重视风险管理这一议题。如何通过信息系统为企业的可持续发展保驾护航，为企业构筑坚固的风险管控数字化能力是近期众多企业关注的热点话题。

在设计风险管理和内部控制信息系统时，应关注以下三大原则：

（1）一体化平台设计：如之前所述，风险管理需要全员参与，风险管理信息系统要能够支持多级管理需求和不同单元的协同与信息互通。一方面能够支撑企业“由上至下”围绕企业发展战略与目标，按照各产业板块或业务单元管控定位，构建具有公司特色的风险管理体系。另一方面，能够深入各个业务流转的节点中和具体的业务执行过程中提供风险预警和决策支持，并能够自下而上地收集，聚合风险信息，形成动态全面的风险洞察。能够支持风险管理、内部控制、审计、合规等部门与业务部门借助一体化的平台完成风险三道防线间的协同作业，实现业务的双向互动，并且通过实时的风险洞察，在开展风控与审计监察工作时以风险为导向，抓住重点，洞悉趋势变化，保障企业经营目标的实现。

（2）风险管控工作效益化：信息系统能够促进企业风险管控工作从传统手工离线作业方式转向系统在线规范自动化运作。提升风险管理闭环业务的工作效率，降低沟通和管理成本，保障工作质量。同时，借助风险管理系统与业务系统的集成能力，减少人工定期事后判断与被动应对的比例。通过定义自动运行的业务监控与风险预警规则，减少人工工作量投入，在更早的时间节点发现潜在隐患和业务违规案例，加强事前风险管控的能力，降低由于舞弊，内控缺陷或风险应对不力造成的经济及其他损失。

（3）风险管控洞察智能化：在海量数据驱动的数字化经济时代，风险管控部门往往会面临更加复杂多变、花样翻新的风险情形，加之违规成本大幅上升，人员及资源有限以及对业务的理解滞后等因素导致风险管控部门所面临的挑战越来越大。信息系统能够依托最新的创新技术，帮助风险管控部门从传统固定规则的检查向全面数字化、智能化的洞悉转变，能够支持企业利用大数据分析，机器学习等创新能力构建更加复杂的多维风险分析与管控模型，能够充分利用企业积累得越来越多样化，标准化的数据资源为风险管控业务服务，帮助工作人员升级数据洞察，实现风险管控业务的实时智能化。

（二）风险管理信息系统应当具备的特性

根据财政部管理会计指引、国务院国资委所提出的风险管理指导性意见与要求，COSO企业风险管理框架的理念，风险管理信息系统应当具备以下一些特性。

（1）全面的风险管理智库。基于风险环境体系架构，风险管理系统需提供完整的收集与记录企业各级组织单位不同流程的所有风险点，包括风险点的成因，所可能造成的影响、相关的风险事件以及风险之间的层级/影响关系等。同时也应对包括风险分类、风险控制与应对措施等相关的内容，形成企业完整的风险管理智库。所谓“智库”即代表企业所建立的风险库不可能是一成不变的，系统功能支持根据企业自身的业务和经营活动的变化而动态的调整和更新。

（2）风险管理工作到岗到人。风险管理工作需要全员参与，具体的工作环节要明确专人专岗。例如企业所识别的每一个风险点、每一个风险应对措施都应该有专人专岗负责执行，从而真正地将风险管理工作落地执行。

（3）强大灵活的风险评估流程。风险评估是企业风险管理流程中必须要执行的内容，也是后续制定恰当和风险应对措施的前提。风险评估的手段和方式应该多样化，可以支持单人的，多人的评估；可以支持定性的，定量的评估；可以支持通过调查问卷或系统信息自动抓取等方式进行评估。根据风险的性质和复杂度，因地制宜地采取具体的评估方式。

（4）支持自动化风险预警及监控。国务院国资委2012年以来一直重视企业在自动化风险预警与监控的应用。近来要求中央企业进一步加强重大风险监测，积极探索风险量化监测指标体系，以“数字化”研判风险变化趋势。风险管理信息系统相较于传统手工方式开展风险管理工作的最大特点和优势就是能够和各业务系统进行集成，提供自动化风险预警及监控。目前很多企业都已经实施了ERP等应用系统，这些应用系统的数据即自动化风险预警与监控的“土壤”，为实现风险的预警与监控提供了数据来源。

（5）风险应对效果的有效体现。防范与规避风险，保障价值实现是企业风险管理工作的目的，而风险应对措施则是重要的手段。企业管理层在风险应对的过程中通常依靠下级汇报来判断风险应对措施是否执行完成、到位，但却很难判断应对措施是否真正有效地执行完成。风险管理信息系统的构建应当能够帮助企业从现有的业务运营系统中（例如ERP系统）抓取与风险应对措施相关信息，客观地对风险应对措施执行有效与否和完成有效与否进行判断，从而帮助企业管理层获得最客观最符合实际情况的信息。

（6）风险事故事件库的全面记录。风险事故事件的记录和积累是企业全面风险管理工作非常重要的功能。通过及时记录完整的风险事故事件发生与处置过程，并且将这些信息与企业风险智库相关联，可以对风险事故事件进行统计分析，获得与风险管理工作相关的量化统计分析模型。

（7）风险管理报表和报告的展示和输出。风险管理报表与报告是企业管理层执行风险管理工作最为关心的内容，也是企业风险管理工作成果的展现。风险管理信息系统能够有助于企业风险管理报告生成效率的提高，同时也使得企业管理层能够实时地洞察企业所有风险的现状，对战略和经营目标的影响，合理分配资源，保证企业在第一时间对所可能发生的重大风险进行有效的应对。如《管理会计应用指引第 701 号——风险矩阵》中所提到的风险矩阵工具，其是一种常用的风险管理报告形式，能够将动态的风险情况绘制在矩阵图中，并通过不同的热力值（风险严重程度）表征风险重要性等级。

（三）内部控制信息系统应当具备的特性

专业化的企业内部控制信息系统，能够帮助企业建立标准化、规范化以及流程化的内部控制体系，并将内部控制设计、评估与整改的策略与方法论通过信息系统的数据和流程进行落地和固化，实现内控业务端到端在线化。与此同时，内部控制系统可以通过信息化接口，与企业现行的业务应用系统进行集成，从而通过技术化的手段实现自动化测试与业务监控，降低人工工作量，提升内部控制评估、测试及监控的效率和效能，并自动化跟踪整改计划执行的结果。

内控工作通过数字化手段实现自动化、智能化、持续性业务监控是近来内控业务数字化转型的趋势，也是很多企业正在逐步建立起来的数字化风控核心能力之一。这种进化是手段不是目的，旨在尽早、更全面、更深入识别和发现业务问题，能够在事前、事中给业务部门进行问题提醒，而不单纯是事后查处问题。一方面避免进一步的损失和更大危害的形成，以至于造成重大缺陷反映到对外披露的内控报告中。另一方面，帮助业务部门体会到内控工作更大的价值，优化内控部门与业务部门的协作，最终促进业务流程的优化，更合规更健康。

通过内部控制系统的落地，可以实现如下四个方面的目标：

（1）建立标准化和流程化的内部控制管理平台，落地内部控制体系，有效地管理内部控制闭环业务和日常事务性工作。

（2）提升内部控制评估测试与审计的效率和效能，大大降低人工成本。

（3）帮助实现以风险为导向的内部控制体系以及内部审计体系的建立。

（4）促进内控职能部门，风险管理部门与业务部门的协同合作，全面提升内部控制业务价值。

二、系统应用架构

如前面章节所述的内部控制与风险管理业务的联系，以及系统设计原则，风险管理系统和内部控制系统绝对不是孤岛系统，应该嵌入企业信息系统总体框架中去，发挥与其他系统的集成协同效应。与风险管理及内部控制系统相关的系统主要有以下三类。

（1）战略绩效系统：风险管理系统承接战略绩效系统中战略及分解的目标，与风险信息关联；反馈风险水平的动态变化对战略绩效的影响，为战略及绩效指标的制定和调整提供风险信息决策支持。

（2）风险二道防线、三道防线的其他系统：这里主要指企业内部泛风控领域的其他系统，例如三道防线的审计系统、监察系统；二道防线的法务系统、质量管控系统等。一方面，风险管理及内部控制系统将动态的风控信息向这些系统进行传递，落实以风险为导向开展工作的基本思路和策略；另一方面，通过这些系统信息的反馈，收集汇总风险信息，形成全面动态的风险管理联防联控系统集。

(3) 业务承载系统：这里指支撑企业方方面面业务的信息系统，包括销售、采购、研发、供应链、财务、人力资源等应用系统。我们在之前的章节中一再强调，风险管理和内部控制系统与业务承载系统集成的必要性和重要性。风控业务的自动化、智能化场景包括风险预警、内部控制持续性监控、风险应对自动化等都有赖于风险管理和控制系统与业务承载系统的集成。

综上所述，风险管理和内部控制系统与其他系统集成能力、系统开放性是非常重要的。可以通过图 13－3，参考以上三类系统和风险管理及内部系统的总体架构设计和信息互动逻辑。

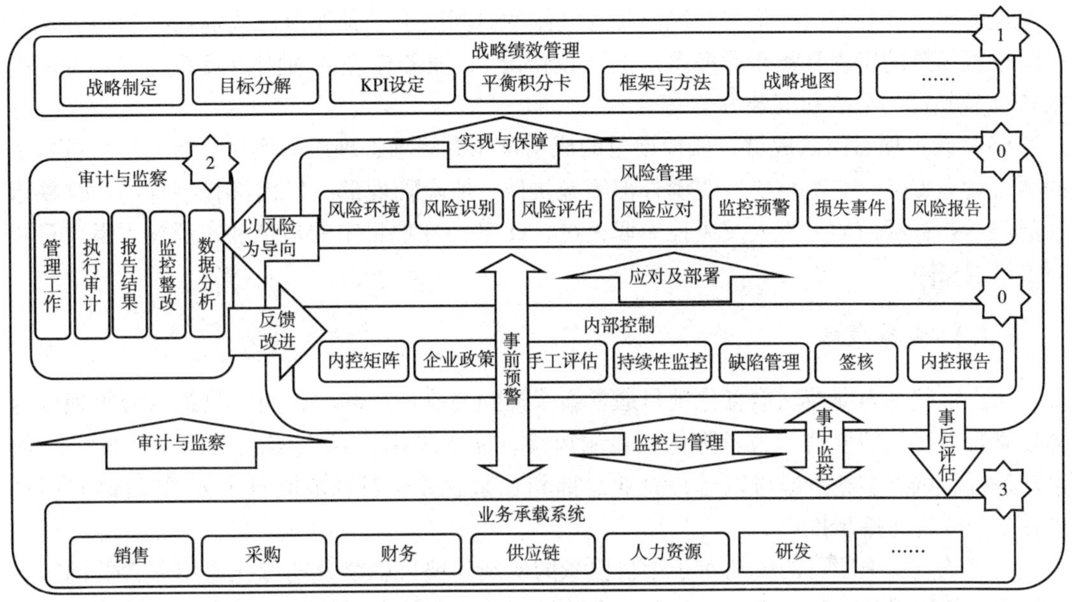

图 13－3　系统架构设计

三、系统建设策略

(一) 项目实施的类型

比较典型的风险管理及内部控制系统实施项目主要有两类：

(1) 企业风险管理及内部控制业务体系已经构建，已常态化地开展业务。但目前缺失数字化手段支持，或使用简单的办公软件或 OA 系统管理日常工作，期望构建风险管理及内部控制专业系统，提升工作效率和效益。这类项目主要关注信息化系统的落地。

(2) 企业风险管理及内部控制业务尚处在摸索和优化的过程中，期望通过项目实施作为契机，一方面实现业务通过专业信息系统在线化；另一方面借助外部咨询公司的力量，优化体系、流程和内容，典型的咨询内容包括风险库、内部控制矩阵梳理和优化；风险预警指标库、内控监控库梳理；业务流程和岗位职能优化等。这类项目需要兼顾信息化系统落地和咨询服务两类工作，企业将两类工作纳入一个项目的重要考量是希望咨询服务的成果能够顺利地通过信息系统落地进行承接和固化，需要综合考量实施合作伙伴的咨询和信息化落地能力。

（二）项目评估

为了确保项目建设成果，在实施项目前，应该做好全面的项目的评估工作，包括：

（1）明确项目目标：明确项目的愿景和项目成功的验收标准。通常，风险管控信息化项目不是一蹴而就的，分期建设逐步推进的方式比较常见。在项目开始前明确项目的愿景和分期项目目标是非常重要的，包括本期项目建设的组织范围、系统范围以及功能范围等。

（2）确定可行的项目的时间周期：分析影响和制约项目上线时间节点的因素，包括法律法规的要求；外部内控报告和风险报告披露的时间要求；其他项目或资源的制约（例如风险预警场景的实现有赖于业务系统的建设情况）；业务梳理的时间以及系统技术方面的准备（软硬件的采购和安装等）等。

（3）确定项目团队成员：风控项目的成功首先有赖于管理层的支持，有高层人员构成的项目管理委员会非常重要；明确外部实施伙伴、风险管理部门、内部控制部门、合规审计部门、业务部门的负责人及风控专职人员、IT 部门在项目中的角色和资源投入是项目顺利推进的保障。

（三）实施策略

风险管理和内部控制信息化项目通常会牵扯到企业各个部门，而不只是风险管理或内部控制管理部门的事情。为了降低项目的风险，通常采用“试点实施”结合“推广”的策略进行。试点实施阶段可以选择企业总部和几家业务相对规范的分子公司或部门进行，后在全企业进行逐步推广。

一期试点实施项目的成功对于项目愿景的实现和项目后续分期深化应用非常关键。能够使项目价值得到认可，破除内部分歧和障碍，保障后续资源的投入，为后续成功打下坚实的基础。因而要把握好一期项目的范围。

（1）系统范围：先上风险管理系统还是先上内部控制系统还是同期部署？没有标准答案，需要综合考虑企业自身业务成熟度、优先程度及资源制约情况。

（2）业务范围：在一期项目中通常会将体系框架固化下来，可以结合项目周期，评估和识别哪些业务环节，哪些系统功能需要一期实现，哪些高阶功能可以考虑在后续项目阶段扩展和优化。

（3）风险预警与内控持续性监控范围：通常，在这方面实施的场景多少很大程度上影响项目实施的周期。建议在一期项目中，聚焦重点的风险领域，数据质量较高的业务场景和流程作为起点。例如某企业在一期项目中抓住“采购”和“销售”两大业务中的核心风控场景进行模型实现，在后续项目深化应用时不断扩大自动化智能化风控场景应用的广度和深度。

（四）项目执行

通常项目开展会分为几个阶段，从项目评估、项目准备、蓝图设计、系统实现、上线切换及上线后运行维护等。保证每个阶段合理的任务分配、科学的时间计划、人员的充分投入、阶段成果或交付物的及时验收对项目成功非常关键。在项目开展过程中应该建立有效的沟通和项目治理机制，包括定期项目会议；问题及争议解决流程；需求变更流程等。

第三节　系统功能与管理工具方法的实现

一、风险管理信息系统的基本功能

（一）夯实风险计划基础环节

建立风险管理环境是企业全面风险管理的基础环节，通过风险管理环境，企业能够建立其风险管理工作的基础架构体系。风险管理信息系统可以帮助企业建立其在风险管理工作中所需参与的多层级组织结构体系、人员体系，各层级战略与业务目标，各级部门的风险偏好、风险容忍度（风险阈值）、风险管理的目标、风险相关的业务活动（包括业务流程，项目活动等风险载体），以及整个企业在风险管理过程中对于风险及风险响应的多层级分类信息。企业可以按照自身的实际情况进行风险类别的设定，实现风险分级分类管理。在不同的风险类别下，可以创建风险模板，后续风险点识别过程可以利用风险模板进行创建。体系上支持企业自上而下指引下属单位统一和一致地开展风险工作；同时提供自下而上全员参与的风险识别、风险建议与事故事件报告等功能，帮助企业顺利地从基层单位收集风险信息，第一时间掌握风险事故事件，加强企业全员参与的风险管理文化（见图 13－4）。

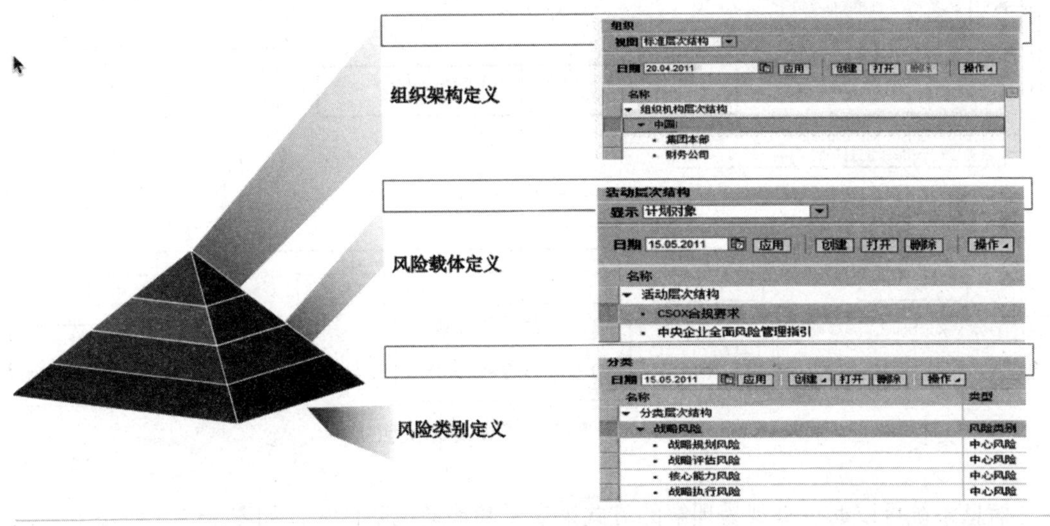

图 13－4　构建风险环境

（二）完整的风险管理智库

风险智库是企业全面风险管理体系建设的重要环节，也是反映企业业务经营活动中所可能面临的风险点清单。财政部发布的《管理会计应用指引第700号——风险管理》第三章第十二条中也明确支持，企业应该根据风险形成机制，识别可能影响风险管理目标实现的内外部风险因素和风险事项。通过在信息系统中将企业所面临的所有风险点在同一个智库中进行维护，企业管理层可以对所有风险所评估的结果进行分析、排序，可以将所有的风险点在风险热图中进行展示，也可以按照不同的风险类别、不同的组织单位和业务部门进行查询、对比。同时，能够支持自下而上对风险信息在公司层级汇总，对风险按照风险类别、组织单位以及业务活动进行信息聚集，例如测算某个部门总的损失和剩余风险残值情况。

典型的风险智库依照蝴蝶结模型（Bow - Tie）进行建立，每一个风险点在风险智库中均为一个蝴蝶结模型的数据结构存在，如图13-5所示。风险点（即具体的一个风险）是蝴蝶结的中心，描述了企业某个业务流程或某项经营活动中所面临的单项风险。驱动因素即风险点的成因位于蝴蝶结的左侧，而右侧是风险点的各个影响维度即风险点发生之后给企业带来的各方面的影响。每个风险点均隶属于某一个风险大类或风险小类，并可以和企业的某个组织单位、业务流程或者某些经营活动相关联。

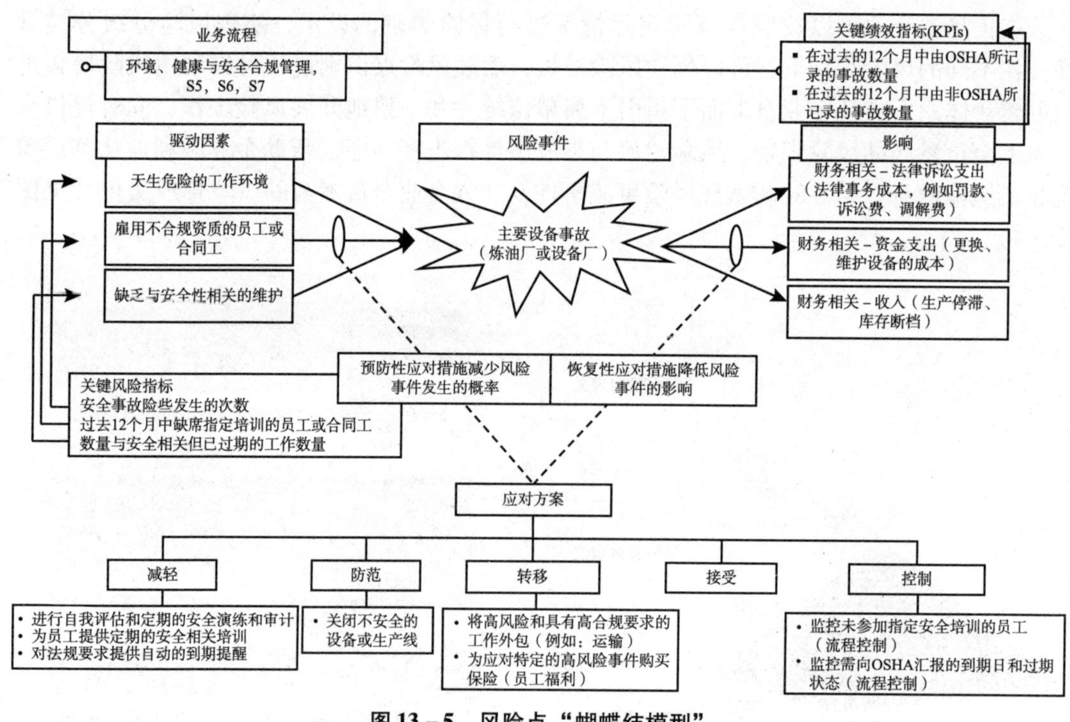

图13-5 风险点“蝴蝶结模型”

信息系统可以通过直观易理解的方式来展示和沟通风险信息，如图13-6所示。

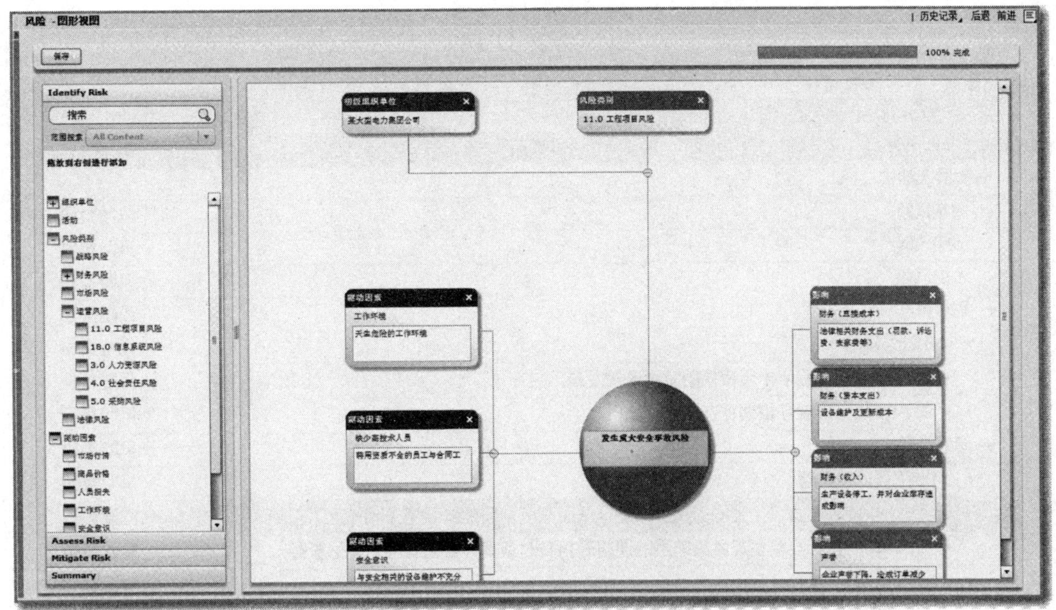

图 13－6　“可视化蝴蝶结模型”

1. 风险分类

风险分类是风险管理工作中所需要关注的基础数据，企业可以按照自身的实际情况对风险进行大类和子类的管理。例如参照《中央企业风险管理指引》第三条，企业风险一般可以分为战略风险、财务风险、市场风险、运营风险、法律风险等大类。在大类目下可以继续管理二级或三级子类。在风险分类的叶子节点可以定义风险模板，后续在风险点的创建过程中可以利用风险模板进行创建。风险模板的利用体现了企业风险管理工作自上而下的指引性过程，是企业风险管理全面开展的重要手段（见图 13－7）。

2. 驱动因素（风险动因）

在蝴蝶结模型的左侧，是该风险的驱动因素（也称为动因）。在风险识别过程中针对每一个风险点，我们都要定义其启动因素，也就是可能导致该风险的所有因素，可以包含一个或多个因素。例如图 13－5 中左侧是该风险点的成因，该风险点有可能是因为风险的工作环境所造成，也有可能是因为操作人员培训工作不到位而发生。

风险成因的识别对于后续通过关键风险指标进行风险预警来说，是非常重要的。例如表征工作环境危险程度的关键风险指标可以是企业在安健环（EHS）系统中对工作场所危害程度的评估，而员工资质不到位则可以通过企业人力资源系统中记录的员工所参加的培训项目作为关键风险指标的衡量依据。

3. 风险的影响

蝴蝶结模型的右侧是风险影响维度。风险影响是指该风险点真正发生以后，对企业带来的各方面的影响。通常情况下，风险影响维度有财务上的，也可以有其他类别，例如企业声誉的影响等。对风险点进行评估时，对各类影响的评估是非常重要的方面。每个风险点的影响维度也可以由企业自行定义，没有数量限制。

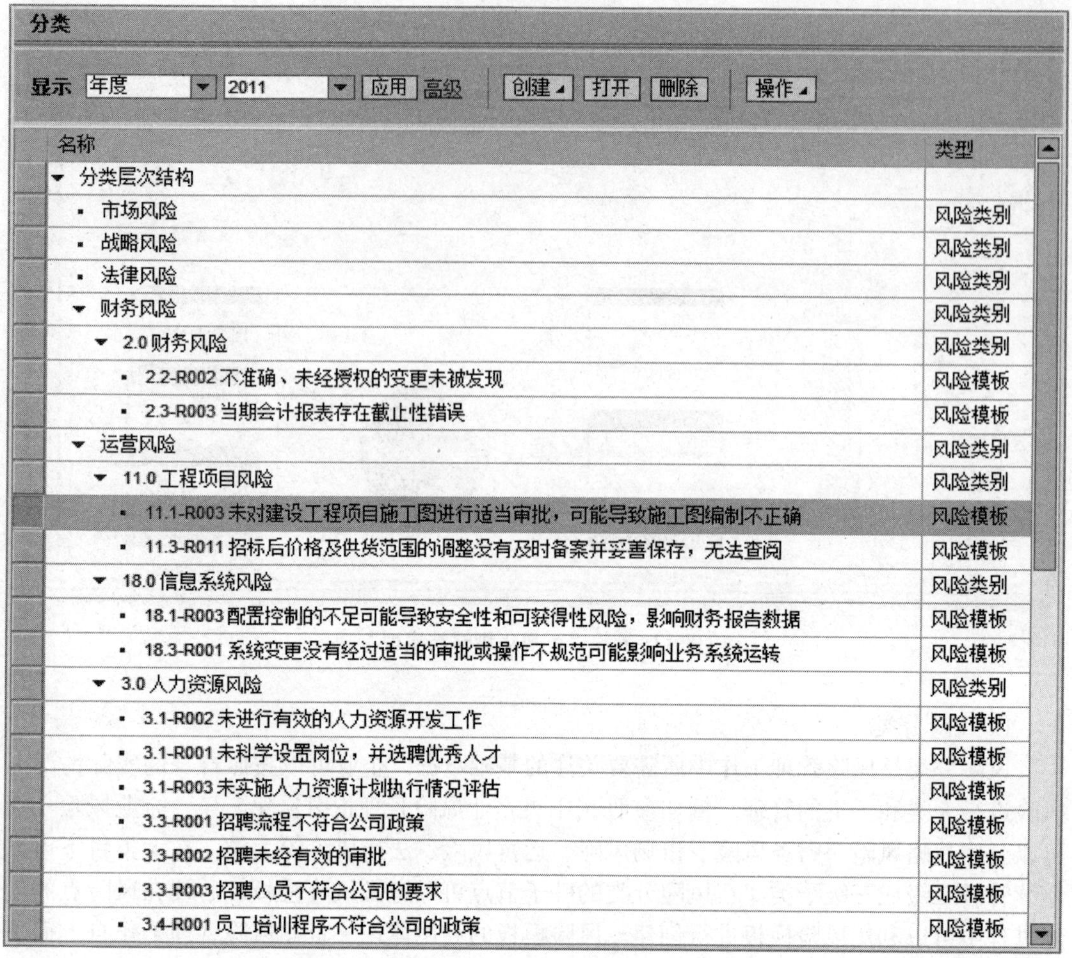

分类

显示 年度 2011 应用 高级 创建 打开 删除 操作

名称	类型
▼ 分类层次结构	
▪ 市场风险	风险类别
▪ 战略风险	风险类别
▪ 法律风险	风险类别
▼ 财务风险	风险类别
▼ 2.0 财务风险	风险类别
▪ 2.2-R002 不准确、未经授权的变更未被发现	风险模板
▪ 2.3-R003 当期会计报表存在截止性错误	风险模板
▼ 运营风险	风险类别
▼ 11.0 工程项目风险	风险类别
▪ 11.1-R003 未对建设工程项目施工图进行适当审批，可能导致施工图编制不正确	风险模板
▪ 11.3-R011 招标后价格及供货范围的调整没有及时备案并妥善保存，无法查阅	风险模板
▼ 18.0 信息系统风险	风险类别
▪ 18.1-R003 配置控制的不足可能导致安全性和可获得性风险，影响财务报告数据	风险模板
▪ 18.3-R001 系统变更没有经过适当的审批或操作不规范可能影响业务系统运转	风险模板
▼ 3.0 人力资源风险	风险类别
▪ 3.1-R002 未进行有效的人力资源开发工作	风险模板
▪ 3.1-R001 未科学设置岗位，并选聘优秀人才	风险模板
▪ 3.1-R003 未实施人力资源计划执行情况评估	风险模板
▪ 3.3-R001 招聘流程不符合公司政策	风险模板
▪ 3.3-R002 招聘未经有效的审批	风险模板
▪ 3.3-R003 招聘人员不符合公司的要求	风险模板
▪ 3.4-R001 员工培训程序不符合公司的政策	风险模板

图 13－7　风险类别及风险模板

4. 关键风险指标

关键风险指标是国资委 2012 年以来要求下属企业着力建设的内容。关键风险指标通常针对每个风险的驱动因素而建立，起到风险预警的作用。风险信息系统应支持对关键风险指标的模型和规则建立，与各业务应用系统集成以获取数据进行关键指标的数据的处理、阈值判断以及自动预警机制的设立。如图 13－8 所示，界面展示的是价格风险相关的关键风险指标，使用原油库存的动态市场价值设定阈值，预警价格风险的发生。

5. 关键绩效指标

企业所面临的风险如果发生，会对企业各方面造成不同程度的影响，也会影响企业绩效的达成。战略管理信息系统可以很好地将战略目标分解至工作任务，并为每一项工作任务建立品牌关键绩效指标（KPI）。与此同时，每一项工作任务有其执行过程中的风险点，这些风险点的风险等级和状态变化直接影响任务的达成，并由绩效指标的好与坏进行表征。

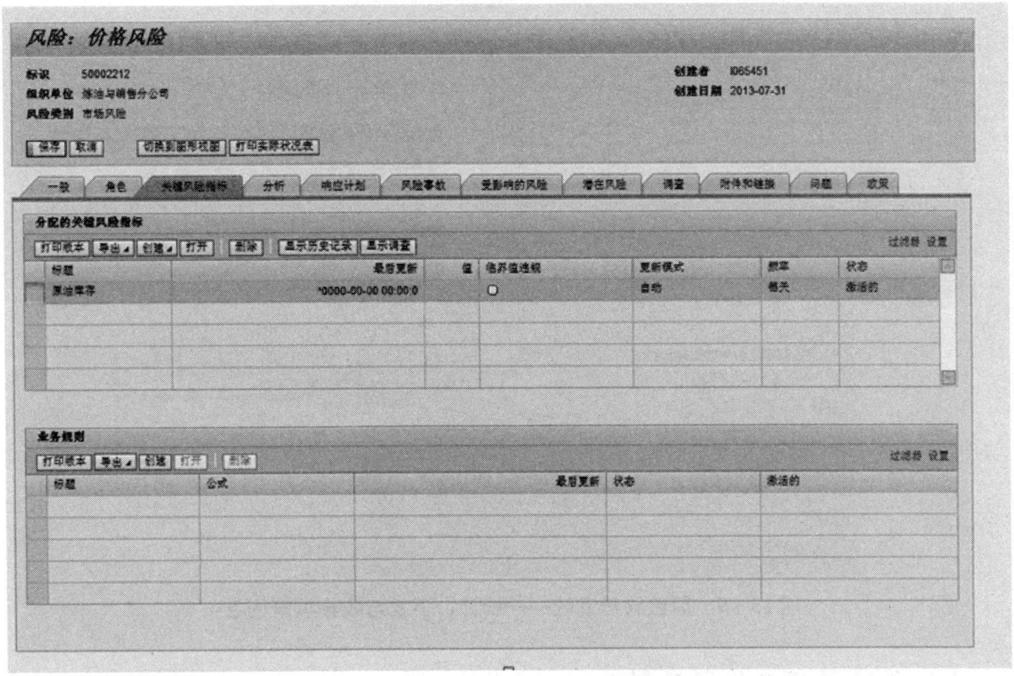

图 13－8　关键风险预警指标

6. 风险应对方案

风险应对是企业风险管理过程中非常重要的步骤。风险应对的手段有很多种，例如减轻、防范、转移、接受以及内部控制措施等。风险管理信息系统需要有效结合企业应用系统中的业务执行情况，对应对方案进行有效与否的判断，从而真正反映企业业务风险的实际情况。风险应对的完成度和效果能够动态影响风险的等级水平。我们将在本节第（六）部分展开风险应对功能的介绍。

7. 风险识别工具

风险识别可以有很多种方法，如现场调查法、检查表法、财务报表分析法以及事故树分析法等。这里介绍一种普遍采用的全员风险识别工具即风险调查问卷。风险管理系统能够帮助企业建立一整套集中管理的风险调查问卷库，用于进行全面的风险调查，为企业进行风险识别和风险分析奠定坚实的基础。由于风险管理部门不可能掌握各个业务环节中的风险，也不可能比业务部门更加了解业务现状，通过风险调查问卷这一手段，系统支持企业全员风险调查和信息收集的过程。通过设置固定的问题和问卷，收集各部门不同员工对于同一风险点的不同看法进行统一分析，形成各级公司完整的单位风险信息数据库。系统支持线上和线下的风险调查两种模式。线上风险调查问卷通过工作流形式驱动，最终用户登录风险管理系统完成调查。线下风险调查问卷与企业的电子邮件系统相集成，通过互动表单的自动发放和自动回收完成企业全员参与进行风险识别的过程。互动表单所支持的线下填写模式，参与人员无须进入风险管理模块即可完成对风险调查问卷的填写工作。通过回复相应的调查电子邮件，参与人员即可上交填写完成的调查问卷，极为方便易用。系统功能支持对自动生成的风险数据库随时进行更新。通过建立命名规范，形成命名统一的风险信息，系统会自动生成唯一的技术标识信息（见图 13－9）。

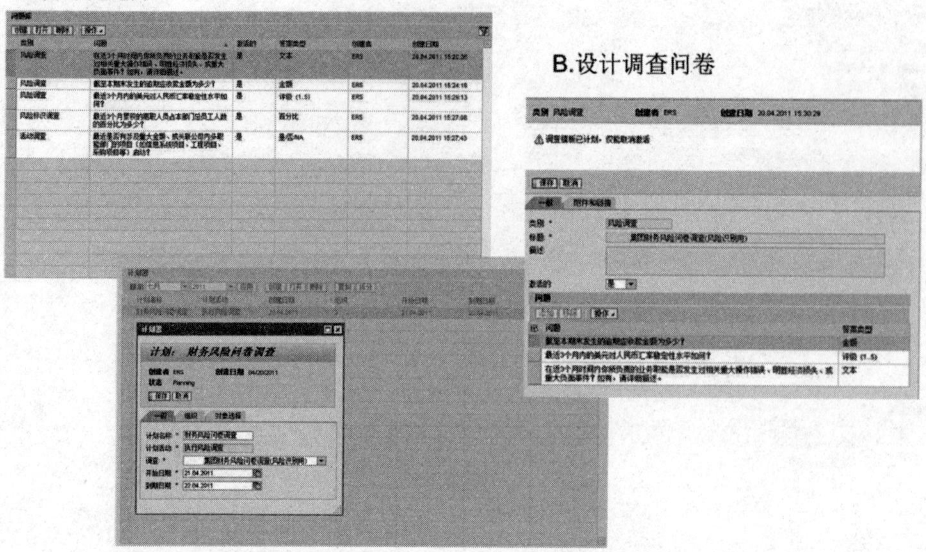

图 13－9　风险管理系统——设计、下发与收集调查问卷

（三）风险管理工作到岗到人

企业风险管理需要明确工作任务责任人，需要落实到相应的职能部门、业务部门以及相应的管理人员，要达到企业风险管理工作具体化和常态化。一般企业在执行全面风险管理工作之前，都会建立风险管理工作的牵头职能部门。有的叫风险管理部，有的风控合规部下设主导机构等。不管具体部门的名称，企业风险管理必须明确主管部门。根据国资委风险管理三道防线的要求，业务部门是风险管理工作的第一道防线，也是风险管理工作的最前沿部门。因此，每一个业务部门都应该安排与全面风险管理工作相关的主要负责人，该责任人负责本业务部门风险管理工作的协同和执行工作，包括风险评估、风险应对计划的制订和执行等工作任务。

为了确保企业风险管理工作的有效执行，风险库中的每一个风险点都应该明确负责人，负责该风险点的风险评估、风险应对计划的制订以及后续的进展跟踪等。一般来说，风险负责人可以来源于业务部门的风险负责人或者风险专职人员（见图 13－10）。

图 13－10　为风险点分配风险负责人

与风险相关的主要角色通常有如下几种：

1. 风险管理组织级别相关人员角色

（1）组织风险管理者：主要是该业务部门中相应的风险管理负责人，统筹负责该部门所有的风险管理工作事宜，管理风险负责人资源和监督风险工作落实情况。

（2）组织机构所有者：主要是该业务部门的部门负责人或部门经理。部门负责人在风险管理工作中可以起到协调作用，也包括对该部门所有风险建议的审核和审批工作。

（3）事故编辑人：主要负责该部门中填写和提报具体的风险事故事件，这些风险事故事件将会通过系统工作流提交至组织机构所有者进行审批和复核。

2. 具体风险点的相关角色

（1）风险评估人员（风险专家）：在执行多人协同性风险评估的过程中，先由风险专家一到多名进行风险评估，然后由风险所有人或汇总人根据各个不同风险专家的评估权重确定风险最后的等级。

（2）风险点汇总人：风险评估信息的汇总与确定。

（3）风险点负责人：负责该风险点的风险评估、风险应对计划的制订以及后续的进展跟踪。

当然，由于企业在风险管理工作中实际的岗位设定颗粒度和职责分配情况不尽相同，因此风险管理系统的管理人员可以根据实际情况创建符合自身风险管理业务需求的岗位，并明确岗位的具体职能和任务划分。将这些岗位通过工作流程的系统配置应用到风险的业务环节和具体任务当中去。

（四）灵活的风险评估流程

风险评估环节是企业运行全面风险管理过程中最重要的环节。通过风险评估，企业可以对其所面临的风险点进行定性和定量的排序，从而整理出本企业所面临风险的风险热图，借此确定其风险应对资源投放的优先级。风险管理模信息系统帮助企业从各种不同的维度对风险进行定性和定量的分析，同时也为企业提供多种风险量化分析工具和模型（见图 13 - 11）。

1. 风险评估的维度

（1）风险发生的可能性：风险评估过程中一个常用的维度。可以采用定性的方式进行评估，评估等级可以根据企业的实际情况进行设定，通常为 5 级。风险打分也是一种常见的风险等级评定方式，打分等级可以按企业实际情况设定，如 1 ~ 10 分或 1 ~ 5 分来衡量风险发生的可能性。另外，也可以通过定量的方式进行评估，例如每个风险发生的可能性通过定义一个百分比数字的形式来进行表征，在风险容易量化的情况下，亦可以通过风险预警指标的结果折算可能性百分比。

（2）各风险影响维度给企业带来的影响：每个风险的影响等级均由多个不同的风险影响维度组合而成。风险发生的影响是多方面的，包括财务的影响、声誉的影响、法律诉讼层面的影响等，这些都可以根据企业业务实际情况进行定义。每个风险影响维度如何量化，例如财务影响可以通过金额的多少进行衡量，法律诉讼层面的影响可以通过诉讼费用来衡量，这种情况下可以进行定量的评估。也有一些风险影响维度只能通过定性的方式进行衡量，例如声誉的影响。风险管理信息系统可以支持多维度混合型评估的方式，每个影

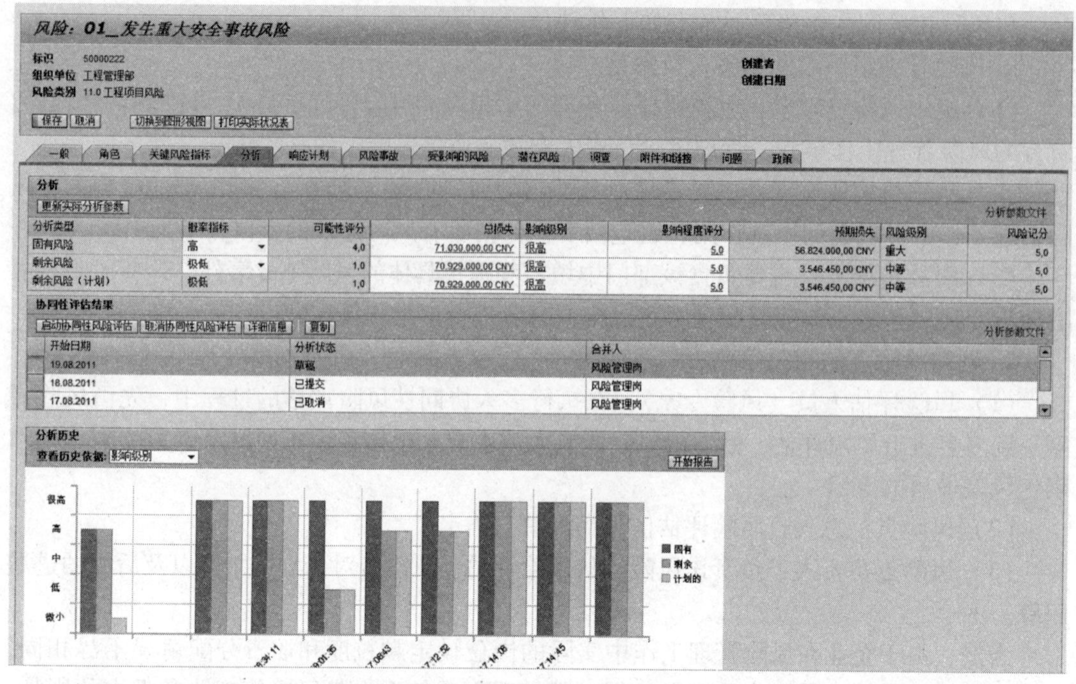

图 13－11　风险管理系统风险评估示例

响维度可以使用不同的评估方法，而最终的综合影响则可以通过多种不同的方式进行汇总，如评级，最大值或总和的方式。同时，系统可以支持定量分析的三点分析方法，即用户可以通过评估风险发生的最小损失、最大损失及平均损失金额这三项维度，并由系统根据所配置的权重比例最终确定风险影响的金额大小。最后，风险评估人员也可以对最终的风险影响评定等级进行手工更新，以满足有些企业对最终手工更新评估等级的业务需求。

（3）始现速度：即风险发生的快慢。该评估维度主要表征风险点发生时间的远近，有的企业会比较看重时间维度的分析。其基本逻辑是近期内会发生的风险点启发式可能性被认为是比较高的，而远期风险则发生的可能性比较低。风险发生始现速度在风险评估过程中最终会被换算到风险发生的概率指标中。另外，也有一些企业会采用风险暴露频率这一维度参与风险评估分析，例如现场工人动火动电的频率很高，则表征现场生产事故发生的可能性就更大。

2. 风险评估的类别

风险评估工作通常意义上包括针对该风险的固有风险和剩余风险进行评估。

（1）固有风险：指企业在没有任何风险控制和应对措施的情况下，风险点所具有的发生概率及其发生后所造成的影响程度。

（2）剩余风险：固有风险去除控制措施或应对措施的效果后，即形成了剩余风险（风险残值），风险管理信息系统可以通过应对措施的进度与效果来自动更新剩余风险。

（3）计划的剩余风险：即代表剩余风险的理想值，也就是说所有风险应对措施按计划执行有效的情况下，该风险的剩余残值。

3. 风险评估的方法

（1）风险评估：主要由风险负责人单独对其负责的风险点进行评估的方式。这种评估方式的结果主观判断的意味较重。单人风险评估可以由负责人直接针对风险点输入本次评估结果。也可以由定期发起的风险评估工作流触发这一工作。

（2）多人协同风险评估：多个风险评估人员可同时对同一风险进行评估打分，并由风险管理者设定每个不同评估人员（风险专家）的打分权重情况，从而由系统根据风险评分汇总的计算逻辑得到最合理的风险评分汇总结果。这种风险评估的风险结果较为客观，更能如实反映风险危害性的实际情况（见图 13－12 和图 13－13）。

协同性风险评估

分析

视图: 表格　　分析参数文件

		固有风险				
评估者	状态	概率指标	始现速度	影响级别	风险级别	重量
风险专家2	已提交	可能	短	适中	中	1.0000
风险专家1	已提交	很可能	中	重大	高	1.0000
全部	已提交	很可能	中	重大	高	

关闭

图 13－12　协同性风险评估

协同性风险评估结果可通过 MARCI 图的形式进行展现。

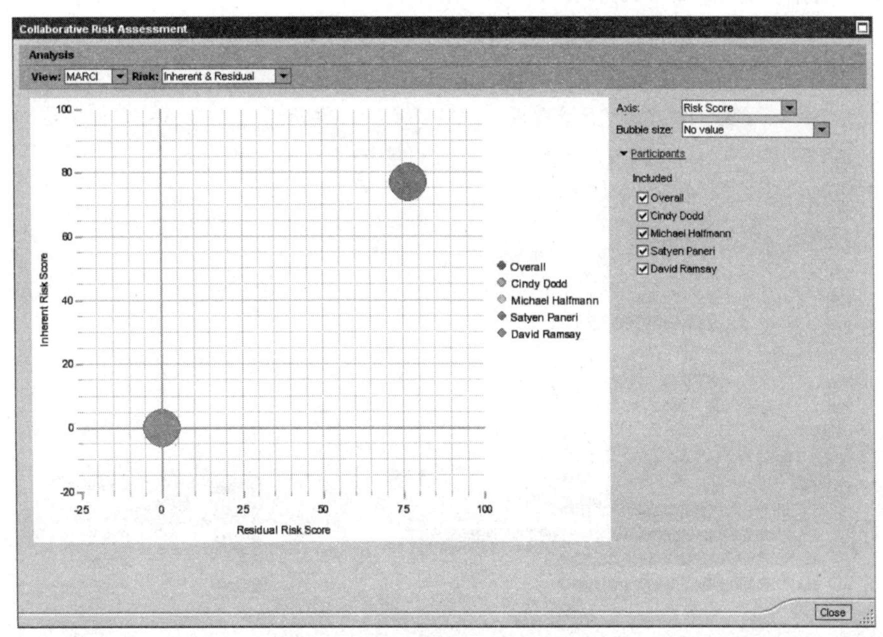

图 13－13　协同性风险评估结果展示

（3）通过调查问卷进行风险评估：系统支持通过调查问卷的方式进行风险评估。业务用户通过调查问卷的方式对各风险调查问题进行打分，打分结果通过一定的数学计算更新至风险评估结果中，这样做的好处是业务人员无须掌对握复杂的风险专业知识，通过轻量级的反馈方式，真正做到风险评估全员参与。一份风险评估调查问卷由多个调查问题组成。每个调查问题的答案类型可以有多种选择，除了最常用的“是与否”“文本”“选择题”以外，还包含了“直接评级”“百分比”“金额”等。同时，调查问题的回答还可以直接是评估风险的“概率等级”“影响等级”“始现速度等级”等，并可以直接更新风险评估中的概率等级、影响等级以及始现速度的结果。与此同时，可以针对调查问卷中的回答指定其所代表的分数，如图 13 – 14 所示。调查问卷中所回答的结果转换成具体的评分之后，可以通过计算公式将评分直接更新至风险评估的各个维度，作为风险评估的结果进行展现。计算公式可实现各问题的评分之间加减乘除等逻辑运算，也可以使用系统提供的“规则编辑器”实现更加复杂的逻辑运算，如图 13 – 15 所示。另外问题直接可以设定勾稽关系，例如问题一的答案结论决定了后续需要回答哪些问题，可以实现更复杂的逻辑。

（4）量化模型风险评估：风险管理系统通常会提供一些量化模型分析工具。例如蒙特卡洛量化风险模拟分析模型，通过设置各风险影响维度的数学分布模型来进行大量的风险事件模拟，得到精确的风险发生影响程度量化指标，为企业管理层的风险量化分析提供有效的数据。蒙特卡洛量化分析方法主要是针对风险点的各个影响维度通过数学统计理论进行模拟，支持的数学分布模型包括连续分布、正态分布、离散分布、正态对数分布等 4 种类型。在设定各影响维度的数学分布情况以后，可以通过大量的举例（穷举法）对风险发生的情况进行模拟，并由系统统计出风险发生的平均影响值和最差影响值，为风险评估人员提供参考依据。如图 13 – 16 和图 13 – 17 所示。

调查

安全风险调查问卷（基于调查打分）

类别 风险调查　创建者 Benny Ren　创建日期 2011-08-14 11:53:06

保存 取消

一般 评估 附件和链接

类别：* 风险调查

标题：* 安全风险调查问卷（基于调查打分）

描述：安全风险调查问卷（基于调查打分）

评估：基于调查的风险评估

激活：是

问题

添加 移除 打开 操作

问题	答案类型	设置评分
您认为公司对员工的生产安全培训是否充足？	是/否/NA	设置评分
您认为公司是否采取有效的措施降低公司车间内工作环境的危险系数？	是/否/NA	设置评分
您认为公司所采取的的安全措施有效程度如何？	选择	设置评分
您认为公司是否定期对设备的安全进行维护？	是/否/NA	设置评分

图 13 – 14　基于调查的风险评估调查问卷

调查

安全风险调查问卷（基于调查打分）

类别 风险调查　　创建者 Benny Ren　　创建日期 2011-08-14 11:53:06

保存　取消

一般　评估　附件和链接

问题编号	问题
Q001	您认为公司对员工的生产安全培训是否充足？
Q002	您认为公司是否采取有效的措施降低公司车间内工作环境的危险系数？
Q003	您认为公司所采取的的安全措施有效程度如何？
Q004	您认为公司是否定期对设备的安全进行维护？

检查语法　/　*　-　+　最大值　MIN　(　)　规则编辑器

分析属性	公式
概率	
始现速度	
财务（收入）	
财务（获利）	
声誉	
法律/法规	
客户满意度	
财务（直接成本）	
财务（资本支出）	

图 13－15　风险评估调查问卷计算逻辑

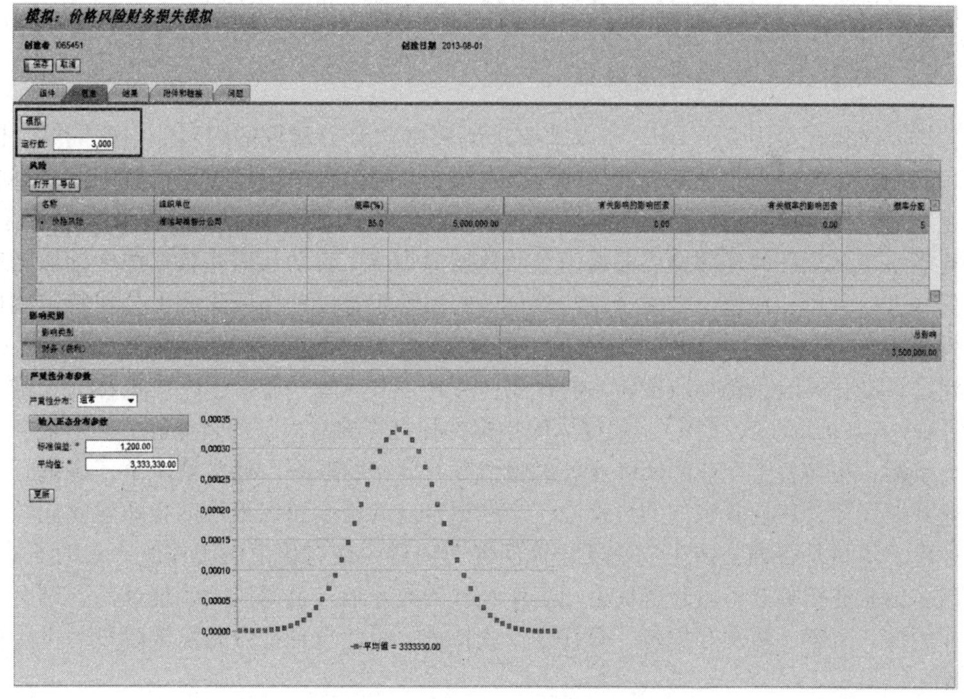

图 13－16　蒙特卡洛量化风险评估 I

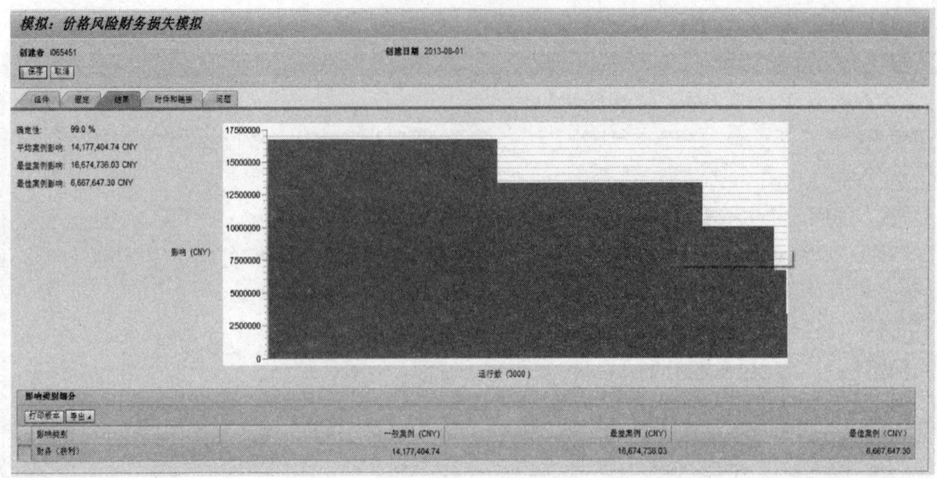

图 13－17　蒙特卡洛量化风险评估 Ⅱ

（5）风险评估结果叠加与抵消：风险管理系统支持各种模拟（What If）情景分析，通过创建模拟分析场景，模拟实际业务当中涉及多个部门的多个风险变化情况，分析风险之间的叠加与抵消效应，增强面对实际复杂环境中多种风险并发的处理与应对能力。在实际的风险管理过程中，风险的叠加和抵消是经常会碰到的情况。对于企业来说，两个风险同时发生的情况有时候比两个风险单独发生的情况的总和还更糟糕，而且一个风险的发生还可能会引发另外一个风险同时发生。在风险管理系统中，可通过风险层级的设定及风险影响因子的设定等功能模拟风险评估结果的叠加和抵消。

（五）自动化风险预警与监控

关键风险指标是国资委 2012 年以来要求下属企业着力建设的内容。与此同时，随着企业数字化转型的深入，在基础数据的层面上为企业风险预警与监控工作打下了良好的基础。企业通过关键风险指标能够将风险管理系统与其所拥有的 ERP 系统、数据仓库系统、商务智能系统乃至任何外部提供数据信息的数据源集成，自动从这些数据源中抽取相应所需的信息进行分析、比较，方便企业监控全面的风险组合，并在风险超出公司特定阈值时立即发出警告。

建立自动化风险预警与监控体系的首要任务是建立风险预警指标库（也称为关键风险指标，key risk indicator，KRI）。关键风险指标的梳理需要有大量的行业经验和对业务特点的深入了解，也与各个企业的实际业务经验情况有紧密的联系。通常情况下，咨询公司在给企业开展风险管理业务咨询的过程中，会根据自身的经验和积累帮助企业建立起关键风险指标库，这也是咨询公司在企业风险管理咨询项目中最有价值的工作之一。时至今日，越来越多的企业招募具备风险咨询公司工作经验的人才加入公司风险管理部门，结合对自身企业的深入了解，梳理和构建一套符合行业特色、企业自身特点和发展阶段的风险预警指标库。

需要注意的是，风险预警和监控是手段不是目的。当自动分析发现风险苗头时，系统应该具备自动化触发后续流程的预警追查机制，包括触发风险点的重新评估与再诊断、风险应对措施复核流程以及通过邮件和手机信息及时向相关方进行通告。

如图 13－18 和图 13－19 所示，关键风险指标执行技术实施后，可以与相应的风险点进行关联，形成关键风险指标实例，可以设定监控频率以及数据时帧等信息。

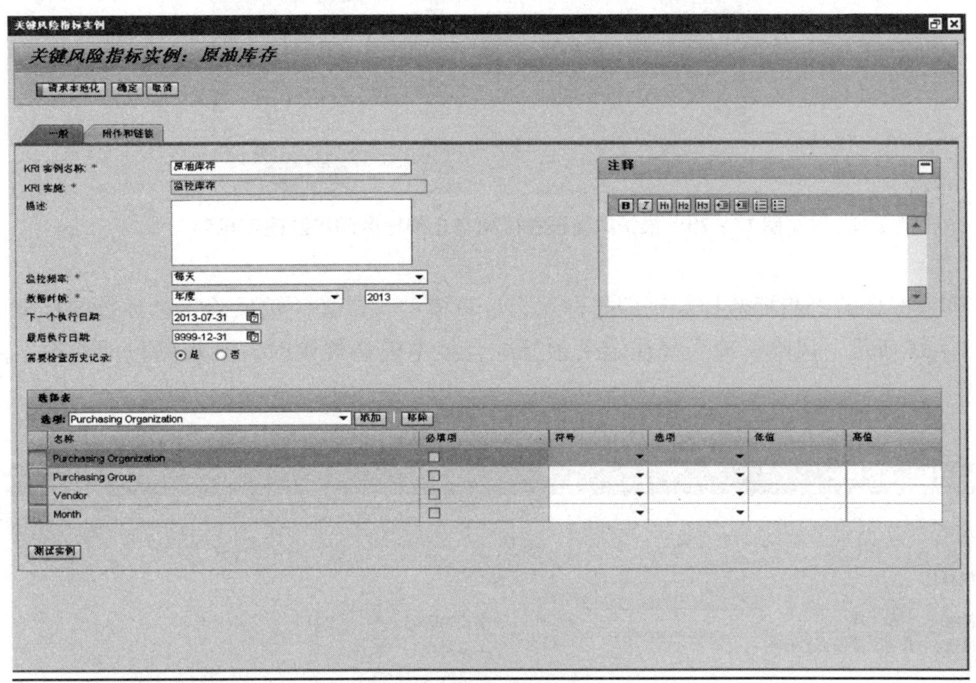

图 13－18　关键风险指标实例化

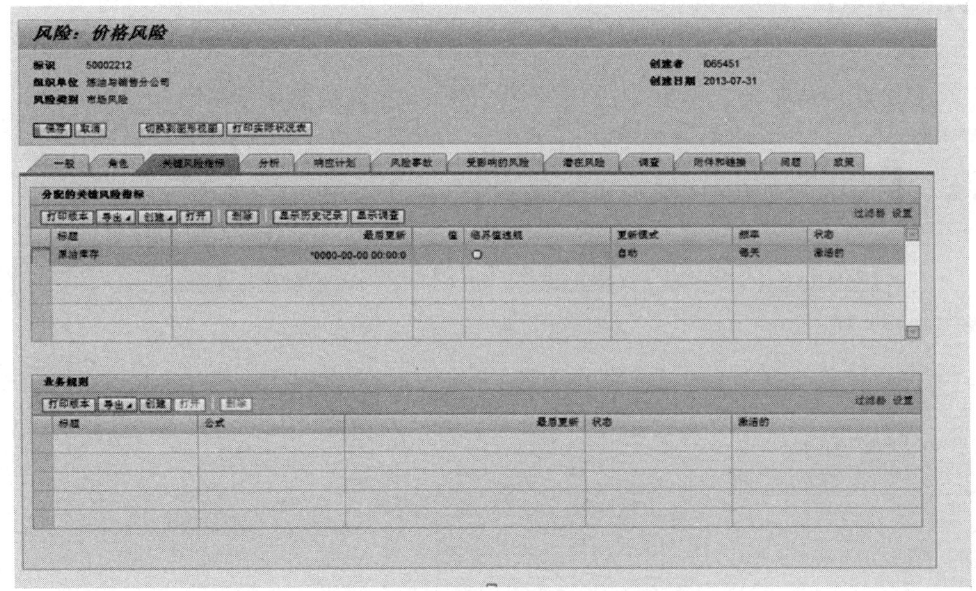

图 13－19　关键风险指标实例与风险点关联

我们通过维护关键风险指标的临界值以及业务规则用以触发实时监控的报警。如图 13－20 所示，用户可以维护预警区间与止损值区间以及相应的警示灯，如“黄灯”“红灯”等。

维护关键风险指标临界值
优选值范围: 下限值
临界值 | 下限值 | 上限值 | 发送通知 | 触发评估 | 标记风险
绿灯 - ∞ 60,000.000
黄灯 60,000.001 75,000.000
红灯 75,000.001 + ∞
确定 取消

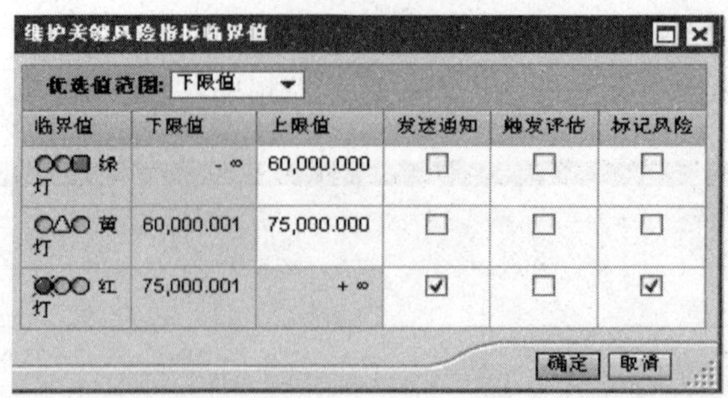

图 13-20 维护风险预警区间与止损值区间以及追查机制

通过配置关键指标监控规则即指标综合计算模型，定义关键风险指标预警的标准。如图 13-21 所示，风险管理系统在定义预警综合技术模型规则时，其规则包括两种不同的类型。

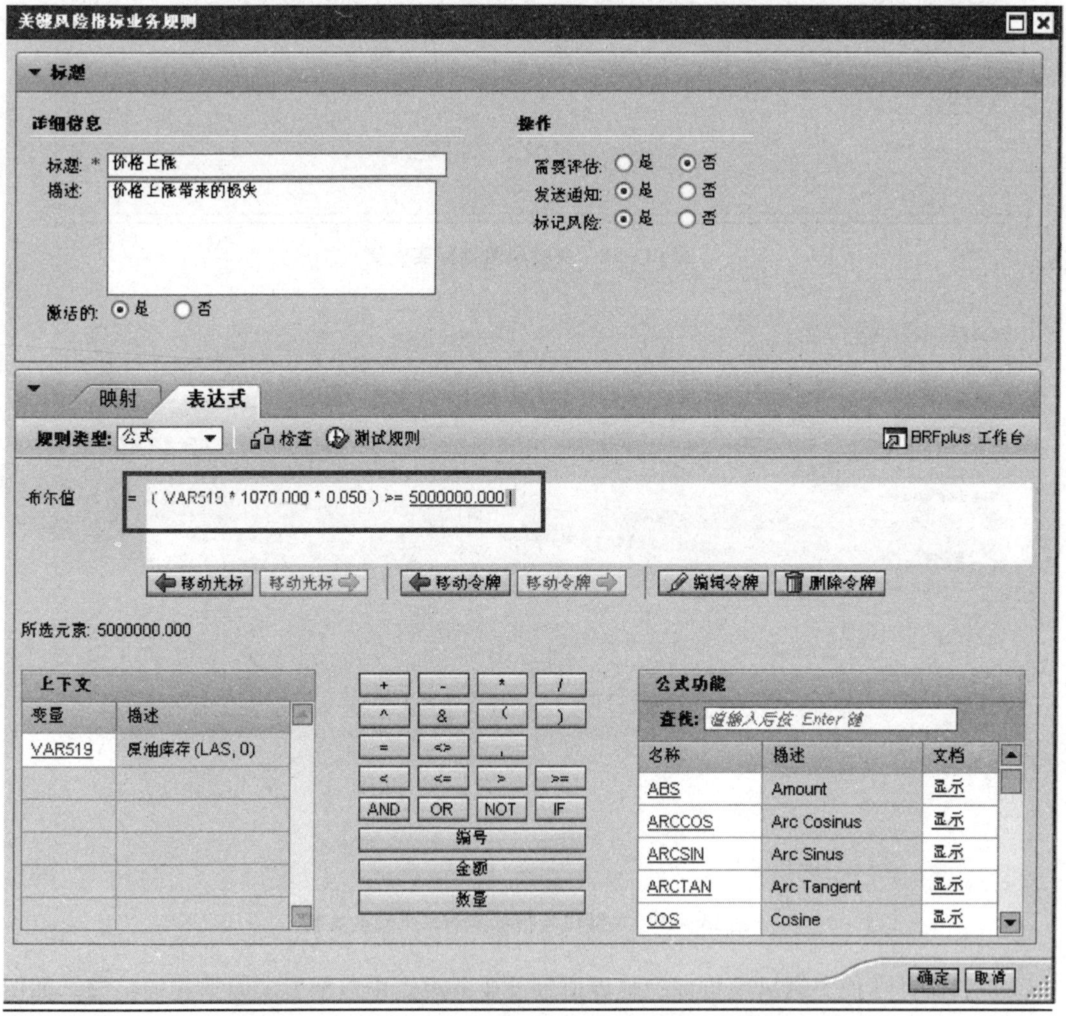

关键风险指标业务规则
标题
详细信息
标题: * 价格上涨
描述: 价格上涨带来的损失
激活的: 是 否
操作
需要评估: 是 否
发送通知: 是 否
标记风险: 是 否
映射 表达式
规则类型: 公式
检查 测试规则
BRFplus 工作台
布尔值
= (VAR519 * 1070.000 * 0.050) >= 5000000.000
移动光标 移动光标 移动令牌 移动令牌 编辑令牌 删除令牌
所选元素: 5000000.000
上下文
变量 描述
VAR519 原油库存 (LAS, 0)
+ - * /
^ & ( )
= <> ,
< <= > >=
AND OR NOT IF
编号
金额
数量
公式功能
查找: 请输入后按 Enter 键
名称 描述 文档
ABS Amount 显示
ARCCOS Arc Cosinus 显示
ARCSIN Arc Sinus 显示
ARCTAN Arc Tangent 显示
COS Cosine 显示
确定 取消

图 13-21 配置关键指标监控规则即指标综合计算模型

（1）公式类型：用户可以设置加、减、乘、除运算，同时也可以运用布尔表达式或者IF这样的简单编程逻辑语句，通过配置而不是代码编程实现复杂的运算逻辑。预警规则中，还可以通过大量数学函数的运用甚至于运用业务规则技术引擎来定义更加复杂的逻辑运算。

（2）决策表类型：用户可以通过制定决策表，穷举与该预警规则相关的所有关键风险指标实例的全部组合，并为每一种组合设置一个布尔类型的结果值，True代表触发风险预警，False代表没有预警。

预警追查：在完成风险监控预警后，会启动后续的风险预警跟踪整改的流程。风险预警触发后，用户可以重新对风险点进行风险分析，可以重新审视风险应对方案还是否有效，确定风险预警的具体原因，制定有针对性的处理方案。常见的3种具体的预警后操作包括。

（1）需要评估：通过工作流引擎触发针对相关风险的评估和风险应对复核流程。

（2）发送通知：通过工作流引擎激活风险预警的后续跟进流程，并通过电子邮件、手机短信（需要额外配置短信服务）等方式向风险负责人发送通知信息。

（3）标记风险：通过“雷电”标识标记该风险已经预警。用户在报表及单个风险界面可以查看到“雷电”标识信息。

除此之外，风险管理系统通过对风险点的发生概率、风险影响与关键风险指标相关联，提供关键风险指标驱动的风险评估。该关键风险指标通过从外部系统实时获取数据，并反映到风险点的发生概率与影响上，风险管理系统在关键风险指标值发生变化时自动完成风险分析。当业务系统还不具备数据源或数据还不够完备的情况下，系统还支持基于调查问卷的KRI预警模式，通过调查模式收集风险数据进行报警。

（六）风险应对效果的有效体现

风险应对是整个企业风险管理闭环中不可或缺的环节。根据风险蝴蝶结模型，风险应对有多种方式：包括减轻、防范、转移、接受和内部控制等。风险管理模块通过风险响应计划完成风险应对的过程，并通过与流程控制模块集成，使用企业内部控制作为运营风险应对手段，并根据内部控制测试结果自动更新风险应对效果和剩余风险（风险残值）。

（1）风险管理系统支持统一的风险应对预案库，帮助企业对其风险应对预案或风险应对措施进行统一化、平台化管理。风险应对预案能够在多个风险点之间共享使用。通过该功能支持企业提升风险应对的效率和效果，帮助企业构建企业风险和应对管理的最佳实践库。

（2）风险管理系统支持通过风险应对计划（应对预案）对风险点进行响应。每个风险应对计划均通过效能和完成度记录应对效果，并自动用于风险残值的计算。

（3）风险管理系统可以与内部控制系统集成，形成协同效应对风险，企业所面临风险点的80%～90%均为操作运营风险，而此类风险均通过企业内部控制体系进行有效的风险控制和风险应对。内部控制测试结果或自动化监控结果能够自动更新风险应对效果和剩余风险（风险残值），并在风险热图中进行集中展现和自动更新。形成风险管理与内部控制的联动体系。我们将在本章第二节详细介绍内部控制系统与风险管理系统的协同联动。

如图13－22所示，一般风险应对计划包括以下内容：

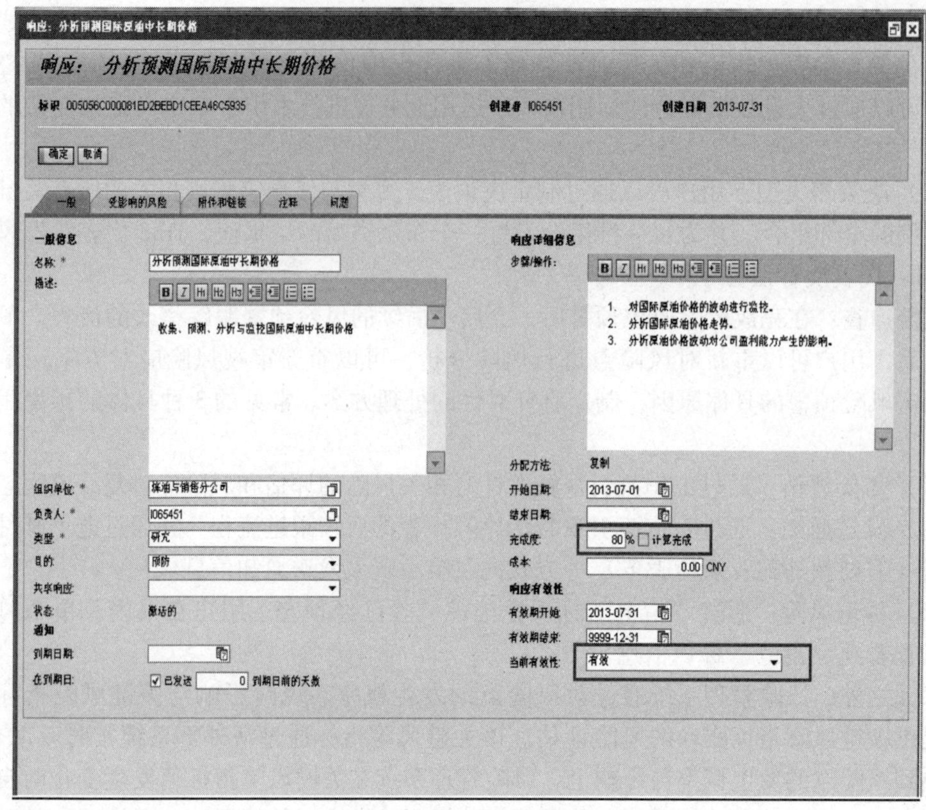

图 13－22　风险应对

（1）应对计划名称和应对计划的描述。

（2）应对计划负责部门。

（3）应对计划类型及目的。

（4）应对计划到期日期及到期提醒日期：在应对计划到期提醒日期时，风险管理系统可以通过电子邮件系统向应对计划负责人发送提醒。

（1）应对计划详细步骤及操作：记录风险负责人对风险应对方案的承诺和具体步骤。

（2）应对计划实际开始日期及结束日期：由应对计划负责人更新该应对计划的实际执行开始日期和实际执行结束日期。

（3）应对计划完成度及有效性：维护应对计划目前进展的情况以及效果。

（4）应对计划成本。

（5）应对有效性开始日期和结束日期：由应对计划负责人更新该应对计划的有效性的实际起始日期和结束日期，表明在该日期段内，该应对计划是有效的，而在该日期段外，该应对计划无效。

通过以上信息的维护，我们能够完整地记录和跟踪风险应对状态，掌握风险处置进展情况，记录风险负责人对风险应对方案的承诺，应对计划的有效性和有效期。

风险应对措施的完成度和当前效果会影响风险点的剩余风险（风险残值），反映当前风险点的风险现状（见图 13－23）。

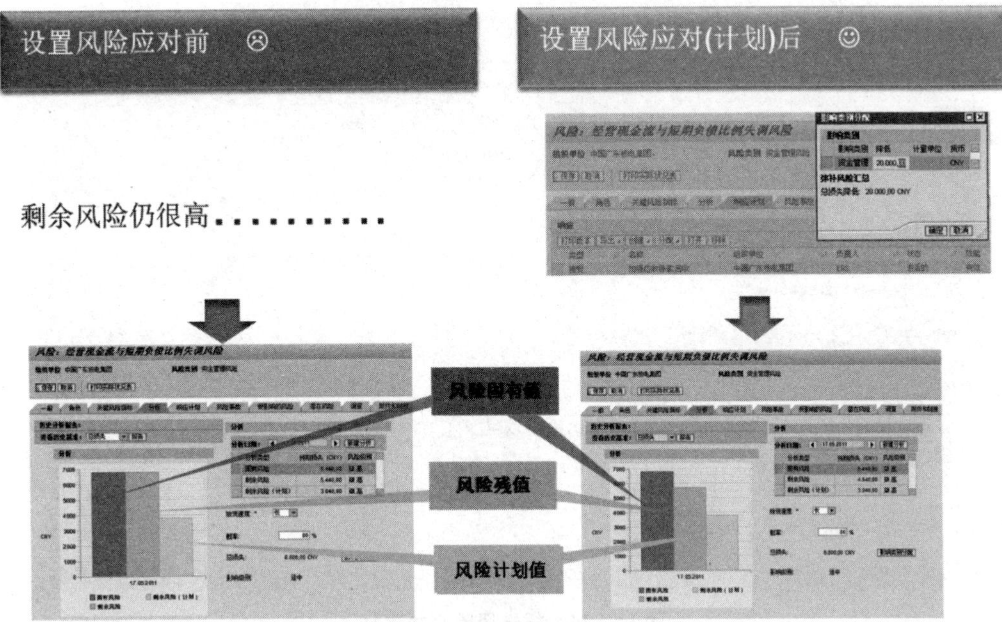

图 13－23　风险应对效果影响剩余风险（风险残值）

风险管理系统提供与各业务系统强大的集成能力，帮助企业将风险与合规管理活动嵌入所使用的业务系统中。利用业务系统如 ERP 系统中针对业务流程执行的情况（例如设备维护流程）自动化地更新风险管理系统中相应风险的响应状态，从而形成更加客观的风险响应实际情况的报告，实现风险应对的自动化与嵌入式风险应对机制。

（七）风险事故事件的全面记录

风险事件库是每家企业执行全面风险管理工作的必要内容，风险事件库的有效记录能够帮助企业积累其历史进程中所发生的所有危害企业利益的事情，从而帮助企业在今后的业务发展过程中不仅能够规避同类风险的发生，而且也能够积累大量的风险统计与分析的资料。风险管理系统支持企业将风险事件在系统中进行维护，这包括风险事件发生的时间，相关责任部门，损失情况汇总与明细等详细信息，还支持风险事件与一个或多个风险点相关联，明确每个风险点在该风险事件发生时的相关程度。员工上报的风险事件可以由组织单位负责人/业务经理（审批人可灵活定制）审批确认，必要时发回返工。支持风险经理协调相关部门复核分析风险事件。通常风险事件信息包括以下内容（见图 13－24）：

（1）风险事件名称。

（2）风险事件所属部门。

（3）风险事件发生日期以及风险事件被发现日期。

（4）风险事件描述。

（5）风险事件属性：对风险事件的分类属性，该属性类别可以在后台系统中维护。

（6）风险事件损失情况汇总。

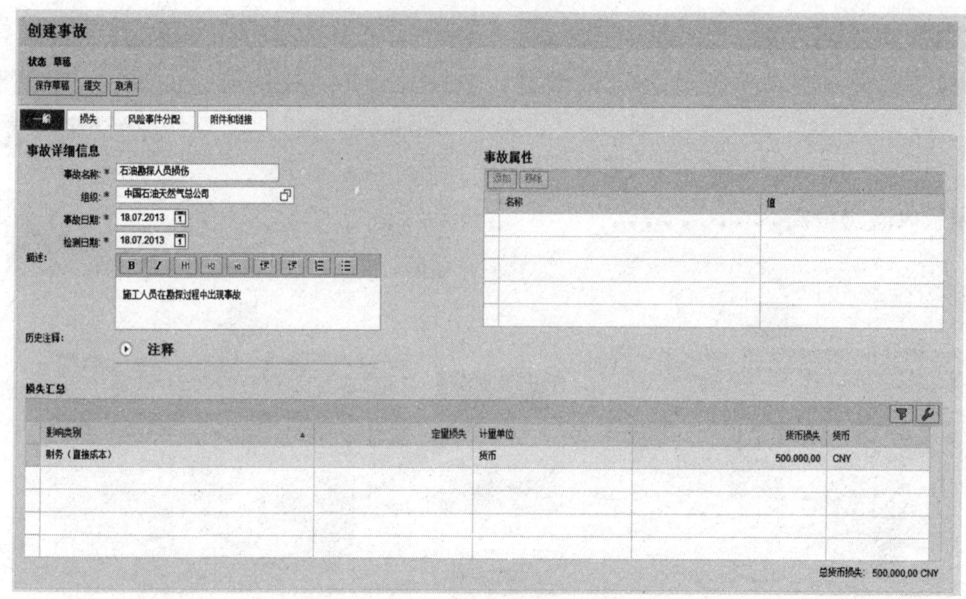

图 13 - 24　报告风险事故事件

（7）风险事件损失情况明细：包括各方面损失的明细信息，与损失相关的风险动因和风险影响信息。

（8）风险事件分配：风险事件可以与风险点进行关联，同一个风险事件可能关联的风险点有多个，可以在关联的过程中为不同的风险点分配不同的百分比。

（9）附件与链接：该风险事件相关的支持文档等内容。

（八）风险管理报表和报告的展示和输出

风险信息的沟通中一个重要的方面即风险信息的展示，风险管理系统应提供例如地理信息图、风险热力图等丰富的实时动态报表展示风险全貌；可以通过各类状态报表掌握各组织单位风险管理工作的阶段性状态，包括风险信息的收集情况、评估的进展、应对的效果以及相关事故事件的统计等；管理层还可以动态地掌握风险水平的变化情况整体上对公司战略和经营目标的影响，了解首要风险，以更准确全面的风险信息支持决策的制定。多样化的风险管理报告和报表亦是定期对风险工作进行评价的重要输入来源。

通常，风险管理系统提供以下几类风险报表。

（1）风险热力图：展现企业所有风险点的等级排序情况，可以通过业务部门、风险年度、风险分类进行筛选，支持风险信息数据的向下钻取（见图 13 - 25）。

（2）风险地理信息图：以地理信息图的方式展现风险全貌。报告可以通过移动终端随时随地访问。

（3）风险概览图：对企业所有的风险点进行一系列的统计，并通过报表展现，包括按照风险类别、风险驱动因素、风险影响分离以及不同的风险敞口进行分类（见图 13 - 26）。

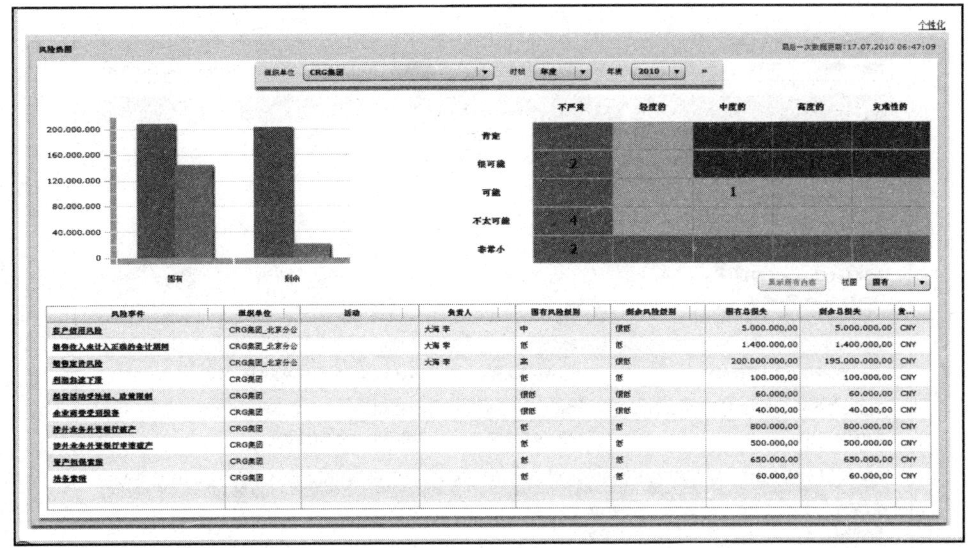

图 13－25　风险热力

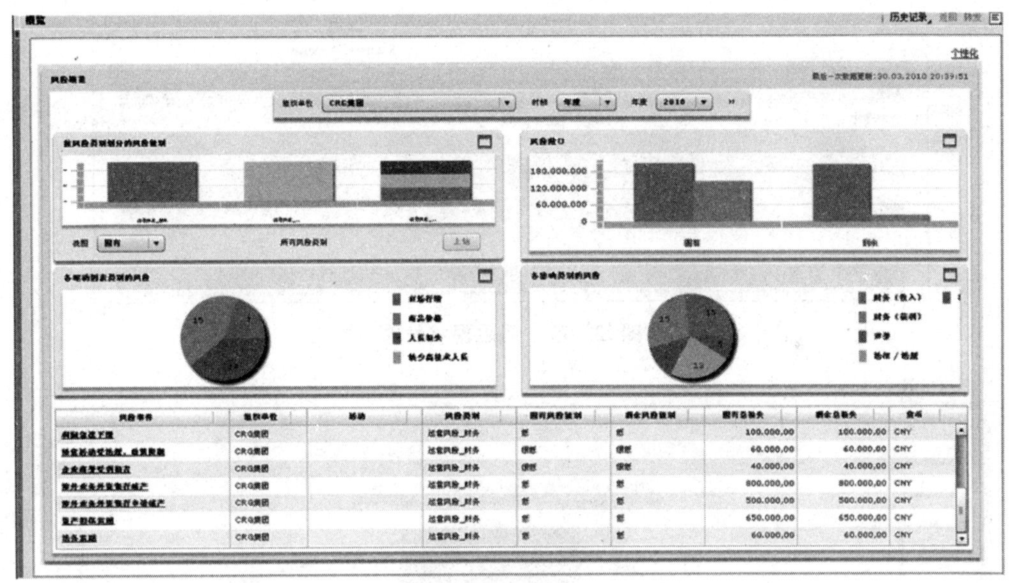

图 13－26　风险概览

（4）风险实际状况表：打印格式的风险详细信息。用户可以按照需要对模板进行定制，例如在模板中可以添加图标等。系统基于风险实际状况表模板能够自动生成报告（见图 13－27）。

（5）风险事故事件的分析报表：提供实时报表包括损失事件概览报告、风险损失结构报告等，以柱状图、饼图、折线图等形式展现，且支持数据钻取功能（见图 13－28）。

（6）管理层风险洞察报表：整体掌握风险变化趋势对战略和经营目标的影响，包括目前的首要风险、风险应对及风险事件情况（见图 13－29 和图 13－30）。

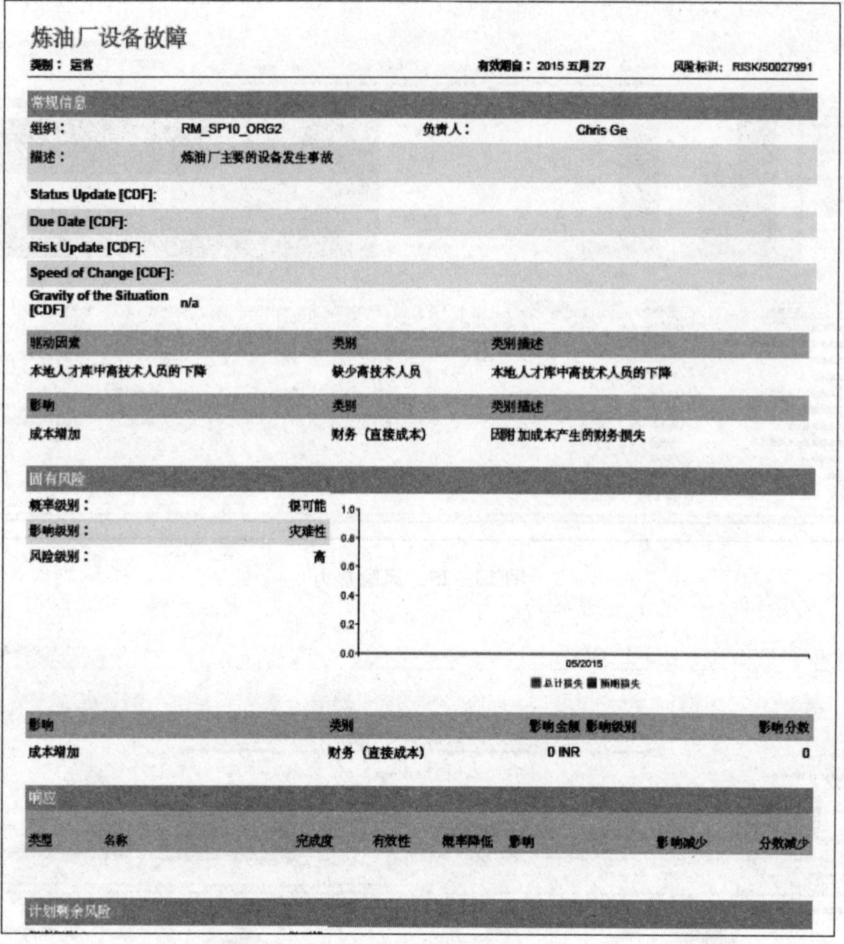

炼油厂设备故障

类别：运营　　有效期自：2015 五月 27　　风险标识：RISK/50027991

常规信息

组织：RM_SP10_ORG2　　负责人：Chris Ge

描述：炼油厂主要的设备发生事故

Status Update [CDF]:

Due Date [CDF]:

Risk Update [CDF]:

Speed of Change [CDF]:

Gravity of the Situation [CDF]: n/a

驱动因素	类别	类别描述
本地人才库中高技术人员的下降	缺少高技术人员	本地人才库中高技术人员的下降

影响	类别	类别描述
成本增加	财务（直接成本）	因附加成本产生的财务损失

固有风险

概率级别：很可能

影响级别：灾难性

风险级别：高

影响	类别	影响金额	影响级别	影响分数
成本增加	财务（直接成本）	0 INR		0

响应

类型	名称	完成度	有效性	概率降低	影响	影响减少	分数减少

计划剩余风险

图 13－27　风险现状表单

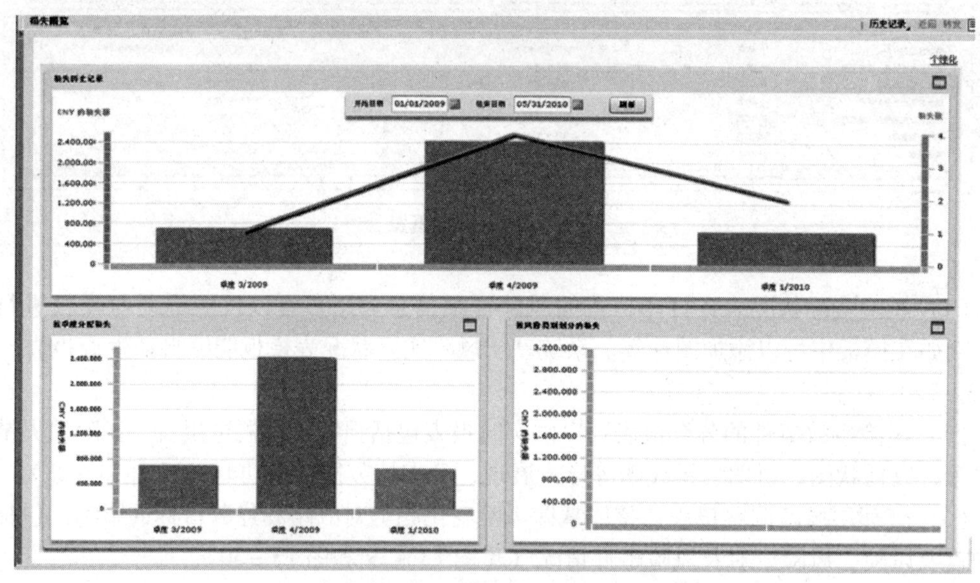

图 13－28　风险损失事件概览报告

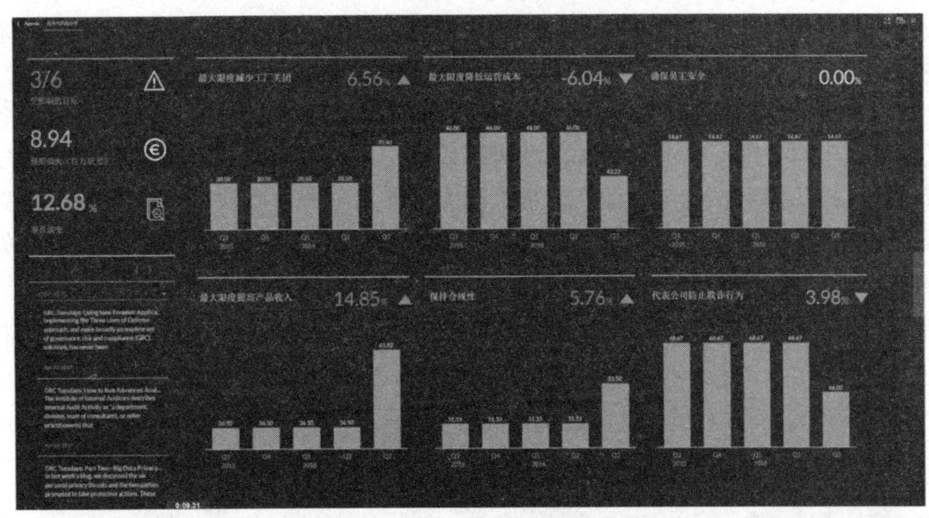

图 13－29　全面风险洞察报表Ⅰ

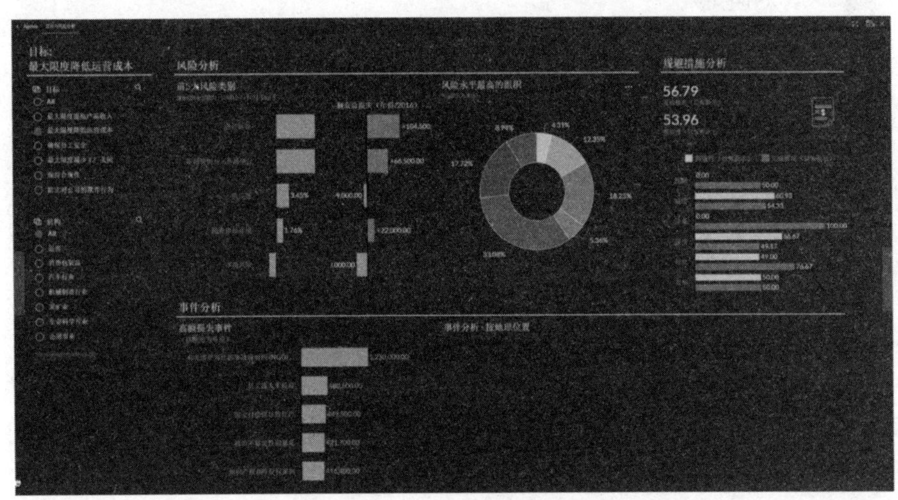

图 13－30　全面风险洞察报表Ⅱ

以上我们介绍了风险管理信息系统的基本功能，了解了如何通过数字化手段支撑风险管理闭环业务，分析了风险管理系统如何帮助企业提高工作效率、提升价值、助力企业可持续发展。

二、内部控制系统的基本功能

（一）建立内部控制环境

1. 组织架构体系的建立以及相应人员岗位的设立

完善清晰的组织架构体系对于企业的内部控制项目来说至关重要，企业内部控制的业务流程、子流程、控制点、风险点等必须与相应的企业组织架构和人员相关联，方能有效地完成企业的内控工作。通常企业有独立的内部控制部门或合规部门担当内部控制体系建设的主要牵头部门，而在各业务部门中设立相应的内部控制专岗或兼岗，负责本部门的内部控制日常事务（如自我评估，整改跟踪等）。有些企业根据自身的发展情况，会将内控或合规部下设于财务部、企业发展部或法务部等部门，亦有下设在具备综合职能的合规风控部或审计风控部门下，这与企业在内部控制方面的实际建设阶段或企业组织职能变迁有比较密切的关系。通常，内控系统支持将企业组织架构以“二叉树”的形式维护在系统中（见图13－31）。

图13－31　组织架构树状结构

每一层级的组织单位均有其相应的业务角色与其对应，并可在系统中进行分配。如表13－1所示为例。

表13－1　系统角色分配

组织单位类型	角色	角色主要作用
公司	CEO/CFO	该公司CEO/CFO，主要负责内控自评工作的全局把控，以及内控自评报告的最终签核
	内部审计员	该公司内部审计人员，主要负责公司内部控制审计相关事宜
	法规管理员	该公司法规政策管理人员，主要负责在流程控制模块中进行法规政策的维护
	流程管理员	该公司内部控制流程管理人员，主要负责在流程控制模块中进行流程、子流程和控制点主数据的管理
	测试计划管理员	该公司测试计划管理人员，主要负责在公司层面对测试计划的管理，例如测试计划下发等

续表

组织单位类型	角色	角色主要作用
公司	组织管理员	主要负责在流程控制模块中进行组织架构维护的管理人员
	自动规则定制管理员	主要负责在流程控制模块中进行自动规则定制化维护的管理人员
	调查管理员	主要负责在流程控制模块中进行调查问卷、问题库进行管理的人员
组织机构	组织负责人	在组织架构中每个组织单位的主要负责人，通常是每个业务部门或分子公司的管理层，例如部门经理、分公司总经理等
添加在某组织中的子流程	内控子流程负责人	该子流程的负责人，通常为业务部门管理层（部门经理等）
添加在某组织中的控制点	内控控制点负责人	该控制点的负责人，通常为业务部门关键用户，专职或兼职的内控人员

2. 建立多重合规要求框架体系

每家企业通常需要遵循多项法律法规，对于跨国大型企业尤其如此。与此同时，企业自身也会有众多的政策及规章制度需要遵循。企业管理层需要对每项强制性法律法规在本企业执行的理想程度进行判断和评估，也需要掌握其所制定的政策与规章制度是否得到了有效执行。多合规框架体系将内外部合规要求与企业现有的业务流程相匹配，从而通过对个业务流程合规性的一次性评估测试，就能够知道所有合规要求的执行有效性情况，避免重复测试评估和浪费资源。每一项“法规/政策”均可以对应组织架构体系所维护的一家或多家公司，表示该公司需要负责该项法规的合规工作（见图13－32）。

名称	类型
▼ 法规/政策层次结构	
▼ 中国	法规/政策组
▼ C-SOX	法规/政策
▪ 基本规范_01_01	法规/政策要求
▪ 基本规范_01_02	法规/政策要求
▪ 基本规范_01_03	法规/政策要求
▪ 基本规范_01_04	法规/政策要求

图13－32　法规与政策

3. 内部控制矩阵的在线化管理

内部控制矩阵是内部控制体系的核心内容。内部控制矩阵涵盖企业与内控业务相关的业务流程、风险点、控制目标、控制活动及其相关属性、测试方法、调查问卷库、相关企业政策与法律法规等一系列内容。其中风险结构及风险点可以在内部控制系统中维护，如果有风险管理系统的情况下，建议复用风险管理系统中的风险信息（见图13－33）。

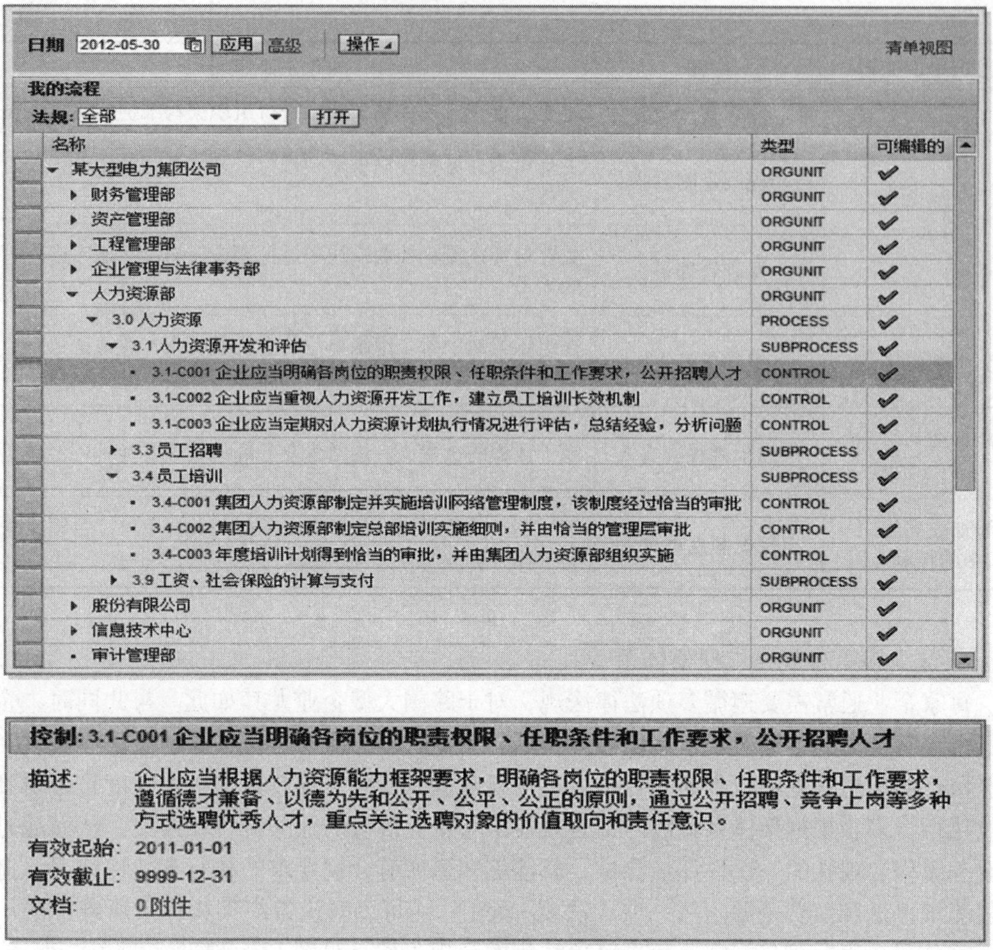

日期 2012-05-30 应用 高级 操作 青单视图

我的流程

法规: 全部 打开

名称	类型	可编辑的
▾ 某大型电力集团公司	ORGUNIT	✔
▸ 财务管理部	ORGUNIT	✔
▸ 资产管理部	ORGUNIT	✔
▸ 工程管理部	ORGUNIT	✔
▸ 企业管理与法律事务部	ORGUNIT	✔
▾ 人力资源部	ORGUNIT	✔
▾ 3.0 人力资源	PROCESS	✔
▾ 3.1 人力资源开发和评估	SUBPROCESS	✔
· 3.1-C001 企业应当明确各岗位的职责权限、任职条件和工作要求，公开招聘人才	CONTROL	✔
· 3.1-C002 企业应当重视人力资源开发工作，建立员工培训长效机制	CONTROL	✔
· 3.1-C003 企业应当定期对人力资源计划执行情况进行评估，总结经验，分析问题	CONTROL	✔
▸ 3.3 员工招聘	SUBPROCESS	✔
▾ 3.4 员工培训	SUBPROCESS	✔
· 3.4-C001 集团人力资源部制定并实施培训网络管理制度，该制度经过恰当的审批	CONTROL	✔
· 3.4-C002 集团人力资源部制定总部培训实施细则，并由恰当的管理层审批	CONTROL	✔
· 3.4-C003 年度培训计划得到恰当的审批，并由集团人力资源部组织实施	CONTROL	✔
▸ 3.9 工资、社会保险的计算与支付	SUBPROCESS	✔
▸ 股份有限公司	ORGUNIT	✔
▸ 信息技术中心	ORGUNIT	✔
· 审计管理部	ORGUNIT	✔

控制: 3.1-C001 企业应当明确各岗位的职责权限、任职条件和工作要求，公开招聘人才

描述: 企业应当根据人力资源能力框架要求，明确各岗位的职责权限、任职条件和工作要求，遵循德才兼备、以德为先和公开、公平、公正的原则，通过公开招聘、竞争上岗等多种方式选聘优秀人才，重点关注选聘对象的价值取向和责任意识。

有效起始: 2011-01-01

有效截止: 9999-12-31

文档: 0 附件

图 13－33 流程及控制结构

内部控制矩阵中的控制点信息是最重要的基础数据对象。后续内控业务的开展都围绕着控制点开展。控制点一般包括如下属性（见表 13－2、图 13－34 和图 13－35）。

表 13－2 控制点属性维护

项目	具体描述
名称	控制点的名称
描述	控制点的具体描述信息
控制或流程步骤	选择是否控制点或流程步骤。在一个子流程业务执行过程中有一些是业务流程执行的步骤，另外一些则是保证业务流程执行正确的关键控制点。例如“销售订单审核”子流程中的关键控制点样例为： 所有的销售订单均需通过审核 所有的销售订单均需通过适当的审核人审核 而关键流程步骤样例为： 在 ERP 系统中录入销售订单

续表

项目	具体描述
控制类别	控制类别 交易级别控制（transaction level control） 交易级别控制即业务流程运行过程中（如采购、销售、财务、生产等）所涉及的控制点，这些控制点直接与企业的业务流程相关，控制业务流程运行的正常与否 IT 一般控制（IT general control，ITGC） IT 一般控制包括企业信息系统运行过程中的控制点，例如备份、变更管理、访问权限管理、网络、硬件、机房等。这些控制点虽然不与业务流程的运行直接相关，但随着企业信息化进程的逐渐加深，越来越多业务流程的运行需要由 IT 系统进行支撑，IT 应用系统已经成为企业业务流程运行的一个非常重要的载体。因此对 IT 应用系统的控制好坏将会直接影响企业业务流程运行的正常与否，而 IT 一般控制也越来越成为企业内部控制体系的重要组成部分，并成为每次内部控制评估必测的项目之一 直接公司层面控制（entity level control，ELC） 公司层面控制是与业务流程运行并不直接相关的控制点，例如公司董事会的召开、企业文化建设、公司薪酬福利、人事任免等。虽然这些控制点并不直接与业务流程相关，但是作为良好的企业环境建设的一部分，企业层面控制也是企业内部控制体系中非常重要的一个部分，通常也是每年内控评估需要进行测试的部分
重要性	"标准控制"或"关键控制"
证据级别	控制点所需要运用的测试方法的详尽程度，该测试方法的详尽程度可以由系统自动生成，也可以由用户进行自行设置 层级 1：无须测试 层级 2：自我评估（业务部门自评） 层级 3：控制设计评估 + 控制效能
控制风险	控制风险意为该控制点需要执行有效的复杂和难易程度，即该控制点失效的风险高低。常见 3 种控制风险类型：高、中、低
控制自动化	控制自动化为该控制点是否是系统自动控制或人工控制。常见 3 种控制自动化选项：自动、手动、半自动（即既有手工成分，也有自动成分）
目的	该控制点是预防性控制，还是检查性控制
性质	该控制点主要的控制性质
允许参考	该控制点的测试结果是否允许在多个合规框架中进行共享
控制相关度	与该控制点相关的项目
控制组/子组	控制点所属组别
控制有效期限	该控制点在企业中存在的有效期限，包括起始日期和截止日期
控制触发	该控制点是由事件触发，还是由时间触发。由事件触发的控制点通常没有固定的执行频率，属于突发性质的控制（Ad-hoc）。由时间触发的控制点通常有固定的发生频率
事件描述	由事件触发的控制点需要输入触发事件的描述信息
操作频率	控制点发生的固定频率，由时间触发的控制点需要选择控制点发生的固定频率
待测试	该控制点是否入围本期内部控制测试范围。该项可以由系统自动生成（参见"内部控制与评估"相关部分），也可以由用户进行选择

续表

项目	具体描述
测试自动化	该控制点的测试类型： 自动：通过“持续性控制监控”功能进行控制效能测试 手动：通过手工测试功能进行控制效能测试 半自动：通过“持续性控制监控”功能进行控制效能测试
测试技术	控制活动测试过程中所使用的测试技术，即人为需要执行的测试方法，例如访谈、采样等
测试计划	适用于手工控制测试，即该手工控制活动所使用的控制测试步骤
输入/输出	该控制活动的输入输出信息
相关风险点	该控制活动所控制的风险点信息
附件和链接	附件与链接主要可以为用户提供上载附件和建立相关链接的途径，例如与该控制点相关的文件

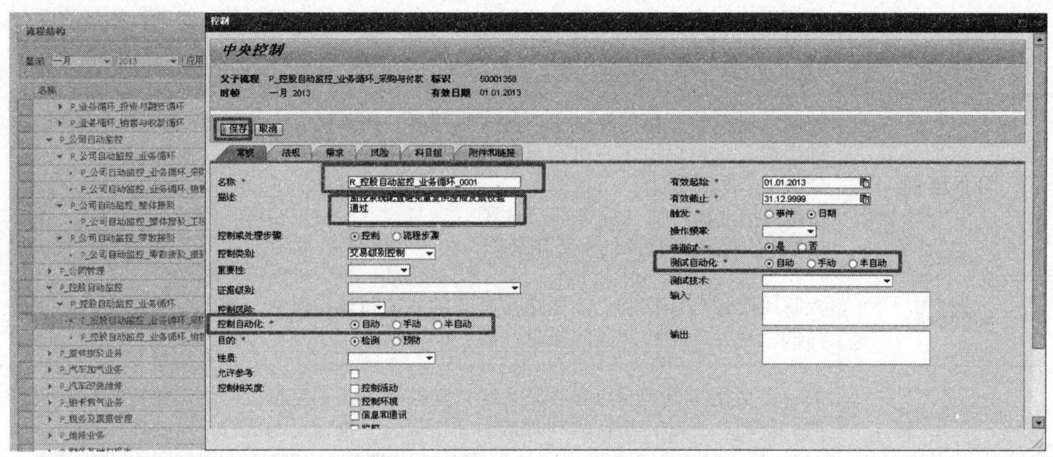

图 13－34　控制点属性维护界面

依据风险评估结果识别并建立内控矩阵

法规	组织	流程	子流程	风险	控制
C-SOX	财务管理部	2.0 财务报告	2.2 会计科目设置及维护	2.2-R002 不准确、未经授权的变更未被发现	2.2-C002 SAP系统会计科目设置不得随意更改，只有恰当的人员具有权限更改
			2.3 会计记账与结账	2.3-R003 当期会计报表存在截止性错误	2.3-C019 SAP系统只允许录入当期发生凭证，对前期的凭证过帐需经恰当审核
	电力资产管理部	4.0 社会责任	4.1 安全生产	4.1-R001 未严格的安全生产管理体系、操作规范和应急预案	4.1-C001 企业应当建立严格的安全生产管理体系、操作规范和应急预案
				4.1-R002 未提供必要的保障，健全检查监督机制	4.1-C002 企业应当重视安全生产投入，健全检查监督机制，确保落实到位
				4.1-R003 未逐步强化员工安全意识，不重视岗位培训，未实施资格认证制度	4.1-C003 企业应当贯彻预防为主的原则，增强员工安全意识，重视岗位培训
				4.1-R004 未实施责任追究制度，未及时报告安全事故	4.1-C004 发生生产安全事故，应当按照安全生产管理制度处理
			4.2 环境保护	4.2-R001 未建立环境保护与资源节约制度	4.2-C001 建立环境保护与资源节约制度，认真落实节能减排责任
				4.2-R002 不重视生态保护，未降低能耗和污染物排放水平，未实现清洁生产	4.2-C002 重视生态保护，加大对环保工作的投入和技术支持，实现清洁生产
				4.2-R003 不重视资源节约和资源保护	4.2-C003 重视资源节约和保护，防止对不可再生资源进行掠夺性或毁灭性开发
				4.2-R004 未建立环境保护和资源节约的监控制度	4.2-C004 建立环境保护和资源节约的监控制度，定期开展监督检查
	工程管理部	11.0 工程项目	11.1 设计方案的编制及审查	11.1-R003 未对建设工程项目施工图进行适当审批，可能导致施工图编制不正确	11.1-C003 施工监理公司对施工图进行会审，审查施工图编制的合理性和可行
			11.3 工程项目招标	11.3-R011 招标后价格及供货范围的调整没有及时备案并妥善保存，无法查阅	11.3-C025 评标结果确定后，如需调整标的价格或供货范围需经过相应审批备
	企业文化部	4.0 社会责任	4.3 促进就业和维护职工权益	4.3-R001 未保护员工依法享有劳动权利和履行劳动义务	4.3-C001 依法保护员工的合法权益，积极促进充分就业，切实履行社会责任
				4.3-R002 未保障员工依法享受社会保险待遇	4.3-C002 及时办理员工社会保险，足额缴纳社会保险费
				4.3-R003 未逐步加强职工代表大会和工会组织建设	4.3-C003 加强职工代表大会和工会组织建设，维护员工合法权益，创造平等
				4.3-R004 未积极履行社会公益方面的责任和义务	4.3-C004 积极履行社会公益方面的责任和义务，关心帮助社会弱势群体

图 13－35　结构化的内部控制矩阵

（二）内部控制测试与评估

根据美国萨班斯法案要求，在美国上市的企业需在每年披露其财务年报的同时，披露其内部控制评价报告，包括企业自评报告和第三方机构的鉴证报告，中国《企业内部控制基本规范》及其配套指引也提出了同样的要求。因此内部控制测试与评估成为企业每年内控部门的主要工作之一。内部控制测试与评估工作通常为一年一次，部分大型企业由于其业态众多，业务流程复杂，可能会执行一年两次的内控测试评估工作。

企业内部控制测试与评估工作的端到端流程，可以分为以下几个步骤。

1. 确定测试范围

确定需要入围本期内部控制测试的业务流程、子流程和控制点，即“测什么”。通过对风险控制矩阵中的风险点进行风险评估、对控制点进行控制点风险评估，两者结合起来确定“测什么”（见图13－36）。风险评估主要是针对该风险点所发生的可能性和发生以后可能会出现的影响程度进行评估。控制点风险评估主要是针对控制点的历史状况，控制点执行的复杂程度进行评估。系统基于两类评估的结果，通过自动决策机制确定本次测试中各控制点所需要应用的测试方法和资源配置重点，例如无须人工评测；由业务部门自评即可或者需要内控部门执行有效性测试等。

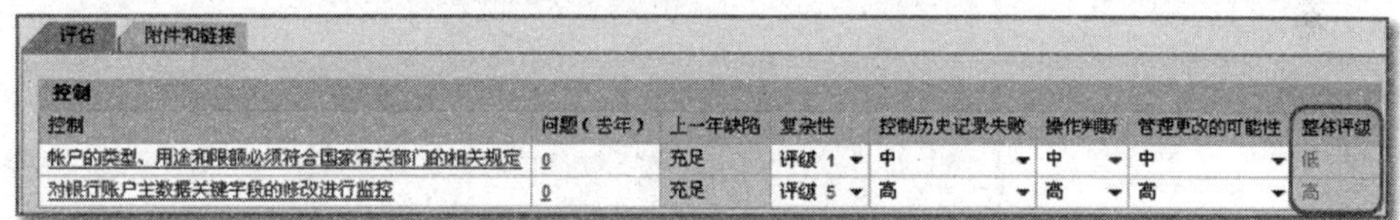

图13－36　控制风险评估

2. 下发测试计划

在确定内部控制测试范围和测试方法后，即可通过计划器下发测试计划。计划器可以触发工作流，将需要执行的测试任务自动下发给相应的工作人员。在进行任务的下发时，可以灵活设定测试期间（开始及截止日期）、入围的组织、流程和控制点等，尤其可以支持灵活选择入围的控制点，例如根据控制点的证据级别或风险状况选择是否入围，抓住工作重点（见图13－37）。

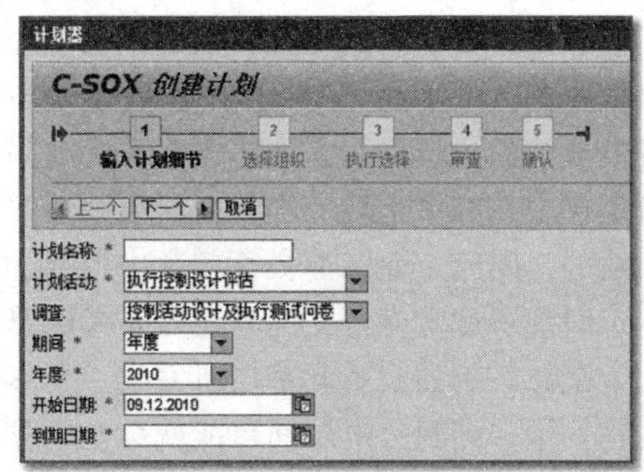

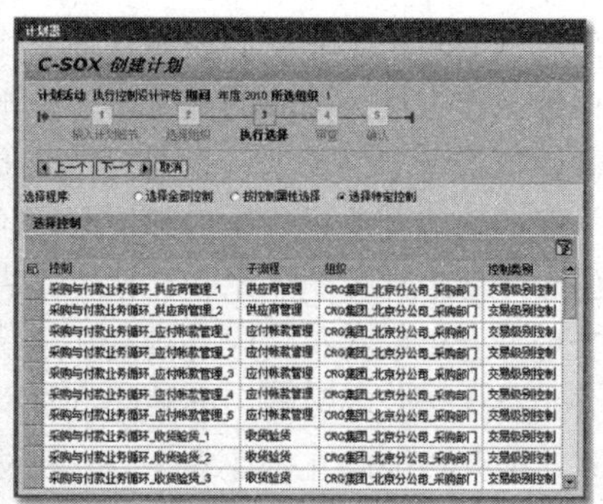

图13－37　测试任务下发

3. 执行测试与评估

专业的内部控制系统会预置丰富的测试与评估流程，企业可按照自身的内控业务成熟度、业务现状以及资源情况选择适用的流程。评估方法包括：内部控制设计评估；内部控制有效性测试；自我评估；内控效能检查以及流程评估等。如果测试发现问题，测试人员可以通过“报告问题”按钮进行缺陷的报告，而后进行提交。问题会通过工作流自动流转到问题整改工作环节（见图 13－38）。

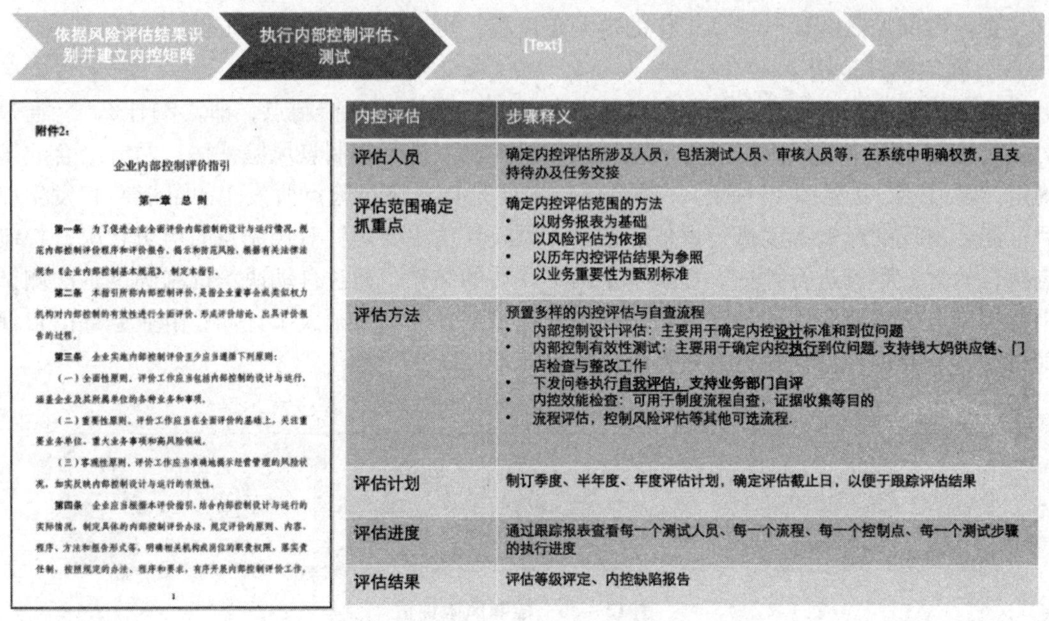

内控评估	步骤释义
评估人员	确定内控评估所涉及人员，包括测试人员、审核人员等，在系统中明确权责，且支持待办及任务交接
评估范围确定抓重点	确定内控评估范围的方法 • 以财务报表为基础 • 以风险评估为依据 • 以历年内控评估结果为参照 • 以业务重要性为甄别标准
评估方法	预置多样的内控评估与自查流程 • 内部控制设计评估：主要用于确定内控设计标准和到位问题 • 内部控制有效性测试：主要用于确定内控执行到位问题，支持钱大妈供应链、门店检查与整改工作 • 下发问卷执行自我评估，支持业务部门自评 • 内控效能检查：可用于制度流程自查，证据收集等目的 • 流程评估，控制风险评估等其他可选流程.
评估计划	制订季度、半年度、年度评估计划，确定评估截止日，以便于跟踪评估结果
评估进度	通过跟踪报表查看每一个测试人员、每一个流程、每一个控制点、每一个测试步骤的执行进度
评估结果	评估等级评定、内控缺陷报告

图 13－38　执行评估与测试

通过内置在系统中的调查问卷模板和测试工作底稿模板，要求评估和测试人员严格按照步骤执行，保障工作质量。同时各类评估流程，按照企业的测试品类和工作周期可灵活设定待办工作的提醒和上报机制，督促工作按时完成。系统可按需激活对递交的评估与测试底稿进行审核的工作环节（见图 13－39）。

（三）内部控制缺陷报告、汇总与整改

内部控制缺陷是企业内部控制管理工作中非常重要的组成部分，也是企业管理层在整个内控评价工作中最为关心的部分之一。根据中国五部委在 2010 年 4 月 26 日发布的企业内部控制评价指引中的要求，企业对内部控制缺陷的认定分为 3 个等级：重大缺陷、重要缺陷和一般缺陷。企业在每年内部控制评价工作中，如果出现一次重大缺陷则通常意义上该企业的本年度内部控制体系会被认为是失败的，因此企业各业务部门、内控部、内审部和风险管理部管理层在每次内部控制缺陷认定时都将非常谨慎，同时还需要考虑单个内控缺陷对公司整体运营的影响，即缺陷逐级向上汇总。例如，企业基层所发生一个不是很严重的缺陷，但是该缺陷在企业多个分支机构均发生，则到公司层面可能就会变成重要缺陷或重大缺陷。而解决内部控制缺陷的方法通常是进行内部控制整改。

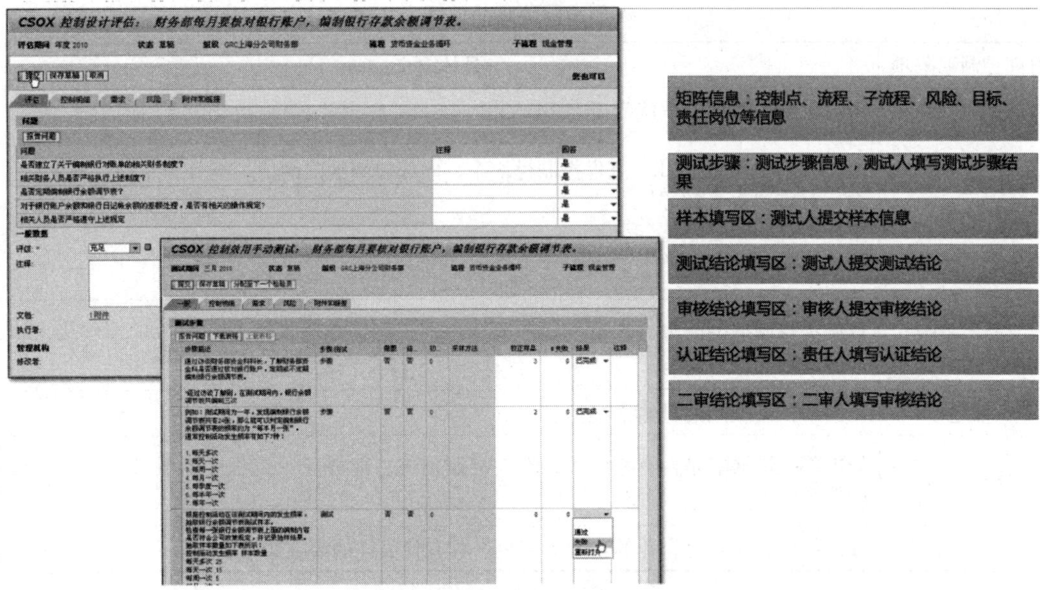

图 13－39　清晰标准的工作底稿，促进评价工作高效协作完成

内部控制系统通过工作流机制，完成企业内部控制缺陷报告、认定和汇总过程，同时也支持对一个披露周期内的内部控制缺陷进行整改的过程和进度记录（见图 13－40）。

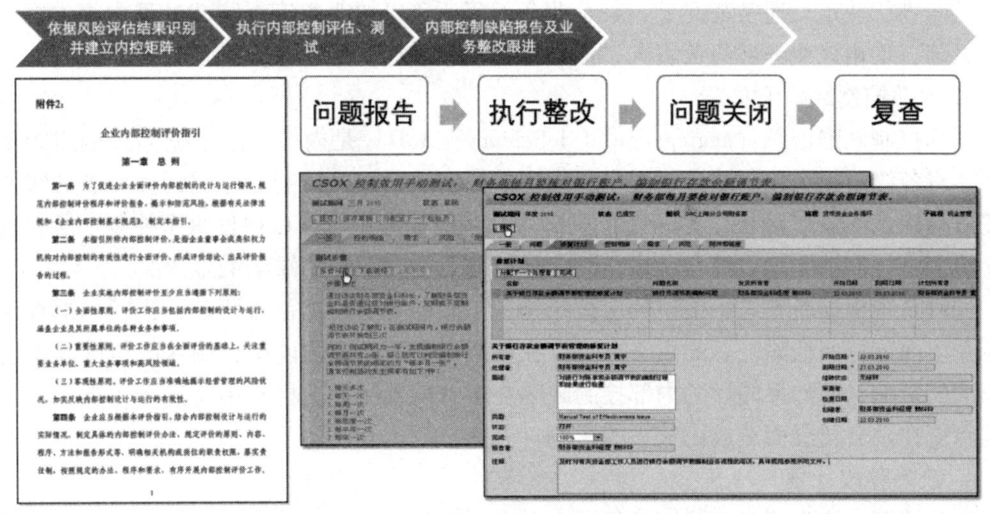

图 13－40　内控缺陷的报告、整改与复核

1. 内部控制缺陷报告

由相应控制活动的测试人员在测试过程中报告内部控制缺陷。系统中报告内部控制缺陷的过程即是对内部控制缺陷的信息进行记录的过程，所记录的信息如表 13－3 所示。

表 13－3　　内部控制缺陷的记录

内部控制缺陷项	具体含义
问题名称	所报告的内部控制缺陷简要名称
优先级	该缺陷的优先级。GRC 流程控制模块中，内部控制缺陷的优先级分为 3 种，分别为： 高：对应“重大缺陷” 中：对应“重要缺陷” 低：对应“一般缺陷”
负责人	该内部控制缺陷的负责人员，通常为该内部控制缺陷所发生业务单位的管理层，如部门经理等
描述	该内部控制缺陷的具体描述信息
补偿控制	该内部控制缺陷是否有相应的补偿性控制措施，能够从一定程度降低其所产生后果的严重程度
潜在影响	该内部控制缺陷对企业的正常运营生产具有什么样的潜在影响

2. 内部控制缺陷认定

内部控制缺陷认定的过程即为企业管理层对所报告的内部控制缺陷进行审核的过程，该过程通过系统所提供的可配置工作流完成。各级审批人员通过系统工作流进行驱动，在其“工作收件箱”中收到相应的内部控制测试审批任务，从而对测试过程中所发现的内部控制缺陷进行认定。通常情况下，某个业务部门所负责的业务流程测试过程中报告的内部控制缺陷，均由该业务部门负责人，例如部门经理进行认定即可。

3. 内部控制缺陷汇总

内部控制缺陷汇总（aggregation of deficiency，AoD）是内控系统根据内设的组织架构体系，将各级组织在控制测试过程中所发现的控制缺陷按照控制点分类，并要求各级业务主管进行确认。该“确认”是一个汇总确认，各级业务主管可以根据每个控制点所发现的一个或多个控制缺陷加以综合考虑，判定该控制点的内部控制缺陷汇总情况。

同时系统根据所有组织单位的层级结构，自底向上通过工作流驱动，进行内部控制缺陷汇总。内部控制缺陷汇总的意义在于，在基层单位所发现的内部控制缺陷可能并不会造成很大的影响，而如果同样的内部控制缺陷在所有的基层分支机构中均发生，那么该控制缺陷可能在总公司层面造成比较大的影响。

4. 缺陷整改计划

内部控制模块支持有控制缺陷负责人对内部控制缺陷进行处理。控制权限负责人可以通过以下四种方式对内部控制缺陷进行处理。

（1）分配修复计划（整改计划）：控制缺陷负责人希望通过修复计划解决该控制缺陷。

（2）无修复计划并关闭问题：控制缺陷负责人认为该问题无须修复即可自行解决。

（3）重新分配问题负责人：控制缺陷负责人认为该控制缺陷应由他人进行处理，故重新分配该问题。

（4）作废问题：控制缺陷负责人认为该问题无效。

整改计划的执行通常是线下执行，系统支持由整改计划负责人将该整改计划执行进度和执行的具体情况在系统中进行录入。整改计划执行进度通过百分比的形式由整改计划执行人在系统中进行选择，而整改计划执行具体情况由整改计划负责人在系统中通过“注释”的方式进行录入。当整改计划执行进度达到100%时，整改计划负责人则可以将该整改计划设置成“完成”状态，并关闭该整改计划。后续，可基于问题性质和流程触发内控部门是否对问题整改到位的确认和内控重测。

（四）内控自评报告签核与披露

内部控制系统内置内控自评测试的签核过程，能够很好地支持企业内控自评报告的披露要求。“签核”过程即企业各级业务部门管理层对其所属业务部门的内控自评测试情况进行认定（签字）和确认。

（1）内控自评过程中所发生的缺陷及其整改情况已经被管理层知晓。

（2）管理层确认内控自评过程及自评结果真实有效。

签核过程按照系统中所设置的企业组织架构信息自底向上进行，由各级业务部门负责人完成对本业务部门内控自评报告的签核工作。签核工作由系统的工作流进行支持，通过向下发放调查问卷并结合内控缺陷及整改情况的信息为各业务部门管理层的签核提供有效的信息和有力的支持。

在签核操作完成后该业务部门本期内控测试的所有数据、结果、附件、缺陷、整改均被归档，系统数据均被设置为只读状态。除了直接通过数据库层面可以进行数据修改外，最终用户无法通过正常的系统界面进行任何修改，因此真正达到了系统数据的固化和归档目的，能够有效地支持企业内控自评报告发布和披露的目的（见图13－41）。

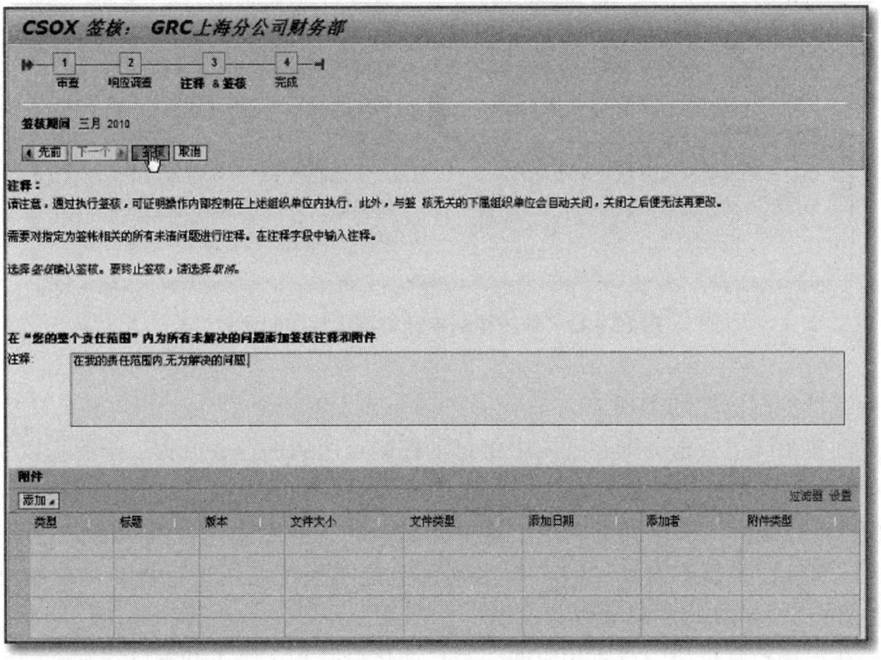

图13－41　内控签核

（五）持续性监控

上述所提及的所有内部控制管理和测试内容绝大部分均为手工执行。随着企业ERP系统的广泛深入应用，通过系统流程支持业务流程的标准化运营已经成为企业日常工作不可或缺的部分。因此企业内部控制也应运而生了另外一种控制，即系统控制或自动控制。系统控制即为通过业务系统中的设置对企业业务流程的运营起相应的限制和控制作用，从而避免因人为因素而产生的业务流程运行不正常，出现错误的系统数据的情况，也可以避免因为某种非法的目的而出现舞弊的可能性。系统控制通常是非常客观的，设置完成后即根据所设置的意愿运行，不会有掺杂任何人为主观操纵的情况出现。因此越来越多的企业逐渐将其以前通过手工流程所运行的业务流程转至ERP系统中运行，并通过系统进行自动化控制。由此看来，ERP系统自动控制已经在企业的业务流程运行过程中起到举足轻重的作用，而这些控制也成为企业内部控制管理、测试和评估工作中不可缺少的部分。

1. 持续性控制监控与传统控制审计对比

传统的内控审计方法由于均通过人工检查的方式进行，有其不可避免的弊端，而这些弊端均可以通过“持续性控制监控”的方式进行解决，而这种方式正是内部控制信息系统的最大亮点之一。如下图列出了“持续性控制监控”和“传统控制审计”的主要区别和比较结果。可以看出，持续性控制监控或持续性控制审计与传统的控制审计相比，有着其无可比拟的优势（见图13－42）。

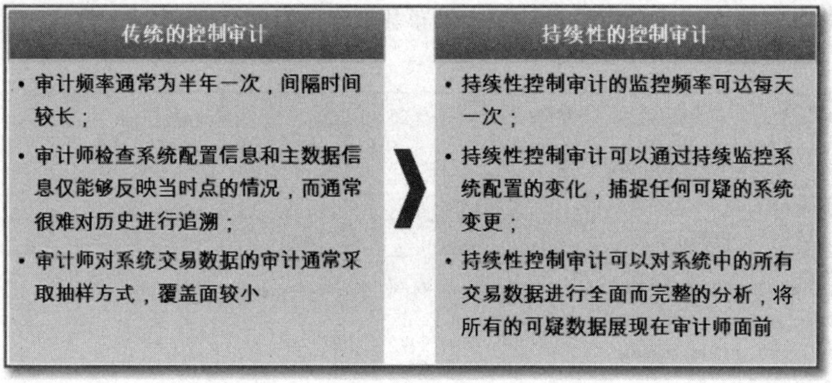

传统的控制审计	持续性的控制审计
• 审计频率通常为半年一次，间隔时间较长； • 审计师检查系统配置信息和主数据信息仅能够反映当时点的情况，而通常很难对历史进行追溯； • 审计师对系统交易数据的审计通常采取抽样方式，覆盖面较小	• 持续性控制审计的监控频率可达每天一次； • 持续性控制审计可以通过持续监控系统配置的变化，捕捉任何可疑的系统变更； • 持续性控制审计可以对系统中的所有交易数据进行全面而完整的分析，将所有的可疑数据展现在审计师面前

图13－42　传统控制审计与持续性控制比较

2. 持续性控制监控的实现

（1）创建系统主数据，即在系统中将自动控制点所属的业务流程、子流程以及控制点的相关内容在系统中进行设置。在控制点创建过程中需要设置相应的控制点属性，使其可以被系统自动控制测试作业进行调用。这里所提及的控制点属性设置即测试自动化属性，需要将这该属性设置成“自动”或“半自动”方能被系统调用进行自动化控制测试（持续性控制监控），如图13－43所示。

（2）在内部控制模块中设置相应的控制自动化控制测试脚本和测试规则，并将所设置的测试脚本和测试规则与相应的后台系统接口相关联，从而达到调用后台ERP系统数据进行自动化测试的目的。

如图 13－44 所示，测试脚本是使用 ERP 系统中一个交易报表中数据进行自动化控制监控。

控制

C-SOX 控制: 采购与付款业务循环_采购付款管理_10

上级组织 CRC集团_上海分公司_采购部门　父子流程 采购付款管理　分配方法 复制　标识 50000931
时帧 年度 2010　生效日期 01.01.2010

保存　取消

一般　规则　风险　评估　监控作业　需求　角色　附件和链接

名称 * 采购与付款业务循环_采购付款管理_10
描述 付款的批处理数据需要正确计算，需要及时更正发现的错误。Overpaid po
控制或流程步骤 ⊙控制 ○流程步骤
控制类别 交易级别控制
重要性 标准控制
证据级别 ☑使用建议的系统
控制风险 ☑使用建议的系统
控制自动化 * ⊙0AUT ○0MAN ○0SEM
目的 * ⊙检测 ○预防性
性质 审查
允许参考 ☐
控制相关度 ☑控制活动 ☐控制环境 ☐信息和通讯 ☐监控 ☐欺诈预防和检测 ☐风险评估
控制组 运营
控制子组

有效起始 * 01.01.2010
有效截止 * 31.12.9999
触发 * ⊙事件 ○日期
事件描述
待测试 ⊙是 ○否
测试自动化 ⊙0AUT ○0MAN ○0SEM
测试技术 通过查询确认文档检验
输入
输出

图 13－43　设置控制点的属性为测试自动化

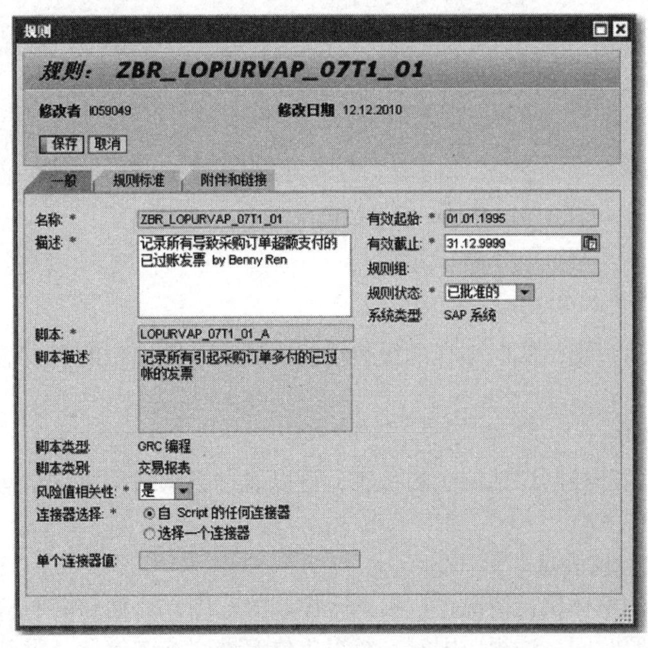
规则

规则: ZBR_LOPURVAP_07T1_01

修改者 I059049　修改日期 12.12.2010

保存　取消

一般　规则标准　附件和链接

名称 * ZBR_LOPURVAP_07T1_01
描述 * 记录所有导致采购订单超额支付的已过账发票 by Benny Ren
脚本 * LOPURVAP_07T1_01_A
脚本描述 记录所有引起采购订单多付的已过帐的发票
脚本类型 GRC 编程
脚本类别 交易报表
风险值相关性 * 是
连接器选择 * ⊙自 Script 的任何连接器 ○选择一个连接器
单个连接器值

有效起始 * 01.01.1995
有效截止 * 31.12.9999
规则组
规则状态 * 已批准的
系统类型 SAP 系统

图 13－44　设置控制点的属性为测试自动化

（3）将所设置的自动化测试规则与控制点相关联，并设置所需要使用的控制监控频率，例如每天或每周通过后台自动执行的作业进行监控（见图13－45）。

创建计划

时轴 年度 2010

计划 取消

作业名称：* OVERPAYED_INV_DAILY　　目标连接器：EB1CLNT800

频率：* 每天　　注释

测试期间从：* 01.01.2010

测试期间至：* 31.12.2010

开始作业：* 立即

选定的控制

添加 移除

组织	流程	子流程	控制	规则	规则描述	目标连接器	变式名称
CRC集团_上海分公司_采购部门	采购与付款业务循环	采购付款管理	采购与付款业务循环_采购付款管理_12	ZBR_LOPURVAP_08T3_01	按发票数据和发票金额列出所有重复的供应商发票	EB1CLNT800	

图13－45　创建持续性监控的后台作业

该后台监控计划激活后，内部控制系统即可对所关联的ERP系统中2010年的全年供应商发票数据进行自动化监控，并在出现重复供应商发票的情况下，自动向相应的负责人进行报告（见图13－46）。

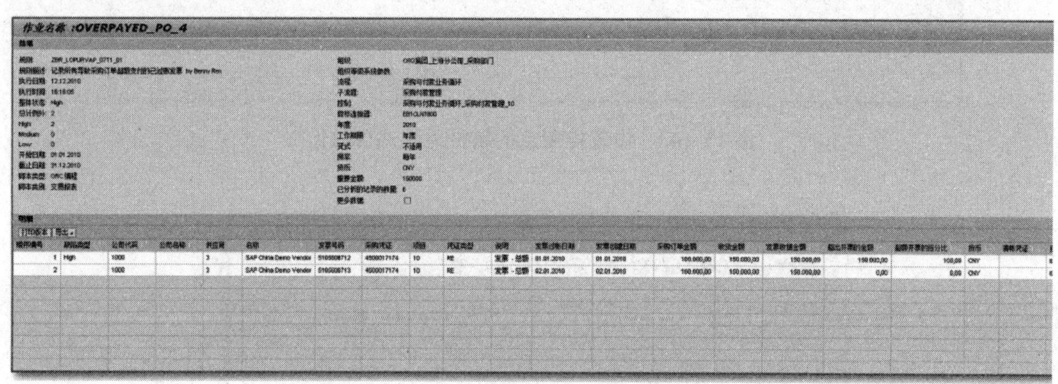

图13－46　持续性监控发现的内控缺陷

（六）内控报表

内部控制系统通过提供实时多样的报表功能，满足不同岗位的洞察需求。通常会有如下几种常见的报表。

1. 评估状态报表

整体掌握企业内部控制评估测试的状态，可以通过组织结构树状结构或饼状图，柱状图来展示（见图13－47）。

2. 总体合规状态仪表盘

展示内部控制的整体执行情况，包括风险控制的范围、评估和问题整改的进展、组织认证情况等，可按照时间、法规、国家、组织单位等维度查询信息，服务于内控总监及整体掌握内控工作进展的人员（见图13－48）。

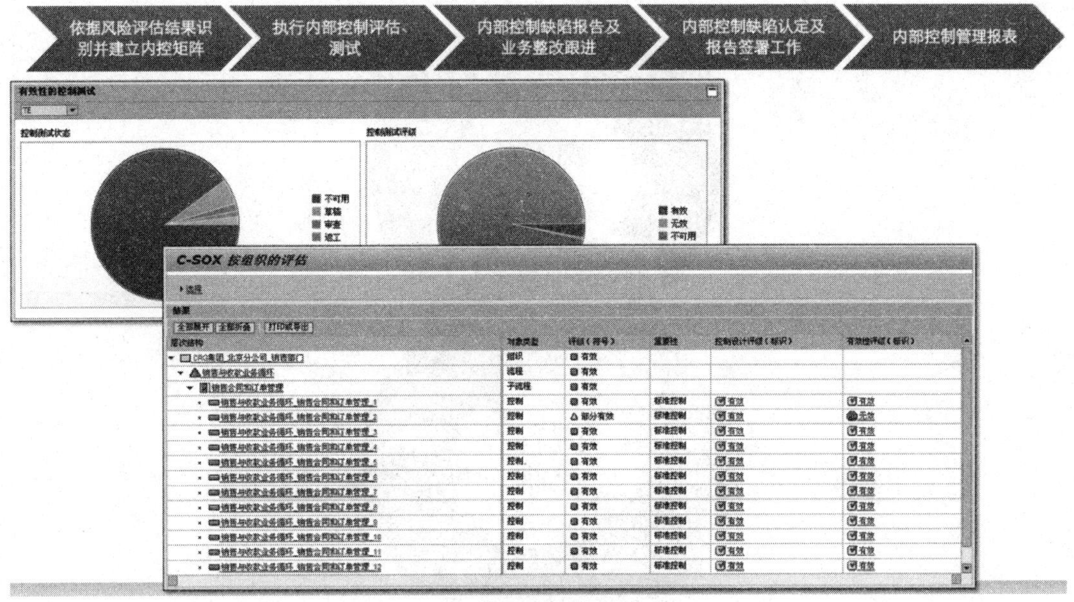

图 13－47　内控评估状态报表

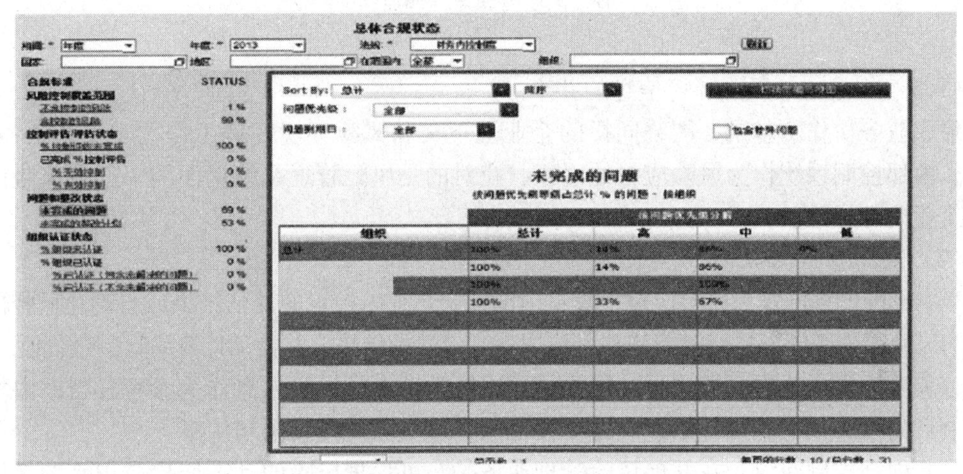

图 13－48　内控总体合规状态仪表盘

3. 内部控制数据表

主要是列表形式展示内部控制矩阵；内部控制评估进度；缺陷状态列表；整改状态报表等。

三、内部控制系统与风险管理系统的协同联动

本节提到，内部控制与风险管理业务联系十分紧密，相互分工又相互合作。从信息系统的角度，通过将两个系统有机地整合在一起，实现业务联动，优化业务协同，促进风险管控数字化的整体水平提升（见图 13－49）。

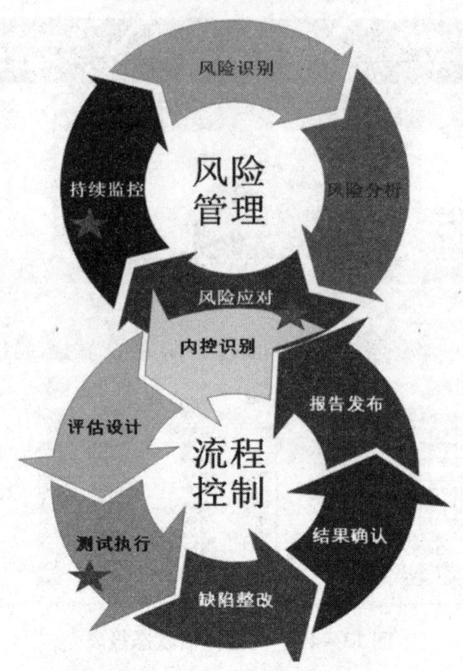

图 13-49　风险管理与内部控制的联动

（1）组织架构与风险环境信息的共享。

形成业务协作的基础，围绕同样的企业上下文和风险环境开展工作，避免各说各话。其中，内部控制系统作为风险应对的手段，应对的是风险管理系统里面的一部分风险即其中的企业内部风险。

（2）双向业务联动。

以内部控制措施作为风险应对手段：内部控制系统内控点的评估结果或自动化监控的结果作为风险管理系统风险应对措施和风险应对有效性的结果，并自动计算风险剩余价值。

以风险为导向开展内控工作：风险管理系统中动态的风险信息作为参考，帮助内控部门在制订内控评估与测试计划，确定工作范围，抓重点提高资源利用率。

发起内部控制建议：在开展风险管理业务时，可根据风险的动态变化或识别的新风险发起内部控制的控制建议，信息由风险管理系统发送给内部控制系统，进行控制建议的审批、复核以及按照内部控制体系进行相应信息的完善，形成新的内部控制点。

第四节　场景与案例

一、X 矿业风险内控一体化管理实践及启示

X 矿业集团是南非最大和最领先的煤炭及重矿物开采公司，在煤炭资源丰富的省份拥有 7 座大型矿场，每年的煤炭生产和销售总量超过 4 000 万吨。除非洲以外，该公司在欧

洲、亚洲和澳大利亚也有运营。

X矿业风控一体化项目将战略与风险做了有机整合，将企业“可持续性发展”作为公司的长期业务战略。X矿业认为可持续发展创造并维持了五个资本要素（自然、人力、社会、生产和财务），可以通过监控合规管理、风险、重大问题、对外报告要求以及竞争机会来推动企业繁荣发展。

X矿业采用专业化的风险管理套装软件系统，在全公司范围内建立了一个标准化的风险管理流程体系，确保各个业务单元都可以既在运营层面进行风控管理，同时又可以将风控情况报告给董事会层级，风控流程完全融合嵌入可持续发展的架构中。风控管理不仅仅是风险分析，同时也提升了企业的总体风险意识与文化，并与各个业务单元、部门和集团的管理目标挂钩，在完成风险管理的同时，更重要的是保障企业战略目标的实现。风险管理模块与流程管理模块强化了企业内部之间的协同、风险智能化提升，也确保了责任到人，以及工作的透明性与效率。打破过去财务部门只关心财务风险、安健环部门关注EHS风险的烟囱式的相互独立的孤岛模式，建立起从煤矿工人采煤的作业风险到董事会掌握的影响战略目标实现的重大运营风险的系统。

针对每一个重大或重要级别的风险，通过系统建立该风险的完整视图，供董事会和管理层对该风险有完整的了解，知道该风险会影响哪一个战略目标、风险负责人是谁，风险实际应对情况和风险处置的最佳情况的比较。

通过部署风控一体化平台，X矿业在全球组织的各个层级、内部各个事业部门建立起一个各司其职又相互协作互通、风险管理透明化的企业运营风险管理平台。

二、L与H集团合并后内控管理实践及启示

2015年7月11日，H公司与L公司之间的全球合并宣告完成，新的LH公司的股票自2015年7月14日起在瑞士证券交易所和欧洲证券交易所进行交易。双方共同发布公告称，建筑材料工业最大的集团LH诞生。公告称交易结构为公开发行，LH的销售总额将达到390亿瑞士法郎，折合320亿欧元，息税折旧前利润将达到80亿瑞士法郎，约合65亿欧元。2019年，合并后的拉法基LH集团排名世界500强第14名，目前员工人数8万多人。本案例介绍两家大型企业合并后在内部控制软件支持下统一部署新的集团企业内部控制管理平台。

合并之初的挑战来自三个方面，人员、流程和技术。人员层面要对企业职能部门进行重新划分调整，企业内部控制职能也有新的变化，包括新的内部控制岗位。流程层面涉及业务流程的多样性，业务报告语言和持续的资本运作。技术层面要解决六个以上的ERP系统管理，IT平台、数据中心和基础设施变化等。合并之前两家企业所采用的内控模式也不相同，主要差异集中在财务报告内部控制的控制点数量、团队规模、控制测试有效性评估方法、测试频率还有外部审计报告的协同方式。

合并后的内部控制强化了与风险、审计、合规的协同以确保新的集团有更好的保障机制，内审会做单独的内控评价审计，内控则组织管理测试提高运营有效性。集团内控团队还负责审核待发布的政策并跟进政策落实。集团CFO领导内控委员会，管理内控自动化测试与内控报告。

在内部控制系统平台上，合并后的新集团重新定义内控目标与内控活动，采用渐进的方法通过一个专业的内控系统替换原有各色的多套内控工具和手工表单等模式，实现嵌入30多个国家的6个ERP系统和其他系统的内控测试管理与报表。2016年，集团设计并发布了新的内控框架，并在2017年与2018年伴随着组织与业务的调整进行了更新。目前在内部控制系统里建立了165个集团层级全球控制点，2万个本地控制，涉及380个部门单位，遍布60个国家的5 500名用户。

有很多用户在内控系统上线之前通过邮件系统接受内控自评的手工测试任务。通过预设问卷与题库，让用户通过自助式的填报方式对特定实体的内控数据进行更新。

【本章总结】

本章讨论了风险管理和内部控制的基本概念、主要流程以及相互之间的联系。分析了风险管理和内部控制信息系统的设计原则、建设目标、系统定位以及架构设计和建设方法。结合案例的分享以及系统功能特点的展开介绍，希望能够帮助管理会计师掌握信息系统对风险管理业务的价值，对于如何利用数字化手段优化风控业务带来一些思考和启发。

【本章思考题】

1. 使用风险管理信息系统的用户主要有哪些？
2. 风险管理信息系统在管理会计信息系统的定位是怎样的？
3. 通过风险管理和内部控制信息系统，如何帮助风险管理工作做得更扎实？
4. 有哪些风险管理和内部控制的工作可以通过创新技术如机器学习、区块链、大数据技术等来进行优化和创新？
5. 如何通过技术手段促进业务部门对风险业务的了解、重视与配合？
6. 一个风险信息系统的项目成功应该具备哪些条件？

第十四章　管理会计报告信息系统及其应用

【本章内容简介】

本章第一节介绍概念的演进、报告特点、数据基础和管理诉求，以及管理会计报告体系和应用基本要求；第二节介绍当前管理会计报告系统架构与处理逻辑；第三节介绍常见系统功能、产品示例和应用要求、面临的挑战和如何推进应用；第四节介绍两个管理会计报告系统的典型应用案例。

【本章学习目标】

1. 了解管理会计报告概念、特点及数据基础。
2. 理解管理会计报告的管理诉求。
3. 熟悉当前基于数据中台的管理会计报告系统架构与处理逻辑。
4. 了解管理会计报告系统功能和常用产品。
5. 理解管理会计报告系统的典型应用。

【本章要点提示】

数据中台自下而上分为数据采集、数据清洗加工（数据仓库）、数据服务三个层面，每一层都有不同的功能模块。管理会计报告系统本质上遵循的是先采集数据，然后对数据进行清洗加工，最后提供数据应用服务这样一个处理逻辑，这正是数据中台的工作逻辑。基于数据中台的管理会计报告信息系统架构可分为数据治理层、数据模型层和数据应用展现层三个层级。

【本章引导案例】

上海电气集团财务管控平台管理报告系统

2019 年 6 月上海电气集团正式启动财务管控体系建设规划，9 月发布了“1 号图纸”，详细描绘了财务管控体系的建设目标和路径。同月，启动财务管控平台落地建设。2020 年 5 月 12 日，集团财务管控体系落地的一个重要里程碑节点——集团财务管控平台管理报告系统第一批报告正式上线。第一批管理报告的上线，标志着集团财务人员自我赋能迈向了一个新的台阶。

上海电气集团财务管控平台管理报告系统操作简单，界面友好，包含了报告搭建、流程设置、权限设置、校验规则、待办任务处理、查询和分发等功能模块。管理报告系统的建设遵循“分层、分主题、分步”指导思想，力求稳扎稳打，本次上线的管理报告包括日常财务分析报告和管理利润报告。上线的数据期间包括 2017 年 12 月、2018 年 12 月、2019 全年以及 2020 年 1～3 月。为保证效果质量，管理报告项目团队已在 3～4 月提前分批对集团应用管理员、关键用户、填报用户以及审批用户进行了多场培训和宣贯。此前，管理报告系统也已经历了两个月的填报试运行工作。

第一批上线的报告在展示层面全部由财务人员通过拖拉方式创建报告，改变了过去展示报告需要专业信息化人员开发完成的工作模式。需要的报告可以快速搭建、快速呈现；不再需要的报告也可以快速下线、灵活修改。通过不同功能的交叉可以覆盖很多日常业务场景，集团财务人员将逐步摆脱传统的线下工作方式，逐渐拥有一个固定的工作平台，有效地提升工作效率，减少烦琐的数据粘贴、汇总、核对等重复性工作和大量沟通时间。

据悉，第一批报告的上线，标志着包含财务管控数据库、数据接口、数据收集、指标封装、分析模型、建模赋能、报告应用等集团管理报告系统基本功能点和整体架构初步搭建完成，配套发布的还有相关的管理报告运营机制和流程。按照“1 号图纸”的设计规划，管理报告系统是财务管控平台的龙头，集团财务管控体系由管理报告牵引，财务管控数据库支撑报告，各系统持续向财务管控数据库提供标准数据。

（案例来源：元年科技：《上海电气集团财务管控平台管理报告系统第一批管理报告上线》，http：//xueqiu. com/3636734751/150730394。）

案例思考题：

1. 上海电气集团财务管控平台管理报告系统包括哪些具体功能？

2. 上海电气集团财务管控平台管理报告系统遵循的是怎样的指导思想？

3. 为什么说上海电气集团财务管控平台管理报告系统的上线标志着财务人员的自我赋能迈向了一个新台阶？

第一节　业 务 介 绍

一、管理会计报告应用发展

（一）概念的演进

管理会计报告是管理会计信息的载体，管理会计报告是管理会计活动成果的重要表现形式，旨在为报告使用者提供满足管理需要的信息。

国外对管理会计报告的讨论较早，约翰逊和卡普兰（Johnson and Kaplan，1987）认为管理会计报告必须脱离财务会计的束缚，根据企业管理者的需要重新进行编制，要更加注重信息的相关性。博文斯和艾伯内西（Bouwens and Abernethy，2000）认为应该将公司战略管理纳入管理会计报告体系结构中去。2003 年 IAS 建议管理会计报告应由预算、控制、短期报告和风险管理四个部分组成。

国内对管理会计报告的应用起步较晚，近年来为了顺应我国经济发展，学界和实务界共同展开对管理会计的研究和探讨，并逐渐形成较为科学的管理体系。《管理会计应用指引》是近些年来国内众多学者智慧的结晶，也是我国企业谋求发展、实践探索的抛砖石。

财政部2017年颁布的《管理会计应用指引第801号——企业管理会计报告》指出，“企业管理会计报告，是指企业运用管理会计方法，根据财务和业务的基础信息加工整理形成的、满足企业价值管理和决策支持需要的内部报告。企业管理会计报告的目标是为企业各层级进行规划、决策、控制和评价等管理活动提供有用信息。”

（二）管理会计报告特点

在管理越来越趋于精益化的今天，管理会计报告在企业决策、控制和价值创造方面的作用日益重要。与财务会计报告相比，管理会计报告具有鲜明的特点。

首先，管理会计报告为内部管理服务，是管理提升的必备工具，编制管理会计报告的重点在于支持各层级管理者的经营决策。

其次，管理会计报告面向未来，强调事前和事中的控制，关注未来经营。

再次，管理会计报告所展现的信息维度更丰富，不仅包括内部的财务信息、业务信息，还需要关注外部信息。

最后，管理会计报告可按需求灵活编制，通过对数据的整合与分析实现企业业财深度一体化。以数据分析的结果帮助企业发现业务上存在的问题，并助力企业作出及时、正确的决策。

（三）管理会计报告的数据基础

随着近年来信息技术的不断发展与深入应用，企业的内外数据环境发生了质的变化。管理会计报告的数据基础：

（1）不仅包括内部数据，如研发、生产、销售等价值链环节的数据，还包括外部数据，如政策法规、市场竞争、通货膨胀和利率波动等数据。

（2）不仅包括财务口径的收入、成本、费用、利润等价值量数据，还包括大量业务口径，如产量、作业量、动因量、人工及工时量的实物量数据。

（3）不仅包括结构化数据，还包括大量非结构化数据和半结构化数据。企业只有将全面有用的数据进行有效采集和加工利用，才能生成所需的有效信息并形成有价值的管理会计报告。

二、管理会计报告定义中蕴含的管理诉求

随着信息技术的发展，更多的创新技术和人工智能、多维数据库等应用相结合，给企业以及社会带来更大的价值。传统的财务报告模式将被整合，甚至被替代，财务会计报告将无法满足企业组织结构的变迁、核算对象的变化以及商业模式日新月异的情况，内部管理会计报告越加重要。

管理会计报告随着经济进步科技发展、商业模式等的变化，定义中蕴含着以下管理诉求。

（一）个性化

当今社会处于技术不断进步的时代，大智移云物技术改变并造就了很多新的商业业态。

在大智移云物技术飞速发展的时代，企业的运行机制、管理机制、决策机制及信息化规划需要重构，企业管理需要转型、管理更加精细化，所以要求管理会计报告突破传统的财务会计报告的局限，提供更加精细化或个性化的报告。例如，智能制造将不断取代传统的制造模式，个性化订单增加等，因此智能制造也对管理会计提出新要求，包括：(1) 直接成本的归集和间接成本的分摊都需要细化到每个个性化订单，成本核算更加精细；(2) 产品定价差异化，管理会计为每个个性化的订单提供差异化定价的决策参考。

（二）智能化和大数据化

人工智能技术大大推动了管理会计报告的发展变革。人工智能技术经历了运算智能、感知智能和认知智能三个发展阶段。运算智能让系统“能存会算”，感知智能让系统“能听会说，能看会认”，认知智能让系统“能理解，会思考"。

应用人工智能技术，管理会计进行规划、控制、预测和分析，向企业管理层提供更加精准、及时的决策信息。自然语言处理、知识图谱、图像识别等人工智能技术，将成为管理人员和财务人员的助手，提供人机交互、可视化、智能化的管理会计报告，为企业的战略规划、经营计划与决策、滚动预算、开放式预算、经营预警、绩效管理等提供决策信息。

大数据时代，管理会计借助大数据技术，对财务数据、业务数据（产品、研发、渠道等）和与企业相关的外部大数据（经营环境、业务模式、客户消费模式等）进行收集、存储、加工、整理、分析和运用，管理会计报告更智能化和大数据化。

（三）与信息技术深度融合

管理会计为企业的经营管理提供信息，帮助企业深度发掘客户需求、提高全要素生产效率，为企业建立持续盈利的经营模式，提高价值。信息技术可以有效支持管理会计理念与方法落地，支撑管理会计功能发挥和价值实现。管理会计通过深度融合大智移云物等新兴信息技术，搜集数据并对其进行加工、处理、分析，生成管理会计报告，为企业提供决策参考。

（四）业财深度融合

管理会计报告不但应反映财务信息，更应反映企业所处的市场环境、宏观经济情况、企业经营战略、竞争对手情况和产业链等非财务信息，将打破过去传统的重财务、轻业务的状况。新技术环境下，管理会计提供的信息将有效融合业务系统、ERP 系统、预算平台、数据分析平台等资源，为企业提供全方面、多层次的管理分析和决策支持。管理会计不是“信息孤岛”，管理会计报告提供的信息将全面反映经营业务，管理会计建设得好不好，关键看业财融合的成功与否。

（五）可量化

大数据环境下，“一切皆数据，万物皆可量化”，管理会计报告也应提供能够量化的信息，“用数据说话、用量化管理”。管理会计报告需要建立基础数据，深入分析企业的商业模式，提供高质量的可视化的内部报告。

管理会计报告最大的价值是为企业经营管理提供可量化的决策信息。管理会计本质上是业财融合，将业务模型化，通过构建量化模型，再基于模型进行深度分析，然后借助可视化的信息化技术呈报简明、直观、高效的报告。可量化的管理会计报告也是多维度、定制化和可视化的。

（六）实时性和自动化

当今时代企业面临的环境更加不确定、更加复杂，易变性增强，企业的商业模式和经营管理充满变数。管理会计的目标之一就是为了帮助企业应对充满不确定和易变性的复杂事物，传统的管理会计思维和技术已经无法适应这一现状，例如预算，过去编制预算强调年度预算，但商业模式变化快，环境多变、技术更新快，年度预算对企业经营决策起到的作用越来越小，所以就需要企业编制滚动预算，即按月、按周、按日，甚至实时的业务预算成为必然。

企业更加重视管理会计工作，过去固定格式的分析图表难以满足专业数据分析人员的需求，越来越多的企业在财务部门设置数据分析或数据挖掘岗位。

管理会计报告信息系统不仅可以提供实时的管理会计报告，还可以提供灵活的自助数据分析功能，让分析人员对数据进行快速、多维的加工处理和分析，自动生成管理会计报告。而且这种自助分析还可以通过语音或文字交互，采用搜索引擎的方式，通过系统提问，系统自动在后台搜索需要的数据，最后呈现给客户。

（七）场景化

企业的经营是由一个个具体的场景构成的，场景化是指实实在在的场景。例如，购物需要去商场或超市体验；想知道产品生产的实际过程，需要去车间体验或感受等。场景化是商业语言，即基于真实场景，让客户亲身体验，或者说用场景化解决客户的需求。企业的管理都有实际的场景，而这些实际的场景中都会存在实际问题，而管理会计目标之一是为了解决企业一个业务场景中的实际问题，所以提供的管理会计报告需要针对不同的业务场景，为管理提供决策支持。

不同的商业模式存在不同业务模块，不同的业务构成不同的场景，而不同的场景隐藏着不同的实际问题。场景化分析着眼于未来，并致力于解决实际问题，财务分析着眼于描述性和诊断性分析，而场景化分析着眼于预测性分析、优化性分析和自主性分析，为企业提供“应该怎么做”“如何适应改变”。场景化分析深入企业的细分业务环节中去，根据不同的业务场景构建模型进行分析，将分析得到的数据反馈到特定业务场景中，并为其提供决策参考，分析更加精细化、更加科学、更加准确，这也符合精细化管理要求。因此，场景化分析成为企业数据应用的新方向，管理会计报告的场景化报告模式是必然趋势。基于场景化分析的管理会计报告，管理层可以实时监控企业的业务场景的运行状况、实时动态地获取业务场景的信息，以此有针对性地决策。

（八）运营化

战略管理会计以战略为导向，体现了传统管理会计体系以战略实施或目标达成为主导思想，但随着信息技术、互联网经济以及商业模式不断创新，经济波动的周期越来越短、经营环境的变化越来越快，这将降低中长期规划的战略数据的准确性和有效性，因此需要企业对瞬息万变的市场环境作出迅速反应，这必将推动管理会计由战略化转向运营化。过去管理会计报告主要是面向管理层的报告，而对一线业务部门、对运营的重视程度不够，而现在的管理会计建设更加看重业财融合，更加重视业务，加之新技术对数据的获取、加工、分析等的支持功能都大大加强，这都将支持管理会计从大决策转向支持业务，如管理会计报告更应该对供产销研发等业务提供决策信息。

（九）可视化和移动化

过去管理人员和财务人员需要花费时间和精力阅读众多的表单，不但容易出错，而且效率低。管理会计报告可视化则借助智能技术和数据分析，让数据通过屏幕用图标等视觉形式展现，这样获取的数据更加快捷，而且更加直观、更及时。随着移动互联网的发展，5G 技术的逐渐成熟，传统的企业信息需求将向移动端迁移，加上企业的管理层对数据的实时要求更为迫切，管理会计报告的移动化将会变为现实，这样管理层就能做到随时随地获取相关信息。

（十）多维管理会计报告

因受技术进步、大数据、互联网以及商业模式创新的影响，企业内外部环境将发生重大变化，企业管理模式、运营模式等也随之改变，作为服务于企业内部经营管理的管理会计必将发生变革。

管理会计需要多维的管理会计报告，具体可以包括：（1）经营战略管理会计报告，即行业或企业经营状况分析报告，竞争对手分析报告，供应商、销售商及客户分析报告。（2）经营预算管理会计报告，即收入、成本费用、资金需要量、财务预算等分析报告。（3）经营决策管理会计报告，即产品定价决策、产品组合优化决策、投融资决策和市场营销决策报告。（4）经营规划报告，即采购计划、生产计划、销售计划、薪酬计划和利润分配计划报告。（5）业绩考核管理会计报告，即企业绩效考核、员工绩效考核和社会责任绩效考核报告。

三、管理会计报告体系

（一）结果报告和原因报告

管理会计报告应当根据管理活动的全过程，以决策信息和控制方法为基础进行构造，在管理活动各环节形成基于因果关系链的结果报告和原因报告。

1. 结果报告

结果报告形成于管理活动的全过程，例如，管理活动过程中的规划、决策阶段形成预计资产负债表、预计利润表以及预计现金流量表等，对应的是企业预算。管理活动过程中的控制阶段形成执行差异报表，对应的就是预算与实际之间差异的分析。管理活动过程中的评价阶段形成目标实现程度的报表，对应的是业绩考核。

2. 原因报告

企业在提供结果报告的基础上，应当提供每一种结果产生的原因报告。原因报告要实现财务信息与业务信息的融合，从财务结果层层追溯至业务活动。管理会计报告体系的建设，就是要在传统的以财务会计为主所建设的信息体系的基础上，适应管理会计以及业务信息与财务信息一体化的需要，进一步拓展和完善企业信息体系。

（二）报告分类

企业管理会计报告体系可按照多种标准进行分类。

1. 按管理层级分类

按照企业管理会计报告使用者所处的管理层级可分为战略层管理会计报告、经营层管理会计报告和业务层管理会计报告。

（1）战略层管理会计报告。

战略层管理会计报告是为战略层开展战略规划、决策、控制和评价以及其他方面的管理活动提供相关信息的对内报告。战略层管理会计报告应精炼、简洁、易于理解，报告主要结果、主要原因，并提出具体的建议。战略层管理会计报告的报告对象是企业的战略层，包括股东大会、董事会和监事会等。

战略层管理会计报告包括但不仅限于战略管理报告、综合业绩报告、价值创造报告、经营分析报告、风险分析报告、重大事项报告、例外事项报告等。这些报告可独立提交，也可根据不同需要整合后提交。

战略管理报告的内容一般包括内外部环境分析、战略选择与目标设定、战略执行及其结果，以及战略评价等。综合业绩报告的内容一般包括关键绩效指标预算及其执行结果、差异分析以及其他重大绩效事项等。价值创造报告的内容一般包括价值创造目标、价值驱动的财务因素与非财务因素、内部各业务单元的资源占用与价值贡献，以及提升公司价值的措施等。经营分析报告的内容一般包括过去经营决策执行情况回顾、本期经营目标执行的差异及其原因、影响未来经营状况的内外部环境与主要风险分析、下一期的经营目标及管理措施等。风险分析报告的内容一般包括企业全面风险管理工作回顾、内外部风险因素分析、主要风险识别与评估、风险管理工作计划等。重大事项报告是针对企业的重大投资项目、重大资本运作、重大融资、重大担保事项、关联交易等事项进行的报告。例外事项报告是针对企业发生的管理层变更、股权变更、安全事故、自然灾害等偶发性事项进行的报告。

（2）经营层管理会计报告。

经营层管理会计报告是为经营管理层开展与经营管理目标相关的管理活动提供相关信息的对内报告。经营层管理会计报告应做到内容完整、分析深入。经营层管理会计报告的报告对象是经营管理层。

经营层管理会计报告主要包括全面预算管理报告、投资分析报告、项目可行性报告、融资分析报告、盈利分析报告、资金管理报告、成本管理报告、绩效评价报告等。全面预算管理报告的内容一般包括预算目标制定与分解、预算执行差异分析以及预算考评等。投资分析报告的内容一般包括投资对象、投资额度、投资结构、投资进度、投资效益、投资风险和投资管理建议等。项目可行性报告的内容一般包括项目概况、市场预测、产品方案与生产规模、厂址选择、工艺与组织方案设计、财务评价、项目风险分析，以及项目可行性研究结论与建议等。融资分析报告的内容一般包括融资需求测算、融资渠道与融资方式分析及选择、资本成本、融资程序、融资风险及其应对措施和融资管理建议等。盈利分析报告的内容一般包括盈利目标及其实现程度、利润的构成及其变动趋势、影响利润的主要因素及其变化情况，以及提高盈利能力的具体措施等。企业还应对收入和成本进行深入分析。盈利分析报告可基于企业集团、单个企业，也可基于责任中心、产品、区域、客户等进行。资金管理报告的内容一般包括资金管理目标、主要流动资金项目如现金、应收票据、应收账款、存货的管理状况、资金管理存在的问题以及解决措施等。企业集团资金管理报告的内容一般还包括资金管理模式（集中管理还是分散管理）、资金集中方式、资金集中程度、内部资金往来等。成本管理报告的内容一般包括成本预算、实际成本及其差异分析，成本差异形成的原因以及改进措施等。业绩评价报告的内容一般包括绩效目标、关键绩效指标、实际执行结果、差异分析、考评结果，以及相关建议等。

（3）业务层管理会计报告。

业务层管理会计报告是为企业开展日常业务或作业活动提供相关信息的对内报告。业务层管理会计报告应做到内容具体、数据充分。其报告的报告对象是企业的业务部门、职能部门以及车间、班组等。

业务层管理会计报告应根据企业内部各部门、车间或班组的核心职能或经营目标进行设计，主要包括研究开发报告、采购业务报告、生产业务报告、配送业务报告、销售业务报告、售后服务业务报告、人力资源报告等。研究开发报告的内容一般包括研发背景、主要研发内容、技术方案、研发进度、项目预算等。采购业务报告的内容一般包括采购业务预算、采购业务执行结果、差异分析及改善建议等。采购业务报告要重点反映采购质量、数量以及时间、价格等方面的内容。生产业务报告的内容一般包括生产业务预算、生产业务执行结果、差异分析及改善建议等。生产业务报告要重点反映生产成本、生产数量以及产品质量、生产时间等方面的内容。配送业务报告的内容一般包括配送业务预算、配送业务执行结果、差异分析及改善建议等。配送业务报告要重点反映配送的及时性、准确性以及配送损耗等方面的内容。销售业务报告的内容一般包括销售业务预算、销售业务执行结果、差异分析及改善建议等。销售业务报告要重点反映销售的数量结构和质量结构等方面的内容。售后服务业务报告的内容一般包括售后服务业务预算、售后服务业务执行结果、差异分析及改善建议等。售后服务业务报告重点反映售后服务的客户满意度等方面的内容。人力资源报告的内容一般包括人力资源预算、人力资源执行结果、差异分析及改善建议等。人力资源报告重点反映人力资源使用及考核等方面的内容。

2. 按责任中心分类

管理会计报告按照责任中心可分为投资中心报告、利润中心报告和成本中心报告。

责任中心的业绩评价和考核应该通过编制业绩报告来完成。业绩报告也称责任报告、绩效报告，是反映责任预算实际执行情况，揭示责任预算与实际结果之间差异的内部管理会计报告。

业绩报告着重于对责任中心管理者的业绩评价，其本质是要得到一个结论：与预期的目标相比较，责任中心管理者干得怎样。业绩报告的主要目的在于将责任中心的实际业绩与其在特定环境下本应取得的预期业绩进行比较，实际业绩与预期业绩之间差异的原因应得到分析，并且应尽可能予以数量化。业绩报告中应传递出三种信息：(1) 关于实际业绩的信息；(2) 关于预期业绩的信息；(3) 关于实际业绩与预期业绩之间差异的信息。这也意味着合格业绩报告的三个主要特征：报告应当与个人责任相联系、实际业绩应该与最佳标准相比较、重要信息应当予以突出显示。

成本中心的业绩考核指标通常为该成本中心的所有可控成本，即责任成本。成本中心的业绩报告，通常是按成本中可控成本的各明细项目列示其预算数、实际数和成本差异数的三栏式表格。由于各成本中心是逐级设置的，所以其业绩报告也应自下而上，从最基层的成本中心逐级向上汇编，直至最高层次的成本中心。每一级的业绩报告，除最基层只有本身的可控成本外，都应包括本身的可控成本和下属部门转来的责任成本。成本中心的各级经理人，就其权责范围编制业绩报告并对其负责部门的成本差异负责。级别越低的成本中心，从事的经营活动越具体，其业绩报告涉及的成本项目分类也越详细。根据成本绩效报告，责任中心的各级经理人可以针对成本差异寻找原因对症下药，以便对成本费用实施有效的管理控制，从而提高业绩水平。

利润中心的考核指标通常为该利润中心的边际贡献、分部经理边际贡献和该利润中心部门边际贡献。利润中心的业绩报告，分别列出其可控的销售收入、变动成本、边际贡献、经理人员可控的可追溯固定成本、分部经理边际贡献、分部经理不可控但高层管理部门可控的可追溯固定成本、部门边际贡献的预算数和实际数；并通过实际与预算的对比分别计算差异。据此进行差异的调查、分析产生差异的原因。利润中心的业绩报告也是自下而上逐级汇编的，直至整个企业的息税前利润。

投资中心的主要考核指标是投资报酬率和剩余收益，补充的指标是现金回收率和剩余现金流量。投资中心不仅需要对成本、收入和利润负责，而且还要对所占的全部资产（包括固定资产和营运资金）的经营效益承担责任。投资中心的业绩评价指标除了成本、收入和利润指标外，主要还包括投资报酬率、剩余收益等指标。因此，对于投资中心而言，它的业绩报告通常包含上述评价指标。

四、管理会计报告基本要求

（一）整合价值信息和业务信息

管理会计报告要解决的首要问题是信息边界界定，即何种信息可以纳入管理会计报告体系。为了实现管理会计报告目标，管理会计报告体系应反映价值信息与业务信息的整合。

无论是战略层管理会计报告，还是经营层管理会计报告及业务层管理会计报告，都应同时反映企业的价值信息与业务信息。一方面，企业价值信息是企业业务信息的结果；另一方面，企业业务信息又是对企业价值信息的有效诠释与支撑。各个层次价值信息可以逐级汇总，各层级业务信息可以作为本层级价值信息的原因解释及辅助说明。

（二）有效报告过程信息

从报告内容及结构来看，每一层级的管理会计报告均需有效报告管理会计体系规划、决策、控制、激励和考核功能实现过程等信息，均应包括组织体系、形式要件、报告对象、报告期间、报告内容、报告流程、报告体系。具体要求如下：

（1）企业管理会计报告的形式要件包括报告的名称、报告期间或时间、报告对象、报告内容以及报告人等。

（2）企业管理会计报告的对象是对管理会计信息有需求的各个层级、各个环节的管理者。

（3）企业可根据管理的需要和管理会计活动的性质设定报告期间。一般应以日历期间（月度、季度、年度）作为企业管理会计报告期间，也可根据特定需要设定企业管理会计报告期间。

（4）企业管理会计报告的内容应根据管理需要和报告目标而定，易于理解并具有一定灵活性。

（5）此外，企业管理会计报告的编制、审批、报送、使用的各个流程应与企业组织架构相适应。

企业管理会计报告体系应根据管理活动全过程进行设计，在管理活动各环节形成基于因果关系链的结果报告和原因报告。

第二节　系统应用架构与处理逻辑

企业管理会计报告流程包括报告的编制、审批、报送、使用、评价等环节。企业管理会计报告由管理会计信息归集、处理并报送的责任部门编制。企业应根据报告的内容、重要性和报告对象等，确定不同的审批流程。经审批后的报告方可报出。企业应合理设计报告报送路径，确保企业管理会计报告及时、有效地送达报告对象。企业管理会计报告可以根据报告性质、管理需要进行逐级报送或直接报送。企业应建立管理会计报告使用的授权制度，报告使用人应在权限范围内使用企业管理会计报告。企业应对管理会计报告的质量、传递的及时性、保密情况等进行评价，并将评价结果与绩效考核挂钩。

企业应定期根据管理会计报告使用效果以及内外部环境变化对管理会计报告体系、内容以及编制、审批、报送、使用等进行优化。企业管理会计报告属内部报告，应在允许的范围内传递和使用，相关人员应遵守保密规定。

管理会计报告系统正是应用信息技术，帮助企业强化管理会计报告及相关信息集成和共享，具备管理会计报告的编制、审批、报送和使用等功能的企业统一信息平台。当前技术环境下管理会计报告系统一般采用基于数据中台的系统架构。

一、基于数据中台的系统应用架构

（一）数据中台

在具体了解管理会计报告系统的应用架构之前我们先了解数据中台的概念。

数据中台是对海量数据进行采集、存储、计算、加工与融合的产物，目的是为了消除数据标准和口径不一致，提升数据采集和数据转换的效率和质量，并提供给前端开展不同维度的数据场景化应用。数据中台从业务视角出发，强调为不同业务场景提供数据的共享和复用。

一般来讲，数据中台自下而上分为数据采集、数据清洗加工（数据仓库）、数据服务三个层面，每一层都有不同的功能模块。

数据中台的核心价值是帮助企业用数据思维激活行业沉淀，挖掘资产价值，形成企业成长的新动力。数据中台为前台应用的定制化场景创新业务提供了强有力的支撑，使企业能够根据不同的业务场景，基于数据资产体系及服务体系的积累快速给出响应，从而适应不断变化的内部和外部需求。

数据中台的出现，为企业适应数字化转型时代的管理变革提供了全新的IT架构，为管理会计报告系统提供了全新的数据支撑。越来越多的企业开始采用基于数据中台的管理会计系统架构。

（二）管理会计报告系统架构

基于数据中台的管理会计报告信息系统架构可分为数据治理层、数据模型层和数据应用展现层三个层级。

1. 数据治理层

基于数据中台的管理会计报告信息系统底层是数据治理层。

数据治理是专注于将数据作为企业的商业资产进行应用和管理的一套管理机制。良好的数据治理能够消除数据的不一致性，通过建立规范的数据应用标准，提高数据质量，实现数据广泛共享，并能够将数据作为一项资产应用于业务、管理、战略决策中，发挥数据资产的商业价值。

数据治理涵盖主数据管理、元数据管理、数据质量管理、数据标准管理、数据安全管理、数据生命周期管理等内容，通过数据治理，管理会计所需的各类基础数据、业务财务和外部引入数据的数据质量得到提升，从源头上解决了管理会计报告应用中的数据采集和数据质量难题，为下一步数据分析奠定了充分的数据基础。

2. 数据模型层

基于数据中台的管理会计报告信息系统中间层是数据模型层，其核心是基于智能技术进行数据建模，形成服务化的数据应用。

管理会计报告的最大价值是为各层级管理者的科学决策提供量化信息支持，其本质在于将企业业务模型化，通过建立量化模型来模拟企业的商业模式和业务模式。智能技术架构内全新的数据中台具备智能快速建模能力，可基于智能数据研发开展在线数据建模、基于智能算法进行统一画像和构建公共数据模型。借助强大的建模和计算引擎，企业可按不同主题建立业务模型和财务分析模型，发现数据之间的关系，作出基于数据的推断，较好地满足管理会计报告的分层次、多维度、灵活性等特点。

数据模型可分为基础模型、融合模型和挖掘模型。基础模型一般是关系建模，主要实现数据的标准化。融合模型一般是维度建模，主要实现跨越数据的整合，整合的形式可以是汇总、关联、解析。挖掘模型是偏应用的模型，作为企业的知识沉淀在中台内，可在数据应用端调取进行复用。

3. 数据应用展现层

基于数据中台的管理会计报告信息系统上层是数据应用展现层，该层聚焦于对数据的应用和展现，最终以多样化的形式，包括管理驾驶舱、即席分析、自助报告、数据大屏、移动APP等，对数据分析应用的结果进行多维度、定制化、可视化的展现。

基于可定制的交互式界面，系统可以根据不同用户在不同场景下的需求调整合适的展现方式，使报告更符合用户的阅读习惯和偏好，并且可以进行文本、表格、曲线图、柱状图、面积图、饼图、雷达图、仪表盘、散点图、气泡图、地图等多种数据展现方式，使用户更直观地捕捉到数据分析中发现的问题，从而有效降低管理者对数据的解读难度并提升决策效率。在该层，系统不仅支持用户在PC界面的运行，还支持移动端展现，有效满足用户对于报告获取便利、及时、规范、准确的需要。

（三）管理会计报告信息系统架构示例

以元年管理会计报告系统架构为例，这是一个典型的基于数据中台的管理会计报告系统架构（见图14-1）。

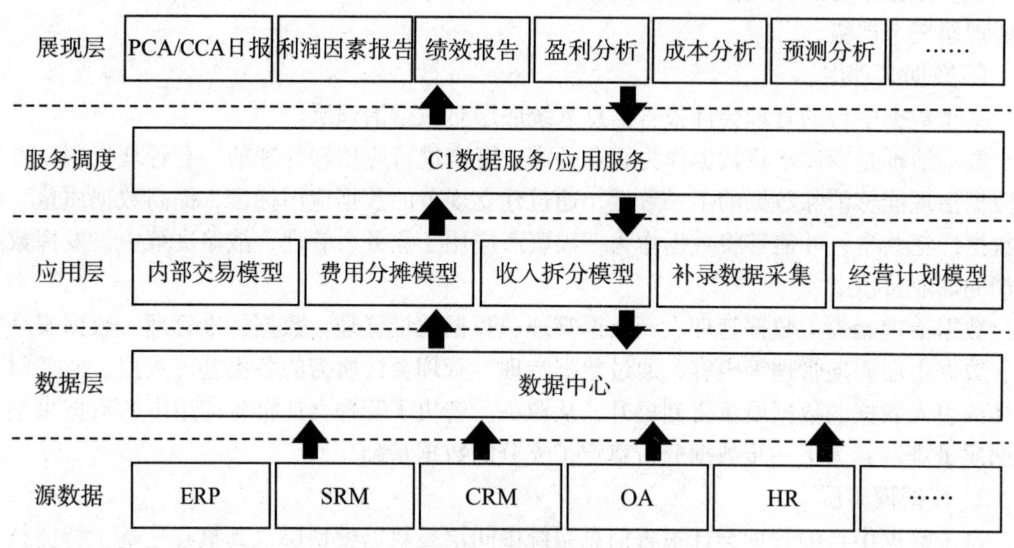

图14-1　管理会计报告信息系统架构示例

元年管理会计报告系统非常注重数据基础，数据层提供数据获取、数据质量、数据转换和数据存储等功能，其中数据获取包括财务数据和业务数据的获取融合，数据转换包括核算科目转换为管理科目，法人架构转换为管理架构，币种转换和合并报表等。

应用层是数据模型层，提供内部交易、费用分摊、收入拆分、经营计划等常用模型。

展现层提供主成分分析PCA/典型关联分析CCA日报、利润因素报告、绩效报告、盈利分析、成本分析、预测分析等企业较为关注的管理会计报告。元年管理会计报告系统采用强大的商业智能（BI）信息化平台把管理会计报告形成更直观、更有视觉冲击力的管理仪表盘和管理驾驶舱展现给用户。

元年管理会计报告信息系统帮助企业设计基于企业管理需求和管理架构的分行业、分板块的管理会计报告，同时也帮助企业设计针对不同层级管理者和不同业务主题，乃至不同管理问题的定制化管理报告。区别于企业财务会计口径的财务报告和财务分析，元年管理会计报告注重业务财务的融合，财务数据与业务数据的打通，突出企业的行业特点、各级管理层领导的关注重点、企业经营管理的痛点以及行业和市场的热点，真正形成对管理层和业务部门有指导意义的决策支持信息，实现与管理会计报告相关的财务核算数据、业务经营数据和预算数据的集成统一，完成与业务系统的数据共享和传递，从而使得管理者拥有一套稳定、高质量的数据，及时准确地提供分析报告。元年管理会计报告信息系统具有较强的针对性，能根据企业管理需求生成定制化的管理会计报告。

二、系统处理逻辑

管理会计报告过程就是按照报告使用者的需求对特定数据进行加工处理，生成满足使用者各方面特定要求的报告。因为管理会计报告所需的数据来自不同数据源，所以管理会计报告系统本质上遵循的是先采集数据，然后对数据进行清洗加工，最后提供数据应用服务这样一个处理逻辑，这正是数据中台的工作逻辑。

管理会计报告信息系统构建的核心就在于数据的整合。数据整合是把在不同数据源的数据抽取、清洗、转换后，加载到一个新的数据源，为数据使用者提供统一数据视图的数据集成方式。

（一）数据整合流程

数据整合的具体流程包括数据抽取、数据清洗和数据转换。

1. 数据抽取

数据抽取是利用抽取工具，建立抽取模型，将多个数据源数据汇总到一个数据库的过程。

2. 数据清洗

由于数据来自多个业务系统，而且包含历史数据，需要按照一定的规划把数据进行清洗，数据清洗的对象应包括不完整的数据、错误的数据、重复的数据等三大类。

3. 数据转换

数据转换主要是实现数据标准化的过程，管理会计报告系统有些数据源没有按照统一的标准规范设计，因此会造成数据难以与其他数据共享。数据转换应实现按照统一的数据标准和既定的格式转换规则，对数据的格式进行统一。

（二）数据整合方案

数据整合的方案主要有多数据库整合方案、数据仓库整合方案、主数据整合方案、中间件整合方案、Web Services 整合方案。

1. 多数据库整合方案

多数数据库整合方案通过对各个数据源的数据交换格式进行一一映射，从而实现数据的流通与共享。

对于有全局统一模式的多数据库系统，用户可以通过局部外模式访问本地库，通过建立局部概念模式、全局概念模式、全局外模式，用户可以访问集成系统中的其他数据库；对于联邦式数据库系统，各局部数据库通过定义输入、输出模式，进行各联邦式数据库系统之间的数据访问。

基于异构数据源系统的数据整合有多种方式，所采用的体系结构也各不相同，但其最终目的是相同的，即实现数据的流通共享。

2. 数据仓库整合方案

数据仓库是一个面向主题的、集成的、相对稳定的、反映历史变化的数据集合，用于支持管理决策。从数据仓库的建立过程来看，数据仓库是一种面向主题的整合方案，因此首先应该根据具体的主题进行建模，然后根据数据模型和需求从多个数据源加载数据。由于不同数据源的数据结构可能不同，因而在加载数据之前要进行数据转换和数据整合，使得加载的数据统一到需要的数据模型下，即根据匹配、留存等规则，实现多种数据类型的关联。这种方式的主要问题是当数据更新频繁时会导致数据的不同步，即使定时运行转换程序也只能达到短期同步，这种整合方案不适用于数据更新频繁并且实时性要求很高的场合。

3. 主数据管理整合方案

主数据管理通过一组规则、流程、技术和解决方案，实现对企业数据一致性、完整性、相关性和精确性的有效管理，从而为所有企业相关用户提供准确一致的数据。

主数据管理不是新技术，它的核心其实就是对于数据的管理，只不过应用了先进的理论方法作为指导。主数据管理提供了一种方法，通过此方法可以从现有系统中获取最新信息，并结合各类先进的技术和流程，使得用户可以准确、及时地分析整个企业中的数据，并对数据进行有效性验证。

4. 中间件整合方案

中间件是位于 Client 与 Server 之间的中介接口软件，是异构系统集成所需的黏结剂。现有的数据库中间件允许 Client 在异构数据库上调用 SQL 服务，解决异构数据库的互操作性问题。功能完善的数据库中间件，可以对用户屏蔽数据的分布地点、DBMS 平台、特殊的本地 API 等差异。

5. Web Services 整合方案

Web Services 可理解为自包含的、模块化的应用程序，它可以在网络中被描述、发布、查找以及调用；也可以把 Web Services 理解为是基于网络的、分布式的模块化组件，它执行特定的任务，遵守具体的技术规范，这些规范使得 Web Services 能与其他兼容的组件进行互操作。当把应用扩展到广域网时，传统的 DCOM 模型就不能完全满足分布式应用的要求：一是 DCOM 在进行网间数据传递时一般采用 Socket 套接字，要求开放特定的端口，这会给带防火墙的网络带来安全隐患，二是 DCOM 进行远程对象调用使用的协议是远程过程调用（RPC），这使得基于 DCOM 的构件无法与其他组件模型的构件进行相互的调用。Web Services 对 DCOM 和 CORBA 的缺陷进行了改进，使用基于 TCP/IP 的应用层协议（如 HTTP、SMTP 等），可以很好地解决穿越防火墙的问题；更重要的是各种组件模型都可以将数据包装成 SOAP，通过 SOAP 进行相互调用。

（三）数据整合原则

数据整合应遵循以下原则。

1. 想大做小、分步实施的原则

数据整合是一个全局的概念，也需要一定的硬件设施为依托。所以必须在充分调查研究的基础上，熟悉企业总体的业务流程和各职能部门的管理方式，既要考虑企业当前管理经营的实际情况，又要着眼于企业未来的发展，做到长远规划，可持续发展。但是鉴于当前各种技术的成熟程度、信息技术人员的技术能力和计算机硬件设施情况，数据整合实施起来不宜贪大求全，应从小处做起，分步实施，选准一个切入点，实施过程中注意随时总结成功的经验和失败的教训，与此同时，关注新技术的发展，力争将数据整合工作稳步做好。

2. 以需求驱动的原则

数据整合的目的是服务于企业生产经营，为企业领导科学决策提供依据。所以数据整合的切入点必须是与企业生产直接相关的数据。

（四）数据整合的前提条件

数据整合应满足以下前提条件。

1. 建立统一的数据平台

由于种种原因，企业内部数据平台大多“各自为政”，导致一个个“信息孤岛”出现，为数据整合带来困难，不利于今后数据仓库、数据挖掘以及智能决策系统的建立。

重新进行企业信息化建设的总体规划和数据整合工作的总体部署时，必须以科学的标准和规范作为前提和基础，建立统一的数据平台，实现企业内部所有数据实现互通共享。

2. 提供统一的数据编码

以前的应用程序往往只面向单一部门，缺乏跨部门、面向企业的考虑，同一种数据资源在不同的部门分别以不同的形式编码，导致数据重复录入，数据代码表混乱，部门间无法实现数据共享。实现数据整合，首先应该建立统一的数据代码表。

3. 确保数据安全

数据是企业信息化的生命。数据安全包括两个方面：其一是数据的物理安全，为了防止由于系统或网络故障造成数据丢失而影响企业的各项业务流程正常运转，必须对数据进行实时有效的备份，并提供及时恢复的功能；其二是对数据加强安全防护，避免由于数据的流失而泄露企业的商业秘密，造成企业财产损失，甚至严重危害企业利益。

（五）数据整合过程

按照想大做小、分步实施、以业务需求为驱动的原则，数据整合的过程大致可以按照以下几个步骤进行。

（1）分析企业决策所需数据范围，画出整体数据模型图，越细越好。

（2）选择重点业务数据进行整合，同步整合相应的应用系统。

（3）总结整合的经验教训，不断完善数据结构和应用系统。

（4）确立下一个整合的目标。

（5）以积极稳妥的方式完成企业运营所有数据的整合。

（6）同步进行智能决策系统的开发。

随着信息技术的不断成熟和由数据整合而积累的丰富经验，目标应该是数据仓库和数据挖掘。数据仓库的建立能充分利用已有的数据资源，把数据转换为信息，从中挖掘出知识，提炼成资源，最终创造出效益。而数据挖掘是从超大型数据库或数据仓库中发现并提取隐藏在内部的信息的一种技术，这种技术可以帮助企业决策者寻找数据间潜在关系，发现经营者被忽略的要素，从而在貌似平淡的数据中敏锐地发现众多的商机。

第三节 系统功能与管理工具方法的实现

一、系统功能及应用要求

（一）系统功能

管理会计报告信息系统应具有如下功能：

（1）数据标准管理：根据全域业务数据，制定数据规范，形成统一的数据标准和维度划分。

（2）用户权限管理：对数据、报告、应用全方位进行权限划分，保证数据和系统的安全性。

（3）流程待办管理：配置上报和审批等流程；指标异常时发起流程待办，推动管理举措。

（4）数据自动化集成：与源系统进行集成对接，通过定时任务，免手工干预完成自动化集成。

（5）交易结算：将交易数据转化成财务数据，比如订单销量和价格转换成收入等，完成业务数据向财务数据的转换。

（6）报告展现：既有展现形式丰富多彩的固定格式的常用报告，也有符合个人需求的自定义报告。

（7）计算能力拓展：与数据中台无缝集成，加强基础数据收集，转换，计算，分摊的能力。

（8）智能、移动应用：报告能通过对话的形式展现和走上移动应用端。

（二）产品示例

以 IBM Cognos Analytics 为例，Cognos 作为 IBM 的商业智能绩效管理工具，它允许任何公司的技术和非技术人员分析、提取和创建交互式仪表板，生成报告，使公司能够作出相关的关键决策。

Cognos 工具结合了多种产品，可以与不同的第三方进行通信。例如，SAP，关系数据库等。Cognos 是一个业务智能收集平台，可为可扩展和自助式的业务需求提供分析解决方案。高度交互的特性使其成为为每个公司创建用户友好的仪表板和报告的好方法。

Cognos 具有独特的穿透钻取、切片和切块以及旋转等功能，使分析人员、管理人员或执行人员能够从多角度对信息进行快速、一致、交互的存取，从而获得对数据的更深入了解，有效地将各种相关的信息关联起来，使用户在分析汇总数据的同时能够深入自己感兴趣的细节数据中，以便更全面地了解情况，作出正确决策。

Cognos 强大的报表制作和展示功能能够制作、展示任何形式的报表，用户可以在浏览器中自定义报表，格式灵活，元素丰富。其纯粹的 Web 界面使用方式又使得部署成本和管理成本降到最低。同时 Cognos 还可以同数据挖掘工具、统计分析工具配合使用，增强决策分析功能。

此外，Cognos 通过其内置的智能系统使数据准备过程自动化，消除了手动干预。它也可以轻松访问和上传 CSV，电子表格等不同格式的文件。还借助其使用自然语言的智能系统帮助自动找到不同数据源的组合过程，从而帮助找到相关的数据源。数据可以通过 Cognos 以专业的方式可视化并报告，它的智能功能允许为特定的业务问题绘制正确的图表。此外，地理空间要素也嵌入在仪表板中。

Cognos 也可以进行资料共享，一旦准备好数据并进行了探索，就可以在不同的平台或云中共享它们。它还使用户能够报告订阅，并且可以使用各种功能（如画外音，叠加等）组合不同的图表来创建故事。

Cognos 展现的报表则基于统一的元数据模型。统一的元数据模型为应用提供了统一、一致的视图。它的一些基本组成部分是：Query Studio 用于编写简单查询并通过服务报告回答业务问题；Cognos Connection 用于确保套件包含所有功能；Report Studio 准备管理层所需的图表、图形和列表；Event Studio 实时通知企业的事件；由 OLAP operations 组成的 Analysis Studio 可帮助分析趋势、事件，检测异常等。

Cognos 具有独特的数据穿透钻取、切片和切块、旋转功能，有利于管理人员对数据进行更深入的了解和关联，能更深度地进行数据分析。

（三）应用要求

当前技术环境下，管理会计报告信息系统应该基于数据中台构建并应用。数据中台可以消除困扰管理会计报告编制的“信息孤岛”，解决不同来源数据口径不一致的问题，有效融合企业内外部数据，推动业务与财务的有机融合，为企业提供多方面、多层次的管理分析和经营决策支持。同时已通过采用先进的商业智能技术，如元年 C1 系列 BI 软件平台，IBM Cognos Analytics 平台，构建企业业务数据和财务数据的数据仓库，构建数据模型，实现管理报告的可视化展示。

二、面临的挑战

（一）现有系统的局限性

企业会计信息系统已经广泛应用于各行各业，但是传统的会计信息系统主要用于处理会计核算业务，提供并披露会计信息。随着信息技术的发展以及管理会计职能的需要，企业的管理已经由会计信息的披露逐渐转向经济预测、决策的需求。而当前管理信息系统是基于传统的会计信息系统开发的，其功能及数据采集仍然主要是为会计核算提供服务，而完整的管理信息系统应包括企业管理中所有方面，如仓库保管进销存、生产管理、财务管理等，会计信息系统只是其中一个模块。

随着大数据、云平台的运用，管理会计报告信息系统将会开发出更多的模块和功能，但是随之而来的问题是数据的传递与共享必然存在数据安全风险等问题。因此，在互联网环境下，管理会计不仅面临管理信息系统的功能更新，也面临信息系统的安全风险问题。

（二）数据信息的局限性

管理会计报告的基础是数据，主要包括内部数据、外部数据、财务口径数据、业务口径数据、结构化数据、非结构化数据和半结构化数据。企业只有将全面有用的数据进行有效采集和加工利用，才能生成所需的有效信息并形成有价值的管理会计报告。

然而当前企业的管理会计报告体系无论在应用的深度上，还是在应用的广度上，都较为薄弱。造成这一现象最主要的原因是企业信息化架构存在缺陷，导致企业获取的数据信息不足，对数据信息的处理能力不足。

在传统的信息化架构下，企业的信息化体系由一系列相互独立的专业套装软件系统构成，各个系统之间的连接性不高，为数据采集、数据转换、数据处理带来了一系列难以解决的问题。

从数据采集看，传统 IT 架构下企业内部数据各自分散孤立在不同的子系统中（如 ERP 系统、CRM 系统、SRM 系统、HR 系统等），但各系统就像不同的烟囱一样彼此独立，形成了大量的数据孤岛，数据采集难度重重。

从数据转换和计算看，财务、业务、管理等不同口径所需的数据零散在各个系统，而各系统的数据都是按照其固有的需求和规则设计的，不同部门、不同应用系统对同一类、甚至同一个数据的口径不一（例如，财务口径的数据与交易分离，管理口径的数据与业务脱离），往往会出现相互之间口径对不上的情况，同时不同口径的数据进行转化和重新计算的过程产生了管理会计系统应用中的数据鸿沟。

从数据获取效率看，基于 ERP 系统搭建的管理会计信息系统自动化程度低、时效性差，难以满足瞬息万变的商业环境下企业的实时分析与决策等管理需求，更不具备互联网环境下对业务运营的快速响应能力。

从数据存储和数据处理看，企业内外部数据可分为结构化数据和非结构化数据，而其中高达 80% 的数据都是非结构化数据。非结构化数据对 IT 系统的数据处理能力和读写速度要求更高，对数据存储和数据管理能力也提出了更高的性能要求。上述要求在传统的烟囱式的信息化架构下难以得到满足，致使很多企业的数据沦为“一团乱麻”。

三、应用推进

（一）推进原则

推进企业管理会计报告系统应遵循以下基本原则：

1. 信息真实性、可靠性以及相关性原则

管理会计报告是提升企业核心竞争力以及财务管理工作规范性的重要工具。它的主要作用在于为企业相关主体提供决策依据。这就决定了管理会计报告中的信息资源必须具有真实性、可靠性以及相关性的特点，才能保证管理会计报告发挥应有的价值。因此，企业财务管理人员在推进管理会计报告系统过程中，要从岗位责任落实等方面，保障管理会计报告中内容的真实性、可靠性以及相关性，进而满足企业管理者对相关信息资源的需求。如果管理会计报告的内容失真、准确度严重下降，那么势必会影响企业管理者对生产经营的决策，编制管理会计报告也就失去了应有的意义。

2. 形式多样化原则

企业所处市场环境以及行业的不同，很大程度上会影响企业管理会计报告的形式以及内容。因此，财务管理人员在构建管理会计报告系统以及编制管理会计报告内容时，要采取最适合企业现实状况以及生产经营状况的方式和形式。只要管理会计报告中的信息资源具有真实性、可靠性以及相关性的特点，无论其以何种形式表现出来，都是有价值的。财务管理人员要树立开放性思维，切忌陷入思维的误区以及思维的僵局，应综合编制数据汇总、PPT、图片、表格等形式多样的管理会计报告。

3. 时间灵活性原则

虽然理论上以及实践上并没有对管理会计报告的编制时间作出相应的限制，但是通常而言，为了提升管理会计报告的实效性以及时效性，财务管理人员在编制管理会计报告时要将编制时间限定在一定的时间范围内，以提升管理会计报告中信息资源的准确性和价值性。一方面，财务管理人员在编制管理会计报告时，要立足于企业业务部门的生产经营特点以及行业状况；另一方面，当企业生产经营战略发生重大变化时，财务管理人员要及时制定相应的管理会计报告，或者在原有财务管理会计报告的基础上，对报告内容进行相应调整。

（二）推进注意事项

当前企业的管理会计报告体系在应用的深度和广度上都较为薄弱，要想在企业中推进管理会计报告系统项目，须注意以下几点。

首先，企业管理层应明确管理会计报告在帮助分析决策方面的重要性，重视管理会计报告的编制，并根据自身情况，选择合适的管理会计报告形式、内容。

其次，企业应建立管理会计报告组织体系，根据需要设置管理会计报告相关岗位，明确岗位职责。企业各部门都应履行提供管理会计报告所需信息的责任。

再次，推动管理会计报告体系的信息化，根据企业具体情况选择合适的信息化产品协助企业编制管理会计报告。并对相关人员进行信息化产品使用的培训、考核。

最后，管理者也应对生成的管理会计报告作出评价，以不断改进。

第四节　管理会计报告系统典型应用案例

一、典型应用案例一：云图控股管理会计报告系统

（一）云图控股企业背景介绍

云图控股产业链已涉足联碱、复合肥、盐业、煤等领域，是中国复肥行业唯一全线产品供应商。云图控股管理层为加强企业竞争力，在企业内部引入 OKR、个人价值清单、人人价值核算等先进的管理思想。随着云图控股管理价值提升和管理精细化要求的不断提高，依靠人工处理模式已远远不能满足管理层的要求。因此，亟须搭建统一、科学、高效、准确的管报核算及经营分析平台，落地云图经营管理核算规则，支撑云图控股未来管

理提升和企业数字化转型的战略任务。

（二）关键诉求

云图控股的管理诉求包括以下几个方面。

（1）构建一套面向云图经营管理，能承载 OKR、个人价值清单、阿米巴等先进管理思想框架的管理会计报告体系。

（2）将有用的资源从低效的计算工作中释放出来，为设计、规划、建设云图控股经营核算体系提供必需的人员储备。

（3）经营数据、财务数据的及时获取，高效率、高质量地出具营销端个人价值清单。

（4）不同口径报表的可视化分析展现。

（5）实现云图控股营销端个人价值清单核算，初步建立考核体系。

（三）应用解决方案示例

1. 建设思路

（1）建基础：初步构建云图经营分析平台，支撑未来云图控股组织变革、价值清单管理及经营决策分析。

（2）搭框架：从复合肥事业部营销体系框架着手，采用数据 + 模型方式落地营销端个人价值清单，稳步推进全集团管理架构建设。

（3）助发展：先服务于复合肥事业部营销业务管理需求，将利润核算到业务员，实现人人一套表，展现价值核算与多维度分析，进而推进全集团公司级、部门、车间级的管报核算体系。

2. 系统架构

云图经营管理平台系统架构见图 14 - 2。

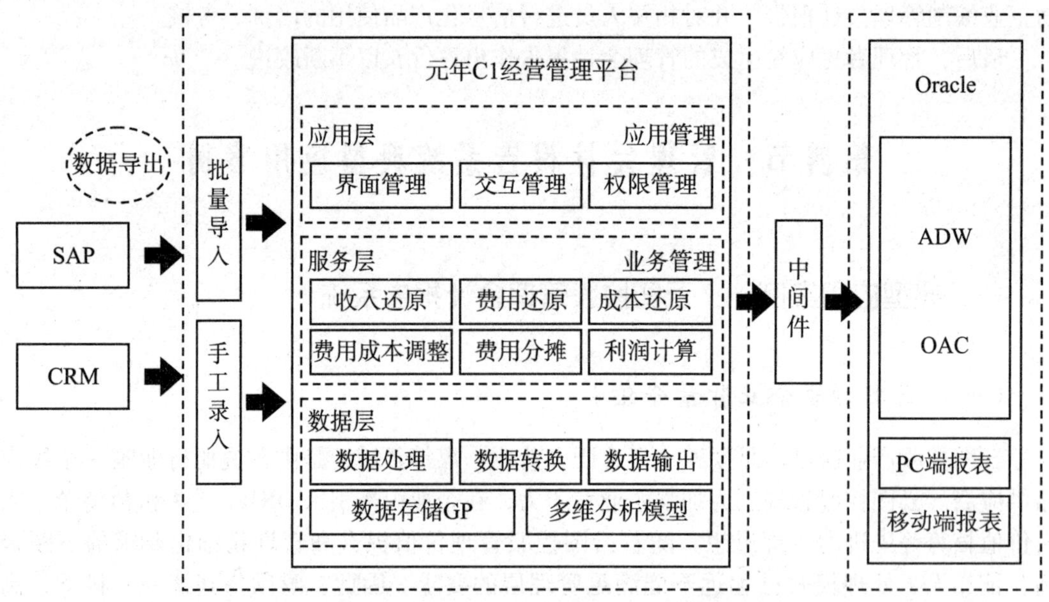

图 14 - 2　云图经营管理平台系统架构

（四）管理会计报告应用创新

云图控股的管理会计报告系统实现了以下几个方面的应用创新。

（1）读得懂：以价值清单为瞄点，统一管理语言及口径。做好知识转移工作，通过移动端随时随地获取所需数据。

（2）算得出：从复合肥事业部营销业务管理需求着手，聚焦核算模型，采用 C1 – Tabase 内存多维数据，提供强大的计算及建模能力，实现人人一张（套）表的价值核算。

（3）有判断：预置预警规则，二期加入基线及定额模块，积累管理标准，提升预警效率，支撑价值清单管理及经营决策分析。

二、典型应用案例二：海尔集团的人单合一管理报告

本案例详细介绍海尔以自主经营体为基础的人单合一管理会计报告应用。

（一）海尔集团的网络化战略和动态网状组织

海尔集团始终以创造用户价值为目标，认为“没有成功的企业，只有时代的企业”，历经名牌战略、多元化发展战略、国际化战略、全球化品牌战略四个发展阶段，2012 年开始进入第五个发展阶段——网络化战略阶段。

进入网络化战略阶段后，在管理方面，海尔集团通过人单合一双赢模式创新使组织充满激情与创造力，让员工在为用户创造价值的同时实现自身的价值。组织架构从“正三角”颠覆为“倒三角”，并进一步扁平为以自主经营体为基本创新单元的动态网状组织，组织中的每个节点接受用户驱动而非领导驱动，通过开放地连接外部资源来满足用户需求。

（二）海尔集团人单合一管理会计报告创新的背景

1. 应对家电行业日益激烈的竞争

自 20 世纪 90 年代以来，中国企业所面对的市场环境及其整个经济格局便发生根本性的变化。企业之间的竞争重心已经从早期的成本、质量、交货期等方面逐渐转向顾客。以顾客为主导，企业的研发、供应、制造、销售各环节均直面顾客，从而形成全新的客户经济形态已经变得越来越明显。以发掘和创造用户价值为中心，由传统的关注价格转为关注价值，同时要求充分调动每一位员工的积极性，通过自主创新提高经营效率，培育企业竞争优势。

2. 应对全球互联网时代的到来

全球逐渐步入了互联网时代，环境快速变化。在传统经济下，市场主动权在企业手里，企业生产什么，用户被动接受什么。而在互联网时代，信息不对称的状况正在改变，信息主动权正在由企业转向用户，用户拥有足够的信息掌握产品特点及价格，不断进行对比和议价，直到找到满足自己个性化需求的产品和服务，主动权已经掌握在了用户手里。为此，企业必须适应这种变化，推进内部经营管理机制的变革，以便更好地满足用户的需求。企业需对预算管理、绩效管理、激励等进行动态变革，提高企业运营效率，提升竞争力。

3. 应对企业内部管理挑战的需要

随着企业经营规模越来越大，企业内部的决策运作效率越来越低，降低了管理决策的准确性和有效程度，职能机构增多，不利于组织的快速协同与应对市场变化。与此同时，新时代的知识员工学历普遍较高，视野宽广，接受新鲜事物快，对自我价值实现的要求也更加迫切，通过自己的努力得到认可和尊重的愿望也很强烈，传统的基于“命令和控制”的刚性层级结构和机械控制手段日益受到挑战。因此，企业必须打破传统的层级制管理模式，主动构建一个能为员工带来自我价值实现和增值、使其个人发展与企业发展相一致的平台，并且在这个平台上，能够通过创造价值而带来个人的价值的最大化。

4. 持续不断的创新探索

海尔自创立以来就十分重视管理创新。早在20世纪80年代开始的名牌战略阶段，海尔便以“砸冰箱”为开端，在企业推行全面质量管理，同时，推进班组自主管理，这是海尔实践员工自主管理的开始。多元化战略阶段，海尔探索形成了独具特色的“OEC管理法”。国际化战略阶段，海尔借助信息技术，开始了以市场链为纽带的业务流程再造。2001年，海尔开始推行全员战略经营单位经营机制（strategic business unit，SBU）。全球化战略阶段以来，海尔推进了人单合一管理，让每个人成为用户价值创造的主体。持续不断的创新探索为实施人单合一管理奠定了基础。

（三）海尔人单合一与自主经营体的主要概念

1. 人单合一的内涵

“人”就是员工；“单”就是市场目标、用户需求。“人单合一”就是员工与用户融合为一体，“双赢”体现员工在为用户创造价值的同时体现出自身价值。

“人单合一双赢”就是对外建立一种员工同用户的契约，对内建立以自主经营体为基本创新单元的自组织。员工成为自主创新的主体，从原来员工听企业的，变成员工听用户的、企业听员工的，让每一位员工都成为自己的CEO，实现企业的基业长青。

人单合一管理以快速满足用户需求和创造用户价值为目标，依托先进信息系统，通过构建以自主经营体为组织基本单元的网络平台组织，形成用户驱动、员工驱动的自组织；并建立以战略损益表、日清表、人单酬表为核心的人单合一管理会计体系，从而建立起由市场需求驱动的全员自主经营、自主激励的经营管理模式。

2. 自主经营体的内涵

自主经营体是海尔人单合一管理的核心和组织载体，也是实施人单合一管理的基本创新单元。

从科层组织到网络组织。在组织层面，海尔从原来的层级组织形式转变为以自主经营体为基本创新单元的网络组织架构，将企业原来所有部门按照线体、型号、市场划分为两千多个自主经营体，同时组成以用户为导向的利益共同体。自主经营体是自主经营、自驱动、自运转、自创新的自组织，以创造并满足用户需求为同一目标、以端到端对用户承诺的市场契约为纽带、以共创价值并分享价值为导向，通过为用户创造价值实现自我价值。

自主经营体都必须面对市场创造用户价值，否则不能成为经营体，每个员工都必须进入经营体，包括财务、人力等职能部门都要融合进入自主经营体，要提供资源把自己由后台变为前台。自主经营体实现“自主”，最主要是赋予“三权”：现场决策权、自主用人权和自主分配权。团队长可以选成员，成员也可以选团队长。

自主经营体要求缴足企业利润，挣够自己的经营费用，剩余超利分成。原来的市场、研发、生产等部门转变为跨流程协同的自主经营团队，相互协同，减少以前的博弈和边界。原来的财务、人力等职能部门变为平台，为经营体提供资源和专业的服务支持。原来的领导者转变为制定战略方向和发现新的市场机会，同时为经营体提供资源和支持，帮助经营体达成目标。

3. 自主经营体制度是对事业部制度的扬弃

由于环境的复杂性及波动性加剧，传统的科层组织形式已经不能满足现代企业竞争的需要，迫切需要以流程基础组织来取代，形成流程企业（process enterprise）。海尔的自主经营体为基础的网络组织，是以市场为中心，以流程驱动的更扁平、更动态、自主适应的组织结构。

另外，“自主经营体”模式的细化，使得集团的一切组织工作均围绕着“战略”展开，这与钱德勒的“以战略决定组织”的思想以及卡普兰的“战略中心型组织”不谋而合。推行自主经营体就能使企业整体获得如下优势：每个自主经营体内部相互协调，从而获得战略匹配利益；使企业能够从全局出发，统一管理和制定企业的经营战略；有助于将公司资源分配到最有成长潜力和盈利能力的部门。

（四）人单合一管理会计报告体系的核心

海尔集团的人单合一管理会计报告体系从关注股东价值转向关注利益相关者价值，从“公司的三张表”转向“团队的三张表”，以战略损益表、日清表、人单酬表为核心。

1. 从关注股东价值到关注利益相关者价值

在传统的契约理论下，形成了以企业为中心的委托代理关系，主要关注股东价值，忽略了员工和用户的价值。海尔的人单合一管理模式下，形成了新的契约关系，也就是以用户为中心的、动态的自主经营体与用户之间的契约关系，因此人单合一管理会计将主要关注用户价值和员工价值。

2. 从“公司的三张表”到“团队的三张表”

传统企业的整体经营情况会通过三张表：资产负债表、现金流量表、利润表反映出来。人单合一管理会计改变传统的预算体系、绩效评价体系和薪酬体系，设计每个自主经营体的三张表，即：战略损益表、日清表、人单酬表。第一张表表明创造用户价值的正确方向，第二张表精确到绩效完成的流程时效，而第三张表体现员工自我经营的结果，决定了自主经营体和员工的薪酬。

战略损益表驱动每个经营体始终以用户为中心、通过经营表外资产实现表内资产的增值，同时分享价值。因此，海尔的战略损益表不仅包含了经营绩效，还体现出自主经营体如何通过创造用户价值实现自身价值。战略损益表是纲，决定了战略方向；日清表上接战略损益表下接人单酬表，是对战略落地执行的纠偏过程；人单酬表是果，是对自主经营体经营及承接战略结果的显示。

（五）管理会计报告应用创新

1. 海尔人单合一管理模式是个整合型的管理控制系统

管理者必须使战略管理成为一个持续的过程，管理控制系统包括下列活动：战略计划、预算、执行、业绩衡量和激励，构成一个封闭式的环状结构。海尔的“人单合一战略”“事前算赢的预算体系”“战略损益表”“日清表”和“人单酬表”等整合在一起，正好就是一个标准的管理控制系统。

海尔通过“人单酬”机制，实现客户、员工、企业“双赢”。人、单、酬之间是互动的、协同的。“单”指目标和用户，是起点，即根据用户需求、市场行情和外部标杆业绩确定有第一竞争力的目标；然后，通过各经营体的“竞单”竞出主动抢目标且能承接目标的一流团队，实现“人单合一”；同时，根据激励相容的机制设计原则提供有竞争力的薪酬机制，按照“单”实现的价值大小兑现薪酬，实现“单酬合一”；同时，自主经营体内部每个成员的薪酬根据各自为团队创造价值的大小分配，实现“人酬合一”。衔接人、单、酬且保证其有效整合、运转的体系是“预算”，每个经营体为实现其目标主动制定详细的预算方案，同时根据外部环境变化动态调整经营计划，预算也真正成为每个员工自觉的行为。

这样，“单”（目标）、预算、“人”（团队）、酬（绩效考核与激励）之间形成了一个完整的、简洁的、有效的管理控制系统闭环。而且，通过将目标的选择权、预算权、用人权和分配权下放给自主经营体，解决了传统上诸如预算等许多管理工具于推进过程存在的管理者自娱自乐、员工敬而远之的问题。

2. 员工参与的精细化预算管理模式：事前算赢的全面预算

（1）员工主动抢目标、承接战略的预算机制。

由于委托代理模式的道德风险等问题，传统的目标确定过程存在上级与下级之间的博弈问题。这个问题产生的本质在于员工的个人目标与企业目标不能实现统一协同、激励相容。为了解决这种博弈问题，自主经营体力求通过市场确定目标，激励员工主动抢第一竞争力目标。

从“委托代理的契约”到“员工与用户的契约”。人单合一的目标来源于市场，不能变；能变的是团队、机制和流程。锁定市场目标动态调整团队，这其实对委托代理理论是个创新，传统委托代理契约将股东作为委托人、经理作为代理人，相互间存在利益博弈。人单合一模式将市场和用户作为委托人，自主经营体作为代理人，根据市场目标和用户需求组织能完成目标的合格团队和员工，通过创造用户价值分享价值。根据这一预算体系，目标由一线员工承诺，自主经营体可以协调制定最优的资源配置计划，使得资源流向最优的项目，促进市场机遇的确认和修正，充分提高企业的感知能力。海尔的这种委托代理关系是动态的契约关系，而非静态的，这样海尔能根据市场的动态变化动态调整内部的组织和资源，满足市场和用户的需求，培养企业的动态能力。

从上级“压目标”到员工自主“抢目标”。员工对目标的认同与承诺是达成目标标的关键。传统企业的绩效考核机制是自上而下的，领导制定目标，层层分解，导致的结果是员工和企业讨价还价。为了确保自主经营体员工与市场的直接对接，自主经营体的目标是来源市场的，由经营体通过内部“竞单”抢来的：每个自主经营体对应一个细分市场，对这个市场的用户和绩效负责，通过事先全面预算和市场洞察，设定第一竞争力的市场目标，达到目标的不同完成率对应不同的薪酬等级，激励自主经营体团队主动抢更高的目标。

从“固定目标”到“相对绩效目标”。目标不是简单按同比增幅确定，而是按相对业绩原则由市场确定，根据市场容量和外部行业标杆的领先业绩水平，确定第一竞争力的目标。

（2）每个员工事前算赢、主动参与的预算体系。

自主经营体基于组织战略自主设定目标、自主决策经营计划、自主支配资源，参与预算和管理，将个人价值与企业价值进行融合。

从上级“分资源”到团队“挣资源”。资源由原来的审批资源变为自主经营体根据创造价值能力大小“挣资源”。海尔预算管理的重心在于事前管理和控制，为实现战略目标进行有效的资源配置。

从部门到“利润中心”。每个自主经营体都是一个自主经营、对绩效负责的利润中心。例如，开发经理在设计产品之前，先要确定评审该产品的盈利预算，并建立型号损益表跟踪该产品的盈利情况，从立项开始一直到产品推出市场，这个损益表一直在动态变化。产品开发经理的报酬与所开发型号的盈利情况挂钩。例如，各个产品开发有一个期限，如产品生命周期为 1 年，要求三个月达到保本点，超过保本点以后可以提成。如达到按目标利润设定的保利点，个人提成的比例可能提高。目的就是鼓励尽快达到保利点，有一个激励作用，转变了以往每月定额发工资的做法。对于一个型号的开发，可能有几个开发团队有资质进行，最终决定由哪个团队开发，是一个竞标的结果，即该团队能在产品利润、成本、上市时间、质量等方面最具竞争力。也就是说它是一个内部市场充分竞争的结果，既可以节省交易费用，又可以避免较高的组织管理费用。另外，自主经营体预算管理工具的使用可以充分利用整个企业的共享资源，譬如市场信息、产品信息、人才信息等，实现跨部门的协作。这样整个集团就可以减少每个独立自主经营体的运营成本。

3. 战略绩效管理创新：“战略损益表”

从“财务绩效”到“战略绩效”。传统财务报表的损益表，就是收入减成本、减费用，等于利润，只关注数据的结果，不关注员工的过程、行为是否符合组织的战略和长远利益。海尔的战略损益表关注战略绩效，不仅关注结果，更关注过程和长远竞争力。战略损益表中的收入项与传统财务报表的收入项不同，是指符合战略方向、主动交互满足用户需求实现的收入。例如，有些经营体为了完成目标，把库存毛利低的“CD”类型号（与之对应的是“AB”类型号，是指既给用户创造了价值又给企业带来高增值的产品）通过降价促销卖给消费者，这样尽管收入有所增加，但并不是真正给用户提供满意的产品服务，不符合“差异化引领”的产品战略，不属于战略绩效，因而收入也不能计入战略损益表。

4. 高效的战略执行沟通平台：“日清表”与信息系统

从“事后绩效评价”到“实时绩效改进”。2006 年海尔提出“人单合一信息化日清”，其具体内涵是通过信息化手段对每日的经营绩效进行日清、动态显示出每天的工作预算、实际及差距，作出纠偏计划，保证目标的完成。日清表上接战略损益表，下接人单酬表。日清表的任务是关闭业务执行中的差距，把关闭差距的工作形成每天的预算，持续改进绩效。海尔通过建立信息化的日清平台，包括短信、网络日清的平台，帮助员工日清总结提升；经营体每天的绩效、收益和差距会动态更新，并提供产生差距的原因分析与关差建议的服务支持来帮助员工关闭差距。日清表首先显示经营体现状，然后明确 161（上周工作绩效挂定，本周工作预算锁定，6 周工作预算排定）事前预算，将 161 预算分解到每天的工作预算。

从“层层传递信息”到“信息化同步沟通平台”。市场需求信息和竞争压力是由内外部客户直接向自主经营体传递的，市场化的考核结果使自主经营体时刻关注市场行情。因而自主经营体制度需要强有力的信息系统为基础，海尔一直重视信息系统的建设，所有的终端都在同一操作平台上进行操作，通过信息系统实现不同的自主经营体界面和反映的信息都不同。

海尔的信息化创新的焦点已从关注系统功能实现转变为关注用户价值增值，通过与海尔卓越运营的商业模式融为一体，利用信息化的工具给每个员工、每个终端用户提供"人""单""酬"合一的信息平台，帮助每个人快速聚焦差距，支持企业又好又快地发展。企业通过信息化平台与用户互动，及时把握用户需求，并以最优方案满足用户需求；企业也能够通过信息化系统及时掌握经营体的绩效和问题，通过提供资源和专业服务帮助经营体达成目标。

5. 激励相容的机制创新："人单酬表"

从"发工资"到"自主挣薪"。人单酬表中个人薪酬的多少是由为用户创造多少价值来实现的，是员工自主挣薪酬。人单酬表激励的原则是三高，即：高效率、高增值、高薪酬，具体表现在三个方面：第一，根据有竞争力的目标确定有竞争力的薪酬标准，经营体实际创造的价值越大，挣出的可供分享的薪酬资源就越大，薪酬资源主要用于经营体自主用人及自主分配；第二，驱动经营体创造未来机会；第三，经营体成员有权决定整合一流的人才加入经营体，有权决定让不合格的人退出，经营体有分享增值收益的自主权。

从"固定酬"到"绩效人单酬"。自主经营体根据业绩完成情况及确定薪酬，是把员工的报酬和他为用户创造的价值紧密结合，体现了员工自主运营自负盈亏的原则。符合激励相容原则的机制设计对目标的实现非常重要，通过给予员工更多的剩余分享权与剩余控制权，有利于调动员工的积极性、发挥员工的创新能力。

6. 以文化和价值观为基础的非正式控制

海尔转变了传统的基于等和权威的刚性控制，更多采用以文化、价值观为基础的非正式控制。从而激发员工的积极性、提升员工自主应对市场变化的效率，促进组织创新。

海尔的核心价值观：

是非观——以用户为是，以自己为非。

发展观——创业精神和创新精神。

利益观——人单合一双赢。

"永远以用户为是，以自己为非"的是非观是海尔创造用户的动力。

创业创新的两创精神是海尔文化不变的基因。创业精神即企业家精神，海尔鼓励每个员工都应具有企业家精神，从被经营变为自主经营，把不可能变为可能，成为自己的CEO；创新精神的本质是创造新的用户资源和差异化的价值。

人单合一双赢的利益观是海尔永续经营的保障。每个员工都在不同的自主经营体中为用户创造价值，从而实现自身价值，企业价值和股东价值自然得到体现。每个员工通过加入自主经营体与用户建立契约，从被管理到自主管理，从被经营到自主经营，实现"自主，自治，自推动"。

（六）以自主经营体为基础的人单合一管理报告效果

1. 人单合一管理会计报告模式促进企业战略转型

海尔经过不断的探索和实践，人单合一管理模式从实验逐步走向成熟和推广。人单合一管理模式为海尔带来组织、流程和文化上的重大变革；组织上实现“大企业做小，小企业做大”，整个集团总共形成两千个自主经营体，每一个经营体就像一个自主经营的公司，自负盈亏，灵活反应，不断为用户创造价值；流程上建立了一套开放高效的信息化支持体系，保障自主经营体不断地优化升级，实现可持续发展；文化上形成了以自主经营体为基础的两创文化，即“创业”文化和“创新”文化，形成了“我的用户我创造，我的增值我分享，我的成功我做主”以及“人人都是自己的 CEO”的浓厚文化氛围。

2. 有效提高企业运营效率，培育企业竞争优势

自 2007 年以来，海尔利润复合增长率达 35%，资金周转天数（CCC）为 -10 天，遥遥领先于同行业。

3. 员工收入明显增加，极大地调动了员工积极性

自主决策、自主分配的自主经营体使员工获得了积极性，不再是被动等待上级安排工作，而是主动来抢大目标，以实现自身的价值。在企业快速发展的同时，员工自身收入也实现了快速增长。

【本章总结】

本章介绍了管理会计报告概念的演进、报告特点、数据基础和管理诉求，以及管理会计报告体系和应用基本要求；当前管理会计报告系统架构与处理逻辑；常见系统功能、产品示例和应用要求、挑战等；最后介绍了两个管理会计报告系统的典型应用案例。

【本章思考题】

1. 管理会计应用指引是如何定义管理会计报告的？
2. 管理会计报告定义中蕴含着哪些管理诉求？
3. 什么是管理会计的结果报告和原因报告？
4. 管理会计报告按照管理层级可以划分为哪些类型的报告？
5. 管理会计报告按照责任中心可以划分为哪些类型的报告？
6. 如何定义数据中台？
7. 基于数据中台的管理会计报告系统是如何架构的？
8. 管理会计报告系统基于的是怎样的处理逻辑？
9. 管理会计报告系统应该具备哪些基本功能？
10. 如何认识并应对管理会计系统应用面临的挑战？
11. 从管理会计典型应用案例你学习到了什么？

第四篇　展　望　篇

第十五章　管理会计信息系统的发展趋势

【本章内容简介】

本章结合会计信息化的发展趋势，阐述管理会计信息系统在智能财务和财务共享管理模式的双重影响下的发展走向。本章还介绍了智能管理会计信息系统的相关概念和部分的应用场景。

【本章学习目标】

1. 了解智能财务的概念及其对管理会计的影响。
2. 了解智能财务共享服务的发展及其对管理会计的影响。
3. 了解管理会计信息系统的未来发展趋势。

【本章要点提示】

1. 智能财务的基本概念与基本架构。
2. 智能财务共享服务模式。
3. 会计信息化的十大发展趋势。
4. 管理会计信息系统六个发展趋势。

【本章引导案例】

云南烟草商业基于财务共享的智能财务建设

云南省烟草专卖局（公司）（以下简称“公司”）于2019年1月正式启动智能财务建设项目，公司以财务共享平台建设为抓手，在两年多的时间内，综合应用机器人流程自动化、知识图谱、专家系统、自然语言处理、商业智能、人脸识别、财务云等技术，在财务会计和管理会计领域进行了智能财务的应用创新，实现了财务“从核算型向管理型转型、服务业务发展、提供决策支持、提供及时准确有效数据服务”的发展目标。

一、案例背景

云南省烟草专卖公司于1982年3月27日正式成立，负责全省烟草专卖监督管理、烟叶生产和省内卷烟销售等工作。为有效解决财务管理工作中存在的问题，公司不断探索先进的管理理念和创新技术实践，积极谋划科技赋能财务创新工作，将财务管理与新兴数字技术深度融合，推动财务工作向自动化、数字化、智能化方向迈进，大力提升财务价值，服务企业高质量发展。

二、智能财务建设方案设计

公司设计了智能财务平台的总体架构（见图15－1），内容涵盖智能财务平台的内部结构、外部定位、建设逻辑、建设理念，以及智能财务平台的建设框架和建设中的重点工作等内容。

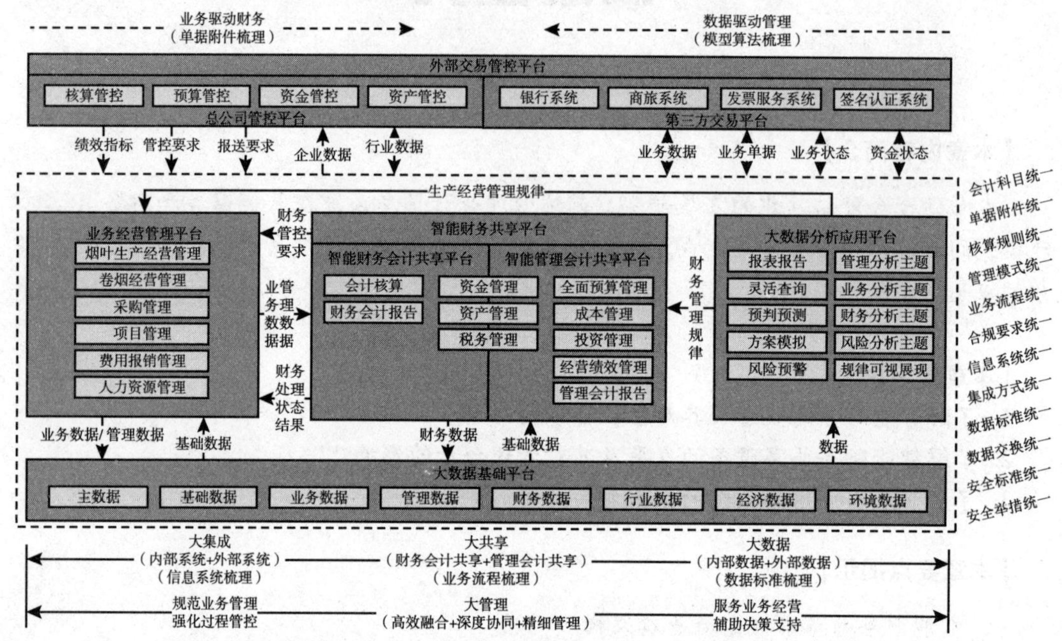

图15－1　云南烟草商业智能财务平台的总体架构

在该架构中，业务经营管理平台是涵盖企业日常生产经营管理的信息系统，包括企业业务管理信息系统和基础管理信息系统；智能财务共享平台是共享中心的核心系统，包括智能财务会计共享平台和智能管理会计共享平台；大数据分析应用平台是基于大数据基础平台之上的分析应用平台，具有各种分析和预测功能；外部交易管控平台是反映企业业务、财务和管理方面需要与企业外部对接的平台，包括总公司管控所需的信息系统和与第三方交易所需的信息系统。

三、智能财务共享平台建设

公司智能财务建设秉承大共享的理念，是以大数据共享应用平台为依托，横跨财务会计和管理会计两个财务工作领域的大共享。既包括会计核算、财务会计报告等财务会计工作的共享，又包括资金管理、资产管理、税务管理、预算管理、成本管理、投资管理、绩效管理和管理会计报告等管理会计工作的共享。

1. 智能财务会计共享平台

公司智能财务会计共享，立足于业务驱动财务，借助智能财务会计共享平台，实现会计核算的标准化和自动化、资金结算的集中化和自动化、资产盘点和对账的自动化、税务计算和申报的自动化、会计档案管理的电子化和自动化，提升企业财务会计工作效率和信息质量，推动财务从核算型转向管理型。

2. 智能管理会计共享平台

公司智能管理会计共享，立足于管理规范业务，借助智能管理会计共享平台，实现预算编制和分析的自动化、预算控制的前置化和自动化、成本归集和计算的自动化、项目管理的标准化和过程化、税务风险检测的智能化，以更好地支持业务开展、规范业务管理和强化过程控制，提升企业管控水平。公司智能管理会计共享平台的框架如图15－2所示。

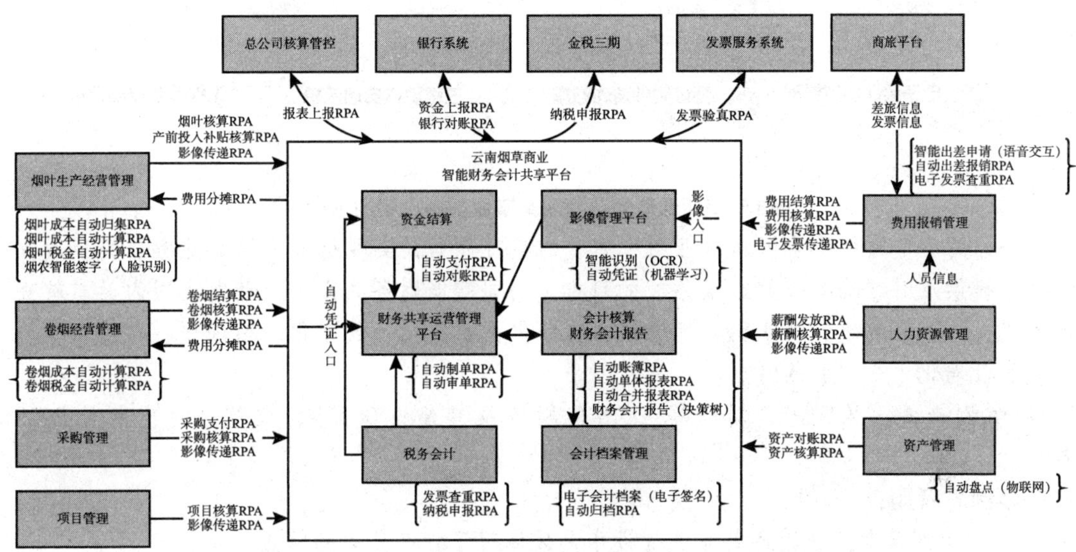

图15－2　云南烟草商业智能管理会计共享平台的框架

3. 大数据分析应用平台

公司智能管理会计共享，立足于数据驱动管理，借助大数据分析应用平台，通过建立多维分析模型和数据挖掘模型，实现服务业务经营、精细协同管理、辅助决策支持和全面风险评估，促进企业数字化转型升级，推动企业高质量发展。

四、智能技术及其产品的应用

在公司智能财务共享平台落地过程中，综合运用了人工智能、移动互联网、云计算、物联网，以及机器人流程自动化（RPA）技术、电子会计档案、电子会计凭证、身份认证、数字签名、模式识别、可视化技术和商业智能等技术。以RPA技术应用为例，公司共开发了16类69项的RPA应用（见图15－3），大大提升了财务管理中的自动化和智能化水平。

五、建设成效

智能财务建设是一场以信息技术赋能为引领、以人机协同共生为路向、以提升财务价值为目标的财务变革。公司智能财务共享平台开发了15个工作台，覆盖了财务会计、管理会计、财务共享三个方面的工作内容，综合运用18个大项、22个细项的新技术，对应151个智能化应用场景，其中设计开发了16类共享业务的RPA机器人69个，定时任务790多个类别，其运行方式体现了“人机协同”的现代管理思想。除少数特殊业务外，公司会计核算证、账、表基本上实现全自动化生成。

图 15-3 云南烟草商业共享业务中应用的 RPA

公司的智能财务平台可推送业财一体化的实时数据，实现财务“服务业务、提供决策支持、提供及时准确有效数据服务”的目标。公司智能财务共享平台开发在国内具有较高的水平，具有系统化、共享化、标准化、自动化、智能化、数字化、精细化、移动化、简约化和云端化十个方面的特点。

（案例来源：吴践志、刘勤等：《智能财务及其建设研究》，立信会计出版社 2020 年版。）

案例思考题：

1. 云南烟草商业在财务共享的建设中具体体现了什么显著的特点？
2. 云南烟草商业的管理会计具有哪些功能？
3. 在管理会计中采用了哪些新的智能技术？

第一节　智能财务及其发展

在本书的第二章，我们已对新型财务管理模式进行了初步的探讨，并对融合财务、共享财务和智能财务的基本内容，融合财务和共享财务对管理会计的影响等做了介绍。在第三章，我们又对数据获取、模型计算、数据展现等数据相关技术对管理会计的重要性做了较为详细的介绍，本章将重点讨论智能财务及其对管理会计的影响。

智能财务是当前财会管理领域中的一个全新的发展分支，是人工智能及相关技术在财会领域中应用的产物，近年来，围绕智能财务（或智能会计）这个领域，理论界、教育界和实务界展开了深入的探索，并取得了一定的成效。本节将在第二章的基础上对智能财务的基本概念、基本框架以及与管理会计的关系做较为详细的介绍。

一、智能财务的概念与发展

近几年来，沉寂已久的人工智能技术在人机博弈、决策支持、模式识别、风险诊断、自然语言理解等应用领域得到了较大的突破，社会公众开始对人工智能的发展重拾希望，特别是机器人流程自动化（RPA）在财务和税务领域的成功试水，使“智能财务”这个名词频繁冲击着财务人员的眼球。

当前我国经济改革进入深水区，企业面临着成本上升、创新不足、风险管控难度大等困境。现代信息技术不仅给社会经济发展带来了新的引擎，也给会计改革发展带来了新的利器。以“大智移云物区”为代表的新技术正以风卷残云之势改变着传统会计的流程、组织和方法，甚至战略思维，也为高质量会计服务经济转型的需要提供了基础手段和工具。

财政部 2016 年 19 号发文明确要求“密切关注大数据、互联网 + 发展对会计工作的影响，及时完善相关规范，研究探索会计信息资源共享机制”。国务院 2017 年 35 号文明确提出“抢抓人工智能发展的重大战略机遇，构筑我国人工智能发展的先发优势，加快建设创新型国家和世界科技强国”。在这个大环境下，倒逼企业进行财务转型，使财务沿着专业化—信息化—共享化—智能化方向快速转变，引领财务工作开始进入智能化时代。

目前，大部分企业已经建立了财务共享服务中心。财务共享服务使企业财务会计流程的作用日益凸显，但业务活动流程、财务会计流程和管理会计流程存在各自为战的状况，缺乏一种思想理念或技术手段将其完全融合。

智能财务作为智能技术和财务工作内容的融合体，是一种将业务活动流程、财务会计流程和管理会计流程等全流程智能化的管理模式。第一，企业产品或服务借助业务活动流程来解释，并通过业务和财务智能融合来管理整个供应链。第二，财务会计流程是管理会计流程的信息支撑，价值链中价值信息的衡量由管理会计进行评价，由财务会计和管理会计智能化融合得以实现。第三，企业全生命周期使各类信息经历智能化输入、处理与输出，财务智能化转型所覆盖的业务活动流程、财务会计流程与管理会计流程，将各项经营管理活动基于资源、事件、主体和价值的智能化信息处理，借助人工智能、商业智能、数据挖掘等技术输出多维信息，以满足企业内外部管理决策者的需求，提升企业绩效。

（一）智能财务的提出

根据业内的普遍认识，计算机在财会领域的应用已经历了电算化到信息化的发展阶段。从 1979 年开始的我国财务管理电算化阶段，特点是用小型数据库和简单的计算机软件取代了部分人工会计核算工作，初步实现了从工资核算、固定资产核算等单项核算，到账务处理的计算机辅助处理。电算化阶段的财务软件和财务人员的工作基本上是分离的，从本质上信息技术并没有改变财务处理的流程和基本的组织结构，只是用软件实现了部分处理环节的自动化。

20 世纪 90 年代，ERP 的诞生和计算机网络的普及，使财务管理进入了信息化的阶段。企业开始利用强大的数据库处理能力和计算机网络传输能力，将业务管理和财务管理进行了一定程度的整合，开始实现对企业业财信息的快速处理和实时共享，实现了财务信息的跨时空处理和利用，逐步实现了财务管理从核算型向管理型的转变。财务信息化强调人机工作的协调配合，信息技术已成为财务管理流程乃至业务管理流程的优化和再造工具。

尤其是 2005 年以来，财务共享服务模式在中国的逐步普及，使财务信息化的进程在模式识别、移动通信、云计算和大数据等技术的大力推动下实现了革命性变化。然而，财务信息化阶段的财务共享服务模式仅借助流程化和标准化为财务转型提供数据基础、管理基础和组织基础，主要针对财务会计流程的信息化处理，并未实现业务活动流程、财务会计流程和管理会计流程的全面智能化。

进入2010年以后，由于人工智能技术的突破性进展，人们对看上去更具象征意义的智能技术重燃希望，结合高性能计算能力和大数据技术，不仅将沉寂已久的机器推理、专家系统、模式识别、机器人等技术赋予了很多新的应用场景，更是对基于神经网络的机器学习进行了深入的研究，雄心勃勃地提出了新一代人工智能的发展目标。

在财务领域，随着大智移云物区等信息技术的出现和成熟，财务管理面临新的机会和挑战，财务预测决策、财务风险管控以及财务成本管理等有了更先进的算法、模型和工具。数据处理技术可以汇集更全面的数据，商业智能和专家系统能够综合不同专家的意见，移动计算可以帮助财务人员随时随地实现管理工作，财务机器人可以实现财务管理活动的自动化操作，现代系统集成技术可以消除业务、财务和税务等之间长期形成的信息和管理壁垒。由此可见，以人工智能为代表的新一代信息技术的发展给财务管理带来了新的发展契机，正在使财务从信息化向智能化方向转变。

相对于财务信息化阶段注重财务和业务信息的有机整合以及信息的快速处理和实时共享，新的阶段则更注重企业各类信息处理的效率、效益，注重对财务专家知识的处理，以及智能化的程度（见图15－4），如：利用物联网、RPA和机器学习、专家系统等技术实现财务处理的全流程自动化，以降低成本、提高效率、减少差错；基于神经网络、规则引擎、数据挖掘等技术自动实现财务预测、决策的深度支持，以提升其科学性和实时性，这一阶段再造的不仅是流程和组织，还会在更高层面上，对企业管理模式和管理理念进行再造。财务智能化建立在云计算、大数据、人工智能等新技术基础上并结合企业互联网模式下的财务转型升级与创新发展的实践而产生的新形态，通过大数据技术进行建模与分析，利用人工智能技术提供智能化服务，为企业财务转型赋能，帮助企业打造高效规范的财务管理流程，提高效率，降低成本，控制风险，从而有效促进企业财务转型。

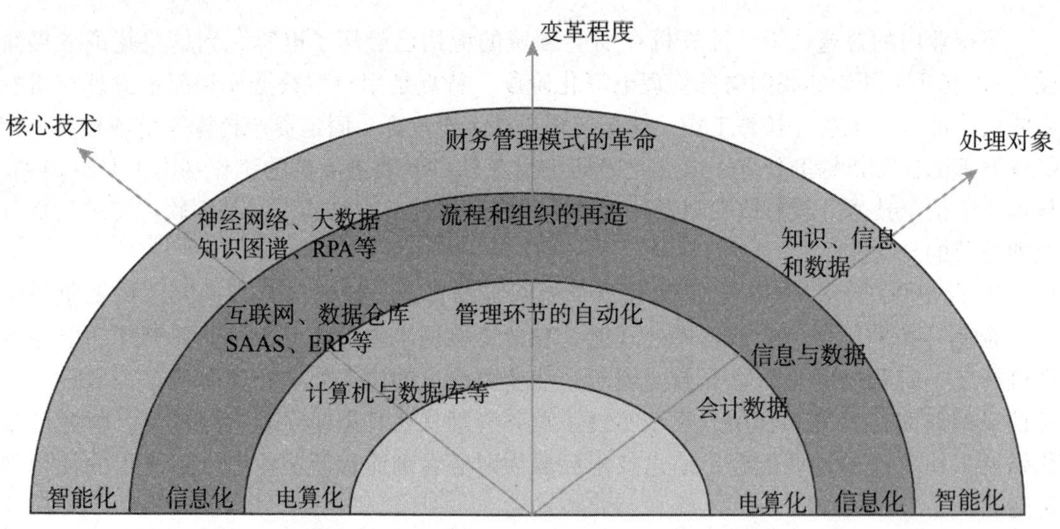

图15－4　电算化、信息化、智能化发展示意图

（二）智能财务的基本概念

参照业界的一般理解，借鉴智能制造的定义，我们可以将智能财务理解为：智能财务是一种新型的管理模式，它基于先进的管理理论、工具和方法，借助智能机器（包括智能软件和智能硬件）和人类财务专家共同组成的人机协同智能系统，通过人和机器的有机合作，去完成组织中日趋复杂的财务管理活动，并在管理中不断模拟、扩大、延伸和部分替代人类财务专家的活动；智能财务是一种业务活动、财务活动、管理活动全功能、全流程智能化的管理模式。特别需要说明的是，智能财务中所说的财务是大财务或大会计的概念，实际包括了会计、财务等从信息创造到信息利用的全过程活动。

相对传统的纯人工财务、电算化财务和信息化财务，智能财务在信息处理方面有着显著的优势：它可以借助于RPA、模式识别、专家系统、神经网络等技术，自动、快速、精确、连续地处理财务工作，帮助财务人员释放从事常规性工作的精力，去从事更需社交洞察能力、谈判交涉能力和创造性思维的工作；智能财务还可以借助全面而非抽样的数据处理方式，自动地对财务活动进行风险评估和合规审查，通过自动研判处理逻辑、寻找差错线索和按规追究责任，最大限度保障企业的财务安全。

智能财务不仅是财务流程中部分环节的自动化，也不仅是某个财务流程的整体优化和再造，而是财务管理模式，甚至是财务管理理念的革命性变化，它借助于人机深度融合的方式来共同实现前所未有的新型财务管理功能。

智能财务是建立在云计算、大数据、人工智能等新技术基础上并结合企业互联网模式下的财务转型升级与创新发展的实践而产生的新形态，通过大数据技术进行建模与分析，利用人工智能的技术提供智能化服务，为企业财务转型赋能，帮助企业打造高效规范的财务管理流程，提高效率，降低成本，控制风险，从而有效促进企业财务转型。

当前与智能财务发展相关的信息技术有：模式识别（影像识别、语音识别、生物识别等）、专家系统、神经网络、知识图谱、机器人、遗传算法、自然语言理解、云计算、大数据处理和智能移动通信等。

二、智能财务系统的基本框架

智能财务系统的架构包含广义架构和狭义架构两部分。广义的智能财务架构应该包含智能财务发展生态的各个方面，如智能财务的应用主体（企业或行政事业单位等）、政府主管部门、行业组织、智能财务发展的供应链等方面。对智能财务而言，尽管智能化的进程主要由应用主体的内在发展动力所驱动，但外部环境毫无疑问也起着非常重要的推动作用（见图15－5）。

在外部环境中，政府主管部门包括财政、审计、税务、海关、证监等部门，它们将通过法规、标准、规范、准则、指引等来指导、协调、管理和推动企业智能财务的发展；行业组织包括准政府组织、一般行业管理组织、学术组织和民间团体等，它们主要通过组织专业技术人员研究知识体系、收集最佳实践、传播相关技能等方式来引导和影响企业；智能财务发展供应链包括与智能财务相关的软硬件系统供应商、咨询机构、培训机构、外包服务机构等，主要提供企业所需的软件、硬件、数据、信息、智能、人才等方面的服务。

经济技术环境则指影响企业实施智能财务发展的信息技术、法律环境、公共数据资源等，它们是激发或阻碍企业智能财务发展的力量。

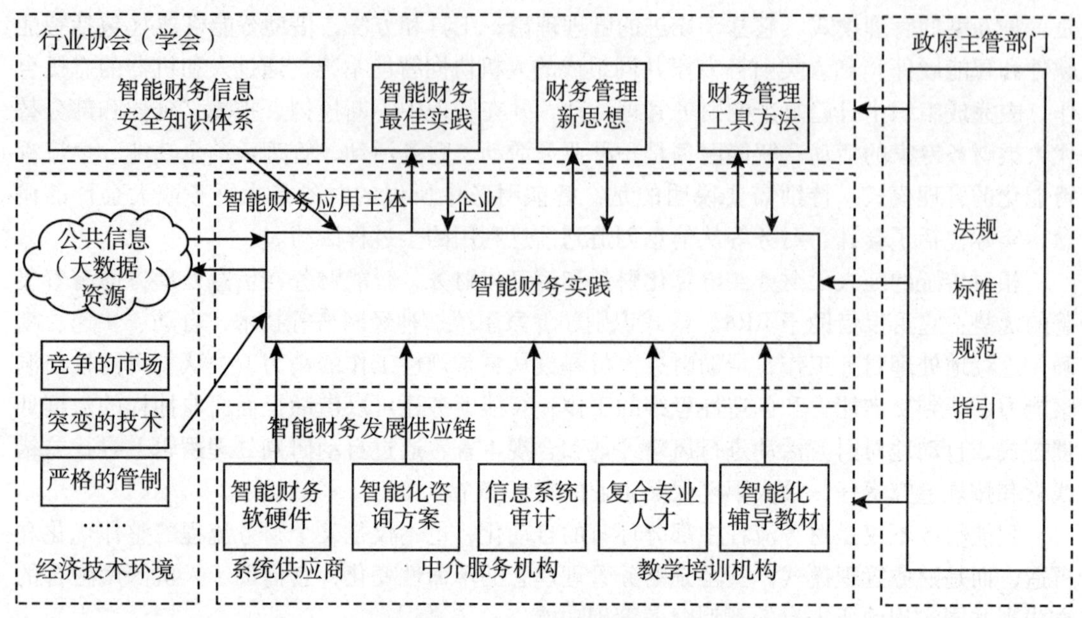

图 15－5 广义的智能财务架构

狭义的智能财务架构主要用于描述智能财务应用主体——企业内部的智能财务各组成部件之间的逻辑关系（见图 15－6）。

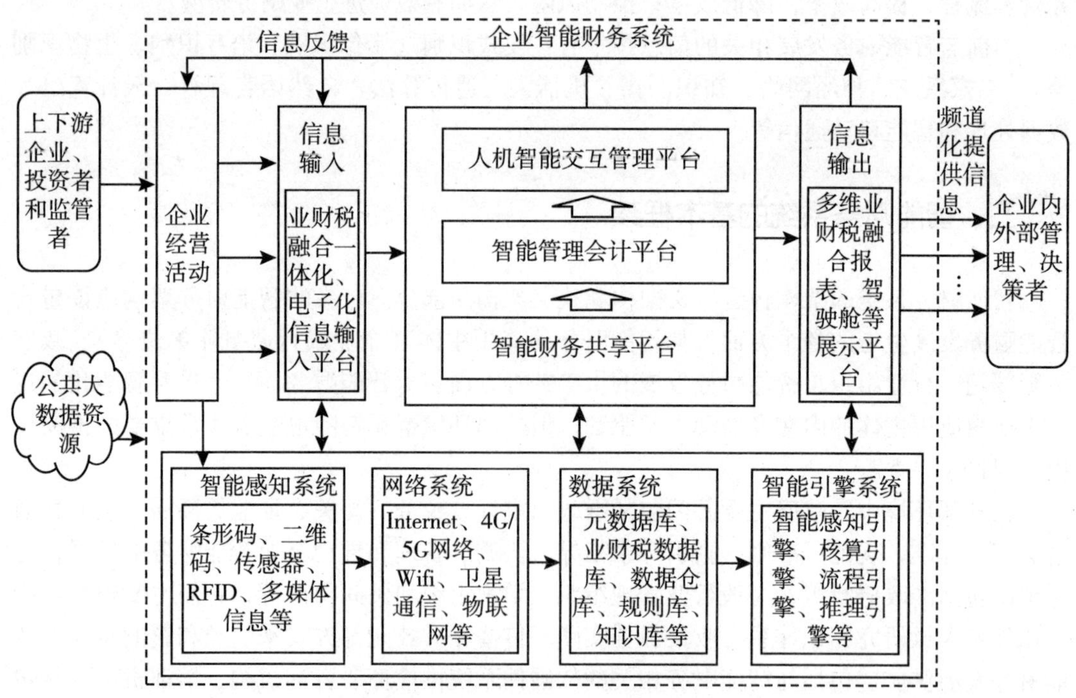

图 15－6 狭义的智能财务架构

由于智能财务需要借助于智能机器和人类财务专家共同组成的人机协同智能系统，因此位于底层的智能感知系统、网络通信系统、数据管理系统和通用智能引擎必不可少。智能感知系统利用条码、射频识别（radio frequency identification，RFID）、传感器、OCR 等技术，客观地感知企业的外部环境和内部经营活动，自动地完成数据的搜集工作；网络系统则通过物联网、互联网、移动互联网，以及卫星通信网络等实现数据的传递和共享；数据管理系统则用于存储企业智能管理所需的元数据、业财管交易处理数据，以及规则库、方法库、模型库、知识图谱等，在数据仓库和数据挖掘等商业智能（business intelligence，BI）组件的支持下，为应用层的数据智能处理提供基础；智能引擎系统则通过公共的智能部件（核算引擎、流程引擎、推理引擎等），满足应用层各种智能处理的需要。

位于上层的智能财务应用层描述了财务信息处理的全过程：从企业经营活动到业财管统一信息输入平台，经过信息处理后，通过公共信息报告和展示平台送达企业内外管理者和决策者。所有这些信息处理过程都需要借助于底层的智能引擎系统自动完成。

在图 15 -6 中，输入信息不仅来源于单位对外的经营管理活动，还来源于对外部大数据资源的自动爬取。智能信息输入平台是企业的统一信息输入平台，它通过人机合作模式，将机器客观采集到的信息与人类主观感知到的信息结合起来，按照财务信息处理的要求完成信息的输入。

在信息输出方面，企业将通过底层的各种智能引擎，把机器的运算结果和人的价值判断相互匹配，动态、实时、频道化、多种形式地展示业财管融合报表信息，以满足企业内外部管理决策者的需求。

在中间的信息处理环节，财务信息处理方式将体现为三个层次：核算层、管理层和决策层。智能核算型财务管理平台是相对早期的智能财务系统，主要依赖智能感知、RPA、专家系统等技术智能地完成财务核算工作；智能管理型财务管理平台是发展到中期的智能财务系统，它在核算型财务管理平台的基础上，逐步演变成基于大数据处理、商业智能、神经网络、机器学习等技术的智能管理会计综合平台，即智能财务从以处理交易性活动为主，发展到处理更多高价值管理会计活动；智能战略型财务管理平台是智能财务发展到成熟阶段的产物，它在智能核算、智能管理平台的基础上，将智能财务的核心功能发展到智能决策领域，它是人机高度融合的智能处理平台，即财务管理中出现的智能活动，如分析、推理、判断、构思和决策等，将由以计算机为主的人机融合系统共同来完成，并且随着发展的深入，系统将不断扩大、延伸和逐步取代部分人类财务专家在财务管理中的活动。

从中间层信息处理环节来看，智能财务至少涵盖三个层面：第一，是基于业财深度一体化的智能财务共享平台，这是智能财务的基础；第二，是基于商业智能 BI 的智能管理会计平台，这是智能财务的核心；第三，是基于人工智能的智能财务平台，这代表智能财务的深度发展。

三、智能财务与管理会计

智能财务的迅速发展为管理会计的变革提供了越来越多的技术手段和方法。众所周知，管理会计的本质是通过采集业财数据，建立分析模型，发现运营问题，运用量化数据为管理活动提供决策支持。智能财务的出现和迅速发展，使人们对人工智能等新技术在管理会计领域的应用给予了高度的关注。无论是以 AI 芯片、模式识别、语音处理等为代表的运算智能和感知智能，还是以深度学习为代表的认知智能，都将为管理者获取数据、洞察数据、展示数据和应用数据提供更多的技术手段和解决方案。

智能技术在管理会计中将有很多值得关注的应用场景（见图 15－7），以智能财务中被广泛关注的机器人流程自动化、专家系统、神经网络、自然语言处理、模式识别等技术为例，RPA 技术可以帮助管理者实现预算编制的自动化、成本的自动核算、纳税自动申报、资金自动收付、风险数据的自动校对检验、管理报告数据的自动获取等；专家系统技术可以帮助管理者进行预算的制定、成本的智能控制、税务咨询、战略辅助制定、风险智能评估等；人工神经网络技术可以帮助管理者进行市场价格预测、成本智能分析、发票风险管理、信息评估、破产预测等；自然语言处理技术可以帮助管理者进行文本数据处理、成本数据识别、资金往来分析、人机交互等；模式识别技术可以帮助管理者进行资产定位、智能审批、税务发票验证、财务预警等。

	财务机器人RPA	专家系统ES	人工神经网络ANN	自然语言处理NLP	模式识别PR	大移云物区等技术
预算管理	预算编制自动化	预算制定	市场价格预测	文本数据处理	未知/待开发	预算编制方案自动生成
成本管理	成本自动核算	成本智能控制	成本智能分析	成本数据识别	资产定位	成本数据处理
税务管理	纳税自动申报	税务专家系统	发票风险管理	税务咨询	税务发票验真	电子发票应用
资金管理	资金自动收付	资金决策支持	信用评估	资金往来分析	票据识别	战略信息管理
战略管理	未知/待开发	战略制定	未知/待开发	数据收集处理	未知/待开发	数据收集处理
风险管理	数据核对校验	风险智能评估	风险智能评估	社区文本处理	未知/待开发	风险识别
决策支持	未知/待开发	决策支持系统	破产预测	人机交互	财务预警	数据挖掘
管理报告	报告数据获取	管理报告编制	未知/待开发	文本分析挖掘	未知/待开发	管理数据收集

图 15－7　智能财务的部分应用场景

以智能财务风险控制的应用场景为例，智能技术把人类具有的直觉推理和试凑法等智能加以形式化或机器模拟，并用于财务风险控制系统的分析与设计中，使之在一定程度上实现财务风险控制系统的智能化，无须人的干预就能够自主地驱动智能机器实现其目标的自动控制。具体而言，首先，利用模糊数学、神经网络等技术，建立针对财务风险管控过程的动态环境模型，利用传感器融合技术进行信息的预处理和综合。其次，采用专家系统为辅助，修改控制部件或者选择较好的控制模式和参数。再次，利用模糊集合来选择财务风险控制行为。最后，利用神经网络的学习功能和并行处理信息的能力，进行在线的模式识别，以实行智能财务风险控制。

智能财务的发展还将会给管理会计中基础数据提供智能化的处理方案，这些方案一定是管理会计工具与方法（见图 15－8 中工具和方法部分）与智能技术的有机结合。

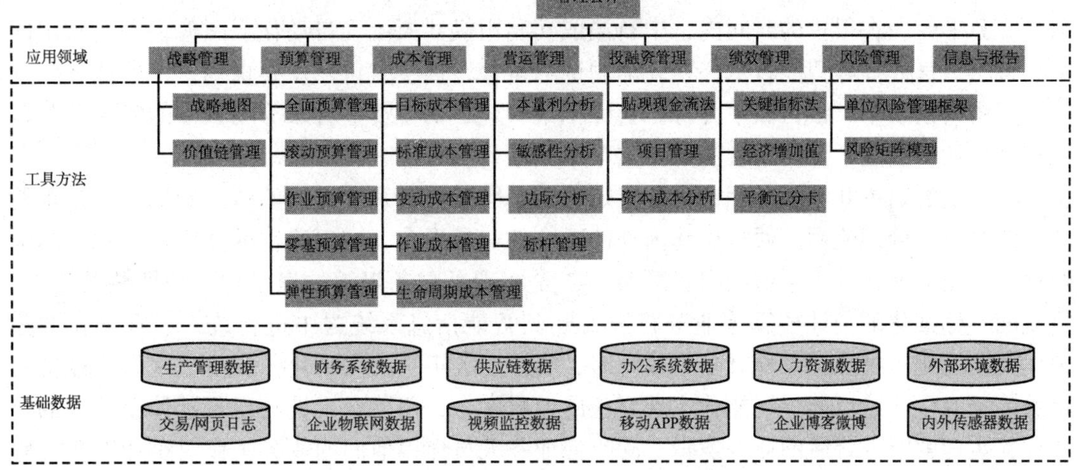

图 15-8　管理会计工具与方法及其数据源

此外，智能财务的研究和应用进展还会给管理会计各分支的发展带来新的方向。如在管理会计报告领域，智能财务可以帮助管理者实现管理会计报告的频道化和个性化、规范化和标准化、实时性和前瞻性、可视化和虚拟化、多层次和穿透性等发展目标。

第二节　智能财务共享服务及其发展

当前，企业在新技术的驱动下正在进入新一轮的变革期，越来越多的企业财务部门开始关注财务共享服务的智能化转型。

一、智能财务共享服务的应用与发展

了解智能财务共享服务的应用与发展，首先需要明确智能财务共享服务的基本概念。按照我们对图 15-6 狭义智能财务架构的理解，智能财务共享服务是财务共享服务的一种新的发展形态，是人工智能等技术在传统财务共享服务中心中大量应用的结果，它也是智能财务在企业中应用的初步形态。

经过近 20 年的快速发展，财务共享服务这种新型财务管理模式已被我国企业广泛认可，目前已开始进入了快速发展阶段，越来越多的大型企业集团正在深度实践这一管理模式。当前，在智能技术的快速发展下，全球和中国的财务共享服务中心都不约而同地看到了新的发展机会，未来的财务一定会向数字化和智能化方向发展。共享服务中心的价值正在从基础交易处理中心转变为大数据中心和管理会计中心，这需要利用人工智能技术对海量、异构、多类型的数据进行处理和挖掘，需要对财务管理工具和模型进行智能封装。财务共享服务中心将发展成为智能化越来越高的中心。

以中石油财务共享中心发展为例。在初步完成共享中心的基本功能之后，决策层敏锐

地决定立即应用机器人流程自动化、人工智能等前沿技术，积极构建智能化、移动化财务共享服务平台。在很短的时间内，中石油成功利用机器人流程自动化、图像识别、知识图谱、自然语言处理等智能技术，在凭证制证与审核、资金支付、发票识别、发票认证与查验、费用报销填单、银行回单分拣、会计档案管理、销售资金对账等场景中的实现了智能化转型，初步搭建了公司的智能财务共享服务平台。

与传统的财务共享服务相比，智能财务共享服务具有几个方面的核心价值。一是重构了传统的财务处理流程。通过构建内外部融合的交易平台，实现流程的高度自动化，消除烦琐、低效、冗长、不增值的财务环节。二是实现了财务组织的扁平化。即那些共性的、重复的、标准化的会计核算等业务将被封装到智能信息系统之中进行统一、自动化的处理，可在简化审批流程、提升效率的同时，实现财务组织的扁平化。三是实现了企业交易信息的透明化。可以通过智能化实现真正的业财融合，使财务人员的视野延伸至业务的全流程，去理解财务背后的业务逻辑，同时使业务人员懂得他们的业务工作对企业财务的影响。四是可为管理会计更好地发挥规划、预测、决策、控制、评价等作用提供更多的数据、工具和平台。

智能财务共享中心的系统架构可参见图 15－6 和图 15－1。图 15－6 展示了位于底层的智能技术与位于核心的财务共享中心的关系；图 15－1 展示了智能财务共享中心的基本功能和业务逻辑。

由于智能化的过程同时也是企业虚拟员工增加的过程和人类员工逐步减少的过程，智能财务共享服务中心将发展成为企业自动化、智能化的会计工厂。

二、智能财务共享服务与管理会计

在财务共享中心中实现管理会计的功能是绝大部分财务共享中心在建设规划中所列的发展方向。在共享中心的建设初期，大部分共享的只是费用报销、应收账款、应付账款、员工薪酬、总账和财务报告等交易性流程，而与管理会计相关的预算与预测、资金运作、风险管理、税务分析等高价值流程共享得相对较少（见图 15－9）。随着财务共享服务的深入发展，越来越多的企业已经或正在考虑在共享中心中将财务会计和管理会计进行深入融合。

智能财务共享中心的发展为管理会计的应用提供了肥沃的土壤。一方面，由于自动化、数字化和智能化的进步，特别是 RPA、OCR、知识图谱等技术的应用，使共享中心中的部分会计人员从简单、重复、烦琐的事务性会计核算工作中逐步解脱出来，可以向更具价值的管理会计工作转型；另一方面，智能化技术的快速发展和逐步成熟，为管理会计工作的不断开拓带来了新的工具、模型、方法和理念，使管理会计的大范围使用有了一定的技术基础。更为重要的是，财务共享中心中逐步聚集的大量真实、有效的财会数据为管理会计的应用提供了持续、可靠的信息来源和应用的动力。然而，在财务共享中心中实现高价值的管理会计功能，并不具有必然性，还需要进行大量的变革。

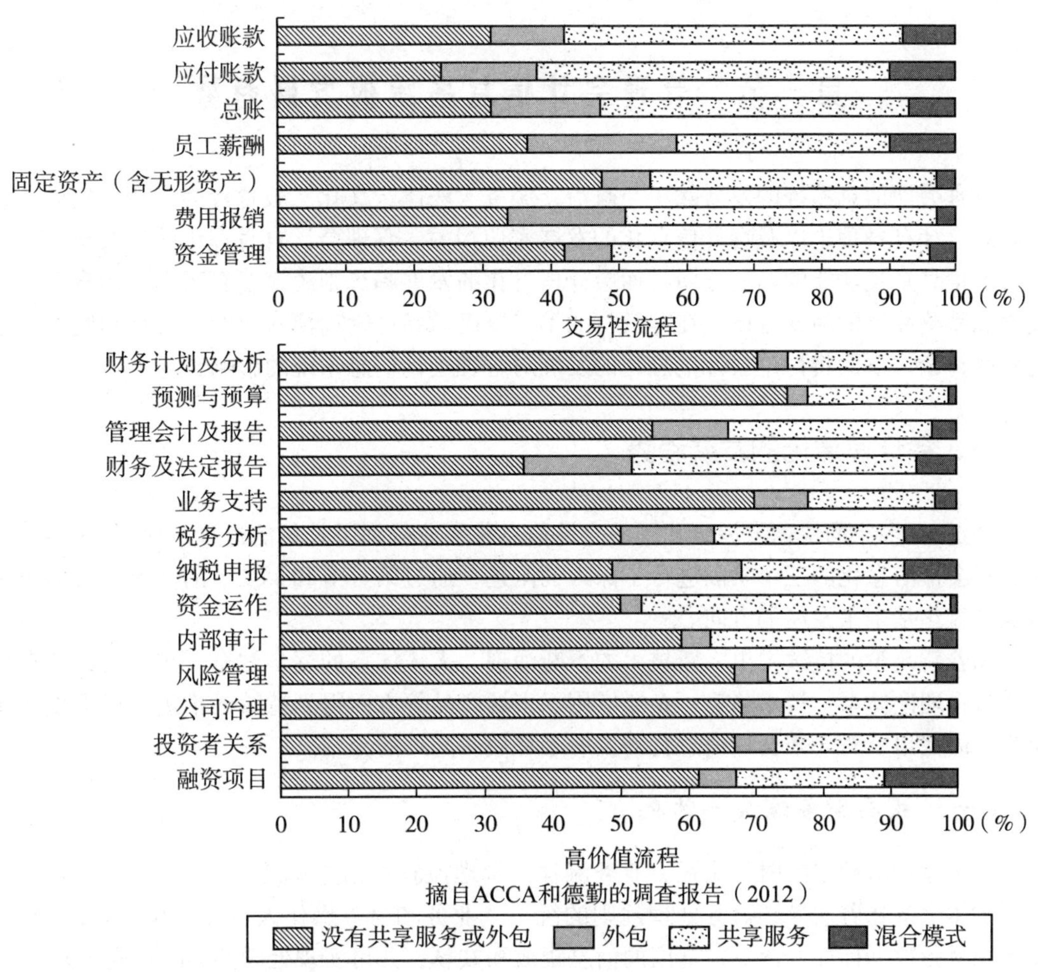

图 15－9　共享中心中对各种流程的共享情况

资料来源：ACCA 和德勤的调查报告（2012）。

首先，数据是管理会计的基础，共享中心尽管已部分改变了过去财务数据分散的状况，对财务数据、业务数据、税务数据、管理数据等进行了一定程度的集成，但无论在数据的颗粒度、实时性还是完整性方面，与管理会计的需求还有一定的差距，这需要借助数据仓库、数据挖掘以及方兴未艾的数据爬虫、数据中台、机器学习等技术来帮助我们建立一个完善的数据系统。

其次，当前大多数共享中心的信息系统都是基于集中报账、会计核算、财务报告的功能，对管理会计中的管理工具和方法明显支持不够，这就需要企业软件开发商，不断地推出集成多个管理会计职能的新型信息系统，而这种系统具有高度的复杂性，实现起来并不容易。

最后，当前财务共享中心的组织架构、管理人员、业务流程和管理制度大都不是为管理会计的应用而专门设置的，因而需要按照管理会计的需求对部分组织、流程以及人员的知识结构进行再造，同样，这种改变是高度复杂的，需要精心设计。

第三节 管理会计信息系统的发展趋势

管理会计信息系统的发展除了与政治、经济、法律、文化、教育等因素相关之外，还与管理会计自身理论以及会计信息化的发展密切相关。管理会计自身理论的发展决定了管理会计信息系统功能的拓展方向，而会计信息化的发展趋势则决定了管理会计信息系统的技术和系统性能的演变方向。在本教材的第二章已对新型管理模式对管理会计影响进行了初步的讨论，下面将讨论会计信息化的发展对管理会计信息系统的影响。

一、会计信息化的发展趋势

经过 40 多年的快速发展，我国的会计信息化事业得到了长足的进步。在图 15 - 4 中，我们对会计信息化的三个阶段进行了深入的阐述，通过第一节和第二节的学习，我们也了解到智能化是未来发展的方向。

随着新政策的持续推出、新技术的不断涌现、人才体系的逐步健全，我国会计信息化事业将在理论体系、技术趋势、企业应用、市场产品等方面得到持续的推进。以下仅从企业应用的视角，对未来会计信息化的发展趋势做一简单的介绍。

（一）业务财务深度一体化

企业经营活动中的财务流程、业务流程、管理流程在信息系统的支持下将融为一体。深度一体化意味着业务和财务处理规则的统一，业务和财务操作人员和操作流程的统一，业务和财务数据标准的统一，高度的信息集成和共享，并可实现处理的实时和同步。

（二）会计处理全流程自动化

从原始业务凭证到会计记账凭证，到会计账簿和会计报表，再到财务分析报告这一处理过程全部实现自动化、智能化。由于 ERP 的普及，目前从记账凭证到报表的过程已经实现了自动化，但从原始凭证到记账凭证，从会计报表到财务分析报告的自动化、智能化过程正在进行之中。

（三）内外系统集成化

实现企业信息系统与供应商和客户等上下游企业的信息系统，企业信息系统与税务局、证监会、审计机构等外部监管机构的信息系统，以及企业信息系统与航空公司、酒店、银行、商旅系统等其他环境组织信息系统的智能集成。企业这些内外系统集成化的难点是信息的标准化和智能技术的成熟应用。

（四）操作终端移动化

操作财务信息系统的终端从机房终端设备到 PC 机，到笔记本电脑，再到现在的手机、IPAD 和其他的物联网移动设备。操作终端移动化的难点是实现终端软硬件设备的兼容性、各类网络平台的兼容性以及数据的安全性等。随着智能技术的发展，这些难点将会一一被解决。

（五）信息提供频道化

公司借助于数据湖、商业智能、数据挖掘等智能技术将会计信息以频道的方式提供给各类信息使用者，如银行、税务、统计、财政、证交所、投资者以及内部各层级的管理者，以满足这些用户的个性化需求，既要保证信息的精准推送，又要保证企业不至于过度披露细节信息，以免造成不必要的安全风险。

（六）处理规则的国际化

随着财务共享服务的推进，财务共享中心的财务人员将处理来自不同国家客户企业的财务数据，将会涉及不同的语言、准则、税法、货币，甚至文化等，这将借助于规则引擎、自然语言处理、专家系统等技术在多种规则间灵活地转换和映射。

（七）会计信息标准化

主要包括会计信息的语义的标准化和格式的标准化，通常会计语义的标准化通过会计准则的国际趋同来解决，会计信息格式的标准化则通过推广类似 XBRL 可扩展商业报告语言来实现。会计信息的标准化可以解决信息孤岛，使财务信息实现有效的对比分析，并为财务数字化的实现提供数据治理的标准。

（八）会计组织共享化

通过广泛地推行财务共享服务模式，使财务组织以及支撑它的信息系统实现共享，以服务于很多的组织机构，而不是单个的公司。实现信息系统共享化的另一种渠道是代理记账公司利用云会计系统给中小型企业服务。

（九）风险威胁扩大化

会计信息系统从部署在 PC 机上，到部署到局域网、Intranet、Extranet 上，再到部署在财务云上，它的风险威胁会随着黑客、病毒、网络和软硬件故障等破坏的可能性而急剧增加。为了避免由此带来的严重后果，我们需要加强 IT 治理的力度。同时，企业可以借助智能技术实现信息系统风险的提前预测和预警，并及时进行风险识别与控制。

（十）处理平台云端化

会计信息系统将会逐步被转移到财务云上，企业利用部署在私有云或公有云上的自有或第三方提供的智能会计信息系统平台完成管理经营和决策分析活动。智能系统平台云端化短期内可能会因隐私性、安全性、数据主权等方面的顾虑而缓慢发展，长期来看，随着云安全能力的不断提升，大多数系统会运行在云环境。

二、管理会计信息系统的发展趋势

计算机算力、算法和大数据技术的迅速发展给管理会计信息系统的建设带来了前所未有的机遇，相关产品的开发和服务创新已成为中国软件业的新赛道和新亮点，我国企事业单位的管理会计信息系统应用也随之呈现出蓬勃发展的态势。面向未来，从会计信息化的视角来看，企业管理会计信息系统的发展趋势有以下特点：

（一）系统建设者由大企业向中小企业逐步拓展

随着财务共享中心的建设范围从大型集团向中、小规模企业扩展，管理会计信息系统的自建范围也将随之变化。与此同时，小微企业的管理会计应用也将会采用类似 SaaS 的公共服务形式，这样无力自建的企业就可以借助于云服务商强大的数据获取和处理能力来弥补其 IT 能力的不足。此外，除了企业之外，类似医院、高校这样的行政事业单位，甚至是政府机关都将成为管理会计信息系统建设和应用的主体。

（二）系统突破组织边界向生态链延伸

2019 年，加特纳（Gartner）提出了企业业务能力（enterprise business capability，EBC）的概念，认为企业管理系统不再是专注于企业内部资源的 ERP 系统，而是越来越关注整体企业业务能力的 EBC 系统，即全新的企业数字化生态系统。管理会计信息系统的发展也将会伴随着企业管理边界的扩展，将系统功能延伸到企业价值链和生态链之中，去关注客户、供应商、市场、金融网络、合作伙伴，乃至社会生态、自然生态和科技生态等方面的发展，只有这样，管理会计才能够帮助企业应对商业模式和经营状况的不确定性。

（三）系统各功能模块间数据共享实时化

财政部 2014 颁布的《关于全面推进管理会计体系建设的指导意见》指出，要实现会计与业务活动的有机融合，从源头上防止出现“信息孤岛”，由此可见，打破各系统之间的信息壁垒是管理会计信息系统发展的重要趋势。数据中台和云计算技术为解决不同系统间的数据共享提供了一定的解决方案，未来的管理信息系统各模块之间的数据共享将会呈现实时化的特点。

（四）信息使用者由战术层向决策层和业务层扩展

与当前管理会计信息系统的主要使用者是中层管理者（战术层）不同，未来的管理会计将运用到高层管理者（战略层）和基层管理者（作业层）的日常决策之中。因此未来管理会计信息系统对可视化、移动化、实时性等方面的要求将会更加显著，同时，不仅需要颗粒度比较粗的汇总信息，还需要颗粒度更细的微观数据，并且系统还需支持在不同颗粒度之间自由地穿透，以满足不同管理场景的需要。

（五）自动化和智能化技术在信息系统中的深度应用

由于管理会计的功能需求以及所需的基础数据复杂性越来越大，管理会计信息系统对自动化技术、智能化技术以及大数据处理技术的依赖性也会越来越大。类似机器人流程自动化、神经网络、专家系统、模式识别、自然语言处理、数据挖掘、数据仓库、数据湖、数据展示、管理驾驶仓等技术将会在管理会计信息系统中被更为频繁地应用，届时，系统将真正演变成为智能管理会计信息系统。

（六）大数据成为管理会计信息系统中最重要的信息资源

含有大量非结构化数据的企业内外部财务和业务大数据，为企业管理决策、预测分析、全面预算、绩效评价等应用更精确的模型和工具提供了数据保证，可以大大提升管理会计活动的精确性、便利性和有效性。但欲获得足够的大数据，需要增加企业在信息系统建设方面的投入，需要提高管理会计人才的大数据意识和数据处理技能，更为重要的是，需将大数据作为企业重要的资源和资产加以管理，只有充分挖掘并利用好数据的价值，才能为企业做好经营和决策服务。

【本章总结】

管理会计信息系统的未来发展走向与政治、经济、文化、科技等诸多因素有关，其中，科技因素的影响似乎更为显著。以大数据、人工智能、移动通信、云计算等为代表的信息技术正以风卷残云之势改变着传统会计的流程、组织、方法和思维。这些技术利用高速、准确、智能等特点，帮助会计人员实时、精准、高效、安全地收集、存储和处理财务或非财务数据，个性化地为管理者展示和利用所需的信息，帮助组织降低成本、提高效率、提升质量，加强风险管控、支撑财务转型和支持组织快速发展。

本章以智能财务和智能财务共享服务为代表，描述了人工智能技术和新型管理模式对管理会计未来发展的影响。

人工智能技术是智能财务和智能财务共享服务这两种管理模式的基础技术，在管理会计领域存在应用场景的人工智能技术有机器人流程自动化、专家系统、人工神经网络、自然语言处理、模式识别等。这些技术或帮助管理者自动编制预算、核算成本、识别风险、收付资金，或辅助管理者制定战略、控制预算、计算成本、评估风险，或帮助管理者预测价格、验证票据、分析资金往来和进行破产预测。智能技术的应用显著降低了会计人员的工作量。

智能财务是一种新型的管理模式，它基于先进的管理理论、工具和方法，借助智能机器（包括智能软件和智能硬件）和人类财务专家共同组成的人机协同智能系统，通过人机的有机合作，去完成组织中日趋复杂的财务管理活动，并在管理中不断模拟、扩大、延伸和部分替代人类财务专家的活动。智能财务是一种业务活动、财务活动、管理活动全功能、全流程智能化的管理模式。智能财务在企业的初步应用形态是智能财务共享服务。

智能财务共享服务是财务共享服务的一种新的发展形态，是人工智能等技术在传统财务共享服务中心中大量应用的结果，它也是智能财务在企业中应用的初步形态。智能财务共享服务借助智能技术重构了传统的财务处理流程，消除烦琐、低效、冗长、不增值的财务环节；实现了财务组织的扁平化，简化了审批流程，提升了决策效率；实现了企业交易信息的透明化，通过智能化实现真正的业财融合，使财务人员的视野延伸至业务的全流程，去理解财务背后的业务逻辑等。

管理会计信息系统

管理会计信息系统的发展与会计信息化的发展趋势息息相关。未来的会计信息化具有业财深度一体化、处理全程自动化、内外系统集成化、操作终端移动化、信息提供频道化、处理规则国际化、会计信息标准化、会计组织共享化、风险威胁扩大化和处理平台云端化十个方面的发展趋势。而这些发展趋势对管理会计信息系统的影响主要体现在系统建设者由大企业拓展到中小企业，系统边界向企业生态链延伸，管理会计系统各模块数据高度共享，信息使用者覆盖作业层、战术层、战略层，系统中深度使用自动化和智能技术，以及大数据将成为管理会计系统中最重要的资源等。

【本章思考题】

1. 什么是智能财务？其中人和机器的关系是什么？
2. 什么是智能财务共享服务？与智能财务的关系是什么？
3. 请举例说明智能技术是如何影响管理会计的？
4. 请至少列出会计信息化的五个发展趋势。
5. 在智能技术的影响下，管理会计信息系统的未来发展趋势是什么？

参考文献

[1] 财政部:《关于全面推进管理会计体系建设的指导意见》, 2014 年 10 月 27 日。

[2] 财政部:《关于印发〈管理会计基本指引〉的通知》, 2016 年 6 月 2 日。

[3] 财政部:《关于征求〈会计改革与发展“十四五”规划纲要(征求意见稿)〉意见的函》, 2021 年 3 月 24 日。

[4] 财政部会计司专家组:《管理会计案例示范集》, 经济科学出版社 2019 年版。

[5] [美] 查尔斯·T. 亨格瑞等,《管理会计教程(原书第 15 版)》, 潘飞、沈红波译, 机械工业出版社 2012 年版。

[6] 陈虎、孙苗:《以共享服务为基础的创造价值的财务管理体系》, 载于《财务与会计(理财版)》2011 年第 7 期。

[7] 陈虎、孙彦丛:《财务共享服务》, 中国财政经济出版社 2018 年版。

[8] 陈劲、曲冠楠、王璐瑶:《基于系统整合观的战略管理新框架》, 载于《经济管理》2019 年第 41 期。

[9] 陈永杰:《SAP 战略绩效管理完全解决方案》, 机械工业出版社 2010 年版。

[10] 傅元略:《智慧会计: 财务机器人与会计变革》, 载于《辽宁大学学报(哲学社会科学版)》2019 年第 47 期。

[11] 耿弘:《企业战略管理理论的演变及新发展》, 载于《外国经济与管理》1999 年第 6 期。

[12] 郭晓梅:《责任会计》, 经济科学出版社 2020 年版。

[13] 郭永清:《河北联通的业财融合实践》, 载于《财务与会计》2017 年第 6 期。

[14] 韩晶:《虚拟企业运作模式及其启示》, 载于《经济管理》2003 年第 21 期。

[15] 韩向东:《构建基于商业智能的管理会计信息系统》, 载于《财务与会计》2015 年第 9 期。

[16] 郝宇晓:《认知智能在管理会计中的应用模式探索》, 载于《中国会计报》2021 年第 4 期。

[17] 何瑛、杨琳、张宇扬:《新经济时代跨学科交叉融合与财务管理理论创新》, 载于《会计研究》2020 年第 3 期。

[18] 胡仁昱、孔令曼:《管理会计信息化的理论与框架》, 载于《财务与会计》2016 年第 5 期。

[19] 华瑶、李智毅、吕冰:《我国企业信息化建设策略及发展趋势》, 载于《情报科学》2005 年第 12 期。

[20] 黄长胤:《国内外管理会计信息化的发展历程和现状》, 载于《财会通讯》2017 年第 22 期。

[21] 黄梯云、李一军、叶强：《管理信息系统》，高等教育出版社2019年版。

[22] 李彤、屈涛：《构建智能财务共享平台　助力企业管理转型》，载于《财务与会计》2018年第17期。

[23] 李晓光：《浅析管理会计与公司治理的关系》，载于《河南科技》2013年第2期。

[24] 刘晖：《信息化条件下企业人力资源虚拟管理系统应用模式》，载于《情报科学》2006年第10期。

[25] 刘梅玲、黄虎、佟成生、刘凯：《智能财务的基本框架与建设思路研究》，载于《会计研究》2020年第3期。

[26] 刘勤：《我国管理会计信息化发展体系探讨》，载于《财会通讯》2017年第22期。

[27] 刘勤等：《管理会计信息化发展的理论与实务》，立信会计出版社2019年版。

[28] 刘勤、屈伊春等：《智能财务最佳实践案例（第一辑）》，立信会计出版社2021年版。

[29] 刘勤、尚惠红：《智能财务：打造数字时代财务管理新世界》，中国财政经济出版社2020年版。

[30] 刘勤、吴忠生等：《智能财务研究蓝皮书（第一辑）》，立信会计出版社2020年版。

[31] 刘勤、杨寅：《改革开放40年的中国会计信息化：回顾与展望》，载于《会计研究》2019年第2期。

[32] 刘勤、杨寅：《智能财务的体系架构、实现路径和应用趋势探讨》，载于《管理会计研究》2018年第1期。

[33] [美] 罗伯特·卡普兰、戴维·诺顿：《战略中心型组织》，上海博意门咨询有限公司译，北京联合出版公司2016年版。

[34] 马振萍：《企业虚拟组织中协同管理问题研究》，载于《现代管理科学》2010年第10期。

[35] 秦荣生：《管理会计的发展趋势：中国化和数字化》，载于《航空财会》2021年第1期。

[36] 饶艳超：《管理会计实训教程（会计学系列）》，上海财经大学出版社2019年版。

[37] 饶艳超：《会计信息系统》，高等教育出版社2020年版。

[38] 任振清：《SAP财务管控财务总监背后的管理大师》，清华大学出版社2015年版。

[39] [美] 斯蒂芬·P. 罗宾斯，《管理学》，黄卫伟等译，中国人民大学出版社1997年版。

[40] [美] 斯坎特·达塔，《管理会计——决策制定与业绩激励》，王立彦等译，中国人民大学出版社2015版。

[41] 苏亚民、李颖：《管理会计信息化》，清华大学出版社2019年版。

[42] 唐波岐：《第三方支付企业管理会计信息化实施案例研究》，载于《财会通讯》2021年第3期。

[43] 陶承德：《现代科学方法论》，河南人民出版社1987年版。

[44] 王海林：《刍议面向管理会计的信息化系统构建》，载于《财务与会计》2016

年第 17 期。

［45］王海林：《基于融合视角的企业会计信息化思考》，载于《会计之友》2017 年第 21 期。

［46］王海林：《价值链内部控制》，经济科学出版社 2007 年版。

［47］王海林等：《管理会计信息化》，高等教育出版社 2018 年版。

［48］王满、黄波：《信息化时代的管理会计：现状·挑战·趋势》，载于《商业会计》2017 年 4 月 8 日。

［49］王兴山：《数字化转型中的财务共享》，电子工业出版社 2018 年版。

［50］王学东、商宪丽：《我国信息化发展现状与趋势分析》，载于《情报科学》2008 年第 1 期。

［51］温素彬、杨露：《多维度盈利能力分析：解读与应用案例》，载于《会计之友》2020 年第 14 期。

［52］吴践志、刘勤等：《智能财务及其建设研究》，立信会计出版社 2020 年版。

［53］谢红燕、陈麟：《我国企业信息化的发展历程及未来趋势》，载于《经济师》2004 年第 9 期。

［54］叶钢、钟成诚：《信息系统的运行管理与维护》，载于《硅谷》2011 年第 7 期。

［55］于增彪：《管理会计》，清华大学出版社 2014 年版。

［56］余伟萍、段桂敏：《基于信息化的组织变革四要素分析》，载于《经济体制改革》2004 年第 6 期。

［57］余绪缨：《管理会计》，中国财政经济出版社 1990 年版。

［58］张庆龙：《智能财务的应用场景分析》，载于《财会月刊》2021 年第 5 期。

［59］张瑞君、陈虎、张永冀：《企业集团财务共享服务的流程再造关键因素研究——基于中兴通讯集团管理实践》，载于《会计研究》2010 年第 7 期。

［60］张润朋、周春山：《信息化社会发展历程的回顾与展望》，载于《现代计算机（专业版）》2001 年第 6 期。

［61］张先治、晏超：《基于会计本质的管理会计定位与变革》，载于《财务与会计》2015 年第 3 期。

［62］中共中央办公厅、国务院办公厅：《国家信息化发展战略纲要》，2016 年 7 月 27 日。

［63］中国会计学会会计信息化专业委员会：《辉煌历程——中国会计信息化 30 年》，中国财政经济出版社.2009 年版。

［64］中国注册会计师协会：《财务成本管理》，中国财政经济出版社 2020 年版。

［65］Farzaneh A. Amani，Adam M. Fadlalla. Data mining applications in accounting：A review of the literature and organizing frame-work. *International Journal of Accounting Information Systems*，Vol. 24，No. 2，February 2017，pp. 32 – 58.